T0349684

J.B.METZLER
1682

Herausgegeben von
Harald A. Mieg
und Christoph Heyl

Stadt

Ein interdisziplinäres
Handbuch

Verlag J. B. Metzler
Stuttgart · Weimar

Gedruckt auf chlorfrei gebleichtem, säurefreiem und alterungsbeständigem Papier

Bibliografische Information der Deutschen Nationalbibliothek
Die Deutsche Nationalbibliothek verzeichnet diese Publikation in der Deutschen
Nationalbibliografie; detaillierte bibliografische Daten sind im Internet
über http://dnb.d-nb.de abrufbar.

ISBN 978-3-476-02385-8

© 2013 J.B. Metzler'sche Verlagsbuchhandlung
und Carl Ernst Poeschel Verlag GmbH in Stuttgart
www.metzlerverlag.de
info@metzlerverlag.de

Einbandgestaltung: Willy Löffelhardt/Melanie Frasch
Satz: typopoint GbR, Ostfildern
Druck und Bindung: Kösel, Krugzell · www.koeselbuch.de

Printed in Germany
November 2013

Verlag J. B. Metzler Stuttgart · Weimar

Inhalt

Vorwort

Städte sind seit jeher Orte der Kultur, Wirtschaft und der Entwicklung von Gesellschaften, sie haben Literaten und Forscher gleichermaßen in ihren Bann gezogen. Stadtforschung ist zwangsläufig multidisziplinär. Unser Handbuch soll einen Überblick zum Stand und Bestand der Stadtforschung in den verschiedenen Disziplinen bieten. Das Erstellen jedes Handbuches benötigt einen langen Atem. Ein multi- oder gar interdisziplinäres Handbuch stellt eine besondere fachliche und organisatorische Herausforderung dar. Wir danken daher allen Autorinnen und Autoren nicht nur für ihre Beiträge, sondern auch für viele anregende Gespräche über Zugänge zu einem Verständnis des ebenso komplexen wie faszinierenden Phänomens »Stadt«.

Im ersten, von Harald A. Mieg editorisch betreuten Teil des Buches kommen einzelne Disziplinen zu Wort, die sich aus ganz verschiedenen Perspektiven mit der Stadt als Forschungsgegenstand beschäftigen. Im zweiten Teil, der von Christoph Heyl betreut wurde, werden ausgewählte Themen der Stadtforschung aus kulturwissenschaftlicher Sicht abgehandelt. Diese Herangehensweise macht zweierlei deutlich: erstens das interdisziplinäre Potential einer in weiten Teilen de facto noch vorwiegend disziplinär orientierten Stadtforschungspraxis und zweitens eine sehr viel stärker ausgeprägte Kompatibilität und Vernetzung kulturwissenschaftlicher Ansätze durch gemeinsame theoretische Prämissen, Begriffe und typische Fragestellungen. Es war stets Teil unseres Konzepts, gegebenenfalls die Unterschiedlichkeit der Fachdiskurse stehen zu lassen und keinesfalls eine Homogenisierung der Darstellung zu erzwingen.

Dieses Handbuch soll es interessierten Leserinnen und Lesern ermöglichen, sich über ein breites Spektrum von Themen und Tendenzen der Stadtforschung außerhalb ihres eigenen Faches schnell und verlässlich zu informieren. Es identifiziert bereits etablierte, klassische Felder interdisziplinärer Stadtforschung, versteht sich aber auch als eine Handreichung für eine darüber hinaus gehende Stadtforschung der Zukunft. In seinen Schwerpunktsetzungen greift es aktuelle Entwicklungen und Themen wie beispielsweise die Stadtökologie auf, bei der es sich um genuin interdisziplinäre Stadtforschung handelt, die heute in Zusammenhang von Klimawandel und Nachhaltigkeit von besonderem Interesse ist. Ähnlich verhält es sich mit dem Zusammenhang von Stadt und Religion, einem Thema, das man vor nicht allzu langer Zeit noch als marginal betrachtet hätte.

Das *Handbuch Stadt* widmen wir dem großen Stadtsoziologen Hartmut Häußermann. Er wollte an diesem Buch mitwirken, verstarb jedoch, bevor er mit dem Schreiben seines Kapitels beginnen konnte. Häußermann verstand es hervorragend, Themen vorzugeben, die von der Politik sowie der Stadtforschung in anderen Disziplinen aufgegriffen wurden. Ohne ihn gäbe es auch nicht das Georg-Simmel-Zentrum für Metropolenforschung an der Humboldt-Universität zu Berlin. Er hat der Gründung des Zentrums Autorität und Profil verliehen. Die interdisziplinäre Arbeit des Georg-Simmel-Zentrums bot den nötigen Nährboden für das nun vorliegende *Handbuch Stadt*.

Harald A. Mieg und Christoph Heyl
Berlin und Essen, Februar 2013

Einleitung: Perspektiven der Stadtforschung

Harald A. Mieg

Städte sind auf Dauer angelegte Projekte verdichteten Zusammenlebens. Sie entstehen in manchen Fällen tatsächlich als Stadtplanungsprojekte, zum Beispiel in Form neuer Hauptstädte wie St. Petersburg, Brasilia oder Nigerias neue Hauptstadt Abuja. Stadt als Projekt meint in den meisten Fällen jedoch eine Ansammlung von singulären Vorhaben, von Menschen, Einzelschicksalen und organisierten Interessen, die sich wechselseitig abstimmen müssen. Dies betrifft unkontrolliert wachsende Megacities wie Lagos genauso wie die Burgstädte des Mittelalters. Den Stadtprojekten wohnen Idealmodelle, Sehnsüchte und geträumte Zukünfte inne, sie geben mehr oder weniger ausgesprochen eine Vorstellung davon, wie Menschen zusammenleben wollen und können. Von daher kommt die große Vielfalt an Städten.

Zugleich geben Städte ein Bild von den unzähligen Rahmen- und Randbedingungen, welchen das verdichtete Zusammenlebenkönnen unterliegt. Eine Stadt braucht Infrastrukturen und wird durch sie geprägt. Offensichtlich ist dies am Verkehr. Trotz und gerade wegen der dort vorherrschenden Verdichtung müssen Zugänge und Wege geschaffen werden, Systeme aus langsamem und beschleunigtem Verkehr, öffentlichem und privatem Transport. Städte können beides sein: vorweggenommene Zukünfte in Form von gebauten Architekturvisionen oder aber Lebensumstände, die uns wie gelebte Höllen vorkommen mögen, etwa in Kowloon Walled City, einem Immigrantenstadtteil von Hongkong. Dort lebten auf wenigen 30 000 qm rund 33 000 Menschen, woraus rechnerisch eine Verdichtung von über 1 Million Einwohnern pro km² resultierte. Wegen seiner Nichtregierbarkeit wurde das Stadtviertel zu Beginn der 1990er Jahre aufgelöst.

Im Folgenden möchte ich zunächst die möglichen Koordinaten von Städten abstecken. Woher kommen Stadtprojekte, worauf geben sie Antwort? Teil 1 meiner Einführung erörtert drei *Bezugslinien*: Stadt und Land; Stadt und Staat; Stadt und Wirtschaft. Die Bezugslinien verdeutlichen Definitions- und Abgrenzungsverhältnisse sowie faktische Relationen von Städten und motivieren Stadtpolitik. Entlang dieser Bezüge skizziere ich im zweiten Teil die Großthemen der aktuellen *Stadtforschung*, zum Beispiel die Frage der »Governance« bzw. Steuerung von Städten. Die Vielfalt der Disziplinen erzeugt nicht etwa verschiedene Antworten, vielmehr werden unterschiedliche Fragen gestellt, welche wiederum divergierende Stadtbegriffe voraussetzen.

Im dritten Teil meiner Einführung erörtere ich die Unterschiede im Stadtbegriff in Form von minimalen *Stadtdefinitionen*. Es folgt Unterschiedliches je nach dem, ob wir Städte in erster Hinsicht als bestimmte Orte oder aber als Stadtgesellschaften verstehen. Die Ortsbestimmung provoziert Fragen nach dem geografischen, wirtschaftlichen und politischen Umfeld. Die Definition von Stadt als Stadtgesellschaft wirft das Licht auf die Verfassung dieser Stadtgesellschaft; es stellen sich Fragen der Regulation von sozialer Ungleichheit. Der abschließende vierte Teil legt die möglichen *Stadtzukünfte* dar, d. h. die Richtungen von Städten als Projekten wie auch der Stadtforschung, die sich ergeben: Welche Rolle spielt Regionalisierung, tragen Städte zur Weltgesellschaft bei etc.? Deutlich wird: Wir kommen um *Interdisziplinarität* nicht herum. Das Phänomen Stadt ist zu vielfältig, Städte sind ein Spiegelbild unserer Welt.

1. Bezugslinien

Stadt und Land

Der Gegensatz vom krank machenden Stadtleben versus gesundem Landleben ist ein alter Topos. Lärm, Gestank und schlechte Luft begleiteten immer das Stadtleben. Schon die Bewohner der römischen Insulae, der Mietblöcke in Rom, klagten über den

Lärm auf der Straße, in den Kneipen oder durch die Nachbarn. In vielen Städten landete der Unrat auf der Straße, ebenso Pferdekot und Mist. Gerbereien verpesteten die Luft. In seinem Buch *Mensch und Volk der Großstadt*, das 1932 erschien und 1952 wiederaufgelegt wurde, beschrieb der Psychologe Willy Hellpach minutiös die ungesunden Lebensverhältnisse in der Stadt und betonte die »Verflüchtigung des Zeugungswillens« unter den Städtern (Hellpach, 1952, 77).

Die Verhältnisse änderten sich im Laufe der Zeit, etwa durch das Verbot, den Müll auf die Straße zu entsorgen. Doch besser wurden sie nicht. Zum Beispiel waren die Berliner Hinterhöfe des 19. Jahrhunderts in der Regel Gewerbehöfe: Hier wurde gehämmert, ratterten Maschinen und wurden Pferde versorgt. Die Verdichtung in den Städten erhöhte auch die Gefahr der Ansteckung durch Infektionskrankheiten. Nach den Pestepidemien waren Cholera und Ruhr in Städten allgegenwärtig. So nimmt es nicht Wunder, dass jemand wie Bismarck Großstädte verachtete.

Und doch: es zog die Leute in die Städte. Armutsmigration ist eine uralte Erscheinung. So ungesund das Leben in der Stadt auch sein mochte: der Umzug in die Stadt war oft die einzige Alternative zum Verhungern auf dem Land. Ernteausfälle aufgrund von schlechten Wetterlagen oder durch Schädlingsbefall oder Bodenverschlechterung waren nicht selten. Hinzu kam der Frondienst auf dem Land. Auch heute noch ist Landflucht der wichtigste Wachstumsfaktor der Megacities in den Entwicklungsländern. UN-Habitat (2006), die Siedlungsorganisation der Vereinten Nationen, sieht den Migrationsdruck in den Großen Städten aufgrund des Klimawandels drastisch zunehmen.

Die Beziehung von Stadt und Land bedeutet auch regionalen Austausch. Viele Bürger lebten von ihren Latifundien auf dem Land oder bearbeiteten sogar ihre eigenen Äcker außerhalb der Stadtmauern. Städte fungieren als zentrale Orte für ihre Umwelt, insbesondere für den Erwerb oder Absatz von Waren. Der Aufschwung der italienischen Städte im ausgehenden Spätmittelalter, z. B. Florenz oder Mailand, lag nicht zuletzt darin begründet, dass es sich hier um funktionierende Stadtstaaten mit einer engen Verflechtung von Stadt und Land handelte (Chittolini 2012). Heute sind es Phänomene wie die starke Suburbanisierung in den USA oder die »Speckgürtel« um Städte wie München oder Berlin, welche das funktionale Verhältnis von Stadt und Land definieren.

Stadt und Staat

Das Verhältnis von Stadt und Staat ist eines von Macht und Aufgabenteilung. Die Frage ist: Inwieweit sind Städte autonom, d. h. können sich weitgehend selber verwalten, Recht durchsetzen und Steuern eintreiben? Das Spektrum ist selbst im heutigen Europa sehr breit und bunt: In der Schweiz herrscht weitgehende Autonomie von Städten und Gemeinden selbst in Fragen der Besteuerung und der Schulbildung. Dies bedeutet in aller Konsequenz, dass eine Gemeinde ähnlich wie ein Unternehmen in Insolvenz laufen kann: so geschehen in Leukerbad, dessen öffentliche Einrichtungen z. T. zwangsversteigert wurden, was selbst in der Schweiz für erhebliches Aufsehen und Unbehagen sorgte. Auf der anderen Seite die von außen nicht immer leicht einsichtige Stellung russischer Städte, die mehr oder weniger in eine staatliche Verwaltungshierarchie eingebunden sind. In China wird die staatliche Leitungsstruktur noch durch die Partei gedoppelt.

In Mitteleuropa hat sich der Typus der freien, autonomen Stadt entwickelt. Die Verleihung des Stadtrechts im Mittelalter bedeutete die Übertragung von Privilegien des Kaisers an einen Ort, insbesondere das Marktrecht, manchmal auch das Münzrecht. Mit den Stadtgründungen im Osten umfasste das Stadtrecht auch Normierungen im Stadtverwaltung und Rechtsprechung. Ein alter Rechtsgrundsatz lautete: Stadtluft macht frei nach Jahr und Tag. Wenn sich ein Leibeigener in eine Stadt geflüchtet und dort mehr als ein Jahr gelebt hatte, so konnte er freier Stadtbürger werden.

Die Beziehung von Stadt und Staat muss aber nicht nur Abgrenzung bedeuten. Wesentlich ist zum Beispiel die Hauptstadtfunktion. In der Hauptstadt konzentriert sich die Macht, die dort entsprechend repräsentiert sein will, sei es durch Paläste, Prachtstraßen oder gewaltige Firmenzentralen. Viele Metropolen haben von ihrer Hauptstadtfunktion profitiert. Paris, London, Wien, Moskau oder Peking würden heute anders aussehen, wären sie nicht die Zentren großer Reiche gewesen. Die Hauptstadtfunktion ist jedoch weder notwendig noch hinreichend für das Prosperieren einer Stadt. New York, Shanghai und andere große Hafenstädte gedeihen auch, ohne Hauptstadt zu sein.

Stadt und Wirtschaft

Sind Städte durch Handel und Wirtschaft entstanden? Viele Stadtgründungen begannen unzweifelhaft an Kreuzungspunkten von Handelswegen, aber ein zwingendes Muster ist dies nicht. Es lässt sich auch argumentieren, dass moderne Wirtschaft ein Kind der Städte ist: Das heutige Bankwesen wurde in italienischen und flämischen Städten erfunden, ebenso die heutigen unternehmensnahen Dienstleistungen wie Versicherungen oder Werbefirmen. Der Großhändler Francesco Datini (1335–1410) nutzte als einer der Ersten systematisch die doppelte Buchführung, um von Prato aus seinen Welthandelskonzern zu steuern.

Max Weber definierte Städte als »Marktorte«: mit »regelmäßigem Güteraustausch« und einem Lokalmarkt als dem »ökonomischen Mittelpunkt der Ansiedlung« für die Städter und die Bewohner des Umlandes (Weber 2000, 2). Tatsächlich war die Verleihung des Marktrechtes ein wesentlicher Treiber der Stadtentwicklung im Mittelalter. Die gesellschaftliche Ausdifferenzierung in den Städten schaffte Teilmärkte, wofür besonders Luxusgüter typisch sind: In großen Städten gibt es eine konstante Nachfrage nach hochpreisigen Luxusgütern, aber auch nach alltäglichem Luxus in Form von verfeinerten Seifen und Tinnef.

Eine radikale Neuorientierung der Stadtforschung erfolgte durch Georg Simmel. Sein Aufsatz *Die Großstädte und das Geistesleben* (1903) wurde nicht nur zum Ausgangspunkt der soziologischen Stadtforschung. Simmel definierte auch das Verhältnis von Stadt und Wirtschaft neu: Er sah unpersönliche Geldwirtschaft als Blaupause für das Selbstverständnis und Verhalten der Bürger. Daraus erklären sich für Simmel Subjektivität, Freiheit, Individualität aber auch Anonymität in Städten. Die Großstadt ist für Simmel der Hauptanwendungsfall – das Beispiel par excellence – für seine *Philosophie des Geldes* (1903): Das Geistesleben der Großstadt folgt einer Logik der Versachlichung, deren Symptom wie auch treibende Kraft die in Großstädten konzentrierte Geldwirtschaft ist (vgl. Mieg u. a. 2011).

Stadt und Wirtschaft stehen jedoch manchmal in einem gespannten Verhältnis. Mit Friedrich Engels' Schrift *Die Lage der arbeitenden Klasse in England* (1845) begann eine Tradition marxistischer Stadtforschung, welche die Stadt in den Mittelpunkt des Klassenkampfes rückt. Diese Diskussionslinie knüpft sich bis heute fort und wurde von Henri Lefebvre mit seiner Begriff vom Recht auf Stadt (*Le droit à la ville*, 1968) neu aufgenommen. Davon unabhängig hat Stadt immer einen solidarischen Aspekt von Gemeinschaft (nach Ferdinand Tönnies). Armen- und Waisenhäuser und sozialer Wohnungsbau gehören nicht minder zu Städten wie Marktplatz und Geschäfte. Die Occupy-Bewegung und die politische Diskussion um Gentrifizierung, d. h. um die Aufwertung von Stadtteilen, welche für Anwohner das Wohnen unbezahlbar macht (vgl. Koch 2011), geben Zeugnis von diesem Solidaraspekt von Stadt. Auch der genannte Francesco Datini vermachte seiner Heimatstadt Prato eine Stiftung für Arme, die bis heute die Zeit überdauert hat.

2. Großthemen der interdisziplinären Stadtforschung

Stadtforschung ist ein multidisziplinäres Vorhaben. In verschiedenen Fächern hat die Beschäftigung mit Städten zur Entwicklung von Teildisziplinen geführt. Darüber hinaus eignen sich Städte für interdisziplinäre Forschung: Ein gemeinsamer Fall erleichtert die Zusammenarbeit (Mieg/Endlicher/Köhler, 2008). Im Folgenden seien einige aktuelle Themen bzw. Ansätze skizziert.

Wissensgesellschaft

Der Begriff »Wissensgesellschaft« bezeichnet ein Handlungsfeld, auf welches uns die Bezugslinie von Stadt und Wirtschaft führt, also kein Forschungsthema im engeren Sinn. Gleichwohl hat das Thema seit der Lissabon-Strategie der EU im Jahre 2000 eine industriepolitische Stoßrichtung. Ausgangspunkt ist die Transformation der Industrie in der westlichen Welt: Die großen Industrien mit ihren Fabriken und Produktionsgeländen haben die Städte wieder verlassen. Sie waren ohnehin nie wirklich Teil der Stadt (mit wenigen Ausnahmen in Europa). Im 19. Jahrhundert sind die Städte in Richtung der Industrie gewachsen, Arbeitersiedlungen sind eigene Stadtteile geworden. Nun ist die Industrie ausgezogen bzw. hat sich gewandelt. Die städtische Arbeit wird weitgehend von Dienstleistungen bestimmt, man spricht von Tertiärisierung. Versicherungen, Anwälte, die Werbebranche dominieren nun die Stadt, sowie auch geringer qualifizierte

Dienstleistungen wie Pizzaservices und die Paket- und Reinigungsdienste.

Unter dem Titel »Wissensgesellschaft« fasse ich alle Phänomene im Kontext neuer hochqualifizierter Dienstleistungen in einer globalisierten Welt. Hierzu gehört Rechtsberatung ebenso wie Forschung und Bildung. Es geht um neue Wertschöpfungsketten:

– Ein prominenter Anfang war die Diskussion um die kreative Klasse (Florida) bzw. kreative Stadt (Landry 2000). Für Richard Florida (2002) lauten die Innovationsfaktoren: Technologie, Talent und Toleranz; dies hat auch Eingang in die Stadtpolitik zur Förderung von Kreativwirtschaft gefunden.

– Ein anderer, eher klassischer Ansatz sind Innovationssysteme (OECD 1999): Forschung und Bildung, beides zentrale Innovationstreiber in sog. nationalen Innovationssystemen, konzentrieren sich in Städten.

– Im Kontext der Globalisierung ist zudem die Ausbildung des Finanzsystems zu erwähnen. Die Produktentwicklung im Finanzbereich und die Innovationskraft konzentrieren sich in wenigen Global Cities wie New York, London und Hongkong (Sassen 2001).

Die Entwicklung der Wissensgesellschaft ist vor allem ein Thema von Stadtökonomie und Wirtschaftsgeografie.

Eine wichtige Diskussionslinie im Zusammenhang mit der Wissensgesellschaft ist die Rolle der Informationstechnologien und die Ausbildung von globalen Informationsnetzen wie dem Internet. Wissensgesellschaft bedeutet demnach Netzwerkgesellschaft (Castells 1996) oder auch Informationsgesellschaft, wobei Letztere der Interpretation der EU seit der Lissabon-Strategie 2000 entspricht. Durch weltweite Informationsnetze entsteht eine Enträumlichung. Es stellt sich die grundsätzliche Frage: Wenn wir durch das Internet von überall her Zugang zu Wissen und Arbeitsprozessen erlangen, inwiefern spielen Städte dann noch eine Rolle? Tatsächlich scheint die Bedeutung der Städte in der globalisierten Informationsgesellschaft eher zu- als abgenommen zu haben. Ein Grund (keineswegs der einzige) liegt darin, dass neue bzw. unternehmensnahe Dienstleistungen ein städtisches Umfeld benötigen und weiterhin von persönlicher Nähe profitieren. Dies gilt insbesondere in der Finanzindustrie und der Kreativwirtschaft. Es ist zu vermuten, dass Innovationen in diesen Bereichen von raschen, informellen Bewertungsprozessen vorangetrieben werden;

diese erfolgen am besten im lokalen persönlichen Austausch (vgl. Bathelt/Malmberg/Maskell 2004).

Cultural turn

Auch *cultural turn* meint kein Thema im eigentlichen Sinn, sondern einen sozialkonstruktivistischen Ansatz sowie eine Wiederbelebung des Begriffs der Kultur. Als Referenzpunkt für den Sozialkonstruktivismus dient meist das Werk *Die gesellschaftliche Konstruktion der Wirklichkeit* von Berger/Luckmann (1966/1970). In der angelsächsischen Diskussion bildet das Werk *The Interpretation of Cultures* von Clifford Geertz (1973) einen wichtigen Bezugspunkt. Der gewendete Kulturbegriff umfasst die spezifischen gesellschaftlichen Konstruktionen in Form von Normen, Werten, Weltbildern und Wissensbeständen.

Die Wende, für die der *cultural turn* steht, bezieht sich darauf, städtische Phänomene aus dem Blickwinkel der kulturellen Konstruktion zu betrachten. Einführungen im Sinne des *cultural turn* beginnen von daher oft mit Abgrenzungen in zwei Richtungen: Zum einen mit einer Kritik an der Annahme vom rationalen *homo oeconomicus*, wie wir sie in den Wirtschaftswissenschaften antreffen. Menschen seien nicht rationale Entscheider, die Annahme vom *homo oeconomicus* beruhe auf einem reduzierten Welt- und Menschenbild.

Zum anderen verbindet sich der *cultural turn* mit einer Kritik am »Container«-Begriff von Raum. Raum sei nicht als leeres Behältnis zu denken, definiert durch geografische Koordinaten. Vielmehr sei Raum immer sozial konstruiert und dadurch determiniert. Den *cultural turn* in diesem Sinne finden wir in der Architekturtheorie und der Kulturgeografie. Er geht einher mit einer neuen Hochschätzung bzw. Neuentwicklung der Kulturwissenschaften.

Eine wesentliche Grundannahme des *cultural turn* ist der Symbolgehalt von Städten und damit verbunden die Notwendigkeit, Stadtstrukturen zu deuten oder zu lesen. Als paradigmatisch gilt Walter Benjamins *Passagenwerk* (1982), eine Reflexion über die Moderne beim Gang durch die Stadt. Der *cultural turn* führt auch eine methodologische Kritik mit sich, zum Beispiel in Form einer Vertextlichung von Karten (Harley 1989): Karten sind nicht reine, vereinfachte Abbilder, in Karten stecken eine Reihe von Vorannahmen und Zielen; Karten spiegeln Macht und Ideologie wider.

Ein Thema, das mit dem *cultural turn* an Profil gewonnen hat und hohes interdisziplinäres Potential aufweist, ist *Stadtidentität*. Städte haben ihre eigene Gestalt und Biografie. Die Rede ist von der »Eigenlogik der Städte« (Berking/Löw 2008) oder auch – in Anlehnung an Bourdieu – vom Habitus einer Stadt (Lindner 2008). Diese Identität ist nicht nur soziologisch oder kulturanalyisch erfassbar, sondern hat auch eine historische Seite: etwa als »Palimpsest«, d. h. als Überlagerung von vergangenen Stadtkulturen, die nun wie Textschichten übereinanderliegen (vgl. Assmann 2007).

Governance

Governance bedeutet erst einmal nur »Steuerung«. In der Politikwissenschaft ist Governance ein Schlagwort für neue, mehr oder weniger indirekte Steuerungsformen geworden, gekennzeichnet durch das Diktum: »from government to governance« (vom Regieren zum Steuern). Damit ist gemeint, dass politische Regierung heute nicht mehr auf Programm und Befehl beruhen kann, sondern das Verhandeln mit gesellschaftlichen Akteuren und Interessensgruppen bedeutet (vgl. Rhodes 1996; Rosenau/Czempiel 1992). So gehört zu Governance auch die Frage der teilgesellschaftlichen Selbstorganisation sowie die Aktivierung der Zivilgesellschaft.

Gerade in Städten gewinnt Governance an Gewicht. Stadtpolitik lässt sich ohnedies als Selbstregulation der Stadtgesellschaft verstehen, Aushandlungsprozesse unter einflussreichen städtischen Gruppierungen eingeschlossen (vgl. Oevermann/Mieg 2012). Die Notwendigkeit des Aushandelns wird heute an Problem der Organisation von Großprojekten deutlich. Wenn Infrastrukturen zu bauen oder zu verändern sind oder systematische Stadtentwicklung umgesetzt werden soll, stehen oft zähe Verhandlungen innerhalb der Stadtgesellschaft an. Eine Folge ist der Hang zur Festivalisierung von Stadtpolitik (Häußermann/Siebel 1993), d. h. die Inszenierung der Stadt durch die Organisation von einmaligen Großereignissen in Sport oder Kultur, stets in der Hoffnung auf positive Nebeneffekte für die städtische Wirtschaft. Auf diese Weise zieht sich Stadtpolitik mitunter auf Marketing zurück.

Ein immer wichtigeres Thema ist *multi-level governance* (vgl. Gualini 2006). Städte sind in regionale, nationale und internationale Steuerungskontexte eingebunden und werden hier selber zum Akteur, zum Beispiel wenn es darum geht, europäische Beihilfe zur Stadtentwicklung zu beantragen oder internationale Einrichtungen anzuziehen. Eine andere Steuerungsebene ist die der Regionalentwicklung. Metropolregionen entwickeln sich manchmal über die Grenzen von Bundesländern und Staaten hinweg und erfordern eigene Abstimmungsprozesse. In Großstädten kommt oft eine interne Mehrebenen-Steuerung von Bezirken und Gesamtstadt hinzu.

Die Rede von Governance ersetzt heute die fehlende Planungstheorie. Mit der Ölkrise der 1970er Jahre ging der Glaube an Planung in Form von Prognose und Programmierung verloren. Mit ihm kam auch die Idee einer einheitlichen Systemsteuerung abhanden, wie etwa die Entscheidungstheorie sie anbot. Ohne die theoretische Untermauerung bleibt Governance oft nur Schlagwort. Trotz oder gerade wegen dieser Unbestimmtheit besitzt der Governance-Begriff ein gewisses interdisziplinäres Potential für Soziologie, Politologie und Sozialanthropologie, um Stadtpolitik darzustellen.

Nachhaltige Stadtentwicklung

Nachhaltige Stadtentwicklung gilt seit der Weltkonferenz in Rio 1992 als ein globales Anliegen. Nachhaltigkeit bezieht sich auf einen Umgang mit Ressourcen, welcher nachfolgenden Generationen noch hinreichenden eigenen Entscheidungsspielraum lässt. Das Prinzip stammt aus der Forstwirtschaft und wurde bereits im 18. Jahrhundert angewandt: Wir sollten nie mehr Bäume fällen, als nachwachsen können. Mit der Idee der Nachhaltigkeit ist von Anfang an eine integrative Sicht verbunden: Soziale, ökonomisch und ökologische Anliegen müssen zu einem verantwortungsvollen Ausgleich gebracht werden. Der Ausdruck »Nachhaltigkeit« hat im Deutschen etwas Sperriges; besser wären Prinzip und Anliegen mit dem Ausdruck »Zukunftsfähigkeit« bezeichnet.

Nachhaltige Stadtentwicklung ist kein neuer Ansatz; spätestens seit den 1960er Jahren gibt es eine Diskussion um integrierte Stadtentwicklungsplanung. Die Idee einer verantwortungsvollen Stadtführung und -lenkung hat es ohnehin zu allen Zeiten gegeben. Als die Industrialisierung zunehmend auch die Städte prägte, mit der Hygienefrage in den Städten des 19. Jahrhunderts sowie der sozialen Lage der Arbeiter, kam eine neue Dimension in die Stadtentwicklung in Europa. Diese Entwicklung setzt sich heute in den chinesische Städten und Megacities der Entwicklungsländer fort. Nachhaltige Stadtentwicklung überträgt die Idee einer Bündelung der Anliegen von Umweltschutz, Wirtschaftsentwicklung und sozialem Ausgleich von der internationalen Politikbühne auf die kommunale Ebene.

Nachhaltige Stadtentwicklung wird oft als Leitbild verstanden. Leitbildorientierte Planung wird heute jedoch generell für wenig erfolgreich erachtet. Die Implementierung von nachhaltiger Stadtentwicklung setzte in den 1990er Jahren mit der Aufstellung von Indikatorensystemen ein. Diese erfolgte meist im Rahmen einer sogenannten Lokalen Agenda 21 in Bürgerworkshops. Mess- und Akzeptanzprobleme sowie der Projektcharakter vieler Initiativen verliehen den Indikatorenansätzen selbst eine geringe Nachhaltigkeit. Ganz selten entstand ein längerfristiges systematisches Monitoring zur Überprüfung und Optimierung der Maßnahmen. Heute sind die Indikatorensysteme vielfach ersetzt durch Maße der Lebensqualität: z. B. um Urbanität, Grün, Sicherheit in Städten zu erfassen.

3. Stadtdefinitionen

Die Nebeneinanderstellung verschiedener disziplinärer Ansätze der Stadtforschung macht die unterschiedlichen Stadtbegriffe sichtbar. Die Vielfalt lässt sich nutzen, um im Folgenden Minimaldefinitionen zu konstruieren, wie sie von den Disziplinen transportiert werden. Das Ziel ist dabei, für jede Disziplin eine überschneidungsfreie Stadtdefinition zu finden, d. h. eine Definition abzüglich aller Aspekte, welche auch von anderen Disziplinen beigesteuert werden. Unnötig zu sagen, dass das Stadtverständnis jeder Disziplin über solche Minimaldefinitionen hinausgeht.

Die Minimaldefinition von Stadt, die wir durch *Architektur* gewinnen, ist die *verdichtet gebaute Umwelt*. Es kommen Kriterien wie Schönheit, Ordnung und Funktionserfüllung ins Spiel. Die Rede ist hier einerseits von der Stadtkrone, d. h. der Repräsentation und baulichen Identität einer Stadt. Zum anderen geht es um Stadtfunktionen wie Wohnen, Arbeit und Erholung sowie um deren Verteilung im städtischen Raum.

Die *geografische* Minimaldefinition von Stadt ist der *Ort*. Wenn wir den Ort kennen, bestimmt durch die geografische Lage, können wir einige Randparameter ableiten, z. B. ob Zugang zur See besteht, ob die Stadt in einem Entwicklungsland liegt, zu welcher Region oder welchem Kulturkreis sie gehört etc. Solche Angaben sind unverzichtbar, wenn wir ein wirtschaftsgeografisches Verständnis einer Stadt gewinnen und z. B. die Prosperität einer Stadt erklären wollen. Um Missverständnissen vorzubeugen: Auch und gerade in der Geografie geht es nicht einfach um Antworten auf »Wo?«, sondern um »Warum dort?« Der Ort ist ein notwendiges, aber nicht hinreichendes Definitions-Kriterium für Stadt.

Die *soziologische* Minimaldefinition von Stadt ist die *Stadtgesellschaft*. Die Stadt hat Verbandscharakter, wie Max Weber festhält (2000, 12). Die Art des Verbands bzw. Verbundes ist letztlich eine Frage der sozialen Kommunikation. Ungleichverteilungen von sozialen Gruppen in der Stadt können soziale Segregation bis hin zur »Ghettoisierung« bedeuten, etwa als Ausgrenzung von Armen oder religiösen Minderheiten. Stadt wird soziologisch verstanden als die Kommunikationsprozesse der Stadtgesellschaft untereinander und mit anderen Gruppen.

Die *psychologische* Minimaldefinition von Stadt ist die *erlebte* Stadt. Ein Ausgangspunkt ist die Forschung zum Crowding, d. h. dem Erleben von Dichte im öffentlichen Raum und den individuellen Reaktionen hierauf in Form von Stressempfinden oder Apathie. Ein anderer Ausgangspunkt sind die Bedingungen für Wohnzufriedenheit. Sozusagen auf halbem Wege zwischen Öffentlichkeit und Privatem liegt die Entdeckung der Bedeutung des semi-privaten Raumes, der Hauseingänge, Vorgärten, Flure in Wohnanlagen, in denen nachbarschaftlicher Austausch und Hilfe sich herstellen.

Stadtpsychologie

Stadtpsychologie ist die Anwendung der Psychologie auf Probleme der Stadt, ihrer Entwicklung sowie der Stadtplanung (Harloff 1993; Keul 1995; Mieg/Hoffmann 2006; Richter 2004). Mit Beginn des 21. Jahrhunderts lebt mehr als die Hälfte der Menschheit in Großstädten. Insofern ist Stadtpsychologie eine notwendige Antwort der Psychologie auf Fragen des Erlebens und Verhaltens der Menschen in den sich wandelnden Stadträumen. Umso erstaunlicher scheint es, dass Stadtpsychologie zumindest im deutschsprachigen Bereich noch keine eigenständige fachliche Fassung gefunden hat und seit Jahrzehnten ein Schattendasein neben anderen Teildisziplinen der Psychologie führt. Eine Heimstatt hat sie bislang in der Umweltpsychologie gefunden (vgl. Bell/Fisher/Baum/Greene 1990; Hellbrück/Fischer 1999).

Die Geschichte der Stadtpsychologie ist älter als man denkt. Sie begann gegen Ende des 19. Jahrhunderts mit Untersuchungen zur Situation der Kinder in Berliner Hinterhöfen (Görlitz 1993). Dies war keineswegs ein exotisches Thema. Vielmehr entsprach es der Notwendigkeit, die katastrophalen Hygienebedingungen in den rasch wachsenden Städten zu verbessern. Damit einher gingen die Wahrnehmung der Großstadt als »Moloch« und eine Akzentuierung des Stadt-Land-Gegensatzes. Willy Hellpach hat mit seinem Klassiker *Mensch und Volk der Großstadt* (1939/1952) ein sehr negatives Bild von der Stadt gezeichnet. Das Stadtleben schädige Gesundheit und Fruchtbarkeit. Diese Bild des krankmachenden Stadtlebens – im Vergleich zu einem mehr oder weniger idyllischen Landleben – hat die Stadtpsychologie lange dominiert und wird auch heute immer wieder beschworen.

Ein anderes Herangehen finden wir in der ökologischen Stadtpsychologie, wie sie von Roger G. Barker in den 1960er Jahren ins Leben gerufen wurde (Barker 1968). Ökologie bezieht sich hierbei auf die Stadt als Umwelt und auf ein möglichst vollständiges, »ganzheitliches« Bild von Leben der Menschen in der Stadt – und weniger auf Naturschutz. Das Vorhaben einer ganzheitlichen Erfassung von Stadt als Mensch-Umwelt-System ist sehr aufwendig und stößt immer wieder an Fachgrenzen. In diesem Sinne versucht die heutige Stadtökologie, sich als integrierendes Fach bzw. fächerübergreifendes Projekt zu etablieren (vgl. Kapitel »Stadtökologie« in diesem Band). Die Psychologie hilft der Stadtökologie, Fragen von Wahrnehmung und Bewertung städtischer Umwelt zu klären (van der Meer u. a. 2011).

In den 1960er und 1970er Jahren erlebte die Psychologie eine kognitive Wende, die auch die Stadtpsychologie prägte. Für diese kognitive Sicht steht ein Beitrag des Sozialpsychologen Stanley Milgram (1970). Milgram machte Reizüberflutung – bedingt durch die Vielzahl an Sinneserlebnissen in der

Stadt – zum Ausgangspunkt der psychologischen Frage des Stadterlebens. Die Notwendigkeit der Reizselektion führt nicht nur zu Restriktionen im Sozialverhalten, sondern geht auch mit subjektiven Repräsentationen von Stadträumen einher. Die Untersuchung kognitiver Karten von Städten (schon Lynch 1960) ist seither ein wichtiger Gegenstand stadtpsychologischer Forschung. Dieses Vorgehen trifft sich mit dem Anliegen der Architekturpsychologie, die menschliche Wahrnehmung von städtischen Strukturen und Gebäuden zu erfassen (Richter 2004; Mieg 2008).

Die Stadtpsychologie hat zwei klassische Themen, welche ihre eigene Konjunktur aufweisen: Crowding und Wohnzufriedenheit. Das Thema *Crowding* umfasst alle Frage des Erlebens von Dichte in der Stadt und der resultierenden Verhaltenskonsequenzen (vgl. Bell u. a. 1990). Dichte ist eines der Hauptmerkmale von Städten; Städte sind Knotenpunkte relativer Verdichtung von Personen und baulichen Strukturen. Die Wahrnehmung von baulicher Dichte lenkt unsere Bewegung durch die Stadt wie auch das Sicherheitsempfinden. Dichte kann Stress verursachen und zu entsprechenden Anpassungsreaktionen führen. Die stadtpsychologische Forschung zu Stress erfasst neben Dichteerleben weitere Stressquellen in der Stadt, zum Beispiel: Lärm, den Mangel an Grünflächen oder auch Vandalismus und Gewalt.

Der zweite Klassiker, die Forschung zur Wohnzufriedenheit, entspricht dem ganz praktischen Bedürfnis, Wohnraum mit hoher Lebensqualität zu schaffen. Die Forschung hierzu ist inzwischen sehr umfangreich. Antje Flade hat mit ihrem Buch *Wohnen psychologisch betrachtet* (1987) ein deutschsprachiges Grundlagenwerk geschaffen. Es ist hier auf ein gewisses Paradoxon hinzuweisen: Wohnzufriedenheit ist generell höher, als man erwarten würde. In allen Stadtteilen, welche von vielen Leuten als unbewohnbar gemieden werden, leben Menschen, die sich dort wohl fühlen. Eine befriedigende psychologische Erklärung dieses Phänomens, zum Beispiel über die Reduktion kognitiver Dissonanz oder über soziale Vergleichsprozesse, steht noch aus.

Ein dritter wichtiger Themenbereich sind Fragen von Ortsbindung und Identität. Ortsbindung geht mit Territorialverhalten einher, z. B. der Abgrenzung von privatem Raum in der Stadt. Zu Ortsbindung gesellt sich zudem Wohnzufriedenheit, ist jedoch durch diese nicht zu erklären. Ortsbindung setzt vielmehr eine Art »territoriale Identität« voraus. Identitätsbildung ist auch ein Thema von Architektur und Städtebau (vgl. Kapitel »Architektur« in diesem Band). »Identität« meint hier das »Gesicht« einer Stadt, ausgedrückt in seiner baulichen Struktur. Das Thema Ortsbindung verdeutlicht das Potential von fachübergreifender Betrachtung von Stadterleben. Es offenbart aber auch das bestehende Theoriedefizit: Wie lässt sich territoriale Identität psychologisch verstehen? Welche Art von kognitiv-emotionaler Anpassung steht hinter diesem Phänomen?

Theoriebildung ist eine der zukünftigen Aufgaben der Stadtpsychologie (vgl. Mieg/Hoffmann 2006). Auch neue Interventionsforschung ist gefordert: Städte lassen sich heutzutage nicht mehr »von oben nach unten« steuern, wie es noch im 19. Jahrhundert möglich war. Stadtpolitik erfordert heute das dauernde Aushandeln von Interessen und die Partizipation von sehr unterschiedlichen städtischen Akteuren wie etwa Anwohnervereinen und Projektentwicklern. Die Themen, mit denen sich die Stadtpsychologie einbringen kann, sind Mediation, Experten-Laien-Kommunikation oder auch die Psychologie von Planung (vgl. Fischer 1995; Rambow 2003). Hier kann Stadtpsychologie unmittelbar in die Praxis wirken.

Die *ökonomische* Minimaldefinition von Stadt könnte lauten: *Externalität von Kopplungsprozessen.* Externalität bezieht sich hier auf die positiven wie negativen Effekte von Ballung von Wirtschaftsgeschehen. Dies kann ein Markt sein – Ausgangspunkt des Weberschen Stadtverständnisses – oder steigende Bodenpreise meinen (»Bodenrente«). Externalität bezieht sich aber auch auf sozial geteilte positive wie negative Effekte: auf Gemeingüter wie Straßen und Wasserversorgung oder auf soziale Kosten wie Lärm.

Aus Sicht der *Ökologie* ist Stadt eine Form von *gekoppelten Mensch-Umwelt-Systemen.* Die Stadt bedeutet eine komplexe Störung der Atmo-, Hydround Pedosphäre (Luft, Wasser, Boden) durch eine Verdichtung sozioökonomischer Prozesse (Wirtschaft, Wohnen, Freizeit). Zugleich bedeutet Stadt eigene, neue Evolutionsbedingungen mit neuen Habitaten wie z. B. aufgelassenen städtischen Bahnoder Industriearealen.

Geschichtswissenschaft versteht Stadt als eine *historische Siedlungskontinuität,* z. B. als eine bis heute bestehende städtische Siedlung. Der Ansatzpunkt für die europäische Geschichtswissenschaft ist hierbei das Mittelalter und insbesondere die »gefreite Stadtgemeinde«. Wie Schott in seiner Einführung zeigt, erfolgt eine geschichtswissenschaftliche Rekonstruktion von Stadt im jeweiligen Geist der Zeit. Zu Beginn des 19. Jahrhunderts ging es um eine staatsrechtliche Fassung von Stadt, heute ist die Idee der europäischen Stadt leitend.

Eine eigene Sicht nimmt die *archäologische Stadtforschung* ein. Anders als im Fall der Geschichtswissenschaft ist Stadtkontinuität kritisch. Methodologisch betrachtet ist Stadt ein *interpretierter, re-definierter Siedlungsort.* Im Vordergrund steht oftmals der Versuch, einen Text zu verifizieren, etwa im Fall Trojas. Aber auch eine archäologisch-chronologische Betrachtung macht den Stadtbegriff kritisch: Bei welchen Siedlungen können wir von Stadt sprechen? Zur Zeit der griechischen Kolonisation erfolgte Stadtentwicklung oft durch Synoikismos, das Zusammenlegen bestehender Dörfer.

Die *Verwaltungswissenschaft* diskutiert u. a. das Verhältnis von Stadt und Staat. Städte sind verfassungsrechtlich *Träger kommunaler Autonomie bzw. lokaler Selbstverwaltung.* Die verwaltungswissenschaftliche Diskussion geht um die Kommunalisierung staatlicher Aufgaben, z. B. im Umweltschutz oder in der sozialen Sicherung. Inwiefern sind Städte in der Lage, sich selbst zu regeln? Entspricht das spezifische Verhältnis von Staat und Stadt einer Dezentralisierung oder nur einer »administrativen Dekonzentration«?

Noch schwieriger sind *politikwissenschaftliche* Abgrenzungen, beispielsweise zwischen Kommunalpolitik und Stadtpolitik. Kommunalpolitik meint lokale Politik (sozusagen Politik »im Kleinen«), Stadtpolitik bezieht sich hingegen auf die Interaktion bzw. das Aushandeln mit Akteuren der Stadt. Stadt lässt sich politikwissenschaftlich verstehen als *Kreuzungspunkt der politischen Sphäre mit einflussreichen Akteurskonstellationen auf lokaler Ebene.*

Abschließend sei noch die *kulturwissenschaftliche* Perspektive erwähnt – die Stadt als *kultureller Raum.*

Dies kann bedeuten, Stadt als Text aufzufassen, der gelesen und entschlüsselt werden muss. Eine gewachsene Stadt erscheint dann als Palimpsest, als stadtbiografische Überlagerung von Textschichten verschiedener Epochen. Aus kulturwissenschaftlicher Sicht geht es um Deutung und Interpretation. Nur dadurch wird eine Stadt zu einem Erinnerungsort (*lieu de mémoire*). Für die Kulturwissenschaft wird dadurch Literaturwissenschaft zu einer Leitdisziplin.

Die konstruierten Minimaldefinitionen haben gemeinsam, dass keine wirklich hinreichend zum Verständnis von Stadt ist. Einige scheinen jedoch notwendig: Damit wir von Stadt sprechen können, muss es einen Ort, Menschen und Gebäude geben. Vermutlich muss auch eine wahrgenommene, kulturell verankerte Identität von Stadt gegeben sein. Stadt als Projekt können wir demnach verstehen als:
– einen Ort,
– an dem Menschen auf Dauer leben,
– mit verdichtet gebauter Umwelt
– sowie einer gewissen kulturell tradierten Identität.

Vermutlich müssen wir für ein Stadtverständnis die Dauer hinzudenken. Sonst fehlt dem Stadtbegriff die Trennschärfe gegenüber temporären Einrichtungen wie Werkgeländen mit Wohnanlage. Städte sind Generationen übergreifende Projekte, sie haben Geschichte und Zukunft.

Sieben Begriffe aus der interdisziplinären Stadtforschung

Begriffe sind Instrumente des wissenschaftlichen Arbeitens, es sind die »Arbeitstiere« für Konzeptentwicklung und Theoriebildung. Für den interdisziplinären Gebrauch ist es hilfreich, wenn die Begriffe eine gewisse Unterbestimmtheit und Ambiguität besitzen. Im Folgenden werden sieben Begriffe eingeführt, welche in der interdisziplinären Stadtforschung zur Anwendung gelangen und mit denen wir die aktuellen Diskussionen begrifflich fassen können. Es handelt sich nur um eine Auswahl. Nicht aufgenommen wurden z.B. »Vernetzung« und »Gentrifizierung«; »Vernetzung« wird als Metapher genutzt, die je nach Kontext übersetzt werden muss; »Gentrifizierung« beschreibt ein zu spezifisches Phänomen, als dass es theoretische Kraft entfalten könnte.

---

1. *Governance*: Governance bedeutet generell »Steuerung« und bezieht sich im Speziellen auf die Selbststeuerung der städtischen Gesellschaft. In diesen Kontext gehört die Rede von Stadtpolitik, von der Aktivierung von Zivilgesellschaft, stadtgesellschaftlichen Akteuren (Vereine, Geschäfte, Kirchen, CBOs, d.h. *community based organizations*), bis hin zum Schlagwort vom Recht auf Stadt (*Le droit à la ville*, Lefebvre 1968). Die Ambiguität von Governance ermöglicht, dass zum Beispiel das »Neue Steuerungsmodell«, das eine unternehmensähnliche Stadtverwaltung konzipiert, ebenso unter Governance assoziiert werden kann.

2. *Großstadt, Global City, Megacity, Metropole, Megalopolis*: Hier geht es um die Frage, welchen Typus von *besonderer* Stadt wir im Blick haben. Die Begriffe Großstadt (> 100 000), Megacity (> 10 Mio), Megalopolis (> 100 Mio) entfalten die Größendimension von Siedlung. Global City ist eine funktionale Bezeichnung und bezieht sich auf Städte als Schaltstellen der globalisierten Wirtschaft (Sassen 2001). Metropolen sind Vorbild- oder Referenzstädte (Mieg 2012).

3. *Habitus*: Habitus (aus dem Lateinischen für »Haltung«) ist ein durch Pierre Bourdieu (z.B. Bourdieu 1979) geprägter Begriff für eine Ansammlung von konstanten Verhaltensweisen und produktiven Äußerungsformen (»Dispositionen«), die für eine soziale Gruppe charakteristisch sind. Im übertragenen Sinn spricht man auch vom Habitus einer Stadt. Der Begriff des Habitus soll helfen, Stadtidentität oder auch den sichtbaren Charakter einer Stadt zu verstehen. In diesem Kontext gebrauchte Alternativbegriffe sind das *imaginaire* (französisch für »imaginär«, »erdacht«) als Ausdruck für die überhöhten, symbolisch verdichteten Vorstellungen von einer Stadt (Lindner 2008) oder auch die »Eigenlogik der Städte« (Berking/Löw 2008).

4. *Kommunale Autonomie*: Kommunale Autonomie ist ein Prinzip, das unter verschiedenen Bezeichnung und mit unterschiedlichen Begriffsfacetten auftaucht, z.B. als Selbstverwaltung von Städten oder auch als Titel »freie Stadt«. Kommunale Selbstverwaltung bezeichnet die Kompetenz von Gemeinden, sich selbständig zu verwalten. Im Mittelalter war kommunale Autonomie mit der Verleihung des Stadtrechts verbunden. Kommunale Au-

tonomie kann sehr unterschiedliche Ausprägungen aufweisen, im Idealfall bis hin zu einer Selbstverwaltung in allen Fragen von Abgaben und Steuern.

5. *Palimpsest*: Die Metapher des Palimpsests wurde von Aleida Assmann (2007) eingeführt. Ein Palimpsest ist ein antikes oder mittelalterliches Schriftstück, welches durch Reinigung oder Abschabung gelöscht und danach neu beschrieben wurde und deren ursprüngliche Beschriftung durch bestimmte Techniken teilweise wieder lesbar gemacht werden kann. Das Palimpsest ist eine nützliche Metapher, um die besondere Art der historisch überlagerten und überschriebenen Texturen einer Stadt begreiflich zu machen. Der Begriff eignet sich von daher für die Diskussion zum städtischen Welterbe in der Architektur (Mieg/Mieg-Debik 2008).

6. *Segregation*: Segregation bezeichnet den Prozess der sozial-räumlichen Differenzierung bzw. Ungleichverteilung der Wohnbevölkerung in einer Stadt bzw. einem Stadtteil. Unterschieden wird zwischen freiwilliger und erzwungener Segregation. Die freiwillige Segregation führt z. B. in Gated Communities, die erzwungene in die Ghettoisierung. Unklar bleibt die Bewertung von Segregation: Ist sie immer schädlich? Zu welchem Anteil ist Segregation unvermeidbar oder gar hilfreich? In diesem Kontext kommt häufig auch die Diskussion um die Parallelgesellschaft, eine kontroverse Bezeichnung für eine Minderheitskultur, die eigenen Regeln folgt.

7. *Stadtentwicklung*: Der Begriff der Stadtentwicklung hat meistens eine passive Prägung: Eine Stadt entwickelt sich. Hiermit lässt sich historische Entwicklung erfassen, zum Beispiel das Entstehen von griechischen Städten durch das Zusammenlegen von Dörfern (Synoikismus) oder die Entwicklung der industriellen Stadt (im Kontext des Übergangs von »fordistischer« zu »postfordistischer« Produktion). Der Begriff der Stadtentwicklung kann jedoch auch in einem aktiven Sinne – ähnlich dem englischen *to develop* – gebraucht werden, etwa wenn von Projektentwicklung die Rede ist. Dann geht es um Planung und Gestaltung in der Stadt. Manchmal ersetzt heute die Rede von Stadtentwicklung bzw. Stadtentwicklungsplanung den Begriff »Stadtplanung«, um den Anspruch einer direktiven Planung zu vermeiden.

4. Stadtzukünfte

Städte sind ein sich wandelndes Phänomen. Das macht ihre Definition so schwierig. Stadtdefinitionen hängen von Perspektiven auf die Stadt und damit von Zeitpunkt und gewählter Disziplin ab. Städte stellen hochkomplexe Weltausschnitte dar: In den Städten spiegeln sich die Verhältnisse auf dem Land (durch Migration, Handel, Konsumverhalten) ebenso wie die generelle wirtschaftliche und politische Lage wider. Im Folgenden werden Themen vorgestellt, welche die Bezugslinien von Städten zu Land, Staat bzw. Wirtschaft aufgreifen und entsprechende Zukunftsoptionen entwerfen. Auch in diesem Sinn können wir von Städten als Projekten sprechen. Abschließend erörtern wir mit Stadtsystemanalyse einen integrativen Ansatz zur Stadtforschung, der diesen Stadt-Perspektiven gerecht werden soll.

Stadt und Region

Regionen ordnen die Bezüge von Stadt und Land neu. Die Regionen umfassen eine oder mehrere Städte und ihre Vernetzungsräume und schaffen für diese eine gemeinsame Entwicklungsperspektive. Dies finden wir in Ländern unterschiedlicher Wirtschaftskraft. In Entwicklungs- und Schwellenländern ist das Verhältnis von Stadt und Land oft kritisch aufgrund von Landflucht und Migration in die Städte. In Europa sind Infrastrukturen im ländlichen Raum oft hervorragend. Mitunter haben wir es mit durchwegs verstädterten Räumen zu tun: z. B. weisen die Niederlande eine höhere Verdichtung als die administrative Stadt Chongqing in China auf, welche doppelt so groß wie die Niederlande ist.

Das Faszinierende an Regionalentwicklung ist, dass diese oft nicht den politischen oder planerischen Vorgaben folgt. Oftmals entsteht länderübergreifend eine wirtschaftsgeografisch fassbare Vernetzung, etwa in der Region Aachen, die sich nach den Niederlanden hin entwickelt, oder der Region Lille, die Frankreich und Belgien verbindet. Städte als Projekte weiten sich räumlich aus. Die Treiber sind Pendlerströme, Wertschöpfungsketten, Verkehrsverbünde und gelebte Nachbarschaften,

Die Region ist die Chance, das Wachstum der Megacities zu lenken, etwa in Mumbai. Hier ergeben sich neue Bezüge von Stadt und Land, nicht einfach im Sinne von Verstädterung und Verdichtung des ländlichen Raumes, sondern eines Bewahrens oder Einschlusses von ländlichen Strukturen im Stadtraum. Ein Beispiel sind die entdichteten *urban villages* in Mumbai, die einen Gegenentwurf zu den gewaltigen Slums in Mumbai darstellen. Urban villages bedeuten ein Stück nachhaltige Stadtentwicklung (Jain u. a. 2013).

Stadt und Weltgesellschaft

Städte wachsen in ihrer Bedeutung manchmal über ihre Länder hinaus. In diesem Fall sprechen wir von Metropolen. Genf und Zürich haben in unserer globalisierten Welt ein Gewicht, das die politische Bedeutung der Schweiz weit übersteigt, Genf als eine Zentrale im UN-System, Zürich als Finanzmetropole. Globalisierung geht mit einem gewissen Kosmopolitanismus einher. Dieser wird getragen von der medialen Globalisierung von Stadtleben einerseits und den *global professionals*, welche sich täglich in multinationalen Unternehmen oder für Unternehmen um die Welt bewegen. Kosmopolitanismus ist die Stütze der Idee einer Weltgesellschaft, d. h. eines transnationalen Zusammenlebens wie in einer sehr großen Stadt. Die Idee einer Weltgesellschaft transzendiert die bekannte Bezugslinie zwischen Stadt und Staat.

Metropolen sind die Bühnen und Schaltstellen der Weltgesellschaft. Metropolen haben Leit- und Vorbildfunktion (Mieg 2012): für Prosperität und Formen sozialen Aufstiegs ebenso wie für die Chance auf gesellschaftliche Integration, etwa religiöser Minderheiten. Metropolen sind Bühnen für die Präsentation von Macht und Marken, aber auch für Protestbewegungen wie Attac und Occupy. Städte treten zunehmend auch als Akteure auf, zum Beispiel bei Fragen des Klimawandels. Metropolen organisieren sich weltweit, um gemeinsam Probleme unserer Zeit anzugehen. Einerlei, ob wir Weltgesellschaft über Kommunikation (N. Luhmann), Institutionenbildung (J. W. Meyer) oder als transnationale Entwicklung (V. Bornschier) verstehen, im Prinzip handelt es sich um eine global gedachte Stadtgesellschaft.

Stadt und Innovation

UN-Habitat (1996) sieht Städte als Maschinen des Wachstums. Die Lenkung von Investitionen in Forschung und Entwicklung, d. h. in Innovation, erfolgt meist in Städten. Dort konzentrieren sich nicht nur die Zentralen großer und kleinerer Betriebe, sondern auch der Kapitalverkehr und unternehmensnahe Dienstleister wie z. B. die Werbebranche. Das Thema Stadt und Innovation ist eine produktive Wendung der Bezugslinie von Stadt und Wirtschaft. Wir können hier unmittelbar an die Diskussion über die Wissensgesellschaft anknüpfen. Denn Nähe ist ein wichtiger städtischer Innovationsfaktor, z. B. in der Finanzindustrie. Die Entwicklung neuer Finanzprodukte erfordert das Zusammenspiel mit Marketing- und Rechtsspezialisten, wie wir sie in New York und London finden.

Verfügen Städte über eigene, »metropolitane« Innovationssysteme? (vgl. Fischer/Revilla Diez/Snickars 2001). Verfügen Städte über die politische und institutionelle Macht, um den Zusammenhang von Bildung, Forschung und Wirtschaftsentwicklung zu steuern? Es gibt Gründe, dies zu verneinen und Innovationssysteme auf nationaler Ebene anzusetzen: Nationale Rahmengesetzgebung sowie staatliche Investitionen spielen eine entscheidende Rolle; auch wenn das Beispiel des Stadtstaates Singapur zeigt, welch große Entwicklungsschübe durch eine klare politische Steuerung eines Innovationssystems möglich sind – und dass der städtische Kontext die Umsetzung erleichtert. Innovation bedeutet in diesem Zusammenhang zweierlei: zum einen Produktinnovationen (im klassischen Sinne), zum anderen institutionelle Innovationen als Teil des nationalen Innovationssystems. Eine solche institutionelle Innovation war die staatliche Regelung des Geldwechselgeschäftes in Venedig, die eine Wurzel des heutigen Bankgeschäftes wurde.

Eine neue Forschungsperspektive sind institutionelle und soziale Innovationen in Städten und für Städte (Mieg/Töpfer 2013). Städte sind von jeher Orte sozialer Innovation: Armenhäuser, Hospitäler, Museen, Börsen sind weitgehend Erfindungen von Städten. In Städten sind diese Innovationen auch räumlich und symbolisch als Bauten positionierbar. Wichtige institutionelle und soziale Innovationen sind jedoch organisatorischer Natur und deshalb weniger gut greifbar: so die neuen Formen von Partizipation und Bürgerengagement in der Planung oder neue Formen von Kooperation von Universitäten und den Trägern der Stadtentwicklung. Eine offene Frage ist, inwiefern mediengestützte soziale Netzwerke auch zu einer innovativen Stadtentwicklung beitragen können.

Stadtsystemanalyse?

Immer wieder neu formuliert wird die Forderung
nach einer integrativen Stadtforschung, welche eine
umfassende Stadtplanung und -steuerung ermöglicht. Die offene Frage ist, woher die Leitidee kommen kann. Ansatzpunkte sind beispielsweise:
- die Planungstheorie
- eine an der Biologie orientierte Stadtökologie (so-
  zial-ökologische Systeme, Städte als Organismen),
- die allgemeine Systemtheorie (mit kybernetischen
  Wurzeln, Städte als lebende Systeme)
- Umweltforschung (Städte als Kreuzungspunkte
  von Stoffströmen mit übergroßem ökologischem
  Fußabdruck etc.).

Ein Ausgangsproblem ist das Scheitern der alten Planungstheorie, die noch in den 1960er Jahren en
vogue war. Ihr Hauptinstrument war die Extrapola-
tion, die Errechnung von zukünftigen Weltzustän-
den aus der differenzierten Fortschreibung bestehender Zustände. Die Ölkrise der 70er Jahre und der
Fall des eisernen Vorhangs 1989 waren jedoch nicht
extrapolativ vorhersehbar. Dessenungeachtet benötigt jede Planung gewisse Vorhersagen, dies gilt für
Unternehmen wie für Städte. Dass die Vorhersagen
falsch sein können, muss in die Planung einbezogen
werden und nicht ein Scheitern darstellen. Aus dieser Einsicht wurde die strategische Planung geboren
(Mintzberg 1994; Mieg 2001).

So stellt sich die Frage nach einer neuen Stadtsystemanalyse. Ein Ansatz hierzu ist die Stadtökologie,
welche die Städte als Mensch-Umwelt-Systeme versteht. Der Stadtökologie ist in diesem Band ein eigenes Kapitel gewidmet. Ein anderer Ansatz kommt
aus der Erdsystemanalyse (Schellnhuber u. a. 2004).
Erdsystemanalyse betrachtet das System, das durch
den Planeten Erde definiert wird. Der Fokus liegt auf
Veränderungen der biogeochemischen Prozesse im
Zeitalter des Menschen, dem Anthropozän. Ein
grundsätzliches Problem verbindet sich mit dem integrativen *Systembegriff*: Die naturwissenschaftlichen Systemansätze gehen von Partikeln, Energie
etc. als Grundeinheiten von Welt aus. Sozialwissenschaftliche Systemansätze hingegen – etwa bei Luhmann (1984) – sehen Handlung oder Kommunikation als Grundstoff von sozialen Systemen an. Die
Integrationsfrage ist alles andere als trivial (Mieg
2005).

Zukünftige Stadtforschung steht vor einer ganzen
Reihe von Herausforderungen, welche ein integrati-
ves Herangehen erforderlich machen. Diese fach-
übergreifenden Aufgaben und Fragen werden in den
folgenden sechzehn Kapiteln immer wieder ange-
sprochen und können manchmal nur am Rande be-
handelt werden. Um nur einige zu nennen:
- Mit welcher Art Städten werden wir zukünftig zu
  tun haben (z. B. Stadt-Regionen)?
- Brauchen wir eine neue Planungstheorie, um (a)
  Städte besser zu verstehen bzw. (b) zu steuern?
- Was sind überhaupt die Folgen von städtischer
  Verdichtung für den Menschen?
- Welche Segregation in Städten ist gut und nützlich? Welche nicht?
- Was bedeutet Stadtidentität – für die Städte und
  für die Menschen?
- Wie berücksichtigen wir Geschichte und Pfadab-
  hängigkeit von Städten?
- Die Frage der Zeit: Benötigt die Beschleunigung,
  welche die Globalisierung mit sich bringt, auch
  eine beschleunigte Steuerung? Wie vereint sich
  dies mit demokratischer Steuerung, die ja immer
  Zeit benötigt?
- Welches Verhältnis von Hierarchisierung vs. Dezentralisierung benötigen wir in Großstädten und
  Stadtregionen? Was lernen wir aus entsprechenden Modellen in der Organisationstheorie?
- Wie weit trägt die Vernetzungsmetapher für
  Städte?
- Wie verbinden wir sehr unterschiedliche Betrach-
  tungsebenen (top-down vs. bottom-up, Global
  Systems Science vs. Stadtteilsystemanalyse)?
- Welche Typen und Typologien von Städten sind
  sinnvoll (Städte des »Nordens« vs. »Südens«; Ha-
  fenstädte vs. Binnen-Hauptstädte? Global Cities
  vs. Megacities?)

Stadtforschung ist ein multidisziplinäres Unterfangen, es ergeben sich vielfältige Zugänge. Ohne den
Vergleich überdehnen zu wollen: Stadtforschung ähnelt einer Stadt mit vielen Stadttoren und verwinkel-
ten Ecken. Auch in der Stadtforschung herrscht eine
gewisse Anonymität: Unterschiedlichste Ansätze
können hier überleben, ohne sich je gegenseitig zur
Kenntnis zu nehmen. Für gute Stadtforschung benötigt man beides: den Überblick und den Willen, ins
Leben der Stadtviertel einzutauchen. So ergeben sich
vielfältige interdisziplinäre Chancen. Hierfür steht
unser Buch.

Literatur

Assmann, Aleida: *Der lange Schatten der Vergangenheit: Erinnerungskultur und Geschichtspolitik.* München 2007.

Barker, Roger G.: *Ecological Psychology.* Stanford 1968.

Bathelt, Harald/Malmberg, Anders u.a.: »Cluster and Knowledge: Local Buzz, Global Pipelines and the Process of Knowledge Creation«. In: *Progress in Human Geography* 28.1 (2004), 31–56.

Bell, Paul A./Greene, Thomas C. u.a.: *Environmental Psychology.* Fort Worth ³1990.

Benjamin, Walter (1982): *Das Passagen-Werk. Gesammelte Schriften* V 1. (Hg. von Rolf Tiedemann). Frankfurt a. M. 1982.

Berking, Helmuth/Löw, Martina (Hg.): *Die Eigenlogik der Städte: Neue Wege für die Stadtforschung.* Frankfurt a. M. 2008.

Berger, Peter L./Luckmann, Thomas: *Die gesellschaftliche Konstruktion der Wirklichkeit. Eine Theorie der Wissenssoziologie.* Frankfurt a. M. 1970 (engl. 1966).

Bourdieu, Pierre: *La distinction: critique sociale du jugement.* Paris 1979. (deutsch: *Die feinen Unterschiede: Kritik der gesellschaftlichen Urteilskraft*).

Castells, Manuel: *The Rise of the Network Society.* Oxford 1996.

Chittolini, Giorgio: »Stadtgeographien und politische und wirtschaftliche Expansionsräume in Ober – und Mittelitalien (14.–16. Jahrhundert)«. In: Oberste, Jörg (Hg.): *Metropolität in der Vormoderne.* Regensburg 2012, 139–149.

Engels, Friedrich: *Die Lage der arbeitenden Klasse in England: nach eigner Anschauung und authentischen Quellen.* Leipzig 1845.

Fischer, Manfred: *Stadtplanung aus der Sicht der Ökologischen Psychologie.* Weinheim 1995.

Fischer, Manfred M./Revilla Diez, Javier u.a.: *Metropolitan Innovation Systems.* Berlin 2001.

Flade, Antje: *Wohnen psychologisch betrachtet.* Bern 1987.

Florida, Richard: *The Rise of the Creative Class.* New York 2002.

Geertz, Clifford: *The Interpretation of Cultures.* New York 1973.

Görlitz, Dietmar: »Es begann in Berlin – Wege einer entwicklungspsychologischen Stadtforschung«. In: Harloff, Hans Joachim (Hg.): *Psychologie des Wohnungs- und Siedlungsbaus.* Göttingen 1993, 97–120.

Gualini, Enrico »The Rescaling of Governance in Europe: New Spatial and Institutional Rationals«. In: *European Planning Studies* 14 (2006), 881–904.

Häußermann, Hartmut/Siebel, Walter (Hg.): »Festivalisierung der Stadtpolitik. Stadtentwicklung durch große Projekte«. In: *Leviathan* (Sonderheft 13). Opladen 1993.

Harley, J. Brian: »Deconstructing the Map«. In: *Cartographica* 26 (1989), 1–20.

Harloff, Hans Joachim (Hg.): *Psychologie des Wohnungs- und Siedlungsbaus: Psychologie im Dienste von Architektur und Stadtplanung.* Göttingen 1993.

Hellbrück, Jürgen/Fischer, Manfred: *Umweltpsychologie. Ein Lehrbuch.* Göttingen 1999.

Hellpach, Willy: *Mensch und Volk in der Großstadt.* Stuttgart 1932/1952.

Jain, Julian/Grafe, Fritz-Julius u.a.: »Mumbai, the Megacity

and the Global City: A View of the Spatial Dimension of Urban Resilience«. In: Mieg, Harald A./Töpfer, Klaus (Hg.): *Institutional and Social Innovation for Sustainable Urban Development.* London 2013, 193–213.

Keul, Alexander (Hg.): *Menschliches Wohlbefinden in der Stadt.* Weinheim 1995.

Koch, Florian: »Georg Simmels ›Die Großstädte und das Geistesleben‹ und die aktuelle Gentrification-Debatte«. In: Mieg, Harald A./Sundsboe, Astrid O. u.a. (Hg.): *Georg Simmel und die aktuelle Stadtforschung.* Wiesbaden 2011, 91–113.

Landry, Charles: *The Creative City.* London 2000.

Lefebvre, Henri: *Le droit à la ville.* Paris 1968.

Lindner, Rolf: »Textur, imaginaire, Habitus – Schlüsselbegriffe der kulturanalytischen Stadtforschung«. In Berking, Helmuth/Löw, Martina (Hg.): *Die Eigenlogik der Städte: Neue Wege für die Stadtforschung.* Frankfurt a. M. 2008, 83–94.

Luhmann, Niklas: *Soziale Systeme.* Frankfurt a. M. 1984.

Lynch, Kevin: *The Image of the City.* Boston 1960.

Mieg, Harald A.: *The Social Psychology of Expertise: Case Studies in Research, Professional Domains, and Expert Roles.* Mahwah/NJ 2001.

Mieg, Harald A.: »Warum wir EINE Umweltwissenschaft brauchen und Interdisziplinarität (nur) eine nützliche Fiktion ist«. In: Baumgärtner, Stefan/Becker, Christian (Hg.): *Wissenschaftsphilosophie interdisziplinärer Umweltforschung.* Marburg 2005, 73–86.

Mieg, Harald A.: »Das ›zu große‹ Mannheimer Schloss: Eine stadtpsychologische Betrachtung«. In: *Die alte Stadt* 35.1 (2008), 21–36.

Mieg, Harald A.: »Metropolen: Begriff und Wandel«. In: Oberste, Jörg (Hg.): *Metropolität in der Vormoderne.* Regensburg 2012, 11–33.

Mieg, Harald A./Endlicher, Wilfried u.a.: »Four types of knowledge integration management in interdisciplinary research on cities and the environment«. In: *Cities and the Environment* 1 (2008), 1–12 (online-publication).

Mieg, Harald A./Hoffmann, Christian (Hg.): *Stadtpsychologie.* Sonderheft *Umweltpsychologie* 10.2 (2006).

Mieg, Harald A./Mieg-Debik, Anja: »Konversion: Vom Planen zum Lesen der Städte«. In: Europa eine Seele geben (Hg.): *Städte und Regionen: Ihre kulturelle Verantwortung für Europa – Ein Leitfaden.* Berlin 2008.

Mieg, Harald A./Sundsboe, Astrid O. u.a.: *Georg Simmel und die aktuelle Stadtforschung.* Wiesbaden 2011.

Mieg, Harald A./Töpfer, Klaus (Hg.): *Institutional and social innovation for sustainable urban development.* London 2013.

Milgram, Stanley: »Das Erleben der Großstadt: Eine psychologische Analyse«. In: *Zeitschrift für Sozialpsychologie* 1 (1970), 142–152.

Mintzberg, Henry: *The Rise and Fall of Strategic Planning.* New York 1994. (dt. 1995).

OECD: *Managing National Innovation Systems.* Paris 1999.

Oevermann, Heike/Mieg, Harald A.: »Städtische Transformationen erforschen: Die Diskursanalyse im Bereich Denkmalschutz und Stadtentwicklung«. In: *Forum Stadt* 39 (2012), 316–325.

Rambow, Riklef: »Zur Rolle der Psychologie für Architektur und Stadtplanung: Didaktische und konzeptionelle Überlegungen«. In: *Umweltpsychologie* 7 (2003), 54–68.

Rhodes, R. A. W.: »The New Governance: Governing without Government«. In: *Political Studies* 44.4 (1996),
652–667.

Richter, Peter G. (Hg.): *Architekturpsychologie: Eine Einführung*. Lengerich 2004.

Rosenau, James N./Czempiel, Ernst O. (Hg.): *Governance
Without Government: Order and Change in World Politics*. Cambridge 1992.

Sassen, Saskia: *The Global City*. Princeton ²2001.

Schellnhuber, Hans Joachim/Crutzen, Paul J. u. a. (Hg.):
Earth System Analysis for Sustainability. Cambridge/
London 2004.

Simmel, Georg: *Philosophie des Geldes*. In: Ders.: Gesamtausgabe. Bd. 6. Frankfurt a. M. [1900] (1995a).

Simmel, Georg: *Die Großstädte und das Geistesleben*. In:

Ders.: Gesamtausgabe. Bd. 7. Frankfurt a. M. [1903]
(1995b).

UN-Habitat: *An Urbanizing World: Global Report on Human Settlements 1996*. Oxford 1996.

UN-Habitat: *State of the World's Cities 2006/2007. The Millenium Development Goals and Urban Sustainability*.
London 2006.

van der Meer, Elke/Brucks, Martin u. a.: »Human percep-
tion of urban environment and consequences for its de-
sign«. In: Endlicher, Wilfried u. a. (Hg.): *Perspectives in
Urban Ecology – Studies of Ecosystems and Interactions
Between Humans and Nature in the Metropolis of Berlin*.
Berlin/Heidelberg 2011, 305–331.

Weber, Max: *Wirtschaft und Gesellschaft: Die Stadt* (Stu-
dienausgabe, hg. von Wilfried Nippel). Tübingen 2000.

Teil I: Die Stadt als Feld multidisziplinärer Forschung

Harald A. Mieg

Überblick

Dieser erste Teil des Buches spannt das Feld der Stadtforschung in seiner multidisziplinären Breite auf. In Fächern wie der Geografie und Soziologie hat der Bezug auf Stadt als Gegenstand eigene Teildisziplinen geschaffen. In der Architektur ist Stadt fast allgegenwärtig, Architektur als Fach ist ohne Stadtplanung und Städtebau kaum vorstellbar. Anders verhält es sich mit dem Bezug auf Stadt in der Archäologie und den Politik- und Verwaltungswissenschaften. Hier muss sich Stadt als Idee immer wieder aufs Neue bewähren. Eine Stadtpsychologie als Teildisziplin der Psychologie, vergleichbar einer Stadtsoziologie oder -geografie, gibt es nicht. Es handelt sich vielmehr um ein virtuelles Projekt, das mit Einzelforschungen immer wieder aufgenommen wird. Stadtökonomie und Stadtökologie wiederum sind Fächer, die wir im Entstehen beobachten können. Stadtökonomie etabliert sich als ein spezielles Anwendungsfeld und als Teilfach der Ökonomik. Stadtökologie ist auf dem Weg, sich von der Biologie als wissenschaftlicher Heimatdisziplin der Ökologie zu emanzipieren und ein interdisziplinäres Fachprofil zu erwerben. Zu den Kapiteln im Überblick:

Das Kapitel *Architektur: Stadtplanung und Städtebau* ist ein Gang durch die Themenvielfalt, unter welcher im Fach Architektur Städte eine Rolle spielen. Denn so Johannes Cramer: »Stadt ohne Architektur ist nicht vorstellbar. Architektur ohne Architekten ist nicht vorstellbar.« Die Einführung beginnt mit der Frage der Dimensionalisierung von Stadtplanung und Städtebau: zwei Dimensionen (Plan), drei Dimensionen (gebauter Raum), oder vier Dimensionen (Stadtentwicklung). Der erste große Schwerpunkt liegt auf dem Städtebau und seinen Leitbildern. In die Betrachtung fallen ästhetische Fragen mit Blick auf »Schönheit und Regelmäßigkeit« wie auch die Frage nach Funktionserfüllung und Lebensqualität in Städten. Immer wieder neu stellt sich für Architekten die Frage der Stadtfunktio-

nen: Die Charta von Athen aus dem Jahre 1933, die zu einem bedeutenden Manifest der Architektur wurde, schlug eine Trennung von Wohnen, Arbeiten, Erholung und Verkehr vor. Brasilia, die Hauptstadt Brasiliens, wurde ganz im Sinne der Charta von Athen unter der Maßgabe der Nutzungstrennung gebaut.

Im Kapitel *Stadtgeografie* macht Christof Parnreiter eine kritische Bestandsaufnahme hinsichtlich des Theoriegehalts und Forschungsertrags stadtgeografischer Ansätze. Er zeigt, wie in der Geografie einerseits neue relationale Raumkonzepte Fuß gefasst haben. Andererseits wirken alte Paradigmen wie das der zunehmenden Verstädterung der Welt weiterhin forschungsleitend. Ein großes Potential sieht Parnreiter in der Forschung zu Städten als Wirtschaftsstandort: Hier stellt sich nicht einfach nur die Frage nach dem »Wo?« Vielmehr wird ein Antwort auf die Frage nach dem »Warum dort?« erforderlich. Ein Klassiker ist Christallers Theorie, wonach bestimmte Orte »zentral« sind und Versorgungsleistungen für weniger zentrale Orte übernehmen. Einflussreich ist auch die marxistische Tradition der Geografie, vor allem David Harvey. Für die aktuelle Diskussion stehen die Arbeiten von Ed Soja zur sozialräumlichen Konstitution von Stadt. Resümierend fordert Parnreiter eine noch intensivere, auch theoretische Fassung der physisch-materiellen und der gesellschaftlichen Seiten der Stadtentwicklung.

Christine Hannemann führt *Stadtsoziologie* als eine eigene, spezielle Soziologie ein. Für den soziologischen Blick auf die Stadt stellt sich die grundsätzliche Frage nach den Entstehungsgründen, Problemen und Perspektiven der modernen, bürgerlich-kapitalistischen Gesellschaft. Die Stadtsoziologie als Teilfach der Soziologie führt zurück auf die Chicagoer Schule aus den Anfängen des 20. Jahrhunderts, verbunden mit Namen wie Ezra Park und Louis Wirth. Zum Programm der Chicagoer Schule gehörte, Forschung in die Straßen zu verlegen und so nah wie möglich an den Menschen durchzuführen. Auch einige zentrale Themen wurden damals vorgegeben, zum Beispiel Segregation, d.h. die Frage der stadt-räumlichen Mischung bzw. Entmischung sozialer Gruppen. Hannemann beschreibt in ihrem Kapitel den Bogen zu neuen Themen aus der Architektur- und Wohnsoziologie. Abschließend diskutiert sie die Rolle der Stadtsoziologie einerseits als Gesellschafts-theorie, anderseits als erfolgreiches soziologisches Professionalisierungsprojekt in der Stadtberatung.

Das Kapitel *Stadtökonomie* von Guido Spars ist Ausdruck der Formation einer stadtökonomischen Teil-Disziplin im Fach Ökonomie. Ausgangspunkt der stadtökonomischen Argumentation sind Grö-ßenvorteile oder Skalenerträge (economies of scale): Angenommen, es gäbe eine Wirtschaft ohne Grö-ßenvorteile in der Produktion von Gütern; dies würde bedeuten, man könnte alle Güter und Dienst-leistungen auch in sehr kleinen Mengen zu Mini-malkosten quasi überall produzieren. In dieser Öko-nomie gäbe es keine Städte. Spars eigener Schwer-punkt liegt auf der Immobilienwirtschaft. So beginnt er seine Darstellung stadtökonomischer Theorie im Bereich Landnutzung, Standorte und Immobilien-märkte. Es folgt eine Einführung in die Agglome-rations- und Clustertheorie, die als wesentliche Grundlagen der heutigen räumlichen Wirtschafts-politik gesehen werden kann. Den Abschluss bilden Erörterungen zu Städten als privilegiertem Innovati-onsfeld der Wissensproduktion und somit zur Wis-sensökonomie der Städte von Morgen.

Wilfried Endlicher führt *Stadtökologie* als inter-disziplinäres Projekt ein. Der Begriff der Stadtökolo-gie wurde einst von der Chicagoer Schule der Stadt-soziologie geprägt, und zwar in gezielter Entlehnung aus der Biologie. Nach dem Zweiten Weltkrieg hat sich auch aus der biologischen Ökologie heraus eine Stadtökologie entwickelt. Einen Anfang bildete die Forschung zu Tier- und Pflanzenarten in Städten und ihrer Sukzession an bestimmten Standorten in einer Stadt wie dem kriegszerstörten Berlin. Stadt-ökologie führt bestehende umweltorientierte For-schung zu Wasserkreisläufen, Stadtklima und Stadt-böden systematisch zusammen. So ist schon länger erforscht, dass Städte Wärme speichern und »Wär-meinseln« darstellen. Relativ neu ist die Erfassung von städtischen Umweltleistungen (ecosystem servi-ces), etwa durch Grünanlagen in der Stadt. Fast zwangsläufig stellt sich die Frage nach einer integra-tiven Theorie-Perspektive auf die unterschiedlichen natürlichen und sozialen Sphären von Stadt. Stadt-ökologie spricht heute von Städten als Mensch-Um-welt-Systemen.

Dieter Schott beginnt seine Einführung in die *Stadt in der Geschichtswissenschaft* mit der Beobach-tung: Wie für die Geschichtswissenschaft insgesamt gilt auch für die Stadtgeschichte, dass die Fragen der Historiker in erheblicher Weise aus ihrer jeweiligen Gegenwart motiviert sind. Schott zeigt, wie im frü-hen 19. Jahrhundert das Interesse an Stadtgeschichte begann, und zwar als ein primär rechtsgeschichtli-ches Interesse an der Herausbildung von Städten als rechtlich fassbaren Körperschaften (›Stadtrechte‹ etc.). Wichtiger Bezugspunkt sind nach wie vor die mittelalterliche Stadt und die »Klärung des Ur-sprungs der gefreiten Stadtgemeinde«, also der Her-ausbildung städtischer Gemeinden in Ausein-andersetzung mit der Herrschaft um die »Freiheits-rechte der städtischen Bürger«. Von daher fokussiert auch die jüngere Stadtgeschichtsforschung auf der Genese des europäischen Bürgertums. Schott schließt seine Überlegungen mit einer Diskussion um die Idee der europäischen Stadt.

Die Einführung in die *archäologische Stadtfor-schung* erfolgt in zwei Teilen und spiegelt die starke Spezialisierung auf diesem Feld wider. Im ersten Teil stellt Chrystina Häuber das Beispiel Rom vor. Rom als die größte und mächtigste Stadt der Antike gilt seither als ein Vorbild und Maßstab für Metropolen. Im zweiten Teil führt Roald Docter in archäologi-sche Stadtforschung der griechischen und puni-schen Welt ein. Die griechische und punische Kolo-nisation der Küsten des Schwarzen Meeres und ins-besondere des Mittelmeerraumes waren ein Motor der frühen Stadtentwicklung in Europa. Häuber be-ginnt das Beispiel Rom mit einem »topographischen Manifest«, das die interpretativen Probleme archäo-logischer Stadtforschung auflistet. Anhand von drei Beispielen für Bodenfunde erläutert sie die Entwick-lung Roms. Roald Docter beginnt seine Einführung in griechische und punische Kolonisation mit Über-legungen zum Stadtbegriff, zumal unter dem Ge-sichtspunkt der Vernetztheit der Siedlungsaktivitä-ten. In diesem Licht erörtert Docter die drei Bei-spielstädte Karthago, Athen und Megara Hyblaia (Sizilien).

In seinem Beitrag *Stadt im Blick der Kommunal-wissenschaft* skizziert Hellmut Wollmann die Lage der Städte aus verwaltungswissenschaftlicher und staatsrechtlicher Perspektive. Sein Augenmerk liegt hierbei auf dem Spannungsverhältnis zwischen selbstbestimmtem kommunalen Politik- und Ver-waltungssystem einerseits und staatlich bestimmter und kontrollierter Verwaltungsebene andererseits.

Wollmann diskutiert die »Daseinsvorsorge« in den Städten (v.a. infrastrukturelle Grundversorgung) sowie Funktionalreformen, in deren Zuge den Kommunen neue Aufgaben übertragen werden (z.B. im Umweltschutz). Zu erwähnen ist auch das Rechtsmittel der kommunalen Verfassungsbeschwerde, mit dem Kommunen Gesetze anfechten können, die ihre kommunale Selbstverwaltung bedrohen. Abschließend erörtert Wollmann europäische Erfahrungen (z.B. in Schweden) und die Stärkung der lokalen Selbstverwaltung mit dem EU-Vertrag von Lissabon.

Mit seinem Beitrag *Stadt in der lokalen Politikforschung* stellt Hubert Heinelt eine politikwissenschaftliche Perspektive auf Stadt vor. Heinelt skizziert zwei Traditionslinien der politikwissenschaftlichen Auseinandersetzung mit Stadt, nämlich Kommunalpolitik vs. Stadtpolitik. Der Fokus von Kommunalpolitik liegt auf Vorgängen im Rathaus und repräsentativer Demokratie. Der Fokus von Stadtpolitik liegt auf den Interaktionen zwischen öffentlichen und privaten Akteuren und der Handlungskoordination auf der Grundlage von Verhandlung und gegenseitigem Interessenausgleich. Heinelt zeigt die unterschiedlichen Phasen der politikwissenschaftlichen Auseinandersetzung mit Politik auf lokaler Ebene seit den 1970er Jahren. Abschließend diskutiert er die Implikationen der europäischen Integration, z.B. hinsichtlich der verstärkten Bedeutung lokaler Akteurskonstellationen.

1. Architektur: Stadtplanung und Städtebau

Johannes Cramer

1. Stadtplanung oder Städtebau? Planen in zwei, drei oder vier Dimensionen

Stadt ohne Architektur ist nicht vorstellbar. Architektur ohne Architekten ist nicht vorstellbar. Der Architekt ist der Schöpfer der Stadt, weil er dem zweidimensionalen Stadtplan die drei Dimensionen des Raums gibt, in dem der Mensch lebt. Die Stadt des Architekten ist notwendig dreidimensional. Darin unterscheidet sie sich von der Stadt des Raum- und Stadtplaners und aller weiteren mit der Stadt befassten Disziplinen. Die Stadt des Architekten besteht aus bewusst gestalteten Gebäuden, die in ihrer planvollen Gruppierung attraktive Stadträume bilden. Um diese Gebäude herum entstehen gleichermaßen attraktiv gestaltete Freiflächen für Aufenthalt, Mobilität und Naturgenuss. Entwurf und Gestaltung folgen definierten Zielen und geben der spezifischen Situation der jeweiligen Gesellschaft ihre eigene, tendenziell unverwechselbare Form und Gestalt und damit Identität. In diesem Sinne ist der Architekt der umfassende Gestalter der vom Menschen geschaffenen städtischen Umwelt.

Städte sind Zentren des wirtschaftlichen und kulturellen Lebens. Sie unterscheiden sich vom Land durch die Organisation des Handels, die Entwicklung des kulturellen Lebens und den dichten und konzentrierten Stadtraum, der das gesellschaftliche Leben organisiert und der Stadtbevölkerung eine Bühne für Selbstdarstellung und Repräsentation gibt. Bis in das 19. Jahrhundert hinein ist die europäische Stadt gegen das Land juristisch und topologisch scharf abgegrenzt und schafft durch die Stadtmauer auch optisch und räumlich eine klare Unterscheidung der beiden getrennten Welten. Die Industrialisierung beginnt, diese Grenze zu verwischen, aber erst am Ende des 20. Jahrhunderts geht der für die europäische Stadt wesentliche Gegensatz zwischen Stadt und Land im *urban sprawl* endgültig unter.

Städte gibt es seit 10 000 Jahren. In archaischer und antiker Zeit sind die turmbewehrte Stadtmauer, das aufwendig inszenierte Stadtzentrum und die Repräsentationsbauten der Herrschaft und der Religion die prägenden Elemente, die durch einige wenige, aufwendig gestaltete Straßenzüge verbunden und erschlossen werden. Hier wird der Wille zur räumlichen Gestaltung des Stadtkörpers schon früh erkennbar. Die weiteren Bereiche, meist reine Wohngebiete, werden nach Nützlichkeitserwägungen, fast planlos und oft ohne übergreifenden Gestaltungsanspruch bebaut. Das Mittelalter und die Frühe Neuzeit gehen in aller Regel ähnlich vor (Meckseper 1982). Auf diese Weise entsteht die *kompakte europäische Stadt*, die auch heute noch als gut funktionierende und vorbildhafte Lösung für das menschliche Zusammenleben gilt. In ihrer historischen Gewordenheit ist sie als Konstrukt zahlloser unterschiedlicher Ideen von Stadt Vergangenheit und Zukunft, gebautes Menschheitsgedächtnis und Ressource für zukünftiges Bauen zugleich (Rowe/Koetter 1978) – nicht zuletzt für eine Stadt der kurzen Wege, wie sie die Forderungen der Nachhaltigkeit nahe legen.

Planvolle Stadtanlagen gibt es ebenso lange wie Städte überhaupt. Die Antike, das Mittelalter und die Renaissance haben neue Städte nicht selten, aber auch nicht ausschließlich mit einem als Ganzheit definierten Gesamtplan angelegt (Gutkind 1964/72). Aber erst die Barockzeit hat mit den Typenhäusern in der *Planstadt* systematisch die Vorstellung entwickelt, dass der geordnete Stadtgrundriss auch einen gleichermaßen geordneten Stadtraum zur Folge haben müsse, der durch herausragende Bauwerke gegliedert und durch vielfältige Platzräume für den Nutzer attraktiv gemacht werden müsse. Die rasante Stadtentwicklung seit der zweiten Hälfte des 19. Jahrhunderts hat diese in der Vergangenheit fast selbstverständliche Verbindung von Stadtplanung und Städtebau zerrissen. Unter der Meinungsführerschaft der Stadttechniker wird Stadtgründung und

Stadtwachstum zu einem zweidimensionalen Vorgang, der nur noch die öffentliche Erschließung mit Straßen und Versorgungsleitungen festsetzt und die stadträumliche Gestaltung in weiten Bereichen der individuellen Entscheidung und Entfaltung überlässt. Jetzt wird nur noch der Stadtplan und der öffentliche Raum mit den wesentlichen Monumentalbauten im Interesse eines repräsentativen und funktionalen Gesamtbilds von der Verwaltung definiert (Jordan 1995; Sitte 1889; Stübben 1890; Burnham u. a. 1908/1993; Bodenschatz u. a. 2010), während die Realisierung der Wohn- und Geschäftsbebauung unter Beachtung vorgegebener Rahmenbedingungen leistungsfähigen Projektentwicklern oder Einzelbauherrn überlassen bleibt (Geist 1980/84/89; Fehl 1983; Reif 2008; Kress 2011). Diese Entwicklung führt in Zeiten der Industrialisierung und der massiven Wanderung der Landbevölkerung in die Städte zwar zu raschem Stadtwachstum, fördert aber gleichzeitig auch stadträumliche und soziale Missstände. Das 20. Jahrhundert sucht aus diesen Fehlentwicklungen die Konsequenzen zu ziehen und ist bestrebt, die Stadt zugleich im Grundriss wie im Raum zu konzipieren. Der Stadtplan wird zusammen mit den darauf vorgestellten Bauwerken entwickelt und in Perspektivskizzen oder Vogelschauen in seinem erwarteten Endergebnis illustriert (Bodenschatz u. a. 2010; Corbusier 1925; Milyutin 1929). Dass sich dabei die Zielvorstellungen und Ergebnisse immer wieder wandeln (Beyme 1987; Düwel 1995; Fils 1988; Koolhaas 2011), versteht sich von selbst.

Die rasante Wandlung der Planungsmethodik mit Rechnereinsatz und parametrischer Planung lässt am Beginn des 21. Jahrhunderts auf nahezu jedem Entwurf für einen Stadtgrundriss zugleich auch die vorstellbare Bebauung in nachgerade realitätsgenauer Darstellung erscheinen, so dass es die Trennung von Stadtplanung und Städtebau in der planvollen Stadtproduktion eigentlich nicht mehr gibt. Diese Veränderungen ebenso wie ökonomische Zwänge führen weiterhin dazu, dass städtebauliche Leitgedanken nicht mehr bis zu ihrem gestalterischen Ende ausgearbeitet werden können, sondern nur konzeptuell vorgedacht. Die oft erhebliche Veränderung des tatsächlich Gebauten im Vergleich zu dem anfangs Gedachten in der Spanne zwischen Planung und Realisierung gibt dem Städtebau damit eine vierte zeitliche Dimension (Eisinger/Reuther 2007).

Allerdings: Bereits heute lebt mehr als die Hälfte der gesamten Weltbevölkerung in Städten, bis zum

Jahr 2050 werden es voraussichtlich 5 Mrd. Menschen sein. In vielen Regionen der Erde und ganz besonders in den Brennpunkten der Urbanisierung in den Stadtlandschaften Asiens, Lateinamerikas und Afrikas werden die Megacities mit mehr als 20 Mio. Bewohnern dem Entwicklungsdruck gehorchend mit oder ohne Architekten, Städtebauer und Stadtplaner zu vollständig unüberschaubaren Agglomerationen, die sich nach eigenen Gesetzmäßigkeiten scheinbar planlos und ungeregelt ausbreiten (Koolhaas u. a. 2001; Burdett/Sudijc 2007).

2.   Städtebau und seine Leitbilder

Städtebau ist bewusste Umweltgestaltung. Die Leitbilder dafür waren und sind unterschiedlich. Deswegen sind auch die Ergebnisse städtebaulicher Entscheidungen nach Zeit und Kulturraum verschiedenartig. Während bisweilen die reine Funktionserfüllung im Vordergrund steht, spielt oft, und heute vermehrt die Frage eine besondere Rolle, wie der Mensch die Stadt und deren Schöpfer wahrnimmt und durch sie geformt wird. Städtebau ist deswegen nicht nur eine ästhetisch-gestalterische, sondern auch und vor allem eine politische Tätigkeit, die viel über die Wahrnehmung und Verfassheit der Gesellschaft aussagt. Die Bilder, welche dieser Planung zugrunde liegen, nennt man Leitbilder.

2.1 Schönheit und Regelmäßigkeit

Über Jahrtausende waren *Schönheit und Repräsentation* der Stadt im Sinne einer ganzheitlichen, auch dramaturgischen Inszenierung der Stadt die wesentlichen Triebkräfte für den Städtebau. Davon zeugen die weithin sichtbaren Akropoleis der griechischen Antike ebenso wie die aufwendig ausgestalteten Fora der römischen Planstadt oder auch die mittelalterlichen Kathedralen, Geschlechtertürme oder die Burgen der Stadtherren. Aus dem anonymen Meer der Wohnbebauung erhebt sich als politisches, funktionales oder kulturell-religiöses Zentrum die *Stadtkrone*. Sie gibt der Stadt Gesicht. Während die Masse der Bauten vergleichsweise schlicht gestaltet ist, konzentriert sich der formale Aufwand in Dimension und Dekoration überbordend auf die herausragenden, bewusst positionierten Großarchitekturen. Sie beeindrucken und schaffen zugleich Identität auch für diejenigen, die an deren aktivem Gebrauch nicht teilhaben (dürfen). Auch die frühe Moderne (Taut 1919; Fuhrmann/Helten 2011) oder Hitlers Planung für den Umbau von Berlin bekennen sich noch zum Konzept der Stadtkrone.

Die Gegenwart hat die Idee der Stadtkrone zuletzt in die Hochhausagglomerationen der Wirtschaftszentren von China über die Arabische Halbinsel bis in die Vereinigten Staaten von Amerika übersetzt. Auch die eindrucksvollen Regierungsneubauten einiger autoritärer Regime (Astana, Myanmar) können so verstanden werden. Das rasante Stadtwachstum seit dem letzten Drittel des 20. Jahrhunderts in Stadtlandschaften mit mehr als 20 Mio. Einwohnern (Megacities) hat die Vorstellung der auf ein einziges Zentrum orientierten Stadt dann freilich weitgehend obsolet gemacht.

An die Stelle der Stadtkrone tritt in den Megacities des 21. Jahrhunderts eine Mehr- oder Vielzahl unterschiedlicher Zentren, die auch funktional differenziert sein können. Vor allem in Nordamerika kann das Zentrum aber auch ganz entfallen und die Siedlungsagglomeration wird zur nahezu strukturlosen Netzstadt, welche im Bedarfsfall durch Aufmerksamkeit erregende Solitärbauten eine visuelle Struktur erhalten kann.

Solange es noch eine auf ein Zentrum orientierte Stadtinszenierung gibt, hat der Stadtbürger daran oft nur teil durch die Nutzung des öffentlichen Raumes um die Großbauten herum. Vielfältiges Stadtmobiliar (Brunnen, Denkmäler) bereichert die bewusst gestalteten Straßen und Plätze, die zugleich und vor allem Ort des Handels und der Kommunikation sind. Die Folge von Straßen und Plätzen gewinnt damit besondere Bedeutung. Sichtbeziehungen auf markante Gebäude ermöglichen visuelle Erlebnisse (Sitte 1889). Diese Vorstellung des bürgerschaftlich genutzten attraktiven Stadtraums hat das 19. Jahrhundert in markanten Großprojekten weitergeführt (Wien: Ringstraße, Paris, Berlin: Museumsinsel). Die Auseinandersetzung mit dessen Gestaltung und immer weitergehender Möblierung bestimmt vor allem die städtebauliche Diskussion der Wende vom 19. zum 20. Jahrhundert fast ebenso stark wie die konkrete Architekturgestaltung. Am Ende des 20. Jahrhunderts gewinnt dieser Ansatz vor dem Hintergrund immer komplexer werdender Abstimmungsprozesse in der Bürgergesellschaft erneut Bedeutung als vergleichsweise rasch zu realisierendes Projekt.

2.2 Ordnung und Kontrolle

Unter absolutistischen und autoritären Regierungen sind *Ordnung und Kontrolle* der Stadt ebenso wie der Bevölkerung durch leicht einsehbare und breite Straßenräume, welche zugleich den Ordnungskräften ungehinderten Bewegungsraum geben, grundlegende Planungsmotive, die ihre Wurzeln auch in den regelmäßig angelegten barocken Festungsstädten haben. Genauso wird der symmetrisch angelegte oder umgebaute Stadtgrundriss, wie er in vielen großen und kleinen Barockresidenzen als Dreistrahl oder Rastergrundriss realisiert wird, zu einem Synonym für Modernität des Staates.

Die Beseitigung unübersichtlicher Stadtquartiere zugunsten städtischer Großstrukturen wird dann im 19. Jahrhundert zu einem wesentlichen Motiv des seit 1853 vollzogenen radikalen Stadtumbaus in Paris unter Baron Hausmann und fand unter Hitler in den Planungen von Albert Speer für die Hauptstadt Germania ihren radikalsten Ausdruck. Die Hauptstadt Germania soll dabei zugleich mit markanten und beeindruckenden Bauwerken ausgestattet werden. Zwei Generationen später wird man diese Herangehensweise als *iconic architecture* bezeichnen.

Die regelmäßige, in gleich große Blocks (*insulae*) gegliederte Stadtanlage hat zugleich auch einen egalitären Aspekt, der bis in die antiken Polis zurückgeht und in zahlreichen Gründungsstädten der Neuzeit erneut zu finden ist. Die gleiche Teilhabe am Stadtboden durch gleiche Grundstücksgröße wird mit gleichem Beteiligungsrecht am öffentlichen Leben gleich gesetzt. Dafür stehen nicht nur die Städte des antiken Groß-Griechenland, sondern auch Stadtgründungen wie New York und zahlreiche neue Städte in Lateinamerika.

2.3 Funktionserfüllung und Lebensqualität

Die Stadt des Architekten im 20. und 21. Jahrhundert folgt dem Leitbild der *Funktionserfüllung und Sicherung von Lebensqualität*. Erst am Ende des 20. Jahrhunderts kommt mit der *iconic architecture* die Vorstellung einer aktiven architektonischen und stadträumlichen Gestaltung wieder zur deutlichen Wirkung. Weil die Zahl der neu gegründeten und gebauten Städte im Gegensatz zur Antike und dem hohen Mittelalter vergleichsweise gering bleibt, ist die Nutzung der vorhandenen Strukturen sowie die Einordnung neuer Elemente in diese Strukturen die wesentliche Aufgabe der aktuellen Stadtproduktion.

2.3.1 Nachbarschaft und Stadtgesundheit

Für den Architekten der ersten Hälfte des 20. Jahrhunderts waren *Nachbarschaft und Stadtgesundheit* die wesentlichen Ziele. Die ungesunden Lebensverhältnisse der Industrialisierungszeit sollten neuartigen, wissenschaftlich erforschten und dem Menschen optimal angepassten Stadtformen weichen. Die Trennung in Funktionsbereiche entsprechend den Grundsätzen der *Charta von Athen* aus dem Jahr 1933 (Zentrum, Produktion, Wohnen und Verkehr) soll die Wohnbevölkerung vor den schädlichen Einflüssen der Industrie schützen und zugleich Nachbarschaft und Lebensgrundlage sichern (Howard 1898/1902; Le Corbusier 1925). Nachbarschaft wird dabei nicht nur als räumliches Konstrukt, sondern zugleich als soziale Einheit und Versorgungseinheit verstanden, in der die öffentliche Infrastruktur (Bildung, Versorgung, Unterhaltung etc.) im Sinne der umfassenden, staatlich organisierten Fürsorge für das Individuum eine zunehmende Rolle spielt. Das Vorbild der überschaubaren und vertrauten dörflichen Gemeinschaft wird vor allem von der Gartenstadtbewegung, danach auch von der Heimatschutzbewegung immer wieder in Anspruch genommen als Gegensatz zu der als unüberschaubar und gemeinschaftsfeindlich aufgefassten Industriegesellschaft.

Dem Ziel der Wohngesundheit wird in den zwanziger Jahren schließlich auch der für die europäische Stadt seit der Stadtentstehung am Ende des Mittelalters über die Jahrhunderte konstitutiv gewordene Baublock zugunsten der Zeilenbauweise oder einer komplett offenen Bauweise geopfert. Durch diesen Schritt sollen einerseits die konsequent in Nord-Süd-Ausrichtung gebauten Wohnungen optimal besonnt und durchlüftet und andererseits eine entschiedene *Durchgrünung* der Stadt ermöglicht werden (Hilberseimer 1927). In diesen gemeinschaftlich genutzten Freiflächen werden auch die Versorgungseinrichtungen angeordnet. Dem Verlust der privaten Freifläche und des Bezugs zum grünen Außenraum in der meist vielgeschossigen Wohnblocks suchen zunächst Ginzburg im Narkomfin-Haus von 1929 (Ginzburg 1934) und später vor allem Le Corbusier in seinen Wohnmaschinen (Marseille, Rezé, Nantes, Firminy u. a. – 1947–67) durch die komplizierte Organisation der Wohnung auf mehreren Ebenen des Großwohnblocks, teils auch mit eigener, großer und begrünter Freifläche oder Dachterrasse zu begegnen, die als »Maisonette« in die Fachliteratur eingeht.

Der Ausgestaltung der Stadtzentren widmen die Städtebauer der zwanziger Jahre nicht viele Gedanken. Sie sind sich selbst überlassen und entwickeln sich nach den Gesetzmäßigkeiten des Marktes. Bewusste Eingriffe gelten allenfalls der Beseitigung der als eng, lebensfeindlich und sogar als kriminell eingestuften Hinterhöfe und dicht bebauten Altstadtquartiere durch eine Stadtsanierung durch massiven Abbruch und Entkernung. Am Ende dieser Entwicklung wird ein Stadtzentrum gar für entbehrlich gehalten und Stadt und Landschaft sollen in einem universellen und global adaptierbaren Planungssystem zu einer Einheit verschmelzen (Hilberseimer 1944).

Die Vorstellung von der Wohnung im Grünen, die dem Bewohner zugleich die Möglichkeit zu beschränkter Selbstversorgung durch eigenen Gartenbau gibt, prägt in Deutschland auch noch die Zeit nach dem Zweiten Weltkrieg und generiert die ausgedehnten Teppichsiedlungen am Stadtrand (Schwagenscheidt 1949). Solche im *urban sprawl* ausufernde Einfamilienhausgebiete haben ihre Wurzeln noch immer in der Vorstellung von der gesunden, von den schädlichen Stadtzentren weit entfernten dörflichen Nachbarschaften, wie sie zuletzt die Nationalsozialisten gefördert hatten. Dass das Wohnen in der Stadt auch unter dem Gesichtspunkt einer gesunden Lebensführung eine Möglichkeit sein könnte, setzt sich erst allmählich und erst am Ende des 20. Jahrhunderts wieder durch, während die noch unmittelbar nach dem Ende des Zweiten Weltkriegs favorisierten zusammenhängenden Großprojekte immer mehr in den Hintergrund treten.

Die intensive Beschäftigung mit der Wohnungsfrage lässt – jedenfalls in weiten Teilen Europas – die Auseinandersetzung mit dem Stadtzentrum und dem historischen Stadtkern in den Hintergrund treten. Vielen Architekten gelten die tradierten Strukturen als unrettbar veraltet und damit dem Untergang geweiht. Stadtsanierung wird in der Regel mit der Beseitigung des Alten gleich gesetzt. Die Zerstörungen des Zweiten Weltkriegs und die damit verbundene Perspektive, Stadt völlig neu und ohne die Einengung durch die von der der Geschichte vorgegebenen Strukturen neu zu schaffen, faszinieren die Städtebauer und es entstehen funktional großartige

Retortenstädte oder Retortenstadtteile mit allem Inventar der modernen, zeitgemäßen und wissenschaftlich entwickelten Stadt – meist aber ohne den von den Stadtnutzern geschätzten Stadtraum zu generieren. Diesem Wunsch nach subjektivem Stadtgefühl und Urbanität tragen erst die Stadtentwicklungs- und Stadtumbauprojekte des letzen Drittels des 20. Jahrhunderts wieder Rechnung.

2.3.2 Unterhaltende Stadt

Am Anfang des 21. Jahrhunderts haben nach Auffassung von Koolhaas die tradierten Kategorien von Stadt keine Bedeutung mehr (Koolhaas 1978). Die Stadt zerfällt vielmehr in zahllose Fragmente, die jedes für sich ihren eigenen Wert haben und haben müssen. So rückt die unterhaltende Stadt in das Zentrum des Interesses. Eine freizeitorientierte Gesellschaft verlangt nach immer neuen Überraschungen im Architekturentwurf ebenso wie in der Schöpfung markanter städtischer Räume. »The City is an addictive machine from which there is no escape« (Koolhaas 1995; Tschumi 1994). Tradition und regionale Eigenarten weichen immer mehr der *globalisierten Stadt*, die an jedem Ort der Welt mit den gleichen Bautypen und Stadträumen geformt wird und ihre Besonderheit durch unerwartete, die gewohnte Ordnung störende und zerstörende Bauwerke erhalten soll. Entsprechende Vorschläge hatte Rem Koolhaas schon zur IBA 1984 in Berlin unterbreitet mit schräg die Straße überspannenden großformatigen Kuben (Cramer/Gutschow 1984). Realisieren konnte er diese Ideen freilich erst fünfundzwanzig Jahre später anlässlich der Olympiade 2008 in China. Der *Dekonstruktivismus*, eine bewusst die hergebrachten tektonischen Regeln des Bauens zugunsten eines scheinbar chaotischen ungeregelten Gesamtbilds ignorierende Entwurfsweise, hat dieser Haltung ein erstes Gesicht gegeben. Ein zweites ist die ungefähre Nachbildung berühmter *historischer Monumente* und deren Aggregierung für vollständig andersartige Nutzungen zu neuen Kunstprodukten, wie man sie heute in Las Vegas (Venturi u. a. 1972) oder Macau sehen kann. In den Golfstaaten werden ganze Themen-Malls in höchst ungefährer Orientierung an den wirklichen und bedeutenden Monumenten als Kulisse für das Einkaufs- und zugleich Freizeitvergnügen errichtet, die den Besucher wahlweise in das italienische Venedig (mit Kanal und Gondel), in das deutsche Mittelalter oder auch in asiatische Regionen versetzen sollen. In den Vereinigten Staaten von Amerika, ähnlich aber auch in den Niederlanden, werden heute auch wieder Stadtquartiere und Gated Communities (nur einem besonderen Personenkreis zugängliche Stadtviertel) gebaut, die für den unbefangenen Besucher auf den ersten Blick den Eindruck erwecken, in einem historisch gewachsenen Stadtviertel zu wohnen.

Allen diesen Versuchen ist gemeinsam, dass das einst aus der Geschichte erwachsene, auch durch eine Vielzahl von unscheinbaren Bauten geprägte Bild der Stadt nun durch immer auffälligere, immer größere und immer erstaunlichere Architekturen aus der breiten Masse der konkurrierenden Stadtbilder herausgehoben werden soll. Die ikonografische *Städtekonkurrenz* treibt dabei oft absonderliche Blüten.

Endpunkt der Versuche, immer interessantere Stadtbilder zu produzieren, ist neben den vielfältigen und dennoch uniformen Skylines der internationalen Handelsmetropolen das Verschwinden der hergebrachten Architektur hinter Fassaden füllenden anonymen Licht- und *Reklamefassaden*, wie man sie derzeit am Times Square in New York, dem Picadilly Circus in London oder zahlreichen Plätzen der neuen chinesischen Metropolen sehen kann.

2.3.3 Mobilität

Die historische Stadt ist eine Stadt der kurzen Wege und des Fußgängers. Massenhafte Mobilität gibt es bis in die Mitte des 19. Jahrhunderts nicht. Ortsgebundenheit und fehlende Transportmöglichkeiten für Menschen ebenso wie für Waren bestimmen die Stadtorganisation. Die Erfindung und der Ausbau der *Eisenbahn* ändert die Stadtgeografie erstmals grundlegend. Der gewöhnlich am Rand der Altstadt gelegene Bahnhof wird neben dem Marktplatz zum zweiten Gravitationszentrum der Stadt. Die Faszination der neuen Technik macht die mit architektonischem Aufwand gestaltete Straße zum Bahnhof und das Bahnhofsgebäude selbst bis heute zu einer Konkurrenz zur historischen Stadtmitte. Die neue Mehrpoligkeit der Stadt erfordert geänderte Orientierungs- und Erschließungsmuster.

Die Teilhabe immer breiterer Bevölkerungskreise an dem wirtschaftlichen und kulturellen Angebot der Stadt führt seit der Jahrhundertwende zum zügigen Ausbau des *Öffentlichen Nahverkehrs*. Elektrisch betriebene Bahnen erhalten, anders als die an den Kopfbahnhöfen endenden Eisenbahnen, eigene Trassen durch die Stadt mit eigenen, aufwendig und repräsentativ gestalteten Bahnhöfen. Wo eine solche Lösung wegen der dichten Bebauung nicht mehr möglich ist, wird der Verkehr seit der Jahrhundertwende als U-Bahn in den Stadtboden verlegt. Die Zugänge sind zeichenhafte Bauten des technischen Fortschritts (Paris/Guimard, Wien/Wagner). In den Straßen verkehren Omnibusse und Straßenbahnen. Die bis dahin verkehrstechnisch erzwungene Nähe der Arbeiterwohnung zum Arbeitsplatz entfällt und führt zu völlig andersartigen Formen der Stadtorganisation.

Mit der seit den zwanziger Jahren allmählich aufkommenden Mobilität im privaten *Automobil* setzt der bisher letzte grundlegende Wandel in der verkehrstechnischen Strukturierung der Stadt ein. Zuerst ist es die Faszination der raschen und individuell steuerbaren Bewegung, welche die städtebaulichen Leitbilder prägt und zu überdimensionierten Schneisen durch die Altstädte führt (Le Corbusier 1925; Hilberseimer 1927). Später ist es der tatsächlich durch die massenhafte Mobilisierung breiter Bevölkerungsschichten verursachte Bedarf, der zu immer breiteren und immer aufwendigeren Straßensystemen führt. Die *autogerechte Stadt* wird bis weit in die zweite Hälfte des 20. Jahrhunderts gefeiert, während stadträumliche Qualität hinter der Funktionalität des Verkehrs zurückstehen muss. Noch nach dem Zweiten Weltkrieg wird die Betrachtung des Autoverkehrs als Attraktion und nicht deren Lärm als Belastung empfunden. Der uneingeschränkten Dominanz des Autoverkehrs versuchen die Städtebauer zunächst durch eine Entflechtung der Verkehrsarten zu entgehen, indem die Versorgung der Stadt in den Untergrund verlegt wird, der Individualverkehr die Stadt prägt und die Fußgänger auf eine höher liegende Ebene verwiesen werden. Die breiten Verkehrsadern, die schon in dieser Begrifflichkeit die Vorstellung eines pulsierenden Stadtorganismus suggerieren, werden kreuzungsfrei und ohne Kontakt mit den anderen Verkehrsarten ausgebaut. Die Folge sind weite verödete Flächen, die zugleich als Barrieren in der Bewegung der Stadtnutzer und der Stadtentwicklung wirken. Als das Konzept der autogerechten Stadt in Europa am Ende des 20. Jahrhunderts als gescheitert erkannt wird, wird der Autoverkehr aus Teilen der Innenstädte zugunsten von *Fußgängerzonen* herausgenommen. Die Stadtnutzer eignen sich diesen früher vom Fahrverkehr okkupierten Raum rasch wieder an und nutzen ihn für den Aufenthalt und die Begegnung. Es entwickeln sich neue urbane Räume mit eigenem Gesicht und spezifischem *Stadtmobiliar*. Dazu gehören Bänke, Kioske, Laternen, Brunnen und vor allem eine beständig wachsende Zahl von Cafés, die den Stadtraum beleben und das öffentliche Leben zunehmend in den Straßenraum verlagern.

Die Stadt des 21. Jahrhunderts muss sich damit auseinandersetzen, dass dem privaten Autoverkehr räumlich und umwelttechnisch Grenzen gesetzt sind. Viele Städte müssen die Zufahrt in die City ganz sperren oder mit hohen Gebühren belegen, um die stetig steigende Umweltverschmutzung zurückzudrängen und ein vollständiges Verkehrschaos zu verhindern. In den Metropolen werden luxuriöse Wohnungen und Büros mit durch Lastenaufzüge bedienten Autoabstellplätzen auf der Etage ausgestattet. Gleichwohl ist deutlich, dass solche Konzepte nur die Mobilitätsbedürfnisse einer privilegierten Schicht bedienen können. Für die breite Bevölkerung sind der Ausbau eines differenzierten Öffentlichen Nahverkehrs und die Förderung des *Fahrrads* sowie geteilte Verkehrsmittel wie Leihfahrräder und Carsharing die aktuellen Antworten. Wann sich die flächendeckende Elektromobilität oder selbstfahrende öffentliche Transportmittel durchsetzen, ist derzeit noch nicht absehbar.

2.3.4 Wetterunabhängigkeit – Passagen, Malls und Indoor Entertainment

In dem Maße, wie das Einkaufen und der Konsum über die reine Bedürfnisbefriedigung hinaus zu einem eigenständigen Akt der Selbstverwirklichung und Selbstdarstellung der Stadtbevölkerung wird, verändern sich auch die tradierten Straßenräume, welche nicht nur in Europa der Wechselhaftigkeit der Natur und des Wetters ausgesetzt sind. Die Konsumgesellschaft fühlt sich durch das Wetter zunehmend beeinträchtigt und findet schon im 19. Jahrhundert mit den *Passagen* eine Möglichkeit, Einkaufen und Flanieren von den Unbilden des Wetters durch überdachte Stadträume zu lösen. Die großen, in Frankreich erfundenen und rasch in die Städte der Welt verbreiteten *Kaufhäuser* sind ein weiterer Schritt in diese Richtung. Mit den riesigen *Einkaufspassagen* und *Malls* wird der historisch tradierte Stadtraum schließlich vollständig durch künstlich geschaffene Stadträume ersetzt. Hier scheint das Vorbild des orientalischen Bazars (Scharabi 1985) mit seiner Mischung aus Handel, Dienstleistung und Unterhaltung erkennbar durch. In den Malls wird das Stadtleben mit einem breiten Angebot an unterschiedlichsten Angeboten in das Innere großer, kontinuierlich klimatisierter Architekturkonglomerate im Blockinnenraum der Stadt verlagert oder sogar in die verkehrstechnisch einfacher und wirtschaftlicher erschlossene Suburbia ausgelagert.

2.4 Bodenspekulation

Alle genannten Leitbilder sind zugleich motiviert von und finden ihre Grenzen in der zwischenzeitlich weltweiten *Bodenspekulation*. Das private Eigentum an Grund und Boden prägt die Stadt seit Jahrhunderten (Rossi 1966). Viele öffentlich gewünschte Planungs- und Bauprojekte scheitern an den hohen finanziellen Forderungen der gegenwärtigen Bodeneigentümer. Kaum ein Feld verspricht auf lange Sicht ähnlich hohe Profite wie das gezielte Aufkaufen und Vermarkten von Grundstücken und Immobilien. Daran hat auch die große Immobilienkrise der Jahre 2007 bis 2009 nichts geändert. Die stetig steigenden Bodenpreise in den Zentren der Metropolen führen zugleich zu einer stetigen Verdichtung und tendenziell auch zur stetigen Steigerung der Höhenentwicklung.

Die Kehrseite dieser Entwicklung ist die Aussiedlung weiter Funktionsbereiche (Gewerbe, Einkaufszentren, Verwaltung) der traditionellen Stadt in deren deutlich billigere Randbereiche mit allen nachteiligen Folgen für Mobilität und Umwelt. Zweite Folge dieser Entwicklung ist die weitgehende Kommerzialisierung der Immobilienproduktion, die ohne erkennbare Rücksicht auf Belange von Architektur und Städtebau die Herstellung und Vermarktung von Bauwerken ausschließlich unter Kostengesichtspunkten mit geringen oder gar keinen Gestaltqualitäten zur Folge hat (Jacobs 1965). Anonyme Immobilienfonds treten als Bauherren auf, welche die ursprüngliche Motivation für gute Architektur, Selbstdarstellung und Repräsentation, allzu häufig zugunsten von universeller und neutraler Vermarktung aufgeben. Die Vorstellung von Langlebigkeit, welche die Architektur noch bis zur Mitte des 20. Jahrhunderts ganz selbstverständlich geprägt hatte, weicht damit zugleich einer Konsumarchitektur, die nach einer Abschreibungsfrist von 25 oder 30 Jahren auch nach dem Willen ihrer Schöpfer wieder abgerissen und erneuert werden soll – mit den entsprechenden Folgen für die Qualität. Fragen der Baukultur spielen hier nur noch eine nachgeordnete, auf wenige ikonische Bauten konzentrierte Rolle.

3. Stadt und Nachhaltigkeit

3.1 Zero Carbon City

Nachhaltigkeit im Städtebau ist vor allem eine Zukunftsaufgabe. Realistisch betrachtet sind die ersten Bemühungen auf diesem Wege bisher über einige gut gemeinte Ansätze nicht hinaus gekommen. Ziel der neuen Bewegung ist die *Zero Carbon City*, die weniger Treibhausgase in die Luft ausstößt als sie konsumiert. Dazu muss der Energieverbrauch der Bewohner drastisch gesenkt, die eigene Energieproduktion an und mit den Gebäuden und das Recycling gesteigert werden. Für eine solche Lösung sind mittlerweile zahlreiche theoretische Vorschläge auf dem Tisch. Als konkrete Realisierung wird seit 2008 in Abu Dhabi die Stadt *Masdar* gebaut. Die bauliche Umsetzung mit hoch energieeffizienten Häusern, teilklimatisierten Stadträumen, komplexer Stadttechnik und zentral organisierter Elektromobilität, die keinen Ort der Stadt weiter als 200 Meter von einer Haltestelle des überwiegend unterirdisch geführten ÖPNV vorsieht, zeigt aber, dass Zero Carbon auch mit großem Aufwand ohne Einschnitte in die Lebensansprüche kaum zu bewältigen sein wird. Die hochgesteckten Ziele der Planer von Masdar mussten zwischenzeitlich aufgrund der enormen Investitionen erheblich reduziert werden. Mit einer Fertigstellung vor 2025 ist nicht mehr zu rechnen. Planungen in China und zuletzt sogar in Bottrop sind bisher über die Konzeptphase und Absichtserklärungen nicht hinaus gekommen.

3.2 Stadt der kurzen Wege

Die zentrale Forderung an die nachhaltige Stadt ist eine *Stadt der kurzen Wege*. Nur so kann der Verkehr als einer der Hauptproduzenten von CO_2 zurückgedrängt werden. Aus dieser Forderung muss Verdichtung und auch wieder Nutzungsmischung folgen, die seit der Charta von Athen aus dem Jahr 1933 aus den urbanistischen Überlegungen weitgehend verdrängt gewesen ist. Auch das über Jahrhunderte bewährte Modell des Stadtzentrums, in dem sich seit Jahrtausenden Handel und Verwaltung konzentrieren, lässt sich in den stetig größer werdenden Städten unter den Vorgaben der Nachhaltigkeit kaum noch aufrechterhalten. Die Alternative ist die polyzentrische, nach Sparten oder einzelnen Funktionen organisierte Stadt, die überall gleichmäßig auch bewohnt wird. Die Forderung nach kurzen Wegen im Städtebau steht dabei allerdings im Widerspruch zu *urban sprawl* und der Suburbanisierung, welche seit der Mitte des 20. Jahrhunderts und ganz besonders in den Netzstädten Nordamerikas derzeit vor allem aus ökonomischen Gründen die Stadtentwicklung bestimmen.

3.3 Energieeffizientes Bauen

Energieeffizienz ist die zweite Notwendigkeit einer nachhaltigen Stadtentwicklung. In vorindustrieller Zeit war Architektur gleichsam aus Gründen der Selbsterhaltung selbstverständlich energieeffizient. Kleine Fenster hielten die Wärme im Haus, die von dicken Mauern gespeichert wurde. Ausschließlich natürliche Materialien sorgten für gute Dämmung und Wohngesundheit. Im Winter wurde die Nutzung des Hauses auf wenige, dann leichter beheizbare Teile reduziert – wenn es überhaupt eine Heizung gab. Die Industrialisierung und mit ihr die moderne Architektur haben in den zurückliegenden 100 Jahren ziemlich erfolgreich versucht, die Abhängigkeiten von den natürlichen Verhältnissen der Umwelt vollständig zu überwinden und durch den ungebremsten Einsatz von energieverbrauchender Technik ein überall gleichmäßig bequemes, jedem Wunsch des Menschen zu jeder Jahreszeit gleichermaßen entsprechendes Innenklima zu schaffen. Vollverglaste Häuser werden selbst in extrem kalten oder heißen Klimata mit Maschinen gewärmt und gekühlt, die aus Verwertungsgründen extrem dünnen Wände mit hocheffizienten, immer teureren und meist umweltschädlichen Baustoffen gedämmt. Licht ist zu jeder Tageszeit und in jeder Situation durch technische Vorrichtungen gesteuert und in beliebiger Menge verfügbar – mit dem entsprechenden Energieaufwand. Skipisten in Wüstenstaaten sind ebenso verfügbar wie Palmenlandschaften im kalten Norden. Dass alles das Unmengen von Energie konsumiert, ist ebenso offenkundig wie der Umstand, dass diese Energie immer knapper wird und deren forcierter Verbrauch das Klima schädigt.

Eine Abkehr von diesen Planungsvorgaben ist gleichwohl nicht in Sicht. Wo Energieeffizienz in der Architektur und Stadtproduktion überhaupt ein allgemein wahrgenommenes Thema ist – zum Beispiel nicht auf der Arabischen Halbinsel und nicht in den Vereinigten Staaten von Amerika – versteht man darunter vor allem die immer effizientere Dämmung der Bauten mit immer hochwertigeren und unter Umweltgesichtspunkten immer fragwürdigeren Baustoffen, die ihrerseits mit enormem Energieaufwand produziert und in der Zukunft mit noch höherem Aufwand wieder entsorgt werden müssen. Zahlreiche technische Vorrichtungen zur Klimaregelung des in sich geschlossenen Hauses von der Heizung über die Kühlung bis zur Be- und Entfeuchtung und Energierückgewinnung verbrauchen ihrerseits Energie.

Wie fest die Ikonografie der erfolgreichen westlichen Wirtschaftsmetropolen sich in die Stadtproduktion eingebrannt hat, zeigen die rasch wachsenden Metropolen in Asien und auf der Arabischen Halbinsel. Allen klimatischen Lasten zum Trotz werden selbst in den heißesten Regionen vollverglaste Hochhäuser gebaut, die dann mit enormem Aufwand gekühlt werden müssen. Selbst die Zero Carbon City Masdar kann sich von diesen Vorbildern nicht lösen. Auch dort findet der erstaunte Betrachter im Wüstenklima der Arabischen Halbinsel überdimensionale Glaskonstruktionen, die dann wieder gekühlt werden müssen. Dass diese Kühlung mit in Masdar erzeugtem Strom erfolgt, steht außer Zweifel. Gleichwohl hätte eine klimagerechtere Architektur den Klimatisierungsaufwand erheblich reduzieren helfen. Zero Carbon ist damit noch lange nicht im umfassenden Sinne energieeffizient.

Die Reduzierung des Energieverbrauchs durch eine Reduzierung der Flächenansprüche ist nicht in Sicht. Im Gegenteil: Während in den Schwellenländern die Wohnfläche pro Kopf bei 2 bis 4 qm verharrt, hat sich der Flächenkonsum in Europa und Nordamerika seit dem Zweiten Weltkrieg auf 40 bis 50 qm klimatisierte Wohnung pro Kopf erhöht und wächst weiter. Auch von einer Anpassung der Lebensweise an das natürliche Klima kann in den Industrieländern keine Rede sein. Selbst bei Extremtemperaturen gilt als Standard, dass der gesamte Aufenthaltsraum des Menschen – sei es am Arbeitsplatz, sei es in der Wohnung, sei es in den Verkehrsmitteln – durch technische Einrichtungen so bequem hergestellt werden muss, als ob es das Außenklima gar nicht gebe.

Energieeffizienz für den vorhandenen Gebäudebestand – und das sind mehr als 90 % des Baubestands des Jahres 2050 – bedeutet in aller Regel, dass die gestalterischen Qualitäten der vorhandenen Architektur, die vor allem durch ihre differenziert gestalteten Fassaden lebt, in und unter dicken Dämmschichten verloren gehen. Energieeffizienz und attraktiver Stadtraum werden so zu einem zunächst unauflösbaren Widerspruch, welcher derzeit zuungunsten der Gestaltung entschieden zu werden droht. Änderung kann hier nur die Veränderung der Ansprüche der Nutzer schaffen.

3.4 Stadtgrün und Stadtklima

Die dritte Forderung für den Entwurf und den Bau der nachhaltigen Stadt ist die bewusste Nutzung des *Stadtgrüns* zur Verbesserung des natürlichen *Stadtklimas*. Die Kritik am ungesunden Klima der Stadt des 19. Jahrhunderts war die entscheidende Motivation für die weitreichende Umstrukturierung der Stadt im 20. Jahrhundert. Diese konnte oder durfte aber nur in geringem Maße die historischen und wirtschaftlichen Zentren der Stadt erfassen. Immer weitere Verdichtung und die immer weitere Verdrängung der letzten verbliebenen Freiräume zugunsten von Parkplätzen und anderen versiegelten Flächen marginalisieren das ohnehin geringe Stadtgrün immer weiter. Hochhausagglomerationen wachsen in die Höhe und behindern den Luftaustausch zwischen der City und ihrer Umgebung als natürlichem Klimapuffer. In der Folge steigt die Temperatur in der Stadt im Vergleich zur Umgebung um bis zu 5 °C. Dieser Hitze-Stress steigert nicht nur den Energiebedarf, sondern belastet auch die Stadtbevölkerung. Die Stadt der Zukunft wird aller Voraussicht nach weniger unter der Kälte des Winters als unter der Hitze des Sommers leiden und in ihrer Architektur von dieser geprägt sein.

Die nachhaltige Stadt versucht, diesem Phänomen zunächst mit der geplanten und berechneten Anordnung der Baukörper zu begegnen. *Klimaschneisen* werden freigehalten, durch welche der Luftaustausch mit der Umgebung ermöglicht und sichergestellt werden soll. Da dies allein keine hineichende Wirkung erzielen kann, sollen am Anfang des 20. Jahrhunderts mit aufwendigen Pflanztrögen ausgestattete *begrünte Fassade* und eine Vielzahl von Bäumen auf künstlich geschaffenen Ebenen zur Kühlung beitragen und zugleich CO_2 absorbieren. Jüngste Entwürfe schlagen vielgeschossige Hochhäuser vor, die zur Hälfte von Baumpflanzungen ausgefüllt sind.

Die Einbettung der Stadt in eine bewusste Grünplanung gewinnt eine immer größere Bedeutung und wird zu einem eigenen Aufgabenfeld (Brantz/Dümpelmann 2011).

Die intensive Auseinandersetzung mit der Verbesserung des Stadtklimas besonders in heißen Sommern führt auch zur konsequenten *Entsiegelung* von Flächen, die dann als Grün- und Verdunstungsflächen einen kühlenden Effekt entfalten können. Aufgelassene Bahntrassen, beispielsweise die High Line in New York, werden begrünt und in öffentliche Parks umgewandelt. In Seoul wurde eine achtspurige Schnellstraße in der Stadtmitte abgebrochen und stattdessen der einstmals verrohrte Flusslauf wieder hergestellt und in eine Freizeit- und Erholungsfläche umgestaltet.

Während solche Projekte die Ausnahme bleiben, kann die seit etwa zehn Jahren propagierte *urban agriculture* in den Stadtagglomerationen der Megacities aller Voraussicht nach einen substanziellen und doppelten Beitrag zur Verbesserung des Stadtklimas leisten. Zunächst tragen die zahllosen Kleinflächen zwischen den Häusern und ganz besonders auf deren Dächern erheblich zur Kühlung bei. Darüber hinaus ist die kleinteilige Obst- und Gemüseproduktion auf diesen Flächen ein wesentlicher Beitrag zur Reduzierung von Transportleistungen für die Güter, die in der Stadt gebraucht werden und jetzt ohne lange Anfahrtswege unmittelbar am Ort der Nachfrage produziert werden.

4. Stadtwachstum und Stadtplanung

4.1 Die gewachsene Stadt

Die Geschichte der Stadt ist meist eine Geschichte des spontanen Entstehens und des allmählichen, erst im 20. und 21. Jahrhundert sich rasant und nunmehr weltweit beschleunigenden Wachstums. Städte werden in der Regel nicht geplant – sie entstehen und wachsen nach eigenen immanenten Regeln. Die Stadtkultur Europas wurzelt zwar in den antiken, namentlich römischen Vorgängern, kann aber nur in sehr beschränktem Maße auch auf eine materielle *Kontinuität* in diese Antike verweisen. Die seit der Wende vom ersten zum zweiten Jahrtausend bis in das 14. Jahrhundert hinein entstehenden Städte nutzen zwar bisweilen die großenteils verfallenen römischen Stadtstrukturen, die Mehrzahl entsteht jedoch an geostrategisch wichtigen Orten oder in der Nachbarschaft und im Schutz der älteren landesherrlichen oder kirchlichen Einrichtungen. Kristallisationspunkte sind der Handel mit landwirtschaftlichen und zunehmend handwerklichen Gütern. Deswegen ist es nicht erstaunlich, dass die Organisation dieses Handels auf *Märkten* das Zentrum solcher frühen Stadtstrukturen bildet (Meckseper 1982; Herzog 1964). Architektonische Zeichenbauten sind zuerst die Markthallen mit den Marktgerichten, später der *Rathauskomplex*, der aus diesen Frühformen hervorgeht.

Das Wachstum der frühen Städte wird von der *Stadtbefestigung* bestimmt, welche die wachsende Stadt zugleich schützt und einschnürt. Die bewusst gestalteten und zeichenhaften *Stadttore* markieren den Übergang von der rohen ländlichen Existenz in die verfeinerte städtische Kultur. Eine Bebauung vor der Stadtmauer ist bis in die späte Barockzeit mit ihren ausgedehnten bastionären Befestigungsanlagen aus verteidigungstaktischen Gründen unzulässig. Deswegen wird der gesicherte Stadtraum innerhalb der Stadtmauern für eine wachsende Bevölkerung zunächst intensiv verdichtet durch Aufstockung der zunächst niedrigen Häuser und immer weitere Überbauung der in der Frühzeit noch landwirtschaftlich genutzten Flächen in der Stadt. Nachdem diese Reserven ausgeschöpft sind, folgt fast immer eine energische, im späten Mittelalter nicht mehr durchgängig auch tatsächlich ausgefüllte Erweiterung der befestigten Stadt durch weiter ausgreifende neue Mauern. Das Wachstum ist deswegen in der Regel ringförmig oder sektoral. Der Begriff der Neustadt reflektiert diesen Prozess bis heute vielfach. Vor- und Frühformen solcher Neustädte sind die Vorstädte, die nicht selten erst spät in die Befestigung einbezogen werden.

Das Ergebnis dieses in den Details weitgehend ungeplanten Wachstums sind die heute geschätzten, unregelmäßig, scheinbar planlos entstandenen Grundrisse der mittelalterlichen Städte mit unterschiedlich geformten Plätzen und einer über die Jahrhunderte ohne übergreifenden Plan gebauten, immer wieder veränderten und an neue Bedürfnisse angepassten Bebauung. Die aus den wenigen zur Verfügung stehenden und natürlich vorkommenden Baustoffen errichteten Häuser und Repräsentationsbauten führen aufgrund materieller Notwendigkeiten zu einer kleinteiligen Stadtraumstruktur, welche auch die Parzellengrenzen als Gedächtnis der Stadt aufgrund der langsamen Veränderungsprozesse ganz überwiegend respektiert.

Das schubartige Wachstum der europäischen Städte mit ganz unterschiedlichen Stadtraumquali-

täten endet erst mit der Bildung der Nationalstaaten und der systematischen Entfestigung der Städte von der Mitte bis zum Ende des 19. Jahrhunderts. Seitdem wachsen Städte nach anderen Mechanismen. Zuerst suchen die begüterten Bürger eine Alternative zu der engen, dicht bebauten und deswegen als lebensfeindlich empfundenen Stadt und bauen sich, vereinzelt in der späten Barockzeit, seit der Mitte des 19. Jahrhunderts massenhaft vor den Toren ihre Sommerhäuser in ausgedehnten Villenkolonien. Repräsentative Villen stehen auf ausgedehnten Grundstücken, bevorzugt in Wasserlage. Gleichzeitig schafft die aufblühende Industrie auf den freigehaltenen Flächen vor den Verteidigungsanlagen ausgedehnte Produktionsstandorte, in deren unmittelbarer Nachbarschaft wegen der fehlenden Mobilität der Arbeiter und eingeschränkter Transportmöglichkeiten zugleich die Wohnungen für die Beschäftigten in Arbeiter- und Beamtensiedlungen entstehen. Am Ende des 19. Jahrhunderts werden die Städte durch großflächige, nicht selten spekulativ realisierte und in sich genau geplante Stadterweiterungen vergrößert, in denen die steigende Zahl der Arbeiter ebenso ihre Wohnung findet wie die wachsende Stadtbürgerschaft. Dabei bleibt aber die Vorstellung einer Stadtgrenze zunächst noch erhalten. Sie wird jetzt durch baumbestandene Alleen und Flanierwege gebildet.

Erst die konsequente Entwicklung der Villenvororte der Großstädte im letzten Drittel des 19. Jahrhunderts gibt diese Grenze zugunsten der besiedelten und erschlossenen Landschaft schließlich bewusst auf. Die wohlhabenden Bürger errichten sich hier wenigstens ihren Sommersitz, nicht selten auch die Dauerwohnung und lösen so die von nun an schleichende Abwertung der Stadtzentren als Wohnstandort aus, welche bis zum Ende des 20. Jahrhunderts anhält. In den zwanziger Jahren folgen aufgrund der günstigeren Bodenpreise auch die gemeinnützigen Wohnungsbaugesellschaften diesem Trend und leiten den *urban sprawl* ein, der bis heute die Stadtregion prägt (Kress 2011).

Das ungeregelte Wachstum der europäischen Stadt endet formell mit der Einführung von Planungsmechanismen und Planungsgesetzen seit dem Ende des 19. Jahrhunderts. Das bedeutet aber nicht, dass ungeregeltes Stadtwachstum überhaupt endet. Die wachsende Komplexität der Stadtplanung führt vielmehr dazu, dass widersprechende und widerstreitende Interessen in den westlichen Industrieländern zu widersprüchlichen und im Ergebnis nicht nur durch bodenspekulative Prozesse oft zufälligen Manifestationen des Städtebaus führen. In den Schwellenländern Asiens und Afrikas haben die Behörden zu keiner Zeit die Möglichkeit gesehen, ungeplantes Stadtwachstum substanziell zu beeinflussen.

4.2 Die geplante Stadt

Geplante Städte gibt es schon in den frühen Kulturen. Die frühesten Belege finden sich in der Harappa-Kultur am Indus, systematische Stadtgründungsprozesse in der Groß-Griechenland-Bewegung des 4. und 3. Jahrhunderts und des Hellenismus rund um das östliche Mittelmeer und im großen Stile während der Blütezeit des Römischen Weltreichs. Stets stand hier die Gleichförmigkeit des Stadtgrundrisses und die Versorgung der Bevölkerung im Vordergrund des Interesses (Höpfner/ Schwandner 1986). Über die konkreten Planungsmechanismen ist dagegen vergleichsweise wenig bekannt. Die Blütezeit der mittelalterlichen Stadtgründungen im hohen Mittelalter kennt sowohl gewachsene wie auch gegründete und geplante Städte. Letztere zeichnen sich ganz überwiegend durch geregelte Stadtgrundrisse aus, die wie schon in der Antike auf einem rechtwinkligen Straßenraster mit zentralem Marktplatz und Rathaus aufgebaut werden (Meckseper 1982). Dem Bevölkerungsbestand entsprechend gelten Einwohnerzahlen von 2500 bis 5000 zu dieser Zeit schon als groß. Renaissance und Barock orientieren den Stadtplan gegründeter landesherrlicher Städte an den Erfordernissen der seit dem späten 15. Jahrhundert in der Folge der modernen Geschütztechnik entwickelten und immer weiter verfeinerten Bastionärbefestigung, die anders als im Mittelalter regelmäßige Stadtumrisse und einen geometrisch geordneten Stadtplan erfordert (Kruft 1989), welcher es den Verteidigungstruppen erlaubt, von der zentralen Kommandantur auf kurzem Wege jeden Punkt der Bastionen leicht zu erreichen. Der Ausbau der Landesgrenzen mit neuen und modernen *Festungsstädten* generiert hier einen völlig neuen Stadttyp (Müller-Wiener 1987). Das 19. Jahrhundert muss das mit der raschen Industrialisierung verbundene rasante Stadtwachstum regeln und ordnen. Dieser Versuch gelingt nur bedingt, weil Instrumente zur gesamtheitlichen Stadtplanung nicht zur Verfügung stehen und die Trennung von öffentlichen und privaten Interessen zunehmend verschwimmt.

Stadtplanung im modernen Sinne setzt erst am Ende des 19. Jahrhunderts ein, als angesichts der ausufernden Industriearchitekturen zunächst wieder die Schönheit des Stadtbilds thematisiert wurde (Sitte 1889) und daraus bald darauf das Bedürfnis erwuchs, den gesamten Planungsprozess, der zuvor noch überwiegend in der Hand privater Projektentwickler lag oder durch städtebauliche Wettbewerbe geregelt wurde, von Staats wegen umfassend zu ordnen und zu gestalten (Bodenschatz 2009). Dazu wurden die älteren Fluchtlinienpläne, welche lediglich den Verlauf der Straßen und die zugehörige Infrastruktur zusammen mit der Höhenentwicklung der Gebäude regelten, zu komplexen Planungsinstrumenten und in der Folge auch die entsprechenden Planungs- und Genehmigungsbehörden weiterentwickelt. Zugleich erhebt der Staat den Anspruch auf die Deutungs- und Gestaltungshoheit der gesamten städtischen Entwicklung als Teil der allgemeinen Daseinsvorsorge.

Das Instrumentarium der gegenwärtigen Stadtplanung kennt eine Folge von unterschiedlich scharfen, von unterschiedlichen Trägern mit unterschiedlichen Zielen verantworteten Planungsgenauigkeiten. Die *Raumplanung* hat ihre Wurzeln bereits in den 1920er Jahren, wurde von den Nationalsozialisten für ihre nach Osteuropa gerichteten Expansionspläne instrumentalisiert und sucht den Siedlungsraum als Ganzes zu erfassen und zu ordnen. Die Theorien und Publikationen von Bernhard Reichow (Reichow 1948) zeigen, wie bruchlos das faschistische Gedankengut die Stadtplanung der frühen Nachkriegszeit noch bestimmt hat. In Zeiten der rasanten Suburbanisierung und des ungebremsten Stadtwachstums werden derzeit umfassende Konzepte für eine zukunftsfähige Raumplanung, besonders in den Entwicklungs- und Schwellenländern vermisst.

Der *Flächennutzungsplan* (FNP) ordnet in einem großmaßstäblichen Zusammenhang ohne Darstellung von Grundstücksgrenzen die unterschiedlichen Nutzungsarten, die dabei auch weit über die Stadt hinausreichen. Ziel des FNP (auch: vorbereitender Bauleitplan) ist die grundsätzliche Flächenwidmung – etwa für bebaute und unbebaute Flächen, Wald- und Wasserflächen, Verkehrsflächen u. ä. Er dient der Selbstbindung der an der Planung beteiligten Gebietskörperschaften und Behörden, ohne für den Bürger unmittelbar Rechtswirkung zu erlangen. Der Flächennutzungsplan geht nicht auf stadträumliche oder Fragen der Architekturgestaltung ein.

Gleichwohl definieren seine Festlegungen die Ausdehnung und auch die innere Organisation der Stadt.

Die für alle Beteiligten verbindliche Bauleitplanung wird durch den *Bebauungsplan* geregelt. Dieser legt die Art und das Maß der Nutzung fest und ist damit das Fundament des geplanten Städtebaus. Das Bestreben, über die beiden Kernanliegen hinaus auch die Gestaltung und die stadträumliche Wirkung des Bebauungsplans zu stärken, hat zu einem beständig differenzierteren und auch komplizierteren Planwerk geführt, dessen Aussage heute oft mehr in den ausführlichen textlichen Erläuterungen und den bis in die Einzelheiten differenzierten Spezialfestsetzungen liegt als in der eigentlichen Planaussage. Nicht nur werden Gebäudeabstände und Gebäudetiefe, sondern of auch geschossweise Nutzungen und Einzelheiten der Gebäudeform geregelt. Zu Erreichung öffentlicher Bauziele ist hier auch die *Enteignung* zulässig. Die Umgestaltung bestehender Stadtteile wird für *Flächensanierung* ebenso wie für *behutsame Stadterneuerung* durch das *Städtebauförderungsgesetz* geregelt. Weil die Aufstellung eines Bebauungsplanes heute zudem mit einer ausführlichen Beteiligung der Träger öffentlicher Belange und der Betroffenen verbunden sein muss, ist das Verfahren langwierig und unbeweglich geworden und überfordert in der schwierigen Administration die Baubehörden nicht selten. Nicht zuletzt deswegen ist das Bauwesen im größeren Teil der Stadt nicht durch solche Bebauungspläne geregelt, sondern nach der Einfügung in die Umgebung. Der vorhandene Baubestand mit den vorhandenen Architektur- und Stadtmerkmalen bestimmt auch das zukünftig Zulässige, solange Abweichungen nicht durch Ausnahmen und Befreiungen geregelt sind.

Wegen der Kompliziertheit des Bebauungsplanverfahrens in öffentlicher Trägerschaft wurde zusätzlich die Möglichkeit des *maßnahmebezogenen Bebauungsplans* geschaffen. Dieser hat nicht mehr die Neu- oder Umordnung eines bestimmten Gebiets zum Ziel, sondern soll es privaten Investoren ermöglichen, Baurecht für solche Vorhaben zu schaffen, die sich gerade nicht in das vorhandene Stadtbild einfügen oder in der Nutzung erheblich abweichen. In diesem Falle erarbeitet der Investor und nicht die Baubehörde das notwendige Planwerk und muss ggf. die Betroffenen durch geeignete Maßnahmen – beispielsweise Entschädigungszahlungen oder Grundstückstausch – davon überzeugen, dass sie mögliche Bedenken wegen Störung der Wohn-

ruhe (z. B. bei Einkaufseinrichtungen in Wohngebieten), Einschränkung der Besonnung (bei hoher Bodenausnutzung in locker bebauten Gebieten) oder anderer Fragen nicht weiter verfolgen. Es liegt auf der Hand, dass diese Aushöhlung des Baurechts zugunsten großer privater Investitionen vor allem von marktbestimmenden Unternehmen genutzt wird, die kein Interesse daran haben, die allgemein gültigen Regeln des Städtebaus zu respektieren.

Jedes konkrete Bauvorhaben in der Stadt bedarf schließlich einer *Baugenehmigung* entsprechend den Bestimmungen des *Baugesetzbuchs*. Das Genehmigungsverfahren überprüft auf zahlreichen Ebenen, ob ein konkret geplantes und in Bauzeichnungen vorgelegtes Bauvorhaben sich in die städtebauliche Situation einfügt, wie sie durch den Bebauungsplan oder die Umgebung definiert ist, und den Anforderungen an die allgemeinen Vorschriften der Baukunst und Technik ebenso wie des Entwurfs von funktionsgerechten Bauten sowie nicht zuletzt der angemessenen Gestaltung entspricht. Grob unangemessene Bauten können theoretisch unter Verweis auf das *Verunstaltungsverbot* untersagt werden. In der Praxis entfaltet diese Möglichkeit angesichts stark divergierender Vorstellungen von angemessener Gegenwartsarchitektur aber keine Wirkung.

Vor diesem Hintergrund haben viele Städte versucht, die Gestaltung des öffentlichen Raumes ebenso wie der städtischen Architektur durch eine *Gestaltungssatzung* vereinheitlichend zu regeln. Durch die Vorgabe von Fassadenmaterialien, Dachformen, Fensterformaten und Fensterteilungen, durch Vorgaben für die Farbgestaltung ebenso wie durch Anforderungen an die plastische Gestaltung des Baukörpers soll erreicht werden, dass in einer Zeit, die technisch und gestalterisch alles zulässt, nicht der zufällige Geschmack des einzelnen Bauherrn oder Architekten, sondern die verbindliche Meinung einer abstrakten Öffentlichkeit das Stadtbild bestimmt. Dieser zunächst aus dem Gedanken des Denkmal- und Stadtbildschutzes entwickelte Ansatz gewinnt wieder desto mehr an Bedeutung, je mehr sich die Investoren von Immobilienfonds wieder in den Städten selbst und nicht mehr nur in deren Peripherie engagieren. Genauso sind größere Stadtumbaumaßnahmen Ziel solcher Satzungen, die inzwischen auch schon Teil der verbindlichen Bauleitplanung werden können.

Neben den förmlichen Rechtsinstrumenten hat der Städtebau auch informelle Planungsebenen entwickelt, welche in ihrer Regelungsabsicht gewöhnlich die große Kluft zwischen dem zu grobkörnigen Flächennutzungsplan und dem zu feinteiligen Bebauungsplan schließen sollen. Solche *Rahmenpläne* oder *Masterpläne* entwickeln Zielvorstellungen, ohne diese dem zu komplizierten Prozess eines rechtswirksamen Bauleitplans zu unterwerfen. Damit soll zugleich Verbindlichkeit geschaffen und Flexibilität gewahrt werden. Prominente Vorhaben sind das *Planwerk Innenstadt* im Berlin der Nachwendezeit (Stadtentwicklung), der vom französischen Staatspräsidenten Nicolas Sarkozy im Jahr 2007 initiierte gutachterliche *Wettbewerb Grand Pari(s)* (Sarkozy) und viele andere.

4.3 Die gewordene Stadt

Das Ende der nach traditionellen Mustern wachsenden Stadt mit der Industrialisierung und der Versuch, städtebauliche Entwicklungen durch immer weiter verfeinerte Planungsinstrumente umfassend zu gestalten, hat in keiner Kultur und in keinem Staat zu einer wirklich vollständigen Steuerung der Stadtproduktion geführt. Individualinteressen und Bodenspekulation haben vielmehr zum immer weiteren Verlust einer tatsächlich realisierten Planungsvision geführt. Faktisch werden die großen Stadtagglomerationen heute von etwas charakterisiert, was die Forschung heute als *Zwischenstadt* oder *urban sprawl* bezeichnet (Sieverts u. a. 2005; Daimler-Benz 2012). Darunter versteht man die ungebremste und auch weitgehend ungeordnete Ausbreitung von Gewerbe- und Einfamilienhausgebieten in der Peripherie der Großstädte, die weder urbanen noch dörflichen Charakter haben. In der uneingeschränkt der Individualmobilität verpflichteten Gesellschaft Nordamerikas, der sich auch die jüngsten Stadtlandschaften in China und Afrika anschließen, wird dieses Gebilde zur völlig konturlosen *Netzstadt*, deren Organisation keinerlei Zentralität oder Ordnung mehr braucht.

4.4 Die umgebaute Stadt

Städte erneuern sich fortgesetzt. In ihrem Bestand stagnierende Städte gibt es nicht. Schon im Mittelalter nutzte die Stadtbürgerschaft die Katastrophe großer Stadtbrände zur Neuordnung des Stadtgrundrisses und der Beseitigung von allzu kleinteiligen Stadtstrukturen. Die Zerstörungen des Dreißigjährigen

Krieges wirkten nicht selten in ähnlicher Richtung. Und doch wirkt der durch die Eigentumsverhältnisse festgeschriebene Parzellenplan, gleichsam das Gedächtnis der Stadt, bis weit in die zweite Hälfte des 20. Jahrhunderts hinein konservativ und determinierend. Seine Änderung bedarf erheblicher, über das normale Maß hinausgehender Anstrengungen und Entscheidungen. Solche Eingriffe sind erstmals systematisch während der Systematisierung der barocken Befestigungssysteme zu verzeichnen. Im Interesse einer modernen Bastionärbefestigung werden bisweilen ganze Vorstädte abgebrochen zugunsten der Verteidigungsfähigkeit (Diel u. a. 1998).

Daneben werden Städte seit der Barockzeit auch umgebaut, um das veraltete Stadtbild neuen und modernen künstlerischen Bestrebungen anzupassen. Herausragendes Beispiel ist die Stadt *Rom* unter den Päpsten des 16. Jahrhunderts, die durch das Geflecht der engen mittelalterlichen Gassen lange und repräsentative Straßenachsen durchbrechen lassen, die in großartig angelegten Stadtplätzen enden (Piazza del Popolo). Die nur teilweise vollendeten Planungen werden zuletzt noch von Benito Mussolini im 20. Jahrhundert realisiert (Bodenschatz 2011).

Den radikalen Stadtumbau von der dumpfen, dichten und ungesunden Stadt der Vergangenheit in eine moderne und leistungsfähige Stadt der Zukunft ohne jede Rücksicht auf überkommene Stadtstrukturen fordert zuerst Le Corbusier im Jahr 1925, als er die Beseitigung von großen Teilen der Altstadt von Paris zugunsten einer Wohnlandschaft mit Punkthochhäusern und leistungsfähigem Verkehrsnetz vorschlägt. Andere Autoren folgen ihm für andere Metropolen. Die massiven Zerstörungen des Zweiten Weltkriegs bieten zwanzig Jahre später die Gelegenheit, solche Vision gebliebenen Ideen in Teilen tatsächlich umzusetzen – beispielsweise im Berliner Hansaviertel (Landesdenkmalamt 2007).

Die historischen Stadtzentren Europas galten lange Zeit als rückständig und unmodern. Dass sie nicht restlos beseitigt wurden, wie Le Corbusier und das Modern Movement dies schon in den zwanziger Jahren gefordert hatten, war eher das Resultat fehlender Möglichkeiten als fehlenden Willens. Die aus dieser Missachtung resultierende, über Jahrzehnte andauernde Vernachlässigung des Baubestands und die Übernahme durch sozial schwächere Bevölkerungsschichten machten die Stadtzentren noch unattraktiver. Großflächige, in Deutschland durch das *Städtebauförderungsgesetz* legitimierte *Abrissprojekte* waren die Folge. Erst seit den sechziger Jahren ändert sich diese Haltung angesichts der nur selten überzeugenden Ergebnisse der Ersatzbauten und ganz generell des Wiederaufbaus der Städte entsprechend den Vorstellungen dieses Modern Movement. Der Verlust der vertrauten Umgebung, der Heimat (auch wenn dieser Begriff durch das NS-Regime korrumpiert wurde) lässt Forderungen nach der Erhaltung der alten Stadtzentren immer lauter werden und führt in ganz Europa zu einer kraftvollen Bewegung der *Stadtsanierung*, die sich zum Ziel setzt, das Kulturerbe zu erhalten und wieder für eine breite Bewohnerschaft attraktiv zu machen. Bis in die Mitte der achtziger Jahre ist die Stadtsanierung in Ost- und Westeuropa zu einem bestimmenden Faktor des Städtebaus geworden (Stadterhaltung 1980). Ihre Bedeutung steigt weiter, je energischer die Forderungen nach kompakter Stadt, kurzen Wegen und Nachhaltigkeit erhoben werden. Die Erhaltung und systematische Aufwertung des auch gestalterisch wertvollen Altbaubestands wird zu einer zentralen Aufgabe der Architektur und des Städtebaus und erschließt auch für die Bauwirtschaft neue Tätigkeitsfelder (Cramer/Breitling 2007). Neben der baulichen spielt auch die sozial verträgliche Bewältigung dieses Aufwertungsprozesses eine bedeutende Rolle. Die Modernisierung eines vernachlässigten Quartiers führt in aller Regel durch die Aufwertung zu steigenden Mieten und dadurch zur Verdrängung der eingesessenen Bevölkerung. Dieser Vorgang wird als *Gentrifizierung* bezeichnet. Ein gut organisiertes *Quartiersmanagement* soll hier die nachteiligen Folgen für die Betroffenen mildern oder ausgleichen. Durch das Programm der *sozialen Stadt* soll sichergestellt werden, dass alle an den Fortschritten der Stadtentwicklung gleichermaßen teilhaben können.

Die dramatischen Veränderungen in der globalisierten Industrieproduktion des späten 20. Jahrhunderts führen zu massiven Umbrüchen vor allem in den Randgebieten der Städte. Ein großer Teil der industriellen Fertigung in fast allen Branchen, besonders aber in der flächenintensiven Montan-, Stahl- und Textilindustrie fällt brach und die Produktionsanlagen stehen leer. Städtische Versorgungsanlagen (z. B. Schlachthöfe) und Kasernen erleiden das gleiche Schicksal. In kurzer Zeit werden enormen Flächen mit teils überaus hochwertigen Bauten aus der Zeit um 1900 frei. In den Vereinigten Staaten von Amerika werden auch Wohnsiedlungen der sechziger und siebziger Jahre bereits wieder abgerissen. Solche Flächen werden im Idealfall durch *redevelopment* unter Verwendung der historischen Bausub-

stanz neuen Nutzung zugeführt – meist Freizeit- und Dienstleistungsunternehmen, nicht selten aus der Kreativindustrie (Wüstenrot Stiftung 2000). Viele Industriekomplexe werden aber auch gedankenlos abgerissen.

Während in den Schwellenländern mit rasch wachsender Bevölkerung das unkontrollierte Stadtwachstum eine unlösbare Aufgabe bleibt, müssen sich die westlichen Staaten angesichts stagnierender und zurückgehender Bevölkerungszahlen mit dem Phänomen der *Stadtschrumpfung* auseinandersetzen. In den abgelegeneren Kleinstädten, genauso aber auch in machen von der Industrieproduktion abgekoppelten Großstädten finden sich für architektonisch qualitätvolle Stadtquartiere keine Nachfrager mehr, so dass ganze Straßenzüge leer stehen und selbst bereits instand gesetzte Bauten allmählich verfallen. Die Abwanderung der aktiven Bevölkerung zu den Arbeitsplätzen in den attraktiven urbanen Großstädten eröffnet erstmals nach 500 Jahren die Perspektive, dass Städte auch wieder von der Landkarte verschwinden könnten (Oswalt u. a. 2005/06). Im Zwischenstadium führt nicht nur der Leerstand und Verfall, sondern auch die verringerte Nutzung der städtischen Infrastruktur von den Versorgungseinrichtungen bis zu den technischen Netzen zu erheblichen Schwierigkeiten, denen man u. a. durch Kunstprojekte zu begegnen sucht (Borries u. a. 2011).

4.5 Die wuchernde Stadt – Megacities und informelle Strukturen

Die Stadt am Ende des Mittelalters hatte nur im Ausnahmefall mehr als 10 000 Einwohner; am Beginn des Industriezeitalters mochten schon viele die Grenze von 100 000 überschritten haben. Mitte des 21. Jahrhunderts wird mehr als die Hälfte, nach manchen Schätzungen bis zu drei Viertel der Menschheit in Stadtagglomerationen wohnen, die nur noch zu einem geringen Teil in ihrer Entwicklung als geplant oder gesteuert bezeichnet werden können. Die amerikanischen Netzstädte der Westküste und die landschaftsfressenden Siedlungsstrukturen im modernen China geben einen Vorgeschmack darauf, wie sich in Staaten mit wachsender (nicht wie in Europa schrumpfender) Bevölkerung die Urbanisierung entwickeln wird oder könnte.

Die Bevölkerung der großen Städte besonders in Lateinamerika, Afrika und Asien wächst derzeit völlig unkontrolliert beständig an. Städte mit mehr als

10 Mio. Einwohnern sind keine Seltenheit mehr und die ersten Stadtagglomerationen haben die 20 Mio.-Grenze bereits überschritten. Sie werden allgemein als Megacities bezeichnet. Im Jahr 2012 gibt es 10 Stadtregionen mit mehr als 20 Mio. Einwohnern (Tokio/34, Guangzhou/25, Seoul/25, Schanghai/25, Delhi/23, Mumbai/23, Mexiko City/23, New York/23, Sao Paulo/21, Manila/20) und weitere 16 Städte zwischen 10 Mio. und 20 Mio. Einwohnern, deren kleinste Paris ist (Burdett/Sudijc 2007). Die schachbrettartigen Siedlungsteppiche von Mexiko Stadt oder die strukturlosen Hochhausquartiere von Schanghai und Seoul belegen auf unterschiedliche Weise die Ratlosigkeit der staatlichen Behörden, den Zustrom in die Städte planerisch zu bewältigen. Alle Theorien aus der alten Zeit des Städtebaus müssen vor diesen Herausforderungen versagen. Die Raum- und Stadtplanung beschränkt sich ganz überwiegend auf die Gestaltung von Zentren und die Bereitstellung einer gewissen Infrastruktur, während die gesamte Frage des Stadtraums der zufälligen Initiative der privaten, meist unbemittelten Bauherrn überlassen bleibt. Architektonische Qualität entsteht hier nur im Ausnahmefall und bei besonderem Engagement der Beteiligten (Lepik 2010). In aller Regel werden die oft armseligen Behausungen regellos und beliebig errichtet. Die so entstandenen Quartiere heißen je nach Kulturraum *slum*, *gecekondu* (Neuwirth 2004), *township* oder *favela* (Blum/Neitzke 2004) und sind in der Regel *soziale Brennpunkte* der Stadt. Es mangelt ihnen meist an städtischer Infrastruktur (Wasser, Abwasser und Energie). Nicht selten sind sie an gefährdeten Stellen errichtet, die unter Naturkatastrophen besonders leiden. Das fortschreitende Stadtwachstum setzt sie auch der Gefahr der *Gentrifizierung* aus. In der ständig sich verschärfenden Gegensätzlichkeit von architektonisch und städtebaulich geordnetem Stadtraum auf der einen Seite und der regellosen und landschaftskonsumierenden Ausweitung des Siedlungsgebiets liegt der offenbar unauflösliche Widerspruch der Stadt des 21. Jahrhunderts (Wolfrum/Nerdinger 2008).

5. Stadtfunktionen

Stadt wird seit alters her geprägt von der Mischung unterschiedlicher Nutzungen, die nur im Zusammenhang das Phänomen Stadt ergeben. Die Bevöl-

kerung braucht Wohnraum, Arbeitsplätze sichern zugleich deren Einkommen und die Beschickung des Marktes mit den Gütern, welche die Stadt attraktiv machen. Eine Vielzahl von öffentlichen und privaten Dienstleistungen schließlich ist der Nährboden für Stadtkultur und Urbanität. Flächen für Verkehr und Erholung kommen hinzu. Jede Kultur hat für die Zuordnung dieser Funktionen unterschiedliche Lösungen gefunden und zur Grundlage des Städtischen gemacht. In fast allen Kulturen ist dabei eine unterschiedlich stark ausgeprägte *Nutzungsmischung* charakteristisch.

5.1 Nutzungsmischung

Die traditionelle orientalische Stadt beispielsweise trennt die streng private Wohnung von der gewerblichen Produktion und dem Handel sowie den Dienstleistungen, die zusammen im Suq oder Bazar zu finden sind (Wirth 2001; Scharabi 1985). Die traditionelle europäische Stadt dagegen vereint die handwerkliche Produktion und auch viele Dienstleistungen mit der Wohnung im Handwerkerhaus, während der Handel auf dem temporären Markt und in öffentlichen Kaufhallen vor sich geht (Nagel 1971). Die Obrigkeit ist in beiden Fällen für die Bereitstellung der Infrastruktur des Handels zuständig, welche sowohl eine sachgerechte und ausreichende verkehrliche Erschließung wie auch die Klärung von Streitigkeiten durch eine entsprechende Gerichtsbarkeit umfasst.

In beiden Kulturen sind – auf unterschiedliche Weise und mit unterschiedlichen baulichen Mitteln – Bazar oder Markt der aktive Mittelpunkt der Stadt, um den herum sich die weiteren Stadtfunktionen einschließlich der Repräsentationsbauten für Religion und Herrschaft gruppieren. In diesem *Stadtzentrum* trifft sich nicht nur die kauflustige Kundschaft, hier sind auch die wichtigen stadtpolitischen Einrichtungen wie das Rathaus oder das Marktgericht angesiedelt. *Zentrum* wird damit – jedenfalls in der europäischen Stadt – bis weit in das 20. Jahrhundert hinein zum Synonym für Leistungsfähigkeit, Wichtigkeit und Repräsentation. Diese Wertschätzung drückt sich nicht nur in den Bodenpreisen, sondern auch und vor allem baulich-architektonisch aus, indem die Bauten mit dem höchsten Anspruch und der aufwendigsten Architektur in der Regel im Stadtzentrum zu finden sind. Bis heute wird diese Vorstellung in den Hochhaus-Skylines der Wirtschaftsmetropolen und Megacities reflektiert.

Im Gegensatz dazu bietet die *Peripherie* den weniger leistungsfähigen Mitgliedern der Stadtgesellschaft preisgünstigeren, aber auch weniger wahrgenommenen Entfaltungsraum. Zu dem damals noch klar definierten Stadtrand hin werden die Häuser kleiner, die Bebauung lockerer und die Architektur anspruchloser. Auch der Straßenraum ist weniger aufwendig gestaltet. Auch dieses Phänomen findet bis heute seinen Niederschlag in den gesichtslosen Gewerbegebieten und dem *urban sprawl* der Zwischenstadt.

Eine besondere Verkehrsplanung brauchte die vorindustrielle Stadt in der Regel nicht. Der nur geringe Verkehr mit Fuhrwerken und Pferden fand in den Resträumen des Stadtgefüges genügend Entfaltungsraum.

5.2 Nutzungstrennung

Die Stadt des späten 19. und ganz besonders des 20. Jahrhunderts ist dann von der Forderung nach strikter *Funktionstrennung* gekennzeichnet, die auf Ideen der Publikation von Karl Scheffler *Die Architektur der Großstadt* aus dem Jahr 1913 zurückgehen und von dem 4. *CIAM* (Congrès International d'Architecture Moderne) in der *Charta von Athen (1933)* unter der Forderung nach der *funktionalen Stadt* festgeschrieben und als die einzig zulässige Form der Stadtorganisation gefordert wurde (Mumford/ Frampton 2002). Le Corbusier hatte die ideale Stadt in seinem *Plan Voisin* entworfen und im Jahr 1925 auf der »Exposition internationale des Arts Décoratifs et industriels modernes« in Paris vorgestellt (Fishman 1977). Diese Stadt ist geprägt von der strikten Nutzungstrennung in *Wohnen, Arbeiten, Erholen und Verkehr*. Städtische Dienstleistungen (öffentliche und private) – heute ein Schwerpunkt der Stadtproduktion – spielten damals noch keine bedeutende Rolle. Dafür wurde die Forderung erhoben, dass die Wohnung der Mittelpunkt des Lebens sein und nahe am Arbeitsplatz liegen müsse. Die herausgehobene Bedeutung des Wohnens findet ihren Ausdruck in vielgeschossigen Hochhäusern auf kreuzförmigem Grundriss, in denen Maisonette-Wohnungen angeordnet sind. Der Verkehr für unterschiedliche Transportmittel vom Fußweg über die Autobahn bis zum Flugplatz wird auf unterschiedlichen Wegen und Ebenen raumgreifend organisiert.

Für die Erholung bleiben die Resträume zwischen und unter der weitläufigen Bebauung und die Dächer. Einzig die Aussagen zur stadträumlichen Organisation der Arbeit bleiben schemenhaft. Der Zweite Weltkrieg beendete diese Diskussion ohne substanzielle Ergebnisse, die sich erst in den städtebaulichen Wiederaufbau- und Erneuerungsprojekten zeigen konnten (Durth/Gutschow 1988). Der von Le Corbusier noch am Anfang der dreißiger Jahre geforderte konsequente Umbau aller Städte musste auch später an den Eigentumsverhältnissen scheitern.

Die markantesten Beispiele einer konsequenten Umsetzung der Forderungen der Charta von Athen sind die neue, am 21. April 1960 eingeweihte Hauptstadt *Brasilia* nach dem Entwurf von Lucio Costa mit den ikonischen Großarchitekturen für die Regierung von Oscar Niemeyer sowie die von Le Corbusier einschließlich aller Regierungsbauten geplante Stadt *Chandigarh* in Indien. In beiden Städte sind um das neu gebaute Regierungsviertel Wohngebäude unterschiedlicher Typologie gruppiert; die Verkehrserschließung ebenso wie der öffentliche Frei- und Grünraum spielen eine große Rolle. Im Gegensatz dazu ist die Versorgung der Stadt mit Gütern und Dienstleistungen eigentümlich ungeklärt und findet ihren Ort erst spät und gleichsam nachträglich und strukturlos.

Aus diesem Dilemma findet die Stadt des 20. Jahrhunderts auch nicht mehr heraus. Während die Wohnungsfrage wahlweise durch ausgedehnte Einfamilienhausgebiete am Stadtrand oder halbautarke Trabantenstädte weit außerhalb (Ungers 1983) gelöst werden soll, fehlt ein Konzept für die Stadtmitte. Teils werden städtische Dienstleitungen – beispielsweise die Verwaltung – verkehrsgünstig erschlossen an den Stadtrand verlagert, teils wird durch Flächensanierungen der Raum für Neubauten geschaffen, zu denen auch Großkaufhäuser im Zentrum gehören. Selbst die Versorgung mit Schulen in großen Schulzentren, Krankenhäusern und Universitäten folgt nicht selten dem Campus-Gedanken außerhalb der Stadt. Das alte, traditionell multifunktionale Stadtzentrum verliert so immer mehr an Bedeutung und wird zum Sanierungsfall.

Erst das Anwachsen des Dienstleistungs-, Freizeit- und Unterhaltungssektors am Ende des 20. Jahrhunderts kehrt diesen Trend wieder um, weil nur die vielfältige und interessante Stadt dem Nutzer den angemessenen Rahmen für diesen Bedarf gibt. Verbunden damit kehrt auch die Vorstellung zurück, dass das Stadtzentrum ein attraktiver Wohnstandort sein kann. In aufgelassene Produktionsbetrieben werden Lofts eingebaut und damit die Entvölkerung der Innenstädte gestoppt.

6. Stadtidentität und Stadtinszenierung

Das Bild der Stadt, namentlich ihre Silhouette mit den charakteristischen Großbauten gilt seit Jahrtausenden zugleich als Charakterisierung ihrer Bevölkerung und deren Leistungsfähigkeit und wird damit zu einem Teil ihrer *Identität*, welche die Stadt unverwechselbar, einzigartig und von anderen konkurrierenden Städten unterscheidbar macht. Homer preist die starken Mauern Trojas und im Heiligen Land finden sich die antiken Städte mit ihren Türmen und Kirchen vielfach in den Bodenmosaiken der frühchristlichen Kirchen dargestellt. Fast gleichzeitig mit der Erfindung der Druckkunst erscheinen alsbald beschreibende Werke der berühmtesten Städte (Schedel 1493; Braun/Hogenberg 2008), welche stets die gesamte Stadt mit ihren wehrhaften Mauern und Toren, die großen Kirchen und auch die wichtigen öffentlichen Bauten in wirklichkeitsnaher Darstellung abbilden. Die Wohnbebauung bleibt in der Regel schematisch. Den Höhepunkt dieser Stadtdarstellungen bildet das vielbändige Werk *Topographia Germaniae* von Matthäus Merian, welches nach konkret erarbeiteten Vorlagen und Studien nach der Natur die vorgestellten Städte durch Texte (Zeiler) beschrieb und in hoch detailgenauen Kupferstichen darstellte (Merian 1688). Die übertrieben hohe Darstellung der Kirchtürme findet zu dieser Zeit bereits ihre Entsprechung in dem Versuch, den in der Region tatsächlich höchsten Kirchturm zu bauen. Im 19. Jahrhundert wird diese Absicht durch die zahlreichen Turmvollendungen liegen gebliebener gotischer Kirchtürme noch einmal aktuell (Knorre 1974).

6.1 Stadtgestaltung und *iconic architecture*

Die Tradition der Stadtabbildung findet ihre Fortsetzung in der Abkonterfeiung der machtvollen Festungswerke der Barockzeit und zuletzt noch in der fast endlosen Aufreihung der rauchenden Schlote der frühen Industriestädte, deren Umweltpro-

blematik man im 19. Jahrhundert noch nicht wahrnehmen konnte. Erst mit dem Ausufern der Städte seit der Mitte des 19. Jahrhunderts tritt an die Stelle der Identität stiftenden Stadtsilhouette die Darstellung einzelner bemerkenswerter Gebäude in dieser Stadt oder auch eine ausgewählte Gruppe solcher Bauten. In dieser Gruppe finden sich neben bemerkenswerten Neubauten (Eiffelturm, Capitol Hill, Freiheitsstatue und Zuckerhut) zunehmend auch als einzigartig empfundene historische Bauwerke (Kreml, Brandenburger Tor, Kolosseum, Petersdom etc.). Damit ist der Weg gebahnt zu einem neuen Konstrukt städtischer Identität, das sich fortan aus einer Mischung von Tradition und Innovation etabliert. Durch die Wahrung eines ausgewählten Maßes an Geschichtlichkeit soll die Rückbindung in diese Geschichte und die weit zurückreichende Besonderheit der Stadt bewiesen werden, während bemerkenswerte und ungewöhnliche Neubauten die Innovationskraft und Leistungsfähigkeit demonstrieren (Herrle/Wegerhoff 2008; Czaplicka/Ruble 2003). Letzteres wird heute von der Forschung unter dem Begriff *iconic architecture* zusammengefasst – auch wenn die Strategie wesentlich älter ist als der Begriff selbst.

Spätestens die *Hochhausdebatte* im Chicago und New York/Manhattan seit dem Beginn des 20. Jahrhunderts zeigt, dass Städte ihre Bauwerke nicht nur unter der Maßgabe der optimalen Funktionalität errichten, sondern zugleich durch aus sich heraus bemerkenswerte Bauwerke ein insgesamt eindrucksvolles und einmaliges Bild erschaffen wollen (Lepik 2005). Hochhäuser stehen dabei ganz offensichtlich für Wirtschaftsmacht, Fortschrittlichkeit und Einfluss auf die Weltpolitik. Der globalisierte Wettbewerb der Städte untereinander um Arbeitsplätze und Standorte internationaler Konzerne ebenso wie das Aufblühen neuer Wirtschaftsmächte in Arabien und Asien führt seit dem letzten Drittel des 20. Jahrhunderts zu einem regelrechten Wettbewerb um die eindrucksvollsten Hochhäuser im internationalen Zusammenhang (Gräwe/Schmaal 2006). Nachdem Frankfurt a. M. seit den siebziger Jahren sein Banken-Hochhausviertel erfolgreich zu einem führenden Finanzplatz ausgebaut hatte, entstanden in kürzester Frist an zahlreichen Orten zahlreiche weitere neue Hochhaus-Skylines (Shanghai, Dubai, Doha etc.), deren hauptsächliches Ziel ganz offenkundig der Anspruch ist, mit den bekannten Wirtschafts- und Finanzzentren der westlichen Kulturen Schritt zu halten und sie durch bemerkenswerte und ungewöhnliche Architekturentwürfe sogar zu übertrumpfen. Am Anfang des 21. Jahrhunderts hat es den Anschein, als ob keine bedeutende Stadt der Welt mehr ohne ein Hochhausquartier oder wenigstens ein bedeutendes Hochhaus auskommen könne.

Dabei spielen Fragen des tradierten, meist niedrigen und verdichteten Stadtbilds keine Rolle mehr, wie die Beispiele von London (Swiss Re oder The Gherkin, 2004 – 180 m/Norman Foster, The Shard – 310 m/Renzo Piano), Barcelona (Torre Agbar, 2004 – 142 m/Jean Nouvel) oder Malmö (Turning Torso, 2006, 190 m/Santiago Calatrava) zeigen. Zugleich beginnt der Wettlauf um den *höchsten Wolkenkratzer* der Welt, der schon einhundert Jahre zuvor in New York eingeläutet worden war. In kurzer Frist steigert sich die Höhe von 300 bis 400 Metern (Empire State Building, 1931 – 381 m/William F. Lamb; World Trade Center, 1973 – 417 m/Minoru Yamasaki; New York) auf 450 Meter (Petronas Tower, 1998 – 452 m, Kuala Lumpur/Cesar A. Pelli) über 500 Meter (Taipeh 101, 2004 – 508 m, Taipeh/C.Y. Lee) bis zum derzeit höchsten Gebäude der Welt, dem 2010 fertig gestellten Burj Khalifa (SOM – Skidmore, Owings, Merrill/Adrian Smith) mit 828 Meter Höhe in Dubai.

Mit diesen Hochhausprojekten verbindet sich zugleich ein zweiter Aspekt der städtischen Identitätsbildung, wenn die spektakulären Projekte nicht mehr von irgendeinem Architekten, sondern von den Stars der Szene gebaut werden und so zur *starchitecture* werden. Angesichts der architektonischen Besonderheiten des Entwurfs, die von vielen zwar als spektakulär anerkannt wird, zugleich aber auch als absurde Übertreibung kritisiert, treten die funktionalen Determinanten der Architektur zugunsten der Machbarkeit wider Erwarten in den Hintergrund, wie etwa das Gebäude der staatlichen Fernsehgesellschaft in Peking von Rem Koolhaas und Ole Scheeren (OMA) oder die zahlreichen parametrisch entworfenen Baukomplexe des Büro Zaha Hadid (Hadid 2012) zeigen. Die Verbindung von berühmten Architekten-Namen und ungewöhnlichen Architekturen kann und soll auch zu dem sogenannten *Bilbao-Effekt* führen. Aufsehen erregende Bauten sollen nicht nur die Identität der Stadt positiv beeinflussen, sondern zugleich und vor allem strukturelle Verbesserungen in benachteiligten Stadtquartieren anstoßen, die durch die starchitecture unvermittelt in das Blickfeld der Öffentlichkeit geschoben werden. Der Begriff »Bilbao-Effekt« erklärt sich aus der dramatisch positiven Wirkung, welche die Errichtung des Guggenheim-Museums in Bilbao nach Plänen von Frank O. Gehry im Jahr 1997 auf die Wahrnehmung und Entwicklung der Stadt Bilbao hatte und hat. Ähnliche Wirkung soll auch das Hochhaus des Swiss Re in London entfalten, wo in dem einstmals verwahrlosten Stadtquartier nach dem Neubau von Norman Foster bis 2020 ein Vielzahl weiterer Hochhäuser entstehen sollen (FAZ 09/03/2012). Das letzte Beispiel aus dem Jahr 2012 ist das »Titanic«-Informationscenter in Belfast, das mit einer Investition von fast 100 Mio. € einem verkommenen Hafenviertel mit fünf silbrigen Schiffsbügen wieder zu neuem, von Touristen generiertem Leben verhelfen soll (FAZ 31/03/2012).

Die bewusste Veränderung der Stadtidentität durch überraschende und innovative Kulturbauten nimmt ihren Anfang in *Paris* mit dem Bau des *Centre Pompidou*, das auf Initiative des Präsidenten Georges Pompidou nach den Plänen von Renzo Piano, Richard Rogers und Gianfranco Franchini errichtet und im Jahr 1977 eröffnet wurde. Seine alle nachbarschaftlichen Bezüge ignorierende, nach massiven Abbrüchen in dem alten Stadtquartier Beaubourg auf einem frei geräumten Platz realisierte technoide Architektur, die in keinerlei Bezug zu ihrer Umgebung steht, war damals spektakulär und wurde überaus kontrovers diskutiert. Später initiierte Francois Mitterand mit ähnlichen Absichten die *Grandes Operations d'Architecture et d'Urbanisme*, auch *Grands Projets* genannt, die in den Jahren 1981 bis 1998 realisiert wurden und Museen – darunter die ikonische Pyramide im Louvre -, Kultur- und Verwaltungsbauten und auch den Grand Arche de la Défense als Wahrzeichen der neu errichteten gleichnamigen Büro- und Hochhausstadt umfassten. Die ausführliche öffentliche Auseinandersetzung mit diesen Projekten überdeckte zugleich die immer deutlicher zutage tretenden Missstände in den sozial verwahrlosenden Vorstädten.

Ähnliches Aufsehen erregten die zahlreichen spektakulären Neubauten in *Sevilla* anlässlich der *Expo 1992* oder in *Valencia*, hier besonders die Bauten für die Stadt der Wissenschaft und der Künste von Santiago Calatrava (bis 2006), die über den Einzelbau hinaus das Gesamtgefüge und auch eine neu definierte Identität der Stadt mit besonderen Bauten für besondere Nutzungen neu zu bestimmen suchten. Für die *Olympiastädte* wird diese Haltung zum Selbstläufer, wenn das Sportereignis zum Anlass genommen wird, die Stadt durch neue, auffällige und bewunderte Bauwerke international ins Gespräch zu bringen. In *Peking* wurden nicht nur zahlreiche Sportstätten einschließlich des neuen Stadions, sondern auch ein neues Opernhaus (Paul Andreu), spektakuläre Verwaltungsbauten (OMA/Koolhaas) und Wohnsiedlungen (Steven Holl) errichtet (Peking 2008). Für die Olympiade in *London* entwarfen u. a. Zaha Hadid, Hopkins, Fernando Donis für OMA, Populous und Peter Cook sowie der bekannte Künstler Anish Kapoor. Neben zahlreichen Sport- und Infrastrukturbauten umfasste das Bauprogramm auch umfangreiche Freiflächengestaltungen und Stadtmobiliar.

Eine besondere Stellung unter den Zeichenbauten einer neu inszenierten Stadtidentität nehmen die *Museen* ein. Die Tempel der Kunst sind offenbar besonders gut geeignet, den Anspruch einer gewichtigen, allgemein anerkannten und geschätzten Nutzung mit dem Werk eines bekannten Architekten im Sinne der starchitecture zu einer positiv wahrgenommenen Stadtidentität zu verbinden. Kaum eine auch nur halbwegs bedeutende Stadt des westlichen Kulturkreises, die nicht in den zurückliegenden vier Jahrzehnten durch wenigstens einen, meist aber mehrere neue Museumsbauten bekannter Architekten auf sich aufmerksam zu machen gesucht hätte (Maier-Solgk 2008; Archithese 2007; Greub 2008). Dieser Strategie folgend haben zuletzt auch die neuen Player im internationalen Städtewettbewerb wie Doha mit dem Museum für Islamische Kunst von Ieoh Ming Pei aus dem Jahr 2008 (Jodidio 2008) von dieser Strategie Gebrauch gemacht.

Synergieeffekte durch die Errichtung mehrerer Museen zu einem Museumsquartier steigern die positive Wahrnehmung der Stadt weiter. Als erstes schuf Frankfurt a. M. zwischen 1980 und 1990 das *Museumsufer* am Main mit 15 unterschiedlichen Museen, die zum überwiegenden Teil von bekannten Architekten gebaut wurden (Richard Meier, Oswald Mathias Ungers, Josef Paul Kleihues, Günter Behnisch und Hans Hollein – zuletzt Schneider-Schumacher). Nach ähnlichem Konzept entsteht in *München* unter Einbeziehung der älteren klassizistischen Museen und der Neuen Pinakothek von Alexander von Branca (1981) seit 2002 das *Kunstareal* mit Bauten von Stephan Braunfels (Pinakothek der Moderne, 2002), Sauerbruch/Hutton (Sammlung Brandhorst, 2008) und Kiessler (1994) sowie Norman Foster (im Bau), beide Lenbachhaus. Die zum Welterbe der UNESCO gehörende *Museumsinsel* in *Berlin* wird im Zuge ihrer über Jahrzehnte sich hinziehenden Gesamtinstandsetzung nach einem am

Anfang des 21. Jahrhunderts entwickelten Masterplan als Einheit der älteren Museumsbauten mit modernen Ergänzungen und einer gemeinsamen, teils in Neubauten untergebrachten Infrastruktur inszeniert. Das nahe den älteren Naturhistorischen und Kunsthistorischen Museen gelegene *MuseumsQuartier* in *Wien* wurde 2001 eröffnet. Es nutzt barocke Stallungen, die zuletzt Messezwecken dienten. Im weitläufigen Hofraum errichteten Ortner&Ortner das Leopold Museum und das MUMOK (Museum Moderner Kunst). In *Madrid* wurde das *Museumsdreieck* rund um das Prado Museum seit 1992 mit Neu- und Anbauten von BOPBAA, Rafael Moneo und Herzog&Demeuron ausgebaut. In der jordanischen Hauptstadt Amman wird im Jahr 2012 nach der Stadthalle, dem Kulturzentrum und dem Konservatorium als letzter Baustein eines Kulturparks das Nationalmuseum eröffnet, welches ganz ausdrücklich in der Architektur von Yassar Tukan die wichtigsten Epochen der jordanischen Kulturgeschichte nachempfinden soll. Als ehrgeiziges Großprojekt hat das Emirat *Abu Dhabi* mit dem *Projekt Saadiyat Island*, einer neu geschaffenen Kunst- und Kulturinsel nahe Dubai mit Bauwerken nach Entwurf von Zaha Hadid, Frank Gehry und Jean Nouvel begonnen (Saadiyat 2012).

Zu den besonderen, die fortschrittsorientierte Identität der Stadt definierenden Bauten gehören in den letzten Jahrzehnten auch *Verkehrsbauten*, namentlich *Bahnhöfe*, oft für die neu entwickelten Expresszüge, und *Flughäfen*. Mit gewagten Glaskonstruktionen werden weite Flächen überspannt und ungewohnte Räume geschaffen, wie die Bahnhöfe von Santiago Calatrava in Zürich Stadelhofen (1990), Lyon (1994) und Lüttich (2009) oder die Flughäfen von Osaka-Kansai (Renzo Piano 1994), Hongkong (Norman Foster 1998) und Madrid (Richard Rogers 2006) zeigen (Rothfischer 2005). Mit seinem letzten Vorschlag für London sucht Foster 2011 die beiden Themen sogar umweltgerecht zu verbinden (London).

Seitdem die unterhaltende Stadt sich auch durch sportliche Großveranstaltungen eine frische und moderne Identität zu verschaffen sucht, gehören die *Sportbauten* zu den gefragten Bauaufgaben. Den Anfangspunkt dieser Entwicklung bildet das neue *Olympiastadion* in *München* von Günther Behnisch und Frei Otto für die Olympischen Spiele des Jahres 1972. Durch die ungewohnte und neuartige Architektur und Konstruktion sollte der als schwerfällig und traditionsverhaftet verrufenen Stadt ein neues und modernes Image verschafft werden. Nachdem dieser Plan aufging, haben zahlreiche weitere Städte diese Möglichkeit der Identitätsstiftung genutzt, zuletzt im Jahr 2008 *Peking* mit dem »Vogelnest« genannten *Olympiastadion* von Herzog&Demeuron.

Noch deutlicher wird die Identität stiftende Wirkung von Sportbauten bei den Fußballstadien, wo wiederum *München* mit der *Allianz-Arena* von Herzog&Demeuron für den örtlichen Fußballverein, in der Folge *Südafrika* für die Fußball-Weltmeisterschaft 2010 und in der Zukunft *Brasilien* (2014) und *Qatar* (2022) für den gleichen Anlass mit spektakulären Neubauten nicht nur die Identität der jeweiligen Städte – beispielsweise mit der Aspire Academy in Doha -, sondern sogar des gesamten Landes (Qatar) verändern wollen.

6.2 Stadtgeschichte und Stadterhaltung

Die weit zurückreichende Geschichte und Tradition einer Stadt wird trotz der in der Gesellschaft weit verbreiteten Ablehnung alter Gebäude als positiv und Identität stiftend aufgefasst. Eine alte Stadt hat viel zu erzählen, ist auf ganz abstrakte Weise interessant und transportiert in ihrer Gesamtheit das Gedächtnis und die Kultur ihrer Bewohner (siehe Kap. 13). In der Vergangenheit – von der Antike über das Mittelalter bis in den Zweiten Weltkrieg, in Tibet bis heute (Alexander 2011) – war die *Stadtzerstörung* ein bewährtes kriegerisches Mittel, um den Gegner endgültig zu demoralisieren. Insoweit besteht zumindest im westlichen Kulturraum weitgehendes Einvernehmen, dass die Erhaltung alter Stadtstrukturen grundsätzlich erstrebenswert sei. Im Orient und vor allem in Afrika und Asien ist dieser Konsens weniger ausgeprägt und führt – zum Beispiel in China – auch im 21. Jahrhundert noch immer zu dramatischen Verlusten wertvoller tradierter Stadtstrukturen.

6.2.1 Stadtgestaltung

Die Erhaltung der historischen Stadtkerne als Ganzes war auch in Europa nicht immer gesellschaftlicher Konsens. Erst die gestalterische und funktionale Verödung vieler alter Städte durch *Flächensanierung* (Totalabriss mit anschließender Neubebauung nach meist ausschließlich funktionalen Gesichtspunkten) und forcierte *maßstablose Neubauten* hat die Wertschätzung des gewachsenen Stadtbilds wieder wachsen lassen. Seit den sechziger Jahren wird dieses Ziel in Deutschland durch das *Städtebauförderungsgesetz* im Verfahren ebenso wie in den Zielen geregelt. In den meisten europäischen Staaten gelten vergleichbare Regelungen (Stadterhaltung 1980).

Im 21. Jahrhundert gelten die gewachsenen Stadtkerne in aller Regel als unantastbar. Großflächige Abbrüche gibt es vor allem in den Vororten und der Suburbia, wo die Großexperimente der Megastrukturen der sechziger und siebziger Jahre schon nach wenig mehr als einer Generation Nutzungsdauer wieder weichen müssen. Dies gilt sowohl für die USA, für die Vororte von Paris und auch für die Plattenbausiedlung der DDR.

Im Stadtzentrum wird weiter gestritten über die Zulässigkeit von Einzelmaßnahmen und die Frage, wie weit und wie genau sich notwendige Neubauten in das historische Gefüge einfügen müssen und wie weit sie als zeitgenössische Architektur von dem Gewachsenen abweichen dürfen. Um ein gestalterisches und maßstäbliches Auseinanderfallen der gewachsenen Stadtbilder zu vermeiden, wird das Instrumentarium der *Stadtgestaltung* weiter geschärft. Neben den *Gestaltungssatzungen*, die auch die Einzelheiten der Baukörper und Fassaden regeln sollen, gibt es *Farbleitpläne* und den Ausbau des öffentlichen Raums mit *Stadtmobiliar* und *Baumpflanzungen*.

6.2.2 Denkmalschutz und Ensembleschutz

Die Erhaltung der wertvollen historischen Bausubstanz – Stadträume ebenso wie Einzelbauten – ist in Europa seit dem Beginn des 19. Jahrhunderts ein gesellschaftlich anerkanntes Anliegen und Staatsziel. Einflussreiche Staatsarchitekten wie *Karl Friedrich Schinkel* in Preußen, *Viollet-le-Duc* in Frankreich und der Architekturkritiker *John Ruskin* in Großbritannien setzten sich mit Nachdruck für die Erhaltung der Monumente ein. Am Ende des 19. Jahrhunderts formulierten *Georg Dehio* und *Alois Riegl* die bis heute gültigen theoretischen Grundlagen, welche das Baudenkmal als materielles Archiv seiner wechselvollen Nutzungsgeschichte definieren, es als Quelle der Rückversicherung gesellschaftlicher Prozesse interpretieren und zum Dokument historischer Realitäten machen (Huse 1996). In diesem Sinne ist das Baudenkmal als *Wissensarchiv* unverzichtbarer Bestandteil der individuellen wie der universellen Stadtidentität und Menschheitsgeschichte (Cramer/Breitling 2007, 15). Aufgabe des Denkmalschutzes muss es deswegen sein, die möglichst un-

veränderte Tradierung der Baudenkmale an die zukünftigen Generationen sicherzustellen. Ihre *materielle Authentizität* muss gewahrt werden. Dass
dieses Ziel sowohl wirtschaftlichen wie auch politischen Pressionen ausgesetzt ist, versteht sich in auf
Profitmaximierung ausgerichteten Gesellschaften
von selbst (Falser 2008).

Die Ziele von Ensembleschutz und Denkmalschutz sind auf internationaler Ebene inzwischen
in zahlreichen Chartas und Deklarationen von
ICOMOS (International Council of Monuments and
Sites), einer Unterkommission der *UNESCO*, festgelegt. Der Umgang mit dem auf die Bewahrung des
Stadtraumes fokussierten Ensemble wird durch die
Charta von Washington aus dem Jahr 1987 geregelt.
Die *Charta von Lausanne* (1989) erörtert die Be-
handlung archäologischer Stätten und für den Umgang mit dem Einzelbauwerk ist die *Charta von Venedig* aus dem Jahr 1964 maßgeblich (Petzet 1992)
mit der Präzisierung durch die ICOMOS-Charta zur
Interpretation und Präsentation von Kulturstätten
aus dem Jahr 2007. Der Begriff der Authentizität
wird von dem *Nara-Dokument* (1994) aufgegriffen.
Die Beachtung dieser Standards in den Mitglieds-
staaten der UNESCO wird grundsätzlich vorausgesetzt, ist aber durchaus nicht immer sichergestellt.

Herausragende Denkmale der Menschheitsgeschichte hat die UNESCO in ihrer *World Heritage
List* (UNESCO) versammelt, die fortlaufend erweitert wird. Ein *European Heritage Label* (European
Heritage 2012) wurde kürzlich ergänzend eingeführt. Was ein Baudenkmal ist, definieren die *Denk-
malschutzgesetze* der Länder weitgehend übereinstimmend: Ein Bauwerk, an dessen Erhaltung ein
öffentliches Interesse aus künstlerischen, städtebaulichen, archäologischen, historischen und volkskund-
lichen Gründen besteht. Die Liste der Begründun-
gen wird bisweilen auch noch erweitert – zum Beispiel um die Technikgeschichte. Denkmale können
neben Kunstwerken vor allem *Bauwerke*, daneben
Ensembles (Sachgesamtheiten), *archäologische Stätten* und *Grünanlagen* sein. Die konkrete Benennung
der Bau- und Kunstdenkmäler ist Sache der *Denkmalämter*. Sie stellen die *Denkmalliste* auf, die dann
für alle – Eigentümer und Behörden – verbindlich ist
(Schmidt 2008). Die Denkmallisten sind in den Staaten unterschiedlich. Neben den einstufigen Listen
gibt es auch solche, die zwischen lokaler, regionaler
und nationaler Bedeutung unterscheiden. Entsprechend ist auch die Zahl der Baudenkmale insgesamt
in den Staaten und in den Jahrzehnten unterschied-

lich. Hatten die Theoretiker der Wende vom 19. zum
20. Jahrhundert noch die allerwichtigsten Bauwerke
der Stadt im Blick, also meist die Kirchen, das Rathaus mit wenigen anderen öffentlichen Bauten und
eine begrenzte Zahl von repräsentativen Bürgerhäusern, so werden heute nicht selten ganze Straßenzüge und Siedlungen ebenso wie ausgedehnte Industrieanlagen in die Denkmalliste aufgenommen. In
Deutschland schätzt man, dass etwa 3 % der Bausubstanz unter Denkmalschutz stehen. In Frankreich
und vor allem in den Vereinigten Staaten von Amerika dürfte der Prozentsatz sehr viel niedriger liegen.

Die Denkmaleigenschaft schließt das Baudenkmal als Ganzes ein – also mit seiner Rohbaukon-
struktion und allen historischen Oberflächen,
gleichgültig ob sie sichtbar und interessant oder un-
scheinbar sind – und zieht besondere Prüfungen aller baulichen Maßnahmen an und in dem Bauwerk
nach sich. Es ist zu klären, ob durch die Bauarbeiten
die Authentizität und/oder das Erscheinungsbild des
Bauwerks beeinträchtigt, ge- oder gar zerstört wird.
Dies muss der Theorie und dem Gesetz nach verhindert werden. Für eine sachgerechte Denkmalverände-
rung ist deswegen ein strukturierter Prozess erforderlich, der die grundsätzlich beschriebenen *Denk-
malwerte* konkret benennt und kompetent in den
Planungs- und Bauprozess übersetzt. Dazu ist neben
zahlreichen bautechnischen Analysen die Erhebung
bauarchäologischer und restauratorischer Befunde
erforderlich (Petzet/Mader 1993; Cramer/Breitling
2007).

Trotz aller guten Regelungen ist die konkrete
Denkmalbehandlung national und in der Zeit ver-
schieden. Bis weit in das 20. Jahrhundert hinein war
Denkmalschutz ein Gebiet für wenige Spezialisten.
Erst die massiven Denkmalverluste im Zweiten
Weltkrieg und in den radikalen Stadtsanierungen
der sechziger Jahren führten europaweit zu einem
Umdenken, das im *Europäischen Denkmalschutzjahr
1975* und der Forderung nach einer umfassenden
Denkmalerhaltung unter dem Motto »*Eine Zukunft
für unsere Vergangenheit*« gipfelte (Bayerisches Landesamt für Denkmalpflege 1975). Die bestehenden
Gesetze wurden in der Folge modernisiert und das
Personal der Denkmalämter deutlich aufgestockt.
Von dieser Plattform aus konnten bis zum Ende des
20. Jahrhunderts zahlreiche beispielhafte Denkmal-
schutz- und Denkmalerhaltungsmaßnahmen durchgeführt werden (Zeitschichten 2005). Denkmalschutz genoss noch an der Jahrtausendwende eine
kaum zu übertreffende gesellschaftliche Wertschät-

zung. Die oft wenig publikumsorientierte, häufig unverständlich restriktive Argumentation der Behörden und vor allem der immer massivere Verwertungsdruck auf sämtliche Immobilien haben diesen Konsens zwischenzeitlich schwer beschädigt. Denkmalschutz wird inzwischen auch von Politikern als hinderlich, wirtschaftsfeindlich und rückwärtsgewandt kritisiert. In der Folge werden die Wirkungsmöglichkeiten der Denkmalbehörden immer weiter beschnitten und das Personal drastisch reduziert. Immer häufiger werden im Konfliktfall auch bedeutende Baudenkmale anderweitigen Interessen geopfert. Denkmalschutz ist in Zeiten leerer Kassen von der öffentlichen Identität stiftenden Daseinsvorsorge zum verzichtbaren kulturellen Luxus verkommen.

Der seit 1975 gleichfalls energisch verfolgte *Ensembleschutz* hat dieses Schicksal nicht in gleicher Radikalität erfahren. Unter einem Ensemble oder einer städtischen Sachgesamtheit verstehen die Gesetze städtebauliche Situation, bisweilen sogar ganze Stadtquartiere oder Stadtkerne, die durch ihre stadträumliche Gesamtwirkung besonders schutzwürdig sind. Dabei kommt es weniger auf die konkrete Bausubstanz hinter den Fassaden an als vielmehr auf die für den Stadtbenutzer sichtbare Qualität. Das attraktive Stadtbild mit Straßenpflaster, Brunnen, Bäumen und geordneten Fassaden steht im Mittelpunkt des Interesses. Neben vielen Stadtkernen mittelalterlicher Städte sind auch Wohnquartiere des 19. Jahrhunderts und landschaftsbezogene Bereiche als Ensembles geschützt. Die Reduzierung des Historischen auf das attraktive Bild unter Verzicht auf die 100 Jahre vorher noch herausgehobene Quellen- und Archivfunktion des Baudenkmals wird damit zum Bindeglied zur materiellen Stadtrekonstruktion.

6.2.3 Stadtrekonstruktion

Am Ende des 20. Jahrhunderts, in Deutschland in einem offenkundigen Zusammenhang mit der Wiedervereinigung, greift überraschend schnell ein Bedürfnis nach *Stadtrekonstruktion* Platz. Die Bewegung nimmt ihren Anfang im Jahr 1984 am *Römer* in *Frankfurt am Main* mit der historisch getreuen Nachbildung der Fachwerkhäuser auf der Ostseite des zentralen historischen Stadtplatzes. Die Architektur der Nachkriegszeit wurde als unbefriedigend empfunden und sollte zur Wiederherstellung des traditionellen Bildes ersetzt werden. Im Jahr 2012

findet diese Maßnahme ihre Fortsetzung im Abbruch der Großstruktur des Technischen Rathauses aus dem Jahr 1974 und dessen Ersatz durch den Bau von zahlreichen, wiederum an historischen Vorbildern orientierten Bürgerhäusern auf dem ursprünglichen Stadtgrundriss. In *Hildesheim* war mit der Rekonstruktion des *Marktplatzes* bis 1988 ein vergleichbares Projekt realisiert worden, dessen bekanntester Teil der Neubau des *Knochenhaueramtshauses* war, ein Fachwerkbau aus dem Jahr 1529, der im Krieg vollständig zerstört worden war.

Nach 1989 nahm zunächst die Diskussion um den Wiederaufbau der Frauenkirche und des Neumarkts in Dresden breiten Raum ein. Die positive Entscheidung löste eine große, heute kaum noch zu überschauende Welle weiterer Rekonstruktionsprojekte aus, deren prominentestes zweifellos der Bau des Humboldt-Forums in Berlin an der Stelle des von der Bundesrepublik abgebrochenen Palastes der Republik der DDR und hinter den Fassaden des kriegsbeschädigten und von der DDR abgebrochenen barocken Stadtschlosses zu einem Kulturzentrum ist. Im Schatten dieser Debatte wurden und werden auch die Stadtschlösser in Braunschweig (Einkaufszentrum) und Potsdam (Sitz des Landtags), aber auch in Hannover-Herrenhausen neu gebaut. Zahlreiche weitere Rekonstruktionsprojekte aller Art sind in Arbeit oder Vorbereitung (Nerdinger 2010). Dazu gehört auch die Rekonstruktion des seit dem Krieg verlorenen kleinteiligen städtischen Parzellenplans, wie man in Frankfurt am Main (Römer und Saalgasse), Dresden (Neumarkt) und Berlin (Friedrichswerder) verfolgen kann. Weiter reichende Projekte werden diskutiert.

Allen diesen Vorhaben ist das Unbehagen an den Ergebnissen der funktional geplanten Stadt gemeinsam, die als langweilig und uninteressant, bisweilen sogar als menschenfeindlich empfunden werden. Dem soll die Wiedergewinnung eines als vertraut und anheimelnd, zugleich unterhaltend und interessant, vor allem aber dem menschlichen Maßstab angemessen empfundenen Stadtraums entgegengesetzt werden. Insbesondere in China und den Vereinigten Staaten von Amerika führt diese Haltung gegenwärtig zur Produktion ganzer, scheinbar alter Städte nach europäischem Muster vor allem für die Reichen.

6.2.4 Archäologie

Dieser künstlich erzeugten Pseudo-Geschichte setzt die *Archäologie* Sachwissen und Sachforschung zur Identitätsstiftung entgegen. Sie nimmt deswegen in der Absicherung der Stadtidentität ebenso wie in deren publikumsorientierter Präsentation eine besondere Rolle ein – jedenfalls in den Städten des westlich-europäischen Kulturraums (Pohl/Mehofer 2010). Die Suche nach den Fundamenten des heutigen Stadt-Lebens im wörtlichen Sinne verschafft der Ausgrabungswissenschaft die Rolle einer Identitätsstifterin. Die virtuelle und intellektuelle Rekonstruktion vergangener Lebenswelten auf der Grundlage materieller Zeugnisse fasziniert die Stadtbevölkerung. Im Vergleich von gestern und heute wird gleichermaßen deutlich, welchen Komfort der gegenwärtige Mensch genießt und dass alles Städtische permanentem Wandel unterworfen ist. Die archäologischen Funde werden wissenschaftlich publiziert, in Ausstellungen kommuniziert (Flüler 1996) und in Installationen im Stadtraum zugänglich gemacht (Achtung Archäologie 1995). Eine konsequente Strategie dieser Art öffnet den Zugang zur Vergangenheit und ist zugleich auch ein Beitrag zur interessanten, unterhaltenden und bildenden Stadt.

Was für die im Boden verborgene Geschichte richtig ist, gilt umso mehr für die zahllosen Schichten von Geschichte, die sich in den alten Häusern selbst angelagert haben (Bedal/Fehle 1994). Die *Bauarchäologie* und der *Restaurator* legen solche Befunde frei und vermögen sie in für das Publikum lesbare Bilder und Geschichten umzuwandeln (Cramer/Breitling 2007; Bodenforschung Basel).

6.3 Öffentlicher Raum

Der öffentliche Raum der Stadt dient ursprünglich der Kommunikation, seit dem Beginn des 20. Jahrhunderts zunehmend der Bewegung im Stadtraum, und nicht nur im europäischen Kulturraum zunehmend dem Aufenthalt und der stadtbürgerschaftlichen Begegnung. Deswegen kommt der Gestaltung der Straßen- und Platzräume eine besondere Bedeutung zu. Diesen Umstand hatte am Beginn des 20. Jahrhunderts bereits *Josef Stübben* im *Handbuch der Architektur* ausführlich gewürdigt (Stübben 1890). Die zeichenhafte Bedeutung der Stadtlandschaft für den Stadtbewohner hat in den sechziger Jahren *Kevin Lynch* (Lynch 1965) und *Michael Trieb*

(Trieb 1974) ausführlich erforscht und beschrieben. Die gleichzeitig einsetzende optisch-soziale Verwahrlosung der Städte haben *Hans Paul Bahrdt* (Bahrdt 1961), *Alexander Mitscherlich* (Mitscherlich 1965) und *Jane Jacobs* (Jacobs 1965) scharf kritisiert. Der Mangel an frei und selbstbestimmt nutzbaren Flächen wird seit dem letzten Viertel des 20. Jahrhunderts zunehmend kritisiert und führt zu einer Neuorientierung. Teile der Straßen werden wie in der vorindustriellen Zeit dem Fußgänger zurückgegeben und zu *Fußgängerzonen* ausgebaut mit kleinteiliger Pflasterung, Begrünung, Kiosken, Bänken und vor allem Straßenrestaurants, welche die Straße beleben. So wird der Boulevard des 19. Jahrhunderts aus dem Paris von Haussmann oder Unter den Linden in Berlin in geänderter Form zu neuem Leben erweckt.

Eine besondere Rolle in der Gestaltung des öffentlichen Raums spielen die *Stadtplätze*. Neben den eher wirtschaftlich organisierten Marktplätzen kennt auch die mittelalterliche Stadt schon repräsentative Plätze, beispielsweise in Siena. Im Rom der Päpste, später in Paris und vielen anderen Metropolen genauso wie in den kleineren Residenzen – zum Beispiel Nancy – werden solche Plätze monumental ausgebaut und mit Denkmälern ausgestattet. Sie dienen der Repräsentation ebenso wie der Begegnung. Im 20. Jahrhundert werden sie überwiegend dem Verkehr geopfert, vielfach dem Fahrverkehr, oft dem *ruhenden Verkehr*, der auch die Straßen zunehmend verstopft. Erst am Ende des 20. Jahrhunderts erobern die Stadtbürger ihre Plätze wieder zurück. Die Parkplätze verschwinden unter der Oberfläche und die Platzfläche wird der Bürgerschaft zurückgegeben. Die Oberfläche wir neu gestaltet, meist mit einem aufwendigen *Pflaster* ausgebaut und oft mit *Bäumen* versehen. Am Anfang des 21. Jahrhunderts sind solche immer differenzierter und anspruchsvoller geplanten Baumaßnahmen oft der schnell realisierbare Beginn umfassender und deswegen langwieriger Stadterneuerungsprozesse. Auch hier spielt die *Belebung* durch Gastronomie und Geschäfte eine wichtige Rolle.

Grünflächen gehören erst seit der Auflassung der barocken Festungswerke im 19. Jahrhundert zum festen Bestandteil der europäischen Stadt. Fast immer wurden die weitläufigen Flächen nach ihrer Entwidmung ganz (Bremen, Frankfurt am Main, Köln u. a.) oder wenigstens teilweise (Wien, Warschau u. a.) in öffentliche Parks umgewandelt. So konnten die Bürger erstmals in der erweiterten Stadt

Natur und Grün genießen. Während der Zeit der Industrialisierung konnten viele Städte dann freilich der Versuchung nicht widerstehen, diese Flächen doch noch zu überbauen, so dass in der zweiten Hälfte des 20. Jahrhunderts das Fehlen öffentlicher Grünflächen im Stadtzusammenhang wieder ein viel diskutiertes Thema wurde. Eine der ersten, noch konfliktreich realisierten Maßnahmen war die Umgestaltung des Turia-*Flussbettes* in *Valencia* zu einem Stadtpark anstatt einer geplanten Stadtautobahn und hochpreisiger Wohnquartiere seit 1970, realisiert 1985 bis 1990 nach Plänen von Ricardo Bofill. Unter den Grands Projets von Francois Mitterand in *Paris* hatte der *Park de la Villette* nach dem dekonstruktivistischen Entwurf von Bernhard Tschumi eine herausgehobene Bedeutung. Zuletzt haben *Chicago* mit dem *Millennium Park* (Gilfoyle 2006) mit Bauwerken zahlreicher bekannter Architekten und *Seoul* mit dem *Han-River-Renaissance-Projekt*, der Renaturierung eines alten Flusslaufs, der von einer achtspurigen Autobahn überbaut worden war, gezeigt, dass innerstädtische Grünflächen einen nachhaltig positiven Einfluss auf die Stadtidentität haben. Die Begrünung einer aufgelassenen Eisenbahntrasse in *New York* ist ein weiteres vergleichbares Projekt. Nicht zuletzt ist die Rückgewinnung der *Flussufer* in *London* im Zuge der Olympiade des Jahres 2012 als ein wesentlicher Beitrag zur Veränderung der Stadtidentität zu verstehen.

Lichtreklame wurde erstmals in der Stadt der zwanziger Jahre zugleich als interessant und störend wahrgenommen. Vor allem die Denkmalpfleger suchten dem Überhandnehmen von Lichtreklamen durch Satzungen zu begegnen. Im Gegensatz dazu sahen die Großstadtfreunde in der Reklame ein sichtbares Zeichen von Urbanität und Lebendigkeit. Letztere Haltung hat sich heute weitgehend durchgesetzt. Aus den vereinzelten Reklameschriften sind ganze Reklameflächen geworden, die im Extremfall, beispielsweise am *Times Square* in *New York* oder in vielen anderen Großstädten, die gesamten Fassadenflächen bedecken und so die Architektur selbst vollständig marginalisieren.

Stadtinszenierung durch *Licht und Beleuchtung* hat ihre Wurzeln in der Denkmalinszenierung. Vor allem in Frankreich werden seit langer Zeit bedeutende historische Monumente, allen vor an die großen gotischen Kathedralen, genauso aber auch ganze historische Stadtbilder (Carcassonne, auch Bellinzona in der Schweiz) nachts mit aufwendigen *son-et-lumière-Inszenierungen* zelebriert. Neben der weit-

hin sichtbaren und oft auch wechselnden Beleuchtung untermalen Musik und bisweilen gesprochene Erklärungen das Monument und seine Geschichte. Diese Strategie setzt sich in die Stadt hinein fort, meist für die historisch, später aber auch wirtschaftlich (Doha) oder politisch (Washington D.C.) bedeutenden Bauwerke. In einer weiteren Ausbaustufe wird der gesamte öffentliche Raum mit besonderen Beleuchtungskonzepten ausgestattet. Besondere Aufmerksamkeit erfahren die *Stadtplätze*, die häufig ein aufwendiges und differenziertes Beleuchtungskonzept erhalten. Einzelne Städte, beispielsweise Lyon (Lyon) oder Frankfurt am Main (Gräwe/ Schmaal 2006) machen die lichttechnische Inszenierung der Gesamtstadt zu einem eigenen, festivalartig inszenierten Thema (z. B. Lichtfestival Singapur 2012), um so die Wahrnehmung der Stadt zu verändern und ihre Identität positiv zu beeinflussen.

7. Stadttechnik, Smart City und Stadtboden

Stadt ist spätestens seit dem Ende des Mittelalters mehr als Architektur und Raum. Stadt ist auch und zunehmend Technik. Die technische Infrastruktur der Stadt, in Zentraleuropa meist unterirdisch verlegt, gerät in Zeiten knapper werdender Ressourcen zu einer der größten, wenngleich unsichtbaren Herausforderungen.

Die Versorgung öffentlicher Wasserspiele (Nymphäen) ebenso wie der Stadtbevölkerung mit *Wasser* garantierten schon die Römer mit Wasserzuführungen, die teilweise über hunderte von Kilometern lang waren (Frontinus-Gesellschaft 1988) – meist über öffentliche Brunnen, teils auch bis in die privaten Haushalte. Diesen Standard erreichte die europäische Stadt erst wieder im späten 19. Jahrhundert. Seit dem zweiten Drittel des 20. Jahrhunderts ist fließendes Wasser auch in der Durchschnittswohnung der Industriestaaten der Normalzustand. Im Gegensatz dazu bleibt in den Schwellenländern der Zugang zu gesundem Trinkwasser eine der großen Herausforderungen der Stadttechnik. Die im 19. Jahrhundert in Europa und Nordamerika zahllos gebauten, vielfach zeichenhaft in exponierter Lage konzipierten Wassertürme als Druckbehälter sind heute unsichtbaren Druckerhöhungsanlagen gewichen. Die Wassergewinnung erfolgt – ähnlich dem römischen Vorbild – über Wasserleitungen, die nicht selten über hunderte von Kilometern geführt werden, genauso aber auch durch Wasseraufbereitung aus den seit mehr als hundert Jahren stark verschmutzten Flüssen. Der Wasserverlust in den unterirdisch verlegten Versorgungsleitungen ebenso wie die unterschiedslose Nutzung von gutem Trinkwasser auch für nachgeordnete Zwecke werden in Zeiten von weltweit knapper werdendem Trinkwasser zu einer steigenden Herausforderung.

Das **Abwasser** der Privathaushalte ebenso wie der Industrie wurde bis in das 19. Jahrhundert ganz selbstverständlich ungeklärt in die Flüsse entsorgt. Dazu wurde schon früh ein unterirdisches Kanalnetz geschaffen, das seit den großen Cholera-Epidemien in mehreren europäischen Großstädten zur notwendigen Infrastruktur der Stadt gehört. Erst mit dem Fortschreiten der Industrialisierung setzte sich die Erkenntnis durch, dass die ungeklärte Entsorgung der Abwässer zu gravierenden Störungen des Naturhaushalts führt. Bis zum Ende des 19. Jahrhunderts wurde deswegen die systematische Klärung und Aufbereitung des Abwassers allgemein eingeführt und wird bis heute mit stetig größer werdendem Aufwand betrieben. Dieser Aufwand verhindert freilich nicht, dass die Verwendung des aufbereiteten Wassers für Bewässerung und Industrieproduktion immer wieder zu unerwarteten Belastungen durch trotz aller Sorgfalt nicht sogleich erkannte Belastungen führt – zum Beispiel durch Rückstände von Schwermetallen, Medikamenten oder Düngemitteln.

Die Unterhaltung der ausgedehnten Kanalnetze wird in schrumpfenden Städten und bei zurückgehendem Wasserverbrauch zu einem ernstzunehmenden Problem, weil schlecht ausgelastete Netze zu höherem Instandhaltungsaufwand führen. So ergibt sich die kuriose Situation, dass der aus Ressourcengründen erwünschte sparsame Umgang mit Wasser und Abwasser zu erhöhten Kosten für die Verbraucher führt, die durch monopolartige Kartelle noch weiter nach oben getrieben werden.

Die zentrale Versorgung der Stadt mit *Energie*, immer Strom, oft Gas, bisweilen auch Fernwärme für Beleuchtung, Heizung, Kochen und eine steigende Zahl von Geräten und Maschinen erhält für die Stadttechnik eine stetig wachsende Bedeutung. Zunächst noch oberirdisch an den Häusern verlegt, nehmen die arm- oder baumstammdicken Kabel heute im Stadtboden einen beträchtlichen Raum ein. Oft ist das Vergraben unter dem Bürgersteig bereits begehbaren Schächten gewichen, die im Bedarfsfall schnell nachgerüstet werden können. Die Umstel-

lung auf massenhafte Elektromobilität mit einer Vielzahl von Ladestationen wird diese Entwicklung in der Zukunft weiter forcieren.

Mit der Erfindung des Telefons ist auch die *Kommunikation* in die Stadttechnik eingezogen. Nachdem die ersten Kommunikationsleitungen noch an Telegrafenmasten geführt worden waren, liegen heute neben den Stromleitungen zusätzlich Telefonleitungen und Glasfaser- sowie Breitbandkabel für die Telekommunikation im Stadtboden, und die Sendestationen der Mobilfunkanbieter prägen die Dächer der Hochhäuser.

Die Empfangseinrichtungen für die audiovisuellen Medien sind beständigem Wandel unterworfen. Prägten noch in den siebziger Jahren die Fernsehantennen die Dachlandschaft der Stadt, so beeinträchtigen heute die zahllosen Satellitenschüsseln an den Fassaden die Architektur und den Stadtraum nicht unwesentlich.

Die Technisierung der Stadt wird ohne Zweifel fortschreiten. Derzeit ist das Zauberwort für die Stadt der Zukunft *Smart City*, obwohl niemand recht weiß, was darunter zu verstehen ist. Für die einen ist Smart City die Summe aller Bemühungen um die Stadt der Zukunft schlechthin. Intelligenter Städtebau gepaart mit nachhaltiger und zukunftsfähiger Architektur wäre danach gleichbedeutend mit »smart«. Für die anderen konzentriert sich »smart city« auf die digitale Bewältigung der städtischen Herausforderungen und die Ausrichtung der Stadt auf die Internetproduktion und –gesellschaft. So haben Malta und die indische Stadt Kochi sich auf eine smarte zukunftsfähige Zusammenarbeit im Sinne der digitalen Gesellschaft verständigt – ohne dass bisher erkennbar geworden wäre, wie das konkrete Produkt aussieht. Auch Masdar City soll bei Fertigstellung zu einem erheblichen Teil von IT-Betrieben und deren Mitarbeitern bevölkert sein.

Realistischer als diese Ideen sind heute bereits die Bemühungen und Konzepte der großen Technologie-Konzerne, die fortschreitende digitale Verwaltung und Organisation der Stadt als Zukunftsmarkt zu erschließen und zu besetzen. Immer komplexere Zusammenhänge von Mobilität, Energieverbrauch und Versorgungsansprüchen bieten Dienstleistern ein weites Betätigungsfeld im Sinne einer neuartigen Stadtlogistik. Diesen Markt wollen sich derzeit IT-Firmen wie IBM oder Mobilitätsproduzenten wie AUDI, BMW und Mercedes erschließen.

Der *Stadtboden* wird heute zu einem großen Teil von der Stadttechnik und den Verkehreinrichtungen eingenommen – seien es Parkplätze, sei es die U-Bahn, seien es Straßen- und Eisenbahnverbindungen. Das kann und darf aber nicht darüber hinwegtäuschen, dass der Stadtboden vor allem das Gedächtnis der Stadt ist und auch bleiben wird. In allen Städten mit historischen Wurzeln liegen – oft viele Meter unter dem heutigen Gehniveau – unter dem Pflaster der gegenwärtigen Stadt die Relikte der Vorgängerstädte. Sie sind zugleich historisches Relikt, Nährboden der gegenwärtigen Stadt und Ressource für die Zukunft. Gerade in Zeiten der fortschreitenden Technisierung und Globalisierung sind diese Wurzeln für die Rückversicherung der Stadtgesellschaft in ihre eigene Vergangenheit und als identitätsstiftende Träger für einen zukunftsfähigen Städtebau unverzichtbar. Die fahrlässige Missachtung dieser abstrakten Wurzeln ebenso wie der materiellen archäologischen Hinterlassenschaften zerstört die Grundlagen der europäischen Stadt und beraubt eine auf die Zukunft gerichtete Stadtgesellschaft der Möglichkeit, sich selbst in ihrer Gewordenheit zu finden und in interessanten Stadträumen darzustellen.

8. Ausblick

Städtebau ist das Kernthema der menschlichen Zivilisation des 21. Jahrhunderts. Durch fortschreitendes Bevölkerungswachstum, anhaltende, sogar sich beschleunigende Landflucht und die unbestrittene Führungsrolle der Stadt in fast allen kulturellen Entwicklungen wächst nicht nur die Faszination der Stadt, sondern genauso die Stadtbevölkerung und die von Städten bedeckte Fläche. Bis zum Jahr 2050 wird weit mehr als die Hälfte der dann auf 9 Mrd. Bewohner geschätzten Weltbevölkerung in städtischen Agglomerationen wohnen. Besonders in den rasch sich entwickelnden Teilen der Erde – also Südostasien, Südafrika und Lateinamerika – werden diese Megacities nur noch wenig mit den überschaubaren, geradezu winzigen und zentral um Märkte, Residenzen oder Heiligtümer organisierten Städten der Antike und des Mittelalters zu tun haben. Die großen Stadtareale des 21. Jahrhunderts sind aller Voraussicht nach grenzenlos, unkontrolliert die Landschaft konsumierend und vor allem weitgehend regellos. Selbst Länder mit hinreichenden Ressourcen vermögen heute nur noch in begrenztem Maße, das rasante Stadtwachstum zu beeinflussen – an Steuern wagt man kaum noch zu denken.

Nur die Alte Welt, die eher mit Stagnation oder gar Schrumpfung konfrontiert ist, kann die tradierten Werte von 3000 Jahren Städtebau und die bewusste Umweltgestaltung durch Architektur genießen und ihren Bürgern diese Werte unter den neuen Herausforderungen von Nachhaltigkeit, Energieeffizienz und Klimaverträglichkeit immer weiter optimiert zur Verfügung stellen.

Literatur

Achtung Archäologie: *Achtung: Archäologie! – Fenster in Zürichs Vergangenheit.* Hg. vom Hochbauamt der Stadt Zürich/Baugeschichtliches Archiv/Büro für Archäologie. Zürich 1995.

Alexander, Andre: *The Traditional Lhasa House – Typology of an Endangered Species.* Diss. TU Berlin 2011.

Archäologische Bodenforschung Basel: http://www.archaeo basel.ch/

Archithese: »Neue Museen in den USA«. In: *Archithese 5* (2007).

Bahrdt, Hans Paul: *Die moderne Großstadt.* Reinbek 1961.

Bayerisches Landesamt für Denkmalpflege (Hg.): *Eine Zukunft für unsere Vergangenheit.* München 1975.

Bedal, Albrecht/Fehle, Isabella (Hg.): *Haus(ge)schichten – Ausstellungskatalog.* Stuttgart 1994.

Beyme, Klaus von: *Der Wiederaufbau. Architektur und Städtebaupolitik in beiden deutschen Staaten.* München 1987.

Blum, Elisabeth/Neitzke, Peter: *Favela Metropolis. Berichte und Projekte aus Rio de Janeiro und São Paulo.* Basel u. a. 2004.

Bodenschatz, Harald (Hg.): *Städtebau 1908–1968–2008, Impulse aus der TU (TH) Berlin.* Berlin 2009.

Bodenschatz, Harald (Hg.): *Städtebau für Mussolini.* Berlin 2011.

Bodenschatz, Harald/Gräwe, Christina u. a. (Hg.): *Stadtvisionen 1910 | 2010 – Berlin, Paris, London, Chicago.* Berlin 2010.

Borries, Friedrich von/Hiller, Christian u. a.: *Klimakunstforschung.* Berlin 2011.

Brantz, Dorothee/Dümpelmann, Sonja (Hg.): *Greening the City. Urban Landscapes in Twentieth-Century History.* Charlottesville 2011.

Braun, Georg/Hogenberg, Franz: *Die Städte der Welt/Civitates Orbis Terrarum.* Köln 1572 – 1618. Nachdruck Köln 2008.

Burdett, Ricky/Sudijc, Deyan (Hg.): *The Endless City.* London 2007.

Burnham, Daniel H./Bennett, Edward H./Moore, Charles: *Plan of Chicago.* Princeton 1993.

Cramer, Johannes/Breitling, Stefan: *Architektur im Bestand.* Basel u. a. 2007.

Cramer, Johannes/Gutschow, Niels: *Bauausstellungen – Eine Architekturgeschichte des 20. Jahrhunderts.* Stuttgart 1984.

Czaplicka, John J./Ruble, Blair A. (Hg.): *Composing Urban History and the Constitution of Civic Identities.* Washington 2003.

Daimler Benz www.daimler-benz-stiftung.de/cms/index. php?page=publicationszwischenstadt-de (05.03.2012).

Diel, Joseph/Ecker, Ulrich u. a.: *Stadt und Festung Freiburg I.* Freiburg 1998.

Durth, Werner/Gutschow, Niels: »Träume in Trümmern. Planungen zum Wiederaufbau zerstörter Städte im Westen Deutschlands 1940–1950«. In: *Schriften des deutschen Architekturmuseums zur Architekturgeschichte und Architekturtheorie.* 2 Bde. Braunschweig/Wiesbaden 1988.

Düwel, Jörn (Hg.): *1945. Krieg, Zerstörung, Aufbau. Architektur und Stadtplanung 1940–1960. Ausstellungskatalog. Schriftenreihe der Akademie der Künste.* Bd. 23. Berlin 1995.

Eisinger, Angelus/Reuther, Iris: *Zürich baut – Konzeptioneller Städtebau.* (Hg. von Franz Eberhard und Regula Hülscher). Zürich 2007.

European Heritage http://ec.europa.eu/culture/our-programmes-and-actions/doc2519_en.htm (05.03.2012).

Falser, Michael: *Zwischen Identität und Authentizität. Zur politischen Geschichte der Denkmalpflege in Deutschland.* Dresden 2008.

FAZ 09/03/2012: Frankfurter Allgemeine Zeitung vom 09.03.2012, 37.

FAZ 31/03/2012: Frankfurter Allgemeine Zeitung vom 31.03.2012, 29.

Fehl, Gerhard/Rodriguez-Lores, Juan (Hg.): *Stadterweiterungen 1800–1875. Von den Anfängen des modernen Städtebaus in Deutschland.* Hamburg 1983.

Fils, Alexander: *Brasilia. Moderne Architektur in Brasilien.* Düsseldorf 1988.

Fishman, Robert: *Urban Utopias in the Twentieth Century – Ebenezer Howard, Frank Lloyd Wright, Le Corbusier.* New York 1977.

Flüeler, Marianne (Hg.): *Stadtluft, Hirsebrei und Bettelmönch – Ausstellungskatalog.* Zürich 1996.

Frontinus-Gesellschaft (Hg.): *Die Wasserversorgung antiker Städte. Geschichte der Wasserversorgung 3.* Mainz 1988.

Fuhrmann, Christian/Helten, Leonhard (Hg.): *Eine Stadtkrone für Halle Saale. Walter Gropius im Wettbewerb.* Halle 2011.

Geist, Johann Friedrich/Kürvers, Klaus: *Das Berliner Mietshaus,* 3 Bde. München 1980/84/89.

Gilfoyle, Timothy J.: *Millennium Park: Creating a Chicago Landmark.* Chicago 2006.

Ginzburg, Moisej J.: Моисей Я. Гинзбург: Жилище. Опыт пятилетней работы над проблемой жилища (Die Wohnung. Erfahrungen zu den Wohnungsproblemen). Moskau/Leningrad 1934.

Gräwe, Christina/Cachola Schmal, Peter (Hg.): *High Society – Internationaler Hochhauspreis 2006.* Berlin 2006.

Greub, Suzanne/Greub, Thierry (Hg.): *Museen im 21. Jahrhundert – Ideen, Projekte, Bauten.* München 2008.

Gutkind, Erwin A.: *International History of City Development.* 7 Bde. New York 1964–72.

Hadid http://www.zaha-hadid.com (06.03.2012)

Herrle, Peter/Wegerhoff, Erik (Hg.): *Architecture and Identity.* Münster 2008.

Herzog, Erich: *Die ottonische Stadt – Die Anfänge der mittelalterlichen Stadtbaukunst in Deutschland.* Berlin 1964.

Hilberseimer, Ludwig: *Großstadtarchitektur.* Stuttgart 1927.

Hilberseimer, Ludwig: *The New City, Principles of Planning.* Chicago 1944.

Höpfner, Wolfram/Schwandner, Ernst-Ludwig: *Haus und Stadt im klassischen Griechenland.* München 1986.

Howard, Ebenezer: Garden City of To-morrow. London 1898/1902.

Huse, Norbert: *Denkmalpflege* – deutsche Texte aus drei Jahrhunderten. München 1996.

Iconic Architecture http://www.toptenz.net/top-10-iconic-buildings.php (06.03.2012)

Jacobs, Jane: The Death and Life of Great American Cities. New York 1965.

Jodidio, Philip: *Museum of Islamic Art Qatar.* München 2008.

Jordan, David P.: *Transforming Paris – The Life and Labors of Baron Haussmann.* New York 1995.

Knorre, Alexander von: *Turmvollendungen deutscher gotischer Kirchen im 19. Jahrhundert.* Köln 1974.

Koolhaas, Rem/Boeri, Stefano u. a.: *Mutations.* Bordeaux 2001.

Koolhaas, Rem/Mau, Bruce u. a.: *S,M,L,XL.* London 1995.

Koolhaas, Rem/Obrist, Hans Ulrich: *Project Japan: Metabolism Talks.* Köln 2011.

Koolhaas, Rem: *Delirious New York, A Retrospective Manifesto for Manhattan.* London 1978.

Kress, Celina: *Adolf Sommerfeld – Andrew Sommerfield – Bauen für Berlin 1910–1970.* Berlin 2011.

Kruft, Hanno Walter: Städte in Utopia – *Idealstadt vom 15. bis zum 18. Jahrhundert zwischen Staatsutopie und Wirklichkeit.* München 1989.

Landesdenkmalamt Berlin (Hg.): *Das Hansaviertel in Berlin. Bedeutung, Rezeption, Sanierung.* In: *Beiträge zur Denkmalpflege in Berlin.* Bd. 26. Petersberg 2007.

Le Corbusier: *Urbanisme.* Paris 1925.

Lepik, Andres: *Small Scale, Big Change: New Architectures of Social Engagement.* New York 2010.

Lepik, Andres: *Wolkenkratzer. Chronologie der fünfzig berühmtesten Wolkenkratzer.* München 2005.

London http://www.spiegel.de/reise/aktuell/0,1518,796804,00.html (06.03.2012)

Lynch, Kevin: *Das Bild der Stadt.* In: *Bauwelt-Fundamente.* Bd. 16. Braunschweig 1965.

Lyon: *Lyon, Fete des lumières,* 08.12.2011 – http://www.fetedeslumieres.lyon.fr/

Maier-Solgk, Frank: *Neue Museen in Europa – Kulturorte für das 21. Jahrhundert.* München 2008.

Meckseper, Cord: *Kleine Kunstgeschichte der deutschen Stadt im Mittelalter.* Darmstadt 1982.

Merian, Matthäus/Zeiler, Martin: Topographia Germaniae. Frankfurt a. M. 1642–1688.

Milyutin, Nikolai A.: *Sozgorod – Probleme des Planens sozialistischer Städte.* Moskau 1929.

Mitscherlich, Alexander: *Die Unwirtlichkeit unserer Städte. Anstiftung zum Unfrieden.* Frankfurt a. M. 1965.

Müller-Wiener, Wolfgang: »Festung«. In: *Reallexikon zur deutschen Kunstgeschichte.* Bd.VIII, 304–348.

Mumford, Eric/Frampton, Kenneth: *The CIAM Discourse on Urbanism 1928–1960.* Cambridge, Mass. 2002.

Nagel, Gerhard: *Das mittelalterliche Kaufhaus und seine Stellung in der Stadt.* Berlin 1971.

Nerdinger, Winfried: *Geschichte der Rekonstruktion – Konstruktion der Geschichte.* München 2010.

Neuwirth, Robert: Shadow Cities – A Billion Squatters, A New Urban World. New York 2004.

OMA http://www.nytimes.com/2011/07/13/arts/design/koolhaass-cctv-building-fits-beijing-as-city-of-the-future.html?pagewanted=all (06.03.2012)

Oswalt, Philipp u.a. (Hg.): *Shrinking Cities, Complete Works 1, Analyse/Analysis.* Aachen 2005.

Oswalt, Philipp u.a. (Hg.): *Shrinking Cities, Complete Works 2, Interventionen/Interventions.* Aachen 2006.

Peking 2008: *Peking 2008 + Shanghai.* In: *Archithese* 4 (2008).

Petzet, Michael/Mader, Gert Thomas: *Praktische Denkmalpflege.* Stuttgart 1993.

Petzet, Michael: *Grundsätze der Denkmalpflege.* In: *ICOMOS, Hefte des deutschen Nationalkomitees X.* München 1992.

Pohl, Walter/Mehofer, Mathias (Hg.): *Archaeology of Identity – Archäologie der Identität.* In: *Forschungen zur Geschichte des Mittelalters 17, Denkschriften der philosophisch-historischen Klasse 406.* Wien 2010.

Reichow, Hans Bernhard: *Organische Stadtbaukunst.* Braunschweig 1948.

Reif, Heinz (Hg.): *Berliner Villenleben – die Inszenierung bürgerlicher Wohnwelten am grünen Rand der Stadt um 1900.* Berlin 2008.

Rossi, Aldo: *L'Architettura della Città* (Die Architektur der Stadt). Mailand 1966.

Rothfischer, Brigitte: *Flughäfen der Welt.* München 2005.

Rowe, Colin/Koetter, Fred: *Collage City.* Cambridge 1978.

Saadiyat http://www.spiegel.de/kultur/gesellschaft/0,1518,463757,00.html (04.03.2012)

Sarkozy, Nicolas: *Le Grand Paris, 4 ans après.* http://www.elysee.fr/president/les-actualites/discours/2011/-le-grand-paris-4-ans-apres.12201.html (06.03.2012)

Scharabi, Mohamed: *Der Basar – Das traditionelle Stadtzentrum im Nahen Osten und seine Handelseinrichtungen.* Tübingen 1985.

Schedel, Hartmann: *Weltchronik.* Nürnberg 1493.

Schmidt, Leo: *Einführung in die Denkmalpflege.* Darmstadt 2008.

Schwagenscheidt, Walter: *Die Raumstadt. Hausbau und Städtebau für jung und alt, für Laien und was sich Fachleute nennt.* Heidelberg 1949.

Sieverts, Thomas/Koch, Michael u.a.: *Zwischenstadt – inzwischen Stadt? Entdecken, Begreifen, Verändern.* Wuppertal 2005.

Sitte, Camillo: *Der Städtebau nach seinen künstlerischen Grundsätzen.* Wien 1889.

Stadtentwicklung http://www.stadtentwicklung.berlin.de/planen/planwerke/(06.03.2012)

Stadterhaltung 1980: *Erhaltung alter Städte in Europa.* In: Schriftenreihe Stadtentwicklung des Bundesministers für Raumordnung, Bauwesen und Städtebau 2.23 1980.

Stübben, Josef: *Der Städtebau.* Handbuch der Architektur. Bd. 9. Leipzig 1890.

Taut, Bruno: *Die Stadtkrone.* Jena 1919.

Trieb, Michael: Stadtgestaltung – Theorie und Praxis. Düsseldorf 1974.

Tschumi, Bernard: Event-Cities 1–4. Cambridge Mass. 1994/2001/05/10.

UNESCO http://whc.unesco.org/en/list

Ungers, Liselotte: *Die Suche nach einer neuen Wohnform – Siedlungen der zwanziger Jahre damals und heute.* Stuttgart 1983.

Venturi, Robert/Scott Brown, Denise u.a.: *Learning from Las Vegas.* Cambridge Mass. 1972.

Wirth, Eugen: *Die orientalische Stadt im islamischen Vorderasien und Nordafrika – Städtische Bausubstanz und räumliche Ordnung, Wirtschaftsleben und soziale Organisation.* Mainz 2001.

Wolfrum, Sophie/Nerdinger, Winfried (Hg.): *Multiple City.* Berlin 2008.

Wüstenrot Stiftung (Hg.): *Umnutzungen im Bestand – Neue Nutzungen für alte Gebäude.* Stuttgart 2000.

Zeitschichten: *ZeitSchichten – Erkennen und Erhalten. Denkmalpflege in Deutschland* (Ausstellungskatalog). Berlin/München 2005.

2. Stadtgeografie

Christof Parnreiter

1. Einleitung: Vier zentrale Begriffe

Ein Beitrag, der die Stadtgeografie für ein interdisziplinäres Handbuch vorstellen soll, braucht eine Klärung dessen, was das eigene Fach auszeichnet. Dafür ist es zweckmäßig, zentrale Begriffe zu bestimmen: Geografie, Raum, Stadt, Stadtgeografie. »Geografie« bedeutet wörtlich Erdbeschreibung, was das lange dominierende Fachverständnis präzise wiedergibt, möglichst viel und möglichst genaues Faktenwissen über die Erdoberfläche zu sammeln, zu beschreiben und zu kartieren. Heute wird die Disziplin aber meist in einem weiteren Sinn verstanden. Den Gegenstand der Geografie soll nicht nur das räumliche Nebeneinander bilden, sondern auch die spezifischen räumlichen Anordnungen und Differenzierungen. Zusätzlich zu den Fragen nach dem Wo und dem Warum dort beschäftigt sich die Geografie mit den Beziehungen zwischen Gesellschaft und natürlicher Umwelt, was sie zur Schnittstellenwissenschaft zwischen Sozial- und Naturwissenschaften macht.

Was aus diesen Definitionen für *geografisches Denken* folgt, ist aber nicht selbstverständlich. Die Geografie hat nämlich Schwierigkeiten, das zu definieren, was meist für ihren Gegenstand gehalten wird – den Raum. Dieser Begriff wird »vielfach doch recht naiv und ohne extrem auffälligen Reflexionsaufwand verwendet«, spöttelt Peter Weichhart (1998, 75). Die häufige Identifikation von »Raum« mit »Landschaft« oder »Region« weist allerdings auf ein absolutes oder Behälterraumkonzept hin, in dem »Raum« als gegeben und daraus folgend als von der Gesellschaft entkoppelt angesehen wird. »Räume« sind so gesehen neutrale Behälter – eine Sicht, die die Geografie zur Hilfswissenschaft »Landeskunde« degradiert, wie der kalifornische Geograf Ed Soja (1989, 36 f.) kritisiert: »Modern Geography was reduced primarily to the accumulation, classification, and theoretically innocent representation of factual material describing the areal differentiation of the earth's surface – to the study of outcomes, the end product of dynamic processes best understood by others.«

Dass geografisches Denken mehr (sein) kann, zeigen Ansätze relationalen Raumverständnisses, die den »Raum« nicht von seinem »Inhalt« trennen, sondern vielmehr bestimmt sehen durch dessen Ordnungsgefüge. Folglich ist nicht das »Produkt« Geografie das Forschungsinteresse, sondern ihre *Produktion* – das menschliche Geografie-Machen. Angeregt durch Lefebvres (1974) *La production de l'espace* wurde ab etwa Mitte der 1970er Jahre in der angelsächsischen Geografie von vorwiegend in marxistischer Tradition stehenden AutorInnen wie Derek Gregory, David Harvey, Doreen Massey oder Ed Soja eine gesellschaftliche Interpretation von Raum entwickelt, die Physisch-Materielles und Soziales verband und deren zentrales Argument lautet: »[S]pace is constituted through social relations and material social practices« (Massey 1992, 70). In den 1980er Jahren wurde dieses Konzept dahingehend erweitert, dass Raum nun nicht mehr nur als Produkt gesellschaftlicher Entwicklungen verstanden wurde, sondern auch als deren Medium: »[S]ocial relations are simultaneously and conflictually space-forming and space-contingent« (Soja 1989, 126). Aus dem isolierten Behälterraum wird so eine sozialräumliche Dialektik, was der Disziplin Geografie analytisches Potenzial und gesellschaftspolitische Bedeutung verleiht.

In der deutschsprachigen Geografie sind nicht-absolutistische, relationale Raumvorstellungen erst mit deutlicher Verzögerung und angestoßen durch einen Nicht-Geografen, nämlich den Wirtschafts- und Sozialwissenschaftler Dieter Läpple und seinen *Essay über den Raum* (1991), rezipiert worden. Mittlerweile aber hat die Analyse gesellschaftlicher Raumproduktion ihren Platz gefunden, wie beispielsweise die Debatten um Benno Werlens (z. B. 2000) handlungsorientierte Sozialgeografie oder die

Buchreihe »Raumproduktionen« im Verlag Westfälisches Dampfboot zeigen. Die Frage aber, ob und inwiefern Räume, einmal produziert, Medien weiterer gesellschaftlicher Entwicklung sind, ist bis dato kaum thematisiert worden – ein Manko, das weit über die deutschsprachige Geografie hinausreicht und für das die Geografin Ilse Helbrecht (2003, 166 f.) methodische wie konzeptionelle Defizite verantwortlich macht: »Wohnzimmer, Häuser, Städte, Türgriffe sind mit den Methoden der empirischen Sozialforschung nicht zu befragen. [...] Um die ›Eigen-Sprachlichkeit‹ der physischen Welt zu erkunden, haben die Sozialwissenschaften wenig methodisches oder theoretisches Rüstzeug.«

Raumverständnis und die Art, wie GeografInnen über die Stadt nachdenken, hängen zusammen, wie sich schon an möglichen Stadtdefinitionen erkennen lässt. Während quantitative Bestimmungen über Einwohnerzahl oder Bevölkerungsdichte einem Behälterraumkonzept zuzuordnen sind, weil sie eine klare Trennung zwischen »in der Stadt« und »außerhalb« voraussetzen, verweisen qualitative Definitionen, die z. B. auf bestimmen städtischen Funktionen basieren, auf ein Verständnis eines relationalen, gesellschaftlich bedingten Raumes. Ein klassisches Beispiel dafür ist Mumfords Begriffsbildung. Auf die Frage: »What is a City?« antwortet er: »The essential physical means of a city's existence are the fixed site, the durable shelter, the permanent facilities for assembly, interchange, and storage; the essential social means are the social division of labor, which serves not merely the economic life but the cultural process. [...] the city creates the theater and *is* the theater. It is in the city, the city as theater, that man's more purposive activities are focused, and work out, through conflicting and cooperating personalities, events, groups, into more significant culminations« (Mumford 1937, 185; Hervorh. i. Orig.).

Unterschiedliche Raumauffassungen können auch zu unterschiedlichen Vorstellungen über die Aufgaben der Stadtgeografie führen. Werden im Geiste eines absoluten Raumverständnisses Phänomene *in* Städten untersucht, wobei die Stadt als bloßer Behälter gesellschaftlicher Prozesse begriffen wird, bergen relationale Raumkonzepte das Potential, zu der von Mumford angesprochenen Integration von Physisch-Materiellem und Sozialem, von »urban form« und »urban process« (Soja 2000, 8) zu gelangen. Zwar sind relationale Ansätze nicht zwangsläufig mit einer gesellschaftlichen Perspektive verbunden – in Christallers (1933) Theorie der

Zentralen Orte etwa, die sich in jedem stadtgeografischen Lehrbuch findet, treffen wir zwar den Netzwerkgedanken, der den Behälterraum sprengt, andere Komponenten aber, die ein gesellschaftliches Raumverständnis begründen, bleiben unbeachtet. Im besten Falle aber sollte Stadtgeografie sich damit beschäftigen, »die Beziehungen zwischen der Reproduktion, Um- und Neugestaltung der baulichen Struktur und der Reproduktion und dem Wandel der Gesellschaft aufzudecken«, wie die Stadtgeografin Elisabeth Lichtenberger (1991, 115 f.) fordert. Oder, wie David Harvey (1985, xv), einer der prononciertesten Vertreter der Radical Geography, schreibt: »I am primarily concerned with how capitalism creates a physical landscape of roads, houses, factories, schools, shops, and so forth in its own image and what the contradictions are that arise out of such a process of producing space.« Die beiden Zitate zeigen, dass Lichtenberger und Harvey ungeachtet ihrer unterschiedlichen Konzepte von Gesellschaft das Streben verbindet, den Gegenstand der Stadtgeografie im Bezug auf die Gesellschaft zu bestimmen und den Zusammenhang zwischen deren Dynamiken und konkreten städtischen Raumproduktionen zu untersuchen.

Angesichts der Bedeutung dieses Desiderats werde ich im Überblick über die Inhalte der Stadtgeografie nicht nur Themen benennen, sondern auch fragen, ob der von Lichtenberger und Harvey formulierte Anspruch an die Stadtgeografie eingelöst wird. Dazu muss aber bereits vorweg konstatiert werden, dass ungeachtet der florierenden Raumdebatten dem durch stadtgeografische Lehrbücher etablierten Fachwissen eine theoretisch informierte Debatte über »Raum« fehlt. Lediglich Lichtenberger (1991) und, auf sie aufbauend, Fassmann (2009) reflektieren entsprechende Begriffe, wobei für Lichtenberger der dem Behälterraum entsprechende »Realobjektraum« zentral ist, der als Abbild der realen Welt zu erfassen ist. Darüber hinaus führt sie einen funktionellen Raumbegriff ein, der Raum als relativ, abhängig von Interaktionen, sieht. Schließlich nennt sie einen »Wahrnehmungsraum«, der auf Basis individueller und subjektiver Perspektiven entsteht. Fassmann verwendet hier den Begriff des »kognitiven Raums«, teilt mit Lichtenberger aber, dass dieser »subjektive« Raum vom »Realobjektraum« weitgehend losgelöst ist: Der Wahrnehmungs- bzw. kognitive Raum ist der persönlich empfundene Stadtraum, der »in den ›Köpfen‹ der Menschen geformt« wird (Fassmann 2009, 27). Diese Trennung

in objektiven und subjektiven Raum enthüllt konzeptionelle Unterschiede zu einem tatsächlich relationalen Raumverständnis, für das Wahrnehmen ein
elementarer Bestandteil von Raumproduktion ist –
ohne »Wahrnehmungs-« kann es keinen »Realobjektraum« geben.

Im Folgenden stelle ich wichtige Themen der
Stadtgeografie vor, wobei aus Platzgründen eine Beschränkung auf die gegenwärtige deutschsprachige
Forschung erfolgt. Zur Identifikation zentraler Inhalte habe ich einerseits aus Lehrbüchern (Bähr/Jür-
gens 2005; Borsdorf/Bender 2010; Fassmann 2009;
Gaebe 2004; Heineberg 2001, 2007; Hofmeister
1994; Lichtenberger 1991, 2002; Paesler 2008: Zehner 2001) jene Themen herausgefiltert, die oft oder
immer behandelt werden und also in den Augen von
StadtgeografInnen offensichtlich den Kern des Faches ausmachen. Andererseits habe ich aktuelle Forschungsfelder durch eine Durchsicht stadtbezogener
Publikationen in 20 deutschsprachigen Fachzeitschriften (2004–2011) zu identifizieren versucht.
Die Ergebnisse dieser Durchsicht werden im Folgenden dargestellt.

2. Themen der deutschsprachigen Stadtgeografie

2.1 Verstädterung in raumzeitlicher Perspektive und ihre Bestimmungs-faktoren

Regional differenzierte Überblicke über die Geschichte der Verstädterung gehören zum Kern stadtgeografischer Lehre, wobei die Lehrbücher meist mit
den europäischen Industrialisierungsprozessen im
19. Jahrhundert einsetzen. Begründet wird dies damit, dass erst damit jene Entwicklungen in Gang kamen, die für die Analyse heutiger Stadtstrukturen als
notwendig erachtet werden (Zehner 2001, 107). Der
geografische Fokus auf Europa wird auch dort beibe-
halten, wo Stadtentwicklung in einer längeren historischen Perspektive untersucht wird, wie etwa in
Lichtenbergers (2002) *Von der Polis zur Metropolis*.
Wenig Aufmerksamkeit wird historischen Verstädterungsprozessen in der außereuopäischen Welt gewidmet, und zwar ungeachtet der Tatsache, dass bis
etwa 1700 die größten Städte der Welt in China lagen
und dass viele Städte im heutigen China, Indien oder
in Mesoamerika schon damals komplexe Wirt-

schafts- und Sozialsysteme hervorgebracht hatten.
Ja, der Eurozentrismus bleibt oft selbst dann erhalten, wenn räumlich über Europa hinausgeblickt
wird. So beginnen Heineberg (2007) und Paesler
(2008) ihre Geschichte der Städte im heutigen Lateinamerika mit der Kolonialisierung, ganz so, als ob
es z. B. Tenochtitlán, die Hauptstadt des Aztekenrei-
ches, nicht gegeben hätte (für eine Ausnahme siehe
Bähr/Jürgens 2005, Kap. 4).

Verstädterungsprozesse der letzten Jahrzehnte
werden hingegen vielfach in ihren weltweiten regionalen Differenzierungen dargestellt. Überblicke
über Verstädterungsgrad (Anteil der Stadt- an der
Gesamtbevölkerung) und -rate (Zunahme des Ver-
städterungsgrads) im globalen Maßstab sowie räumlich wie zeitlich differenziert (vgl. Abb. 1, 2) haben
ihren festen Platz in geografischen Lehrbüchern.

Über die quantifizierende Beschreibung der Verstädterung hinaus nennen stadtgeografische Lehrbücher auch Faktoren, die diese Verstädterungsprozesse
auslösten und ihnen ganz spezifische Formen gaben.
Meist werden folgende Determinanten genannt:
– demografische Faktoren wie natürliche Bevölke-
  rungsentwicklung, Binnen- und internationale Mi-
  grationen;
– (natur)räumliche Faktoren wie natürliche Häfen
  oder Ressourcenvorkommen;
– wirtschaftliche Faktoren wie Marktfunktion, Stand
  der wirtschaftlichen Entwicklung und insbesondere Industrialisierung oder die Art der Einbindung in regionale oder den globalen Markt;
– politisch-administrative Faktoren wie Hauptstadt-
  funktionen, städtebauliche Leitbilder oder die Rolle
  der öffentlichen Hand;
– technologische Faktoren wie Verkehrs- und Bautechnologien.

Allerdings bleiben die Ausführungen zu den Be-
stimmungsfaktoren der Verstädterung in der Regel
kurz, beschreibend und untertheoretisiert. So wird
der Zusammenhang zwischen Industrialisierung
und Stadtentwicklung zwar oft angesprochen. Nicht
vertieft wird aber beispielsweise, inwieweit die ökonomische Entwicklung in Europa im 18. und 19. Jahrhundert nicht nur eine Determinante der Verstädterung gewesen ist, sondern auch umgekehrt die
Städte Determinanten von Wirtschaftswachstum
waren, wie z. B. Jane Jacobs (z. B. 1970) postuliert.
Auch hinsichtlich der vielfach festgestellten Verlagerung der Dynamik des Stadtwachstums in die »Dritte
Welt« unterbleibt mit lapidaren Hinweisen auf eine

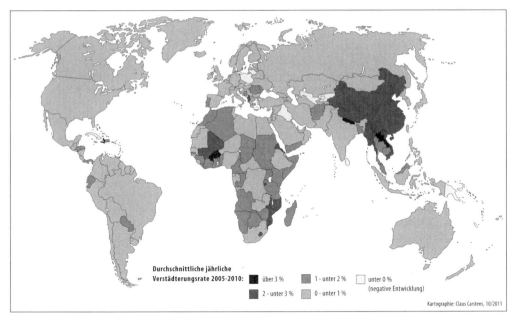

Abb. 1: Verstädterungsgrad (%), 2010

Quelle: United Nations, Department of Economic and Social Affairs, Population Division (2010).
  World Urbanization Prospects: The 2009 Revision. CD-ROM Edition –
  Data in digital form (POP/DB/WUP/Rev.2009).

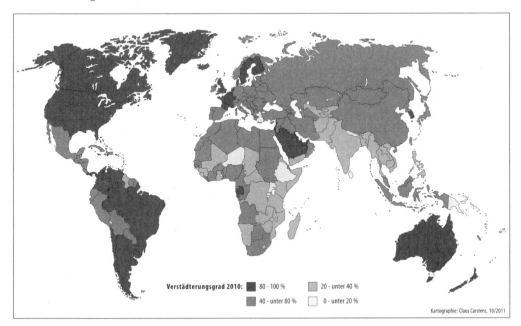

Abb. 2. Verstädterungsrate (%), 2005–2010

Quelle: United Nations, Department of Economic and Social Affairs, Population Division (2010).
  World Urbanization Prospects: The 2009 Revision. CD-ROM Edition –
  Data in digital form (POP/DB/WUP/Rev.2009).

angebliche »Überverstädterung« eine genauere Erörterung – Beiträge zur politischen Ökonomie der
Verstädterung in der »Dritten Welt«, die auch von
GeografInnen geliefert wurden (z. B. Drakakis-
Smith 1986), und die die wirtschaftlichen und politischen *Spezifika* von abhängiger bzw. peripherer Verstädterung untersuchen, werden i. d. R. nicht rezipiert.

2.2 Verstädterung in der »Dritten Welt« und Megastädte

Verstädterungsprozessen in der »Dritten Welt«
kommt in stadtgeografischer Forschung und Lehre
eine große Rolle zu, und zwar häufig mit einem speziellen Fokus auf Megastädte (nach UN-Definition
sind das Städte mit mehr als 10 Mio. EinwohnerIn-
nen). So wurden beispielsweise im Sommer 2011 in
Deutschland mit »Future Megacities«, »Megacities –
Megachallenge« und »Risk Habitat Megacity« drei
große Forschungsprojekte zu diesem Thema finan-
ziert. Die Lehrbuchmeinung ist bestimmt von der
These der »Überverstädterung« (Heineberg 2001, 35;
Paesler 2008, 21) bzw. »Hyperurbanisierung« (Bähr/
Jürgens 2005, 35; Borsdorf/Bender 2010, 350), die einen Zusammenhang annimmt zwischen (a) wirtschaftlicher Unterentwicklung eines Landes und hier
v. a. der fehlenden Industrialisierung, (b) schneller
Verstädterung, und (c) ausgeprägter Primatstellung
(*primacy*) einer Stadt, die sowohl durch eine hohe
Bevölkerungskonzentration als auch durch wirtschaftliche, politische und administrative Dominanz
im Verhältnis zu anderen Städten eines Landes begründet wird. Die Überverstädterungsthese prägt
auch den Megastadtdiskurs, in dem »ein unmittelbarer Kausalzusammenhang zwischen der funktionalen Primacy der Megastadt (und) dem Entwicklungsstand« (Bronger 1993, 82) postuliert wird.

Im zweiten wichtigen Strang der Megastadtforschung werden Megastädte im Kontext der Debatten
um globalen Wandel und Nachhaltigkeit als »major
global risk areas« (IGU Megacity Taskforce 2013)
dargestellt, »particularly prone to supply crisis, social disorganization, political unrest, natural and
man-made disasters due to their highest concentration of people and extreme dynamics of development« (Kraas 2008, 583). So hält Zehner (2001, 183)
die »wirtschaftlichen, ökologischen und sozialen
Entwicklungsprobleme« der Megastädte für ihre wesentlichen Merkmale und den Grund, warum sie »in

das Blickfeld der Weltöffentlichkeit gerückt« sind.
Diese angenommen spezielle Verwundbarkeit etwa
in den Bereichen Nahrungsmittel- und Wohnraumversorgung, Gewalt, Infrastrukturen und Klimawandel wird vielfach als Ergebnis einer Unregier- und
Unplanbarkeit angesehen, die aus Größe *und* Wachs-
tumstempo resultieren (vgl. die Themenhefte von
Geographische Rundschau 11/2008, *Praxis Geographie* 7–8/2009 und *Die Erde* 4/2009).

Zur Untermauerung solcher Beurteilungen wird
häufig auf die in den 1950ern initiierte Debatte über
»overurbanization« verwiesen, für die u. a. Hoselitz'
(1955) Unterscheidung in »Generative and Parasitic
Cities« impulsgebend war. Hoselitz' Diskussion der
seiner Meinung nach in der »Dritten Welt« fehlenden Verbindung zwischen städtischer Arbeitskräf-
tenachfrage und Stadtwachstum prägt die Stadtgeografie bis heute. Eine zweite wichtige Referenz bildet
die Diskussion um Primatstädte, die auf Jeffersons
Buch *Law of the primate city* zurückgeht, das besagt,
dass »[a] country's leading city is always dispropor-
tionately large and exceptionally expressive of national capacity and feeling« (Jefferson 1939, 231). In
beiden Fällen sind die Verweise aber kritikwürdig,
weil sie nicht untermauern, was belegt werden soll:
Jefferson konnotierte den Begriff Primatstadt eindeutig positiv, beispielsweise wenn er Mexiko City
als »primate city« als »a culmination of national life«
(ebd., 226) bezeichnet, und aus Hoselitz' Text ist
nicht abzuleiten, dass eine hohe Verstädterungsrate
die Ursache für ein niedriges Pro-Kopf Wirtschaftswachstum wäre. Der Hinweis auf »Überverstädterung« greift zu kurz, denn »elevating empirical de-
scription into causal explanation is not legitimate.
The real difficulty is much more than ›too many
people‹ or ›urban imbalance‹. […] To really address
a number of pressing policy and planning dilemmas,
it may be profitable to first answer the question,
›What aspects of overurbanization are tied to the
subordinate role that Third World societies play in
the world economy?‹« (Smith 1987, 288).

Um eine theoretische Fundierung ihrer Behauptung, »mass matters« bezüglich städtischer Probleme, hat sich die deutschsprachige Stadtgeografie
bislang aber wenig bemüht. Bronger (2004) beispielsweise handelt die konzeptionelle Frage nach
der Rolle der Megastadt im Entwicklungsprozess auf
nur einer von 216 Seiten und ohne eine eigene Position zu entwickeln ab. Und wenn Bähr und Jürgens
(2005, 36) meinen, Lateinamerika hätte bezogen auf
seinen Entwicklungsstand einen »zu hohen« Ver-

städterungsgrad, dann bleiben sie einen Maßstab für den historischen Vergleich schuldig. Implizit ist natürlich Europa die Messlatte, was aber die unterschiedlichen politischen und ökonomischen Kontexte der Verstädterung in Europa im 18. und 19. und in Lateinamerika im 20. Jahrhundert außer Acht lässt und folglich übersieht, dass die nachholende Industrialisierung in Lateinamerika unter weltwirtschaftlich peripheren Bedingungen stattfand und nur durch die Konzentration auf wenige Städten erfolgen konnte (Parnreiter 2007). Was konzeptionell schlecht durchdacht ist, lässt sich übrigens auch empirisch nicht zeigen. So sind in den letzten 50 Jahren in Lateinamerika und vielen asiatischen Ländern (u. a. China, Indonesien, Thailand) Jahre mit schneller Verstädterung entgegen der Lehrbuchmeinung auch solche mit *hohem* Wirtschaftswachstum gewesen – der Korrelationskoeffizient zwischen jährlichem Wirtschaftswachstum und Verstädterungsrate ist deutlich *positiv* (Lateinamerika 1961–2009: 0,471; Signifikanz: 0,01; eigene Berechnung, Datengrundlage: World Bank 2011). Mit dem Megastadt-Alarmismus nur schwer vereinbar ist auch der Umstand, dass 15 der derzeit 21 Megastädte in sogenannten *middle income economies* liegen, die mit einer Ausnahme überdurchschnittlich hohe Wirtschaftswachstumsraten aufweisen. Diese Ausnahme ist Mexico City – ironischerweise eine Stadt, die nur mehr langsam wächst und sogar zu einem Nettoabwanderungsgebiet geworden ist (Parnreiter 2007).

Auch für die Behauptung der angeblich höheren Verwundbarkeit von Megastädten gibt es weder eine belastbare theoretische Begründung noch systematische empirische Belege. Sie bleibt eine ageografische und ahistorische Mutmaßung, die Unterschiede in Raum und Zeit ignoriert: Die Megastadt Paris ist gewiss weniger krisenanfällig als die Nicht-Megastadt Kinshasa, und die Megastadt Mexico City schneidet in vielen, wenn nicht allen Aspekten besser ab als die Nicht-Megastadt Ciudad Juárez an der Grenze zwischen Mexiko und den USA. Und: New Yorks Bevölkerung ist zwischen 1970 und 2000 kaum gewachsen, wohl aber seine wirtschaftlichen und sozialen Probleme (für eine ausführlichere Kritik an Ton und Inhalt der Megastadtforschung siehe Parnreiter 2011a).

2.3 Klassifizierung von Stadttypen, kulturgenetische Stadttypen

Ein drittes klassisches Thema der Stadtgeografie ist die Typisierung von Städten. Häufig erfolgt diese nach Größe, wenn Klein-, Mittel-, Groß- und Megastadt unterschieden werden, wobei bezüglich Letzterer der quantitative Zugang oft vermengt wird mit einem qualitativen (s. o.). Städte werden aber auch nach topografischer Lage (z. B. Küsten- oder Grenzstädte), nach historischer Einordnung (z. B. moderne und postmoderne Stadt) oder nach Funktion unterschieden. Hier werden z. B. Haupt-, Industrie- oder Hafenstädte unterschieden, wobei z. T. aber auch Funktion und historischer Einordnung überlagert werden. Weitere Typisierungen beziehen sich auf »das Innere« des Stadt- bzw. Agglomerationsraums – hier wird etwa zwischen Kernstadt oder City, Industriestandorten, Wohngebieten und Satellitenstädten unterschieden.

Breiten Raum nimmt in den Lehrbüchern die Kategorisierung in kulturgenetische Stadttypen ein, die »Eigenschaften« zu identifizieren versucht, »die den *Städten eines Teilraums der Erde* gemeinsam sind und durch die sie sich gleichzeitig gegenüber den Städten aller anderen Teilräume der Erde abheben« (Hofmeister 1994, 216; Hervorh. i. Orig.). Angenommen wird dabei ein stabiler Zusammenhang zwischen Kultur, Region und städtischen Eigenschaften. Versuche, kulturgenetische Stadttypen auszumachen, gehen zurück einerseits auf Siegfried Passarge (1930), der ab 1908 als Geografieprofessor am Hamburger Kolonialinstitut, dem Vorläufer der Universität, tätig war. Passarge sah Stadtentwicklung als abhängig von der Landschaft, der Kulturstufe und dem Kulturkreis. Andererseits spielt das Kulturerdteilkonzept von Kolb (z. B. 1962) und Newig (z. B. 1986) eine große Rolle, in dem eine unikale Verbindung von Natur-, Landschafts- und Kulturelementen postuliert wird. Aus dieser Verknüpfung leitet das kulturgenetische Paradigma ab, dass es objektivierbare kulturspezifische städtische Strukturmerkmale gibt, auf deren Basis eine Typisierung vorgenommen werden kann. Die Zahl der ausgemachten Kulturräume variiert; meistens werden aber die europäische, die anglo- und die lateinamerikanische, die orientalische (islamische), die asiatische (meist ohne Japan, oft werden auch China und Indien noch unterteilt), die australische sowie die südafrikanische oder subsaharische Stadt unterschieden. Die meisten Untersuchungen gibt es zum nordame-

rikanischen, islamisch-orientalischen und lateinamerikanische Stadttyp, allerdings wurde nur zu
Letzterem auch in jüngerer Vergangenheit noch publiziert.

Versuche, kulturgenetische Stadttypen aufzustellen, basieren einerseits auf einer Behälterraumvor-
stellung – »in« bestimmten Regionen dominierten
eine abgrenzbare Verbindung von Natur- und Kulturelementen und daraus resultierend identifizier-
bare städtische Merkmale. Andererseits aber weichen sie davon ab, und zwar nicht in Richtung einer
gesellschaftlichen, sondern einer geodeterministischen Interpretation: In der postulierten Kausalitäts-
kette Landschaft–Kultur–Stadtform ist »Raum« kein
neutraler Behälter, sondern bestimmt seinen Inhalt,
also etwa die physiognomischen Merkmale von
Städten. Ungeachtet der umfangreichen fachinter-
nen Kritik an geodeterministischen Positionen beziehen sich viele stadtgeografische Lehrbücher nach
wie vor unhinterfragt auf Kolb und Newig und
manchmal sogar auf Passarge (Borsdorf/Bender
2010, 327), dessen Schriften als rassistisch und anti-
semitisch einzustufen sind. Selbst dort, wo kulturgenetische Kategorisierungen kritisch bewertet werden, erfolgt keine explizite Abgrenzung.

Allerdings: Eine von Bähr und Jürgens (2005)
durchgeführte Clusteranalyse, die beantworten soll,
ob sich in unterschiedlichen Kulturräumen kon-
oder divergente Tendenzen abzeichnen, kommt zu
einem Ergebnis, das die kulturgenetische Klassifizierung selbst in Frage stellt: »Bis zum letzten Schritt
[der Clusteranalyse, Anm. C.P.] bilden Städte in In-
dustrie- und Entwicklungsländern getrennte Gruppen. Das unterstreicht, dass die Bestimmungsgründe
der gegenwärtigen Stadtentwicklung *in den beiden
Gruppen* nach wie vor grundverschieden sind«
[ebd., 303; Hervorh. C.P.]. Mit dieser Schlussfolgerung haben die Autoren das Kulturerdteilkonzept
verlassen – allerdings ohne es auszusprechen. Sie nähern sich an die gesellschaftliche Perspektive an:
Wenn die entscheidende Demarkationslinie zwischen »Reich« und »Arm« verläuft, dann drängt sich
die Frage auf, welche Aspekte von Stadtentwicklung
nun aus einem zentralen bzw. peripheren welt-
wirtschaftlichen Status resultieren. Diese Frage aber
wird, wenn überhaupt, nur oberflächlich untersucht.

2.4 Stadtstrukturmodelle und Segregation

Ein weiteres klassisches Thema der Stadtgeografie
sind Stadtstruktur- oder Stadtentwicklungsmodelle,
die Muster funktionaler und sozioökonomischer Differenzierung im städtischen Raum zeigen sollen. Insbesondere geht es darum, ob es städteübergreifende
Regelmäßigkeiten in der räumlichen Anordnung von
Wirtschaftssektoren und sozialen Schichten gibt. In
keinem Lehrbuch fehlen die drei klassischen Modelle
der Chicagoer Schule der Sozialökologie (Burgess
1925; Hoyt 1939; Harris/Ullman 1945). Nahezu alle
Lehrbücher führen auch Kritik an. Einerseits wird auf
die nur begrenzte Übertragbarkeit der Modelle hingewiesen, weil die »Wirklichkeit«, auf deren Abbildung sie beruhen, die von Großstädten in den USA
in der Zwischenkriegszeit ist, was zeitlich wie räumlich zu beschränkt ist, um einen Modellcharakter zu
rechtfertigen. Andererseits werden Erklärungsdefizite der Modelle hinsichtlich der Frage bemängelt,
wie es zur Verteilung von Wirtschafts- und Wohns-
tandorten innerhalb der Stadt kommt.

Die Stadtgeografie ist aber auch nicht reich an
Versuchen, diese Erklärungsdefizite zu beheben. In
der Forschung zur Stadtentwicklung in Lateinamerika etwa, einem der wenigen Bereiche, in dem Stadt-
modelle sich bis heute einiger Beliebtheit erfreuen,
wird zwar ein Wandel der Stadtstruktur von einer po-
larisierten zu einer fragmentierten Stadt postuliert,
der angenommene Zusammenhang zwischen der
kleinräumigen Entmischung von Funktionen und
Wohngebieten und rezenten Globalisierungsprozessen wird aber nicht analysiert. So bleiben aktuelle
geografische Arbeiten zur Stadtstruktur dem kriti-
sierten deskriptivem Zugang der Chicagoer Schule
verhaftet – die Wo-Frage wird beantwortet, die
Warum dort-Frage bleibt ausgespart. Auch Zehners
(2004a) Plädoyer gegen die Krise der Sozialraumanalyse, die mit statistischen Methoden städtische Teilgebiete zu klassifizieren sucht, die sich u. a. in der geringen Zahl aktueller Publikationen zu diesem
Thema zeigt, setzt nicht auf konzeptionelle Vertie-
fungen, sondern auf bessere Daten und deren Verarbeitung mit geografischen Informationssystemen.

Mehr aktuelle Bedeutung als den Stadtstruktur-
modellen kommt in der Stadtgeografie gegenwärtig
der Segregationsforschung zu, also der Analyse der
räumlichen Trennung von unterschiedlichen Bevölkerungsgruppen (z. B. nach Einkommen, Alter oder
Herkunft) in einer Siedlungseinheit. Der Blick ist v. a.
auf den Wandel von Segregationsmustern gerichtet,

wobei insbesondere auf Fragmentierungstendenzen hingewiesen wird: Studien zu Städten in der »Ersten« wie »Dritten Welt« zeigen, dass Segregationsmuster immer kleinräumiger werden – Arm und Reich also in vielen Städten zwar durch eine wachsende soziale Kluft getrennt werden, aber zugleich räumlich näher beisammen leben als noch vor drei Jahrzehnten (siehe z. B. Zehner 2004b; Borsdorf u. a. 2002). Ursachen für diesen Wandel werden ausgemacht einerseits in Gentrifizierungsprozessen, also der Aufwertung meist innerstädtischer Wohnquartiere, die mit dem Zuzug einkommensstärkerer Schichten einhergeht, und andererseits in der Ausbreitung von geschlossen Wohnkomplexen (»Gated Communities«) für Oberschichten in ärmeren Stadtteilen, wo Bauland günstiger ist. Allerdings ist umstritten, ob die Muster kleinräumiger Segregation nicht Übergangsphänomene einer Zeit sind, in der innerstädtische Gebiete von jüngeren, besser gebildeten und wohlhabenderen Schichten »zurückerobert« werden, während die schlecht erschlossenen Stadtränder (»Suburbia«) zur »räumliche(n) Falle« (Pohl u. a. 2010) der Globalisierungsverlierer werden. Solche Debatten bergen auch theoretisches Potential, weil sie die Frage nach dem Verhältnis von sozialer und räumlicher Ungleichheit aufwerfen und damit das Lehrbuchwissen, dass die »sozialräumliche Segregation […] um so größer [ist], je ungleicher die Einkommen« sind (Gaebe 2004, 131), relativieren.

Allerdings wird dieses konzeptionelle Potential bislang zu wenig ausgeschöpft, weil systematische und theoriegeleitete Analysen der Gründe für das Entstehen neuer Segregationsformen fehlen. Zwar werden Faktoren genannt, die generell als relevant für die Herausbildung von bestimmten Stadtstrukturen angesehen werden (z. B. Einkommen, Bodenpreise, wirtschaftlicher Strukturwandel, innerstädtische Wanderungen, Verkehrstechnologien, kommunale Politik, Deregulierung von Bodenmärkten, Lebensstile), ob und wie aber sozioökonomische Aspekte mit soziokulturellen und politischen verwoben sind, wird wenig erforscht. Neoliberale Stadt- und Wirtschaftspolitiken beispielsweise werden häufig als »Hintergrundbedingungen« für Stadtentwicklung genannt, ohne sie aber als integrale Bestandteile der Entstehung sozialräumlicher Disparitäten zu erkennen (Bürkner 2011). Untersuchungen möglicher Folgen der neuen Formen der Differenzierungen von Stadträumen auf die gesellschaftliche Entwicklung fehlen bislang überhaupt (für eine Ausnahme siehe Welz 2012).

2.5 Die Stadt als Wirtschaftsstandort

Ökonomische Aspekte der Stadtentwicklung werden in der Stadtgeografie sowohl als Determinanten der Verstädterung angesprochen, als auch bezüglich der Verortung von bestimmten Wirtschaftszweigen in der Stadt. Vorrangig wird dabei auf die City fokussiert – als innerstädtisches Zentrum und Standort des Einzelhandels, von Unternehmensdienstleistungen, des Zeitungs- und Verlagswesens, der öffentlichen Verwaltung sowie als Unterhaltungs- und Vergnügungsviertel. Standortfaktoren für die in der City angesiedelten Dienstleistungsunternehmen werden allerdings nur teilweise und ohne ins Detail zu gehen genannt. Heineberg (2001, 179) etwa nennt elf Standortbedingungen für den Dienstleistungssektor, von Bedarfsorientierung bis Imagefaktoren, ohne eine Gewichtung oder genauere Bestimmung anzubieten. Damit bleibt der Ansatz, räumliche Standortmuster von Dienstleistungsfirmen zu identifizieren, die von der Mall bis zu hoch spezialisierten Anwältinnen oder Finanzberatern reichen, sehr deskriptiv und zu undifferenziert. Der Anspruch, räumliche Muster und ihren Wandel aus einer gesellschaftlichen Perspektive heraus zu erklären, bleibt uneingelöst.

Analytischer ist ein zweiter Zugang zum Thema »Wirtschaftsstandort Stadt«, der sich mit Agglomerationseffekten beschäftigt und sich damit mit wirtschaftsgeografischen Forschungen überschneidet (vgl. Gaebe 2004, 44 ff.; Fassmann 2009, 223 ff.). Neben allgemeinen Urbanisierungsvorteilen wie vergleichsweise geringen Transaktions-, Ausbildungs- und Entwicklungskosten und großen sowie differenzierten Arbeits-, Kapital- und Güter- bzw. Dienstleistungsmärkten referieren die beiden Autoren auch jüngere Debatten, etwa jene um Cluster, um innovative Milieus sowie um die Rolle von »tacit knowledge« in der Zusammenballung von Finanzdienstleistern. Fassmann (2009, 232) verknüpft die Erörterung von Agglomerationsvorteilen zudem mit regionalen Entwicklungsmodellen und stellt dabei Zentrum-Peripherie-Modelle, das Wachstumspolkonzept und den Produkt- und Regionszyklus vor.

Aktuelle Publikationen zum Themenbereich »Stadt als Wirtschaftsstandort« zeigen eine relativ große thematische Vielfalt, wobei Schwerpunkte im Bereich städtischer wissensintensiver Industrien und Dienstleistungen, Clusterforschung und *creative cities* zu erkennen sind. Thema ist aber auch die zunehmende Bedeutung des Tourismus für Städte, die bislang keine klassischen Tourismusziele waren, die aber über eine Festivalisierung des Stadtlebens und über spektakuläre Architektur versuchen, sich im Wettbewerb um BesucherInnen zu behaupten (vgl. das Themenheft der *Geographischen Rundschau* 2/2009). Während manche dieser Beiträge sehr stark empirisch-deskriptiv bleiben, suchen andere auch die konzeptionelle Auseinandersetzung, und zwar v. a. mit Richard Floridas Thesen zur »kreativen Klasse« (s. u.).

2.6 Zentralitätsforschung, Stadtsysteme und Städtehierarchien

Ein letztes Standardthema der Lehrbücher ist die Zentralitätsforschung, die oft verknüpft wird mit der Frage städtischer Systeme oder Hierarchien, aber auch mit wirtschaftsgeografischen Fragestellungen wie der Geographie des Handels und der Dienstleistungen. Hier geht es im Kern um Walter Christallers (1933) Theorie der Zentralen Orte, in der er Annahmen über Regelmäßigkeiten hinsichtlich der Anzahl, der Größe und der Verteilung von Städten formulierte. Nach Christaller sind große Städte mit einer bedeutenden Versorgungsfunktion (»Oberzentren«) selten und liegen weit voneinander entfernt, während kleinere Städte häufiger und näher beieinander vorzufinden sind, aber ein nur begrenztes Angebot aufweisen (Mittel-, Unterzentren). Anders als in den Lehrbüchern spielt die traditionelle Zentralitätsforschung in aktuellen stadtgeografischen Arbeiten kaum mehr eine Rolle – wohl auch, weil die Transporttechnologien und der Handel sich seit Christallers Zeiten radikal verändert haben. Die Frage nach der Zentralität bestimmter Städte bzw. Wirtschaftszweige in Städtesystemen ist damit aber nicht aus der stadtgeografischen Forschung verschwunden. Sie wird v. a. hinsichtlich der Geografie wissensintensiver Tätigkeiten in Industrie und Dienstleistungen in Deutschland gestellt, und zwar vielfach in teils kritischer, teils affirmativer Bezugnahme auf die Global City-Forschung (siehe z. B. Schamp 2009; Klagge/Peter 2011). Als Global Cities werden jene Städte bezeichnet, in denen über die Konzentration von Unternehmensdienstleistungen aus den Bereichen Finanz, Recht, Immobilien, Unternehmensberatung, usw. Management- und Steuerungsaufgaben für die globalen Aktivitäten transnationaler Konzerne ausgeübt werden.

In die Lehrbücher hat die Global City-Forschung bislang nur marginal Eingang gefunden (eine Aus-

nahme stellt Fassmann [2009] dar), wobei meist die Aussagen der zentralen Texte von Friedmann (1986) und Sassen (1991) wiedergegeben sowie die empirischen Arbeiten der GaWC-Gruppe (s. u.) zusammengefasst werden. In aktuellen Publikationen nimmt die Global City-Forschung aber breiteren Raum ein. Neben einführenden Beiträgen mit Überblickscharakter sind auch zahlreiche eigenständige Forschungsarbeiten entstanden, wobei häufig aber der konzeptionelle Rahmen der Global City-Forschung erweitert (oder, je nach Perspektive, aufgeweicht) wurde (z. B. Musil [2009] zu Wien und Lüthi u. a. [2010] zu München). Viele Beiträge der deutschsprachigen Global City-Forschung stammen von Michael Holyer, der als *Associate Director* unmittelbar in die Netzwerkanalysen der GaWC-Gruppe eingebunden ist (siehe z. B. Hoyler 2011 sowie die Mitherausgeberschaft von Taylor u. a. 2010). Meine eigenen Arbeiten weiten die Global City-Forschung auf die »Dritte-Welt Megastadt« aus (dazu siehe auch Michel 2010), und sie streben eine konzeptionelle Weiterentwicklung durch eine Verbindung von Global City und Global Commodity Chain-Forschung an, wodurch die Aufmerksamkeit verstärkt auf die Frage der Geografie ökonomischer *governance* gerichtet wird (Parnreiter 2010). Insgesamt ist der Global City-Forschung die gesellschaftliche Perspektive auf das räumliche Muster der Zentralisierung inhärent, wird doch explizit der Zusammenhang mit Prozessen ökonomischer Globalisierung untersucht.

2.7 Weitere aktuelle Forschungsfelder

Abschließend sollen noch Themen der deutschsprachigen Stadtgeografie angesprochen werden, zu denen gegenwärtig häufiger publiziert wird, die aber noch nicht prominent Eingang in die Lehrbücher gefunden haben. Was diese aktuellen Publikationen angeht, soll vorweg darauf hingewiesen werden, dass viele Beiträge anschaulich aufbereitete Stadtporträts zum Inhalt haben, die bestimmte Aspekte der rezenten Stadtentwicklung hervorheben, aber außer dem regionalen meist keinen klaren *thematischen* Fokus aufweisen. Das Übergewicht von Aufsätzen, für die Titel wie: »Duisburg. Von der Stadt Montan zum Drehkreuz des Westens« (Boldt/Gelhar 2010) typisch sind, ist auch dem Format zentraler Publikationsorgane der deutschsprachigen Geografie geschuldet – Zeitschriften wie *Geographische Rund-*

schau, Geographie heute oder *Praxis Geographie* sind Grenzgänger zwischen Wissenschaft, Schule und allgemeiner, interessierter Öffentlichkeit, was eine breitenwirksame Aufbereitung von Themen auf Kosten genuiner Forschungsbeiträge fördert.

Ein erster aktueller Themenkomplex umfasst die Bereiche *Stadtplanung und »urban governance«.* Planungsbezogene Texte haben oft einen Fokus auf Deutschland oder die EU, und zwar häufig im Zusammenhang mit europäischer Strukturpolitik (siehe z. B. Blotevogel/Schmitt 2006 sowie das Themenheft »Stadt und Stadtpolitik« von *Raumforschung und Raumordnung* 2/2008). Beiträge zur »urban governance«, also der politischen Steuerung von Städten, hingegen fokussieren häufig auf Städte in der »Dritten Welt«, wobei oft auf die drohende Nichtregierbarkeit hingewiesen wird. Zahlreiche Beiträge sind auch städtischer Gewalt, Unsicherheit und Risiko gewidmet, wobei sowohl Städte des »Nordens« als auch des »Südens« thematisiert werden (siehe z. B. die Themenhefte von *Geographica Helvetica* 3/2004 und *Praxis Geographie* 12/2008). Einen konzeptionell breiteren Zugang hat Belina (2006), der die Bedeutung von Sicherheitspolitiken als Mittel zur Herstellung von Kontrolle über städtische Räume im Kontext neoliberaler Stadtpolitik untersucht.

Auch im Forschungsfeld *Immobilienwirtschaft und Architektur,* dem in stadtgeografischen Arbeiten zunehmend Bedeutung zukommt, wird der Zusammenhang zu unternehmerischen Stadtpolitiken und Städtewettbewerb hergestellt. Während Heeg (2008) am Beispiel Bostons zeigt, dass *property-led development,* also Stadtentwicklung, die v. a. durch immobilienwirtschaftliche Großprojekte betrieben wird, ein wesentliches Element unternehmerischer Stadtpolitik ist, argumentiert Grubbauer (2011) für Wien, dass und wie globalisierte Bürohochhausarchitektur von einer Stadtregierung genutzt werden kann, um ein »globales« Bild der Stadt zu konstruieren (siehe auch das Themenheft der *Geographischen Rundschau* 7–8/2009 zum Thema »Stadtgeografie und Baukultur«). Auch die *Zeitschrift für Wirtschaftsgeographie* (3/2009) hat der immobilienwirtschaftlichen Forschung ein Themenheft gewidmet, wobei v. a. Zusammenhänge zu Globalisierungsprozessen und hier wiederum v. a. die Finanzialisierung der Immobilienwirtschaft im Zentrum stehen. Damit ist gemeint, dass Immobilien »mobil« geworden sind, weil sie zunehmend grenzüberschreitend gehandelt und als Anlageobjekte genützt werden. Zum Themenbereich *Globalisierung und Stadt* sind über diese immobilienwirtschaftlichen und die oben angeführten Beiträge zur Global City-Forschung hinaus v. a. Aufsätze publiziert worden, die die Entwicklung einer bestimmten Stadt unter dem Eindruck von Globalisierungsprozessen beschreiben.

Ein vierter Bereich, zu dem gegenwärtig publiziert wird, ist *städtische Nachhaltigkeit, Umwelt, Klimawandel.* Beiträge dazu behandeln eine große Bandbreite von Themen – von der Trinkwasserverunreinigung in städtischen Slums in Indien über Untersuchungen der Berliner Böden und Fragen von Umweltstandards in Architekturwettbewerben bis hin zu Möglichkeiten und Grenzen von partizipativen Planungsverfahren für nachhaltige Stadtentwicklung. Hervorzuheben ist aus Aktualitätsgründen die aufkommende Forschung zu Stadt und Klimawandel (z. B. Oßenbrügge/Bechtel 2010), wobei häufig auch Planungsfragen für eine »klimagerechte Stadtentwicklung« (Kabisch/Großmann 2009) aufgeworfen werden.

Sub- und Reurbanisierungprozesse stellen weitere aktuelle Themenfelder dar, wobei hinsichtlich der Suburbanisierung (Expansion der Städte in ihr Umland) Aufsätze im Kontext von Raumplanung und -ordnung, eine Verknüpfung mit demografischen Aspekten sowie ein geografischer Fokus auf Deutschland dominieren. Zum Themenfeld *Reurbanisierung* (Bevölkerungsanstieg in und Wiederaufwertung der Kernstadt) und *Revitalisierung* reichen die Beiträge von New York über Dublin bis nach Dresden, wobei der thematische Schwerpunkt häufig auf der »Erneuerung altindustrieller Räume« (so das Schwerpunktheft der *Geographischen Rundschau* 2/2010) liegt. *Schrumpfende Städte* schließlich ist ein thematischer Fokus, in dem es um den Bevölkerungsrückgang in alten Industriestädten wie Detroit und in Ostdeutschland und seine Implikationen etwa für den Wohnungsmarkt oder die Stadtplanung geht (siehe z. B. das Themenheft von *Geographie und Schule* 4/2007). Ein letzter aktueller Themenbereich, der hier angesprochen werden soll, ist die *Stadtentwicklung durch kulturelle oder sportliche Großereignisse.* Eine solche »Kulturalisierung« verfolgt aber nicht nur direkte ökonomische Ziele, wie z. B. das Anziehen von TouristInnen, sondern ist auch als Imagepolitik zu verstehen, beispielsweise um absteigenden Industriestädten ein neues Gesicht zu geben (z. B. Lossau 2006). Auch sportliche Großereignisse sollen nicht nur BesucherInnen in die Stadt bringen, sondern werden häufig für einen Stadtumbau genützt, wobei Barcelona und seine »Neuerfindung«

im Zuge der Abwicklung der Olympischen Sommer-
spiele von 1992 das viel kopierte Beispiel ist (Parnreiter 2011b). Allerdings fällt die Bilanz oft keineswegs positiv aus – Steinbrink u.a. (2011) zeigen
etwa, dass die Stadterneuerung in Südafrika im Zuge
der Fußballweltmeisterschaft 2010 die (räumliche)
Marginalisierung benachteiligter Bevölkerungsgruppen verstärkt hat.

3. Theorie in der deutsch-
sprachigen Stadtgeografie

Theorie kommt in der deutschsprachigen Geografie
traditionell ein nur geringer Stellenwert zu, was dazu
führte, dass die hiesige Forschung international gesehen »immer tiefer in die Bedeutungslosigkeit«
rutschte (Werlen 2009, 308). Allerdings ist in den
letzten Jahren ein Wandel der Forschungs- und Pub-
likationslandschaft zu erkennen – über die verstärkte Rezeption der internationalen Theoriedebat-
ten kam es auch zu einer deutlichen Zunahme an
theoriegeleiteten Arbeiten (Belina u.a. 2009). Um
die Bedeutung theoretischer Debatten in der Stadtgeografie herauszufiltern, habe ich zunächst geprüft,
ob und wie einflussreiche TheoretikerInnen der
englischsprachigen Diskussion in deutschsprachigen Lehrbüchern rezipiert werden. Eine solche Liste
wichtiger AutorInnen ist natürlich selektiv, kann
aber begründet werden: Ich stütze mich auf ein klassisches, mittlerweile in sechs Auflagen erschienenes
Lehrbuch (*Urban Social Geography* von Paul Knox
und Steven Pinch, hier zit. nach der fünften Auflage
[2006]), einen Reader mit zentralen Texten der
Stadttheorie (Fainstein/Campbells 2011, in der dritten Auflage) und einen Band, der »key thinkers on
space and place« vorstellt (Hubbard u.a. 2004).

Zwei Lehrbücher (Hofmeister 1994; Paesler 2008)
und ein Lehrbuchtext (Heineberg 2007) kommen
weitgehend ohne Referenzen auf aktuelle theoretische Debatten aus. In den anderen Lehrbüchern finden sich häufig Verweise auf Manuel Castells, David
Harvey, Peter Marcuse, Saskia Sassen, und Edward
Soja – zwei Geografen (Harvey, Soja), zwei Soziolo-
gInnen (Castells, Sassen) und ein Stadtplaner (Marcuse). Häufig zitiert wird auch der Geograf Peter
Taylor, allerdings vorwiegend wegen der empirischen Arbeiten der GaWC-Gruppe, weshalb er hier
nicht näher behandelt wird. Auffällig an der Bezugnahme auf die genannten TheoretikerInnen ist ei-

nerseits, dass sie in einer kritischen, linken Tradition
stehen, und andererseits, dass die Verweise in den
Lehrbüchern in der Regel randlich und deskriptiv
bleiben. Eine inhaltliche Auseinandersetzung erfolgt, wenn überhaupt, nur im Bereich der Global
City-Forschung, also mit den Thesen von Castells
und Sassen. Dies überrascht insofern, als viele der
Erkenntnisse der genannten TheoretikerInnen in
Gegensatz zum Mainstreamwissen der Lehrbücher
stehen. Diese Widersprüche aber werden nicht thematisiert. Zugespitzt formuliert: man weiß, dass
man David Harvey als einen der meistzitierten Geografen zitieren muss – was aber keineswegs bedeutet,
dass man seine Thesen so ernst nimmt, als dass man
sie auch diskutieren müsste.

Castells' Bedeutung für die Stadtgeografie hat
mehrere Gründe. Mit seinen früheren Arbeiten wird
er als ein Vertreter marxistisch inspirierter Stadtforschung genannt, die die Stadt als soziales Produkt –
und als solches »imprägniert« von herrschenden
Interessen und Widersprüchen – sieht. Castells wird
aber auch als Theoretiker des Informationszeitalters
und seiner städtischen Konkretisierung in der »informational city« (Castells 1989) zitiert. Castells'
zentrale These lautet, dass die Krise der fordistischen
Produktionsweise zusammen mit der technologischen Revolution der 1980er Jahre zu einer ökonomischen *und* sozialräumlichen Umstrukturierung
der Städte führte. Auch Castells' spätere Arbeiten
zur Netzwerkgesellschaft sind für die Stadtforschung
wichtig, weil Städte darin als die Knotenpunkte für
die grenzüberschreitenden »spaces of flows« (Castells 1996) konzeptualisiert werden, wodurch sich
eine konzeptionelle Nähe zur Global City-Forschung
ergibt.

David Harveys Einfluss reicht weit über die Stadtforschung hinaus – in dem von ihm als sein wichtigs-
tes Buch bezeichnetes *Limits to Capital* (Harvey
1982) geht es ihm um nichts Geringeres, als Marx'
Kapital eine Geografie zu geben und den historischen Materialismus zu einen historisch-geografi-
schen Materialismus aufzuwerten: »The trick is to
unravel the relation between the temporal dynamics
of accumulation of capital and the production of new
spatial configurations of production, exchange and
consumption« (Harvey 1985, 33). Harvey argumentiert, dass Raum – seine Konfigurationen, seine Produktion, seine Zerstörung – in der und für die Geschichte des Kapitalismus ebenso fundamental ist
wie soziale Beziehungen. Dabei interessiert sich Harvey vor allem für die Stadt. Eines seiner Verdienste ist

es, die besondere Rolle der gebauten Umwelt im Akkumulationsprozess herausgearbeitet zu haben: Kapital muss, um akkumuliert werden zu können, mobil sein – diese Mobilität bedarf aber notwendigerweise räumlich fixierter Einrichtungen. Weil diese Infrastrukturen meist große Investitionen verlangen, werden sie in räumlich geballter Form errichtet, was die Stadt zum Zentrum der Ressourcenallokation und zur »rational landscape« (ebd., 190) für die Kapitalakkumulation macht. Als Hebel weiterer Akkumulation steht die Stadt auch im Zentrum des Harveyschen Theoretisierens geografisch ungleicher Entwicklung: Städtische Räume sind nicht neutrale Bühnen oder Behälter des Sozialen. Sie werden unter bestimmten gesellschaftlichen Bedingungen zu bestimmten Zwecken errichtet und verkörpern deshalb den Kapitalismus mit all seinen Dynamiken und Widersprüchen. Harvey sieht folglich auch eine ursächliche Verbindung zwischen den Krisen des Kapitalismus und Immobilienbooms und -krisen – eine Analyse, die nicht zuletzt durch die »subprime crisis« und die Finanz- und Wirtschaftskrisen seit 2007 bestätigt wird (siehe z. B. Harvey 2011).

Peter Marcuse, Anwalt, Stadtplaner und Aktivist städtischer sozialer Bewegungen (www.righttothecity.org, 19.09.2013), wird für seine Arbeiten zur Segregation und Gentrifizierung zitiert (siehe z. B. den Sammelband *Globalizing Cities* [Marcuse/van Kempen 2000], der den Zusammenhang von Globalisierungsprozessen und einer neuen räumlichen Ordnung der Städte untersucht). Marcuse – Herbert Marcuses Sohn – steht in der Tradition der Kritischen Theorie, die er für die Stadtplanung und v. a. für die Frage der Wohnraumversorgung fruchtbar machen will: »[O]ur task is to make that link between theory and practice and to make it productive. In other words, how do we go from critical urban theory to radical urban practice?« (Marcuse 2009, 194). Häufig zitiert wird Marcuses (1989) Begriff der »quartered city«, wobei »quartered« nicht für die Zahl 4 steht, sondern für »Quartier«, woraus sich die Übersetzung »vielgeteilte« – und nicht viergeteilte! – Stadt ergibt: die Luxusstadt der Reichen, die gentrifizierte Stadt der ModernisierungsgewinnerInnen, die suburbane Stadt des Mittelstands, die Stadt der Mietwohnungen für ArbeiterInnen und die verlassene Stadt bzw. das Ghetto der Armen. In der stadtgeografischen Literatur wird aber wenig wahrgenommen, dass es Marcuse mit dem Konzept der »quartered city« *nicht* um eine möglichst genaue Beschreibung der Segregation ging, sondern um

eine Kampfansage an die Polarisierungsthese des »Dual City«-Konzepts (z. B. Mollenkopf/Castells 1991), das er als falsch und politisch schädlich kritisiert: »If there are only two cities, the majority see themselves in the better-off of the two. The suburban city will identify with the gentrified city and with those of power and profit. Its residents' interests will seem to be to keep out, ward off, minimize contact with, the abandoned city, and (depending on race, gender, background, context) with the tenement city as well. […] The dual city plays into the hands of that policy by melding the interests of all but the poorest together and thus obscuring the real relationships of power and profit in the city« (Marcuse 1989, 706 f.).

Die Soziologin Saskia Sassen wird in der Stadtgeografie als führende Vertreterin des Global City-Paradigmas zitiert. Ihr Kernargument ist, dass die Dezentralisierung bestimmter wirtschaftlicher und v. a. industrieller Tätigkeiten, die im Zuge der Globalisierungsprozesse seit den 1980ern erfolgte, von einer Gegenbewegung begleitet ist – »the consolidation of a new kind of economic center – the global city from where the world economy is managed and served« (Sassen 1988, 126 f.). Zwar beschäftigt sich Sassen auch mit innerstädtischen Auswirkungen der Global City-Formation wie der Polarisierung von Arbeits- und Immobilienmärkten, ihr Hauptaugenmerk liegt aber auf der *wirtschaftsgeografischen* Frage, wie und von wo aus die globalen Aktivitäten großer Firmen gemanagt und kontrolliert werden. Sie sieht in den Produktionsdienstleistungen die Mittel, »globale Fließbänder« am Laufen zu halten und zu befehligen, und in den Global Cities die Orte, an denen diese Inputs hergestellt und gehandelt werden. Global Cities sind, kurz gesagt, die Orte, an denen lokale, regionale und nationale Ökonomien zu einer Weltwirtschaft verknüpft werden und so Globalisierung »gemacht« wird, und an denen diese nun globalen ökonomischen Prozesse gesteuert werden: Global Cities sind also »highly concentrated command points in the organization of the world economy« (Sassen 1991, 3).

Edward Soja gilt als einer der wichtigsten Theoretiker des *spatial turn* der Sozialwissenschaften. Stark beeinflusst von Henri Lefebvre, der in der deutschen Stadtgeografie bislang v. a. in studentischen Abschlussarbeiten und durch jüngere VertreterInnen des Faches rezipiert wird (Schmid 2005), formuliert Soja zunächst eine ähnliche Forschungsagenda wie Harvey, nämlich: »framing of the historical geography of capitalism« (Soja 1989, 3). Deutlicher als Harvey betont er aber das *wechselseitige* Verhältnis von Sozialem und Räumlichen. Raum ist für Soja nicht nur ein gesellschaftliches Produkt, sondern zugleich »a shaping force (or medium) in social life« (ibid., 7). Bezug nehmend auf die Stadtforscherin und -aktivistin Jane Jacobs entwickelt er diesen Gedanken ausführlich zum Thema Stadt: »[T]he social-spatial-historical processes that shape our lives do not simply operate *in* and *on* cities, but to a significant degree also emanate *from* cities« (Soja 2000, 18; Hervorh. i. Orig.). Soja wird aber auch als Vertreter der sogenannten »L.A. School« zitiert, die postmodernem Gedankengut den Weg in die Stadtforschung ebnete (obwohl sich nicht alle Autoren, die der »L.A. School« zugeordnet werden, als »postmodern« bezeichnen) und die die Entwicklung in Los Angeles als paradigmatisch für (US-amerikanische) Stadtentwicklung ansieht.

Eine zweite Möglichkeit, die Rolle, die Theorien in stadtgeografischen Arbeiten spielen, zu identifizieren, ist eine Analyse aktueller Publikationen. Im Folgenden werden für ausgewählte Forschungsfelder (Segregation bzw. Sozialraumanalyse, die Stadt als Wirtschaftsraum, Stadtpolitik und Governance, Stadtplanung) theoretische Referenzen dar- sowie die entsprechenden Konzepte skizzenhaft vorgestellt, wobei nur solche Bezüge erörtert werden, die nicht ohnehin schon angesprochen wurden.

In der Sozialraumanalyse und Segregationsforschung wird, wie erwähnt, das Potential für theoretische Reflexionen über den Zusammenhang von sozialer und räumlicher Ungleichheit, das in den Erkenntnissen über immer kleinräumigere Segregationsmuster liegt, nicht ausgeschöpft. Darüber hinaus findet theoriegeleitete Forschung, wie bestimmte Segregationsmuster die weitere Entwicklung einer städtischen Gesellschaft beeinflussen, nur in Ausnahmefällen statt. Als Referenzpunkt der Segregationsforschung hat allerdings Pierre Bourdieu (z. B. 1982) Bedeutung erlangt, dessen Theorie der Kapitalsorten und hier v. a. die Betonung des symbolischen Kapitals, der hergestellte Bezug zwischen sozialer Klasse und Lebensstil sowie das Habituskonzept Eingang in zahlreiche (stadt)geografische Arbeiten gefunden hat (z. B. Dirksmeier 2007). Viel zitiert wird Bourdieus begnadete Formulierung (1991, 32), dass es »der Habitus [ist], der das Habitat macht, in dem Sinne, daß er, der Habitus, bestimmte Präferenzen für einen mehr oder weniger adäquaten Gebrauch des Habitats ausbildet«. Den Reiz des Habituskonzepts für die geogra-

fische Segregationsforschung macht aus, dass strukturelle ökonomische Verhältnisse wie z. B. Einkommen und Miet- bzw. Bodenpreise mit lokalisierbaren Praxisformen und Lebensstilen von Akteuren verknüpft werden, und zwar in zwei Richtungen: Der Habitus ist durch die soziale Lage bestimmt, und zugleich strukturiert er weiteres Handeln – z. B. die Wohnortwahl – vor. Dies wird in der Erforschung von Gentrifizierungsprozessen fruchtbar gemacht, deren Ursache vor allem in den durch den Habitus bestimmten Distinktionswünschen und -praktiken bestimmter Bevölkerungsgruppen ausgemacht wird. Bürkner (2011) kritisiert allerdings, dass die Bezugnahme auf soziale Schichtungstheorien, die dem Lebensstilkonzept ursprünglich zu eigen waren, nach und nach verloren gingen und segregierte Wohnstrukturen nun primär als Ausdruck des freien Flusses von soziokulturellen Präferenzen interpretiert werden würden.

Im Überblick über die Stadt als Wirtschaftsraum wurde bereits angeschnitten, dass Konzepte, die räumliche Nähe als wichtigen Standortfaktor betonen (z. B. die die Clusterforschung oder Diskussionen um die Bedeutung von »tacit knowledge« für Agglomerationsökonomien) ebenso wie Forschung zu innovativen Milieus und »creative cities« Eingang in stadtgeografische Arbeiten gefunden haben. Bezugnehmend auf Michael Porters (1998) Clusterkonzept, das einen solchen als eine Gruppe räumlich naher, miteinander interagierenden Unternehmen beschreibt, die sowohl Gemeinsamkeiten teilen als auch einander ergänzen, wird das Wirtschaftspotential von Städten v. a. im Vorhandensein vielfältiger Clusterpotentiale gesehen: Was eine dynamische Stadtwirtschaft begünstigt, ist die Reichhaltigkeit an hochwertigen Wirtschaftsaktivitäten in *einer* Stadt. Gegenwärtig werden Cluster v. a. im Kontext wissensintensiver, kreativer Aktivitäten untersucht, wobei einerseits das Gewicht des »Urbanen« für die Entstehung von »Kreativclustern« betont wird (Mossig 2009; Oßenbrügge u. a. 2009) und andererseits auf deren Bedeutung für die Regionalentwicklung hingewiesen wird (Fromhold-Eisebith 2009). Breite Rezeption finden in diesem Kontext die Thesen von Richard Florida zu »creative cities« (z. B. 2002), der, wie in den Debatten über die »Wissensgesellschaft« allgemein üblich, einen Zusammenhang sieht zwischen städtischem Wirtschaftswachstum und der Konzentration wissensintensiver bzw. kreativer Berufe. Was ihn für die geografische Stadtforschung interessant macht, ist darüber hinaus die These, dass die kreative Klasse sich bevorzugt in ganz *bestimmten* Städten niederlässt bzw. prosperiert – nämlich dort, wo die drei T's – Talent, Technologie und Toleranz – das Stadtleben prägen. Wenn aber »jobs follow people« gilt und die Kreativen bestimmte Ansprüche an eine Stadt stellen, dann hat das direkte Implikationen für die Stadt- und Regionalplanung. Florida wird aber nicht nur affirmativ rezipiert. Helbrecht (2011) etwa argumentiert am Beispiel Chicagos und Londons, dass die flexibilisierten Arbeitsverhältnisse der Kreativen so viel Unsicherheitspotential bergen, dass sie in Reaktion darauf eine »neue Intoleranz« und eine starke Orientierung auf den eigenen Stadtteil ausbilden, »die als Enklavenbildung bezeichnet werden kann« (ebd., 13). Krätke (2011) betont in seiner Analyse städtischer Wissensproduktion am Beispiel von Berlin und Hannover, dass die Forcierung von und die Notwendigkeit zu Innovation eingebettet ist in wettbewerbsorientierte Stadtpolitik und damit letztlich in ungleiche Entwicklung, was in der oft oberflächlichen Debatte über »kreative Städte« gerne übersehen wird. Erwähnenswert ist im Zusammenhang mit dem Kreativpotential von Städten aber auch, dass die Arbeiten von Jane Jacobs, die in den letzten Jahren im angelsächsischen Sprachraum wiederentdeckt wurden, in der deutschsprachigen Forschung bislang kaum rezipiert werden.

In der Literatur zu Stadtplanung und -politik gibt es drei häufigere theoretische Bezugnahmen. Zum ersten finden die angelsächsische Planungsdebatte um strategische Stadt- bzw. Regionalplanung und hier v. a. die Arbeiten von Patsy Healey (z. B. 1997) Widerhall. In der deutschsprachigen Stadtgeografie werden beide Dimensionen strategischer Planungsprozesse aufgegriffen, nämlich sowohl die Möglichkeiten zu größeren Partizipation als auch der Zusammenhang zur unternehmerischen Stadtpolitik. Damit ist ein zweiter theoretischer Bezug angesprochen. Seit Harvey (1989) einen Wandel der Stadtpolitik »[f]rom managerialism to entrepreneurialism« konstatierte, spielt die Untersuchung von *property-led development*, städtischen Großprojekten, *private-public partnerships* und anderen Elementen einer wettbewerbsorientierten Stadtpolitik auch in der deutschen Stadtgeografie (u. a. in der immobilienwirtschaftlichen Forschung) eine zunehmende Bedeutung (siehe z. B. Keil/Ronneberger 2000; Heeg 2008; Mattissek 2008; Schipper 2010). Schließlich findet in Arbeiten, die sich mit Aspekten von *urban governance* befassen, auch Foucault Eingang, und zwar v. a. *Überwachen und Strafen* (1994) (z. B. Klauser 2004).

4. Das nicht ausgeschöpfte Potential der Stadtgeografie

Anstelle einer abschließenden Zusammenfassung soll hier zum Schluss ein Desiderat formuliert werden. Einleitend wurde Elisabeth Lichtenberger (1991, 115 f.) zitiert, die die Aufgabe der Stadtgeografie darin sieht, »die Beziehungen zwischen der Reproduktion, Um- und Neugestaltung der baulichen Struktur und der Reproduktion und dem Wandel der Gesellschaft aufzudecken«. Forschungsziel müsste es also sein, das Verhältnis des Physisch-Materiellen und des Sozialen in der Stadtentwicklung besser zu verstehen. Ich habe auch schon darauf hingewiesen, dass die eine Seite dieses Verhältnisses, nämlich die der sozialen Produktion von Raum, von immer mehr (Stadt)geografInnen zum Gegenstand von Untersuchungen gemacht wird. Ist eine gesellschaftliche Interpretation von Stadtgeografien den meisten Lehrbüchern zwar fremd, so gewinnt sie in aktuellen Publikationen an Bedeutung, was mittelfristig auch auf bessere Lehrbücher hoffen lässt. Die zweite Seite des Verhältnisses von Physisch-Materiellem und Sozialem, die Frage, ob und inwiefern (Stadt)räume auch Medien weiterer gesellschaftlicher Entwicklung sind, ist bislang aber kaum erforscht worden. Im Missverhältnis zur anwachsenden Theorieproduktion zur sozialräumlichen Dialektik verfügen wir folglich über sehr wenig empirisches Material, um zu überprüfen, ob es zutrifft, dass »the way in which society (more specifically, the city) is organized spatially can have an impact on how that society/city works« (Massey 1999, 162). Die Relevanz dieser Frage ist offensichtlich: Wenn soziale Beziehungen zugleich »space-forming and space-contingent« (Soja 1989, 126) sind, dann bergen die konkreten räumlichen Verhältnisse einer Gesellschaft sowohl Konflikt- als auch Veränderungspotential.

Ein möglicher Ansatzpunkt ist die Segregationsforschung. Harvey argumentiert, dass Segregation einerseits Produkt ungleicher kapitalistischer Entwicklung und nicht individueller Präferenzen ist, er betont aber andererseits, dass es nicht ausreiche, Segregation als passives Produkt gesellschaftlicher Kräfte zu analysieren: »[We] have to see it as an *integral mediating influence* in the processes whereby class relationships and social differentiations are produced and sustained« (Harvey 1985, 123 f.; Hervorh. C.P.). Weil in klassischen Arbeiterbezirken andere Werte, Erwartungen, Konsumgewohnheiten etc. gelebt werden als in Suburbs, durchlaufen die Menschen in ihren voneinander getrennten Wohnbereichen eine jeweils unterschiedliche Sozialisation, was sie, nach Harvey, auf die Rolle vorbereitet, die »das System« für sie vorgesehen hat. Oder, wie Ceri Peach (1996, 393) es ausdrückt: »Segregation has profound effects in social interaction and behaviour, from the language spoken, the accent with which it is spoken, the friendships made and the partners married.« So gesehen kann das Studium von Segregation den Kreislauf enthüllen, in dem Raum sowohl Produkt als auch aktives Moment sozialer Entwicklung ist, und es kann Aufschlüsse über die (Re)produktion von Geografien ungleicher Entwicklung auf städtischer Ebene geben. In der US-amerikanischen Segregationsforschung ist dies eine lange Debatte, die auf Allports (1954) Kontakthypothese zurückgeht, die besagt, dass Kontakt zwischen Mitgliedern verschiedener Gruppen dazu beitragen kann, dass Vorurteile und feindselige Haltungen zwischen diesen Gruppen abgebaut werden. Hinsichtlich der empirischen Untermauerbarkeit dieser Annahme gibt es aber divergierende Positionen. Bourdieu (1991, 32) lehnt die Idee der Kontakthypothese mit Blick auf die auch sehr kleinräumige soziale Differenzierung, die sich aus dem Habitus-Habitat-Nexus ergibt, ab: »Tatsächlich steht einem nichts ferner und ist nichts weniger tolerierbar als Menschen, die sozial fern stehen, aber mit denen man in räumlichen Kontakt kommt« (vgl. auch Holm 2009; Bürkner 2011). Pettigrew und Tropp (2006) fanden hingegen in einer Auswertung von 515 Studien, die zwischen 1940 und 2000 durchgeführt wurden, starke Unterstützung für die Kontakthypothese. In 94 % der untersuchten Fälle verhält sich das Ausmaß des Kontakts zwischen zwei unterschiedlichen Gruppen umgekehrt proportional zur Ausbildung von Vorurteilen – mehr Kontakt bedeutet also weniger Vorurteile.

Zu den wenigen Arbeiten der deutschsprachigen Stadtgeografie, die sich den konzeptionellen und empirischen Herausforderungen einer solchen Untersuchung stellen, gehört Welz' (2012) Studie zum Zusammenhang von Segregationsmustern und sozialer Integration in Santiago de Chile. Sie zeigt, dass die größere räumliche Nähe unterschiedlicher sozialer Gruppen, die als Ergebnis von immer kleinräumigerer Segregation entsteht, zwar von den BewohnerInnen der entsprechenden Stadtteile positiv aufgenommen wird, dass aber existierende Status-

hierarchien zum Ausbleiben von Interaktionen führen. Die soziale Heterogenisierung eines Stadtquartiers hat also weder einen Einfluss auf die soziale Partizipation noch auf die Identifizierung mit dem Stadtquartier selbst.

Ein anderer Ansatzpunkt für die Untersuchung, inwieweit die räumliche Organisation einer Gesellschaft Einfluss auf ihre Entwicklung hat, ist die Architektur. In einer kleinen Pilotstudie, durchgeführt im Wiener Sozialbau, gelangen Parnreiter u. a. (2007) zur Arbeitshypothese, dass der über die konkrete Architektur geschaffene oder eingeschränkte Handlungsspielraum, mit Alltagskonflikten umzugehen, mit Einstellungen der BewohnerInnen gegenüber dem Zuzug von MigrantInnen zusammenhängt. Wo die Architektur wenig Ausweichmöglichkeit bei klassischen Konfliktfeldern wie z. B. Lärm bietet, sind die BewohnerInnen mit »ihrem« Hof weniger oder nicht zufrieden. Personen aber, die den »eigenen« Gemeindebau negativ erleben, stehen der Öffnung des sozialen Wohnbaus für AusländerInnen negativer gegenüber als Personen, die mit »ihrem« Hof zufrieden sind. Grundrisspläne sind folglich nicht neutral, sie reflektieren gesellschaftliche Ideen: »The built environment [...] a primary medium for the techniques of establishing, legitimising and reproducing ideology at every scale from the house to the city« (Dovey 1999, 45). Suburbane Einfamilienhäuser etwa sind die Umsetzung konkreter ideologischer Vorstellungen von Familie und Konsum, und als solche beeinflussen sie das Verhältnis der in Suburbia lebenden Geschlechter und Altersgruppen. Die Großprojekte des sozialen Wohnbaus der 1940er und 1950er Jahre wiederum materialisierten in ihrer Architektur das Autoritäre des Sozialstaates, wie Richard Sennett (2003, 13) seine Kindheit in »Cabrini Green« in Chicago reflektiert: »The project denied people control over their own lives. They were rendered spectators to their own needs, mere consumers of care provided to them. It was here that they experienced that peculiar lack of respect which consists of not being seen, not being accounted as full human beings« (Sennett 2003, 13).

Diese knappen Beispiele zeigen, dass GeografInnen spannende und relevante Geschichten über die Stadt erzählen können. Eine systematische Bearbeitung der These von der sozialräumlichen Dialektik würde der deutschsprachigen Stadtgeografie ein Entwicklungspotential eröffnen, das helfen könnte, die oben angesprochene internationale, aber auch interdisziplinäre Bedeutungslosigkeit zu überwinden. Mehr aber noch ist zu hoffen, dass die in jüngeren Publikationen erkennbaren Innovationen Eingang in die Lehrbücher finden, denn es sind die Lehrbücher, die über die universitäre Ausbildung und damit letztlich den Schulunterricht das Raum- und damit auch das Stadtverständnis künftiger Generationen prägen.

Ich danke Bernd Belina, Michael Hoyler, Karl Husa, Jürgen Oßenbrügge und Thomas Pohl für eine kritische Durchsicht des Manuskripts und zahlreiche Hinweise.

Literatur

Allport, Gordon W.: *The Nature of Prejudice*. Reading, MA 1954.

Bähr, Jürgen/Jürgens, Ulrich: *Stadtgeographie II*. Braunschweig 2005.

Belina, Bernd: Raum, Überwachung, Kontrolle. Vom staatlichen Zugriff auf städtische Bevölkerung. Münster 2006.

Belina, Bernd/Best, U. u.a.: »Critical Geography in Germany: From Exclusion to Inclusion via Internationalization«. In: *Social Geography* 4 (2009), 47–58.

Blotevogel, Hans H./Schmitt, Peter: »European Metropolitan Regions as a New Discursive Frame in Strategic Spatial Planning and Policies in Germany«. In: *Die Erde* 137.1–2 (2006), 55–74.

Boldt, Kai W./Gelhar, Martina: Duisburg: »Von der Stadt Montan zum Drehkreuz des Westens«. In: *Geographische Rundschau* 62.2 (2010), 26–33.

Borsdorf, Axel/Bähr, Jürgen u.a.: »Die Dynamik stadtstrukturellen Wandels in Lateinamerika im Modell der lateinamerikanischen Stadt«. In: *Geographica Helvetica* 57.4 (2002), 300–310.

Borsdorf, Axel/Bender, Oliver: *Allgemeine Siedlungsgeographie*. Stuttgart 2010.

Bourdieu, Pierre: *Die feinen Unterschiede: Kritik der gesellschaftlichen Urteilskraft*. Frankfurt a.M. 1982.

Bourdieu, Pierre: »Physischer, sozialer und angeeigneter physischer Raum«. In: Wentz, Martin (Hg.): *Stadt-Räume*. Frankfurt/New York 1991, 25–34.

Bronger, Dirk: »Megastädte: ›Erste‹ Welt – ›Dritte‹ Welt«. In: Feldbauer, Peter u.a.: *Megastädte. Zur Rolle von Metropolen in der Weltgesellschaft*. Wien 1993, 63–106.

Bronger, Dirk: *Metropolen, Megastädte, Global Cities. Die Metropolisierung der Erde*. Darmstadt 2004.

Burgess, Ernest W.: »The Growth of the City: An Introduction to a Research Project«. In: Park, Robert E. u.a. (Hg.): *The City*. Chicago 1967 (1925), 47–62.

Bürkner, Hans-Joachim: »Sozialräumliche Disparitäten und soziale Mischung: aktuelle Diskurslinien in Forschung und gesellschaftlicher Praxis«. In: Belina, Bernd u.a.: *Urbane Differenzen. Disparitäten innerhalb und zwischen Städten*. Münster 2011, 16–42.

Castells, Manuel: *The Informational City. Information Technology, Economic Restructuring, and the Urban-Regional Process*. Oxford 1989.

Castells, Manuel: *The Rise of the Network Society. The Information Age. Volume I*. Oxford 1996.

Christaller, Walter: *Central Places in Germany*. New Jersey 1933.

Dirksmeier, Peter: »Urbaner Raum und Inklusion. Zu einer Paradoxie der Moderne«. In: *Geographische Zeitschrift* 95.4 (2007), 199–210.

Dovey, Kim: *Framing Places. Mediating Power in Built Form*. London 1999.

Drakakis-Smith, David (Hg.): *Urbanisation in the Developing World*. London 1986.

Fainstain, Susan/Campbell, Scott (Hg.): *Readings in Planning Theory*. Oxford ³2011.

Fassmann, Heinz: *Stadtgeographie I. Allgemeine Stadtgeographie*. In: *Das Geographische Seminar*. Braunschweig 2009.

Florida, Richard: *The Rise of the Creative Class*. New York 2002.

Foucault, Michel: *Überwachen und Strafen. Die Geburt des Gefängnisses*. Frankfurt a.M. 1994.

Friedmann, John: »The World City Hypothesis«. In: *Development and Change* 17 (1986), 69–83.

Fromhold-Eisebith, Martina: »Die ›Wissensregion‹ als Chance der Neukonzeption eines zukunftsfähigen Leitbilds der Regionalentwicklung«. In: *Raumforschung und Raumordnung* 67.3 (2009), 215–227.

Gaebe, Wolf: *Urbane Räume*. Stuttgart 2004.

Geographica Helvetica 59.3 (2004). Themenheft: *Städtische Gewalt: Eine Herausforderung für Geographen?*

Geographica Helvetica 64.4 (2009). Themenheft: *Urbane Projekte, nachhaltige Entwicklung und Partizipationsdemokratie.*

Geographie und Schule 4 (2007). Themenheft: *Schrumpfende Städte – Shrinking Cities.*

Geographische Rundschau: Megastädte in Entwicklungsländern. Editorial. 11 (2008).

Geographische Rundschau 2 (2009). Themenheft: *Städtetourismus.*

Geographische Rundschau 7/8 (2009). Themenheft: *Stadtgeographie und Baukultur.*

Geographische Rundschau 2 (2010). Themenheft: *Erneuerung altindustrieller Räume.*

Grubbauer, Monika: *Die vorgestellte Stadt. Globale Büroarchitektur, Stadtmarketing und politischer Wandel in Wien*. Bielefeld 2011.

Harris, Chauncy D./Ullman, Edward L.: »The Nature of Cities«. In: *Annals of the American Academy of Political and Social Science* 242 (1945), 7–17.

Harvey, David: *Limits to Capital*. London 1982.

Harvey, David: *The Urbanization of Capital*. Oxford 1985.

Harvey, David: »From Managerialism to Entrepreneurialism: The Transformation in Urban Governance in late Capitalism«. In: *Geografiska Annaler: Series B. Human Geography* 71.1 (1989), 3–17.

Harvey, David: »Roepke Lecture in Economic Geography – Crises, Geographic Disruptions and the Uneven Development of Political Responses«. In: *Economic Geography* 87.1 (2011), 1–22.

Healey, Patsy: The revival of strategic spatial planning in Europe. In: Patsy Healey u.a.: *Making strategic spatial plans. Innovation in Europe*. London 1997, 3–19.

Heeg, Susanne: *Von Stadtplanung und Immobilienwirt-*

schaft: Die »South Boston Waterfront« als Beispiel für eine neue Strategie städtischer Baupolitik. Bielefeld 2008.

Heineberg, Heinz: *Stadtgeographie.* Paderborn 2001.

Heineberg, Heinz: »Stadtgeographie«. In: Gebhardt, Hans u.a.: *Geographie. Physische Geographie und Humangeographie.* München 2007, 633–659.

Helbrecht, Ilse: »Der Wille zur ›totalen Gestaltung‹: Zur Kulturgeographie der Dinge«. In: Gebhardt, Hans/Reuber, Paul u.a. (Hg.): *Kulturgeographie. Aktuelle Ansätze und Entwicklungen.* Heidelberg 2003, 149–170.

Helbrecht, Ilse: »Die ›Neue Intoleranz‹ der Kreativen Klasse. Veränderungen in der Stadtkultur durch das Arbeitsethos der flexiblen Ökonomie«. In: Frey, Oliver/Koch, Florian (Hg.): *Die Zukunft der europäischen Stadt. Stadtpolitik, Stadtplanung und Stadtgesellschaft im Wandel.* Wiesbaden 2011, 119–135.

Hofmeister, Burkhard: *Stadtgeographie. Das geographische Seminar.* Braunschweig 1994.

Holm, Andrej: »Soziale Mischung. Zur Entstehung und Funktion eines Mythos«. In: *Forum Wissenschaft* 1 (2009), 23–26.

Hoselitz, Bert F.: »Generative and Parasitic Cities«. In: *Economic Development and Cultural Change* 3.3 (1955), 278–294.

Hoyler, Michael: »External Relations of German Cities Through Intra-firm Networks – A Global Perspective«. In: *Raumforschung und Raumordnung* 69.1 (2011), 147–159.

Hoyt, Hoymer: *The structure and growth of residential neighborhoods in American cities.* Federal Housing Administration. Washington 1939.

Hubbard, Phil/Kitchin, Rob u.a.: *Key Thinkers on Space and Place.* London 2004.

IGU Megacity Taskforce of the International Geographical Union = http://www.megacities.uni-koeln.de/ (1.8.2013)

Jacobs, Jane: *The Economy of Cities.* New York 1970.

Jefferson, Mark: »The Law of the Primate City«. In: *Geographical Review* 29 (1939), 226–232.

Kabisch, Sigrun/Großmann, Karin: »Große Siedlungen – große Potenziale. Chancen für ein neues Leitbild für Großwohnsiedlungen im Zuge der klimagerechten Stadtentwicklung«. In: *Geographie und Schule* 31.182 (2009), 34–39.

Keil, Roger/Ronneberger, Klaus: »The Globalization of Frankfurt a.M.: Core, Periphery and Social Conflict«. In: Marcuse, Peter/Kempen, Ronald van (Hg.): *Globalizing Cities: A New Spatial Order?* Oxford 2000, 228–248.

Klagge, Britta/Peter, Carsten: »Changes in the German Urban System – A Financial-Sector Perspective«. In: *Raumforschung und Raumordnung* 69.3 (2011), 201–211.

Klauser, Francisco: »Die Veränderung der urbanen Territorialität infolge der Videoüberwachung des öffentlichen Raumes«. In: *Geographica Helvetica* 59.2 (2004), 106–118.

Knox, Peter/Pinch, Steven: *Urban Social Geography. An Introduction.* Harlow 2006.

Kolb, Albert: »Die Geographie und die Kulturerdteile«. In: Leidlmair, Adolf (Hg.): *Hermann von Wissmann-Festschrift.* Tübingen 1962, 42–49.

Kraas, Frauke: »Megacities as Global Risk Areas«. In: Marzluff, John u.a. (Hg.): *Urban Ecology. An International Perspective on the Interaction between Humans and Nature.* New York 2008, 583–596.

Krätke, Stefan: *The Creative Capital of Cities. Interactive Knowledge Creation and the Urbanization Economies of Innovation.* New Jersey 2011.

Läpple, Dieter: »Essay über den Raum. Für ein gesellschaftswissenschaftliches Raumkonzept«. In: Häußermann, Hartmut u.a. (Hg.): *Stadt und Raum. Soziologische Analysen.* Pfaffenweiler 1991, 157–207.

Lefebvre, Henri: *La production de l'espace.* Collection »Idées«. Paris ⁴1974.

Lichtenberger, Elisabeth: *Stadtgeographie. Bd. 1: Begriffe, Konzepte, Modelle, Prozesse.* Stuttgart 1991.

Lichtenberger, Elisabeth: *Die Stadt. Von der Polis zur Metropolis.* Darmstadt 2002.

Lossau, Julia: »Kunst im Stadtraum. Zum Verhältnis von künstlerischen Selbstverständnissen und stadtentwicklungspolitischen Erwartungen«. In: *Geographische Zeitschrift* 94.2 (2006), 65–76.

Lüthi, Stefan/Thierstein, Alain: »Intra-firm and extra-firm Linkages in the Knowledge Economy: the Case of the Emerging Mega-City region of Munich«. In: *Global Networks* 10.1 (2010), 114–137.

Marcuse, Peter: »›Dual City‹: A Muddy Metaphor for a Quartered City«. In: *International Journal of Urban and Regional Research* 13 (1989), 697–708.

Marcuse, Peter: »From Critical Urban Theory to the Right to the City«. In: *City 13.* 2–3 (2009), 185–195.

Marcuse, Peter/Kempen, Ronald van (Hg.): *Globalizing Cities: A New Spatial Order?* Oxford 2000.

Massey, Doreen: »Politics and Space/Time«. In: *New Left Review* 196 (1992), 65–84.

Massey, Doreen: »On Space and the City?« In: Massey, Doreen/Allen, John u.a. (Hg.): *City Worlds.* London 1999, 157–175.

Mattissek, Annika: *Die neoliberale Stadt. Diskursive Repräsentationen im Stadtmarketing deutscher Großstädte.* Bielefeld 2008.

Michel, Boris: *Global City als Projekt. Neoliberale Urbanisierung und Politiken der Exklusion in Metro Manila.* Bielefeld 2010.

Mollenkopf, John/Castells, Manuel (Hg.): *Dual City. Restructuring New York.* New York 1991.

Mossig, Ivo: »Zentralisierungstendenzen in der Medienwirtschaft. Zur Bedeutung des räumlichen Kontextes für die Erzeugung und kommerzielle Verwertung von Medieninhalten«. In: *Geographische Zeitschrift* 97.2 (2009), 95–112.

Mumford, Lewis: »What is a City?« In: *Architectural Records* (1937), 184–188.

Musil, Robert: »Global Capital Control and City Hierarchies: An Attempt to Reposition Vienna in a World City Network«. In: *Cities* 26.5 (2009), 255–265.

Newig, Jürgen: »Drei Welten oder eine Welt: Die Kulturerdteile«. In: *Geographische Rundschau* 5 (1986), 262–267.

Oßenbrügge, Jürgen/Pohl, Thomas u.a.: »Entgrenzte Zeitregime und wirtschaftsräumliche Konzentrationen. Der Kreativsektor des Hamburger Schanzenviertels in zeitgeographischer Perspektive«. In: *Zeitschrift für Wirtschaftsgeographie* 53.4 (2009), 249–263.

Oßenbrügge, Jürgen/Bechtel, Benjamin: »Klimawandel und Stadt – Der Faktor Klima als neue Determinante der Stadtentwicklung«. In: Böhner, Jürgen/Ratter, Beate

(Hg.): *Klimawandel und Klimawirkung* (Hamburger Symposium Geographie, Band 2). Hamburg 2010.

Paesler, Reinhard: *Stadtgeographie*. Darmstadt 2008.

Parnreiter, Christof: *Historische Geographien, verräumlichte Geschichte. Mexico City und das mexikanische Städtenetz von der Industrialisierung bis zur Globalisierung*. Stuttgart 2007.

Parnreiter, Christof/Enders, Christopher: »Gibt es eine sozialräumliche Dialektik? Eine Diskussion am Beispiel der Öffnung des Wiener Gemeindebaus für nicht-österreichische StaatsbürgerInnen«. In: *Mitteilungen der Österreichischen Geographischen Gesellschaft* 149 (2007), 29–54.

Parnreiter, Christof: »Global Cities in Global Commodity Chains: Exploring the Role of Mexico City in the Geography of Global Economic Governance«. In: *Global Networks* 10.1 (2010), 35–53.

Parnreiter, Christof: »Commentary: Toward the Making of a Transnational Urban Policy?« In: *Journal of Planning Education and Research* (2011). Online First. DOI: 10.1177/0739456X11423105.

Parnreiter, Christof: »Die Megastadt der »Dritten Welt« – Kann eine Stadt ein Monstrum sein?« In: Parnreiter, Christof (Hg.): *Stadt und Globalisierung*. Hamburg 2011a (*Hamburger Symposium Geographie*, Band 3), 83–99.

Passarge, Siegfried: *Stadtlandschaften der Erde*. Hamburg 1930.

Peach, Ceri: »Good Segregation, bad Segregation«. In: *Planning Perspectives* 11.4 (1996), 379–398.

Pettigrew, Thomas F./Tropp, Linda R.: »A Meta-Analytic Test of Intergroup Contact Theory«. In: *Journal of Personality and Social Psychology* 90.5 (2006), 751–783.

Pohl, Thomas/Giesel, Flemming: »Suburbia als »räumliche Falle«? – Folgen der demographischen und sozialräumlichen Entwicklung von Großstädten am Beispiel Hamburgs«. In: *Berichte zur Deutschen Landeskunde* 84.4 (2010), 329–348.

Porter, Michael E.: »Clusters and Competition: New Agendas for Companies, Governments, and Institutions«. In: Porter, Michael (Hg.): *On Competition*. Boston 1998, 197–287.

Praxis Geographie 12 (2008). Themenheft: *(Un-) Sichere Stadt*. Raumforschung und Raumordnung 2 (2008).

Sassen, Saskia: *The mobility of Labor and Capital. A Study in International Investment and Capital Flow*. Cambridge 1988.

Sassen, Saskia: *The Global City: New York, London, Tokyo*. Princeton 1991.

Schamp, Eike W.: »Das Finanzzentrum – ein Cluster? Ein multiskalarer Ansatz und seine Evidenz am Beispiel von Frankfurt/RheinMain«. In: *Zeitschrift für Wirtschaftsgeographie* 53.1–2 (2009), 89–105.

Schipper, Sebastian: »Krise und Hegemonie. Zur gegenwärtigen Kontinuität neoliberaler Rationalität am Beispiel der ›unternehmerischen Stadt‹ in Frankfurt am Main«. In: *Geographische Zeitschrift* 98.1 (2010), 22–41.

Schmid, Christian: *Stadt, Raum und Gesellschaft. Henri Lefebvre und die Theorie der Produktion des Raumes*. In: *Sozialgeographische Bibliothek*. Bd. 1. Stuttgart 2005.

Sennett, Richard: *Respect in a World of Inequality*. New York 2003.

Smith, David A.: »Overurbanization Reconceptualized: a Political Economy of the World-System Approach«. In: *Urban Affairs Quarterly* 23.2 (1987), 270–94.

Soja, Edward W.: *Postmodern Geographies: The Reassertion of Space in Critical Social Theory*. London 1989.

Soja, Edward W.: *Postmetropolis. Critical Studies of Cities and Regions*. Oxford 2000.

Steinbrink, Malte/Haferburg, Christoph u. a.: »Festivalisation and Urban Renewal in the Global South: Socio-Spatial Consequences of the 2010 FIFA World Cup«. In: *South African Geographical Journal* 93.1 (2011), 15–21.

Taylor, Peter J.: *World City Network: a Global Urban Analysis*. London 2004.

Taylor, Peter J./Derudder, Ben (Hg.): *Global Urban Analysis: A Survey of Cities in Globalization*. London 2010.

Weichhart, Peter: »›Raum‹ versus ›Räumlichkeit‹ – ein Plädoyer für eine transaktionistische Weltsicht der Sozialgeographie«. In: Heinz, Günter/Helbrecht, Ilse (Hg.): *Sozialgeographie und Soziologie. Dialog der Disziplinen. Münchner Geographische Hefte* 78 (1998), 75–88.

Welz, Juliane: *Ambivalente Segregationsmuster unter Betrachtung räumlicher und zeitlicher Dimensionen sozialer Integration, untersucht am Beispiel Santiago de Chile*. Dissertation, Universität Hamburg 2012.

Werlen, Benno: *Sozialgeographie*. Bern 2000.

World Bank: *World Development Indicators and Global Development Finance*, (2011) = www.worldbank.org (31.10.2001)

Zehner, Klaus: *Stadtgeographie*. Gotha 2001.

Zehner, Klaus: »Die Sozialraumanalyse in der Krise? Denkanstöße für eine Modernisierung der Sozialgeographischen Stadtforschung«. In: *Erdkunde* 58.1 (2004a), 53–61.

Zehner, Klaus: »Sozialräumliche Segregation in London. Ein methodischer Ansatz zur Messung sozialer Disparitäten in einer Global City«. In: *Raumforschung und Raumordnung* 62.4/5 (2004b), 301–308.

Zeitschrift für Wirtschaftsgeographie 3 (2009). Themenheft: *Immobilienwirtschaftliche Forschung in der Geographie*.

3. Stadtsoziologie

Christine Hannemann

Städte – ob als Landstadt, Großstadt, Megacity, Provinzstadt oder Weltstadt – sind eine der faszinierendsten Kulturschöpfungen der Menschheit. Als Produkt ihrer sozialen Praxis stehen diese, seit ihrer Entstehung vor ca. zehntausend Jahren, in einem Wechselverhältnis von Individuum und Gesellschaft – eine Perspektive, die explizit von der Gesellschaftslehre »Soziologie« thematisiert wird und damit unmittelbar mit einer ihrer speziellen Soziologien, der Stadtsoziologie, verbunden ist. Soziologie (von lat. *socius*, Gefährte), widmet sich der empirischen und theoretischen Erforschung des sozialen Verhaltens, also der Untersuchung von Voraussetzungen, Abläufen und Folgen des Zusammenlebens von Menschen. Historisch ist sie aus dem Zeitalter der Aufklärung hervorgegangen. Damit steht die systematisch-kritische Betrachtung, Deutung und Bewertung des Sozialen bzw. Gesellschaftlichen im Vordergrund. Da Städte immer gesellschaftlich verfasst sind, wird die Stadt soziologisch als Struktur und Prozess gesellschaftlicher Teilsysteme oder institutioneller Bereiche, also als spezielle Soziologie, eingeordnet. Nicht das Städtische oder die Besonderheit des Städtischen definiert damit den Gegenstand der Stadtsoziologie, was im Übrigen auch nicht leistbar wäre, sondern die sich aus dieser disziplinären Einbindung ergebenden Perspektiven und Thematisierungen. »Es ist also die jeweilige Disziplin, die den Gegenstand konstituiert, nicht ein dem Gegenstand immanentes oder offensichtliches Merkmal« (Friedrichs 2011, 34).

Gleichwohl verzeichnet die Geschichte der Stadtsoziologie eine Vielzahl an Vorschlägen, »Stadt« soziologisch abzugrenzen. Eine der wirkungsmächtigsten Bestimmungsversuche ist immer noch die des Chicagoer Stadtsoziologen Louis Wirth: »For sociological purposes a city may be defined as a relatively large, dense and permanent settlement of socially heterogeneous individuals. On the basis of the postulates which this minimal definition suggests, a theory of urbanism may be formulated in the light of existing knowledge concerning social groups« (1996/1938, 190). Seine »Definition« rief eine Vielzahl an Kritiken hervor und gleichzeitig vielfältige weitere Definitionsversuche, die bis heute anhalten. Dessen ungeachtet hat sich bis heute keine übergreifende Sichtweise durchgesetzt. »Städte sind ›in‹ – nicht nur die neue ›Lust auf Stadt‹, […], bezeugt heute die selbstverständliche, wenn nicht gar zunehmende Bedeutung des Städtischen im Lebensalltag. Gleichzeitig – und diese Feststellung scheinbar konterkarierend – wird im Wissenschaftsdiskurs heute aber auch die Frage immer lauter, ob sich die Stadt bzw. das Städtische überhaupt noch bestimmen lassen« (Keller/Ruhne 2011, 7).

Nichtsdestotrotz ist die Stadtsoziologie ein genuiner Bestandteil der Stadtforschung, und dieser Aspekt steht hier im Vordergrund: Im ersten Teil wird ein Überblick über die Entstehung und ausgewählte Aspekte der Entwicklung der Stadtsoziologie präsentiert. Der Schwerpunkt liegt dabei auf Deutschland. Darauf aufbauend werden im zweiten Teil aktuelle Diskussionsstränge und Forschungsfelder dargestellt und erläutert. Der dritte und letzte Teil diskutiert den Stellenwert der Stadtsoziologie erstens im Kontext der Stadtforschung und zweitens im Feld der soziologischen Forschung.

1. Entstehung und Entwicklung der Stadtsoziologie

1.1 Anfänge der Stadtsoziologie

Alle Gründungsväter der Soziologie haben sich in unterschiedlicher Weise mit dem Phänomen Stadt bzw. bestimmter Elemente von Stadt auseinandergesetzt. Ausgangspunkt dieser Überlegungen war die Frage nach den Entstehungsgründen, Problemen und Perspektiven der modernen, bürgerlich-kapitalistischen Gesellschaft, dies auch vor dem Hintergrund der im 19. Jahrhundert mit Industrialisierung und Urbanisierung entstehenden sozialen Frage – der Wohnungsfrage als sozialem Problem. Eine Reihe von namhaften Sozialpolitikern unterschiedlicher politischer und religiöser Ausrichtung thematisierte das Wohnungselend in den entstehenden Industriestädten: Von dem christlich-konservativen Victor Aimé Huber bis zum Mitbegründer des wissenschaftlichen Sozialismus, Friedrich Engels, von dem Berliner Statistiker Ernst Bruch bis zu den sogenannten Kathedersozialisten des Vereins für Socialpolitik wurden verschiedenste Studien und Untersuchungen vorgelegt, die die Wohnungsnot der ärmeren Klassen anprangerten (vgl. Engels 1886; Huber 1857; Bruch 1870; Verein für Socialpolitik 1887, Zimmermann 1991).

Die erste theoretische Beschäftigung der Soziologie mit der Stadt ist in Deutschland für den Beginn des 20. Jahrhunderts nachgewiesen. 1907 erschien die Untersuchung von Werner Sombart über den *Begriff der Stadt und das Wesen der Städtebildung*. Grundlegender für die Entwicklung der Stadtsoziologie ist jedoch die bis heute hinsichtlich ihrer Fundierungsfunktion umstritten diskutierte Abhandlung Max Webers *Die Stadt*, die 1921 postum, von seiner Frau Marianne Weber so betitelt, publiziert wurde. In beiden Fällen handelt es sich, der Herkunft der Verfasser aus der historischen Schule der Nationalökonomie entsprechend, um historisch-soziologische Analysen. Die industrielle Großstadt, als infolge von Industrialisierung und Urbanisierung neu entstehender Stadttyp, wird als Erstes durch den Berliner Sozialphilosophen Georg Simmel behandelt: Er zielte 1903 mit seinem berühmten Vortrag *Die Großstädte und das Geistesleben* zwar nicht auf soziale und wohnungspolitische Probleme jedoch grundlegend auf die Veränderung von spezifischen Verhaltensweisen aufgrund der »Steigerung des Nervenlebens« ab.

Diese Texte begründen bis heute die Stadtsoziologie als Gesellschaftstheorie, eine Perspektive, die von Thomas Krämer-Badoni unter dem Titel *Die Stadt als sozialwissenschaftlicher Gegenstand* (1991) ausführlich erläutert wurde. Er zeigt, dass für wichtige Klassiker – Marx, Engels, Weber, Simmel – die Stadt als neue Form der kapitalistischen Gesellschaft in Europa und in den Vereinigten Staaten relevant war. »Weber analysierte die okzidentale Stadt im Hinblick auf die Entfaltung spezifischer Entstehungsbedingungen des Kapitalismus als der universellen Gesellschaftsformation. Bei Marx und Engels spielte

die Stadt eine wichtige Rolle als Vorbedingung für die Transformation des Kapitalismus in eine kommunistische Gesellschaft. Für Simmel, der unter dem Eindruck der ungeheuren Urbanisierungswelle stand, war die Stadt Ort der Bildung des modernen kapitalistischen Sozialcharakters in einer Gesellschaft, die noch keineswegs ›flächendeckend‹ kapitalistisch vergesellschaftet war« (Krämer-Badoni 1991, 26 f.).

1.2 Chicagoer Schule

Als explizite soziologische Forschung auf empirischer Basis und eine der ältesten Teildisziplinen der Soziologie beruht die Stadtsoziologie auf der berühmten Chicagoer Schule. Sie geht auf Albion Small und dessen Lehrstuhl in Chicago 1892 zurück und bekam zunächst bedeutende Impulse aus der Humanökologie, insbesondere in den 1920er Jahren durch Robert E. Park, Ernest W. Burgess und Roderick D. McKenzie (vgl. Park u. a. 1925). Die soziologischen Arbeiten des Chicago Department of Sociology im frühen 20. Jahrhundert gelten als die Initialzündung der soziologischen Stadtforschung. »Über die Hoch-Zeit der Chicago School herrscht seltene Einmütigkeit. Deren große Zeit wird von mehr oder weniger allen Chronisten mit der Präsenz ihres Prinzipals, Robert Ezra Park (1864–1944), gleichgesetzt, also auf die Jahre 1915 bis 1932 gelegt« (Lindner 2004, 113). Die Chicago School hat ihren renommierten Namen auch nach dieser Zeit in der (amerikanischen) Soziologie bewahrt und ihr soziologisches Erbe über eine zweite bzw. sogar dritte Generation erhalten und ausbauen können.

Obwohl Park oft als die entscheidende Figur für die Herausbildung der Chicago School dargestellt wird, wurde das Department of Sociology von einer Reihe weiterer bedeutender Wissenschaftler maßgeblich geprägt. Vor allem Burgess spielte sowohl in der forschungstheoretischen Ausrichtung als auch in der Ausbildung angehender Soziologen eine ebenso zentrale Rolle. Beide, Park und Burgess, sowie sämtliche andere Vertreter der Chicago School wurden dabei maßgeblich von den amerikanischen Pragmatisten George Herbert Mead und John Dewey beeinflusst, die am Department of Philosophy lehrten. Darüber hinaus waren mehr als ein Drittel aller Professoren, die sich bis 1900 in den USA mit Soziologie beschäftigten, Theologen (vgl. Lindner 1990, 240). »Die Soziologie orientierte sich als praktische Wissenschaft an den sozialen Problemen der Zeit und unterstützte die Bemühungen der Sozialreformer. Zeitgenössisch wurden sie *Big-C-Soziologie* genannt, weil sie sich vorwiegend mit *charity, crime, and correction* (Hervorh. i. Orig.) beschäftigte. Auch in der soziologischen Abteilung der Universität von Chicago war diese Orientierung vorherrschend« (Häußermann/Siebel 2004, 49).

Park war es, der mit Beginn seiner Tätigkeit am Department of Sociology im Jahr 1914 entgegen den damals vorherrschenden historisch-theoretischen sowie sozialreformerischen Ausrichtungen in der amerikanischen Soziologie eine methodische Trendwende einleitete und von seinen Studierenden das unvoreingenommene Beobachten sozialer Realität einforderte: »In seiner Lehre ging es Park vorrangig darum, den Studenten die Kunst des ›Sehens‹ – ›the art of looking‹ – zu vermitteln, was zuallererst hieß, die Scheuklappen loszuwerden, mit denen sie durchs Leben gingen« (Lindner 2004, 117). Nach Park sollten die Studierenden dazu die Bibliotheken verlassen und sich bedingungslos der ›first hand observation‹ an allen Orten der Stadt Chicago widmen: »Go and sit in the lounges of the luxury hotels and on the doorsteps of the flophouses; sit on the Gold Coast settees and on the slum shakedowns; sit in the Orchestra Hall and in the Star and Garter Burlesk. In short, gentlemen, go get the seat of your pants dirty in real research« (Park [1920], zit. nach McKinney 1966, 71). Die Beobachtung sozialer Gegebenheiten in situ – die teilnehmende Beobachtung – sollte schließlich die zentrale Methode des Chicagoer Ansatzes werden und damit die wesentliche Grundlage zur Entwicklung der urbanen Ethnografie in der Chicagoer Stadtforschung darstellen.

Aus methodischer Perspektive ist vor allem die in der Soziologie sonst eher unübliche Verbindung von quantitativer und qualitativer Sozialforschung in der Stadtsoziologie hervorzuheben. Neben den in der Soziologie dominanten quantitativen Erhebungsverfahren spielen in vielen stadtsoziologischen Forschungsfeldern gerade auch qualitative Forschungsmethoden eine wesentliche Rolle. Für die Stadtsoziologie ist der für die deutsche Soziologie so charakteristische »Methodenstreit« (vgl. z. B. Lamneck 2005, 5) nicht disziplinbildend. Dies gehört zum positiven Erbe der Chicagoer Schule, die ihr methodisches Instrumentarium vor allem mit der ethnografischen Feldforschung entwickelt hat.

1.3 Stadtsoziologie nach 1945

Eine für Deutschland theoretisch wie auch empirisch relevante soziologische Stadtforschung lässt sich erst nach den 1950er Jahren konstatieren. In dieser Zeit etablierte sich die sogenannte Stadt- und Regionalsoziologie, unter deren Schirm eine Vielzahl von nachbarschafts- und wohnsoziologischen Forschungen und vor allem Expertenwissen, insbesondere Verwaltungswissen für die expandierende Stadtentwicklung in beiden deutschen Staaten, realisiert worden sind. Aufbauend auf einer ausführlichen Literaturdarstellung gibt Ulfert Herlyn in seinem Aufsatz »Stadtsoziologische Literatur der letzten 50 Jahre« eine komplexe Übersicht (1998). Seine Darstellung bietet gleichzeitig eine nach Entwicklungsjahrzehnten geordnete Zusammenschau. Die 1950er Jahre bezeichnet er als »Gründungsjahrzehnt« (ebd., 211). Es werden vorwiegend gemeindesoziologische Untersuchungen referiert, da es darum gegangen sei, das städtische Leben in seiner gesellschaftlichen Totalität zu untersuchen. Ein besonderer Stellenwert kommt dabei der Studie »Daseinsformen der Großstadt« (Mackensen u. a. 1959) zu. Herlyn kennzeichnet diese Untersuchung als exemplarisch für das »kaum zu entwirrende Interesse« (1998, 212), durch die Untersuchung lokaler Lebenszusammenhänge gesellschaftlich übergreifende Aussagen zu gewinnen: »Wir fassen die industrielle Gesellschaft daher an einer entscheidenden Stelle, wenn wir sie in der industriellen Großstadt zu erkennen suchen« (Mackensen u. a. 1959, 8). Diese stadtsoziologische Perspektive ist in den nachfolgenden Jahrzehnten, beginnend mit Max Horkheimer und Theodor W. Adorno (1956), ausführlich kritisiert worden und spielt heute keine Rolle mehr. Gleichwohl hat diese Gemeindesoziologie im Gründungsjahrzehnt durch die »breit angelegte empirische Forschung Einblicke in das städtische Leben vermittelt und damit einen tragfähigen Boden für die steile Karriere der Stadt- und Regionalsoziologie in den 60er und 70er Jahren geschaffen« (Herlyn 1998, 213).

Das nächste Jahrzehnt, also die 1960er Jahre, wird als »Ausbaujahrzehnt« gekennzeichnet. Das Wirtschaftswunder dieser Jahre war geprägt durch einen ökonomischen Wachstumsfetischismus und ubiquitäre Leistungsideologie. Damit verknüpft war eine rasante Nachkriegsverstädterung der Bundesrepublik, die sich vor allem in einer exorbitanten Suburbanisierung niederschlug. Jetzt haben die stadtsoziologischen Arbeiten einen deutlichen Schwerpunkt im

Wohnungs- und Städtebau. Im Mittelpunkt des wissenschaftlichen Interesses stand vor allem die Frage, »wie denn die Großstadt den wachsenden Anforderungen der Planungspraxis gerecht werden könne« (ebd., 214). Ein Meilenstein in dieser Schwerpunktverlagerung war und ist die 1961 von Hans Paul Bahrdt publizierte Schrift *Die moderne Großstadt*; mit dem konzeptionellen Untertitel *Soziologische Überlegungen zum Städtebau* (Bahrdt 1961). Bahrdt entwickelt hier, ausgehend von Max Weber, eine eigenständige Theorie der Stadt: In deren Mittelpunkt steht die großstadttypische Polarisierung des alltäglichen Lebens in eine öffentliche und eine private Sphäre. »Je stärker Polarität und Wechselbeziehungen zwischen öffentlicher und privater Sphäre sich ausprägen, desto ›städtischer‹ ist, soziologisch gesehen, das Leben einer Ansiedlung. Je weniger dies der Fall ist, desto geringer ist der Stadtcharakter einer Ansiedlung ausgebildet« (ebd., 83 f.). Auch wenn diese Polarisierungsthese durch den stadtsoziologischen Diskurs weitgehend als theoretisch und empirisch unhaltbar bewertet wird, hat dieses Konzept für Architektur und Stadtplanung eine ungebrochene Attraktivität, lässt sich dieses Gedankenmodell doch äußerst einfach auf baulich-räumliche Gegebenheiten adaptieren. Insgesamt kennzeichnet dieses Jahrzehnt jedoch, so Hartmut Häußermann und Walter Siebel, eine höchst disparate Ausformung: »Theoretische Arbeiten, kulturkritische Essays und Pamphlete, davon eine wachsende Anzahl harter Auftragsforschung zu den verschiedensten Gegenständen: Folgeprobleme der Sanierung, soziale Bedeutung städtebaulicher und architektonischer Formen, Leben in Stadtrandsiedlungen, Segregation, Versorgung mit Infrastruktur und Nutzerverhalten, ortsgebundene Sozialbeziehungen, Wohnbedürfnisse, Zusammenhänge zwischen gebauter Umwelt und sozialem Verhalten« (1978, 484). Die Nachfrage der planerischen Praxis nach verwaltungsrelevantem Wissen und die damit verbundene Abkehr der Stadtsoziologie von einer kritischen Gesellschaftsanalyse fasste Schäfers (1970) kritisch unter dem treffendem Titel *Soziologie als missdeutete Stadtplanungswissenschaft* zusammen.

Die 1970er Jahre bilden das bisher wichtigste Jahrzehnt für die deutsche Stadtsoziologie. Es ist das Jahrzehnt der »Politisierung und Konsolidierung« (Herlyn 1998, 216). Herlyn verdeutlicht dies an einer Vielzahl von Publikationen und Untersuchungen. Zusammenfassend setzt er die Schwerpunkte für dieses Jahrzehnt auf (1) eine deutliche Ausweitung

und Vertiefung der theoretischen Fundierung; (2) die Zunahme des empirischen Wissens über die Vorgänge der Stadtentwicklung und ihrer Planung und (3) die Professionalisierung der Ausbildung in Stadtsoziologie an vielen deutschen Universitäten (vgl. ebd., 116 f.). Insbesondere der Begriff der »Konsolidierung« kennzeichnet den für die Entwicklung der Stadtsoziologie in Deutschland so entscheidenden institutionellen Ausbau der Stadt- und Regionalsoziologie in Lehre, Forschung und Durchdringung von vielfältigen Praxisfeldern in Architektur und Stadtplanung. Vor allem die Expansion der stadtsoziologischen Forschungen in den 1960er und 1970er Jahren führte 1971 zur Gründung einer eigenständigen Sektion in der Deutschen Gesellschaft für Stadtsoziologie, der bis heute bestehenden »Sektion Stadt- und Regionalsoziologie« (Schäfers 1976). Sie ist eine der mitgliederstärksten Sektionen in der Deutschen Gesellschaft für Soziologie (DGS). Ihre Mitglieder sind sowohl in der universitären Forschung und Lehre als auch in der Planungspraxis tätig.

Diese Entwicklung der »Soziologie der Stadt zur Soziologie des Städtebaus« (Korte 1972, 23 ff.) führte folgerichtig zu kritischen Selbsteinschätzungen: Der Herausgeber des Sonderheftes »Soziologische Stadtforschung«, der wichtigsten deutschen Soziologiezeitschrift, der *Kölner Zeitschrift für Soziologie und Sozialpsychologie*, Jürgen Friedrichs, diagnostizierte 1988 »Anzeichen einer Krise«, dies wegen der »geringen Verbindung zu den Theorien der Allgemeinen Soziologie« und wegen des zunehmenden Bedeutungsverlustes dieser »traditionsreichen Teildisziplin der Soziologie« (1988, 8). Als »Stadtsoziologie in der Krise« werden von Herlyn, diesen Diskurs aufnehmend, die 1980er Jahre gekennzeichnet. Auch wenn diese Einschätzung der Stagnation Befürworter und Gegner findet, entwickelt sich die stadtsoziologische Forschung ungebrochen und erschließt neue Themenfelder.

Mit den in den 1980er Jahren veränderten Lebensverhältnissen in Städten und Regionen Deutschlands werden nun regionale Disparitäten (Friedrichs u. a. 1986) und die Reurbanisierung der Stadt durch *Neue Urbanität* (Häußermann/Siebel 1987) sowie *Gentrification* (Dangschat 1988; Dangschat/Friedrich 1988) thematisiert. Da Großsiedlungen der 1960er und 1970er Jahre in dieser Zeit zunehmend als soziale Brennpunkte identifiziert werden, entwickeln sich Untersuchungen zur Reform dieses Siedlungstyps zu einem prominenten For-

schungsfeld der Stadtsoziologie (vgl. z. B. Hannemann 1998; Jessen 1998). Gleichzeitig fällt in dieses
Jahrzehnt auch der Beginn der besonderen Thematisierung von Frauen in Architektur und Stadtplanung, die in den 1990er Jahren einen publizistischen
Höhepunkt erreichte (vgl. z. B. Lischek 1981; Dörhöfer 1990; Dörhöfer/Terlinden 1987; Rodenstein 1994
und 1998). »Feministische Stadtkritik reflektierte
die Erkenntnis, dass unsere Städte alles andere als
geschlechtsneutral konstruiert sind. Annahmen
über die Geschlechter und deren Rollen gingen und
gehen in ihre Gestaltung ein, werden buchstäblich
versteinert oder betoniert und mach[t]en sich wiederum als Voraussetzungen geltend, unter denen
Geschlechterbeziehungen ausgehandelt werden«
(Frank 2004, 212).

Die 1990er Jahre, von Herlyn als »Neue Herausforderungen für die Stadtsoziologie« (1998, 225)
betitelt, sind das Jahrzehnt, das eine einschneidende
Zäsur für die Entwicklung dieser speziellen Soziologie bedeutet: Zum einen wegen der innerdeutschen
Entwicklung, dem Fall der Mauer und dem Beitritt
der DDR zur BRD. Zum anderen prägten gleichzeitig die lokalen und regionalen Auswirkungen von
Internationalisierung, Europäisierung und Globalisierung von nun an das Blickfeld der stadtsoziologischen Forschung. Zunächst jedoch, Anfang der
1990er Jahre, ruft die Wiedervereinigung eine große
Anzahl an Untersuchungen hervor, die hauptsächlich von westdeutschen StadtsoziologInnen in Ostdeutschland realisiert wurden. Das unbekannte Land
DDR wurde mit einer Vielzahl von Ortserkundungs-
studien durchforscht (z. B. Silbermann 1993; Her-
lyn/Bertels 1994; Häußermann/Neef 1996; Schäfer
1997; Harth u. a. 1998).

Diese gravierenden Veränderungen der Grundlagen soziologischer Stadtforschung führen aktuell zu
einer enormen Reichhaltigkeit, die die soziologische
Erforschung der Stadt mit sich bringt. Heute hat sich
in der Stadtsoziologie eine Fülle von Forschungsfeldern aufgetan, die auf der Grundlage unterschiedlichster theoretischer und methodischer Ansätze die
Stadt zu beschreiben und erklären suchen. Ein theoretischer oder methodischer Schwerpunkt, wie er
oft in anderen soziologischen Subdisziplinen vor-
herrscht, ist in der Stadtsoziologie nicht zu verorten.
Die inhaltlichen Schwerpunkte von Stadtsoziologie
sind, so die Herausgeber einer aktuellen Zusammen-
stellung zum »state of the art« der Sektion Stadt- und
Regionalsoziologie, mehr denn je in ihrer jeweiligen
Bestimmung »von gesellschaftlichen Themenstel-

lungen und Problemlagen sowie unterschiedlichen
stadtsoziologischen Perspektiven abhängig« (Keller/
Ruhne 2011, 10). Auch lässt sich zeitlich gesehen die
strukturierende Phasierung nach Jahrzehnten nicht
sinnvoll weiterführen. Im nächsten Abschnitt werden deshalb ausgewählte aktuelle Themenfelder der
Stadtsoziologie aus deutscher sowie internationaler
Perspektive behandelt. Bei der Auswahl der verschiedenen Themenfelder kann keine Vollständig-
keit gewährleistet werden, sondern es geht um Themen, die in verschiedenen zusammenfassenden
Darstellungen als zentrale Inhalte behandelt werden. Zur Identifikation wurden Lehrbücher und
andere zusammenfassende Darstellungen wie das
Handbuch Stadtsoziologie (Eckardt 2012) verwendet.

2. Aktuelle Themenfelder

2.1 Segregation

Die soziale Segregation von Bevölkerungsgruppen
ist ein wesentliches Strukturmerkmal moderner Gesellschaften, deren Untersuchung bereits so alt ist
wie die Soziologie selbst. Es handelt sich bei diesem
Themenfeld um ein wichtiges theoretisches und
methodisches Erbe der Chicagoer Schule, und die
Segregationsforschung ist nach Friedrichs »der zentrale Bereich der Stadtanalyse« (1983, 216). Mit dem
Terminus »Segregation« wird beschrieben, ob und
wie verschiedene soziale Gruppen Teilgebiete einer
Stadt vorrangig bewohnen. Diese residenzielle Segregation bezeichnet also die räumliche Trennung
von Bevölkerungsgruppen und/oder die ungleiche
Verteilung von Bevölkerungsgruppen. Friedrichs
hat mit seinem Buch *Stadtanalyse* (1983) die Ideen
und Forschungen der Chicagoer Schule für die deutsche Stadtforschung zugänglich gemacht. Die Segregation von Bevölkerungsgruppen ist eine Form der
sozialräumlichen Organisation der Gesellschaft:
Jede Gesellschaft hat Einfluss auf die Art und das
Ausmaß der Segregation und wählt zudem jeweils
die Weise der Segregation, die ihrer sozialen Organisation entspricht. Häußermann und Siebel haben
diese Perspektive um eine wesentliche soziale Dimension erweitert, indem ihre Konzeption explizit
von der Bewertung determiniert wird, ob die Segregation freiwillig oder erzwungen entstanden ist. Entscheidend ist, welche Folgen und Risiken aus verschiedenen Perspektiven von sozialräumlicher Se-

gregation ausgehen. Segregation wird erst dann zu einem Problem, wenn diese nicht freiwillig erfolgt bzw. wenn nicht alle Bevölkerungsgruppen die gleichen Entscheidungsmöglichkeiten haben, sich ihren Wohnstandort nach Lebensstil oder anderen persönlichen Vorlieben auszusuchen. Empirisch kann belegt werden, dass sozialräumliche Segregation vorwiegend die Folge von selektiven Mobilitätsprozessen sind, d. h. Umzüge, die von einkommensstärkeren Schichten entsprechend ihrer besseren Chancen auf dem Wohnungsmarkt vorgenommen werden. Somit kann vereinfacht gesagt werden, dass sich Reiche bzw. höhere Statusgruppen selbst segregieren und Arme oder untere Bevölkerungsschichten unfreiwillig segregiert werden (vgl. Häußermann/Siebel 2004, 139 ff.).

Segregation wird dann problematisch, wenn die Bewohner entmischter Gebiete bzw. Quartiere ein »abweichendes Verhalten« an den Tag legen, oder dies ihnen zumindest unterstellt und somit von der übrigen Gesellschaft nicht akzeptiert wird. Aufgrund bestimmter vorherrschender Überzeugungen und dominanter Verhaltensweisen kann in einem Quartier eine »abweichende Kultur« entstehen, die auch diejenigen prägt, die ihr bisher nicht angehörten. Soziales Lernen führt dabei zu Verhaltens- und Denkweisen fernab von denen der Mainstream-Gesellschaft. Ein dadurch erlittener Nachteil ist v. a. die entstehende Chancenlosigkeit auf dem Arbeitsmarkt. Des Weiteren bilden physisch-materielle Merkmale eines sozialräumlich segregierten Quartiers erhebliche Auswirkungen auf die Bewohner. Beispiele hierfür sind starke Umweltbelastungen, die schlechte Erreichbarkeit von sozialen Einrichtungen sowie die meist unzureichende institutionelle Ausstattung mit privaten und öffentlichen Dienstleistungen, welche in ihrer Gesamtheit die Lebensführung erschweren und die Handlungsmöglichkeiten der Bewohner erheblich einschränken. Ein weiterer benachteiligender Effekt ist das negative Image eines Quartiers, welches aufgrund eigener Erfahrungen wahrgenommen oder dem Quartier von außen zugesprochen wird. Nach innen entfaltet das negative Image Effekte in Form von eingeschränkten Handlungsmöglichkeiten beispielsweise bei der Arbeitssuche, wenn Arbeitssuchende aufgrund ihrer Herkunftsadresse abgewiesen werden. Die benachteiligenden Wirkungen eines segregierten Quartiers, das von den Benachteiligten gebildet wird, liegt v. a. in den Sozialisationseffekten sowie in den Beschränkungen sozialer Interaktion, d. h. in der Einschrän-

kung der sozialen Erfahrung und in der Restriktion von Austauschprozessen (vgl. ebd., 162 ff.).

Ein weiterer Effekt ist, dass sich in den entmischten Quartieren eigene Milieus, beispielsweise das »Milieu der Armut«, mit sich verstärkenden Normen und Verhaltensweisen innerhalb der segregierten Gruppen ausbilden können, die von der »Außenwelt« keinesfalls akzeptiert werden. Sozialräumlich segregierte Quartiere mit einer stark ausgeprägten Eigenkultur werden häufig als »feindselige Abschließung« gegenüber der Mehrheitskultur sowie als Verfestigung von kulturellen Differenzen angesehen. Segregierte Quartiere, in denen hauptsächlich Bevölkerungsgruppen leben, die sich sehr weit unten in der sozialstrukturellen Skala befinden, werden beispielsweise als »ethnische Kolonien« bezeichnet.

Die Binnenperspektive kann im Gegensatz zur Außenperspektive sinnvolle und produktive Funktionen der segregierten Quartiere aufweisen. Die soziale Homogenität ist demnach eine Voraussetzung für lebendige und intensive Nachbarschaften, die sich empirischen Untersuchungen zufolge nicht lediglich aus räumlicher Nähe ergeben, sondern vielmehr durch soziale Homogenität sowie Übereinstimmung in kulturellen Fragen entstehen können. Weiterhin kommt es in sozial segregierten und soziokulturell homogenen Quartieren eher zu sozialer Stabilität bzw. sozialer Anerkennung von Mitgliedern von Minderheiten, als dies in sozial gemischten Gebieten der Fall ist. Ein weiterer positiver Effekt der sozialräumlichen Segregation ist, insbesondere bei ethnischen Minderheiten, die mögliche Herausbildung einer ethnischen Ökonomie, die auf den eigenen sozialen Netzen basiert und auf eigene Bedürfnisse bezogen ist. Diese »ethnischen Kolonien« können für die Zuwanderer eine Art Schutzraum bzw. Übergangsort darstellen und trotz ihrer behütenden Funktion auch als Brücken für eine Integration in andere Gebiete wirken (vgl. ebd., 173 ff.). Die Debatte um benachteiligende und bestärkende Effekte von sozialer Segregation betrifft aktuell vor allem den Spezialfall sozialer Segregation von ethnischen Gruppen hinsichtlich ihres Wohnortes. Die ethnische Segregation wird theoretisch von sozialer Segregation unterschieden, da sie durch besondere kulturelle Differenzen charakterisiert ist (vgl. Wehrheim 2011, 600).

Insbesondere bezogen auf die Verhältnisse in Deutschland ist die Betonung der möglichen positiven Funktionalität von Segregation nicht unwidersprochen. Wilhelm Heitmeyer etwa akzentuierte deren negative Auswirkungen (neue Abhängigkeiten, nachlassende Sprachkompetenz, Zementierung von Benachteiligungen etc.) und warnte davor, die »kulturelle Differenz« zu feiern und sich mit Ungleichheit abzufinden (1998, 464 f.). Auch Tilman Harlander und Gerd Kuhn unterstrichen jüngst in einer breit angelegten Analyse nationaler und internationaler Mischungspolitiken, dass – anders als etwa in den »klassischen« ethnischen Inseln der europäischen Einwanderer in den USA – Problemquartiere in Deutschland zumeist multiethnische Quartiere sind, in denen sich in der Regel ethnische und soziale Probleme überlagern und insofern gerade in diesen Fällen von »freiwilliger Segregation« schwerlich die Rede sein kann. Insofern sei – und hier befinden sich diese Autoren in Übereinstimmung mit der Mehrheit der Kommunalpolitiker und der Wohnungsunternehmen – die Entwicklung von Strategien gegen die Zuspitzung von Segregationsphänomenen und das weitere »Auseinanderdriften der Stadtgesellschaften« in der Praxis ohne Alternative (vgl. Harlander/Kuhn 2012).

Die äußerst widersprüchlichen Beurteilungen der sozialräumlich segregierten Quartiere aus den verschiedenen Perspektiven zeigen, wie unterschiedlich diese wahrgenommen werden können. Ferner sind die Bewertungen von zwei weiteren wichtigen Faktoren abhängig: zum einen von der Dauer der Existenz einer solchen Subkultur und zum anderen davon, ob die Segregation auf freiwilliger oder unfreiwilliger Basis entstanden ist. Beide Beurteilungsperspektiven machen deutlich, dass neben den meist negativen Effekten eines segregierten Quartiers durchaus andere Sichtweisen möglich sind, aus denen heraus die Effekte auch unterschiedlich bewertet werden – von benachteiligender Wirkung aus der Außenperspektive bis hin zu »emanzipierenden und beschützenden« Wirkungen aus der Binnenperspektive. Nichtsdestotrotz setzt sich soziale Ungleichheit, wenn es keine sozialstaatliche Intervention gibt, in sozialräumliche Segregation um. Diese führt weiterhin zu sich selbst verstärkenden Prozessen sozialer Selektion, an deren Ende Quartiere stehen, die wiederum von einer kumulativen Abwärtsbewegung betroffen sind (vgl. Abbildung 1).

Segregationsforschung findet ihre empirische Konkretion vor allem als Quartiersforschung. Diese hat in der Stadtsoziologie eine lange Tradition. Wiederum ist der Ausgangspunkt die Chicagoer Schule, in der die Stadt als »Mosaik kleiner Lebenswelten« (Park) in den Blick genommen wird. »In umfassender und die Ansätze der Chicago School heute deutlich erweiternder Weise wird so der Lebensalltag auf der Quartiers- bzw. Gemeinde-Ebene analysiert« (Keller/Ruhne 2011, 16).

2.2 Gentrifizierung

Quasi am anderen Ende der Skala stehen Quartiere, die als sozial und baulich aufgewertet beurteilt werden. Durch die Stadtsoziologie wird die gestiegene Attraktivität innerstädtischer, insbesondere groß-

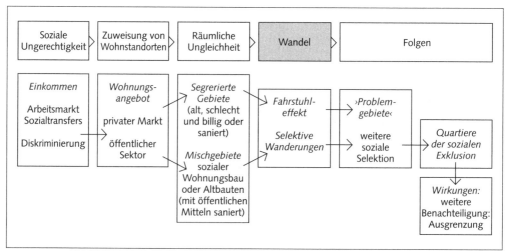

Abb. 1: Wirkungsketten der sozialen Segregation: Herausbildung von ›Quartieren der sozialen Ausgrenzung‹ (aus: Häußermann/Siebel 2004, 161)

städtischer, Wohngebiete für bestimmte Bevölkerungsgruppen zum einen als Phänomen der »Gated Communities« (Blakely/Snyder 1997) und zum anderen als »Gentrification« behandelt (vgl. Alisch 1993; Blasius/Dangschat 1990; Dangschat/Friedrichs 1988; Friedrichs/Kecskes 1996; Häußermann u. a. 2002; Holm 2006; Kecskes 1997).

Während den sogenannten »Gated Communities«, also der privatwirtschaftlich organisierten abgeschotteten Wohnform gehobener Schichten für Deutschland bisher nur eine geringe Bedeutung zukommt (Harlander/Kuhn 2012), steht die Debatte um »Gentrifizierung« aktuell im Fokus der deutschen Stadtsoziologie. Gentrifizierung meint die Verdrängung angestammter Innenstadtbewohner durch neue, höher qualifizierte und besser verdienende Schichten. Mit diesem Begriff, der auf die Gefahr der Entstehung neuer sozialer Ungleichheiten im städtischen Raum verweist, wird aber zugleich eine stigmatisierende Konnotation bewirkt. Infolgedessen diskutierte die Stadtsoziologie die Aufwertung der Innenstädte zumeist mit ideologisch begründeter Distanz. Wertfreie Untersuchungen zu Wohnstandortpräferenzen verschiedener sozialer Schichten und Gruppen wurden nur in Einzelfällen realisiert. Aktuell wird der Begriff der Gentrifizierung oft im Kontext von Mietpreissteigerungen und Privatisierungen von Grundstücken innerhalb deutscher Städte benutzt, zum einen um ihn als politischen Kampfbegriff der linken Szene zu kennzeichnen und zum anderen, um eben die zunehmende Polarisierung in den Städten zu benennen.

Tatsächlich handelt es sich um eine Übernahme eines englischen Begriffs, welcher in den 1960er Jahren von Ruth Glass eingeführt wurde. Mit *gentrification* (von *gentry*, ›niederer Adel‹) beschrieb sie die sozialräumliche Entwicklung in britischen Städten, insbesondere in London, nämlich den zahlenmäßigen Anstieg der vornehmen Bürgerschaft in innerstädtischen Arbeiterquartieren. »Once this process of gentrification starts in a district it goes on rapidly until all or most of the original working class occupiers are displaced and the whole social character of the district is changed« (Glass 1964, 18). In den folgenden Jahren wurde der Begriff ebenso zur Beschreibung und Analyse der Entwicklungsprozesse in nordamerikanischen sowie kanadischen Städten verwendet (vgl. Friedrichs 2000, 59). Erst im Laufe der 1980er Jahre fand er Einzug in die wissenschaftliche stadtsoziologische Forschung in Deutschland. Hier nahm die erste Studie den Gentrifizierungs-

diskurs anhand der Entwicklung in ausgewählten Hamburger Wohngebieten auf, darauf folgten Studien zu den Städten Frankfurt am Main und Berlin. Ausgelöst wurde dieses Interesse durch die politischen Auseinandersetzungen und Aktionen wie Hausbesetzungen als Antwort auf Modelle der Stadtpolitik wie etwa Kahlschlagsanierungen oder kostenintensive Modernisierungen innerhalb der Innenstadtquartiere, welche einen Wegzug der bestehenden Bewohnerschaft verursachten (vgl. Breckner 2010, 28).

Trotz der inzwischen jahrzehntelangen Debatten über die Ursachen, den typischen Verlauf und die Folgen von Gentrifizierungsprozessen ist deren Definition nicht eindeutig. Einigkeit besteht lediglich darüber, dass dieser Prozess einen Anstieg des Anteils an Bewohnern der oberen Mittelschicht in ehemaligen innerstädtischen oder innenstadtnahen Arbeiterquartieren bezeichnet. Entscheidend ist, ob mit diesem städtischen Aufwertungsprozesses ausdrücklich der Prozess der Verdrängung der ursprünglichen Bewohnerschaft durch Haushalte mit besserem ökonomischem Potential diagnostiziert wird. Umstritten ist bis heute, wie diese Verdrängung im Einzelnen vor sich geht, nicht zuletzt aufgrund unterschiedlicher Gegebenheiten in den betroffenen Stadtquartieren. Friedrichs definiert drei verschiedene Arten der Verdrängung: direkte, indirekte und neutrale (vgl. Friedrichs 2000, 63 f.). Die direkte Verdrängung wird klassischerweise durch eine deutliche Mieterhöhung ausgelöst, verursacht beispielsweise durch Sanierungen oder Modernisierungen einer Wohneinheit, eines Wohnhauses oder eines gesamten Gebietes. Eine indirekte Verdrängung geschieht demgegenüber nicht auf der Grundlage ökonomischer Ressourcen, sondern vielmehr durch Veränderung der Bewohner- oder Infrastruktur. Die neuen Verhältnisse innerhalb des Wohngebietes können den Ansprüchen und Bedürfnissen der ursprünglichen alteingesessenen Bewohner nicht mehr genügen, wodurch es zu einem vermehrten Wegzug und somit zu einem immer intensiveren Bevölkerungsaustausch kommt. Die ›neutrale‹ Art der Verdrängung beinhaltet Aspekte, die nicht durch einen Aufwertungsprozess des Quartiers ausgelöst werden, wie etwa Neubesetzung einer Wohnung nach dem Tod des ehemaligen Bewohners etc. Friedrichs betont jedoch, dass die am häufigsten mit Gentrifizierung in Zusammenhang gebrachte Form der Verdrängung die direkte sei. Untersuchungen zeigen, dass am Gentrifizierungsprozess sehr verschiedene Bevölkerungsgruppen beteiligt sind. In der US-amerikanischen Literatur wird unterschieden zwischen »Pionieren« – denjenigen Gruppen, die zuerst in die Viertel eindringen – und den »Gentrifizierern«, denjenigen die dann mittels guter Einkommen die Aufwertung dieser Viertel herbeiführen. Diese Unterscheidung ist für Deutschland so nicht abzuleiten (Alisch/zum Felde 1990); hierzulande verlaufen diese Prozesse eher moderater. Sehr oft gibt es ein Nebeneinander von Gentrifizierern, Pionieren und Alteingesessen von Straße zu Straße, von Haus zu Haus, von Vorder- zu Hintergebäuden und Seitenflügeln. Aus diesem Nebeneinander der Lebensstile kann sich aber, wie z. B. eine Hamburger Untersuchung zeigt, auch ein Gegeneinander ergeben: »Die Konflikte äußern sich im Unbehagen der Alteingesessenen oder bereits in deren sukzessiver Verdrängung« (ebd., 185). Arbeitsmarktbedingte soziale Polarisierungseffekte schlagen sich im »Distinktionskampf« per Lebensstilisierung und damit auch in sozialräumlichen Mustern der Verteilung der städtischen Wohnbevölkerung nieder (vgl. Dangschat 1996, 115).

Letztendlich ermöglicht der städtische Raum mit seinen Aneignungs- und Nutzungsformen die Organisation einer sich polarisierenden Gesellschaft. Raumbezogene Lebensstilisierungen, so warnen die Stadtsoziologen, werden somit schnell zu Hegemonialstrategien der durchsetzungsstärkeren (jüngere, besser ausgebildete deutsche Wohngemeinschaften, Paare oder Single-Haushalte) gegenüber artikulationsschwächeren Gruppen (Ausländer, Alte, Alleinerziehende, schlechter gebildete oder ökonomisch schwächere Haushalte) (vgl. ebd., 125).

Aktuell hat sich die Gentrifizierungsforschung von der Stadtteilanalyse vor allem in Metropolen zu einem generellen stadtsoziologischem Analyseansatz entwickelt. »Gentrification ist überall«, fasst Andrej Holm in seiner Übersicht zum Forschungsstand dieses Phänomen treffend zusammen (Holm 2012, 677). Holm konstatiert, dass Aufwertungsprozesse längst nicht mehr auf einzelne Stadtviertel beschränkt seien, sondern sich von einer Ausnahmesituation zum neuen städtischen Mainstream entwickelt haben. Selbst auf die Stadtteilanalyse in schrumpfenden Städten in Ostdeutschland wird dieser Forschungsansatz angewandt. Dies, obwohl empirische Befunde immer wieder zeigen, dass zwar Tendenzen erkennbar seien, letztlich aber der Begriff nicht plausibel sei, da der Verdrängungsaspekt nicht nachgewiesen werden könne. Holm verweist

in seiner Darstellung der internationalen Gentrifizierungsforschung darauf, dass auf diesen Begriff auch bei der Untersuchung der Wiederinwertsetzung ehemaliger Industrie- und Hafenanlagen zurückgegriffen wird. Hier wird die Verdrängungsdimension von sogenannter »new-build-gentrification« konstatiert, da nachbarschaftliche und gesamtstädtische Folgen in die Aufwertungsanalyse von Großprojekten einbezogen werden. Neuere Studien sprechen von »Super-Gentrification«, da inzwischen erweiterte Aufwertungszyklen in bereits gentrifizierten Nachbarschaften stattfänden (vgl. ebd., 661 ff.).

2.3 Urbanität

Die Diskussion über die sozialräumliche Verteilung der Bevölkerung in Städten führt darüber hinaus zu einem Verständnis, das in gewisser Weise einem Ideal des europäischen Stadtverständnisses entspricht und ein weiteres zentrales Thema des stadtsoziologischen Diskurses ist: Städtische Lebensformen sind von multikultureller Vielfalt, sozialer Heterogenität, ignorierender Toleranz und tolerierender Ignoranz geprägt – eine Qualität der Stadt und des städtischen Verhaltens, die unter dem positiv besetzten Begriff der »Urbanität« diskutiert wird. Den Stadtdiskurs prägen zwei grundsätzliche Bedeutungszuweisungen: Urbanität bezeichnet zum einen eine städtische Lebensform, einen Lebensstil im Unterschied zur Lebensweise auf dem Land. Die Differenz von Stadt und Land wird von der jeweiligen Gesellschaftsform bestimmt: Sie ist heute anders als die im Feudalismus oder Sozialismus, d. h. was spezifisch für die urbane Lebensweise ist, kann nur bezogen auf eine bestimmte Gesellschaftsform beschrieben werden. Allgemein wird zum anderen unter urban eine verfeinerte, gebildete, weltgewandte, also eine zivilisiertere Lebensweise verstanden. Hier zeigt sich die zweite Begriffsdimension: die Widerspiegelung einer bestimmten, auch normativ geprägten Vorstellung von der Qualität städtischen Lebens (vgl. Siebel 2000, 264 ff.).

Begonnen hat die Diskussion über Urbanität in Deutschland mit einer Rede des Volkswirtschaftlers und Soziologen Edgar Salin auf dem Deutschen Städtetag 1960 (vgl. Salin 1960). Hintergrund war die beginnende Kritik an den baulich-räumlichen und stadtkulturellen Resultaten der Wiederaufbauzeit. Viele neu entstandene Siedlungen an der Stadtperipherie wurden zum Synonym für Monotonie und Trostlosigkeit. Außerdem wurde deutlich, dass das damals favorisierte städtebauliche Leitbild der gegliederten und aufgelockerten Stadt, also die Trennung von Arbeits- und Wohnstätten, Probleme mit Verkehr, Lärm und Luftverunreinigungen verursachten und zur Verödung der Innenstädte führte.

Bei aller Bau- und Planungstätigkeit wurde zunehmend kritisiert, wie wenig problemadäquat die Vorstellungen einer zeitgemäßen Stadt und die Konzepte zu deren Realisierung damals waren. In diesem Klima der Verunsicherung konnte Salin mit seinem Beitrag »Urbanität« bei einer vorwiegend aus Architekten, Planern und Politikern bestehende Zuhörerschaft erhebliche Resonanz erzielen. Für Salin war Urbanität die »eigentlich städtische Kultur«, mit der Pflicht des Bürgers verbunden, am Geschehen in der Stadt Anteil zu nehmen (vgl. Salin 1960, 13 f.). »Urbanität« ist bis heute das schillernde Zauberwort, interpretiert als »missing link« zwischen Architektur/Städtebau auf der einen und städtischer Gesellschaft auf der anderen Seite.

Einen wichtigen Beitrag zur Urbanitätsdiskussion leistete zeitgleich, jedoch unabhängig davon 1961 die US-amerikanische Journalistin Jane Jacobs mit ihrer Streitschrift *Death and Life of Great American Cities* (Jacobs 1961), die gegen die damalige US-amerikanische Städtebau-Praxis gerichtet war. Ähnlich wie in der deutschen Debatte konstatierte Jacobs einen Verlust der Spontaneität und der Vielfalt des städtischen Lebens. Berühmt wurde ihre Forderung nach »Verdichtung und Verflechtung«, ausformuliert als »Notwendigkeit von untereinander abhängigen, feinkörnig gesäten, verschiedenartigen Nutzungen, die sich ständig gegenseitig, sowohl wirtschaftlich als auch sozial gesehen, stützen« (Jacobs 1993/1963, 17). Die Idee der Fußläufigkeit als Idealkonzept für Stadtentwicklung wird bis heute mit dem Namen Jacobs verbunden und wird gerade in der alternativen Stadtplanung vehement vertreten.

Zentral für die Debatte um Urbanität in der Stadtsoziologie ist das von Häußermann und Siebel 1987 herausgegebene Buch *Neue Urbanität*. Soziale, ökonomische und ökologische Probleme der Städte sind der Ausgangspunkt eines Plädoyers für ein neues Verständnis von Stadt; bisher prägende Merkmale wie Expansion, Modernität, Aufstiegschancen und Sensationen könnten nur noch bedingt mit der Großstadt verbunden werden angesichts der durch den wirtschaftlichen Strukturwandel bedingten ökonomischen Deindustrialisierung und städtischer Schrumpfungsprozesse. Solange an der Gleichsetzung von Wachstum und Urbanität festgehalten werde, könnten die Chancen, die dieser Schrumpfungsprozess auch beinhalte, nicht genutzt werden.

Neuen Aufschwung bekam das Schlagwort »Urbanität« seit den 1990er Jahren mit der bundesweiten heftigen Bautätigkeit infolge des Beitritts der DDR zur BRD. Heute ist das Wort Bestandteil zahlreicher Diskurse um das Thema »Stadt« und es wird oft im Kontext architektonischer und städtebaulicher Fragestellungen thematisiert. Kein anderer Begriff habe die zahlreichen Moden der Stadtplanung und Umbrüche in der Stadtentwicklung so unbeschadet überstanden, resümiert Thomas Wüst (2004) in *Urbanität: ein Mythos und sein Potential*. Gleichwohl bemüht sich der stadtsoziologische Diskurs kontinuierlich, um die Einbettung von Fragen der sozialen Gerechtigkeit und ökologischen Nachhaltigkeit. So vertieften Häußermann und Siebel 1992 ihre Darlegungen zur Urbanität. Als deren Kern seien die Überwindung sozialer Ungleichheit, politische Partizipation, Multikultur und die Akzeptanz der Stadt als »Ort der Widersprüche« entscheidend: Stadt sei Dienstleistungsmaschine und Heimat zugleich. Verwirklichte soziale Gleichheit, durchgesetzte Demokratie, Versöhnung mit der Natur, gleichberechtigtes Nebeneinander verschiedener Kulturen, ein gemildertes Zeitregime im Alltag, Vergegenwärtigung der Geschichte und das Offenhalten von Widersprüchen seien zwar weitreichende utopische Ansprüche. Aber auch der historische Begriff von Urbanität habe die Vision einer liberalen Gesellschaft ökonomisch selbständiger, politisch gleicher, zivilisierter Individuen enthalten. Die neuerliche Diskussion um Urbanität werde diese utopischen Perspektiven noch erweitern (vgl. Häußermann/Siebel 1992).

2.4 Europäische Stadt

Die Debatte um Urbanität findet aktuell eine spezifische Zuspitzung bzw. Vertiefung durch die Diskussion um Inhalt, Gestalt und politische Verfasstheit der »europäischen Stadt«. Der Frage, inwiefern sich die Städte Europas bis heute durch spezifische, historisch gewachsene, räumliche, soziale und politische Strukturen auszeichnen und sich infolgedessen von städtischen Agglomerationen anderer Kontinente unterscheiden, wird in den letzten Jahren eine verstärkte Aufmerksamkeit zuteil (vgl. auch Bagnasco/

Le Galès 2000; Siebel 2004; Lenger/Tenfelde 2006; Frey/Koch 2011). Siebel (2004) schlägt sechs Merkmale vor, die die Besonderheit der europäischen Stadt charakterisieren:

1. *Emanzipation.* Europäische Stadtgeschichte kennzeichne neben der Emanzipation vom Naturzwang vor allem die politische, ökonomische und soziale Emanzipation. Es formte sich eine freie Schicht von »Bürgern«; für die bürgerliche Gesellschaft entstand das typische Gegenüber von Markt als öffentlichem und Betrieb/Wohnung als privatem Raum.

2. *Präsenz von Geschichte.* Dies betrifft zunächst das Alter europäischer Städte, vor allem aber ihre baulich-räumliche Struktur. In vielen europäischen Städten ist die reale Stadt geprägt von der Präsenz baulich-räumlicher Zeugnisse vergangener Epochen im Alltag der Städter.

3. *Urbane Lebensweise.* Das Leben in der europäischen Stadt ist auf vielfältige Weise vom Leben auf dem Land verschieden. Die räumliche und zeitliche Trennung von Arbeiten und Wohnen, der städtische Konsumentenhaushalt, der sich auf dem Markt versorgt, das Leben der Kleinfamilie in der Kleinwohnung, die Trennung von Privatheit und Öffentlichkeit sowie eine urbane Mentalität kennzeichnen diesen Stadttyp.

4. *Gestalt.* Charakteristisch für dieses Merkmal ist das polare Bild von hochbebauter Stadt und flachbebautem Land als Chiffre des Gegensatzes von Stadt und Land, die Stadtkrone von Rathaus, Markt und Kirche als sinnfälliges Abbild der politischen, ökonomischen und kulturellen Zentralität; sowie Dichte und Mischung städtischer Funktionen (Wohnen, Arbeiten, Erholung, Kultur, Bildung), aber auch der Gegensätze von Arm und Reich sowie Eingesessenen und Zuzüglern.

5. *Die Stadt als politisches Subjekt.* Die Etablierung der kommunalen Selbstverwaltung bewirkt die demokratisch legitimierte eigene Handlungsfähigkeit hinsichtlich ihrer Entwicklung. Hinzu kommen ein ausgefeiltes Instrumentarium der Bauleitplanung, öffentliche Kultureinrichtungen, vielfältige soziale und technische Infrastrukturen sowie der soziale Wohnungsbau und die Sozial- und Wirtschaftspolitik von Kommunen. Die eigene Handlungsfähigkeit ist gleichwohl in Deutschland stark bundesstaatlich geprägt.

6. *Stadtentwicklung als Wachstum.* Seit dem 19. Jahrhundert, also seit ca. 150 Jahren industrieller Entwicklung, kennzeichnet die europäische Stadt Wachstum hinsichtlich der Zahl der Einwohner, der

Arbeitsplätze, der Finanzen, der Gebäude, sowie der räumlichen Ausdehnung, also der bebauten Fläche.

Diese Merkmale möchte Siebel mit Max Weber als idealtypisch verstanden wissen, denn keines dieser Attribute findet sich ausschließlich in der städtischen Realität, geschweige denn in jeder europäischen Stadt. Die Debatte zur europäischen Stadt zielt darauf, ihr Revitalisierungspotential herauszuarbeiten: der Befund einer derzeit krisenhaften Entwicklung ruft die Argumentation für eine mögliche Wiederbelebung von bestimmten (sozialpolitischen) Idealeigenschaften hervor. Das Prinzip der Idealtypenbildung, und somit eine gezielte Reduktion tatsächlicher Komplexität, dient der Inszenierung eines fortbestehenden eigenständigen Entwicklungspfades europäischer Städte und kontrastiert zugleich eine Vielzahl unterschiedlichster Prozesse in den verschiedenen Dimensionen der Stadtentwicklung mit der Vergleichsgröße der US-amerikanischen Metropole. Letztere dienen innerhalb des europäischen Diskurses primär zur Beurteilung bestimmter Entwicklungen in ausgewählten Agglomerationen auf dem eigenen Kontinent (vgl. Hannemann/Mettenberger 2011).

2.5 Stadtpolitik

Über die konzeptionelle Debatte hinaus hat die Thematisierung der europäischen Stadt eine stark politische Ausrichtung – ein Themenschwerpunkt der Stadtsoziologie, der mit dem Begriff »Stadtpolitik« zusammengefasst wird. Hier geht es um Ursachen, Perspektiven und Folgen von aktuellen Stadtentwicklungsprozessen in Bezug auf die Stadt- und Kommunalpolitik. Der gesellschaftliche und ökonomische Wandel führt für die Städte zu einem zunehmenden Wettbewerb auf globaler Ebene und hat ökonomische Umstrukturierungsprozesse verursacht, die durch De- und Neoindustrialisierung, Flexibilisierung und Tertiärisierung (d. i. die zunehmende Dominanz des Dienstleistungssektors) gekennzeichnet sind. Städte erleben einerseits einen sozioökonomischen Strukturwandel, indem die Arbeitslosigkeit zunimmt und die Spaltung zwischen Integrierten und nicht Integrierten immer größer wird; anderseits starke demografische Veränderungen hin zu einer Internationalisierung, da die Zahl der Deutschen abnimmt und die der Zuwanderer zunimmt. Unmittelbare Folge davon ist, dass Städte mit Polarisierungs-, Fragmentierungs- und Exklusionsprozessen konfrontiert sind. Gleichzeitig wird das kommunale Handeln durch die Prozesse der Globalisierung, Privatisierung, Deregulierung und Ökonomisierung vor neue Herausforderungen gestellt. So verringert die Globalisierung die Möglichkeiten der Kontrolle und Gestaltung lokaler Politik. Die zunehmende Finanzknappheit, die mit dem Strukturwandel der Städte eng verbunden ist, verursacht die Ingangsetzung von Deregulierungsmechanismen. Auf der städtischen Verwaltungsebene werden kommunale Aufgaben privatisiert. Die Kommunen verlieren dadurch wichtige Partner in der Stadtentwicklungspolitik, Einsparungen werden vorangetrieben und wichtige Themen den Interessen der Wirtschaftsförderung untergeordnet. Diese »Entkommunalisierung« (Häußermann u. a. 2008, 284) von öffentlichen Aufgaben und die zunehmende Privatisierung bewirken eine starke Tendenz zum Abbau öffentlicher Verantwortung für die Daseinsvorsorge.

Zu diesen Prozessen kommt hinzu, dass seit den 1990er Jahren stärker wahrgenommen wurde, welch wichtige Rolle Städte für die volkswirtschaftliche Entwicklung spielen. In der globalen Standortkonkurrenz tragen Städte in großem Maße zur Produktion staatlichen Reichtums bei. Als Motoren des Wachstums müssen die Städte effizient funktionieren, um auf nationaler und internationaler Ebene wettbewerbsfähig zu sein. Das Wirtschaftswachstum wird zu einem Leitmotiv der Stadtpolitik; die lokale Politik und die kommunale Selbstverwaltung fokussieren Konjunktur und Wachstum als Schwerpunktaufgaben; Städte agieren als Wachstumskoalitionen (vgl. Molotch 1976; Logan/Molotch 1987).

Die Kommunalverwaltung in der Bundesrepublik Deutschland ist durch den »bekannte[n] janusköpfige[n] Doppelcharakter« (Wollmann 2000, 5) charakterisiert: Zum einen meint dieses Bild die bundesstaatlich begrenzte Handlungsfähigkeit der Kommunen, im Interesse der Bürger Entscheidungen zu treffen, politische Ziele durchzusetzen und Aufgaben zu erfüllen. Zum anderen zeichnet sich das Modell der deutschen kommunalen Selbstverwaltung durch ein traditionell ausgeprägtes politisch-demokratisches Profil und umfangreiche Verwaltungsaufgaben aus. Aktuell unterliegt dieses Modell kommunaler Politik einem dreifachen Veränderungsdruck: Die Liberalisierungspolitik der EU, das »neue Steuerungsmodell« und die sich verschärfende Finanzkrise der Kommunen führen zu einer dauerhaft re-

duzierten Möglichkeit der Kommunalpolitik (kommunale Sozialpolitik; kommunale Daseinsvorsorge, kulturelle Tätigkeiten und sonstige Aufgaben), lokal zu steuern (vgl. ebd., 12 ff.).

Die Stadtsoziologie thematisiert Reaktionen der Stadtpolitik auf diese Veränderungsprozesse. Sie beschreibt das neue Ideal »unternehmerischer Städte«, deren Priorität eine betriebswirtschaftliche Optimierung ist. Diese Stadtentwicklungskonzeption fördert »eine Stadtentwicklung, die auf eine aktive Beeinflussung der wirtschaftlichen Kreisläufe in der Stadt verzichtet zugunsten einer Profilierung der Stadt als Standort für zu gewinnende oder zu haltende Unternehmen« (Volkmann 2007, o. S.). In einer unternehmerischen Stadt verlieren die Daseinsvorsorge und die Interessen der Bürger ihre Prioritätsrolle (vgl. ebd.).

Ein zweiter Aspekt dieser wachstumsorientierten Stadtpolitik ist die gezielte Produktion von Images, da die Städte immer mehr darauf angewiesen sind, externe Ressourcen anzuziehen und folglich für wirtschaftlich starke Gruppen attraktiv gemacht werden müssen. »Im internationalen Standortwettbewerb wird die Imageproduktion für eine Stadt immer wichtiger. Mit ihr kann die Sichtbarkeit des Standortes weltweit kommuniziert werden« (Häußermann u. a. 2008, 248). In dieser neuen Realität der Stadt spielt der tertiäre Sektor eine bedeutsame Rolle. »Er ist der Träger des neuen Wachstums« (ebd., 249).

Diese neue Prioritätensetzung der Stadtpolitik führt beispielsweise zur sozioökonomischen Polarisierung und zur Fragmentierung der Stadt. Die Integrationsmechanismen der Stadtpolitik werden schwächer, und einzelne politische Integrationsleistungen werden eingeschränkt. Dies betrifft zu einem die zunehmende Zahl der Migranten, die die Stadt bevölkern; zum anderen die benachteiligten Gruppen der Stadt, die sich in bestimmten Vierteln konzentrieren und deren Lebensumstände durch die zunehmende soziale Polarisierung erschwert werden. Die Stadtpolitik hat andererseits immer mehr Schwierigkeiten, bestimmte Probleme der Stadt zu steuern. Obwohl die Anforderungen an die Sozialintegration in der Stadt zunehmen, führt die Finanznot zu einer niedrigeren Leistungsfähigkeit des Wohlfahrtsstaats und zu größeren Schwierigkeiten, die Aufgaben der kommunalen Daseinvorsorge zu erfüllen. Ein Rückzug der Kommunen aus dem Bereich der Daseinvorsorge kann zu einer ungleichen Versorgung verschiedener städtischer Gebiete führen. Die freiwilligen Aufgaben, die in bestimmten Feldern der Stadtpolitik eine wichtige Rolle spielten, fallen aus, und die Wohnquartiere werden mit den dringendsten Problemen allein gelassen. Sparpolitik und die einseitige Konzentration auf wirtschaftliches Wachstums bedingen die Entstehung lokaler Ungleichheit (vgl. ebd. 2008). In den neuen Prioritäten und Zielsetzungen der Politik kommen die benachteiligten und marginalisierten Viertel der Stadt gar nicht vor (Häußermann 2006, 19).

Auf Deutschland bezogen wird diese Diagnose jedoch relativiert: »Wachstums- und Integrationsziele stehen in Konkurrenz, aber sie bestehen (noch) nebeneinander« (Häußermann u. a. 2008, 277). Einerseits besteht ein Wachstumsregime, das durch die Anziehung neuer Investitionen im Dienstleistungsbereich die Probleme eines ökonomischen Strukturwandels zu mildern versucht; anderseits gibt es jedoch ein Integrationsregime, dessen Zielsetzung eine soziale Integrationspolitik gerade für benachteiligte Stadtviertel ist. Auch wenn die Wachstumskoalition »über erhebliche politische Macht verfügt« und »deren Zielen alle übrigen Bereiche der Stadtpolitik untergeordnet werden« (Häußermann 2006, 20), gibt es doch noch den Versuch einer sozialen Integrationspolitik. Obwohl diese Probleme in dem politischen Entscheidungsprozess keine Prioritäten bilden, werden sie von der Sozialverwaltung und Stadtplanung, von Teilen der politischen Parteien und Teilen der Medienöffentlichkeit, der Bezirksvertretung und der politischen Initiativen aus den Bezirken nicht komplett ignoriert (ebd. 2006).

Diese Veränderungsprozesse wirken sich auf den städtischen Raum aus. Mann kann beobachten, wie die Flexibilisierung der ökonomischen Produktionsweise zu einem flexiblen städtischen Raum führt. Auf der anderen Seite erleben die städtischen Strukturen selbst eine Fragmentierung und Differenzierung, werden undurchlässiger und begünstigen somit Ausgrenzungsprozesse. Es bilden sich Teilräume in der Stadt, die die zunehmend desintegrierte und tendenziell polarisierte Gesellschaft auf der räumlichen Ebene widerspiegeln. Die daraus resultierende Segregationsforschung, die oben behandelt wurde, hat in der Stadtsoziologie eine weitere Schwerpunksetzung: Kennzeichnend für diese ist das weite Feld der Armutsforschung in der Stadt (vgl. z. B. Alisch/Dangschat 1998; Farwick 2001; Keller 1999; Kronauer 2003). Aktuell werden Ursachen und Folgen von prekärer Beschäftigung, Ar-

beitslosigkeit und Armut als Formen sozialer Ausgrenzung bezogen auf Europa diskutiert – eine Debatte, die unter dem Begriff »Exklusion« in Frankreich begonnen wurde und jetzt europaweit ein wichtiges Thema der soziologischen Stadtforschung ist. Für Deutschland hat diesen Ansatz vor allem Martin Kronauer entwickelt und ausgebaut. Im Exklusionsbegriff werden die Phänomene wiederkehrender Arbeitslosigkeit und Armut als Produzenten einer neuen gesellschaftlichen Spaltung, die sich im Ausschluss von wesentlichen Teilhabemöglichkeiten an der Gesellschaft niederschlägt, gebündelt. Die Exklusionsforschung verknüpft diesen Ansatz besonders mit der Analyse der Entwicklung prekärer Viertel, in denen sich die Probleme verdichten (vgl. Kronauer 2003).

2.6 Schrumpfende Städte

Der Forschungszweig ›Schrumpfende Städte‹ ist relativ jung, gewinnt jedoch zunehmend an Bedeutung – aufgrund ihrer Brisanz werden Schrumpfungsaspekte zunehmend im interdisziplinärem Diskurs erörtert. Warum schrumpfen Städte? Vor dem Hintergrund des vorherrschenden Bildes einer dynamischen, stetig wachsenden Gesellschaftsformation birgt diese Fragestellung eine gewisse Dramatik; die schrumpfende Stadt manifestiert jedoch lediglich die Verschiebung soziologischer Indikatoren im Zuge des Wandels zur postindustriellen Gesellschaft. In der soziologischen Raumbetrachtung sind dies die Verteilung von Arbeitsplätzen und Bevölkerung auf nationalstaatlicher Ebene, welche maßgeblich sind für die sozial-räumliche Entwicklung einer Stadt bzw. einer Region. Neben dieser traditionellen Perspektive von Raumbetrachtung gewinnt der Umbruch der Weltwirtschaft zunehmend an Gewicht als Einflussgröße für die Entwicklungschancen von Agglomerationen (Häußermann/Siebel 1988). Mit dem Aufstieg bzw. Fall von Wirtschaftsräumen im Zuge der Globalisierung vollzieht sich somit eine zunehmende Polarisierung von »Gewinnern und Verlierern« – von »prosperierenden und schrumpfenden Städten« (vgl. Krätke 1995).

Bei der Analyse von Schrumpfungsprozessen in Ostdeutschland müssen die bereits angeführten Einflussgrößen jedoch teilweise gesondert betrachtet werden. So wirkte der Transformationsprozess der ehemals staatssozialistischen Gesellschaft wie ein Katalysator auf bestimmte Indikatoren, die einen

Schrumpfungsprozess hervorrufen – einige sind als spezifisch ostdeutsch zu betrachten. Dieser Sachverhalt resultiert aus den Funktionsverlusten der tragenden Systeme des DDR-Regimes, sie werden in der »De-Administrierung« (Statusverlust als Bezirks- und Kreisstadt), »De-LPGsierung« (Dekollektivierung der Landwirtschaft) und »De-Militarisierung« (Auflösung von militärischen Strukturen mit dem Ende des Kalten Krieges) verortet. Zusammen mit dem Wegbrechen der wirtschaftlichen Basis (De-Ökonomisierung), die sich größtenteils aus dem ersten und zweiten Sektor zusammensetzte, führte dies zum massenhaften Verlust von Arbeitsplätzen, was wiederum zur starken Abwanderung der Bevölkerung führte. Ebenso wie die Abwanderung, die bis zum heutigen Tag anhält – und sich besonders bei jungen, hochqualifizierten Personen vollzieht, führen die drastisch gefallenen Geburten in Ostdeutschland zu einer anhaltenden »schleichenden Schrumpfung« (vgl. Hannemann 2003).

Der Prozess der Schrumpfung bringt eine Vielzahl wirtschaftlicher und sozialer Probleme für die betroffenen Städte mit sich, die sich auf individueller und gesamtstädtischer Ebene niederschlagen. Vorliegende Untersuchungen zum Umgang mit dem Phänomen betonen die Wichtigkeit eines Einbezugs der Bewohnerschaft in Stadtentwicklungspolitik (Robischon/Liebmann 2003; Hannemann 2004) und benennen soziokulturelle Potentiale, bürgerschaftliches Engagement und informelle Wirtschaftstätigkeit als wichtige Ressourcen zukünftiger Stadtentwicklung. Neben der Suche nach städtischen Entwicklungsstrategien unter den Bedingungen von Schrumpfung steht der Aspekt der Bewertung von Veränderungen des Stadtraums. Sowohl auf der individuellen als auch auf der gesamtstädtischen Ebene führt Schrumpfung tendenziell zu einer negativen Wahrnehmung der Stadt, wodurch die Abwärtsspirale verstärkt wird. Vor der auf dem Wachstumsideal basierenden Verfasstheit der modernen Gesellschaft (Hager/Schenkel 2000) erscheint die Schrumpfung von Städten als elementare Krise, wiewohl sie historisch gesehen keine neue Erscheinung ist (Benke 2005).

2.7 Städtische Kreativität

Eine andere Ausrichtung des Themenfeldes ›Stadtpolitik‹ zeigt sich im zunehmenden Interesse der soziologischen Stadtforschung an Stadtkulturen und der sogenannten Kreativwirtschaft. Seit den späten 1980er Jahren ist die deutsche Stadtentwicklung charakterisiert durch eine (immer noch zunehmende) Konjunktur der Kulturpolitik, die vor allem für das Stadt- und Standortmarketing entscheidende Bedeutung erlangte. Immer mehr Kommunen entwickeln kulturelle Institutionen als Faktoren im Wettbewerb um Standortvorteile. Städte und Gemeinden initiieren einen Imagewechsel zumeist von der Industriestadt hin beispielsweise zur Kultur- oder Kongressstadt, um Investoren und/oder eben die Subjekte der »Kreativwirtschaft« mit diesen Standortvorteilen in die Stadt zu locken oder auch einen Tourismus anzukurbeln, der via »Umwegrentabilität« finanzielle Gewinne erwirtschaftet. Besonders deutlich wurde dies an der Zunahme von Musical-Theatern, Museums- und Konzertbauten, Festivals oder Freiluftveranstaltungen und allen weiteren denkbaren Formen der Erlebnisgesellschaft (vgl. Hannemann 2010, 9). Damit bekam Architektur eine neue kulturelle Rolle: Architektur wird als Marketinginstrument betrachtet, städtebauliche Prestigeprojekte sollen die Stadt über ihre Bildfunktion regenerieren und insbesondere ehemals industriell geprägten Agglomerationen zu einem Imagewandel verhelfen. Darüber hinaus wird Architektur aber auch die Aufgabe zugewiesen, ein neues, aus der Auflösung fester Bindungen der Individuen in institutionelle Kontexte resultierendes Bedürfnis nach Identifikation zu befriedigen und ganzen Städten zu einer Identifikationsfindung zu verhelfen (Hannemann/Sewing 1998). Bekannt ist dieser Prozess auch als ›Bilbao-Effekt‹.

Als Entwicklungs- und Marketingkonzept ganzer Städte ist die Orientierung am Event, die »Festivalisierung der Stadtkultur« (Häußermann/Siebel 1993) vielerorts zum finanziellen Selbstzweck geworden. Mit immer aufwendigeren Kulturinszenierungen, pompöseren Spektakeln und künstlerischen Superlativen sollen immer mehr Zuschauer gewonnen und damit größere Gewinne erzielt werden. Insbesondere seit den Publikationen von Charles Landry (2000) und vor allem von Richard Florida (2002) zur »creative city« und »creative class« boomt die Thematisierung des Faktors Kulturpolitik. Nach Florida können Städte nur dann florieren und prosperieren, wenn es sich um attraktive Lebensorte für die »kreative Klasse« handelt. Gemeint sind damit akademisch gebildete Angehörige der Mittelschicht, die in sogenannten kreativen Branchen – Musikwirtschaft, Architektur, Design etc. – tätig sind. Voraussetzung dafür sind Städte, in denen überproportional viele Akademiker – *talents* – leben, Unternehmen des wissensintensiven Hochtechnologiesektors – *technology* – angesiedelt sind und sich die Stadtkultur durch eine besondere Form der Offenheit gegenüber alternativen Lebensweisen und -stilen – *tolerance* – auszeichnen: »My view of creativity and cities revolves around a simple formula, the 3 T's of economic growth: technology, talent, and tolerance« (Florida 2005, 6). Florida hat diese wahrlich nicht neue kulturelle Aufwertungsstrategie in den Rang einer wirtschaftswissenschaftlich basierten Stadtentwicklungstheorie gehoben und um die Bedeutung von ›Kreativität‹ für die Stadtentwicklung bereichert.

Als Stadtplaner hat Charles Landry (2000) ein noch gegenständlicheres Interesse, Städte als kreative Orte neu zu schaffen bzw. radikal umzubauen. Allerdings versteht er Kreativität als allgegenwärtiges und individuelles Phänomen und nur am Rande als Eigenschaft physischer urbaner Strukturen. Zunächst und vor allem fördert bei Landry ein offenes Kommunikationsklima Kreativität auf der persönlichen Mikroebene, erst infolge davon fördert dann ein kollektives, d. h. kooperatives Kommunikationsklima in städtischen Teilräumen ebenfalls Kreativität. Kreativität wird hier individuell, dann in kleinen Netzwerken und erst im dritten Schritt in organisatorisch komplexeren Strukturen institutionalisiert. Landry hat konkrete Schritte zur Schaffung individuelle Kreativität fördernder Stadträume in einer »Urban Innovation Matrix« (Landry 2000, 198 f.) postuliert. Er entwickelt verschiedene Ebenen der Kreativitätsplanung: Städte seien dann am kreativsten, wenn sie einen meta-paradigmatischen Wandel der Wahrnehmung und Bewertung von Realitäten vorantrieben, zum Beispiel bei der Realisierung nachhaltigen städtischen Lebens. Eine Kreativstufe darunter liegen Städte, die den paradigmatischen Wandel erlauben. Dieser Wandel wird initiiert durch kreative Ideen, die Probleme als Gelegenheiten auffassen, zum Beispiel bei der Nutzung von Abfall als Ressource oder in der Bewertung sozialer Bewegungen als innovative Kraft der Stadtpolitik. Eine weitere Kreativstufe darunter finden sich Kreativräume, die den innovativen Wandel fördern, zum Beispiel bei der Nutzung alter Fabrikgebäude als Lofts und Kulturzentren. Eine weitere Kreativstufe ist der Best Practice-Wandel. Darunter wird die Realisierung von kreativen Ideen verstanden, zum Beispiel die Adaption von betriebswirtschaftlichen, sozialen und ökologischen Evaluationen und Kontrollen in der

Stadterneuerung. Schließlich findet man auf der untersten Kreativitätsstufe den Good Practice-Wandel, also die Übernahme von gelungenen Best Practice-Beispielen für die eigene Stadt, zum Beispiel bei der Kopie erfolgreicher public-private-partnership-Kooperationen (vgl. Landry 2000).

Die Förderung von ›Kreativität‹ gilt in (staatlichen und privaten) Planungs- und Wirtschaftsagenturen mittlerweile als Allheilmittel bei der Entwicklung postindustrieller Städte. Kultur und Künste im urbanen Kontext stehen heute zum einen im Spannungsfeld von autonomer Kultur vs. ökonomischer Instrumentalisierung. Zum anderen erweitert das Thema die Spannbreite stadtplanerischer Überlegungen um eine strategische Komponente: Kultur hilft Städten und Stadtteilen, sich – geplant oder ungeplant – durch Zuhilfenahme kultureller Attraktionen zu entwickeln. Volker Kirchberg (2009) stellt die Thematisierung von Stadt und Kultur zusammenfassend in mehreren Bereichen zusammen:

– Stadtkultur funktioniert als Kreativitätsinkubator, also als fördernde Bedingung, als Treibmittel von Innovationen, die sich mittelbar auch in neuen Arbeitsplätzen bis hin zu neuen Wirtschaftsfeldern niederschlagen können. Viele Konzepte für nachhaltige Arbeitsmarkt- und Wirtschaftsstrukturen bauen auf dieser Kombination von »knowledge cities and culture cities« auf.

– Stadtkulturelle Funktionen werden jedoch auch anti-ökonomisch interpretiert, wenn zum Beispiel auf Bourdieus Unterscheidung autonomer und heteronomer Kunstfelder oder auf kritische Äußerungen zum »kulturellen« Geist eines flexiblen »neuen Kapitalismus« rekurriert wird.

– Städtische Kulturfunktionen werden soziologischen Paradigmen zugeordnet: Die Heterogenisierung städtischer Lebensstile, urbane Identitätsformen, Images, kulturelle Symbole und räumliche Verhaltensmuster in einer sozialökonomisch stärker diversifizierten und gespaltenen Stadt sollen durch kulturelle (kultursoziologische, kulturpolitische, kulturalistische) Ansätze erklärt werden.

– Die Spannung von ökonomischer und (kultur-) soziologischer Analyse von Kultur und Kreativität in der Stadt spiegelt sich des Weiteren in unterschiedlichen Aussagen von neo-liberalen vs. politökonomischen Hypothesen zu den Zielvorstellungen einer homogenisierenden Leuchtturm- vs. einer diversifizierenden (z. B. ethnischen) Subkultur wider.

Fraglich bleibt, ob die »Floridarisierung [sic!] der Stadtkultur« (Steets 2011, 98 ff.) realistisch ist, empirisch nachgewiesen werden kann und ob diese Instrumentalisierung nicht zu Lasten einer autonomen Kultur oder anderer urbaner Felder geht. Zudem sind stadtkulturelle Bedingungen von Kreativität noch immer wenig ausgeleuchtet.

Die aktuelle Diskussion um die städtische Kreativwirtschaft wird sogar zur »Profilierungschance« (Thiel 2011, 119) für die Stadtsoziologie hochstilisiert. Dieser Vorschlag knüpft an aktuelle Positionen innerhalb der Soziologie an, denen zufolge das Soziale nicht mehr als eigenständiges, von anderen gesellschaftlichen Sphären zu separierendes Phänomen sei. Dies wäre zeitgemäßer, insbesondere bei der Positionierung der Soziologie gegenüber der Ökonomie.

2.8 »Eigenlogik der Städte«

Damit einher geht ein weiterer, aktuell einflussreicher Versuch, der deutschen Stadtsoziologie eine veränderte Profilierung zu geben – eine kontroverse, die aktuelle Stadtsoziologie auch spaltende Diskussion (vgl. Frank u. a. 2013), wurde in den 2000er Jahren von Helmuth Berking und Martina Löw erfolgreich lanciert. In ihrem Schlüsselaufsatz *Wenn New York nicht Wanne-Eickel ist [...] Über Städte als Wissensobjekte der Soziologie* (2005a, 9 ff.) wird der bisherigen Stadtsoziologie subsumptionslogisches Denken vorgeworfen, bei dem »Stadt« lediglich als Erfahrungsraum der Moderne, des Kapitalismus und/oder der Gesellschaft betrachtet werde. Das Eigentliche, die Stadt also, werde nicht analysiert. Zwar gäbe es eine Vielzahl sozialwissenschaftlicher Untersuchungen zur »Stadt«, aber über »das Spezifische der Vergesellschaftungsform Stadt« und »die Differenz zwischen den Städten« gäbe es vergleichsweise nur ein geringes Wissen (vgl. ebd.). Diese Gedanken präsentieren sie im Einleitungsaufsatz des von den beiden Autorinnen herausgegebenen Sonderbandes der *Sozialen Welt* »Die Wirklichkeit der Städte« (Berking/Löw 2005b). Damit ist eine Programmatik avisiert, die in den folgenden Jahren vertieft und ausgeweitet wird. 2008 erscheint die Aufsatzsammlung *Die Eigenlogik der Städte* (Berking/Löw 2008) und im selben Jahr die Monografie *Soziologie der Städte* (Löw 2008). »Eigenlogik der Städte« meint die »verborgenen Strukturen der Städte als vor Ort eingespielte, zumeist stillschweigend wirksame Pro-

zesse der Sinnkonstitution« (ebd., 19). Städte lassen sich in ihrer Entwicklung nur dann effektiv beeinflussen, wenn deren spezifische Entwicklungsgegebenheiten verstanden sind. Insbesondere vergleichende Stadtforschungsprojekte können zur systematischen Integration lokaler Differenzen und Potentiale in politische Strategien anregen. Es gehe darum, »wie das, was ›Charakter‹, ›Habitus‹, ›Eigenlogik‹, ›lokale Gefühlsstruktur‹ etc. genannt wird, konzeptionell gefasst werden kann« (ebd., 20). Dieses Forschungskonzept zielt auf das Verstehen der grundlegenden Strukturen von Städten sowie darauf, Relationen und Ähnlichkeiten, wie auch Differenzen, zwischen Städten zu erkunden. Das ist gleichwohl keine neue Erkenntnis; wer hätte jemals die Entwicklung beispielsweise Berlins mit der von Wanne-Eickel gleichgesetzt? Gerade die überwältigend vielfältige Städtelandschaft Deutschlands – einschließlich in der Perspektive »Ost/West«, zeigt doch die grenzenlose Vielfalt der Städte. Obwohl dies seit eh und je in der Stadt- und Regionalforschung in unterschiedlicher Weise thematisiert wird, fasziniert die Wirkungsmacht, die dieser Ansatz zur Zeit entfaltet. Die Debatte über dieses Konzept ist aktuell umfassend, und das Pro und Contra fällt polarisierend deutlich aus. Auf der einen Seite wird dieses Konzept begeistert aufgegriffen und zur Grundlage eigener Untersuchungen verwendet (vgl. z. B. Steets 2008; Frank 2009). Auf der anderen Seite gebe es »keinen Grund, die facettenreiche Stadtsoziologie, in der die Thematiken der Identität und des Image einer Stadt wie auch des Städtevergleichs keine unbedeutende Rolle spielen, durch eine ›Soziologie der Städte‹ zu ersetzen« (Schäfers 2011, 515). Die Kritik der Stadtforschungsperspektive einer »Eigenlogik der Städte« wird umfassend in dem Sammelband *Lokalistische Stadtforschung, kulturalisierte Städte. Zur Kritik einer ›Eigenlogik der Städte‹* (Kemper/Vogelpohl 2011) behandelt. Die kritischen Kommentare zielen im Kern auf die Verengung der stadtsoziologischen Perspektive auf das kulturell Eigene einer Stadt und die damit verbundenen Effekte für einen bestimmten Habitus, denn damit würden die politisch-ökonomischen Kontexte der Stadtentwicklung und die damit verbundenen sozialen Konflikte übersehen, wenn nicht sogar gegenstandslos.

Gleichwohl ist der konzeptionelle Hintergrund des Konzepts der »Eigenlogik der Städte« für die Entwicklung der Stadtsoziologie paradigmatisch. »Eigenlogik« rekurriert auch auf die Einbindung der Kategorie des Raums in die soziologische Stadtforschung. Dies ist ein nach wie vor offenes Theorieproblem der Stadtsoziologie. Ausgangspunkt der revitalisierten Diskussion um den »Raum« in der Stadtsoziologe ist die bis heute wirksame geodeterministische Tradition: Der Raum wird traditionell als ein Forschungsgegenstand auf der Ebene von Strukturen, nicht von Handlungen, Kommunikationen oder Beobachtungen behandelt. Raum wird quasi als »Behälter« oder »Container«, der das »Soziale« lediglich »umhüllt«, konzipiert. Denn »Raum« ist, so die Hauptkritik, keine sozial-räumliche Hybridgestalt, in der physische und soziale Phänomene verschmelzen, und kein rein physisch-materieller Gegenstand. Individuen, Akteure, Gruppen und Sozialsysteme können räumliche Unterscheidungen in unterschiedlicher Weise aus unterschiedlichen Gründen verwenden, produzieren, und damit verschiedenartige Räume konstituieren (vgl. Kornau 1977; Läpple 1991; Sturm 2000; Löw 2001). Diese Kritik aufnehmend, werden heute zunehmend relationale Raumkonzeptualisierungen entwickelt, in den »Raum« bzw. räumliche Strukturen kategorisch als Formen gesellschaftlicher Strukturen begriffen werden. Insofern bildet die in der Stadtsoziologie entwickelte Raumsoziologie heute eine soziologische Teil- und Querschnittsdisziplin, in der die gesellschaftliche Strukturierung durch räumliche Anordnungsprinzipien sowie deren Konstitution im Alltag thematisiert werden. »Systematisch fragt sie nach den symbolischen und materiellen Platzierungen und ihren Verknüpfungen. Der Blick der Raumsoziologie ist somit gleichermaßen auf die körperliche Präsenz und Performanz an Orten gerichtete, wie auf die globalen, nationalstaatlichen, regionalen und städtischen Deutungsmuster, Produkt und Ideenflüsse oder Images« (Löw/Sturm 2005, 46).

2.9 Architektur- und Wohnsoziologie

Die Bemühungen um eine konzeptionelle Neuausrichtung prägen das gegenwärtige Bild der Stadtsoziologie. Gleichzeitig finden neuerdings weitere »stadtsoziologisch geprägte« Themenfelder Aufmerksamkeit: Zum einen etabliert sich die Architektursoziologie, zum anderen führen die sozialen Veränderungen und Verwerfungen auf dem Wohnungsmarkt und die »neue Wohnungsnot« zu einer neuen Konjunktur der »Wohnsoziologie«.

Unter den zahlreichen Speziellen Soziologien hat die Architektursoziologie im deutschen Sprachraum keinen eigenständigen Stellenwert erhalten. Nach hoffnungsvollen Ansätzen seit Anfang der 1960er Jahre verlor seit etwa Mitte der 1970er Jahre die Zusammenarbeit zwischen Architekten, Stadtplanern und Soziologen an Intensität und Interesse. Die Architektur besann sich wieder stärker auf ihr Eigenstes, den autonomen Entwurf, die Soziologie behandelte alle architektursoziologisch relevanten Themen im Zusammenhang der inzwischen gut ausgebauten Soziologie der Stadt und des Wohnens« (Schäfers 2006b, 9). Inzwischen aber hat sich für diese Bindestrichdisziplin ein enormes Interesse entwickelt. Dies bezeugen eine Vielzahl von Publikationen wie beispielsweise das Lehrbuch *Architektursoziologie* (Schäfers 2006), der Sammelband *Die Architektur der Gesellschaft* (Fischer/Delitz 2009) oder die kompakte Einführung *Architektursoziologie* (Delitz 2009). Diese ausgewählten Publikationen – wie viele weitere, die in dieser Übersicht nicht genannt werden können – sind von einem programmatischen Anspruch und vom intensiven Bemühen getragen, die innerdisziplinäre und interdisziplinäre Akzeptanz zu forcieren. So definiert Bernhard Schäfers im Einleitungskapitel von *Architektursoziologie* den Gegenstand: »Architektursoziologie untersucht die Zusammenhänge von gebauter Umwelt und sozialem Handeln unter Berücksichtigung vorherrschender technischer, ökonomischer und politischer Voraussetzungen. Hierbei kommt den schichten- und kulturspezifischen Raumnutzungsmustern und der Relevanz von architektonischen Symbolsystemen besondere Bedeutung zu. Weitere Untersuchungsfelder sind die Strukturen des Bauprozesses, die Formen der Partizipation sowie die Architektur als Beruf« (Schäfers 2006, 22). Das programmatische Bemühen als eine Kooperation der Sektionen Kultursoziologie und Stadt- und Regionalsoziologie in der Deutschen Gesellschaft für Soziologie (DGS) wird institutionell verstärkt durch die 2007 etablierte eigenständige Arbeitsgemeinschaft Architektursoziologie.

Eine weitere spezielle Soziologie, die explizit das Verhältnis der Menschen im Raum und zur gebauten Umwelt behandelt, ist die Wohnsoziologie. Wie im Abschnitt zur Entwicklung der Stadtsoziologie geschildert, bilden »wohnsoziologische« Untersuchungen einen der Ausgangspunkte zur Entwicklung der Soziologie. Die katastrophalen Wohnverhältnisse im Kontext von Industrialisierung und Urbanisierung waren eine der Ursachen, die soziologische Perspektive auf die Wohnverhältnisse zu richten. Ein umfangreiches Forschungsgebiet zur Wohnungsfrage als soziales Problem kennzeichnet dieses Themenfeld. Dabei charakterisiert die soziologische Perspektive erstens die Analyse des Wandels der Wohnverhältnisse in sozialhistorischer Entwicklung (vgl. z. B. Kanacher 1987; Terlinden 1990). Besonders prägend für diese Herangehensweise an die soziologische Analyse von Wohnverhältnissen ist der von Häußermann und Siebel (1996) entwickelte Ansatz, einen »Idealtypus des modernen Wohnens« zu bestimmen, der durch vier Elemente geprägt ist: das Verhältnis von Wohnen und Arbeiten, das Verhältnis von Öffentlichkeit und Privatheit, die Art der Verfügung über die Wohnung und die blutsverwandschaftlich verbundene soziale Kleingruppe. Dies steht im Kontrast zum sogenannten »Ganzen Haus« (Brunner), dem »Oikos«, der Arbeits- und Lebensform vorindustrieller Wohnweisen. Zweitens werden wohnsoziologische Fragen des ökologischen Bauens und Wohnens diskutiert (Hamm/Neumann 1996; Gestring u. a. 1997). Eine dritte Ausprägung behandelt das Wohnen als soziale Praxis. Schon 1963 publizierte Alfons Silbermann die klassische empirische Untersuchung *Vom Wohnen der Deutschen*, die mit empirischen Untersuchungen zum Wohnen in den alten (1991) und neuen (1993) Bundesländern fortgesetzt wurde. Eine aktuelle Studie untersucht das Wohnerlebnis in Deutschland auf den Spuren Silbermanns und markiert die wohnkulturellen Veränderungen in den letzten 20 Jahren (Harth/Scheller 2012).

3. Stadtsoziologie im Kontext von Soziologie und Stadtforschung

»Stadtsoziologie« oder auch »Soziologie der Stadt« umfasst ein weites Themenfeld. Unter diesem Sammelbegriff firmiert eine Anzahl von speziellen Soziologien, die seit ihrer institutionellen Etablierungsphase – hauptsächlich in den 1970er Jahren – vereinfachend als »Stadtsoziologie« zusammengefasst werden. Diese »Stadtsoziologien« firmieren universitär unter verschiedenen Denominationen wie beispielsweise »Sozio-ökonomische Grundlagen urbaner Systeme«, »Stadt- und Regionalsoziologie«, »Siedlungs-, Umwelt- und Planungssoziologie« oder auch in jüngerer Zeit »Stadtsoziologie unter besonderer Berücksichtigung des internationalen Vergleichs«, »Architektur- und Wohnsoziologie« sowie

»Soziologie des Raumes«. Eine Verbindung und Verbindendes besteht in vielfältiger Art und Weise, gleichwohl bleibt das Themenfeld disparat und damit in kreativer Weise eigenbestimmt.

Der zusammenfassende Begriff »Stadtsoziologie« wird häufig durch die Kennzeichnung »Region« ergänzt, auch wenn das Verhältnis von Stadt und Region bisher analytisch nicht präzise gefasst wurde. Gleichwohl wird diese Beziehung immer wieder neben der Problematik der schrumpfenden Stadt, der Integration von Menschen mit Migrationshintergrund als eines der wichtigsten Themen für die Weiterentwicklung der Stadtsoziologie beschrieben und gekennzeichnet.

Häufig wird zur Beschreibung von Gegenstand und Inhalt von »Stadtsoziologie« eine mehr oder weniger vollständige Liste ihrer jeweiligen aktuellen Forschungsthemen erstellt. Diese Listen variieren über die Jahrzehnte. Hier kann zunächst zwischen Zeitgeist-Themen und durchgängig relevanten Themen unterschieden werden: Zur ersten Gruppe gehören etwa Gentrifizierung, Raum, Eigenlogik und Gender, zur zweiten Segregation, Urbanität, Integration, Wohnen, Armut, Migration und soziale Ungleichheit.

Eine weitere gängige Variante verwendet zur Deskription wichtige Fragen bzw. Fragekomplexe, beispielsweise: Was ist groß- was ist kleinstädtisch? Wie kann durch stadtpolitische Intervention die Verelendung von Quartieren vermieden werden? Was treibt die städtische Gesellschaft auseinander? Bewirken schrumpfende Städte die Herausbildung neuer Formen der urbanen Lebensweise, die nicht nur als zweitklassig und als Verlust gelten können?

Wenn auch die einzelnen Listungsvorschläge variieren, so ist den meisten Vorschlägen zur Disziplinbestimmung ein zentraler Punkt gemeinsam: die Nähe zur Auftrags-, Politikberatungs- und Planungsforschung. Die Stadtsoziologie ist von Beginn an von einem dauerhaften Spannungsverhältnis gekennzeichnet: Als Stadtplanungssoziologie (Schäfers 1970) liefert sie einerseits der Verwaltung deren Kriterien folgend relevante Informationen, als gesellschaftstheoretisch angeleitete Soziologie fragt sie andererseits nach den Ursachen und Konsequenzen der Urbanisierung und setzt sich mit Problemen auseinander, die der soziale und ökonomische Wandel in den Städten und zwischen den Städten verursachen. Das ist ein Spannungsverhältnis, das sich nicht auflösen lässt. Stadtsoziologie kann nicht akademische Theorie ohne Bezug zur Praxis sein oder praxisbezogene Datenbeschaffung ohne theoretische Reflexion.

In der Literatur wird deshalb nicht zufällig die Stadtsoziologie, zusammen mit der Erziehungssoziologie, als Kern einer praxisorientierten Professionalisierung der Soziologie bezeichnet. Gleichwohl besteht die Stärke des geringen Autonomisierungsgrades in der Notwendigkeit, Nachbardisziplinen und andere Bindestrichdisziplinen stärker einzubeziehen. Stadtsoziologie erschöpft sich nicht in der Exegese der Klassiker oder in Analyse und »Beseitigung« erkenntnistheoretischer Desiderate, sie geht darüber hinaus. Sie bemüht sich deutlich um konzeptionelle Erweiterungen beispielsweise durch die Thematisierung des Raums oder psychosozialer Prozesse wie etwa des Alterns. Stadtsoziologie thematisiert die Vielfalt und Differenziertheit des sozialen – einschließlich des »sozialräumlichen« – Phänomens »Stadt« bzw. lokaler Lebenszusammenhänge (Bewohner, »Häuser«, Akteure, Macht, Probleme, Defizite, Kulturen u. a.) aus sozialer und gesellschaftlicher, teilweise auch individueller, Perspektive. Außerdem einigt die Überzeugung, »Stadt« als schätzens- und schützenswerte Lebensform zu erhalten, da für europäische, städtisch geprägte Gesellschaften die Bezogenheit auf zentrale Bereiche spezifisch ist und diese Charakterisierung konstitutive Funktion hat.

Die eigentliche Stärke der Stadtsoziologie ist ihr empirischer Bezug und ihre Praxisrelevanz – ihre ›Hauptkunden‹ kommen aus den Tätigkeitsbereichen Stadtplanung, Verwaltung und Architektur. Ihre theoretische Vielfalt und disziplinäre Attraktivität ergibt sich aus der hohen Aufmerksamkeit von Seiten anderer Stadtforschungsdisziplinen (Geografie, Ethnologie etc.) und solcher Disziplinen, die ihre Forschungsfelder mit städtischen und/oder räumlichen Perspektiven verbinden (z. B. Migrationsforschung, Kulturwissenschaften, Bewegungswissenschaften etc.). Damit ist eine offensichtlich »auf Dauer gestellte« Schwierigkeit verbunden: Die (allgemeine) Soziologie in Deutschland prägt stark die theoretische Entwicklung der Stadtsoziologie, wobei diese zunehmend an gesellschaftlicher Relevanz verliert. Gleichzeitig wird durch die transdisziplinäre Verortung der Stadtsoziologie diese von ihrer Mutterdisziplin, der allgemeinen Soziologie, entkoppelt.

Die allumfassende Urbanisierung und neuerdings Europäisierung, Regionalisierung und Globalisierung machen die Stadtsoziologie zunehmend obsolet – diese oder ähnlich Aussagen lassen sich in der Literatur immer wieder finden. In den 1970er Jahren wurde dieses Problem – gekoppelt an raumtheoretische Konzepte – zum Plädoyer für eine Siedlungssoziologie bzw. in einer sozialökologisch basierten Interpretation als »soziologische Stadtforschung« vorgeschlagen. Beide Konzeptionen haben sich nicht durchgesetzt. Die Vorstellung von Großstadt als Laboratorium der Moderne wurde durch die Stadtsoziologie am Leben erhalten. Diese Leitfunktion wird gleichwohl immer wieder diskutiert: Mit »Stadt«, also sozialen Strukturen, die mit räumlich fokussierbaren Problemlagen verbunden sind, lassen sich fortbestehende und neu aufbrechende Stadt-Land-Gegensätze nicht thematisieren. Hinzu kommen zunehmend soziale Problemlagen, deren räumliche Fokussierung nicht möglich ist bzw. nur bedingt Sinn macht; dies betrifft beispielsweise transnationale Lebensstile, deren Spacing (Löw) sich aus der Verortung in einer Vielzahl differenzierter räumlicher Knotenpunkte begründet. Weitere Themen-Beispiele sind Suburbanität als freiwillig gewählte Lebensform, die zunehmende Dominanz/Determination der Zwischenstadt in Agglomerationen oder soziokulturelle Diversitäten.

Was bedeutet das für die Stadtsoziologie? Der Diskurs wird durch jede Wissenschaftsgeneration fortgeführt, wiederholt, erneuert. Die Antwort wird sich immer im Spannungsfeld des Einerseits und Andererseits bewegen: »Manche sagen, dass die moderne Stadtsoziologie überflüssig wird. Denn die Städte sind die modernen Gesellschaften und moderne Gesellschaften sind städtisch. Andere sagen, die Stadtsoziologie werde zur wahren Disziplin, weil die Erforschung der Lebensbedingungen in den Städten, der Formen des Zusammenlebens und der Integration von Fremden die zentralen Fragen auch der zukünftigen gesellschaftlichen Entwicklung sind« (Häußermann 2007, o.S.).

Literatur

Alisch, Monika: *Frauen und Gentrification: der Einfluß der Frauen auf die Konkurrenz um den innerstädtischen Wohnraum.* Wiesbaden 1993.

Alisch, Monika/Dangschat, Jens S.: *Armut und soziale Integration: Strategien sozialer Stadtentwicklung und lokaler Nachhaltigkeit.* Opladen 1998.

Alisch, Monika/zum Felde, Wolfgang: »›Das gute Wohngefühl ist weg.‹ – Wahrnehmungen, Bewertungen und Reaktionen von Bewohnern im Vorfeld der Verdrängung«. In: Blasius, Jörg/Dangschat, Jens (Hg.): *Gentrification – die Aufwertung innenstadtnaher Wohnviertel.* Frankfurt a. M./New York 1990, 277–300.

Bagnasco, Arnaldo/Le Galès, Patrick: »Introduction. European Cities: Local Societies and Collective Actors?« In: Dies. (Hg.): *Cities in Contemporary Europe*. Cambridge 2000, 1–32.

Bahrdt, Hans Paul: *Die moderne Großstadt. Soziologische Überlegungen zum Städtebau* [1961]. Opladen 1998.

Benke, Carsten: »Historische Schrumpfungsprozesse: Urbande Krisen und städtische Selbstbehauptung in der Geschichte«. In: Gestring, Norbert u. a. (Hg.): *Jahrbuch StadtRegion 2004/2005. Schwerpunkt: Schrumpfende Städte*. Wiesbaden 2005, 49–70.

Berking, Helmut/Löw, Martina: »Wenn New York nicht Wanne-Eickel ist … Über Städte als Wissensobjekt der Soziologie«. In: Dies. (Hg.): *Die Wirklichkeit der Städte. Sonderband 16: Soziale Welt*. Baden-Baden 2005a, 9–22.

Berking, Helmuth/Löw, Martina (Hg.): *Die Wirklichkeit der Städte. Sonderband 16: Soziale Welt*. Baden-Baden 2005b.

Berking, Helmut/Löw, Martina: »Einleitung«. In: Dies. (Hg.): *Die Eigenlogik der Städte. Neue Wege für die Stadtforschung*. Frankfurt a. M./New York 2008, 7–14.

Berking, Helmut/Löw, Martina (Hg.): *Die Eigenlogik der Städte. Neue Wege für die Stadtforschung*. Frankfurt a. M./New York 2008.

Blakely, Edward J./Snyder, Mary Gail: *Fortress America: Gated Communities in the United States*. Washington, D.C. 1997.

Blasius, Jörg/Dangschat, Jens (Hg.): *Gentrification – die Aufwertung innenstadtnaher Wohnviertel*. Frankfurt a. M./New York 1990, 277–300.

Breckner, Ingrid: »Gentrifizierung im 21. Jahrhundert«. In: *Stadtentwicklung. Aus Politik und Zeitgeschichte* 13 (2010), 27–32.

Bruch, Ernst: »Berlin's bauliche Zukunft und der Bebauungsplan«. In: *Deutsche Bauzeitung* 4 (1870), 69–71.

Brunner, Otto: »Das ›ganze Haus‹ und die alteuropäische ›Ökonomik‹«. In: Ders.: *Neue Wege zur Sozialgeschichte, Vorträge und Aufsätze*. Göttingen 1956, 33–61.

Dangschat, Jens S.: »Gentrification: Der Wandel innerstadtnaher Nachbarschaften«. In: Friedrichs, Jürgen (Hg.): *Soziologische Stadtforschung. Kölner Zeitschrift für Soziologie und Sozialpsychologie*. Sonderheft 29 (1988), 272–292.

Dangschat, Jens S.: »Raum als Dimension sozialer Ungleichheit und als Bühne der Lebensstilisierung? – Zum Raumbezug sozialer Ungleichheit und von Lebensstilen«. In: Schwenk, Otto G. (Hg.): *Lebensstil zwischen Sozialstrukturanalyse und Kulturwissenschaft*. Opladen 1996, 99–135.

Dangschat, Jens S./Friedrichs, Jürgen: *Gentrification in der inneren Stadt von Hamburg. Eine empirische Untersuchung des Wandels von drei Wohnvierteln*. Hamburg 1988.

Delitz, Heike: *Architektursoziologie*. Bielefeld 2009.

Dörhöfer Kerstin (Hg.): *Stadt, Land, Frau. Soziologische Analysen, feministische Planungsansätze*. Forum Frauenforschung. Bd. 4. Freiburg im Breisgau 1990.

Dörhöfer, Kerstin/Terlinden, Ulla (Hg.): *Verbaute Räume. Auswirkungen von Architektur und Stadtplanung auf das Leben von Frauen*. Köln ²1987.

Eckardt, Frank (Hg.): *Handbuch Stadtsoziologie*. Wiesbaden 2012.

Engels, Friedrich: *Die Lage der arbeitenden Klasse in England* [1845]. In: *Marx-Engels-Werke*. Bd. 2. Berlin 1971, 227–506.

Farwick, Andreas: *Segregierte Armut in der Stadt*. Opladen 2001.

Fischer, Joachim/Delitz, Heike (Hg.): *Die Architektur der Gesellschaft*. Bielefeld 2009.

Florida, Richard: *The Rise of the Creative Class*. New York/London 2002.

Florida, Richard: *The City and the Creative Class. And How It's Transforming Work, Leisure and Everyday Life*. New York 2005.

Frank, Susanne: »Feministische Stadtkritik – Theoretische Konzepte, empirische Grundlagen, praktische Forderungen«. In: Häußermann, Hartmut/Siebel, Walter: *Stadtsoziologie – eine Einführung*. Frankfurt a. M./New York 2004, 196–213.

Frank, Sybille: *Der Mauer um die Wette gedenken. Die Formation einer Heritage-Industrie am Berliner Checkpoint Charlie*. Frankfurt a. M./New York 2009.

Frank, Sybille u. a.: »Der aktuelle Perspektivenstreit in der Stadtsoziologie«. In: *Leviathan* 41 (2013), 197–223.

Frey, Oliver/Koch, Florian (Hg.): *Die Zukunft der europäischen Stadt*. Wiesbaden 2011.

Friedrichs, Jürgen: *Stadtanalyse. Soziale und räumliche Organisation der Gesellschaft*. Opladen 1983.

Friedrichs, Jürgen u. a. (Hg.): *Süd-Nord-Gefälle in der Bundesrepublik? Sozialwissenschaftliche Analysen*. Opladen 1986.

Friedrichs, Jürgen (Hg.): *Soziologische Stadtforschung. Sonderheft 29. Kölner Zeitschrift für Soziologie + Sozialpsychologie* 40 (1988).

Friedrichs, Jürgen: »Stadtsoziologie – wohin?« In: Ders. (Hg.): *Soziologische Stadtforschung, Sonderheft 29 der Kölner Zeitschrift für Soziologie und Sozialpsychologie* 40 (1988), 7–17.

Friedrichs, Jürgen/Kecskes, Robert (Hg.): *Gentrification: Theorie + Forschungsergebnisse*. Opladen 1996.

Friedrichs, Jürgen: »Gentrification«. In: Häußermann, Hartmut (Hg.): *Großstadt. Soziologische Stichworte*. Opladen 2000, 57–66.

Friedrichs, Jürgen: »Ist die Besonderheit des Städtischen auch die Besonderheit der Stadtsoziologie?« In: Herrmann, Heike u. a. (Hg.): *Die Besonderheit des Städtischen. Entwicklungslinien der Stadt(soziologie)*. Wiesbaden 2011, 34–47.

Glass, Ruth: »Introduction: Aspects of Change«. In: McGibbon and Kee/Center for Urban Studies (Hg.): *Aspects of Change*. London 1964, xvii–xix.

Hager, Frithjof/Schenkel, Werner: *Schrumpfungen: Chancen für eine anderes Wachstum. Ein Diskurs der Natur- und Sozialwissenschaften*. Berlin 2000.

Hannemann, Christine: »Stichwort ›Großsiedlung-Ost‹«. In: HäußermannHartmut (Hg.): *Großstadt. Soziologische Stichworte*. Opladen 1998, 91–103.

Hannemann, Christine: »Schrumpfende Städte in Ostdeutschland – Ursachen und Folgen einer Stadtentwicklung ohne Wirtschaftswachstum«. In: *Städtepolitik. Aus Politik und Zeitgeschichte* 28 (2003), 16–23.

Hannemann, Christine: »Fragen und Überlegungen zum ersten Themenblock ›Die Stadtsoziologie als Bindestrichdisziplin?‹«. In: Dies. (Hg.): *Nachrichtenblatt zur*

Stadt- und Regionalsoziologie. Hg. im Auftrag der Sektion Stadt- und Regionalsoziologie. Berlin 2005, 17–22.

Hannemann, Christine: »Editorial«. In: Hannemann, Christine u. a. (Hg.): *Jahrbuch StadtRegion 2009/2010. Schwerpunkt: Stadtkultur und Kreativität.* Opladen/Farmington Hills 2010, 9–15.

Hannemann, Christine/Mettenberger, Tobias: »›Amerika‹ als Spiegelbild – zur Funktion eines Kontrastes im Diskurs ›europäische Stadt‹«. In: Frey, Oliver/Koch, Florian (Hg.): *Die Zukunft der europäischen Stadt.* Wiesbaden 2011, 55–70.

Hannemann, Christine/Sewing, Werner: »Gebaute Stadtkultur: Architektur als Identitätskonstrukt«. In: Kirchberg, Volker/Göschel, Albrecht (Hg.): *Kultur in der Stadt: Stadtsoziologische Analysen zur Kultur.* Opladen 1998, 55–79.

Harlander, Tilman/Kuhn, Gerd: »Deutschland – ›Mischung‹ in kommunaler Praxis und Wohnungswirtschaft«. In: Dies./Wüstenrot Stiftung (Hg.): *Soziale Mischung in der Stadt: Case Studies – Wohnungspolitik in Europa – Historische Analyse.* Stuttgart/Ludwigsburg 2012, 386–407.

Harth, Annette u. a.: *Segregation in ostdeutschen Städten.* Opladen 1998.

Harth, Annette/Scheller, Gitta: *Das Wohnerlebnis in Deutschland. Eine Wiederholungsstudie nach 20 Jahren.* Wiesbaden 2012.

Häußermann, Hartmut: »Städte, Gemeinden und Urbanisierung«. In: *Aus Polirik und Zeitgeschichte.* Jg. 56, Nr. 40–41, 2006, 14–22.

Häußermann, Hartmut: »Desintegration durch Stadtpolitik«. In: Joas, Hans (Hg.): *Lehrbuch der Soziologie.* Frankfurt a. M./New York 2001, 505–532.

Häußermann, Hartmut: »Es kommt auf die soziale Integration an – in allen Städten. Öffentlicher Raum, Boomstädte und urbane Kultur«. In: *Dossier Megastädte.* Bundeszentrale für politische Bildung (Hg.). Bonn 2007 = http://www.bpb.de/gesellschaft/-staedte/megastaedte/64711/soziale-integration-staedtische-identitaet (3.3.2012).

Häußermann, Hartmut/Neef, Rainer (Hg.): *Städte in Ostdeutschland.* Opladen 1996.

Häußermann, Hartmut/Siebel, Walter: »Thesen zur Soziologie der Stadt«, In: *Leviathan* 6 (1978), 484–500.

Häußermann, Hartmut/Siebel, Walter: *Neue Urbanität.* Frankfurt a. M. 1987.

Häußermann, Hartmut/Siebel, Walter: »Die schrumpfende Stadt und die Stadtsoziologie«. In: *Kölner Zeitschrift für Soziologie und Sozialpsychologie,* Sonderheft 29/1988: »Soziologische Stadtforschung«, hrsg. von J. Friedrichs. Opladen 1988, S. 78–94.

Häußermann, Hartmut/Siebel, Walter: *Urbanität. Beiträge zur Stadtforschung, Stadtentwicklung und Stadtgestaltung* 38. Hg. vom Magistrat der Stadt Wien. Wien 1992.

Häußermann, Hartmut/Siebel, Walter (Hg.): *Festivalisierung der Stadtpolitik. Stadtentwicklung durch große Projekte.* Opladen 1993.

Häußermann, Hartmut/Siebel, Walter: *Soziologie des Wohnens. Eine Einführung in Wandel und Ausdifferenzierung des Wohnens.* Weinheim/München 1996.

Häußermann, Hartmut/Siebel, Walter: *Stadtsoziologie. Eine Einführung.* Frankfurt a. M./New York 2004.

Häußermann, Hartmut u. a.: *Stadterneuerung in der Berliner Republik. Modernisierung in Berlin-Prenzlauer Berg.* Opladen 2002.

Häußermann, Hartmut u. a.: *Stadtpolitik.* Frankfurt a. M. 2008.

Heitmeyer, Wilhelm: »Versagt die ›Integrationsmaschine‹ Stadt?« In: Ders. u. a. (Hg.): *Die Krise der Städte.* Frankfurt a. M. 1998, 443–467.

Herlyn, Ulfert: »Stadtsoziologische Literatur der letzten 50 Jahre«. In: Herlyn, Ulfert (Hg.): *Hans Paul Bahrdt: Die moderne Großstadt.* Opladen 1998, 211–239.

Herlyn, Ulfert/Bertels, Lothar (Hg.): *Stadt im Umbruch: Gotha. Wende und Wandel in Ostdeutschland.* Opladen 1994.

Herrmann, Heike u. a. (Hg.): *Die Besonderheit des Städtischen. Entwicklungslinien der Stadt(soziologie).* Wiesbaden 2011.

Holm, Andrej: *Die Restrukturierung des Raumes. Stadterneuerung der 90er Jahre in Ostberlin. Interessen und Machtverhältnisse.* Bielefeld 2006.

Holm, Andrej: »Gentrification«. In: Eckardt, Frank (Hg.): *Handbuch Stadtsoziologie.* Wiesbaden 2012, 661–687.

Horkheimer, Max/Adorno, Theodor W.: »Gemeindestudien«. In: Dies. (Hg.): *Soziologische Exkurse.* Frankfurt a. M. 1974, 134–149.

Huber, Victor Aimé: *Die Wohnungsnoth der kleinen Leute in großen Städten.* Leipzig 1857.

Jacobs, Jane: *The Death and Life of Great American Cities.* New York 1961.

Jacobs, Jane: *Tod und Leben großer amerikanischer Städte.* Braunschweig/Wiesbaden 1993³ [1963].

Jessen, Johan: Stichwort »Großsiedlung-West«. In: Häußermann, Hartmut (Hg.): *Großstadt. Soziologische Stichworte.* Opladen 1998, 104–114.

Kanacher, Ursula: *Wohnstrukturen als Anzeiger gesellschaftlicher Strukturen. Eine Untersuchung zum Wandel der Wohnungsgrundrisse als Ausdruck gesellschaftlichen Wandels von 1850 bis 1975 aus der Sicht der Elias'schen Zivilisationstheorie.* Frankfurt a. M. 1987.

Kecskes, Robert: *Das Individuum und der Wandel städtischer Wohnviertel. Eine handlungstheoretische Erklärung von Aufwertungsprozessen.* Pfaffenweiler 1997.

Keller, Carsten: *Armut in der Stadt. Zur Segregation benachteiligter Gruppen in Deutschland.* Opladen 1999.

Keller, Carsten/Ruhne, Renate: »Die Besonderheit des Städtischen. Entwicklungslinien der Stadt(soziologie) – Einleitung«. In: Herrmann, Heike u. a. (Hg.): *Die Besonderheit des Städtischen. Entwicklungslinien der Stadt(soziologie).* Wiesbaden 2011, 7–30.

Kemper, Jan/Vogelpohl, Anne: *Lokalistische Stadtforschung, kulturalisierte Städte. Zur Kritik einer »Eigenlogik der Städte«.* Münster 2011.

Kirchberg, Volker: *The Interface of Culture and City Development – A Comparison of Baltimore and Hamburg.* Unveröffentliches Vortragsmanuskript für das Annual Meeting der Eastern Sociological Society in Baltimore am 22. März 2009.

Kornau, Elisabeth: *Raum und soziales Handeln. Studien zu einer vernachlässigten Dimension soziologischer Theoriebildung. Göttinger Abhandlungen zur Soziologie + ihrer Grenzgebiete.* Bd. 25. Stuttgart 1977.

Korte, Hermann: »Soziologie der Stadt – Entwicklungen und Perspektiven«. In: Korte, Hermann (Hg.): *Soziologie der Stadt.* Weinheim/München 1972, 9–37.

Korte, Hermann: *Soziologie im Nebenfach. Eine Einführung.* Konstanz 2001.

Krämer-Badoni, Thomas: »Die Stadt als sozialwissenschaftlicher Gegenstand«. In: Häußermann, Hartmut u. a. (Hg.): *Stadt und Raum.* Pfaffenweiler 1991, 1–29.

Krämer-Badoni, Thomas: »Die Klassiker der Soziologie und die Besonderheit des Städtischen«. In: Herrmann, Heike u. a. (Hg.): *Die Besonderheit des Städtischen. Entwicklungslinien der Stadt(soziologie).* Wiesbaden 2011, 69–83.

Krätke, Stefan: *Stadt – Raum – Ökonomie. Einführung in aktuelle Problemfelder der Stadtökonomie und Wirtschaftsgeographie.* Basel/Boston/Berlin 1995.

Kronauer, Martin: *Exklusion. Die Gefährdung des Sozialen im hoch entwickelten Kapitalismus.* Frankfurt a. M. 2003.

Lamnek, Siegfried: *Qualitative Sozialforschung.* Basel/Weinheim 2005.

Landry, Charles: *The Creative City. A Toolkit for Urban Innovators.* London 2000.

Läpple, Dieter: *Essay über den Raum: für ein gesellschaftswissenschaftliches Raumkonzept.* Hamburg 1991.

Lenger, Friedrich/Tenfelde, Klaus (Hg.): *Die europäische Stadt im 20. Jahrhundert. Wahrnehmung– Entwicklung – Erosion.* Köln/Weimar/Wien 2006.

Lindner, Rolf: *Die Entdeckung der Stadtkultur. Soziologie aus der Erfahrung der Reportage.* Frankfurt a. M. 1990.

Lindner, Rolf: *Walks on the Wild Side. Eine Geschichte der Stadtforschung.* Frankfurt a. M. 2004.

Lischek, Beate: »Weiblicher Wohnalltag«. In: Breckner, Ingrid u. a. (Hg.): *Soziologie des Wohnens.* München 1981, 166–189.

Logan, John/Molotch, Harvey: *Urban Fortunes: The Political Economy of Place.* Berkeley/Los Angeles 1987.

Löw, Martina: *Raumsoziologie.* Frankfurt a. M. 2001.

Löw, Martina: *Soziologie der Städte.* Frankfurt a. M. 2008.

Löw, Martina/Sturm, Gabriele: »Raumsoziologie«. In: Kessl, F. u. a. (Hg.): *Handbuch Sozialraum.* Wiesbaden 2005, 31–48.

Löw, Martina u. a.: *Einführung Raum- und Stadtsoziologie.* Opladen 2007.

Mackensen, Rainer u. a.: *Daseinsformen der Großstadt: Typische Formen sozialer Existenz in Stadtmitte, Vorstadt und Gürtel der industriellen Großstadt. Studien zu Soziologie und Ökologie industrieller Lebensformen.* Tübingen 1959.

McKinney, John C.: *Constructive Typology and Social Theory.* New York/London/Singapore/Dubai 1966.

Molotch, Harvey: »The City as a Growth Machine: Toward a Political Economy of Place«. In: *The American Journal of Sociology* 82.2 (1976), 309–332.

Park, Robert u. a. (Hg.): *The City.* Chicago 1925.

Robischon, Tobias/Liebmann, Heike: *Städtische Kreativität. Potenzial für den Stadtumbau.* Hg. vom Institut für Regionalentwicklung u. Strukturplanung. Darmstadt 2003.

Rodenstein, Marianne: *Wege zur nicht-sexistischen Stadt. Architektinnen und Planerinnen in den USA.* Freiburg im Breisgau 1994.

Rodenstein, Marianne: »Frauen«. In: Häußermann, Hartmut (Hg.): *Großstadt. Soziologische Stichworte.* Opladen 1998, 47–57.

Salin, Edgar: »Urbanität«. In: Deutscher Städtetag (Hg.): *Erneuerung unserer Städte: Vorträge, Aussprachen und Ergebnisse der 11. Hauptversammlung des Deutschen Städtetages, Augsburg, 1.–3. Juni 1960.* Stuttgart/Köln 1960, 9–34.

Saunders, Peter: *Soziologie der Stadt.* Frankfurt a. M./New York 1987.

Schäfer, Uta (Hg.): *Wandel der städtischen Strukturen in Ostdeutschland.* Opladen 1997.

Schäfers, Bernhard: »Soziologie als mißbedeutete Stadtplanungswissenschaft«. In: *Archiv für Kommunalwissenschaften* 9.2 (1970), 240–259.

Schäfers, Bernhard: »Gründung und Arbeitsschwerpunkte der Sektion Stadt- und Regionalsoziologie«. In: *Soziologie. Mitteilungsblatt der Deutschen Gesellschaft für Soziologie* 2 (1976), 78–94.

Schäfers, Bernhard: *Architektursoziologie. Grundlagen – Epochen – Themen.* Wiesbaden 2003.

Schäfers, Bernhard: »Literaturbesprechungen Stadtsoziologie. Martina Löw: Soziologie der Städte. Taschenbuch Wissenschaft«. In: *Kölner Zeitschrift für Soziologie und Sozialpsychologie* 63 (2011), 513–515.

Siebel, Walter: Stichwort »Urbanität«. In: Häußermann, Hartmut (Hg.): *Großstadt. Soziologische Stichworte.* Opladen 2000, 264–271.

Siebel, Walter (Hg.): *Die europäische Stadt.* Frankfurt a. M. 2004.

Silbermann, Alphons: *Vom Wohnen der Deutschen – Eine soziologische Studie über das Wohnerlebnis.* Opladen 1963.

Silbermann, Alphons: *Neues vom Wohnen der Deutschen (West).* Köln 1991.

Silbermann, Alphons: *Das Wohnerlebnis in Ostdeutschland. Eine soziologische Studie.* Verl. Köln 1993.

Simmel, Georg: *Die Großstädte und das Geistesleben* [1903]. In: Rammstedt, Otthein (Hg.): *Georg Simmel Gesamtausgabe. Bd. 7.* Frankfurt a. M. 1995, 116–131.

Sombart, Werner: »Der Begriff der Stadt und das Wesen der Städtebildung«. In: *Archiv für Sozialwissenschaften und Sozialpolitik* 25 (1907), 1–9.

Steets, Silke: »Wir sind die Stadt!« *Kulturelle Netzwerke und die Konstitution städtischer Räume in Leipzig.* Frankfurt a. M./New York 2008.

Steets, Silke: »Die Stadt als Wohnzimmer und die Floridarisierung [sic!] der Stadtpolitik«. In: Herrmann, Heike u. a. (Hg.): *Die Besonderheit des Städtischen. Entwicklungslinien der Stadt(soziologie).* Wiesbaden 2011, 87–104.

Sturm, Gabriele: *Wege zum Raum: Methodologische Annäherungen an ein Basiskonzept raumbezogener Wissenschaften.* Opladen 2000.

Terlinden, Ulla: *Gebrauchswirtschaft und Raumstruktur. Ein feministischer Ansatz in der soziologischen Stadtforschung.* Stuttgart 1990.

Thiel, Joachim: »Hoffnungsträger Kreativität? Ambivalenzen einer (Sozial-)Ökonomie der kreativen Stadt«. In: Herrmann, Heike u. a. (Hg.): *Die Besonderheit des Städtischen. Entwicklungslinien der Stadt(soziologie).* Wiesbaden 2011, 105–124.

Verein für Socialpolitik (Hg.): »Die Wohnungsnoth der ärmeren Klassen in deutschen Großstädten und Vorschläge zu deren Abhülfe. Gutachten und Berichte«. 1886.

Volkmann, Reiner: »Die unternehmerische Stadt«. In: *Dossier: Stadt und Gesellschaft.* Bundeszentrale für politische Bildung (Hg.). Bonn 2007 = http://www.bpb.de/gesellschaft/staedte/stadt-+-gesellschaft/64417/einfuehrung (28.3.2012)

Weber, Max: »Die Stadt«. In: *Archiv für Sozialwissenschaften und Sozialpolitik* 47 (1921), 621–772.

Wehrheim, Jan: »Segregation, ethnische«. In: Fuchs-Heinritz, Werner u. a. (Hg.): *Lexikon zur Soziologie*. Wiesbaden 2011, 600.

Wirth, Louis: »Urbanism as a Way of Life« [1938]. In: LeGates, Richard/Stout, Frederic (Hg.): *The City Reader*. New York 1996, 189–197.

Wollmann, Hellmut: »Die kommunale deutsche Selbstverwaltung – ein »Auslaufmodell«. In: *Deutsche Zeitschrift für Kommunalwissenschaft* 4.1 (2000), 42–51. = http://amor.cms.hu-berlin.de/~h0598bce/html/publikationen.html (23.3.2012).

Wüst, Thomas: *Urbanität – Ein Mythos und sein Potential*. Wiesbaden 2004.

Zimmermann, Clemens: *Von der Wohnungsfrage zur Wohnungspolitik. Die Reformbewegung in Deutschland* 1845–1914. Göttingen 1991.

4. Stadtökonomie

Guido Spars

Dieser Beitrag versucht die wirtschaftswissenschaftliche Perspektive auf das Phänomen Stadt zu erläutern und hierbei die wesentlichen Themenfelder herauszuarbeiten, in denen sich die Stadtökonomie als Teildisziplin hervorgetan hat. Nach einer kurzen Einführung in die Anfänge der Stadtökonomie werden Fragen der Landnutzung, der Standorte und Immobilienwirtschaft vorgestellt. Danach erfolgt eine Auseinandersetzung mit der Agglomerations- und der Clustertheorie, die als wesentliche Grundlagen der heutigen räumlichen Wirtschaftspolitik gesehen werden können. Hieran schließen sich die wesentlichen Forschungsaussagen der New Economic Geography an, einem jüngeren Forschungsfeld innerhalb der Stadt- und Regionalökonomie. Der Abschluss des Beitrages beschäftigt sich dann mit der wachsenden Bedeutung der Wissensökonomie für die Stadt von morgen.

Die Stadt als Forschungsgegenstand fasziniert die Ökonomen, seit es sie gibt. So findet man bereits sehr frühe Überlegungen im Hauptwerk *The Wealth of Nations* (1776) von Adam Smith zur Rolle von Städten, ihrer Arbeitsteilung und der Funktionsweise städtischer Ökonomien. Ein zentraler Aspekt bei der ökonomischen Definition von Stadt ist der Markt(-platz), der auch nach Max Weber als notwendiges Kriterium für eine Stadt gilt (Weber 1921). Der Austausch von Waren und Dienstleistungen auf einem Markt und eine ausdifferenzierte Arbeitsteilung, die auf engem Raum organisiert ist, sind zwei wesentliche Triebkräfte für die Entstehung von Stadt aus ökonomischer Perspektive. Hierbei wird die Ballung von Unternehmen durch Kostenvorteile räumlicher Nähe begünstigt, wie später zu zeigen sein wird.

Eine stadtökonomische Disziplin als ein Baustein im wirtschaftswissenschaftlichen Theoriegebäude hat sich freilich erst ab den 1920er und 1930er Jahren entwickelt, der Begriff der Urban Economics fand erstmals Erwähnung in Wilbur Thompsons *Preface to Urban Economics* (1965). Evans (2003,

522) sieht die Geburt einer stadtökonomischen Forschungsagenda in den Arbeiten von William Alonso (1960, 1961, 1964) und Lowdon Wingo (1961) begründet, weil sie erstmals eine Theorie präsentierten, die vormals einzeln betrachtete Themenfelder wie Transport- und Mobilitätsfragen, Standort- bzw. Landnutzung und den Wohnungsbau integriert betrachtete. Diese ›Geburtsstunde‹ spiegelt sich auch in der Entstehung der ersten auf Stadtökonomie spezialisierten wissenschaftlichen Zeitschriften Anfang bis Mitte der 1970er Jahre wie z. B. *Regional and Urban Economics* (1971) später bekannt als *Regional Science and Urban Economics* oder das *Journal of Urban Economics* im Jahr 1974.

1. Der ökonomische Blick auf die Stadtentwicklung

Was ist aus ökonomischer Perspektive so faszinierend an den Städten und ihrer Entwicklung? – Zunächst kann man generell die Entstehung und Entwicklung von Städten ökonomisch begründen oder herleiten. In einem inzwischen als klassisch zu bezeichnenden Artikel von Edwin Mills aus dem Jahr 1967 bat der Autor die Leser, sich eine Wirtschaft vorzustellen, in der es keine Größenvorteile oder Skalenerträge (*economies of scale*) in der Produktion von Gütern gäbe (McDonald 1997, 38). Dies würde bedeuten, man könnte alle Güter und Dienstleistungen auch in sehr kleinen Mengen zu Minimalkosten quasi überall produzieren. Welche Art von Ökonomie wäre das? In dieser Ökonomie gäbe es keine Städte. Sie erinnert sehr an die Art der Produktion zu Zeiten mittelalterlicher Feudalstrukturen, wo jedes zerstreute Ritter- oder Feudalgut alles für den Eigenbedarf selbst produzierte und wenig Handel stattfand. Nur war diese Produktion im Verhältnis sehr teuer bzw. die Einkommen waren sehr niedrig.

Erst mit einer Produktion der Güter in größerer Stückzahl wurden die Produkte günstiger, konnten getauscht werden, so dass sich eine Arbeitsteilung einstellte, die im Ergebnis zu schnell wachsendem Wohlstand führte. Also entstanden größere Manufakturen, und die einzelnen Gewerbespezialisierungen und Produktionsarten bildeten sich heraus. Die wachsende Zahl der Arbeiter, die sich nun (aus Gründen der Zeit- und Transportkostenersparnis) ebenfalls in der Nähe der Manufakturen niederließen, und der Marktplatz, der eingerichtet wurde, um die verschiedenen Güter und Dienstleistungen zu tauschen, ließen so etwas wie eine Stadt heranwachsen. Dieser Prozess wurde dann später im Zeitalter der Industrialisierung und der Massenproduktion immer stärker vorangetrieben und führte zu der Bevölkerungsexplosion und dem enormem Stadtwachstum, das uns aus fast allen (europäischen) Städten bekannt ist.

2. Landnutzung, Standorte und Immobilienwirtschaft

Die Untersuchung von Immobilienmärkten (Real Estate Economics), insbesondere im Bereich des Wohnens und der Büronutzungen, aber auch im Segment der Einzelhandelsflächen und der Spezialimmobilien (z. B. Hotels etc.) gehört inzwischen ebenfalls zum stadtökonomischen Forschungsfeld. Hierbei ist jedoch zu sagen, dass das Feld der Immobilienökonomie zwar als Bestandteil der Stadtökonomie aufgefasst werden kann, die Immobilienwirtschaftslehre aber inzwischen eine eigene Teildisziplin darstellt, die sich aus betriebswirtschaftlichen und volkswirtschaftlichen Ansätzen zusammensetzt.

Die Anfänge der Real Estate Economics sind in den ersten Landnutzungs- und Bodenmarkttheorien zu sehen. Sehr früh schon wurde in den erwähnten Arbeiten von Alonso und Wingo die Frage nach den städtischen Nutzungen, ihrer räumlichen Anordnung und den Konsequenzen für Boden und Immobilienpreise gefragt. Dabei konnte sich z. B. Alonso auf die Vorarbeiten des deutschen Pioniers Johann Heinrich von Thünen stützen, der in seinem Hauptwerk von 1826 bezogen auf die Agrarnutzung des Bodens erstmals unter Einbeziehung von Transportkosten Aussagen zur optimalen Raumnutzungsstruktur machte. Hierbei leitete von Thünen (1910) mithilfe eines neoklassischen Gleichgewichtsmodells

die optimale räumliche Produktionsstruktur ab. Eine zentrale Rolle in diesem Modell spielen die Transportkosten für die produzierten (landwirtschaftlichen) Güter, die darüber bestimmen, wie hoch der Gewinn an unterschiedlichen Anbauorten ausfällt. Den optimalen Produktionsstandort für die jeweiligen Produkte leitet dieses Modell dann an dem gewinnmaximalen Punkt im Raum ab. Auch wenn das Modell mit extrem vereinfachenden Annahmen bezüglich der Qualitäten des Bodens und der Homogenität der Fläche und der Güter arbeitet, schafft es doch eine wichtige Basis, von der aus die grundlegenden Standortfragen der landwirtschaftlichen Produktion erläutert und bestimmt werden konnten.

Das von Thünen-Modell wurde später auf die städtischen Nutzungen hin weiterentwickelt. Hierbei sind die Arbeiten aus den 1920er Jahren von Park, Burgess und McKenzie (1925), sowie aus den 1960er Jahren vor allem von Alonso (1964) und Muth (1969) hervorzuheben. Alonso gelang es mit seiner Weiterentwicklung zu erläutern, warum der Bodenpreis aus den unterschiedlich hohen Bietrenten konkurrierender Nutzungen resultiert und sich eine monozentrische Stadtstruktur ergibt, in deren Mitte der Central Business District (CBD) liegt. In konzentrisch darum herum angeordneten Kreisen bilden sich die anderen Nutzungen mit den niedrigeren Geboten ab; zunächst die höherwertige Wohnnutzung und dann das verarbeitende Gewerbe. Es ergibt sich eine Differentialrente, die sich aus den Lagevorteilen zum CBD und somit aus Transportkostenvorteilen ausdrückt.

Der neoklassische Ansatz kämpft mit den meist aus seinen restriktiven Annahmen resultierenden Begrenzungen. Kritik wird hauptsächlich daran geübt, dass diese statischen Modelle Veränderungen sozialer und ökonomischer Natur nicht mit einbeziehen und daher einen mangelnden Erklärungsgehalt für derartige Veränderungen besitzen (Maier Tödtling 2002). Auch die Vernachlässigung der Rolle des historischen Kontextes und der soziokulturellen Rahmenbedingungen ist neben der Infragestellung der Rationalitäts-, Informationsvollkommenheits- und Marktvollkommenheitsannahmen eine gern vorgetragene Kritik (Spars 2006).

Auf der Grundlage dieser Marktmodelle von Räumen und Bodennutzungen wurden dann zwischen 1972 und 1980 etliche Artikel zur Rolle und zu den Effekten der Stadt- bzw. Landnutzungsplanung geschrieben. Hierbei ging es hauptsächlich darum, die planerischen »Eingriffe« aus ökonomischer Sicht zu

Theorien/Ansätze	Stadt- und regionalökonomische Ebene	Zentrale Aussagen	Hauptvertreter	Verknüpfung mit der Immobilienbranche	Verknüpfung mit Immobilienmärkten
Neoklassische Theorie der regionalen Entwicklung	Makro	Freie Mobilität der Produktionsfaktoren führt zum regionalen Ausgleich (Konvergenz)	Solow, R.M., Borts G.H., Stein, J.L.	Immobilienbranche erbringt wichtige Vorleistungen für die regionale Produktionsfunktion.	Immobilienmärkte werden durch externe Wachstumsfaktoren (Bevölkerung) beeinflusst
Export-Basis-Theorie	Makro	Das Exporteinkommen bestimmt über einen Multiplikatoreffekt das Wachstum von Städten und Regionen	Sombart, W., Isard, W.	Immobilienbranche ist mehrheitlich dem internen Sektor zuzurechnen, kann jedoch mit Produkten und Dienstleistungen ebenfalls den Export und damit das Wachstum stärken.	Keine spezifischen Aussagen
Neue endogene Wachstumstheorie	Makro	Divergente Regionalentwicklung ist möglich aufgrund steigender Skalenerträge	Romer, P. Aghion, P. Howitt, P. Grossman, G.M. Helpman, E.	Bedeutung von Innovations- und Lernprozessen für die Regionalwirtschaft auch in der Immobilienbranche und durch Vernetzung mit F+E anderer Branchen, Kompetenzorientierung. Weiterbildung.	Keine spezifischen Aussagen
New Economic Geography	Makro/Meso	Spezialisierungs- und Konzentrationsprozesse in der Industrie lassen sich durch Agglomerationseffekte, steigende Skalenerträge und Transportkosten erklären	Krugman, P. Fujita, M., Venebles, A.	Bedeutung von Kernregionen für Wachstumsprozesse, Begleitung und Begünstigung von Ballungs- und Innovationsprozessen durch die Immobilienbranche, ihre Analysen und Dienstleistungen	Immobilienpreise und -produkte können Bremser für zirkulär-kumulative Prozesse regionaler Entwicklungen sein
Marshallsche Agglomerationstheorie	Mikro/Meso	Agglomerationsvorteile in Form von Urbanisations- und Lokalisationsvorteilen können zur Ballung von Unternehmen führen	Marshall, A.,	Immobilienbranche kann mit Produkten und Dienstleistungen zahlreiche Agglomerationsvorteile generieren	Agglomerationsvorteile drücken sich u. a. in Preisen und Preisveränderungen auf dem Immobilienmarkt aus
Neoklassische Standorttheorien	Mikro/Meso	Optimale Raumnutzungsstrukturen entstehen durch die Ableitung von Bodenrenten bei Einbeziehung von Transportkosten	v. Thünen, H., Weber, A., Alonso, W.	Immobilienbranche produziert Standorte	Die Preisbildung an Immobilienmärkten ist von Raumüberwindungskosten unterschiedlicher Standorte geprägt

Ausgewählte Theorien und Ansätze der Stadt- und Regionalökonomie und ihre Verknüpfung mit der Immobilienbranche und Immobilienmärkten bewerten und in der Abwägung von sozialen Kosten und Nutzen Hinweise für eine wohlfahrtsökonomisch optimale Planungspolitik zu geben (Evans 2003, 525).

Danach wurde stärker empirisch gearbeitet und versucht, die (negativen) Auswirkungen der Planung (Externalitäten) auf Immobilienpreise zu untersuchen, was sich jedoch als methodisch schwierig herausstellte. Hierbei arbeitete man etwas später auch mithilfe hedonischer Modelle und hat dann positive und negative Einflüsse von Planungsentscheidungen auf Immobilienpreise herausgefiltert (Chesire Sheppard 2002; Evans 2003, 525).

Nachdem die wesentlichen stadtökonomischen Zeitschriften wie oben dargestellt in den 1970er Jahren entstanden, entwickelten sich die wesentlichen Zeitschriften der immobilienwirtschaftlichen Disziplin dann in den 1980er Jahren, wie z. B. *Journal of Real Estate Finance and Economics* (1981), der Vorläufer des *Journal of Property Investment and Finance* (1982) und das *Journal of Real Estate Research* (1986; Evans 2003, 525).

Aus Sicht der Stadtökonomie ist gerade die Schnittstelle zwischen der Stadt- bzw. Regionalökonomie und der Immobilienwirtschaft ein interessantes Feld. Die Tabelle auf S. 89 zeigt hierbei als Surrogat die wesentlichen Verknüpfungen zwischen einerseits ausgewählten Theorien und Ansätzen der Stadt- und Regionalökonomie und andererseits den Hauptaussagen der Immobilienwirtschaft und ihrer Märkte (Spars 2006).

Hierbei wird deutlich, dass die Immobilienwirtschaft als Teil der Stadtwirtschaft räumliche Grundlagen und Inputs für die städtische Wirtschaft erbringt und damit den städtischen Wachstums- und Ballungsprozess mit entsprechenden Produkten und Dienstleistungen begünstigen oder aber auch bremsen kann.

Die genaue Analyse von Immobilienteilmärkten (Angebote, Nachfrage, Preise), die Bedeutung externer Effekte und auch die makroökonomischen Zusammenhänge zwischen der Zyklik an den globalen Kapitalmärkten und der Immobilienwirtschaft sind u. a. Themenfelder der aktuellen immobilienwirtschaftlichen Forschung. Das letztere Thema ist aufgrund der weltweiten Finanzkrise und ihrer immobilienwirtschaftlichen Implikationen nach wie vor virulent. Längst schon hat die Sekundärfunktion von Immobilien als Vermögensgegenstand (Asset) eine bedeutende Rolle bei der Steuerung von Angebot und Nachfrage in allen Immobilienteilmärkten übernommen.

Ist man früher bei der Marktanalyse stärker auf die Primärfunktion der Immobilien, ihre direkte Nutzung in Abhängigkeit von der Angebots-Nachfrage-Relation nach Flächen eingegangen, sind es heute die Kapitalmärkte mit ihrem Einfluss auf den Verkauf und die Erstellung von Immobilien, deren wichtiger Einfluss verstärkt erforscht wird. Der deutsche Immobilienmarkt erlebte dabei in den letzten Jahren aufgrund unterschiedlicher Ursachen ein zunehmendes Interesse ausländischer Investoren und Akteure. Als wesentliche Treiber für diese Entwicklung werden diskutiert:

– die Globalisierung des Kapitalmarktes generell,
– die zurückhaltende Preisentwicklung (Preisstabilität) bei deutschen Immobilien im Vergleich zu teils rasanten Preissteigerungen im Ausland,
– das (noch) niedrige deutsche Zinsniveau,
– die z. T. problematische Finanzsituation der öffentlichen Haushalte, die Privatisierungsbestrebungen öffentlichen Immobilieneigentums befördern,
– die verbesserte wirtschaftliche Lage infolge eines konjunkturellen Aufschwungs und
– die Einführung und Ankündigung institutioneller Neuerungen bei Investitionen in Immobilien, wie z. B. die Einführung deutscher REITS (Real Estate Investment Trusts) 2007, deren Ergebnisse jedoch weitgehend hinter den Erwartungen zurückbleiben. Seit der Einführung des REIT-Status haben nur vier Unternehmen den Schritt an die Börse unternommen. Mit 1,0 Mrd. – 1,5 Mrd. Euro liegt das Marktvolumen weit unter dem noch zu Beginn geschätzten Potential von 122 Mrd. Euro.

3. Agglomerations- und Clustertheorien

Die agglomerationstheoretischen Arbeiten widmen sich innerhalb der stadtökonomischen Forschung den Fragen der räumlichen Ballung als einem weiteren Argument der Stadtentstehung. Neben den weiter oben beschriebenen Größenvorteilen der Produktion, die durch die städtische Ballung ermöglicht werden, sind es auch die gegenseitigen Befruchtungen oder Synergien zwischen den Unternehmen, die die Stadt zu organisieren helfen. Die Stadt ermöglicht Kostenvorteile durch die Ballung von Unternehmen der gleichen (Lokalisationseffekt) oder auch verschiedener Branchen (Urbanisationseffekt) an einem Standort. Es ist das Verdienst von Alfred Mar-shall (1890), in seinen *Principles of Economics* als Erster die Bedeutung räumlicher externer Effekte (sogenannter Externalitäten) für die Ballung von Unternehmen angesprochen und begründet zu ha-ben. Seine Überlegungen fußen auf der neoklassi-schen Theorie, und er widmet in seinem Buch ein ganzes Kapitel der »Konzentration spezialisierter In-dustrien an besonderen Orten«. Hierfür wird inzwi-schen in der Literatur der Begriff der »Marshall-schen externen Erträge« (»external economies«) verwendet (Krugman 1991a, 36; Fujita/Thisse 2000, 10; Roos 2002, 65).

Durch die Ballung verschiedener Branchen an ei-nem Ort entwickeln sich für die Unternehmen Vor-teile wie ein größeres Angebot an Arbeitskräften an einem Ort, ein breites Produzenten- und Dienstleis-terangebot, die schnellere Adaption und Transmis-sion von Innovationen zwischen verschiedenen Branchen und größere lokale Absatzmärkte für die Produkte (Fujita, Thisse 2002). Auch wenn sich Un-ternehmen der gleichen Branche ballen, kommen Kostenvorteile bzw. positive externe Effekte (Lokali-sationseffekte) zustande. Sie treten als größere Spe-zialisierung einzelner Firmen innerhalb der jeweili-gen Branche, als größerer Pool von spezialisierten Arbeitskräften vor Ort, als kürzere offizielle und in-offizielle Kommunikationskanäle, die somit eine schnellere Adaption von Innovationen ermöglichen, und als breiteres Spektrum spezifischer Produk-tionsinputs für diese Branche in Erscheinung (ebd.).

Die beschriebenen agglomerationstheoretischen Grundlagen sind somit auch die Basis des aktuellen Forschungsasts der Stadtökonomie, der sich mit Clustertheorien und Clusterpolitik beschäftigt (Floeting 2008; Spars 2010). Eine häufig zitierte De-finition von Porter beschreibt Cluster hierbei als die räumliche Konzentration von miteinander verbun-denen Unternehmen bestimmter Branchen, spezia-lisierten Zulieferern, Dienstleistern, Unternehmen verwandter Branchen sowie unterstützenden Orga-nisationen (Universitäten, Kammern, Verbänden u. a.), die gleichzeitig kooperieren und konkurrieren (Porter 2006). Es zeigt sich, dass – entgegen der mit dem Aufkommen und der Verbreitung der Informa-tions- und Kommunikationstechniken (IuK-Techni-ken) vermuteten Zunahme der Standortwahlfreiheit von Unternehmen – spezifische und gemeinsame Standorte nach wie vor von zentraler Bedeutung sind: »In theory location should no longer be a source of competitive advantage. Open global mar-kets, rapid transportation, and high speed communi-cation should allow any company to source anything from any place at any time. But in practice location remains central to competition. Today's economy of the world is characterized by clusters: critical masses in one place of linked industries and institutions – from suppliers to universities to government agen-cies – that enjoy unusual competitive success in a particular field. The most famous examples are found in Silicon Valley and Hollywood, but clusters dot the world's landscape« (Porter 1998, 79).

Die Erklärung der Entstehung von Clustern auf der Basis von Agglomerationsvorteilen, Spillovere-fekten (Übertragungseffekten), spezifischen Aus-gangsbedingungen und historischen Zufälligkeiten hat häufig – insbesondere bei Wirtschaftspoliti-kern – zu der Vorstellung geführt, dass Cluster auch systematisch gefördert oder erzeugt werden können (Henckel/Spars u. a. 2007). Dazu haben eine Reihe von Studien beigetragen, die von Leo van den Berg und Mitarbeitern für das Eurocities-Netzwerk ver-öffentlicht wurden (1996, 2004), in Deutschland Anfang der 2000er Jahre auch Studien von Wirt-schaftsforschungsinstituten und einiger Unterneh-mensberater wie Roland Berger und McKinsey (McKinsey 2002). Die Clusterproduktion und das Clustermanagement wurden immer häufiger als neue Instrumente der Wirtschaftsförderung darge-stellt und eingesetzt und bilden in manchen Fällen sogar die Grundlage regionaler Entwicklungsstrate-gien (Küpper/Röllinghoff 2005).

Schaut man auf das Agglomerationsthema durch die Brille der Statistik zur Branchenkonzentration, so lässt sich bei aller Euphorie für den Clusteransatz erkennen, dass Untersuchungen zur empirischen Verteilung von Branchenkonzentrationen in Deutsch-land mithilfe des Ellison-Glaeser-Index (Alecke u. a. 2005; Alecke/Untiedt 2006) zeigen, dass nur etwa ein Zehntel der Wirtschaftszweige räumlich »stark kon-zentriert« sind. Überdies findet die stärkste Konzen-tration nicht, wie oft vermutet, in den forschungs- und technologieintensiven Industrien, sondern eher in rohstoffintensiven und ›traditionellen‹ Branchen statt. Unter den 20 am stärksten räumlich konzent-rierten Wirtschaftszweigen in Deutschland befindet sich keine aus dem Bereich der industriellen Spit-zen- oder Hochtechnik (Alecke/Untiedt 2006). Die-ses Ergebnis deckt sich weitgehend mit den Ergeb-nissen in anderen europäischen Ländern (Maurel/Sédillot 1999; Devereux u. a. 1999; Mayerhofer/Palme 2003; Barrios u. a. 2003).

4. New Economic Geography

In den letzten Jahren ist eine neue Schule im stadt- und regionalökonomischen Diskurs aufgetaucht, die ihre Bedeutung an der Schnittstelle zwischen Außenhandelstheorie, Wirtschaftsgeografie und Industrieökonomik gefunden hat: Die New Economic Geography (NEG). Diese Schule greift zeitlich das Thema der Wachstumsprozesse und räumlich das Thema der Ballung mit einer Vielzahl neuer Verknüpfungen von Modellansätzen und Publikationen auf (Evans 2003, 526; Berliant, Wang 2004; Krugman 1991a).

Sowohl die steigende Nachfrage nach regionalökonomischen Erklärungsmodellen innerhalb der Außenwirtschaftstheorie, aufgrund der immer stärkeren Integration der Weltwirtschaft und dem damit verbundenen Bedeutungsgewinn von Regionen, als auch die verstärkte Nachfrage von industrieökonomischen Modellen (z. B. Dixit, Stiglitz 1977) zur Modellierung der Marktform der monopolistischen Konkurrenz für regionalökonomische Erklärungszwecke führten zu dieser stärkeren Integration der Erklärungsansätze aus den verschiedenen ökonomischen Schulen (Spars 2006).

Hierbei lässt sich als ein Kern dieser Integration – im Gegensatz zur Neoklassik – das Konzept steigender Skalenerträge (d. i. die Rate, mit der sich die Produktion erhöht) benennen, das von allen Modellen gleich modelliert wird: Aufgrund der monopolistischen Konkurrenz ergibt es sich, dass unter der Annahme steigender Skalenerträge, einem Preissetzungsspielraum bei den Produzenten und kostenlosem Marktzutritt von Konkurrenten jeder Anbieter nur ein Gut auf dem Gütermarkt anbietet (ebd.). Da die Unternehmen »Gewinnmaximierer« sind, werden sie bei geringer Konkurrenz wenige Varianten in großer Menge produzieren, um auf dem Weg der Skalenerträge einen möglichst großen Gewinn zu machen. Diese Gewinne wirken aber als Anreiz für weitere Unternehmen mit neuen Varianten auf den Markt zu kommen (freier Markteintritt), wodurch aufgrund des steigenden Angebotes das Preisniveau und die Produktionsmengen der bereits etablierten Produkte sinken und somit auch der Gewinn der Unternehmen. Dixit/Stiglitz (1977) zeigen, dass die Anzahl der Varianten dort gefunden wird, wo der Gewinn vollkommen eliminiert ist, es jedoch auch keinen Verlust gibt (Maier, Tödtling 2002).

Die New Economic Geography überträgt derartige Marktunvollkommenheiten auf die räumliche Ebene und untersucht, wie sich diese Effekte auf die Verteilung von Produktion und auch Produktionsfaktoren zwischen Regionen auswirken (Spars 2006). Es werden demnach Ballungseffekte nachgewiesen und analysiert. Ballungseffekte, die beispielsweise in einer Branche auftreten, breiten sich mithilfe verschiedener Mechanismen auf die gesamte Regionalwirtschaft aus. Zu den Mechanismen gehören Nachfrageeffekte, Mobilität der Produktionsfaktoren (Krugman 1991b), intersektorale Lieferverflechtungen und Mobilität zwischen den Branchen und Sektoren (Venables 1996).

Der unvollständige Wettbewerb (monopolistische Konkurrenz) mit tatsächlichen oder vermeintlichen Produktunterschieden auf den betreffenden Märkten führt zu Anreizen, immer neue Produktvarianten einzuführen (Produktvielfalt) bzw. immer höhere Qualitätsstufen zu erreichen (Frenkel/Hemmer 1999, 175). Ist in einem Zwei-Regionen-Modell die eine Region größer als die andere, so wird die größere Region über eine höhere Anzahl an Produktvarianten verfügen (Maier/Tödtling, 2002, 111). Dies führt zu einer höheren Attraktivität der größeren Region für die Konsumenten. Auch für die Arbeitnehmer ist die größere Region attraktiver, da es dort aufgrund des höheren Wettbewerbs zu niedrigeren Preisen und folglich höheren Reallöhnen kommt. Somit kommt es zu einer stärkeren Zuwanderung von Arbeitskräften in die größere Region und somit dort zu schnellerem Wachstum. Die Ballung der Produktion bestimmter Varianten des Gutes wird somit ökonomisch vorteilhaft. Aus diesem Vorteil lassen sich auch Transportkosten dieses Produktes an andere Standorte finanzieren. Dieser Unterschied zur neoklassischen Theorie wird durch die Annahme steigender Skalenerträge möglich.

Die Stärke dieses kumulativ-zirkulären Effektes hängt hierbei zum einen von der jeweiligen Modellierung des Modells ab, ist jedoch u. a. um so stärker (Ottaviano, Thisse 2001; Maier/Tödtling 2002), je stärker die Präferenz für die Varianten des Gutes aus Region B sind, je schwächer die Varianten des Gutes einander substituieren können, je ausgeprägter die Skalenerträge sind und je geringer die Bedeutung des immobilen Produktionsfaktors ist.

Es handelt sich also bei der New Economic Geography alles in allem um eine Weiterführung bzw. neue Verknüpfung bereits vorhandener theoretischer Ansätze zur Erläuterung ungleichgewichtiger Zustände in räumlichen Märkten. Hierbei stützt sie sich vor allem auf die Annahme steigender Skalenerträge, externer Effekte und die Abweichungen von der Marktform der vollkommenen Konkurrenz (monopolistische Konkurrenz). Gerade für die ungleichgewichtige Raumentwicklung bietet diese Theorieschule demnach eine ganze Menge an Theorien und Modellen zur Erklärung, so dass davon ausgegangen werden kann, dass dieser stadtökonomische Zweig sich weiter entfalten wird.

5. Städte als privilegiertes Innovationsfeld der Wissensproduktion

Gerade zur Erläuterung von Wachstumsprozessen der Stadt und in der Stadt ist aber auch der Zusammenhang zwischen Stadt und Innovationen hochinteressant. Hierbei ergibt sich ein wechselseitiges Verhältnis: Zum einen sind es viele technologische Neuerungen (Dampfmaschine, Elektrizität bzw. elektrische Eisenbahn, Fahrstühle, Bautechnologien etc.), die manche Städte und ihre Entwicklung erst möglich gemacht haben. Andererseits sind von Städten die wesentlichen ökonomischen, sozialen und technologischen Prozesse ausgegangen. Städte sind schon lange die Zentren des wissenschaftlichen Austausches und der Forschung, repräsentiert z. B. durch die historischen Universitätsstädte.

Das bedeutet, dass es in Städten aufgrund der Dichte ihrer Bewohner zu einer Multi-Optionalität von (ungeplanten und geplanten) Begegnungen von Menschen kommt, die in kreativen und schöpferischen Austausch miteinander treten können, sich gegenseitig befruchten und auch weiterbilden können. Viele Erfindungen sind ja eher zufällig durch z. B. ungeplante Prozesse entstanden. In der Stadt gibt es einen Wettbewerb um die besten Lösungen, der auf engstem Raum ausgetragen wird, und es können kollektive Lernprozesse initiiert werden, die sich an Problemen und aktuellen Herausforderungen der städtischen Entwicklung entfachen. Die Stadt wirkt hierbei aufgrund ihrer Kosten sparenden Qualität wie ein Motor für viele innovative Prozesse, sei es auf technischem, auf sozialem oder auf kulturellem Gebiet.

Gerade in den letzten Jahren ist in der wissenschaftlichen Literatur verstärkt auch von kreativen Eigenschaften der Städte die Rede: »creative city« (Landry 2000), »cultural industries« (Wynne 1992), »creative industries« (O'Connor 1999) oder »crea-

tive class« (Florida 2002) sind hierbei nur einige der Begriffsverbindungen von Kreativität, städtischer Lebenswelt und Wirtschaft, die sich dazu in der Literatur finden. Richard Floridas Verdienst ist es, als Erster darauf hingewiesen zu haben, dass das städtische Wachstum gerade auf den drei Voraussetzungen *talent*, *technology* und *tolerance* beruht, was er empirisch am Beispiel US-amerikanischer Städte belegt hat.

Insbesondere die Hochqualifizierten stehen heutzutage besonders im Fokus der Wirtschaft und der Städte, da davon ausgegangen werden kann, dass die Bedeutung der wissensbasierten Ökonomie als Motor zukünftiger städtischer Prosperität weiter zunehmen wird (Spars/Naismith 2012). In diesem Zusammenhang ist auch die Lissabon-Strategie der Europäischen Union zu verstehen, die gerade im Umbau der städtischen Wirtschaften von den »alten« Industrien hin zu den neuen Wissensökonomien einen wirtschaftspolitischen Ansatzpunkt für eine neue Wachstumsausrichtung innerhalb der Europäischen Union sieht.

Die Städte werden hierbei als privilegiertes Innovationsfeld der Wissens- und Kulturproduktion gesehen (Läpple 2005; Kujath u. a. 2010). Die Agglomerationstheorie geht davon aus, dass sowohl die Konzentration von Humankapital generell (funktionale Diversifikation) als auch die Konzentration von Hochqualifizierten für den Interaktionsprozess und für die Attraktivität der Stadt für weitere gut ausgebildete Zuwanderer entscheidend ist (Gertler 1995; Storper 1997). Dies impliziert ebenfalls, dass sich die Unternehmer bezüglich ihrer Standortwahl zunehmend an der Verfügbarkeit qualifizierter Arbeitnehmer ausrichten werden, was die Bedeutung einer auf die wichtigen Standortfaktoren der Wissensökonomie ausgerichtete Stadtpolitik wie Lebensqualität, Kultur- und Freizeitangebote, Image, ausdifferenzierte Wohnungsmärkte (Faller/Jacob/Spars 2009) etc. verdeutlicht.

Unterstellt man eine große Bedeutung von Humankapital und Wissensökonomie für die erfolgreiche Weiterentwicklung von Städten (Park 2000; Krätke 2007), so ist es interessant, diese Bedeutung der Wissensökonomie empirisch genauer zu hinterfragen. Kujath u. a. (2010) untersuchen die Auswirkungen der Wissensökonomie auf die deutschen Städte auf der Grundlage der Beschäftigtenzahlen zu zwei Zeitpunkten (1998, 2006) auf »NUTS-3-Ebene«, wobei in der Statistik der EU als NUTS-3-Ebene jene räumliche Ebene verstanden wird, die kleinere Regionen und Großstädte abbildet (in Deutschland Kreisebene). Die Autoren definieren die Wissensökonomie hierbei sehr breit über die vier Funktionsbereiche Informations- und Medienindustrie, Hochtechnologieindustrie, Transformationsdienstleister und Transaktionsdienstleister und schauen, wie diese auf den verschiedenen räumlichen Ebenen des Städtesystems verteilt sind. Es wird festgestellt, dass zwischen 1998 und 2006 die Beschäftigtenzuwächse innerhalb der Wissensökonomie vor allem in Regionen mit weniger als 100 000 Einwohnern, insbesondere in Süddeutschland und einigen Regionen Norddeutschlands – also gerade außerhalb von Großstädten – stattgefunden haben. Allerdings waren in diesem Zeitraum hauptsächlich Arbeitsplätze in der Hochtechnologie von diesem Wachstum betroffen, die es nicht nur in den Großstädten gibt. Der Befund macht deutlich, dass eben nicht nur große Agglomerationen potenzielle Wachstumspole der Wissensökonomie darstellen, sondern auch kleine und mittlere Städte hier durchaus Entwicklungsperspektiven haben.

Die Autoren gehen davon aus, dass die Wissensökonomie funktional spezifisch im Raum verteilt ist und somit nicht alle Städte in gleicher Weise (qualitativ-funktional) und in gleichem Umfang (quantitativ) am wirtschaftsstrukturellen Wandel partizipieren und damit unterschiedliche Positionen innerhalb des wissensökonomischen Städtesystems einnehmen (Spars/Naismith 2012).

Mithilfe einer Clusteranalyse haben die Autoren sieben Regionstypen gebildet. Schaut man nur auf die Regionstypen mit überdurchschnittlicher Bedeutung der Wissensökonomie, so finden sich dabei »stabile Hochtechnologieregionen«, »wachsende Regionen mit Transaktionsdienstleistern« und die »Metropolregionen« Berlin, Hamburg und München als eigener Typus. Für das Städtesystem in Deutschland wird hierbei erkennbar (Spars/Naismith 2012), dass

– eine hohe wissensökonomische Diversität sowie hohe Konzentrationswerte von Transaktionsdienstleistern und des Informations- und Mediensegments ausschließlich in Großstädten und deren Umland zu finden sind,
– die Wissensökonomie in kleinen und mittleren Städten außerhalb der Agglomerationen sich überwiegend auf der Basis der Hochtechnologie entwickelt und
– somit innerhalb der wissensökonomisch geprägten Städte eine größenabhängige Hierarchie wissensökonomischer Funktionen mit nur wenigen Ausnahmen sichtbar wird.

Neben den Wachstumsaussichten der großen Agglomerationen ist es jedoch wichtig, die Entwicklungschancen kleiner und mittlerer Städte ebenfalls zu erkennen, insbesondere wenn sie sich – wie das in Süddeutschland häufig der Fall ist – durch eine Bedeutung als Hochtechnologiestandorte auszeichnen.

6. Ausblick

Das heterogene Feld der stadtökonomischen Forschung wird sich weiterhin vielfältig entwickeln, nicht zuletzt, weil die Städte und die Prozesse der Urbanisierung immer stärker an Bedeutung gewinnen werden und insbesondere die Ökonomie als Treiber dieser Entwicklungen eine wichtige Rolle spielen wird. Die Komplexität der ökonomischen Einflüsse auf Raum- und Stadtentwicklung, die internationale Dimension der städtischen Arbeitsteilung wird ebenfalls weiter zunehmen, so dass die Disziplin der Stadtökonomie gefordert ist, mit weiterentwickelten Methoden und Theorien diese Prozesse zu beschreiben und womöglich auch stadtwirtschaftliche Handlungsempfehlungen auszusprechen. Hierbei wird sicherlich der Bedarf an institutioneller und anwendungsorientierter Stadtforschung einerseits wachsen, aber andererseits auch die weitere Ausdifferenzierung von Modellen zur Beschreibung komplexer Verhältnisse an räumlichen Märkten (z. B. Immobilienmärkten) und bei der Standortentwicklung zunehmen. Den politischen Anspruch einer nachhaltigen Stadtentwicklung, wie sie nicht nur, aber auch gerade für internationale Megacities gefordert wird, einzulösen, bedarf auch von stadtökonomischer Seite noch erheblicher Anstrengungen und einer gewissen Offenheit für transdisziplinäre Forschungsansätze (Mieg/Töpfer 2013).

Literatur

Alecke, Björn/Untiedt, Gerhard: *Die geografische Konzentration von Industrie und Dienstleistungen in Deutschland, Neue empirische Evidenz mittels des Ellison-Glaeser-Index.* GEFRA Working Paper 2 (2006).
Alecke, Björn/Valsleben, Chirstoph u. a.: »New Evidence on the Geografic Concentration of German Industries«. In: Johansson, Borje/Karlsson, Charlie u. a. (Hg.): *Indus-*

trial Clusters and Inter-Firm Networks. Münster 2005.

Alonso, William: *A Model of the Urban Land Market: Location and Densities of Dwellings and Business.* Ph.D. Dissertation. Pennsylvania 1960.

Alonso, William: *A Theory of the Urban Land Market, Papers and Proceedings.* Regional Science Ass. 6 (1961), 149–157.

Alonso, William: *Location and Land Use. Towards a General Theory of Land Rent.* Cambridge, Ma. 1964.

Barrios, Salvador/Bertinelli, Luisito u. a.: *Agglomeration Economies and the Location of Industries: A Comparison of Three Small European Countries.* CORE Discussion Paper No. 2003067 (2003).

Berliant, Marcus/Wang, Ping: »Dynamic Urban Models: Agglomeration and Growth«. In: Capello, Roberta/Nijkamp, Peter (Hg.): *Urban Dynamics and Growth, Advances in Urban Economics.* Amsterdam 2004, 533–582.

Cheshire, Paul/Sheppard, Stephen: »The welfare economics of land use planning«. In: *Journal of Urban Economics,* 52 (2002), 242–269.

Devereux, Michael P./Griffith, Rachel u. a.: *The Geographic Distribution of Production Activity in the UK.* The Institute for Fiscal Studies, Working Paper 26 (1999).

Dixit, Avinash K./Stiglitz, Joseph E.: »Monopolistic Competition and Optimum Product Diversity«. In: *American Economic Review* 67 (1977), 297–308.

Evans, Alan W.: »The Development of Urban Economics in the Twentieth Century«. In: *Regional Studies* 37.5 (2003), 521–529.

Faller, Bernd/Jacob, Patricia u. a.: *Der Wohnungsmarkt Berlin als Standortfaktor, Studie im Auftrag der Investitionsbank Berlin, Endbericht.* Berlin 2009.

Floeting, Holger (Hg.): *Cluster in der Wirtschaftsförderung-Vom Marketingbegriff zum Prozessmanagement.* Berlin 2008.

Florida, Richard: *The Creative Class, 2002.* = http://www.creativeclass.com

Frenkel, Michael/Hemmer, Hans-Rimbert: *Grundlagen der Wachstumstheorie.* München 1999.

Friedmann, John: ›*The World City hypothesis‹, Development and Change* 17 (1986), 69–83.

Fujita, Masahisa/Thisse, Jaques-Francois: »The Formation of Economic Agglomerations: Old Problems and New Perspectives«. In: Hurriot, J.M./Thisse, Jaques-Francois (Hg.): *The Economics of Cities* 3–73. Cambridge 2000.

Fujita, Masahisa/Thisse, Jaques-Francois: *Economics of Agglomeration, Cities, Industrial Location and Regional Growth.* Cambridge 2002.

Gertler, Meric S.: »›Being there‹: Proximity, Organization, and Culture in the Development of Advanced Manufacturing Technologies«. In: *Economic Geography* 71 1995, 1–26.

Henckel, Dietrich/Spars, Guido u.a.: *Möglichkeiten und Grenzen einer länderübergreifenden Förderpolitik zur Stärkung von wirtschaftlichen Stärken (Cluster) in Ostdeutschland.* Endbericht des Forschungsprojektes. Berlin 2007.

Krätke, Stefan: »Metropolisation of the European Economic Territory as a Consequence of Increasing Specialisation of Urban Agglomerations in the Knowledge Economy«. In: *European Planning Studies* 15.1 (2007), 1–27.

Krugman, Paul: *Geography and Trade.* Cambridge 1991a.

Krugman, Paul: »Increasing Returns and Economic Geography«. In: *Journal of Political Economy* 99 (1991b), 483–499.

Kujath, Hans Joachim/Zillmer, Sabine: »Räume der Wissensökonomie, Implikationen für das deutsche Städtesystem«. In: IRS (Hg.): *Stadt- und Regionalwissenschaften.* Bd. 6. Erkner 2010.

Küpper, Utz-Ingo/Röllinghoff, Stefan: »Cluster Management: Anforderungen an Städte und Regionale Netzwerke«. In: *Deutsche Zeitschrift für Kommunalwissenschaften* 44.1 (2005), 60–93.

Landry, Charles: *The Creative City. A Toolkit for Urban Innovators.* London 2000.

Läpple, Dieter: »Thesen zu einer Renaissance der Stadt in der Wissensgesellschaft«. In: Gestring, N. (Hg.): *Jahrbuch StadtRegion. Schwerpunkt Urbane Regionen* [Yearbook cityregion. Urban regions]. Opladen 2004, 61–78.

Läpple, Dieter: »Thesen zu einer Renaissance der Stadt in der Wissensgesellschaft«. In: Gestring, N. (Hg.): *Jahrbuch StadtRegion. Schwerpunkt Urbane Regionen.* Opladen 2004, 61–78.

Maier, Gunther, Tödtling, Franz: *Regional- und Stadtökonomik. Bd. 2: Regionalentwicklung und Regionalpolitik.* Wien ²2002.

Marshall, Alfred: *Principles of Economics* [1890]. London 1966.

Maurel, Françoise/Sédillot, Béatrice: »A Measure of the Geographic Concentration in French Manufacturing Industries«. In: *Regional Science and Urban Economics* 29 (1999), 575–604.

Mayerhofer, Peter/Palme, Gerhard: *Strukturpolitik und Raumplanung in den Regionen an der mitteleuropäischen EU-Außengrenze zur Vorbereitung auf die EU-Osterweiterung. Teilprojekt 6/1: Sachgüterproduktion und Dienstleistungen: Sektorale Wettbewerbsfähigkeit und regionale Integrationsfolgen.* (2001). = URL: www.preparity.wsr.ac.at/public/veroeffentlichungen/at/veroeffentlichungen_a6.html.

McDonald, John F.: *Fundamentals of Urban Economics.* Prentice-Hall 1997.

McKinsey (2002): *Cluster. McK Wissen 1.6* (2002).

Mieg, Harald A./Töpfer, Klaus (Hg.): *Institutional and Social Innovation for Susatainable Urban Development.* London 2013.

Mills, Edwin: »An Aggregative Model of Resource Allocation in a Metropolitan Area«. In: *American Economic Review, Papers and Proceedings* 57 (1967), 197–210.

Muth, Richard F.: *Cities and Housing: the Spatial Pattern of Urban Residential Land Use.* Chicago 1969.

O'Connor, Justin: *The Definition of »Cultural Industries«* 1999. = http://www.mipc.mmu.ac.uk>

Ottaviano, Gianmarco I.P./Thisse, Jaques Francois: »On Economic Geography in Economic Theory: Increasing Returns and Pecuniary Externalities«. In: *Journal of Economic Geography* 1.2 (2001), 155–179.

Park, Robert E./Burgess, Ernest W. u. a.: *The City.* Chicago 1925.

Park, Sam Ock: *Knowledge-based Industry and Regional Growth.* IWSG Working Paper 2 (2000).

Porter, Michael: »Clusters and the New Economics of Competition«. In: *Harvard Business Review* 11.12 (1998), 77–90.

Porter, Michel (2006): »Unternehmen können von regionaler Vernetzung profitieren«. In: *Harvard Business Manager* 1 (2006), 51–63.

Roos, Michael: *Ökonomische Agglomerationstheorien. Die Neue Ökonomische Geography im Kontext.* Köln 2002.

Smith, Adam: *The Wealth of Nations.* London 1776.

Spars, Guido: *Die Immobilienwirtschaft aus der Sicht regionalökonomischer Theorien. Das Beispiel Berlin.* Berlin 2006.

Spars, Guido: »Cluster«. In: Henckel, D. u. a. (Hg.): *Planen, Bauen, Umwelt. Ein Handbuch.* Berlin 2010.

Spars, Guido/Naismith, Ines-Caroline: »The German City System«. In: Just, Tobias/Maennig, Wolfgang (Hg.): *Understanding German Real Estate.* Berlin/Heidelberg, 2012, 57–72.

Storper, Michael: »Regional Economies as Relational Assets«. In: R. Lee; J. Wills, (Hg.): *Geographies of Economies.* London 1997, 248–258.

Thompson, Wilbur: *A Preface to Urban Economics.* Baltimore 1965.

United Nations: »Patterns of Urban and Rural Population Growth«. In: *Population Studies* 68 (1980).

Van den Berg, Leo u. a.: *Organising Capacity of Metropolitan Cities.* Rotterdam 1996.

Van den Berg, Leo u. a.: *European Cities in the Knowledge Economy. The Cases of Amsterdam, Dortmund, Eindhoven, Helsinki, Manchester, Munich, Münster, Rotterdam and Zaragoza.* Rotterdam 2004.

Venables, Anthony J.: »Equilibrium Locations of Vertically Linked Industries«. In: *International Economic Review* 37 (1996), 341–359.

Von Thünen, Johann Heinrich: *Der isolierte Staat in Beziehung auf Landwirtschaft und Nationalökonomie.* Jena 1910.

Weber, Max: *Die nichtlegitime Herrschaft (Typologie der Städte)* [1921]. Erstabdruck in: Archiv für Sozialwissenschaft und Sozialpolitik 47. (1921), unter dem Titel: Die Stadt].

Wingo, Lowdon: *Transportation and Urban Land. Resource for the Future.* Washington D.C. 1961.

Wynne, Derek: *The Culture Industry: Arts in Urban Regeneration.* Avebury 1992.

5. Stadtökologie

Wilfried Endlicher

In diesem Beitrag wird das interdisziplinäre Wissenschaftsgebiet der Stadtökologie vorgestellt (vgl. weitergehend Endlicher 2012). Das erste Kapitel führt in Begriff und Methoden der Stadtökologie ein. Die anschließenden drei Kapitel behandeln die urbanen Ökosysteme: die Geosphäre mit den Bereichen Luft, Wasser und Böden in der Stadt (Kapitel 2); die Biosphäre mit Flora und Fauna (Kapitel 3) sowie die Anthroposphäre mit Fragen wie nachhaltige Stadtentwicklung oder Gesundheit (Kapitel 4). Das fünfte Kapitel benennt aktuelle Themen und künftige Herausforderungen. Stadtökologie ist eine noch junge Disziplin, welche wächst und sich konsolidiert. Da weltweit immer mehr Menschen in Städten leben, nimmt der Druck auf die urbanen Ökosysteme zu. Klimawandel und steigende Anforderungen an die urbane Lebensqualität erhöhen ihn zusätzlich. Entsprechend wächst das Aufgabengebiet der Stadtökologie.

1. Einleitung

1.1 Begriff

Stadtökologie ist die Wissenschaft von den urbanen Ökosystemen und Stadtlandschaften mit ihren Wechselbeziehungen und schließt die Beziehungen dieser Systeme zu den Stadtbewohnern, ihrem Handeln und Planen mit ein. Stadtökologische Forschung ist überwiegend interdisziplinär ausgerichtet und kann sowohl *über* eine Stadt als auch *in* einer Stadt erfolgen (Marzluff u.a. 2008; Endlicher u.a. 2012; Endlicher 2012).

Grundlegend für die Stadtökologie ist der von Ernst Haeckel eingeführte Begriff der Ökologie. Haeckel verstand darunter »die gesamte Wissenschaft von den Beziehungen des Organismus zur umgebenden Außenwelt« (Haeckel 1866. Bd. 2, 286). Als Begründer der Stadtökologie in Deutschland gilt Herbert Sukopp (1973, 1990, 1997). Er machte aus der Not der politischen Insellage Westberlins eine Tugend und beobachtete die »Rückeroberung« der teilweise noch in Trümmern liegenden Stadt durch die Natur (Sukopp u.a. 1979). Sein erstmals 1973 entwickeltes und seitdem mehrfach verbessertes Ökosphärenmodell einer Großstadt ist für das Verständnis der ökologischen Stadtforschung grundlegend. Sukopp und Wittig (1998, 2) definieren »Stadtökologie in einem engeren Sinne als diejenige Teildisziplin der Ökologie, die sich mit den städtischen Ökosystemen, Biotopen und Biozönosen (Lebensgemeinschaft von Organismen in einem abgrenzbaren Lebensraum), ihren Organismen und Standortbedingungen sowie mit Struktur, Funktion und Geschichte urbaner Ökosysteme beschäftigt«. In einem weiteren Rahmen verstehen sie darunter aber auch »ein integriertes Arbeitsfeld mehrerer Wissenschaften aus unterschiedlichen Bereichen und von Planung mit dem Ziel einer Verbesserung der Lebensbedingungen und einer dauerhaften umweltverträglichen Stadtentwicklung«.

1.2 Teilsysteme

Die Erde als hoch komplexer Lebensraum kann nur verstanden werden, wenn wir sie als System betrachten. Ein System bezeichnet eine komplexe, aber strukturierte Gesamtheit von Einzelelementen, die kausal miteinander verbunden sind und untereinander in Wechselwirkung stehen. Bei den Teilsystemen oder Sphären des Erdsystems unterscheiden wir Atmosphäre (Lufthülle), Hydrosphäre (Wasser), Kryosphäre (Eis), Biosphäre (belebte Natur) sowie Litho- und Pedosphäre (Gesteine und Boden). Diese systemische Betrachtungsweise kann in verschiedenen Maßstäben erfolgen, in einer globalen, hemisphärischen, kontinentweiten, regionalen oder lokalen Dimension.

In der Stadtökologie stehen Konzepte und Strategien für die gesellschaftliche Daseinsfürsorge in einer mesoskalaren, d. h. lokalen Raumdimension im Mittelpunkt des Interesses. Dabei müssen zunächst die Wechselwirkungen der Teilsysteme der unbelebten Natur, also der Geosphäre untersucht werden. In der Stadt zählen dazu die Pedosphäre, also das Untersystem der Bodenhülle, die Hydrosphäre mit Oberflächen- und Grundwasser sowie die Atmosphäre mit dem Stadtklima und der Luftqualität. Diese Teilsphären bilden aus anthropozentrischer Sicht die »Umwelt«, so dass folgerichtig daraus der »Umweltschutz« als wichtige Aufgabe einer politischen Ökologie resultiert. Im nächsten Schritt treten die Teilsysteme der belebten Natur, die Biosphäre mit den Organismen, also die städtische Tier- und Pflanzenwelt hinzu.

Drittens rechtfertigen die vielfältigen individuellen, gruppenspezifischen, administrativen oder politischen Einflüsse, die der handelnde Mensch in der lokalen Dimension der Stadt auf die anderen Teilsysteme ausübt, die Ausgliederung einer ihm eigenen sozioökonomischen Sphäre, der Anthroposphäre. Darunter hat man zu verstehen den vom Menschen geschaffenen Lebensraum mit seiner Bausubstanz, also die Kulturlandschaft und die technischen Prozesse (z. B. Transportnetze), in denen die menschlichen Aktivitäten stattfinden. Es sind dies die Grunddaseinsfunktionen der Charta von Athen, also Wohnen, Arbeiten, Teilnahme am Verkehr, Erholung, Kommunikation. In Abbildung 1 wird das städtische Ökosystem mit Beispielen der Wechselwirkungen zwischen den einzelnen Teilsphären dargestellt.

Stadtökologie kann auch als ein Teilgebiet einer globalen Erdsystemanalyse (Kraas/Bork 2010) angesehen werden, wobei sich der betreffende lokale bis subregionale Raum durch ein besonders hohes Maß an anthropogen verursachten Störungen der natürlichen Ursache-Wirkung-Ketten auszeichnet. Beispielsweise haben globale Prozesse wie der Klimawandel regional unterschiedliche Auswirkungen, die durch lokale Prozesse wie die städtische Wärmeinsel wiederum verstärkt werden. Andererseits sind es die Städter, die durch eine nicht-nachhaltige Lebensweise lokale und globale Prozesse verstärken. Zu Recht sprechen deswegen Crutzen (2006) und Ehlers (2008) vom »Anthropozän«, in dem die Städte eine entscheidende Rolle spielen.

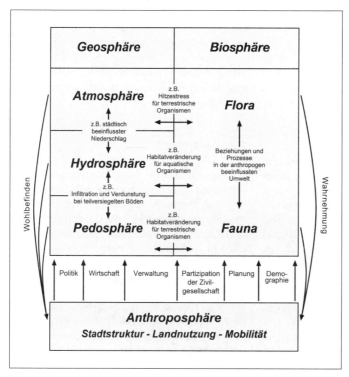

Abb. 1: Das städtische Ökosystem mit seinen Teilsystemen. Quelle: Endlicher (2012, 10)

1.3 Traditionslinien

Am Anfang stadtökologischer Forschung in den 1970er Jahren standen die taxonomische Aufnahme der urbanen Fauna und Flora und die Kartierung von Biotopen. Hinzu kamen separative Analysen von Stadtklima und -böden sowie der Stadtgewässer. Im weiteren Verlauf traten immer stärker die Prozesse in und Wechselwirkungen zwischen den einzelnen Teilsphären in den Mittelpunkt des wissenschaftlichen Interesses. In letzter Zeit werden die menschlichen Eingriffe in die Stadtlandschaften und Ökosysteme vor dem Hintergrund regionaler und globaler Prozesse diskutiert (z. B. Stadtbrachen durch Stadtschrumpfung bei Einwohnerabwanderung, Klimaschutz und Anpassung an den Klimawandel). Aus geografischer Sicht ist moderne Stadtökologie explizite Mensch-Umwelt-Forschung.

Zu den Traditionslinien der Stadtökologie zählen
– die Gartenstadt-, Klein- und Schrebergartenbewegungen, die zu Beginn des 20. Jahrhunderts als Reaktion auf die Industrialisierung und die damit in den Städten verbundenen Belastungen entstanden,
– die Chicagoer Schule (Park u. a. 1925) mit der Schöpfung des Begriffs »Urban Ecology«, unter dem allerdings ausschließlich soziologische Gesichtspunkte behandelt und Stadtgesellschaften mit Begriffen aus der Biologie beschrieben wurden, sowie die aktuellen Weiterentwicklungen dieser Denkrichtung in den Fachgebieten der Stadtsoziologie, Sozialökologie und Humanökologie,
– die von Carl Troll in den 1960er Jahren begründete geografische Wissenschaftsdisziplin der Landschaftsökologie, in der die »Stadtlandschaften« ein Forschungsgebiet par excellence darstellen,
– verschiedene lokale Naturschutzvereine und -verbände und die seit den 1970er Jahren verstärkt entstehenden Umweltschutzbewegungen,
– die internationalen Konferenzen von Stockholm 1972 (UNEP 1972) und Rio de Janeiro 1992 (BMUNR 1992), die zu den UN-Konventionen zum Schutz des Klimas und der Arten führten.

1.4 Methoden

Stadtökologische Forschung erfolgt häufig entlang von *Transekten* (Beobachtungspunkten) von der dicht verbauten Innenstadt zum aufgelockerten Stadtrand und darüber hinaus in den suburbanen bis ruralen Raum des Stadtumlands (Haase/Nuissl 2010). Die Betrachtung von Transekten ermöglicht eine Gradientenanalyse (Ermittlung der Veränderungsrate) quer zu den typischen Stadtgürteln. Die Funktionsweise einer Stadt wird ganz wesentlich durch ihre räumliche Struktur und die verschiedenen Flächennutzungen geprägt. Zu einer Diagnose und Klassifizierung der ökologischen Leistungen müssen dafür einzelne Teilräume erfasst und bewertet werden. Dabei hat sich die Kartierung von *Stadtstrukturtypen* bewährt, die sich sowohl hinsichtlich ihrer baulichen Merkmale als auch ihrer Nutzungsart und ihrer ökologischen Charakteristika unterscheiden. Ein Stadtstrukturtyp kann dabei auch als (Land/Flächen)-Nutzungstyp oder, im Zusammenhang mit der Biosphäre, als Biotoptyp angesehen werden (Duhme/Pauleit 1992). Grundlegend sind dabei die folgenden vier Makrotypen:
– verdichtete, innenstadtnahe Bereiche, wie z. B. gründerzeitliche Blockareale,
– aufgelockerte, gut durchgrünte Villen- bzw. Einfamilienhausviertel,
– Großwohnsiedlungen, eventuell auch mit Abrissflächen,
– aufgegebene Gewerbeflächen, wie z. B. Stadtbrachen und Dispositionsflächen.

Insbesondere bei großen Städten ergibt sich zwangsläufig die Notwendigkeit, stadtökologische Forschung auf verschiedenen *Maßstabsebenen* durchzuführen. Hierbei handelt es sich zum einen um die Mikroebene, d. h. die lokale Dimension, wie sie bei der empirischen Forschung in der Stadt, z. B. bei der Beschreibung eines Biotops, jeweils notwendig ist. Darüber hinaus sind aber auch Untersuchungen auf einer Mesoebene oder in einer mittleren Raumdimension sinnvoll, da in dieser Raumdimension die ökologischen und sozioökonomischen Verflechtungen und Wechselbeziehungen sehr deutlich werden. Solche mittleren Raumdimensionen werden häufig durch die administrative Ebene eines Stadtbezirks oder eines Stadtviertels vorgegeben. Schließlich bleibt die Makroebene der Gesamtstadt im Maßstab des gesamten Stadtgebiets inklusive seines näheren Umlands bzw. des städtischen Verflechtungsraums.

Untersuchungen mit Schwerpunkt auf *soziöko-nomischen* Aspekten in Städten beginnen generell mit einer systematischen Literatur- und Dokumentenrecherche in Datenbanken, Bibliotheken und Archiven. Dann wird eine qualitative Inhaltsanalyse durchgeführt. Bei der Erhebung der Daten werden quantitative und qualitative Methoden der empirischen Sozialforschung angewendet, so u. a. die Befragung mit Fragebögen oder Interviews. Beispielsweise werden in einer Befragung von NutzerInnen und Nutzungsgruppen zum Aufenthalt in einem städtischen Naherholungsgebiet Motivation und Zweck des Aufenthalts, Aufenthaltsdauer und -häufigkeit und soziodemografische Angaben wie Alter, Geschlecht, Herkunft und Beruf mittels Fragebogen erhoben. Die Auswertung quantitativer Daten geschieht mithilfe von Statistikprogrammen.

Flugzeug- oder Satelliten gestützte *fernerkundliche Verfahren* bedienen sich der spektralen Eigenschaften von Objekten an der Erdoberfläche zur Unterscheidung verschiedener Charakteristika. Viele städtische Problemlagen weisen in den Wellenlängenbereichen vom sichtbaren Licht bis zum mittleren oder fernen Infrarot deutliche Reflexionsunterschiede auf. Inzwischen können mit Satellitendaten bereits multitemporale Analysen von Stadtstrukturen über einen Zeitraum von vier Jahrzehnten durchgeführt werden. Fernerkundungsdaten liefern aber auch Erkenntnisse über die qualitative Entwicklung der Bebauung. Der Grad der Versiegelung, die Stadtstrukturtypen und urbane Flächennutzungen können definiert werden. Insbesondere liefern Fernerkundungsdaten viele Erkenntnisse über die städtische Vegetation (Hostert 2007).

Häufig werden Fernerkundungsdaten in *Geographischen Informationssystemen* (GIS) verwendet. Unter einem GIS versteht man ein Informationssystem zur Erfassung, Bearbeitung, Analyse und Präsentation von Raumdaten. Man kann dabei Rasterdaten von Vektordaten unterscheiden. Rasterdaten beschreiben die Objektgeometrie von digitalen Bildern (Pixel = Picture Element = Bildpunkt), Vektordaten die Objektgeometrie mit Punkten, Linien und Kreisbögen (z. B. von Flüssen oder Straßen). GIS ermöglicht die Darstellung sachlogischer Beziehungen (z. B. Zugehörigkeit von Pixeln zu einer bestimmten Landnutzungsklasse) wie auch raumbezogener Beziehungen (z. B. Heraussuchen aller benachbarten Pixel einer Landnutzungsklasse). Geografische Informationssysteme sind heute an die Stelle der klassischen Kartografie getreten und auf kommu-naler Ebene als Umweltinformationssysteme unverzichtbar geworden.

2. Geosphäre der Stadt

Die für die Stadt besonders relevanten Teilsysteme der Geosphäre, also der unbelebten Natur, sind die Atmo-, Hydro- und Pedosphäre. Das Studium der Eingriffe des Stadtmenschen in die Prozesse des Energie- und Materieaustausches sowie der Schutz der natürlichen Güter Luft, Wasser und Boden sind wichtige Aufgaben auf der lokalen Ebene, die mit globalen Veränderungen, wie dem Klimawandel, verbunden sind.

2.1 Atmosphäre

2.1.1 Stadtklima

Die wichtigste Auswirkung des Stadteinflusses auf die lokale Atmosphäre ist die *städtische Wärmeinsel* (Kratzer 1956; Kuttler 1998; Parlow 2007). Darunter versteht man den sich oft abends und nachts einstellenden Temperaturunterschied zwischen einer überwärmten Innenstadt und einem kühleren Umland. Die Wärmeinsel beispielsweise von Berlin beträgt im Jahresmittel ca. 3–4 °C. Die maximale Wärmeinselintensität ist von der Größe einer Stadt abhängig. An extremen Sommerabenden kann sie bei Großstädten über 10 °C betragen. Dem stehen am Tage viele Stunden gegenüber, an denen Städte in schattigen Straßenschluchten eher etwas kühler als das Umland sein können. Für die Ausbildung der Wärmeinsel ist neben dem veränderten Strahlungs- und Wärmehaushalt der hohe Versiegelungsgrad von Städten ausschlaggebend. Niederschlagswasser kann rasch abfließen und ist der Verdunstung entzogen. Das hat Konsequenzen für den Wärmehaushalt; die Energie, die nun nicht wie im Umland für den latenten Wärmestrom, also zur Evapotranspiration verbraucht wird, steht in Städten für den fühlbaren Wärmestrom, d. h. die Erwärmung der Luft zur Verfügung. Außerdem wirken die städtischen Kunstbauten als Wärmespeicher. So wird z. B. im Sommer die am Tage gespeicherte Sonnenenergie durch langwellige Ausstrahlung verzögert am Abend und in der Nacht freigesetzt. Städtische Wärmeinseln sind deshalb überwiegend ein nächtliches und sommerliches Phänomen.

Großstädte haben auch einen Einfluss auf die Niederschlagsstruktur. Aus den Ergebnissen empirischer Untersuchungen konnten als urbane Einflussfaktoren dabei die erhöhte Energieumsetzung in Wärme, die größere Oberflächenrauhigkeit, der Ausstoß von Aerosolen und die Veränderung des Wasserdampfgehaltes der Luft identifiziert werden. Daraus ergeben sich Modifikationen der urbanen Niederschlagsstruktur, wobei in der Mehrheit der Tage mit Niederschlag eine positive Leeanomalie auftritt, die bis zu 10 % des mittleren Niederschlags betragen kann. Das Großstadtgebiet selbst hat aber eher eine negative Niederschlagsanomalie.

Aus humanbioklimatologischer Sicht sind die Zusammenhänge zwischen dem thermischen Komfort, der neben Strahlung und Lufttemperatur auch durch Luftfeuchtigkeit und Wind bestimmt wird, und gesundheitlichen Auswirkungen von Interesse. Bei sommerlichen Hitzewellen steigt die Sterblichkeit gerade auch in Großstädten rapide an, wobei ältere Menschen durch diesen Hitzestress besonders gefärdet werden. Im Hitzesommer 2003 sollen in Europa etwa 70 000 Menschen durch Hitze zusätzlich zu Tode gekommen sein.

In letzter Zeit ist auch die städtische »Lichtverschmutzung« in verschiedener Hinsicht ins Blickfeld der Kritik geraten. Sie dürfte zu einer Reduktion der Artenvielfalt insbesondere von lichtsensiblen Organismen, darunter vielen Insekten, führen. Die Auswirkungen von Kunstlicht dürften insbesondere in der Kombination mit anderen Stressoren wie Hitze, Lärm, Luftbelastung etc. auch Folgen für das physische und psychische Wohlbefinden von Stadtbewohnern haben.

2.1.2 Luftqualität

In urbanen Räumen ist die Luftqualität reduziert. Derartige Luftbelastungen werden von der Industrie, Kraftwerken, dem Hausbrand und insbesondere dem Kfz-Verkehr verursacht. Topografie, Überbauung und Landnutzung modifizieren die lokale Ausbreitung der Luftschadstoffe. Alle aus anthropogenen Quellen in die Atmosphäre abgegebenen Stoffe werden *Emissionen* genannt. *Immissionen* sind alle Emissionen, die nach Verlassen der Emittenten, d. h. ihrer Quelle, auf die Ökosysteme einwirken (Baumbach 1996). Das Hauptaugenmerk gilt bei stadtökologischen Fragestellungen der Wirkungskette vom Emittenden der Schadstoffe über deren Ausbreitung und Umwandlung in der Atmosphäre – Transmission – bis zur

Auswirkung als Immission auf Menschen, Tiere, Pflanzen und Materialien. Es können gasförmige Luftverunreinigungen wie Schwefeldioxid von partikelförmigen wie Feinstaub unterschieden werden. Primäre Schadstoffe wie die Stickoxide des Kfz-Verkehrs können bei hoher Temperatur und Sonnenstrahlung zu sekundären Schadstoffen wie troposphärischem Ozon oxidiert werden. In den vergangenen Jahren konnte in Deutschland durch nationale und europäische Gesetzgebungsmaßnahmen eine erhebliche Verbesserung der Luftqualität erzielt werden. Weiterhin ungelöst ist in Städten das Problem der zu hohen und damit die Gesundheit gefährdenden Konzentrationen insbesondere von Feinstaub (als Komponente des Wintersmogs; engl. *smog* aus *smoke + fog*) und Stickoxiden, im Sommer aber auch von Ozon (Sommersmog oder fotochemischer Smog).

2.2 Hydrosphäre

»Unter Stadtgewässern versteht man verschiedenartige limnische Systeme, die durch ihre Lage in urbanen Ballungszentren gekennzeichnet sind. Im Bereich der stehenden Gewässer sind neben natürlich entstandenen Kleingewässern, Teichen und Seen auch Parkgewässer und Regenrückhaltebecken zu nennen; als Fließgewässer sind Entwässerungsgräben, Kanäle und Flüsse, z. T. mit Hafenbecken aufzuführen« (Gunkel 1991, 122). Für die Stadtgewässer spielt die Versiegelung der Oberflächen, die mit der Anlage von Wohnsiedlungen, Verkehrsflächen und Industrieanlagen verbunden ist, eine große Rolle. Direkte Folgen sind eine Verminderung der Verdunstung und der Versickerung sowie eine Erhöhung des Oberflächenabflusses. Außerdem gelangt der Niederschlag über die Rinnsteine und Rohrleitungen des Entwässerungssystems ohne Verzug in die Vorfluter, was zu einem rascheren Eintritt und höherem Scheitel von Hochwasserereignissen führt.

Das hydrologische System der Stadt ist eigentlich ein reines Durchflusssystem mit einem Input aus Niederschlag und Zufluss und einem Output durch Abfluss, Verdunstung und Verbrauch. Hinzu kommt die Förderung von Trink- und Brauchwasser, wobei dieses in vielen Städten teilweise aus weit entfernten Landschaften herangeleitet wird. Die jährliche Wasserbilanz wird durch die Bodenversiegelung drastisch verändert. Es ist deshalb ein Ziel des städtischen Wassermanagements, den Oberflächenabfluss zu verringern und die Infiltrationskapazität zu erhöhen.

2.2.1 Oberirdische Gewässer

Als oberirdische Gewässer werden aquatische Lebensräume auf der Landoberfläche bezeichnet. Sie weisen für sie typische Lebensgemeinschaften auf und stehen in Wechselwirkung zu ihrer Umgebung und dem jeweiligen abiotischen Bedingungen am Standort. Oberirdische Gewässer werden in Fließgewässer (Flüsse, Bäche usw.) und Stillgewässer (Seen, Teiche, Pfuhle usw.) unterschieden. Als urbane Gewässer oder Stadtgewässer werden solche Fließ- bzw. Stillgewässer bezeichnet, die charakteristischen Einflüssen der Städte bzw. Verdichtungsräumen unterliegen (Schumacher/Thiesmeier 1991). Die urbanen Fließ- und Stillgewässer können nochmals in »natürlich« oder »künstlich« differenziert werden. Natürliche urbane Fließgewässer sind beispielsweise Flüsse oder Bäche in besiedelten Räumen. Flüsse als Hauptvorfluter werden oft als Wasserstraßen genutzt, begradigt sowie stark verbaut und umgeleitet. Bäche als Vorfluter weisen häufig Verrohrungen auf. Insofern ist der Natürlichkeitsgrad sehr relativ.

Aus den oben angeführten Formen der urbanen Gewässer sind auch ihre Funktionen ersichtlich. Zu den wichtigen Funktionen urbaner Gewässer zählen die folgenden:

– Lebensraum für Flora und Fauna (ökologisches Potential),
– Verbesserung des Stadtklimas (stadtklimatisches Potential),
– Industrielle und gewerbliche Nutzung (Kanäle, Kühlwasser),
– Abwasserableitung (Straßengräben, Kanalisation),
– Wohnen, Erholung und Freizeit (Parks bzw. Grünanlagen mit Teichen, Seen oder kleinen Fließgewässern; Bootnutzung, Wassersport; Wohnen in der Wasserstadt).

Die Wasserqualität urbaner Gewässer wird durch eine Vielzahl von Faktoren beeinträchtigt. Urbane Oberflächengewässer sind stark anthropogen beeinflusste Ökosysteme. Sie sind belastet durch eine komplexe Mixtur an organischen und anorganischen Verschmutzungen, die sowohl mit häuslichem oder industriellen Abwasser eingetragen werden, als auch mit dem Verkehr. Durch den Wegfall von Auenbereichen und die damit verbundene Störung der Filterung von Sedimenten wird die Wasserqualität gemindert. Die Senkung des Sauerstoffgehaltes in den Gewässern durch den technischen Ausbau, z. B.

durch Wehre mit Stillbereichen, trägt ebenfalls zur Minderung der Wasserqualität bei. Die Verbauung z. B. mit Spundwänden verringert zudem die Habitatverfügbarkeit, so dass die Varietät einheimischer Tier- und Pflanzenarten gering ist.

2.2. Unterirdisches Wasser

Ein Teil des Niederschlagswassers versickert im Boden und ist dann dem oberflächlichen Abfluss entzogen. Diese Infiltration hängt von zahlreichen Ökofaktoren ab. Das als Sickerwasser in den Boden eingedrungene Bodenwasser kann als Haftwasser in der ungesättigten Zone verbleiben oder durch Perkolation bis in die gesättigte Zone des Grundwassers vordringen. Sicker- und Haftwasser bilden zusammen das Bodenwasser (Burghardt 1991). Erreicht das perkolierende Sickerwasser die gesättigte Zone, dann spricht man vom *Grundwasser*. Das Grundwasser kann über sehr lange, z. T. viele tausend Jahre umfassende Zeiträume dem Wasserkreislauf entzogen sein.

Die Trinkwasserversorgung in einer aus Lockergesteinen bestehenden »Grundwasserlandschaft« kann durch einige wenige Tiefbrunnen gesichert werden. In Festgesteinsgebieten sind dagegen zahlreiche flache Brunnen mittlerer Leistung notwendig. Den größten Anteil an der Wassergewinnung zur Trinkwassergewinnung in Deutschland hat mit etwa zwei Dritteln das echte Grundwasser. Im Idealfall ist es frei von Schwebstoffen und Krankheitserregern, klar, farb-, geschmack- und geruchlos sowie das Jahr über gleichmäßig temperiert. Logischerweise darf die Entnahme nicht über dem liegen, was man unter dem Begriff »Grundwasserdargebot« zusammenfasst. Das Grundwasserdargebot bezeichnet die Wassermenge, die dem Wasserkörper zugute kommt. Da die Grundwasservorräte aber nicht zur Deckung des gesamten Bedarfs ausreichen, muss etwa ein Fünftel der Trinkwasserversorgung über Oberflächengewässer erfolgen. Hierzu zählen Fluss- und Seewasser, das z. T. direkt dem Fluss entnommen, vorgeklärt und in mit Sand ausgekleideten Filterbecken weiter gereinigt wird. Nach Sammlung und Entkeimung kann es dann als Reinwasser verwendet werden. Noch größer ist aber der Anteil von Uferfiltrat und künstlichem Grundwasser. Als Uferfiltrat wird durch Brunnen in Flussnähe entnommenes Grundwasser bezeichnet. Nach der Entnahme dringt Flusswasser durch das Bett in den Untergrund ein und reichert das Grundwasser auf diese Weise an.

2.3 Pedosphäre

2.3.1 Stadtböden und ihre Entwicklung

»Boden ist das mit Wasser, Luft und Lebewesen durchsetze, unter dem Einfluss der Umweltfaktoren an der Erdoberfläche entstandene und im Ablauf der Zeit sich weiterentwickelnde Umwandlungsprodukt mineralischer und organischer Substanzen mit eigener morphologischer Organisation, das in der Lage ist, höheren Pflanzen als Standort zu dienen und die Lebensgrundlage für Tier und Mensch bildet. Als Raum-Zeit-Struktur ist Boden ein vierdimensionales System« (Schroeder 1984, 9). Die Faktoren, die zu seiner Entstehung über lange Zeiträume beitragen, sind Ausgangsgestein, Relief, Klima, Wasserhaushalt, Flora und Fauna. Der natürliche Boden erfüllt Lebensraum-, Regelungs- und Speicherfunktionen und unterliegt nur einer geringen anthropogenen Überprägung. Stadtböden unterscheiden sich sowohl in ihrer stofflichen Zusammensetzung als auch in ihrer Ablagerungsart und in ihren Funktionen von Böden natürlicher Standorte (Blume 1998). Städtische Böden sind sehr vielfältig und unterliegen als Teil des Stadtsystems einer ganz eigenständigen Entwicklung. Viele Stadtböden bestehen aus umgelagerten Bestandteilen wie Bau- und Trümmerschutt, Müll und Schlacken; sie werden von Versorgungs- und Kommunikationsleitungen wie Trink-, Abwasser- und Telefonleitungen durchzogen.

Größtes Problem ist die Abnahme unversiegelter Böden durch den *Flächenverbrauch*. Unversiegelter Stadtboden bildet ein immer selteneres und deshalb besonders wertvolles Potential. In ganz Deutschland sind etwa 12 % der Böden bebaut oder asphaltiert (Frielinghaus u. a. 2010). Die Rate der Flächenversiegelung betrug in Deutschland bis zu 120 Hektar pro Tag, zur Zeit ist sie zwar auf 93 Hektar pro Tag gesunken, jedoch noch weit entfernt vom politisch wünschenswerten Zielwert im Jahre 2020 von nur noch 30 Hektar pro Tag. Stadtböden sind an erster Stelle Baugrund für die städtischen Gebäude und tragen die verbindenden Verkehrsflächen. In der Regel sind diese Flächen versiegelt. Unversiegelte Böden findet man in Friedhöfen, Gärten und Parks. Unter der Versiegelung von Bodenoberflächen versteht man die Abdichtung bzw. Überbauung des Bodens mit mehr oder weniger luft- und wasserdurchlässigen Bauten (z. B. Straßen, Gebäude). Die Bodenversiegelung hat negative Folgen für die Grundwasserneubildung, das Stadtklima sowie Flora und Fauna. Sie ist ein massi-

ver Eingriff in die Pedosphäre. Sowohl natürliche, als auch stadtspezifische Funktionen der Böden gehen dabei verloren. Unversiegelte Stadtböden tragen zur Regulierung des Stadtklimas bei. Bei einer porösen Teilversiegelung z. B. mit Pflastersteinen kann es weiterhin zu einem gewissen Austausch zwischen Atmosphäre und Pedosphäre kommen.

2.3.2 Klassifikation und Funktion von Stadtböden

Urbane Böden weisen eine stadtspezifische Entwicklung auf, die stark von den anthropogenen Tätigkeiten und der jeweiligen Nutzungsgeschichte der einzelnen Böden beeinflusst wird. Hierbei entstehen unterschiedliche Bodenformen, die im Vergleich zu den natürlichen Böden einer ganz eigenen Klassifikation unterliegen. Stadtböden lassen sich in drei verschiedene Gruppen aufteilen (Arbeitskreis Stadtböden 1996):

1. veränderte Böden natürlicher Entwicklung (mit erhaltener »Horizontfolge« der Überlagerungen,
2. Böden anthropogener Aufträge mit
   – natürlichen Substraten (z. B. Kies) und/oder
   – technogenen Substraten (z. B. Beton)
   – Mischungen aus beiden
3. versiegelte Böden (z. B. Straßen, Gebäude).

Im urbanen Ökosystem haben Böden folgende wichtige Funktionen:
– Lebensraum für naturnahe und seltene Pflanzengesellschaften sowie für Tiere
– Ertragsfunktion für Kulturpflanzen, etwa im urbanen Gartenbau
– Puffer- und Filterfunktion für das Boden- und Grundwasser
– Regelungsfunktion für den Wasserhaushalt
– Archivfunktion für die Naturgeschichte.

Die Bodenverdichtung ist ein bodenphysikalischer Prozess, bei dem es zur Abnahme des Porenvolumens kommt. Bodenverdichtungen in Städten treten vor allem auf nicht gepflasterten Gehwegen neben der Straße oder innerhalb von Parkanlagen auf. Diese Verdichtung entsteht durch den regelmäßigen Tritt von Menschen oder das Befahren der Wege (z. B. mit dem Fahrrad). Ein Merkmal dieser Wege sind Pfützenbildungen. Die Böden weisen einen stark verdichteten und verkrusteten Oberboden auf, das Infiltrationsvermögen ist gehemmt, es kommt zur Vernässung und zu einem verstärkten oberflächlichen Abfluss, der eine erhöhte Bodenerosion mit sich bringt. Zusätzlich ist die Durchwurzelbarkeit stark einge-schränkt und es herrscht ein erhöhter Luftmangel im Boden, der die mikrobielle Aktivität einschränkt. All diese Eigenschaften machen den verdichteten Boden zu einem ungünstigen Pflanzenstandort.

2.3.3 Bodenkontamination und -belastung

Ein besonderes Merkmal städtischer Böden ist auch die starke Schadstoffbelastung etwa mit Arsen, Schwermetallen, Pestiziden und anderen organi-schen Schadstoffen.

Unter Kontamination versteht man die Zufuhr ei-nes Schadstoffs oder eines gefährlichen Organismus in einen Bereich, in dem vorher keine schädlichen Be-lastungen nachweisbar waren. Böden können sowohl mit anorganischen als auch mit organischen Schad-stoffen kontaminiert sein, die Einträge können aus der Luft, durch Dünger, aus dem Abwasser, aus dem Stra-ßenspritzwasser stammen, sowie durch durch Unfälle oder sonstige Verseuchungen wie z. B. wilde Müllkip-pen zustande kommen. Eine Möglichkeit der Boden-sanierung ist das Ausheben und Entfernen des konta-minierten Bodenmaterials und seine anschließende Deponierung. Eine andere Form sind die biologi-schen Verfahren. Hierbei erfolgt die Reduktion oder Beseitigung toxischer Stoffe und Abfälle mithilfe von Organismen. Vermischt man beispielsweise ölhalti-gen Boden mit Klärschlamm und Baumrinde, wird dieser auf mikrobiellem Wege gereinigt. Allerdings erstrecken sich diese Verfahren über lange Zeiträume.

3. Biosphäre der Stadt

In Städten müssen sich Pflanzen- und Tierarten an die Besonderheiten des urbanen Lebensraumes anpassen. Dies wird als *Synanthropie* bezeichnet. Eine Popula-tion ist dabei eine Gruppe von Individuen derselben Art, die gleichzeitig in einem geografischen Areal vor-kommen. Art oder Spezies ist die grundlegende Glie-derungseinheit des taxonomischen Systems, d. h. der Bestimmung und Benennung von Lebewesen. Die Gliederung erfolgt nach dem Grad der Verwandt-schaftsbeziehungen, die sich durch morphologische Merkmale definieren lassen. Das heute gebräuchliche klassische taxonomische System mit zweiteiligen Art-namen geht auf Carl von Linné (1735) zurück.

Die meisten Organismen sind an einen bestimm-ten Lebensraum gebunden. Der charakteristische Lebensraum einer Art ist ihr *Habitat*. Eine Biozö-nose, eine Lebensgemeinschaft von bestimmten Ar-ten, hat dann als Lebensraum ein Biotop (*engl.* habi-tat; auf Deutsch wird »Habitat« und »Biotop« oft sy-nonym verwendet). Nach Wittig (1991) entsprechen die Makrohabitate (z. B. Blockrandbebauung, Eisen-bahngelände, Friedhöfe) den städtischen Nutzungs-bzw. Struktur- oder Baukörpertypen. Die Ausglie-derung und Kartierung urbaner Biotope ist eine wich-tige Aufgabe der Stadtökologie, bei der nicht nur terrestrische Aufnahmen, sondern zunehmend auch Methoden der Fernerkundung zum Einsatz kom-men. Geografische Informationssysteme und nume-rische Modelle helfen bei der Bearbeitung und Dar-stellung der Befunde.

3.1 Die städtische Pflanzenwelt

3.1.1 Urbane Flora und Vegetation

In Städten treten alle Großgruppen (Stämme) des Pflanzenreiches auf: Algen, Pilze, Moose, Flechten, Farne und Samenpflanzen. Unter der Flora versteht man die Summe der Pflanzenarten eines Gebietes, in unserem Fall also einer Stadt (»Flora von Berlin«). Der Begriff der Stadtflora bezieht sich somit auf alle in Städten vorkommende Arten. Die Verteilung der Pflanzenarten ist eine Folge ihrer Standortansprü-che. Arten mit ähnlichen ökologischen Ansprüchen treten daher häufig gemeinsam auf. Somit ergeben sich bestimmte, für die verschiedenen Standortty-pen charakteristische Artenkombinationen, die als Pflanzengesellschaften bezeichnet werden. Eine sol-che Pflanzengesellschaft wird durch Klima, Boden, Relief, Ausgangsgestein und Wasserhaushalt, aber auch durch die Eingriffe des Menschen geprägt. Die Vegetation ist die Gesamtheit der Pflanzengesell-schaften eines Gebietes.

Die Stadtflora setzt sich zusammen aus einheimi-schen Arten, den sogenannten *Indigenen*, und den *Adventivpflanzen*. Dies sind wild wachsende Pflan-zen, die sich durch anthropogenes Zutun an einem Ort etablieren können. Sie zählen also nicht zur ein-heimischen Flora und sind damit nicht endemisch. Sie können vom Menschen absichtlich eingeführt oder unabsichtlich eingeschleppt worden sein. Je nachdem, ob dies vor oder nach der Entdeckung der Neuen Welt 1492 passierte, unterscheidet man *Ar-chäophyten* (z. B. Apfel, Birne und Weizen) und *Neo-phyten* (z. B. Kartoffel, Mais und Tomaten). Eingeschleppte Arten werden unbeabsichtigt mit Waren, Saatgut oder Verkehrsmitteln transportiert. Eingeführte Zier- und Nutzpflanzen breiten sich von gärtnerischen, forstlichen und landeskulturellen Anpflanzungen aus (Kowarik 2003). Indigene Arten, die ursprünglich nur auf naturnahen Standorten vorkamen, sich aber im Laufe der Jahrhunderte langsam an die anthropogenen Standorte angepasst haben, bezeichnet man als *Apophyten* (z. B. die Ackerunkräuter Acker-Kratzdistel und Acker-Schmalwand). Eine Zusammenfassung der Merkmale der Stadtflora findet man bei Klotz (1989).

In Städten können drei unterschiedliche Hauptverbreitungstypen von Pflanzen unterschieden werden (Wittig 2002): *Urbanophobe*, die Stadt meidende Pflanzen können von *urbanoneutralen*, also sowohl in der Stadt als auch im Umland vorkommenden Arten und *urbanophilen*, die Stadt bevorzugenden Pflanzenarten (z. B. Mäusegerste) unterschieden werden. Urbanophobe Pflanzenarten brauchen nährstoffarme bis mäßig nährstoffreiche Böden, unverschmutzte Gewässer, unverbaute Gewässerränder, Feuchtgebiete und magere Böden. Sie reagieren empfindlich auf mechanische Störungen, wie z. B. Tritt, Überschüttung und Hacken. Zu ihnen gehören in Mitteleuropa fast alle Orchideen, die meisten Liliengewächse sowie viele Sauergräser. Zu den urbanoneutralen Arten zählen die Ubiquisten, also Arten, die aufgrund ihrer breiten ökologischen Amplitude überall vorkommen können, viele Wildkräuter sowie trittunempfindliche Pflanzenarten und die Parkrasen. Die häufigsten Arten in Städten gehören zu den urbanoneutralen Arten.

3.1.2 Spontane Vegetationsentwicklung und angepflanze Arten

Natürlich entstandene Pflanzengesellschaften gehören zur spontanen Vegetation. Entstehen sie durch das Zutun des Menschen und verbreiten sich dann selbständig weiter, spricht man von subspontaner Vegetation. Zu ihr zählen in Städten etwa manche waldartige Bereiche, Parkanlagen und Friedhöfe. Die Pflanzendecke einer Stadt setzt sich zwar aus spontan gebildeten Pflanzengesellschaften zusammen, wird aber vom Menschen durch Aussaat oder Anpflanzung weiter ausgestaltet. Spontane Pflanzengesellschaften bilden sich in der Stadt vor allem auf anthropogen stark veränderten und gestörten Wuchsplätzen. Derartige sog. *Ruderalstandorte* sind etwa stickstoffreiche Aufschüttungen, Bahndämme

oder Schutt- und Brachflächen. Ihre Ruderalvegetation ist vorwiegend krautig.

Wittig (1998) gliedert in mitteleuropäischen Städten sechs flächenmäßig bedeutsame spontane Pflanzengesellschaften aus:

1. Trittgesellschaften setzen sich überwiegend aus Kosmopoliten, d. h. weltweit vorkommenden Pflanzen zusammen.
2. Einjährige Ruderalfluren auf offenen und stickstoffreichen Böden werden oft von therophytischen Kosmopoliten besiedelt. Einjährige Pflanzen kommen dort vor, wo der Mensch regelmäßig für eine offene Bodenoberfläche sorgt.
3. Ausdauernde ruderale Hochstaudenfluren entstehen an Standorten, an denen sich die Vegetation über einige Jahre hinweg ungestört entwickeln kann.
4. Große Flächen in Parks und Gärten nehmen in mitteleuropäischen Städten Rasen und Wiesen ein.
5. An einigen Standorten etwa in schrumpfenden Städten kann man inzwischen eine jahrzehntelange, ungestörte Vegetationsentwicklung beobachten. Derartige Standorte findet man auf totgefallenen Verkehrs- und Industrieflächen, etwa ehemaligen Rangierbahnhöfen bzw. allgemein auf Stadtbrachen.
6. Hier erfolgt eine Besiedelung mit Pionier-Gebüschen und -Gehölzen bis hin zu Vorwäldern.

Bei den angepflanzten Arten können im Wesentlichen die folgenden Arten unterschieden werden:

- Bäume etablieren sich in Städten nicht nur selbst, sondern werden viel häufiger planmäßig angepflanzt. In Großstädten werden im öffentlichen Raum oft einige tausend Straßen- und Parkbäume gezählt. Hinzu tritt der private Baumbestand in alten Ein- und Mehrfamilienhaus-Vierteln.
- Ziersträucher sind sowohl im privaten als auch im öffentlichen Raum weit verbreitet.
- Ungünstige Gartenbereiche und pflegeextensive öffentliche Grünanlagen sind weitflächig von immergrünen Bodendeckern überzogen.
- Als Kletterpflanzen bzw. Fassadengrün sind der sommergrüne Wilde Wein sowie der immergrüne Efeu am bekanntesten.
- In unseren Gärten kann man mehrere Hundert verschiedene Arten von krautigen Zier- und Nutzpflanzen finden.
- Hinzu kommen schließlich noch die pflegeleichten Magerrasen- und Prärieartem.

3.1.3 Hemerobie und Funktionalität

Eines der wichtigsten Standortmerkmale des städtischen Lebensraumes sind die vom Menschen verursachten Standortbeeinflussungen und deren Auswirkungen auf Pflanzengesellschaften, die auf diese Störungen durch Veränderungen ihrer Zusammensetzung reagieren. Der Grad der *Hemerobie*, d. h. der Kultivierungsgrad, ist ein Maß für diese Veränderungen. Nach Sukopp (1997) versteht man darunter die Gesamtheit aller Wirkungen, die beim beabsichtigten oder nicht beabsichtigten Einwirken des Menschen in Ökosystemen stattfinden. Die von Kowarik (1990) entwickelte neunstufige Hemerobie-Skala berücksichtigt v. a. den Anteil der einjährigen Arten (Therophyten), den Anteil der in historischer Zeit eingewanderten Arten (Neophyten) und den Verlust von Arten der natürlichen Flora (Indigene).

Pflanzen in der Stadt haben viele verschiedene Funktionen, wobei zwei Hauptfunktionen dominieren. Zum einen ist es ihre ökosystemare Funktion. So trägt die Vegetation beispielsweise im Sommer durch Transpiration und Schattenspendung zur Regulierung der Lufttemperatur bei. Bezüglich des Bodens fördert die laubwerfende Vegetation die Bodenbildung. Das Wurzelwerk der Bäume erleichtert die Bodenbelüftung. Da Vegetation in der Regel nur an unversiegelten Standorten gedeihen kann, wirkt sie förderlich auf den Wasserhaushalt, da Niederschlag leichter versickern kann. Vielen Tierarten bieten einheimische Baumarten Verstecke, Nist- und Schlafplätze sowie Nahrung.

Besonders wichtig sind zum anderen die sozialen und pädagogischen Funktionen für die Stadtbewohner. Parkanlagen und Stadtwälder bieten Möglichkeiten der Erholung und der Freizeit. Kinder spielen am liebsten in der »Wildnis«, die auf diese Art und Weise einen Erlebnisraum bietet. Zu diesen sozialen Funktionen, die durch Freizeiteinrichtungen noch gesteigert werden können, kommt die pädagogische Funktion. Der erste und häufig auch einzige Kontakt mit Natur findet im privaten und im öffentlichen Grün der Städte statt. Hier können Kinder Natur erfahren; eine frühe Naturerfahrung ist aber entscheidend für das spätere Verständnis bzw. den Schutz, den die Natur nicht nur in Städten braucht.

3.2 Die städtische Tierwelt

3.2.1 Charakteristika der Stadtfauna

Die Aufgaben der urbanen Tierökologie sind die systematische Ermittlung und Beschreibung der Wechselbeziehungen zwischen den Tieren und ihrer belebten und unbelebten städtischen Umwelt. Dabei geht es nicht nur um die Untersuchung des Beziehungsgefüges städtischer Tierpopulationen mit ihrem direkten Umland, sondern auch zu weiter entfernten Städten (sogenannte Metapopulationsbeziehungen).

Seit der erstmals von Löns (1908) gebrauchten Kulturfolger-Definition werden Tiere in die Gruppen der Kulturfolger (hemerophil; z. B. Stadttauben, Haussperling) oder Kulturflüchter (hemerophob; z. B. Auerhuhn) sowie indifferente Tierarten (hemerodiaphor) eingeteilt. Kulturfolger sind danach Arten, die zusammen mit Mensch und Haustier (Parasiten!) leben, also eine Anthropozönose bilden. Diese Art von Integration wird auch als Synanthropie bezeichnet. Wittig (1995) nennt folgende, für das Stadtleben vorteilhafte Eigenschaften von Tierarten wie Vögeln oder Säugetieren:

- geringe Fluchtdistanz,
- keine Bindung an weite offene Flächen,
- Verhaltensmuster an reich strukturiertes, felsartiges Gelände angepasst,
- Nahrungsansprüche ähnlich denen des Menschen, also Allesfresser oder Spezialisten für menschliche Nahrungsmittel,
- frühe Geschlechtsreife und hohe Reproduktionsrate,
- möglichst geringe Körpergröße,
- keine oder nur unbedeutende Konkurrenz oder Belästigung für den Menschen,
- nicht auf hohe Luftfeuchtigkeit oder hohe Bodenfeuchte angewiesen,
- nicht auf Gewässer oder zumindest nicht auf sauberes Wasser angewiesen,
- weitgehend unempfindlich gegen Immissionen.

Die Ausbildung einer stadtspezifischen Fauna ist genau so alt wie die Stadtentwicklung selber. Viele Insektenarten sowie bestimmte Vögel und Säugetiere sind nur in Städten verbreitet. Bei mobilen Tierarten besteht ein intensiver Austausch mit dem die Stadt umgebenden suburbanen Raum. In Zeiten steigender Globalisierung bestehen sogar weltweite Austauschmöglichkeiten. Sie sind nur durch klimatische Rahmenbedingungen eingeschränkt. Somit spielen

Kosmopoliten in Städten eine große Rolle. Adventivarten wandern aus wärmeren Gebieten in die im Winter beheizten Häuser ein. Seit 1492 in Städten neu hinzugekommene Tierarten werden als *Neozoen* (z. B. Waschbär, Marderhund, Regenbogenforelle, Kartoffelkäfer) im Gegensatz zu den einheimischen oder früher eingewanderten *Archäozoen* (z. B. Bachforelle) bezeichnet.

Stadtökologische Bewertungsmaßstäbe richten sich häufig nach einem Vergleich mit der als »natürlich« betrachteten Umgebung bzw. den ökologischen Bedingungen am Standort selber vor seiner anthropogenen Beeinflussung. Viele Tiere haben sich allerdings gut an den städtischen Lebensraum angepasst. So brüten Vögel, beispielsweise der Turmfalke etwa auf Gebäuden statt wie ursprünglich auf Felsen. Das *Habitat* ist als der Standort definiert, wo ein Organismus lebt, und die *Nische* gibt an, in welcher Beziehung er zu den anderen Organismen und den abiotischen Rahmenbedingungen steht, welche ökologische Rolle diese Pflanze oder dieses Tier also spielt. Eine *ökologische Lizenz* bedeutet, dass eine Tierart in einem Raum mit einer bestimmten abiotischen Ausstattung leben kann. Die in Städten vorhandenen Angebote, sogenannte freie ökologische Lizenzen, wie sie z. B. die städtische Wärmeinsel, permanent beheizte Gebäude oder die Vorratshaltung von Nahrungsmitteln darstellen, werden von zahlreichen Tieren, etwa Vorratsschädlingen, wahrgenommen.

3.2.2 Säugetiere, Vögel und Gliederfüßler

In Großstädten wie Berlin kommen etwa 50 verschiedene Säugetierarten vor. Ein wichtiger Stadtbewohner ist inzwischen der Fuchs geworden. Er kann sich allen Lebensräumen gut anpassen und ist ein typischer Kulturfolger, d. h. er hat die Großstadt als eine ökologische Nische für sich entdeckt. Ein regelmäßiger Besucher städtischer Randgebiete ist auch das Wildschwein. Es dringt in Rotten bis in die städtischen Vorgärten ein und richtet häufig erheblichen Schaden an. Wildschweine sind tag- und nachtaktive Tiere; sie sind Allesfresser und können bei ihrer Nahrungssuche mehrere Kilometer zurücklegen. Eine Tierart, durch die schon viel Schaden angerichtet wurde, ist der Steinmarder. Er hält sich gern im Wald und in alten Gemäuern oder Steinhaufen auf, doch nutzt er auch Wohnhäuser, Dachböden oder Autos als Unterschlupf, so dass es hier beim Erkundungsoder Spielverhalten sowie bei Aggressivität zum Zerbeißen von Kabeln und Schläuchen kommen kann.

Mittlerweile zählt auch der Waschbär zur einheimischen Stadtfauna. Er sucht Schutz in verlassenen Gebäuden, Kellern, Garagen, Dachböden und Abwassersystemen. Waschbären leben meist in Gruppen zusammen, sind Allesfresser und haben dank des reichhaltigen Nahrungsangebotes in der Stadt keine Schwierigkeiten bei der Futtersuche. Das Wildkaninchen wird häufig in Parkanlagen angetroffen. Es besiedelt aber ebenso Friedhöfe, Gärten, Höfe und Flugplätze. Es benötigt halboffene Strukturen mit lockeren Böden, in denen es bequem seine Baue anlegen kann. Igel sind Spezialisten für die äußeren Randgebiete von Städten. Sie bewohnen Hausgärten, Kleingarten- und Parkanlagen. Sie kommen in städtischen Randzonen weitaus häufiger vor als im umgebenden ländlichen Gebiet, leben also verstärkt synanthrop. Ein weit verbreitetes Säugetier ist auch die Zwergfledermaus, die sich ebenfalls gern in suburbanen Zonen aufhält und dort in Häusern und Garagen, unter Dachgiebeln und zwischen Mauern geeignete Plätze für ihre Brutkolonie findet. Die Zahl der Haustiere nimmt in Städten immer mehr zu. Haustiere werden auch immer wieder bewusst ausgesetzt. Sie können verwildern und eigene Populationen bilden, wie zum Beispiel Katzen, die Einfluss auf den Vögel- und Kleinsäugerbestand haben.

In der Stadt sind viele Vogelarten technogenen und strukturbedingten Mortalitätsfaktoren ausgesetzt. Eine der potenziellen Gefahrenquellen für die städtische Avifauna ist der Straßenverkehr, der vor allem niedrig fliegende Vögel wie Amsel und Haussperling betrifft. Aber auch verglaste Gebäudefassaden, die von Vögeln im Flug meist nicht erkannt werden und zum Aufprall mit oft tödlichem Ausgang führen, sowie verwilderte Haustiere wie Katzen und Hunde stellen neue Feinde für die städtische Avifauna dar. Eine Veränderung im nahrungsbedingten Verhalten lässt sich beim Betteln und gezielten Aufsuchen von Plätzen mit anthropogenen Futterquellen feststellen. So nehmen Teichhuhn, Lachmöwe, Kohlmeise oder Rotkehlchen Futter von Menschen aus der Hand entgegen. Auch bei der Nahrungsökologie können charakteristische urbansuburbane Gradienten ermittelt werden. Als weiteres Urbanisationsmerkmal wären das künstliche Lichtregime und die sich daraus ergebenden Veränderungen des Aktivitätsablaufes zu nennen. Vögel, die in Städten leben, beginnen morgens früher mit ihrem Gesang und der Nahrungssuche und enden abends später damit. Die Vogelgesellschaften in der Stadt haben sich also gut an die neuen Habitate in

den verschiedenen Lebensräumen der Stadt angepasst. Besonders interessant sind auch Erkenntnisse
aus der Tierökologie, welche die in Städten zwischen
Menschen und Vögeln bestehenden reziproken Beziehungen hervorheben und von einer kulturellen
Koevolution zwischen beiden Populationen sprechen (Marzluff u. a. 2008).

Zu den Gliederfüßlern zählen die Insekten, Tau-
sendfüßler, Spinnen und Milben. 80 % aller bekannten Tierarten sind Gliederfüßler. Artenreichste
Klasse der Gliederfüßler und artenreichste Gruppe
der Tiere überhaupt sind mit über einer Million Arten die Insekten. Die größere Nischenvielfalt der
künstlichen Habitatstrukturen einer Stadt ermöglicht es besonders präadaptierten oder sich adaptie-
renden Tierarten, geeignete Unterkünfte zu finden.
Dabei werden sowohl das Äußere als auch das Innere von Gebäuden, sowie Schutthalden oder Müll-
ablagerungen als Reproduktions-, Nahrungs- und
Ruhestätten angenommen.

3.2.3 Erhalt der Artenvielfalt

Seit den 1970er Jahren weist die Wissenschaft auf
den Rückgang der Artenvielfalt hin. 2007 beschloss
das Bundeskabinett die »Nationale Strategie zur biologischen Vielfalt«. Artenvielfalt oder -reichtum ist
aus vielen Gründen von großer Bedeutung und der
besonders hohen urbanen *Biodiversität* kommt dabei zunehmend Bedeutung aus naturschutzfachli-
chen Gründen zu:
- Erhaltung der Funktionen biologischer Systeme:
  Stabilität von Ökosystemen, Lebensraum für seltene Pflanzen und Tiere, Schädlingsbekämpfung,
  Blütenbestäubung, Nahrungsmittelproduktion,
  Kohlenstoffspeicherung, Bioindikation und Bio-
  monitoring
- Erhaltung der biochemischen Information: Evo-
  lutionäres Anpassungspotential, Herausbildung
  neuer Arten und Sorten, Resistenzzüchtung,
  Pharmakologie
- Erhaltung von Forschungsobjekten: Regenerative
  Energie (Biomasse), neue Nahrungsmittel, Bionik
- Erholung, Erziehung und Heimatschutz: Phäno-
  logische Vielfalt, Raumgestaltung, Formen und
  Farben, Umwelterziehung und Naturerfahrung
- Ökonomie: Imagefaktor, Lebensqualität

Die städtische Artenvielfalt mag vielerorts die einzige Artenvielfalt sein, die viele Menschen überhaupt erfahren. Diese Erfahrung von Natur, an manchen Stellen vielleicht sogar die Erfahrung von Wildnis, sind im Rahmen der Naturerziehung wichtige
Aspekte. Die urbane Biodiversität hat somit einen
außerordentlichen hohen Wert für die Umwelterziehung und die Lebensqualität. Sie ist als Imagefaktor
der Stadt von Bedeutung, aus dem sich auch ein ökonomischer Faktor errechnen lässt. Überreste der natürlichen Vegetation bzw. durch Gartenbau oder urbane Landwirtschaft geförderte Vegetation in Städten sind wichtig als Trittsteine und Refugien für
seltene Tierarten, aber auch für die Erholung der
Stadtbewohner (Kowarik 2011).

4. Anthroposphäre der Stadt

Die Eingriffe des Menschen in die urbanen Ökosysteme durch die Prozesse der Stadtplanung, -verwal-
tung und -politik sind von besonderer Bedeutung.
In den letzten Jahren haben partizipative Ansätze,
die Mitwirkung der Stadtbevölkerung an der Weiterentwicklung des *human habitat*, zunehmend an Bedeutung gewonnen. Dabei gibt es freilich große Unterschiede in der Wahrnehmung und Bewertung der
sichtbaren wie auch der versteckten »Stadtnatur«
mit ihren Risiken, etwa für die Gesundheit der Stadtbewohner oder den Lebensraum von seltenen Pflanzen und Tieren. In diesem Kapitel werden die städtischen Grünflächen von den Gärten über die Parks
bis hin zu entstehenden Urwäldern behandelt. Die
Notwendigkeit einer nachhaltigen und resilienten
Stadtentwicklung und ihre Bedeutung für Gesundheit und Lebensqualität der Stadtbewohner wird
dargelegt.

4.1 Nachhaltige und resiliente Stadtentwicklung

Seit der Antike suchen die Stadtbewohner immer
wieder nach dem Modell der »idealen Stadt«. Vor
dem Hintergrund der Herausforderungen durch den
globalen Wandel in Ökologie (z. B. Klimawandel),
Ökonomie (z. B. Globalisierung) und Gesellschaft
(z. B. Alterung und Migration) spielen dabei die Begriffe der Nachhaltigkeit und Resilienz, aber auch
von Verwundbarkeit (Vulnerabilität), Exposition
und Risiko eine wichtige Rolle.

Für die Betrachtung einer zukunftsfähigen Entwicklung ist der Begriff der *Nachhaltigkeit* von zen-

traler Bedeutung. Ursprünglich stammt er aus der Forstwirtschaft: Das Grundprinzip, nicht mehr Holz zu schlagen als nachwachsen kann, wurde erstmals im 18. Jahrhundert in Kursachsen formuliert. Die erweiterte und heute verwendete Bedeutung dieses Begriffs erhielt er aber in den 1970er und 1980er Jahren (Meadows u. a. 1972). Die Umweltkonferenz der Vereinten Nationen in Stockholm 1972 war die erste UN-Weltkonferenz zum Thema Umwelt. Ziel dieses Weltgipfels war es, einen Weg zu einer nachhaltigen Entwicklung zu finden, bei der Energie und Ressourcen in Zukunft so umsichtig genutzt werden, dass die Existenz von Mensch und Umwelt in allen Erdteilen jetzt und zukünftig gesichert ist. Der Brundtland-Bericht 1987 formulierte eine nachhaltige Entwicklung so: »Dauerhafte Entwicklung ist Entwicklung, die die Bedürfnisse der Gegenwart befriedigt, ohne zu riskieren, dass künftige Generationen ihre eigenen Bedürfnisse nicht befriedigen können« (Hauff 1987, 46).

Bei der Lösung dieser Probleme sind aber außer umweltbezogenen Fragestellungen auch soziale und wirtschaftliche Gesichtspunkte zu berücksichtigen. Eine nachhaltige Entwicklung unter diesem normativ-ethischen Leitbild ist dabei nur zu erreichen, wenn diese sowohl unter ökologischen (Natur) als auch ökonomischen (Wirtschaft) und sozialen (Gesellschaft) Gesichtspunkten nachhaltig ist. Eine nachhaltige Entwicklung ist gleichzeitig resilient, d. h. widerstands- und anpassungsfähig. Als *Resilienz* wird die Fähigkeit eines Systems bezeichnet, auch bei starken Störungen noch essenzielle Strukturen und Funktionen aufrecht zu erhalten und sich wieder zu regenerieren bzw. zu seinen Ausgangsbedingungen nach einer Störung zurück zu kehren (Holling 1973; Pauleit 2011). Man kann darunter auch das Maximum an Störung, die von einem (Öko)System ausgeglichen werden kann, ohne dass es sich grundlegend verändert, verstehen. »Resilienz beschreibt die Fähigkeit eines Systems, seine Dienstleistungen auch unter Stress und in turbulenten Umgebungen aufrecht zu erhalten« (von Gleich u. a. 2010, 25).

Städte verbrauchen natürliche Ressourcen und belasten ihre Umwelt. Nahezu alle für natürliche Ökosysteme charakteristischen Prinzipien für ökologische Stabilität, interne Stoffkreisläufe und Unabhängigkeit von anderen Ökosystemen sind nicht gegeben. Unter diesen Rahmenbedingungen müsste eine *ökologisch ideale Stadt* aber so gestaltet sein, dass die Umwelt und die Lebensqualität ihrer Bewohner verbessert werden, die physische und psy-

chische Gesundheit des Menschen nicht geschädigt, sondern möglichst gefördert wird, ihr Umland nicht belastet oder zerstört und die Entwicklung von Natur auch an typischen Stadtstandorten möglich ist (Wittig u. a. 1995). Eine allmähliche Annäherung an die ökologisch ideale Stadt ist aber nur dann zu erreichen, wenn die folgenden fünf Planungsprinzipien berücksichtigt werden (Sukopp/Wittig 1998):

1. Reduzierung des Energie-Einsatzes,
2. Vermeidung bzw. Zyklisierung von Stoffflüssen,
3. Schutz aller Lebensmedien,
4. Erhaltung und Förderung von Natur und
5. kleinräumige Strukturierung und reichhaltige Differenzierung.

Zur Konkretisierung derartiger Überlegungen hat die Rio-Konferenz 1992 ein urbanes Aktionsprogramm für eine nachhaltige Entwicklung im 21. Jahrhundert, die *Agenda 21*, formuliert (BMUNR 1998). Darin ergeht die Aufforderung an die Unterzeichnerstaaten, nationale Aktionsprogramme zu erstellen. Die EU, die Bundesrepublik und die Bundesländer haben daher Nachhaltigkeitsziele aufgestellt und verfolgen mithilfe von Indikatoren, ob der Weg zu den gesetzten Zielen erfolgreich beschritten wird. Die Charta der Europäischen Städte und Gemeinden auf dem Weg zur Zukunftsbeständigkeit (Aalborg-Charta) aus dem Jahre 1994, die auf dem UN Städtegipfel Habitat II in Istanbul 1996, auf dem der Begriff der »nachhaltigen Siedlungsstruktur« geprägt wurde, verabschiedete Habitat-Agenda und die Leipzig Charta zur nachhaltigen europäischen Stadt vom Mai 2007 sind Dokumente, in denen sich die Staaten auf gemeinsame Grundsätze und Strategien zur Stadtentwicklungspolitik geeinigt haben.

4.2 Urbane Flächennutzungen: Von Stadtparks bis zu Urwäldern

Nicht bebaute und unversiegelte Flächen stehen in einer Stadt im Fokus des ökologischen Interesses. Es handelt sich dabei sowohl um öffentliche wie private Flächen. Zu diesen zählen die großen öffentlichen Stadtparks und Stadtgärten ebenso wie die privaten Hausgärten und Gartenkolonien. Unter einem *Garten* versteht man ein abgegrenztes Stück Land, in dem Pflanzen angebaut werden. Man kann dabei Nutzgärten von Ziergärten unterscheiden; häufig findet man beide nebeneinander. Während der Nutzgarten der Selbstversorgung dient, hat der Ziergarten meist ästhetische Ziele und dient der Erholung; jedoch kann er auch aus anderen Motiven, wie künstlerischen oder religiösen angelegt werden. Bei einem Themengarten steht ein bestimmtes Thema im Mittelpunkt wie z. B. bei einem Bauern-, Kräuter-, Trocken- oder Rosengarten. Gärten können sowohl im öffentlichen Raum wie auch auf Privatland angelegt werden und haben insbesondere in Städten wichtige ökologische Funktionen. Aber auch kleinere Flächen, wie etwa begrünte Tramgleise oder Straßenbegleitgrün, begrünte Dächer und Hausfassaden haben bemerkenswerte ökologische Funktionen. Auch die Stadtbrachen unserer schrumpfenden Städte eröffnen ein neues ökologisches Potential.

All diese Flächen tragen etwa durch Lärmverringerung, Staubbindung, Biotop- und Artenschutz, Lebensraumvernetzung und Mikroklimaverbesserung zur Erhöhung der Lebensqualität in der Stadt bei. Sie ermöglichen Naturerfahrung im städtischen Raum und erhöhen damit die Lebensqualität. Schließlich haben Parks, Gartenanlagen und andere städtische Naherholungsgebiete ganz wichtige soziale Funktionen für die Freizeitgestaltung, die familiäre und interkulturelle Kommunikation. Städtische Naherholungsgebiete sind dabei definiert als Gebiete, die primär für (durchaus verschiedene) Erholungszwecke genutzt werden, die öffentlich zugänglich, mit dem öffentlichen Personennahverkehr erreichbar bzw. an das öffentliche städtische Verkehrsnetz angeschlossen sind.

4.2.1 Stadtparks

Parkanlagen und Stadtparks sind bedeutende Elemente innerhalb eines Stadtgefüges, die oft in einem besonderen historischen Kontext angelegt wurden. Vor allem die im 19. Jahrhundert entstandenen Stadtparks bestimmen noch heute wesentlich die Lebensqualität in unseren Innenstädten. Häufig gehen sie auf Barockgärten des 17. Jahrhunderts zurück. Der *französische Barockgarten* ist ein Teil des architektonischen Gesamtkonzeptes eines Schlosses der absolutistischen Epoche. Planung und Erstellung des Gartens erfolgten in enger Zusammenarbeit zwischen dem Architekten des Schlosses und dem des Parks. Die strenge formale Gestaltung dieser Gärten, die sich bis hinunter in die Schnittform der Pflanzen äußert, sollte die absolutistische Macht des Herrschers sogar über die Natur demonstrieren. Der Barocke Garten lässt sich in drei Bereiche einteilen: Direkt am Schloss befindet sich das niedrig gehaltene

Broderieparterre. Dieser Bereich bildet mit seiner kleinteiligen, geometrischen Konzeption von Blumenbeeten und niedrigen Buchsbaumhecken eine Erweiterung des Schlosses hinaus ins Freie. An das Parterre schließt sich der Boskett-Bereich an, ein von höheren Hecken gestaltetes »Lustwäldchen« mit grünen Gängen, Alleen, Labyrinthen und Plätzen. In seinem äußeren Bereich geht es dann in die freie Landschaft bzw. einen Forst über. Immer steht das Schloss im Zentrum der Gartengestaltung; Sichtachsen führen darauf zu, so dass das Machtzentrum und mit ihm der Herrscher schon von weitem sichtbar ist.

Im bewussten Gegensatz zum französischen Barockgarten entstand im 18. Jahrhundert in England eine Gartenarchitektur, welche die Grenze zwischen Gartenanlage und freier Landschaft verwischte. Ziel des *englischen Landschaftsparks oder -gartens* ist die Auflösung der geometrischen Strenge, es gibt keine exakt angelegten Beete und keine geschnittenen Hecken. In einem klassischen englischen Landschaftsgarten finden sich kaum Blühpflanzen. Stehende und fließende Gewässer, Waldinseln, im 18. Jahrhundert noch Hutewälder, sowie inszenierte Orte und Picknickplätze gehören ebenfalls dazu. Die Gartengestaltung hat sich nach der Natur zu richten. Ein »begehbares Landschaftsgemälde« soll den Besucher unterhalten. Zur Akzentuierung des Gartens werden antike Tempel, chinesische Pagoden, künstliche Ruinen, Grotten und Eremitagen in die Landschaft eingebaut.

Ab Mitte des 18. Jahrhundert wurden im innerstädtischen Raum zunehmend urbane Erholungsgebiete, die sogenannten Volksgärten, Volksparks, Stadtparks oder Stadtwälder errichtet. Diese Parkanlagen für die Erholung und Bildung der städtischen Bevölkerung wurden sowohl von kommunaler als auch von adeliger Seite geschaffen. Es wurden Wald- und Wiesenflächen mit Teichen, Wasserspielen und Denkmälern angelegt. Häufig handelt es sich um ehemalige feudale Schloss- oder Stadtparks, die für die städtische Bevölkerung geöffnet und umgestaltet wurden. In ihnen steht die Freiraumgestaltung im engen Zusammenhang mit urbanen Strukturen. Aufgabe derartiger Stadtparks ist die Gestaltung als öffentliche Erholungsfläche, wobei die natürlichen Lebensgrundlagen, aber auch die sozialen und kulturellen Bedürfnisse der Menschen Berücksichtigung finden sollen. Schließlich soll auch das ortstypische Landschaftsbild erhalten bzw. gestaltet werden. In den Stadt- oder Volksparks bilden große, betretbare Spiel- und Sportplätze und andere Bewegungsräume wesentliche Bestandteile.

4.2.2 Kleingärten

In Deutschland gibt es ca. 1,24 Mio. Kleingärten, die jeweils von durchschnittlich 4,5 Personen genutzt werden. Damit spielen sie in den Kommunen eine große Rolle. Sie erfüllen dabei gleich mehrere ökologische und soziale Funktionen:

– Das Lokalklima wird verbessert, indem die Sommerhitze gemildert, Schattenwurf erzeugt und die Evapotranspiration gefördert wird.
– Der Wasserhaushalt wird durch die Steigerung der Infiltration und Verminderung des Oberflächenabflusses reguliert.
– Die Stadtböden spielen in Kleingärten durch den geringen Versiegelungsgrad eine nicht unerhebliche Rolle. Allerdings kann es auch zu einer ökologisch unerwünschten Überdüngung bis hin zur Bodenkontamination kommen.
– Die Anlagen tragen erheblich zur Artenvielfalt bei, indem sie Rückzugsräume für seltene Pflanzen und Tiere bieten.
– Das Bewusstsein für ökologische Belange ist bei den Kleingärtnern stark entwickelt.
– Sie haben eine wichtige Funktion auf dem Gebiet der Umweltbildung.
– Die Kleingartenvereine helfen eine vielerorts verloren gegangene Gartenkultur zu bewahren und Gartenwissen weiter zu geben.
– Sie sind Orte des gesellschaftlichen Miteinanders und oft auch sozial relevante Orte der Interkulturalität.
– Für Kinder bieten Kleingärten Spiel- und Kommunikationsräume; Wahrnehmung und Erleben von Natur werden gefördert.
– Für Menschen ohne Arbeit bieten Kleingärten ein sinnstiftendes Betätigungsfeld und tragen zur Ernährungssicherung bei (Tafelgärten).

Geschichtlich sind die Kleingärten zu Beginn des 19. Jahrhunderts aus den Armengärten in Norddeutschland entstanden. Weitere Entwicklungslinien aus dem 19. Jahrhundert sind die Gärten der Fabriken (Arbeitergärten), der Bahn (Eisenbahnergärten), die Laubenkolonien des Roten Kreuzes insbesondere in Berlin (Rotkreuzgärten) und die Gärten der Schreberbewegung. In Leipzig wurde 1865 der erste »Schrebergarten« gegründet, anfangs nur eine Spielwiese für Fabrikarbeiterkinder, an deren Rand später Kinder- und Familienbeete angelegt wurden, die nach dem 1861 verstorbenen Arzt und Mitinitiator Schreber benannt wurden.

Nicht unerwähnt sollte bleiben, dass die Böden von Kleingärten oft stark belastet sind. Berichtet wird insbesondere eine Belastung mit Schwermetallen (v. a. Blei), polyaromatischen Kohlenwasserstoffen (PAK) und Pestiziden (Alloway 2004; Christl u. a. 2004). Die Belastung rührt zum einen aus dem städtischen Umfeld (Verkehr, Industrieerbe), zum anderen vom übermäßigen Einsatz von Pestiziden und Düngemitteln der Kleingarten-Nutzer. So hat die Stadt Zürich beschlossen, dass Familiengärten – Kleingärten in städtischer Hand – nur noch nach Vorliegen eines Bodengutachtens weiter verpachtet werden können (Christl u. a. 2004, 3).

4.2.3 Gemeinschaftsgärten

Eine besondere Form des Gartens bilden die Gemeinschaftsgärten. Dabei handelt es sich um frei zugängliche, private oder öffentliche Grundstücke, auf denen durch bürgerliches, ehrenamtliches Engagement bzw. durch informelle Gemeinschaftsarbeit Nutz-, teilweise auch Ziergärten mit Spielmöglichkeiten angelegt wurden. In New York sind solche »community gardens« in den 1970er Jahren auf städtischen Brachflächen, für die es keine Nutzung gab, entstanden. Das Gleiche gilt auch für viele Gemeinschaftsgärten in Deutschland, etwa in Hannover, Dresden oder Berlin (Rosol 2008; Müller u. a. 2011). Engagierte Bürger haben das Potential ungenutzter Stadtbrachen in Baulücken für gemeinschaftliche, gärtnerische Aktivitäten genutzt. Dies kann auch als ein gelungener Beitrag zur Zwischennutzung einer Stadtbrache angesehen werden, da häufig keine langjährigen, rechtsverbindlichen Pachtverträge abgeschlossen werden. Dies ist ein wesentlicher Unterschied zu den traditionellen Kleingärten. Ökologische Anbaumethoden besitzen in allen Gemeinschaftsgärten eine hohe Bedeutung. Die Pflege des Gemeinschaftslebens und die Freizeitbeschäftigung von Eltern mit ihren Kindern sind ebenfalls hervorzuheben. Aspekte der partizipativen Gestaltung spielen eine wichtige Rolle. Die »informelle Ökonomie« der gemeinschaftlichen, selbstbestimmten Produktion schafft ganz konkret öffentlich zugängliche Freiräume, wodurch die Lebens- und Wohnqualität des Quartiers verbessert wird.

Eine eigene Variante stellen sogenannte interkulturelle Gärten dar (Höbel u. a. 2006). Diese erweitern die Idee der Gemeinschaftsgärten um den Aspekt des örtlichen kulturellen Austausches. In interkulturellen Gärten können Kiezbewohner mit unterschiedlichem kulturellem Hintergrund gemeinsam Gärten bewirtschaften. Interkulturelle Gärten sollen lokale Identität schaffen und Integration unterstützen. Sie stellen ein Instrument der Quartiersentwicklung im Sinne der soziologischen Urban Ecology dar.

4.2.4 Urbane Landwirtschaft

Die selbst organisierte Freiraumnutzung kann manchmal die Form urbaner Landwirtschaft (*urban agriculture, urban farming*) annehmen. Die Ziele sind ähnlich wie bei den Gemeinschaftsgärten, jedoch spielt die Eigenproduktion von gesunden Lebensmitteln eine noch größere Rolle. Die Erzeugung hochwertiger landwirtschaftlicher und gartenbaulicher Produkte zur Versorgung der Stadtbevölkerung steht im Vordergrund. Insofern ist die urbane Landwirtschaft sowohl in das ökologische als auch das ökonomische System der Stadt eingebettet. Aufgrund des größeren Flächenbedarfs findet man die urbane Landwirtschaft eher im suburbanen Verflechtungsraum.

Ein gelungenes Beispiel dieser international immer mehr verbreiten Produktionsform sind die Organopónicos in Havanna und anderen kubanischen Städten. Aus der Not der Versorgungskrise und dem Mangel an Mineraldünger in den 1990er Jahren heraus geboren, machten die genossenschaftlich organisierten Organopónicos eine Tugend, indem sie mit ökologischen Landbaumethoden hochwertiges Gemüse und Obst produzieren. Sie tragen so wesentlich zur Ernährungssicherung der städtischen Bevölkerung bei. Ähnliche Ansätze findet man auch in Basel, Amsterdam, Detroit, Seattle, Buenos Aires, Mumbai, Bangkok, in chinesischen und afrikanischen Städten (FAO/WB 2008).

4.2.5 Städtische Urwälder

Durch den permanenten menschlichen Einfluss ist es für spontane Vegetation in Städten in der Regel schwierig, sich bis zum Waldstadium zu entwickeln. Trotzdem finden sich junge Wälder, die sukzessiv entstanden sind, meist auf verlassenen Flächen wie Industriebrachen, Gärten, Friedhöfen, Bahnanlagen, an Flüssen und auf Flächen, die zu feucht oder zu abschüssig für eine Landnutzung sind. In solchen Pioniergehölzen findet man in Mitteleuropa häufig die Sand-Birke (*Betula pendula*), die Sal-Weide (*Salix caprea*) und den Schwarzen Holunder (*Sambucus ni-*

gra). Mit Zunahme der Kontinentalität steigt der Anteil an Robinien (*Robinia pseudoacacia*), Waldkiefern (*Pinus sylvestris*) und Götterbäumen (*Ailanthus altissima*). Die Entwicklung eines Waldes ist ein sukzessiver Prozess, der vermutlich keine eigene Stabilität in einer Stadt erreichen würde, wenn er nicht geschützt wird.

Durch das gesellschaftlich geprägte Bild einer geordneten Natur, die dem Menschen in der Stadt angepasst ist, ist es aber schwierig, das Bild einer eigenständigen Entwicklung von Vegetation als »schön« darzustellen. Die Formlosigkeit von gut gedeihenden Pflanzen unterschiedlichster Art findet in Städten durch das ungepflegte Erscheinungsbild nur schwer Akzeptanz in der Bevölkerung. In der Wachstumsphase von April bis Oktober sind die meisten Flächen lebendig, farbenprächtig und schön anzusehen. Sobald aber die Wachstumsphase vorbei ist, sind diese Flächen aber grau und mit abgestorbenem Pflanzenmaterial bedeckt. Das größte Problem der Ablehnung beruht darauf, dass ein geringer Pflegeaufwand als Vernachlässigung empfunden wird und somit als Bedrohung wirkt.

4.3 Erfahrung und Wahrnehmung von Natur in der Stadt

Die psychologische Relevanz von Natur in der Stadt ist vor allem im Hinblick auf städtebauliche Maßnahmen zu bedenken, die das Wohlbefinden der Menschen beeinflussen. Der Begriff »Natur« erfüllt eine Vielfalt an emotionalen Bedürfnissen und kann als ein Symbol gelten, auf das Menschen ihre Wünsche und Fantasien, paradiesische und utopische Zustände projizieren können (Jessel 2006). Laut einer Studie von Pohl (2003) wird Natur auf der Skala abgefragter Lebenswerte an erster Stelle noch vor Gesundheit, Freunden und Familie angegeben und steht damit an der Spitze der Freizeitfaktoren.

Unter Naturerfahrung wird ein Aneignungsprozess relativ naturnaher Lebensumwelt verstanden. Naturerfahrung ist ein Schlüsselfaktor zum besseren Verständnis von möglichen positiven Auswirkungen von Landschaft und Natur auf die in ihr lebenden Menschen (Münkemüller/Homburg 2005). Sie basiert auf dem unmittelbaren subjektiven Empfinden, Wahrnehmen und Erleben, d.h. der sinnlich-ästhetischen Erschließung von natürlichen Gebilden, Erscheinungen und Prozessen. Es ist zu beachten, dass Naturerfahrung in soziokulturellen Kontexten erfolgt und somit auch immer als Kulturerfahrung verstanden werden muss. Die Naturerfahrung kann über fünf Dimensionen beschrieben werden, die von unterschiedlichen Naturzugängen ausgehen:

- Ästhetik (Wahrnehmungsmöglichkeiten der Vielfalt und Schönheit der Natur, Genuss von Ausblicken und Abbildung von Tieren und Pflanzen).
- Erkunden (fragender Zugang zur Natur, Bestimmung und Sammlung von Pflanzen, Bestimmung von Tieren).
- Ökologie (naturschützerische Aktivitäten und die Untersuchung von Ökosystemen, Information über Pflanzen und Tiere sowie Beobachtungen und Messungen).
- Nutzen (Versorgung durch Jagen, Sammeln von Beeren und Pilzen und Anbau von Pflanzen).
- Gesundheit (Hobbies, denen in der Natur nachgegangen wird, wie zum Beispiel Radfahren, Wandern und Sport, die gleichzeitig aber auch die Gesundheit fördern).

4.4 Gesundheit und Lebensqualität

Nach der Verfassung der Weltgesundheitsorganisation (WHO) aus dem Jahre 1946 ist die Gesundheit des Menschen »ein Zustand des vollständigen körperlichen, geistigen und sozialen Wohlergehens und nicht nur das Fehlen von Krankheit oder Gebrechen« (www.admin.ch; deutsche Übersetzung, 1). Gemäß der von der WHO im Jahre 1986 verabschiedeten Ottawa Charta muss jede Strategie zur Gesundheitsförderung auch den Schutz der natürlichen und der sozialen Umwelt sowie die Erhaltung der vorhandenen natürlichen Ressourcen zu ihrem Thema machen (www.euro.who.int (19.09.2013)). Der Begriff »Wohlbefinden« beschreibt einen komplexen subjektiven Bewusstseinszustand mit verschiedenen Komponenten (Trojan/Leggewie 2001). Dazu zählen positive psychische, physische und soziale Qualitäten, Freude, Zufriedenheit und Glück. Mit der weiter zunehmenden Verstädterung wächst auch die Bedeutung von Gesundheit und Wohlbefinden der Stadtbevölkerung; damit verbunden sind die Fragen nach den urbanen Umwelteinflüssen auf die Gesundheit. Besonders bekannt sind folgende gesundheitliche Probleme, die mit der städtischen Umwelt in Verbindung gebracht werden: Für Herzkreislauferkrankungen werden sommerliche Hitze und Feinstaub verantwortlich gemacht. Atemwegserkrankungen und Hautallergien stehen im Zusam-

menhang mit Luftbelastungen wie Ozon, Stickoxyden und Feinstaub. Lärm stellt insbesondere in der Nacht ein Problem an belebten Straßen, Plätzen und Flughäfen dar.

Aber auch die positiven Effekte der Umwelt auf Gesundheit und Wohlbefinden finden aus der medizinischen Perspektive zunehmend Beachtung. So erfolgten etwa im Rahmen der COST Aktion E39 umfassende Forschungen zur Bedeutung von Bäumen und Wäldern für menschliches Wohlbefinden und Gesundheit. Die Aktion »Paysage à votre santé« der Stiftung Landschaftsschutz Schweiz hat folgende Thesen zur Wirkung von Landschaft auf das physische, psychische und soziale Wohlbefinden entwickelt (Abraham u. a. 2007):

- Psychisches Wohlbefinden: Landschaftsräume fördern die Stressreduktion und Stressprävention, wenn sie als angenehm empfunden werden und natürlich sind, d. h. wenn sie sich durch eine moderate Fülle und Komplexität an natürlichen Elementen wie z. B. Wälder auszeichnen und keine Elemente enthalten, die verängstigen.
- Physisches Wohlbefinden: Landschaftsräume fördern physische Aktivität in Städten, wenn sie bewegungsfreundlich gestaltet (d. h. beispielsweise Gehsteige, Geh- und Fahrradwege, Fußgängerzonen, Verkehrregelungen, vernetzte Strassen und angenehmen Bodenbelag enthalten und in Bezug auf Verkehr und Kriminalität sicher sind), ästhetisch ansprechend und vegetationsreich sind, benutzerfreundlich gelegene Grünanlagen aufweisen und sozialen Kontakt ermöglichen.
- Soziales Wohlbefinden: Landschaftsräume fördern die soziale Entwicklung von Kindern und Jugendlichen, wenn sie sicher sind (d. h. Spielen ohne die Gefahr durch Verkehr ermöglichen), sowohl Spielen alleine und ohne die ständige Aufsicht von Erwachsenen (Privatheit) als auch Kontakt mit anderen Kindern ermöglichen (soziale Begegnung), vegetationsreich sind und kreatives Spiel (z. B. Rollenspiel) ermöglichen.

5. Aktuelle Themen und künftige Herausforderungen

Zu den aktuellen und künftigen Herausforderungen stadtökologischer Arbeit gehören die Entwicklung von Strategien für den Umgang mit den Folgen des Klimawandels im urbanen Raum, die Erforschung

und Sichtbarmachung der urbanen Ökosystemdienstleistungen sowie Fragen der Umweltgerechtigkeit.

5.1 Klimawandel

Die wissenschaftlichen Erkenntnisse der letzten drei
Jahrzehnte lassen keinen Zweifel mehr daran, dass
sich das globale Klima ändert. Die 1957 begonnenen
Spurengasmessungen auf dem Hawaii-Vulkan
Mauna Loa belegen eine beständige Zunahme des
CO_2-Gehaltes in der Erdatmosphäre. Die Absorp-
tion der langwelligen Erdausstrahlung durch das
vermehrte CO_2 führt unweigerlich zu einer Temperaturerhöhung in der Atmosphäre. Wie und wo sich
diese allerdings äußert, welche Rückkoppelung zur
Freisetzung anderer Treibhausgase wie dem im Per-
mafrost gebundenen Methan bestehen und wie dieser physikalische Effekt des globalen Strahlungs-
haushaltes sich auf die atmosphärische Zirkulation
auswirkt, ist Gegenstand umfangreicher wissenschaftlicher Forschung. Auch die regionalen Folgen
und die jahreszeitliche Differenzierung sind von
ganz wesentlicher Bedeutung. Die Vereinten Nationen haben deshalb 1981 den zwischenstaatlichen
Wissenschaftsausschuss für den Klimawandel eingesetzt (Intergovernmental Panel on Climate Change =
»Weltklimarat«), der die relevanten Veröffentlichungen sichtet und in regelmäßigen Abständen Bericht
erstattet (IPCC 2007). Neben einer schleichenden
globalen Erwärmung von 1,8 bis 4,0 °C im Vergleich
1980/1999 zu 2090/2099 geht das IPCC von einer
sehr wahrscheinlichen Zunahme von Extremwetter
und -witterung, insbesondere von Hitzewellen, Starkregenereignissen und Spitzenböen aus, mit erheblichen Folgen für die Ökosysteme und die menschliche Gesundheit. Bei einer Temperaturerhöhung bis
zur Jahrhundertwende um ca. 2 °C ist es sehr wahrscheinlich, dass bis zu 30 % aller Pflanzen- und Tierarten vom Aussterben bedroht sein werden und dass
eine zunehmende Verlagerung von Verbreitungsge-
bieten stattfinden wird.

Bezüglich der menschlichen Gesundheit muss
durch das vermehrte Auftreten von Hitzewellen mit
einer Zunahme von Sterbefällen gerechnet werden.
Beide Aussagen gelten verstärkt für Großstädte, da
in ihnen auch noch die Effekte der lokalen Wär-
meinseln mit berücksichtigt werden müssen. Mit einer Erhöhung der Temperatur, sei sie durch lokale
oder globale Prozesse hervorgerufen, gibt es positive

Rückkoppelungen mit der Luftbelastung; denn bei
höheren Temperaturen verstärkt sich in den strahlungsreichen Sommermonaten die Bildung des Fo-
tosmogs, die höheren Sommertemperaturen bedingen eine Verstärkung der Raumkühlung, was wiederum eine Erhöhung des Energiebedarfs bedeutet.
Für das thermische Wohlbefinden des Menschen ist
an strahlungsreichen Sommertagen insbesondere
der Schattenwurf von herausragender Bedeutung.
Hier kommt den Stadtbäumen eine zentrale Funktion zu. Durch geschickte Beschattung von Gebäuden durch Laubbäume kann der Bedarf an Küh-
lungsenergie reduziert werden. Entsprechendes kli-
matologisch nachhaltiges Design von Gebäuden ist
eine zunehmend wichtige Aufgabe unserer Architekten und Stadtplaner. Stadtbäume können durch
ihren Schattenwurf ein günstiges Mikroklima während der strahlungsreichen Tagesstunden hervorrufen. Daneben besitzen Bäume durch ihre Blatt- und
Zweigstruktur die Fähigkeit, bis zu einem gewissen
Grad Feinstaub aus der Luft zu filtern. Die Überlagerung von lokaler städtischer Wärmeinsel und globaler Erwärmung hat erhebliche ökologische, ökonomische und soziale Auswirkungen

5.1.1 Vermeidungsstrategien

Der Weltklimarat unterscheidet beim Umgang mit
dem globalen Klimawandel zwei grundlegende Aspekte: Vermeidung (engl. *mitigation*) und Anpassung (engl. *adaptation*). Im Fall der Vermeidung
geht es darum, die Freisetzung von Treibhausgasen
so rasch und so umfassend wie möglich zu verringern, um den anthropogenen Zusatztreibhauseffekt
abzuschwächen. Das heißt, dass das mit der Industrialisierung vor knapp 200 Jahren begonnene »fossile Zeitalter« beendet werden muss. Heizung, Kühlung, Mobilität und Elektrizität müssen ohne fossile
Energieträger ermöglicht werden. In Deutschland
stehen dabei der Wärmebedarf von Gebäuden, die
Elektrizitätsversorgung und der Verkehr im Mittelpunkt des energetischen Umbaus. Energieeffizienz
einerseits und der Einsatz von erneuerbaren Energien andererseits sind zur »Dekarbonisierung« unserer Gesellschaft notwendig. Die Städte spielen dabei eine zentrale Rolle. Allerdings darf es nicht bei
frommen Wünschen und hehren Zielen bleiben,
sondern es bedarf eines ebenso raschen wie umsich-
tigen Handelns. München will bald ein Drittel seines
Strombedarfs aus erneuerbaren Energien decken.
Bis zum Jahr 2025 soll 100 % des städtischen Ener-

giebedarfs aus erneuerbarer Energie stammen (inklusive von Off-shore-Windanlagen in Großbritannien und Solarparks in Andalusien). Nationale und supranationale Programme zum Klimaschutz sind darauf ausgerichtet und Thema der politischen Diskussion.

5.1.2 Anpassung an die schon nicht mehr vermeidbaren Folgen des Klimawandels

Manchmal müssen Maßnahmen zur Anpassung an die schon nicht mehr vermeidbaren Folgen des Klimawandels getroffen werden. Während Städte an der Küste mit den Folgen des steigenden Meeresspiegels zu kämpfen haben, müssen sich mitteleuropäische Städte im Binnenland auf häufigere, längere und intensivere Hitzewellen und Dürreperioden im Sommer, Starkwinde bei Sturmzyklonen im Winter sowie Starkregenereignisse und Hochwasser mit gegebenenfalls Überschwemmungsgefahren zu allen Jahreszeiten einstellen.

Klimaanpassungsstrategien in der Stadtentwicklung müssen dabei die gesamte Breite der Problematik abdecken, d. h. eine integrative Betrachtung ohne sektorale Fragmentierung ist notwendig. Zentrale Punkte sind das Humanbioklima, das Siedlungsklima und die Hochwasservorsorge. Der schon zu beobachtende und weiter zunehmende Temperaturanstieg erfordert vor allem eine Sicherung und Verbesserung der Frischluftversorgung in dicht besiedelten Gebieten, zum Beispiel durch die Schaffung und den Schutz von Grünzügen mit im Sommer Schatten spendenden Bäumen. Im Bereich der Siedlungsplanung müssen Szenarien des klimatischen und demografischen Wandels mit einander in Beziehung gesetzt werden (Steinrücke/Snowdon 2010).

Aufbauend auf diesen Ereignissen müssen Ziele für die Siedlungs- und Freiflächenentwicklung gesetzt und konsequent abgesichert werden. Hilfsmittel dazu sind Stadtentwicklungspläne für das Siedlungsklima auf lokaler bis subregionaler Ebene. Die Schrumpfung von Städten kann in diesem Zusammenhang als Chance für einen siedlungsklimagerechten Stadtumbau aufgefasst werden. Kommunikation und Prioritätensetzung auf allen Ebenen der Stadtentwicklung sowie zwischen Forschung und Praxis sind wichtig; dies gilt sowohl bei der Prävention als auch bei akuten Ereignissen. Die mit jeder Projektion verbundenen Unsicherheiten müssen thematisiert werden. Sie sind auch in anderen Bereichen des menschlichen Lebens vorhanden und dür-

fen nicht als Ausrede für fehlendes Handeln herangezogen werden. Siedlung, Verkehr und »blau-grüne Infrastrukturen«, also Wasser- und Grünflächen in der Stadt müssen eng verzahnt werden.

5.1.3 Synergieeffekte

Synergien zwischen Klimaanpassungsstrategien und Klimaschutzkonzepten sind von fundamentaler Bedeutung. Zum Beispiel könnte eine energetische Sanierung von öffentlichen Gebäuden mit einer Installation von Solarpaneelen auf einem begrünten Dach Hand in Hand gehen. Stadtbrachen können in Form einer Zwischennutzung als Stadtwald genutzt werden; dieser dient sowohl der Kohlenstoffspeicherung als auch der Mikroklimaverbesserung in Form von Schattenwurf und Verdunstungskühlung und bildet auch einen urbanen Biotopbaustein. Problematische Stadtbrachen können so zu einer mehrfachen »Win-Win-Situation« umgewidmet werden. Dem öffentlichen Grün in Form von Stadtbäumen in Parks und Alleen kommt im Rahmen des Klimawandels eine neue, zentrale Bedeutung zu.

Allerdings sollte nicht nur der öffentliche Sektor mit seiner Vorbildfunktion vorangehen, sondern auch Unternehmen, Nichtregierungsorganisationen und Privathaushalte sind mit einzubeziehen. Hochwasser und Hitze machen nicht an privaten und kommunalen Grenzen halt, eine überörtliche Betrachtung ist im Rahmen der Regionalplanung bzw. des Regionalmanagements notwendig. Viele der notwendigen Maßnahmen werden bereits seit Jahrzehnten im Rahmen der Stadtklimaverbesserung gefordert (»No-Regret-Strategien«). Auch hier ist die Stadtentwicklung keineswegs konfliktfrei; denn aus Klimaschutzgründen ist einerseits die »kompakte Stadt« zu fordern, wichtige Anpassungsmaßnahmen erfordern andererseits aber die gute Durchgrünung in einer mit Bäumen »aufgelockerten Stadt«. Klimaschutz und Anpassung müssen deshalb Kompromisse in Form einer mit Schatten spendenden Grünanlagen »perforierten Stadt« finden (Endlicher/Kress 2008).

5.2 Ökologischer Fußabdruck

Unter dem Ökologischen Fußabdruck versteht man ein von Wackernagel (1994) entwickeltes didaktisches Konzept, den menschlichen Konsum von Gütern und Energie in einer Region auf eine Landfläche umzurechnen. Diese Fläche ist notwendig, um den Lebensstil und -standard eines Menschen der betreffenden Region dauerhaft aufrecht zu erhalten. Bei einer Bevölkerung von 6,7 Milliarden Menschen entspricht dies einer Fläche von 2,7 ha pro Erdenbürger, wobei die Erde aber nur eine Biokapazität von 1,8 ha zur Verfügung stellen kann. Wir brauchen also 1,5 Planeten. Ein Deutscher benötigt derzeit zur Befriedigung seiner Bedürfnisse eine Fläche von ca. 4,6 ha, wobei das Land nur eine Biokapazität von 2,4 ha pro Einwohner offeriert. Noch größer sind die Ungleichgewichte zwischen Stadt und Land (Rees/Wackernagel 1996; Wackernagel u. a. 2006). Der ökologische Fußabdruck eines Berliners ist etwa so groß, dass man bei ca. 3,5 Mio Einwohnern eigentlich das 168-fache der Stadtfläche benötigen würde, um die Bedürfnisse der Hauptstadtbewohner befriedigen zu können (www. footprintnetwork.org; halbjährlicher Living Planet Report des WWF).

5.3 Urbane Ökosystemdienstleistungen

Die Dienstleistungen eines Ökosystems sind ein wichtiger Begriff in der Debatte einer nachhaltigen Entwicklung. Costanza u. a. (1997) kommt der Verdienst zu, erstmals auf den Wert der Dienste, welche die Ökosysteme unseres Planeten tatsächlich leisten, hingewiesen zu haben. Der Begriff der Ökosystemdienstleistungen wurde von Bolund/Hunhammar (1999) auch auf urbane Ökosystemdienstleistungen übertragen. Nach dem Millenium Ecosystem Assessment (MEA 2005) lassen sich urbane Ökosystemdienstleistungen in vier Kategorien einteilen:
- Bereitstellende Dienstleistungen (Nahrung, Wasser, Holz, Fasern, genetische Ressourcen),
- Regulierende Dienstleistungen (Regulierung von Klima, Überflutungen, Krankheiten, Wasserqualität, Abfallbeseitigung),
- Kulturelle Dienstleistungen (Erholung, ästhetisches Vergnügen, spirituelle Erfüllung),
- Unterstützende Dienstleistungen (Bodenbildung, Nährstoffkreislauf).

Danach steht der Nutzen für den Menschen im Vordergrund, was auch zu Kritik an diesem Ansatz geführt hat. Urbane Ökosystemdienstleistungen stehen sowohl in einem engen Zusammenhang mit der urbanen Lebensqualität als auch mit den drei Dimensionen der Nachhaltigkeit. Beispielsweise offerieren städtische Grünflächen gleich mehrere Öko

systemdienstleistungen: Schatten spendende Bäume mildern den sommerlichen Hitzestress, senken durch ihre Transpiration (Erhöhung des latenten Wärmeflusses) die Lufttemperatur (Erniedrigung des sensiblen Wärmeflusses) und reduzieren sogar ein wenig die Feinstaubbelastung. Damit tragen sie wesentlich zu Gesundheit und Wohlbefinden der Stadtbewohner bei. Unverbaute Auen bieten Flüssen bei Hochwasser Überflutungsraum und mindern damit die Hochwassergefahren. Neu angelegte Straßengräben und nur teilweise versiegelte Verkehrsflächen erhöhen das Versickerungspotential des Bodens, reichern das Grundwasser an und mindern die Gefahr des Überlaufens der Mischwasserkanalisation bei Starkregenereignissen. Unumstritten ist auch die Kohlenstoffspeicherung (Sequestrierung) in Stadtbäumen. Auf diese Weise wird der »Ökologische Fußabdruck« einer Stadt etwas gemindert. Stadtbäume in der Innenstadt können aber auch zur Steigerung des geschäftlichen Umsatzes beitragen.

Zweifelsohne leisten Städte auf lokaler, regionaler und selbst globaler Ebene schon heute ganz erhebliche ökosystemare Dienste. Die Suche nach nachhaltigen urbanen Landnutzungen, die es erlauben, solche Ökosystemdienstleistungen auch unter den Vorzeichen des globalen Wandels aufrecht zu erhalten, ist eine der großen stadtökologischen Zukunftsaufgaben.

5.4 Umweltgerechtigkeit

In der Regel haben ärmere Stadtbewohner einen geringeren ökologischen Fußabdruck, da sie in kleineren Wohnungen weniger Energie verbrauchen oder kein eigenes Kfz besitzen. Gleichzeitig befinden sich diese Wohnungen aber oft auch in dicht verbauten, durch Hitze und Feinstaub belasteten und dem Lärm ausgesetzten Stadtquartieren. In diesen fehlen zudem auch noch öffentliche Parkanlagen und andere Erholungseinrichtungen. Ethische und rechtliche Fragen, die sich aus derartigen Zusammenhängen ergeben, sind dem Themenkreis der Umweltgerechtigkeit zuzuordnen (Bolte/Mielck 2004; Kloepfer 2006): Die Risiken aus Umweltbelastungen sowie die Erträge aus Investitionen in Umwelt sollten gleich verteilt sein. Oftmals treffen Umweltbelastungen und Wetterkatastrophen zuerst die Ärmsten der Armen, z. B. wenn in sog. Megacities Flüsse über die Ufer treten und Slums oder notdürftige Siedlungen überfluten. Hierauf hat UN-Habitat, die Siedlungs organisation der Vereinten Nationen, wiederholt hingewiesen (z. B. UN-Habitat 2012).

Auch hier handelt es sich um komplexe Zusammenhänge, bei denen nicht nur die physische Umgebung wie Stadtstruktur, Einwohnerdichte und Luftqualität eine Rolle spielen, sondern auch Demografie (wie z. B. das Alter), sozioökonomischer Status (Oberschicht- oder Armenviertel), Ethnizität und Lebensstile, schließlich das soziale Netzwerk (z. B. Familie und Verwandtschaft) und die formalen und informellen Netzwerke (z. B. staatliche Gesundheitsfürsorge und Haus- und Wohngemeinschaften) von Bedeutung sind.

6. Fazit und Ausblick

Stadtökologie ist eine noch junge Wissenschaftsdisziplin. Erst in der Mitte des vergangenen Jahrhunderts begann man sich näher mit Umwelt und Natur in Städten zu beschäftigen, entwarf man auf der Basis von empirischen Studien theoretische Modelle und führte erste Studien zu einzelnen ökologischen Teilaspekten durch. Die Bedeutung von stadtökologischen Studien wird aber weiter steigen, denn das 21. Jahrhundert wird zweifelsohne auch das Jahrhundert der Städte werden. Schon jetzt leben weltweit mehr Menschen in der Stadt als auf dem Land. Die Aufgaben sind aber höchst komplex, nicht nur, weil sowohl in den schrumpfenden als auch in den wachsenden Städten Probleme zu lösen sind, die in den neuen Megastädten überdies potenziert auftreten. Stadtökologische Forschung ist nicht nur deshalb schwierig, weil die einzelnen Teilsysteme der Geosphäre eng mit denjenigen der Biosphäre gekoppelt sind, sondern auch, weil in allen Raum- und Zeitdimensionen der Mensch eine dominante Rolle spielt. Einerseits greift er als Akteur in die Regelfunktionen der Teilsysteme ein, andererseits ist er als Betroffener den Folgen seines eigenen Handelns ausgesetzt, wie etwa am Klimawandel deutlich wird. Menschliches Verhalten und Planen ist aber nicht naturgesetzlich zu fassen. Es geht daher nicht nur um den Erkenntnisgewinn über das Funktionieren von Teilsystemen unter den spezifischen städtischen Rahmenbedingungen, sondern es geht auch um die Milderung negativer Auswirkungen des menschlichen Handelns auf alle Teilsphären und nicht zuletzt auf die Stadtbewohner selbst.

Literatur

Abraham, Andrea/Sommerhalder, Kathrin u. a.: *Landschaft und Gesundheit: Das Potential einer Verbindung zweier Konzepte*. Bern 2007.

Alloway, Brian J.: »Contamination of Soils in Domestic Gardens and Allotments: A Brief Overview«. In: *Land Contamination & Reclamation*, 12 (3), 2004.

Arbeitskreis Stadtböden der Deutschen Bodenkundlichen Gesellschaft (Hg.): *Urbaner Bodenschutz*. Berlin/Heidelberg 1996.

Baumbach, Günter: *Air Quality Control*. Berlin 1996.

Behrens, Till: *Die Frankfurter Grüngürtel oder die Auswirkungen einer wachstumsorientierten Stadtpolitik auf zusammenhängende Grünräume*. Kassel 1985.

Blume, Hans-Peter: »Böden«. In: Sukopp, Herbert/Wittig, Rüdiger (Hg.): *Stadtökologie*. Stuttgart ²1998, 168–185.

Bolte, Gabriele/Mielck, Andreas: *Umweltgerechtigkeit. Die soziale Verteilung von Umweltbelastungen*. Weinheim/München 2004.

Bolund, Per/Hunhammar, Sven: *Ecosystem Services in Urban Areas*. In: *Ecological Economics* 29.2 (1999), 293–301.

Boyd, James/Banzhaf, Spencer: »What are Ecosystem Services? The Need for Standardized Environmental Accounting Units«. In: *Ecological Economics* 63 (2–3) (2007), 616–626.

Bundesministerium für Umwelt, Naturschutz und Reaktorsicherheit (Hg.): *Konferenz der Vereinten Nationen für Umwelt und Entwicklung im Juli 1992 in Rio de Janeiro – Dokumente – Agenda 21*. Bonn 1992.

Bundesministerium für Umwelt, Naturschutz und Reaktorsicherheit (Hg.): *Handbuch Lokale Agenda 21. Wege zur nachhaltigen Entwicklung in Kommunen*. Bonn 1998.

Burghardt, Wolfgang: »Wasserhaushalt von Stadtböden«. In: Schuhmacher, Helmut/Thiesmeier, Burkhard (Hg.): *Urbane Gewässer*. Essen 1991, 395–412.

Chambers, Robert: »Vulnerability, Coping and Policy«. In: *Institute of Development Studies (IDS) Bulletin* 20.2 (1989), 1–7.

Iso, Christl/Gulz, Petra A. u. a. (Hg.): *Umgang mit Bodenbelastungen in Familiengärten der Stadt Zürich* (Fallstudie). ETH Zürich, Institut für terrestrische Ökologie 2004. Online: e-collection.library.ethz.ch/eserv/eth:27236/eth-27236-01.pdf

Costanza, Robert/d'Arge, Ralph u. a.: »The Value of the World's Ecosystem Services and Natural Capital«. In: *Nature* 387 (1997), 253–260.

Crutzen, Paul: »The ›Anthropocene‹«. In: Ehlers, Eckart/Krafft, Thomas (Hg.): *Earth system science in the anthropocene*. Berlin/Heidelberg/New York 2006, 13–18.

Duhme, Friedrich/Pauleit, Stephan: *Strukturtypenkartierung als Instrument der räumlich-integrativen Analyse und Bewertung der Umweltbedingungen in München*. Freising 1992.

Ehlers, Eckart: *Das Anthropozän – Die Erde im Zeitalter des Menschen*. Darmstadt 2008.

Endlicher, Wilfried/Kress, Andreas: »Wir müssen unsere Städte neu erfinden – Anpassungsstrategien für Stadtregionen«. In: *Informationen zur Raumentwicklung* 6–7/2008, 437–445.

Endlicher, Wilfried/Hostert, Patrick u. a. (Hg.): *Perspectives in Urban Ecology. Studies of Ecosystems and Interactions*

Between Humans and Nature in the Metropolis of Berlin. Berlin/Heidelberg 2011.

Endlicher, Wilfried: *Einführung in die Stadtökologie. Grundzüge des urbanen Mensch-Umwelt-Systems.* Stuttgart 2012.

Food and Agriculture Organization of the United Nations/World Bank: *Urban Agriculture for Sustainable Poverty Alleviation and Food Security.* Rome 2008.

Gleich, Arnim von/Gößling-Reisemann, Stefan u. a.: »Resilienz als Leitkonzept – Vulnerabilität als analytische Kategorie«. In: Fichter, K./Gleich, A. v./Pfriem, R./Siebenhüner, B. (Hg., 2010): *Theoretische Grundlagen für erfolgreiche Klimaanpassungsstrategien.* Nordwest 2050 Berichte, H. 1, Bremen/Oldenburg 2010, 13–49.

Gunkel, Günter: »Die gewässerökologische Situation in einer urbanen Großsiedlung (Märkisches Viertel, Berlin)«. In: Schuhmacher, Helmut/Thiesmeier, Burkhard (Hg.): *Urbane Gewässer.* Essen 1991, 122–174.

Haase, Dagmar/Nuissl, Henning: »The Urban-to-rural Gradient of Land Use Change and Impervious Cover: A Long Term Trajectory for the City of Leipzig«. In: *Land Use Science* 5.2 (2010), 123–142.

Haeckel, Ernst: *Generelle Morphologie der Organismen. Allgemeine Grundzüge der organischen Formen-Wissenschaft, mechanisch begründet durch die von Charles Darwin reformierte Descendenz-Theorie.* Berlin 1866.

Hauff, Volker (Hg.): *Unsere gemeinsame Zukunft. Der Brundtland-Bericht der Weltkommission für Umwelt und Entwicklung.* Greven 1987.

Höbel, Regina/Kloth, Melanie u. a.: *Stadträumliche Integrationspolitik: Umsetzung der Empfehlungen des Projekts »Zuwanderer in der Stadt«.* Darmstadt 2006.

Holling, C. S.: »Resilience and Stability of Ecological Systems«. In: *Annual Review of Ecology and Systematics* 4 (1973), 1–23.

Hostert, Patrick: »Advanced Approaches in Urban Remote Sensing – Examples from Berlin«. In: Stefanov, William/Netzband, Maik u. a. (Hg.): *Applied Remote Sensing for Urban Planning, Governance and Sustainability.* Berlin 2007, 37–51.

Intergovernmental Panel on Climate Change (2007): *Climate Change 2007: Synthesis Report. Contributions of Working Groups I, II and III to the Fourth Assessment Report of the Intergovernmental Panel on Climate Change.* Paris 2007.

Jessel, Beate: »Die Hintertür seelischer Bedürfnisse: Vertrautheit und Sehnsucht als Motive des Naturschutzes«. In: Haber, Wolfgang (Hg.): *Die Zukunft der Natur. Politische Ökologie* 99. München 2006, 30–32.

Klausnitzer, Bernhard: *Ökologie der Großstadtfauna.* Jena/Stuttgart [2]1993.

Kloepfer, Michael: *Umweltgerechtigkeit. Environmental Justice in der deutschen Rechtsordnung.* Berlin 2006.

Klotz, Stefan: *Merkmale der Stadtflora.* Braun-Blanquetia 3 (1989), 7–60.

Kowarik, Ingo: »Some Responses of Flora and Vegetation to Urbanization in Central Europe«. In: Sukopp, Herbert/Hejny, Slavomil (Hg.): *Plants and Plant Communities in the Urban Environment.* The Hague 1990, 45–74.

Kowarik, Ingo: *Biologische Invasionen. Neophyten und Neozoen in Mitteleuropa.* Stuttgart 2003.

Kowarik, Ingo: *Novel Urban Ecosystems, Biodiversity, and Conservation. Environmental Pollution* 159 (2011), 1974–1983.

Kowarik, Ingo/Körner, Stefan (Hg.): *Wild Urban Woodlands. New Perspectives for Urban Forestry.* Berlin/Heidelberg 2005.

Kraas, Frauke/Bork, Tabea: »Der Mensch im Erdsystem: Herausforderungen für die Zukunft«. In: Wefers, Gerold (Hg.): *Expedition Erde.* Bremen 2010, 410–415.

Kratzer, Albert: *Das Stadtklima.* Braunschweig [2]1956.

Kuttler, Wilhelm: »Stadtklima«. In: Sukopp, Herbert/Wittig, Rüdiger (Hg.): *Stadtökologie.* Stuttgart [2]1998, 125–167.

Linné, Carl von: *Systema Naturae.* Leiden 1735.

Löns, Hermann: »Die Quintärfauna von Nordwestdeutschland« 55.–57. In: *Jber. Naturhistor. Ges.* Hannover 1908, 117–127.

Makki, Mohsen/Frielinghaus, Monika (Hg.): »Boden des Jahres 2010 – Stadtböden. Berlin und seine Böden«. In: *Berliner Geographische Arbeiten* 117. Berlin 2010.

Marzluff, John M./Shulenberger, Eric u. a.: Urban *Ecology. An International Perspective on the Interaction Between Humans and Nature.* New York 2008.

Meadows, Donella H./Meadows, Dennis L.: *The Limits of Growth.* New York 1972.

Millennium Ecosystem Assessment (MEA): *Ecosystems and Human Well-Being: Current State and Trends. Findings of the Condition and Trends Working Group.* Washington D.C. 2005.

Müller, Christa (Hg.): *Urban Gardening. Über die Rückkehr der Gärten in die Stadt.* München 2011.

Münkemüller, Tamara/Homburg, Andreas: »Naturerfahrung: Dimension und Beeinflussung durch naturschutzfachliche Wertigkeit«. In: *Umweltpsychologie* 9.2 (2005), 50–67.

Park, Robert E./Burgess, Ernest W. u. a.: *The City. Suggestions for the Study of Human Nature in the Urban Environment.* Chicago 1925.

Parlow, Eberhard: »Besonderheiten des Stadtklimas«. In: Gebhardt, Hans/Glaser, Rüdiger (Hg.): *Geographie. Physische Geographie und Humangeographie.* München 2007, 242–246.

Pauleit, Stephan: »Stadtplanung im Zeichen des Klimawandels: nachhaltig, grün und anpassungsfähig«. In: *Contrec* 4 (2011), 5–26.

Pohl, Dietmar: *Naturerfahrungen und Naturzugänge von Kindern.* Diss. Päd. Hochschule Ludwigsburg 2006.

Rees, William/Wackernagel, Mathis: »Urban Ecological Footprints: Why Cities Cannot be Sustainable and why they are a key to Sustainability«. In: *Environmental Impact Assessment Review* 16 (1996), 223–248.

Rink, Dieter/Arndt, Thomas: *Urbane Wälder: Ökologische Stadterneuerung durch Anlage urbaner Waldflächen auf innerstädtischen Flächen im Nutzungswandel.* Helmholtz-Zentrum für Umweltforschung, UFZ-Bericht 03/2011. Leipzig 2001.

Rosol, Marit: »Partizipative Nach- und Zwischennutzungen innerstädtischer Brachflächen – Praxisbeispiele aus Berlin«. In: *Berichte zur Deutschen Landeskunde* 82 (3) (2008), 251–266.

Schroeder, Dietmar: *Bodenkunde in Stichworten.* Berlin/Stuttgart [4]1984.

Schuhmacher, Helmut/Thiesmeier, Burkhard (Hg.): *Urbane Gewässer.* Essen 1991.

Steinrücke, Monika/Snowdon, Astrid: *Handbuch Stadtklima. Maßnahmen und Handlungskonzepte für Städte und Ballungsräume zur Anpassung an den Klimawandel.* Regionalverband Ruhr. Essen 2010.

Sukopp, Herbert: »Die Großstadt als Gegenstand ökologischer Forschung«. In: *Schriften zur Verbreitung naturwissenschaftlicher Kenntnisse.* Wien 113 (1973), 90–140.

Sukopp, Herbert (Hg.): *Stadtökologie, das Beispiel Berlin.* Berlin 1990.

Sukopp, Herbert: »Ökologische Charakteristik von Großstädten«. In: *Ber. Abhandl. Berlin-Brandenburgischen Akademie der Wissenschaften* 3 (1997), 105–128.

Sukopp, Herbert/Blume, Hans-Peter u. a.: »The Soil, Flora and Vegetation of Berlin's Waste Lands«. In: Laurie, Ian C. (Hg.): *Nature in the Cities.* Chichester 1979, 115–131.

Sukopp, Herbert/Wittig, Rüdiger (Hg.): *Stadtökologie.* Stuttgart ²1998.

Trojan, Alf/Legewie, Heiner: *Nachhaltige Gesundheit und Entwicklung. Leitbilder, Politik und Praxis der Gestaltung gesundheitsförderlicher Umwelt- und Lebensbedingungen.* Frankfurt a. M. 2001.

United Nations Environment Programme: *Report of the United Nations Conference on the Human Environment.* Stockholm 1972.

UN-Habitat: *State of the World's Cities 2012/2013. Prosperity of Cities.* London 2012.

Wackernagel, Mathis: *Ecological Footprint and Appropriated Carrying Capacity: A Tool for Planning Toward Sustainability.* PhD thesis. School of Community and Regional Planning. The University of British Columbia, Vancouver 1994.

Wackernagel, Mathis/Kitzes, Justin u. a.: »The Ecological Footprints of Cities and Regions: Comparing Resource Availability with Resource Demand«. In: *Environment and Urbanization* 18 (1) (2006), 103–112.

Wittig, Rüdiger: *Ökologie der Großstadtflora.* Stuttgart 1991.

Wittig, Rüdiger: »Ökologie der Stadt«. In: Steubing, Lore/ Buchwald, Konrad u. a. (Hg.): *Natur- und Umweltschutz – Ökologische Grundlagen, Methoden, Umsetzung.* Jena/Stuttgart 1995, 230–260.

Wittig, Rüdiger/Breuste, Jürgen u. a.: »Wie soll die aus ökologischer Sicht ideale Stadt aussehen? – Forderungen der Ökologie an die Stadt der Zukunft«. In: *Zeitschrift für Ökologie und Naturschutz* 4 (1995), 157–161.

Wittig, Rüdiger: »Die mitteleuropäische Großstadtflora«. In: *Geographische Rundschau* 48 (1996), 640–646.

Wittig, Rüdiger: »Flora und Vegetation«. In: Sukopp, H./ Wittig, R. (Hg.): *Stadtökologie.* Stuttgart ²1998, 219–265.

Wittig, Rüdiger: *Siedlungsvegetation. Ökosysteme Mitteleuropas aus geobotanischer Sicht.* Stuttgart 2002.

6. Stadt in der Geschichtswissenschaft

Dieter Schott

1. Geschichte der Stadt und des städtischen Lebens

1.1 Entwicklungslinien der Stadtgeschichtsforschung

Wie für die Geschichtswissenschaft insgesamt gilt auch für die Stadtgeschichte, dass die Fragen der Historiker in erheblicher Weise aus ihrer jeweiligen Gegenwart motiviert sind. Die Geschichte der Stadt und des städtischen Lebens wurde im deutschen Sprachraum erstmals im frühen 19. Jahrhundert Gegenstand wissenschaftlichen Interesses. Zu diesem Zeitpunkt waren Städte weitgehend als Akteure auf staatlicher Ebene durch die Wirkung des Reichsdeputationshauptschlusses von 1803 (Beseitigung der freien Reichsstädte, Mediatisierung) und der napoleonischen Flurbereinigung ausgeschaltet. Zugleich schuf die Steinsche Städteordnung von 1808 gerade in den preußischen Städten einen begrenzten politischen Handlungsraum für stadtbürgerliche lokale Selbstverwaltung. Inspiriert von der Historischen Rechtsschule (Savigny, Eichhorn) entwickelte sich seit den 1820er Jahren ein primär rechtsgeschichtliches Interesse an der Herausbildung von Städten als rechtlich fassbaren Körperschaften (›Stadtrechte‹ etc.) (Johanek 2010; Reulecke 1989). Gespeist wurden diese Forschungen vom Interesse, in den mittelalterlichen städtischen Einungen und genossenschaftlichen Zusammenschlüssen Ansatzpunkte für eine alternative Staats- und Gesellschaftsbildung in Abgrenzung vom Obrigkeitsstaat zu identifizieren. Im Zentrum stand dabei die Stadt des Mittelalters und deren rechtliche Strukturierung, die Frage nach der »Stadt im Rechtssinn« (Planitz 1954).

Ende des 19. Jahrhunderts erweiterte sich das auf Städte gerichtete wissenschaftliche Interesse erheblich: Zeitgenössischer Kontext war nunmehr der Prozess der Hochurbanisierung, die Entfaltung der Großstädte als bürgerliche Lebenswelt – um 1910 lebte bereits über ein Fünftel der deutschen Bevölkerung in Städten mit über 100 000 Einwohnern – und die auf breiter Front einsetzende Großstadtkritik, die diese (groß-)städtische Lebenswelt tiefgreifend problematisierte und zu einer Identitätskrise des Bürgertums führte. Neben die primär rechtlich bestimmte Definition von Städten trat nun in der Forschung verstärkt auch die ökonomische Funktion von Städten als Märkte. Federführend waren in dieser Phase allerdings weniger klassische Historiker, als vielmehr die Ökonomen der Jüngeren Historischen Schule der Nationalökonomie (Schmoller, Bücher), aus deren Reihen zahlreiche, vor allem auch quantifizierend-statistische Arbeiten zur Wirtschafts- und Sozialgeschichte von Städten stammen. Eine historisch-genetisch argumentierende, auf die Entfaltung moderner National-Wirtschaft aus Vorstufen von Hauswirtschaft und Stadtwirtschaft fokussierende Nationalökonomie untersuchte städtische Wirtschaftsformen und -prozesse seit dem Mittelalter als Anschauungsmaterial für die (vermutete) Evolution ökonomischer Institutionen, Techniken und Instrumente. Parallel dazu zogen die sozialen Probleme der Gegenwartsstadt, etwa die katastrophalen Lebensverhältnisse der großstädtischen Arbeitermassen, das Interesse von Professoren aus dem Verein für Sozialpolitik, den sogenannten Kathedersozialisten, auf die Soziale Frage, insbesondere die Dokumentation städtischer Wohnbedingungen für die umfangreichen Enqueten des Vereins für Sozialpolitik zur Wohnungsfrage (Zimmermann 1997). Bis heute für die Stadtforschung konzeptionell bedeutsam wurden dann die Überlegungen der sich um 1900 formierenden Soziologie, insbesondere Max Webers Strukturtypologie der okzidentalen Stadt (Weber 1921; vgl. Bruhns/Nippel 2000) oder Georg Simmels wahrnehmungstheoretische Überlegungen zur Wirkung von Großstädten auf die Mentalität ihrer Bewohner (Simmel 1903). Simmels berühmter Essay »Die Großstädte und das Geistesleben« legte bis heute fruchtbare Reflexionen zur freiheitsfördernden Funktion großstädtischer Anonymität und Vermassung vor. Damit war ein wichtiges Leitmotiv historischer und aktueller Stadtforschung formuliert: das Interesse an der Stadt als Raum der Befreiung aus vorgegebenen Zwängen, wobei aus der Freiheit auch – so vielfach die Annahme – eine entsprechend höhere Kreativität und Innovationskraft resultierte. Im gleichen Zeitraum des ausgehenden 19. Jahrhunderts provozierte Stadtplanung, die als professionalisierte Praxis räumlicher Ordnung seit den 1880er Jahren Städte in wachsendem Maße umgestaltete, auch das Interesse der Kunstgeschichte an früheren Perioden der Stadtplanung und Stadtgestaltung, insbesondere der Renaissance und des Barocks. Damit wurde die Stadt der Frühen Neuzeit, die von der rechtsgeschichtlich orientierten Stadtgeschichte als Verfallsperiode bürgerlicher Stadtfreiheiten bislang weitgehend ignoriert worden war, stärker ins Bewusstsein gebracht (Koller 1993, 14).

Peter Johanek ließ jüngst (2010) seinen großen Überblick zur mittelalterlichen Stadtgeschichtsforschung mit den Werken von Edith Ennen und Hans Planitz Mitte der 1950er Jahre beginnen (Ennen 1953; Planitz 1954). Ennen wie Planitz fragten letztlich beide nach der »Klärung des Ursprungs der gefreiten Stadtgemeinde« (Johanek 2010, 50), also der Herausbildung städtischer Gemeinden in Auseinandersetzung mit den Herren der civitates um die »Freiheitsrechte der städtischen Bürger«. Johanek interpretiert die zeitliche Koinzidenz der beiden bedeutsamen Forschungsarbeiten als nicht zufällig. Sowohl Ennen wie Planitz hatten sich intensiv mit dem belgischen Historiker Henri Pirenne auseinandergesetzt, der mit seinen Forschungen zum Zusammenhang von Stadt und Handel in der Kaufmannschaft die entscheidende Kraft für den Aufbruch des Städtewesens festgemacht und die internationale Städteforschung wesentlich geprägt hatte (Pirenne 1925). Zu den völkischen Interpretationen der deutschen Geschichtswissenschaft der 1930er und 1940er Jahre bildete Pirenne eine Art bürgerlich-liberaler Gegenpol; die – in Teilen durchaus auch kritische – Rezeption der Arbeiten Pirennes durch Ennen und Planitz korrespondierte daher auch mit einer politischen Agenda der 1950er Jahre: Die Hinwendung zur Frage nach den Ursprüngen der bürgerlichen Stadtgemeinde und der bürgerlichen Freiheiten stand hier auch im Kontext totalitärer Demokratiegefährdung und des Bestrebens, die noch wenig gefestigte westdeutsche Demokratie durch

historische Traditionsbildung zu stabilisieren. Zugleich blieb das Thema der bürgerlichen Freiheit eine der Konstanten der Stadtgeschichtsforschung (Johanek 2010). In methodischer Hinsicht sieht Johanek weitere wichtige Anstöße in den Arbeiten von Planitz und Ennen, insbesondere in der systematischen Einbeziehung der Kartografie und der Archäologie. Das Interesse an der räumlichen Struktur und Morphologie mittelalterlicher Städte wurde insbesondere von einer Gruppe von Forschern um Hermann Aubin in Hamburg entwickelt, die sich vorrangig für die Stadt des östlichen Mitteleuropas interessierten. Damit wurde die etwa bei Ennen gegebene Beschränkung auf die Städte Nordwesteuropas und Italiens korrigiert. Ungeachtet der nicht unproblematischen Rolle mancher dieser Forscher im Kontext der nationalsozialistischen Ostforschung wurden hier durch die Einbeziehung der Kartografie und der Stadtplanforschung in die historische Stadtforschung wichtige methodische Ansätze erarbeitet. Über die Frühphase der Stadtentwicklung hinausgehend stand nun die gesamte Stadtentwicklung bis in die Neuzeit auf der Tagesordnung. Bereits die zweite Generation dieser Schule, Carl Haase und Heinz Stoob, beide Schüler von Aubin, schuf »neue methodologische Grundlagen« durch Entwicklung eines mehrere Merkmale kombinierenden Stadtbegriffs (Heit 2004), teilweise auf Max Weber zurückgehend, was zugleich für die Herausbildung einer differenzierten Typologie wegweisend war (Haase 1975). Vor allem Heinz Stoob spielte dann als Leiter des Instituts für vergleichende Städtegeschichte in Münster, das kurz darauf etabliert wurde, eine Schlüsselrolle für die Produktion umfangreicher Stadtatlanten (Stoob 1979). Die kartografische Darstellung wurde zur überlokal vergleichenden Kartierung bestimmter Phänomene genutzt (z. B. Stadtrechtsfamilien), vor allem aber auch zum Versuch, die Entwicklung des Stadtgrundrisses einzelner Städte zu rekonstruieren. Dies folgte Überlegungen Erich Keysers, die ersten Katasterpläne, meist zu Beginn des 19. Jahrhunderts als parzellengenau vermessene Pläne entstanden, für eine Rückschreibung des baulichen Bestands bis ins Mittelalter zu nutzen (Keyser 1963). Dieser Ansatz, den Stadtgrundriss des frühen 19. Jahrhunderts als »Geschichtsquelle« zu interpretieren, führte nun bis Ende des 20. Jahrhunderts auf internationaler Ebene, koordiniert auch durch Richtlinien der Commission Internationale pour l'Historie des Villes, zu einem der größten und aufwendigsten Quellenwerke der Stadtgeschichtsforschung. Zwischen 1970 und 2008 wurden 460 Städte in 17 europäischen Ländern untersucht und topografisch dargestellt (Johanek 2010, 58). Eine wichtige hilfswissenschaftliche Funktion leistete auch die Kompilation standardisierter Informationen zu deutschen Städten im Deutschen Städtebuch, das Erich Keyser über einen längeren Zeitraum edierte (Keyser 1939–1974).

Mit dem Ende der 1960er Jahre setzte dann nochmals eine bedeutsame thematische und konzeptionelle Erweiterung wie institutionelle Vertiefung der Stadtgeschichtsforschung ein (vgl. Johanek 2010; Ehbrecht 1998; Reulecke 1989). Ausschlaggebend dafür war zum einen ein genereller Paradigmenwechsel in der westdeutschen Geschichtswissenschaft seit den 1960er Jahren. Angestoßen durch die ›Fischer-Kontroverse‹ über die Frage der Schuld der deutschen Reichsleitung am Ausbruch des Ersten Weltkriegs (Fischer 1961) wurde der bis dahin enge politik- und geistesgeschichtliche Fokus der westdeutschen Geschichtswissenschaft in Frage gestellt und eine Öffnung für Fragestellungen einer weiter gefassten Gesellschaftsgeschichte eingeleitet, die sich auch konzeptionell an die Sozialwissenschaften anlehnte. Gesamtgesellschaftliche Phänomene wie die Studentenbewegung nach 1968 und die davon ausgehende Renaissance gesellschaftskritischer Theorien (Neomarxismus) intensivierten das Interesse für innergesellschaftliche Konflikte und Klassenkämpfe auch in der Geschichte. Um 1970 hatte sich dann eine spezifische Konstellation entwickelt, die sich als förderlich für Institutionalisierungen und neue Initiativen in der historischen Stadtforschung erweisen sollte: Institutionell trug die verdichtete Expansion des westdeutschen Universitätssystems zu einer wissenschaftlichen Differenzierung und zu einem raschen Anstieg von Qualifikationsarbeiten bei. Gesellschaftlich wurde die aktuelle Situation der Städte von deren Sprechern, vielfach auch von einer breiteren Öffentlichkeit, als akut krisenhaft wahrgenommen; 1971 stand der Deutsche Städtetag unter dem Motto »Rettet unsere Städte jetzt!«. Politische Anstöße und innerwissenschaftliche Impulse in Richtung auf ein sozialgeschichtliches Paradigma mündeten nun in eine Reihe von Initiativen und Institutionen, die einen höheren Stellenwert historischer Stadtforschung dokumentieren. 1970 fand erstmals eine stadtgeschichtliche Sektion auf dem Historikertag statt. Damit wurde Stadtgeschichte deutlich stärker als zuvor im Mainstream der Geschichtswissenschaft wahrgenommen. Die 1970 erfolgte Gründung der Zeit-

schrift *Informationen zur modernen Stadtgeschichte* (IMS), die vom Deutschen Institut für Urbanistik herausgegeben wurde, etablierte die jüngere Stadtgeschichte der Industriezeit als neues und eigenständiges Forschungsfeld. Im Fokus standen zunächst kommunalwissenschaftliche Interessen etwa von Hans Herzfeld, andererseits wurde die Stadt als Kontext von Migrationsprozessen thematisiert, also die von Wolfgang Köllmann entwickelten Ansätze zu einer historischen Demografie der Industriezeit weiter geführt (Köllmann 1974). Im Editorial von Heft 1 der *Informationen zur modernen Stadtgeschichte* skizzieren die Herausgeber ihr Verständnis von Stadtgeschichte als *Geschichte eines umfassenden Urbanisierungsprozesses* (Reulecke 1989, 30). Auch das 1969 an der Universität Münster gegründete Institut für vergleichende Städtegeschichte verstärkte unter der Leitung von Heinz Stoob, gestützt auch durch den Sonderforschungsbereich 164 »Vergleichende geschichtliche Städteforschung«, die wissenschaftliche Grundlagenarbeit in der Stadtgeschichte durch die Edition zahlreicher Stadtatlanten, die Erforschung von Stadt-Land-Beziehungen und von religiösen Bewegungen in Städten.

In Reaktion auf die wissenschaftliche Schwerpunktverschiebung um 1970 wandte sich auch der 1960 von Erich Maschke und Jürgen Sydow gegründete und vor allem von Stadtarchivaren getragene Arbeitskreis für südwestdeutsche Stadtgeschichtsforschung seit den 1970er Jahren stärker auch Fragen der Stadt des 19. und 20. Jahrhunderts zu (http://www.stadtgeschichtsforschung.de/geschichte.htm (19.09.2013)). Die Jahrestagungen dieses Arbeitskreises fokussieren jeweils einen auf Stadt bezogenen breiteren Themenkomplex, z.B. »Stadt und Grenze«, der mit Vorträgen zu unterschiedlichen Zeitperioden und Städten ausgeleuchtet wird; die Beiträge erscheinen meist in der Reihe des Arbeitskreises »Stadt in der Geschichte« (erster Band Maschke/Sydow 1977; mittlerweile 36 Bände im Thorbecke-Verlag erschienen). Bedeutsam für die deutschsprachige Stadtgeschichtsforschung ist auch der 1969 von Wilhelm Rausch gegründete Österreichische Arbeitskreis für Stadtgeschichtsforschung, der ab 1975 im Ludwig-Boltzmann-Institut in Linz seine institutionelle Verankerung hatte (Ehbrecht 1998). Die Tagungen des Österreichischen Arbeitskreises setzten nach einem chronologischen Durchgang durch die Jahrhunderte mitteleuropäischer Stadtgeschichte verstärkt thematische Schwerpunkte (»Stadt und Salz«, »Stadt und Eisen«, »Stadt und

Kirche«); publiziert wurden die Tagungen in der Reihe »Beiträge zur Geschichte der Städte Mitteleuropas«, mittlerweile 23 Bände belegen den Ertrag dieses Arbeitskreises (http://www.stgf.at/publikationen.html). In Zeitschriftenform berichtet *Pro Civitate Austriae* seit 1985 von den Aktivitäten der österreichischen Stadtgeschichtsforschung, das seit 1996 als Jahrbuch erscheinende Organ dokumentiert in einer Jahresbibliografie auch die österreichischen stadtgeschichtlichen Publikationen. Die deutsche stadtgeschichtliche Literatur wurde über viele Jahre durch Literaturberichte in den *Blättern für deutsche Landesgeschichte* erfasst (vgl. Johanek 2010, 63). Umfangreiche Bibliografien weisen das deutschsprachige Schrifttum bis Mitte der 1990er Jahre (Schröder/Stoob 1986/1996).

Ein interdisziplinärer Brückenschlag wurde dann mit der 1974 von Otto Borst gegründeten Arbeitsgemeinschaft »Die Alte Stadt« angestrebt. Der ursprüngliche Titel »Arbeitsgemeinschaft für Stadtgeschichtsforschung, Stadtsoziologie und Denkmalpflege« umschreibt das Spektrum der wichtigsten beteiligten Disziplinen. In der Arbeitsgemeinschaft, zu der mittlerweile über hundert deutsche, österreichische und Schweizer Städte mit historischen Altstädten gehören, sind in erster Linie fachlich engagierte Mitarbeiter von Stadtverwaltungen, Denkmalpflegeämtern neben Wissenschaftlern aus den Bereichen Architektur, Stadtplanung, Stadtsoziologie und Stadtgeschichte aktiv. Ein wesentlicher Bestandteil der Tagungen ist stets auch der Austausch über praktische Probleme der Erhaltung historischer Altstädte bei gleichzeitiger kommerzieller und touristischer Nutzung. Die von der Arbeitsgemeinschaft herausgegebene vierteljährliche Zeitschrift *Die Alte Stadt* wurde ein wichtiges Forum interdisziplinärer stadtgeschichtlicher Forschung (Reulecke 1995). Im Jahr 2010 benannten sich Arbeitsgemeinschaft und Zeitschrift um in *Forum Stadt* (http://www.forum-stadt.eu/site/Esslingen-Forum/get/1406925/Forum%20Stadt%20Kurzportr%C3%A4t.pdf, (19.09.2013)).

1.2 Stadtgeschichte in Zeiten der »Krise der Städte«

Die Gründung der AG »Die Alte Stadt« war in gewissem Sinn auch Reflex eines gesamtgesellschaftlichen Stimmungsumschwung Mitte der 1970er Jahre: Bis dahin hatte ein auf Technik gegründeter Fortschrittsoptimismus die Öffentlichkeit dominiert, der sich auf städtischer Ebene häufig in die stilistischen Muster der architektonischen Moderne kleidete und geschichtsverneinend und -vernichtend Schneisen, häufig für Verkehrsbauten, in die Struktur historischer Innenstädte schlug. Die Ölkrise von 1973 markierte das endgültige Ende der langen Prosperitätsperiode fast ungebrochenen Wachstums seit den frühen 1950er Jahren und leitete einen Wandel gesellschaftlicher Wertvorstellungen ein. Das zuvor von vielen Architekten und Stadtplanern geschmähte gründerzeitliche Erbe am Rande der Innenstädte, im Kontext flächendeckender Stadtsanierungen häufig schon für den Abriss vorgesehen, wurde nun, häufig begleitet von lokalen Konflikten zwischen Bewohnern und Stadtverwaltung, wieder als schützenswertes Kulturgut entdeckt und gepflegt. Symbolisch verdichtet wird dieser Werte- und Politikwandel durch das Europäische Denkmalschutzjahr 1975. Für die Stadtgeschichte brachte das ein rasch steigendes lokalgeschichtliches Interesse breiter Bevölkerungskreise, das sich in der Gründung neuer Geschichtsvereine, aber auch von alternativen Geschichtswerkstätten und Museumsinitiativen niederschlug (Schott 2004). Als Ergebnis heftiger und teilweise langwieriger lokaler Konflikte um die ›Deutungshoheit‹ über die jeweilige Stadtgeschichte wurden nicht mehr nur Höhe- und Glanzpunkte der (meist weit zurückliegenden) Stadtgeschichte thematisiert, sondern auch die ›dunklen‹ Seiten der (jüngeren) lokalen Geschichte, etwa die Verfolgung von Gegnern des NS-Regimes, Arisierung und Vertreibung der Juden, die Geschichte spektakulärer Arbeitskämpfe oder politischer Verbrechen in Kaiserreich und Weimarer Republik. Der anfängliche Widerstand vieler Stadtverwaltungen wie auch breiter Kreise der Bevölkerung gegen die befürchtete ›Nestbeschmutzung‹ wandelte sich häufig in eine mehr oder weniger ausgeprägte Bereitschaft vieler Stadtverwaltungen, in ihrer Kulturpolitik lokale Geschichtsarbeit in Form von Museen, Ausstellungen und bürgerschaftlichen Initiativen stärker als bislang auch finanziell zu fördern (Lange 1992). Wer heute durch die Innenstadtstraßen deutscher Städte geht, wird unweigerlich über »Stolpersteine« stolpern, die an früher dort lebende Juden gedenken (vgl. http://www.stolpersteine.eu/chronik/ (8.10.2013)). Insbesondere die jüngere Stadtgeschichte der NS-Zeit hat sich in den letzten 20 Jahren in kaum übersehbarer Weise in Form von Gedenktafeln, Stadtrundgängen, aber auch neuen Denkmalen und Denkzeichen physisch im Stadtraum fest verankert.

Konzeptionell gewann »Urbanisierung« als Leitbegriff für die historische Stadtforschung im Zeichen dieses Umbruchs der 1970er Jahre zentrale Bedeutung (Wischermann 1993). Um 1980 von den Münsteraner Stadthistorikern eingeführt, war der Begriff ursprünglich inspiriert von britischen Debatten, die vor allem von H.J. Dyos und der Urban History Group geführt wurden (Rodger 1993); er traf jedoch zunächst durchaus auf Widerstand seitens deutscher Historiker. Am umfassendsten wurde der Begriff von Sozial- und Wirtschaftshistorikern verwendet und signalisierte dort eine Ausrichtung an sozialwissenschaftlichen Konzepten, wie sie in der Stadtsoziologie und der historischen Geografie entwickelt worden waren. Urbanisierung wurde als zentraler Bestandteil des gesamtgesellschaftlichen Modernisierungsprozesses des 19. und 20. Jahrhunderts verstanden. Die deutsche Forschung zur Stadt des 19. und 20. Jahrhunderts konzentrierte sich zunächst sehr stark auf die Wechselbeziehung von Urbanisierung und Industrialisierung (Reif 1993), insbesondere im Hinblick auf die Stadt als den paradigmatischen Ort der Binnenwanderung; dabei interessierte weniger das Spezifische einer Stadt; ›Stadt‹ fungierte vielmehr als Untersuchungseinheit, in der diese übergreifenden Prozesse zum Austrag und Ausdruck kamen (Köllmann 1974). Ein weiteres Themenfeld war das klassische Interesse an der städtischen Selbstverwaltung (Reulecke 1989), wobei mehr als bislang lokale Strukturen und Akteure mit allgemeinen politischen Entwicklungen kontextualisiert wurden. Über die Stadtverwaltung hinaus wurden Parteien und soziale Gruppen insbesondere für die Periode des Nationalsozialismus erforscht und auch die finanzielle Basis kommunaler Daseinsvorsorge analysiert. Das dritte Themenfeld konzentriert sich auf Stadt als Erfahrungs- und Erlebnisraum. Hier waren vor allem angelsächsische und französische Einflüsse (E. Hobsbawm, E.P. Thompson, Annales-Schule) wegweisend. Reulecke subsumiert hier neben der Alltagsgeschichte, die sich für die persönlich-subjektive Erfahrungsdimension städtischen Lebens, insbesondere auch der Unterschichten und von Minderheiten, interessierte, die »New Urban History«. Diese zielte darauf, die sozialen und demografischen Prozesse der Industriestadt mit quantitativen Methoden, ermöglicht durch die neue EDV, streng ökonometrisch und soziometrisch zu erfassen(Schröder 1979). Allerdings fand diese Forschungsrichtung in Deutschland in der Stadtgeschichte keine dauerhafte breitere Verankerung.

1.3 Überblicke zur Urbanisierung und Stadtgeschichte in den 1980er Jahren

Der Schub der Verbreiterung, Institutionalisierung und Verwissenschaftlichung von Stadtgeschichte seit den frühen 1970er Jahren resultierte gerade für die jüngere Stadtgeschichte in einer Reihe bedeutender Überblickswerke gegen Mitte und Ende der 1980er Jahre, die teilweise bis heute nicht überholt sind. So demonstrierte Horst Matzerath die Potentiale quantifizierender Methoden in seinem Überblick »Urbanisierung in Preußen« (Matzerath 1985), der auch eine neue quellenkritisch gesicherte Datengrundlage für die Einschätzung des Stadtwachstums in Preußen bietet. Matzerath beleuchtet die ausgeprägte regionale Differenzierung zwischen den westlichen und östlichen Provinzen Preußens im Hinblick auf Tempo und Dynamik des Stadtwachstums und geht auch auf die unterschiedliche Ausstattung der Städte mit Infrastruktur und Versorgungseinrichtungen ein.

Im gleichen Jahr erschien der als *Geschichte der Urbanisierung in Deutschland* betitelte Überblick von Jürgen Reulecke zur Stadtentwicklung seit Anfang des 19. Jahrhunderts (Reulecke 1985). Reulecke konnte sich bei diesem Überblick bereits auf ein breites Spektrum von Fallstudien stützen. Insbesondere zu den Städten in Nordrhein-Westfalen waren in der Folge von Wolfgang Köllmanns Pionierstudie zu Barmen (Köllmann 1960) zahlreiche historisch-demografische Untersuchungen entstanden, die den Prozess der Binnenmigration nachzeichneten, der gerade für das industriebestimmte Ruhrgebiet entscheidend zur Urbanisierung beitrug. Reuleckes bleibender Beitrag zur Stadtgeschichtsforschung ist die doppelte Fassung von Urbanisierung: Neben der quantitativen Verstädterung, dem Wachstum von Städten und der proportionalen Verschiebung der Bevölkerung in Städte, versteht er Urbanisierung auch qualitativ im Hinblick auf die Durchsetzung von ›Urbanität‹. Weil die Urbanisierung über die Großstädte hinaus »auf die soziokulturelle Verfassung der gesamten Gesellschaft zu wirken begann, wurde hier Urbanität schließlich zum beherrschenden Lebensstil, der durchaus nicht mehr an ein Leben in der Stadt gebunden war und ist« (Reulecke 1985, 11). Folgerichtig endet für Reulecke der eigentliche Prozess der Urbanisierung auch mit dem Ersten Weltkrieg, für die Zeit nach 1918 spricht er von der »Posturbanisierungsphase«, wo der Verstädterungsprozess sich deutlich verlangsamt. Die Zeit nach 1960 fasst Reulecke als »Suburbanisierung« oder »Desurbanisierung«. Der Fokus liegt bei Reulecke auf den sozial-, wirtschafts- und kommunalgeschichtlichen Aspekten des Urbanisierungsprozesses; er stellt prägnant und materialreich, aber letztlich strukturorientiert die Ursachen und Folgen der Binnenmigration und Industrialisierung für die Städte als Herausforderungen sozialpolitischer und infrastruktureller Art ins Zentrum, auf die die Stadtverwaltungen und das die Städte dominierende Bürgertum mit einem gewissen Zeitverzug durch sozialreformerische Lösungsstrategien und den Aufbau einer interventionistischen Leistungsverwaltung reagierten. Dagegen nahm – entsprechend dem Forschungsstand der frühen 1980er Jahre – die individuelle Lebenswelt der Städter und deren subjektive Erfahrung städtischen Lebens noch deutlich weniger Raum ein. Reulecke ist sich dieses Defizits selbst bewusst; in der Einleitung verweist er etwa darauf, dass Urbanisierung auch »Raumaneignung und Raumbeherrschung« sei und dieser Raum insbesondere auch als »Erfahrungs-, Aktions-, Identifikations-, Kommunikations- und Sozialisationsraum von Menschen in ihrer jeweiligen Zeit zu verstehen« sei (Reulecke 1985, 12). Reuleckes Band kann auch heute noch als kompakte und sozialwissenschaftlich reflektierte Übersicht zu zentralen Aspekten der Hochurbanisierung in Deutschland dienen.

Der wenige Jahre später erschienene und auf seiner Habilitationsarbeit aufbauende Überblick von Wolfgang R. Krabbe setzt den Fokus auf Aspekte städtischer Verwaltung (Krabbe 1989). In seiner Habilitationsschrift (Krabbe 1985) hatte Krabbe die These entwickelt, dass erst die Entfaltung der Leistungsverwaltung im Zuge der Inkorporierung industrieller Technologien in den Apparat der Städte eine tiefgreifende Veränderung des Städtewesens herbeigeführt habe (Krabbe 1985). Damit relativierte er die Bedeutung der Steinschen Städtereform, die in der älteren, rechtsgeschichtlich dominierten Stadtgeschichte zentralen Stellenwert eingenommen hatte. Den Durchbruch zur Leistungsverwaltung parallelisiert Krabbe zeitlich und inhaltlich mit Bismarcks Schutzzollpolitik und der Herausbildung des Interventionsstaats in den 1880er Jahren. Damals hätten die städtischen Honoratioren Abschied vom bis dahin vorherrschenden klassisch-liberalen Paradigma genommen und die Möglichkeiten kommunaler Selbstverwaltung zum Aufbau einer vielfältigen und technisch wie professionell kompetenten Leistungsverwaltung genutzt. Der den gleichen Zeit-

raum wie Reulecke abdeckende Überblick (Krabbe 1989) fokussiert deutlich stärker die Perspektive der ›Stadt als Verwaltung‹. Die Gliederung ist thematisch, nicht chronologisch aufgebaut. In Ergänzung zur struktur- und sozialgeschichtlichen Perspektive von Reulecke ist Krabbes Überblick insbesondere im Hinblick auf die rechts- und verwaltungsgeschichtlichen Aspekte der Urbanisierung nach wie vor lesenswert.

1.4 Die Internationalisierung der Forschungslandschaft nach 1990

Seit den 1990er Jahren lässt sich eine deutliche Internationalisierung der Stadtgeschichtsforschung beobachten. Hatte die Übernahme sozialwissenschaftlicher Konzepte wie Urbanisierung und die stärkere Rezeption französischer und angelsächsischer Konzepte und Paradigmen seit den 1970er Jahren hierzu schon den wissenschaftlichen Boden bereitet, so bot die Gründung der European Association for Urban History (EAUH) 1989 und die regelmäßige Veranstaltung europäischer Stadtgeschichtskonferenzen seit 1992 ein zentrales Forum solchen Austausches (http://www.eauh.eu/ (19.09.2013)), dort auch Recherche nach einzelnen Vorträgen möglich). Auf den Konferenzen gelang es, die Forschungsansätze von Historikern, Architektur- und Kunsthistorikern und ansatzweise auch von Stadtsoziologen, Geografen und Ethnologen zusammenzuführen. Auch wenn sich eine strenge Komparatistik im Sinne eines konsequent homogenen Forschungs- und Methodendesigns international zusammengesetzter Forschergruppen nur in wenigen Fällen entwickelte, ermöglichte die Konfrontation unterschiedlicher Muster und Strukturen für die Stadtgeschichte doch einen analytischen Abgleich von Befunden dahingehend, welche Differenzen jeweils überlokalen (nationalen, teilstaatlichen) Prägungen und welche der lokalspezifischen Dynamik zuzuschreiben sind. Viele der Sektionen mündeten in Publikationen, die die Bandbreite europäischer Urbanisierungserfahrungen in anderer und quellennäherer Weise zugänglich machten, als dies vorliegende Überblickswerke taten (Borsay 2000; Polino/Roth 2003; Rodger/Herbert 2007).

1.5 Tendenzen und Rahmenbedingungen der deutschen Stadtgeschichtsforschung seit 1990

Die große Wende von 1989/91 mit dem Zusammenbruch des Sowjetblocks und die sich seitdem vollziehenden wirtschaftlichen, gesellschaftlichen und stadtbezogenen Strukturveränderungen, die mit dem Sammelbegriff ›Globalisierung‹ gefasst werden, veränderten wiederum auch die Fragen an die Stadtgeschichte. Hatten in den 1970er und 1980er Jahren eher pessimistische Gegenwartsdiagnosen zur Situation europäischer Städte im Zeichen von Deindustrialisierung, Massenarbeitslosigkeit und der Bildung ethnischer Ghettos dominiert, so zeigte sich seit den 1990er Jahren eine bemerkenswerte Renaissance vieler Innenstädte, die, nach vollzogener Stadterneuerung, zu Bühnen und Arenen einer neuen urbanen Freizeit- und Eventkultur wurden (Häußermann/Siebel 1993). Insgesamt gewann der Faktor Kultur im Kontext zunehmend globalen Wettbewerbs der Städte um Touristen, aber auch um die Ansiedlung einkommenskräftiger *urban professionals* einen neuen Stellenwert, was – historiografisch gewendet – auch das Forschungsinteresse an kulturellen Fragen und Handlungsfeldern in der (Stadt-)Geschichte deutlich steigerte (Saldern 2006b). Frankfurt am Main gilt als paradigmatisch für eine solche bewusst seitens der Stadtpolitik herbeigeführte Renaissance, die zwar durch die hohe ökonomische Potenz der Finanzmetropole getragen, zugleich aber mit massiven kommunalen Investitionen in Kultureinrichtungen (‚Frankfurter Museumsufer‹) flankiert und herbeigeführt wurde. Zugleich zeigte sich die reale Entwicklung von Städten als gespalten und widersprüchlich; neben dem glanzvollen Wiederaufstieg von (kleinen) Metropolen wie Frankfurt, München und Hamburg stand der (relative) Niedergang deindustrialisierender Großstädte und massiv schrumpfender Städte, in Deutschland insbesondere in der ehemaligen DDR und in Norddeutschland. Die Erfahrung langfristiger Schrumpfung stellt eine fundamental neue Herausforderung für Stadtpolitik und Stadtplanung dar, die sich seit der Industrialisierung primär um die Bewältigung von Wachstumsproblemen formiert hatten; dies förderte auch die wissenschaftliche Auseinandersetzung mit dem historischen wie aktuellen Phänomen Schrumpfung in Städten (Oswalt 2004–2006; Lampen/Ozwar 2008).

Innerwissenschaftlich erfolgte eine Umorientierung vom Primat der Wirtschafts- und Sozialgeschichte, wo das Untersuchungsdesign häufig quantifizierend ausgerichtet war und auf überindividuelle Prozesse fokussierte. Hegemonial wurde nun eine Kulturgeschichte im Sinne des *cultural* oder *linguistic turn*, die sich der Untersuchung von Sinnproduktion, von Leitbildern, Wertvorstellungen und Wahrnehmungsmustern widmete. Neben Michel Foucault und seinem Verständnis der Moderne als einer Disziplinargesellschaft wurden auch die Ansätze von Pierre Bourdieu, sein Konzept des Habitus im Hinblick auf die Herausbildung vorbewusster und inkorporierter Handlungsroutinen, die insbesondere den Umgang mit Raum, dessen Wahrnehmung und Aneignung prägen, sehr wichtig für die Stadtgeschichte. Generall kann in der Stadtgeschichte – wie auch in anderen Teilen der Geschichtswissenschaft– ein *spatial turn* diagnostiziert werden, die andersartige und reflektiertere Thematisierung von Raum und Raumstrukturen (Saldern 2006b, 35; zentral für die deutschsprachige Rezeption Löw 2001). Raum wurde demzufolge nicht mehr primär als ein durch Stadtentwicklung und -planung zu füllender ›Behälter‹ verstanden, sondern als jeweils von den Subjekten und Akteuren mit und durch ihre Praxis konstruierter, relationaler Raum. Zwei Literaturüberblicke von Adelheid von Saldern von 2006, der eine um den nunmehr für die Forschung zentralen Begriff der Kommunikation organisiert, der andere um das die Stadtgeschichte insgesamt kennzeichnende Spannungsverhältnis von »Integration und Fragmentierung«, bieten hervorragende Übersichten zur Forschungslage seit den 1980er Jahren bis etwa 2004 (Saldern, 2006a; Saldern, 2006b).

In geografischer Hinsicht schuf der Zusammenbruch des real existierenden Sozialismus nun auch für westliche Forscher bessere Bedingungen zur Untersuchung von Städten in den ehemals sozialistischen Gesellschaften Mittel- und Osteuropas, wobei die Abkürzung der Aktenschutzfristen für Akten in der DDR teilweise besonders günstige Bedingungen für die zeitgeschichtliche Forschung schuf. Zeitlich verlagerte sich in der neueren Stadtgeschichte nach 1990 der Fokus in wachsendem Maße von der Periode der Hochurbanisierung bis 1914, die im Zeichen der Urbanisierungsgeschichte ganz im Zentrum gestanden hatte, zur zunächst deutlich weniger intensiv erforschten Periode der Zwischenkriegszeit und der Zeit nach 1945 (Lenger 2006; Nolte 2006; Zimmermann 2006).

Institutionell war für die deutsche Stadtgeschichtsforschung in der letzten Dekade die 2000 erfolgte

Gründung der Gesellschaft für Stadtgeschichte und Urbanisierungsforschung e.V. (GSU) bedeutsam, die sich insbesondere die Erforschung der neueren Stadtgeschichte des 19. und 20. Jahrhunderts in interdisziplinärer Kooperation zum Ziel nahm (IMS 1/2002, 54–103, auch nachzulesen unter http://www.gsu.tu-darmstadt.de/positionen.htm (19.09.2013)). Die Gründungsgruppe (Heinz Reif, Adelheid von Saldern, Jürgen Reulecke, Wolfgang Hofmann u. a.) hatte seit den 1970er Jahren die Zeitschrift *Informationen zur modernen Stadtgeschichte* (IMS) getragen und das Forschungsprogramm einer primär sozialgeschichtlich ausgerichteten Urbanisierungsforschung verfolgt. Hinzu kam nun auch eine jüngere Generation von Historikern (Clemens Zimmermann, Clemens Wischermann, Axel Schildt, Christoph Bernhardt, Dieter Schott u. a.), die sich in den 1990er und 2000er Jahren zunehmend auch kulturgeschichtlichen Fragestellungen öffneten. Die GSU ist eng verbunden mit den *Informationen zur modernen Stadtgeschichte*; die Zeitschrift veränderte um 2004/05 ihren Charakter vom Format eines Newsletters in Richtung auf ein wissenschaftliches Magazin. Neue Themen spiegeln sich in Themenheften wie »Tiere in der Stadt« (Hg. Clemens Wischermann, 2/2009) oder »Stadt und Nachhaltigkeit« (Hg. Dieter Schott/Michael Toyka-Seid, H. 2/2010: Überblick zu Themen unter http://www.gsu.tu-darmstadt.de/ims/ims.htm).

Die GSU verfolgt ihr zentrales Ziel der Förderung des wissenschaftlichen Nachwuchses durch Nachwuchstagungen, Auslobung eines Nachwuchspreises sowie Reisestipendien. Die Sektion »Städtebau- und Planungsgeschichte« veranstaltet regelmäßig planungsgeschichtliche Tagungen (zuletzt »Der Kult des Großen Plans«, vgl. Utku 2011). Die interdisziplinäre Schriftenreihe »Beiträge zur Stadtgeschichte und Urbanisierungsforschung« (Franz Steiner Verlag) mit mittlerweile 13 Monografien und Sammelbänden bietet eine Alternative zur schon lange eingeführten Schriftenreihe »Städteforschung« des Böhlau-Verlags, die vom Institut für vergleichende Städtegeschichte in Münster verantwortet wird. Neuere Forschungstrends zeigen sich mit der komparativen und teilweise auch internationalen Ausrichtung einzelner Bände (Höpel 2007; Haefeli 2008; Haumann 2011); profilbildend sind außerdem Akzente auf Stadtplanungsgeschichte, städtische Repräsentation und Imagepolitik (Betker 2005; Bernhardt/Reif 2009; Saldern 2003 und 2005; Biskup/Schalenberg 2008).

2. Überblicke zur europäischen Stadtgeschichte

2.1 Generelle Überblicke

Kennzeichnend für die seit den 1980er Jahren stark zunehmende Europäisierung der historischen Stadtforschung sind eine Reihe von Überblicken, die die europäische Urbanisierung als einen Gesamtprozess zu fassen versuchen. Im Vordergrund stand dabei zunächst ein wirtschafts- und-sozialgeschichtlicher Ansatz, wie ihn etwa Jan de Vries vertrat (Vries 1984). Vries geht es um die Herausbildung eines Städtesystems im Europa in der Frühen Neuzeit. Zentral sind in dem stark quantifizierend argumentierenden Buch Fragen der Rang – und – Größe-Relationen von Städten in ihrer großräumlichen Verteilung. Anknüpfend an Beobachtungen, wie sie auch schon von der mittelalterlichen Stadtgeschichte oder von Fernand Braudel in seinen Überlegungen zu zentralen Städten der Weltwirtschaft vorgelegt wurden, identifiziert de Vries Zonen hochverdichteter Verstädterung einmal in Nordwesteuropa (Flandern und Niederlande, Südost-England, Nordost-Frankreich), andererseits in Norditalien und Süditalien (um Neapel – Sizilien). Liegt der Verstädterungsgrad in diesen unterschiedlichen Zonen zu Beginn der Frühen Neuzeit noch ungefähr gleich hoch, so fallen die mediterranen Zonen bis 1800 deutlich zurück, während die nordwesteuropäische Zone hoher Verstädterung sich tendenziell räumlich ausdehnt. Intensiv bezieht de Vries auch Migration und Protoindustrialisierung in seine Untersuchung ein (Vries 1984, 199 ff.).

Für ein breiteres Publikum zugänglicher und in der universitären Lehre gut anschlussfähig wurde ein ebenfalls wirtschaftsgeschichtlich ausgerichteter Überblick der amerikanischen Historiker Paul Hohenberg und Lynn Hollen Lees (Hohenberg/Lees 1995). Die revidierte Ausgabe von 1995 brachte die Geschichte der Urbanisierung bis zur Gegenwart. Wie der Titel *The Making of Urban Europe, 1000–1994* präzise signalisiert, richtet sich das Bestreben der Autoren darauf, die europäische Urbanisierung in ihrer Genese umfassend darzustellen und zu erklären. Hohenberg/Lees interessieren sich für Urbanisierung als strukturellen übergreifenden Prozess, sie möchten die Genese eines europäischen Netzwerks von Städten zeigen und nutzen dazu als zwei Idealtypen ›Stadt als Zentralort‹ im Sinne der Herausbildung arbeitsteiliger regionaler Hierarchien und ›Stadt als Teil überlokaler, häufig internationaler Netzwerke‹. Die zentralen Triebkräfte der Urbanisierung sind für Hohenberg/Lees Technologie, Demografie und Märkte; dementsprechend gliedert sich ihre Studie auch in drei Großkapitel, eines zum ›Preindustrial Age‹, 11.–14. Jahrhundert, eines zum ›Protoindustrial Age‹, 14.–18. Jahrhundert und ein letztes zum ›Industrial Age‹, 18.–20. Jahrhundert (Hohenberg/Lees 1995, 4, 7). Diese drei Kapitel korrespondieren mit der Gesamtdynamik der bevölkerungsgetriebenen Urbanisierung: Auf die Periode intensiver Gründungsaktivität von Städten und der Herausbildung regionaler wie überregional vernetzter Städtelandschaften im Hoch- und Spätmittelalter setzte mit dem 14. Jahrhundert ein in seiner Schärfe regional unterschiedlich ausgeprägter Bruch (durch die Pest) ein, gefolgt von einer vorübergehenden Erholung und einem erneuten demografischen Einbruch im 17. Jahrhundert. Der Gesamtstand der Urbanisierungsquote veränderte sich – so Hohenberg/Lees – zwischen dem 14.–18. Jahrhundert auf gesamteuropäischer Ebene nicht signifikant. Erst mit der Industrialisierung setzten dann seit der zweiten Hälfte des 18. Jahrhunderts wieder ein bis ins 20. Jahrhundert fortdauerndes säkulares Wachstum ein, verbunden mit qualitativen Veränderungen der Urbanisierung. Neben der Rekonstruktion dieser großen Wachstumsphasen zeigen Hohenberg/Lees aber auch die Verlagerung der Schwerpunkte urbaner Zentren über ihren Untersuchungszeitraum, grob gesprochen vom Rand des Mittelmeers nach Nordwesteuropa. Ein wertvoller Aspekt des Bands, gerade im Hinblick auf die weitgehende Ausblendung ökonomischer Fragen in vielen neueren Studien, liegt in der intensiven räumlichen und wirtschaftsstrukturellen Kontextualisierung von Städten, die von ihrer Einbettung in Waren- und Kapitalströme, in überlokale Funktionszusammenhänge her analysiert werden. Hohenberg/Lees schreiben theoriebewusst und konzeptionell orientiert, die Konzepte und Modelle gewinnen jedoch nie soweit Überhand, dass sie die kontinuierlich präsent gehaltene Empirie lokaler Stadtgeschichte überblenden und verformen.

Peter Clark, einer der Protagonisten der Internationalisierung von Stadtgeschichte seit den 1980er Jahren, präsentierte vor kurzem einen in zentralen Fragen ähnlichen Überblick wie Hohenberg/Lees (Clark 2009). Auch ihm geht es um die Herausbildung von Städtelandschaften, deren Aufstieg

und Niedergang und die dafür ursächlichen Faktoren. Clark führt, aus der Perspektive des frühen 21. Jahrhunderts, den Spannungsbogen weiter bis zum Aufstieg des europäischen Nordens seit dem Zweiten Weltkrieg, insbesondere aber seit 1990, wo mit Helsinki, Kopenhagen, Stockholm und Oslo hochgradig dynamische und innovative Großstädte sich formierten. Die Entstehung der Stadtgeschichte als wissenschaftlicher Disziplin wird als internationaler Zirkulations- und Rezeptionsprozess skizziert, woraus sich in Großbritannien seit den 1970er Jahren besonders vorteilhafte Bedingungen für die Etablierung stadtgeschichtlicher Zentren (Centre for Urban History, Leicester; Centre for Metropolitan History, London) und die Produktion großer stadtgeschichtlicher Synthesen (Cambridge Urban History of Britain, 3 Bde. Daunton 2000) entwickelten. Clark sieht als wesentliche Triebkräfte der untersuchten Urbanisierungsprozesse erstens Konkurrenz und Nachahmung, zweitens Ansätze zur Kooperation zwischen Städten, Migration, die zu einem Zufluss in die Städte, zeitweise aber auch zu Abfluss und Bevölkerungsverlust beitrug, und schließlich das praktisch in allen Städten beobachtbare Streben zur Herstellung und Stärkung einer städtischen Identität. Gerade im Hinblick auf letzteren Punkt geht Clark deutlich über Hohenberg/Lees hinaus. Clark verknüpft den Erfolg von Städten in der Herstellung und Behauptung städtischer Identität mit dem Grad kommunaler Autonomie: Die Städte, die den größten Handlungsspielraum hatten bzw. sich erkämpften, erwiesen sich am erfolgreichsten in der Identitätsproduktion wie auch in der Bewältigung wirtschaftlicher und sozialer Probleme. Besonderen Wert legt Clark auf die Rolle von Städten als Zentren der Kreativität und Innovation, ein Aspekt, den er geradezu als ein Alleinstellungsmerkmal der europäischen Stadt charakterisiert. Die großen historischen Epochen, zugleich als urbanisierungsgeschichtliche Aufschwung- und Niedergangsperioden gedeutet, gliedern das Werk; innerhalb der Epochen werden jeweils städtische Großtrends, Wirtschaft, soziales Leben, Kultur und Landschaft sowie ›Governance‹ gesondert dargestellt.

Eine zweibändige französischsprachige europäische Stadtgeschichte unter der Gesamtherausgeberschaft von Jean-Luc Pinol (Pinol 2003) thematisiert im Stadtgeschichte seit dem späten 18. Jahrhundert gewidmeten zweiten Band ausführlich auch die europäische Stadt außerhalb Europas. Dabei wird herausgearbeitet, dass die seit der Kolonialzeit und der europäischen Expansion des 16. Jahrhunderts wesentlich von Europa ausgehenden Einflüsse sich Ende des 19. Jahrhunderts zunehmend umkehrten, festgemacht an der Chicagoer Ausstellung von 1893, bei der eine stärkere Orientierung europäischer Planer und Urbanisten an der nordamerikanischen Urbanisierung und Technisierung konstatiert werden kann. Der primär thematisch gegliederte Band akzentuiert für die Zeit nach dem Zweiten Weltkrieg den Wandel von der Industriestadt zur ›Spielstadt‹, aufgehängt am besonderen Stellenwert von Kultur, Tourismus und städtischen Events. Trotz aller tiefgreifenden Veränderungsprozesse betont die Zusammenfassung aber die große Anpassungsfähigkeit der europäischen Stadt und ihre materielle Dauerhaftigkeit.

Ein kompaktes europäisches Pendant zu Reuleckes Zusammenschau der deutschen Urbanisierung bietet Clemens Zimmermanns *Die Zeit der Metropolen. Urbanisierung und Großstadtentwicklung* zu lesen (Zimmermann 1996). Zimmermann interessiert sich für den im 19. Jahrhundert entstandenen Typus der europäischen Großstädte als »Stätten exemplarischer sozialer Erfahrungen« und »Experimentierfeld und Maßstab für Neues«. In dichten Miniaturen zeichnet Zimmermann die Grundcharakteristika der vier europäischen Metropolen Manchester, St. Petersburg, München und Barcelona, diskutiert wirtschaftliche Entwicklung, demografisches Stadtwachstum, räumliche und soziale Topografie der Stadt, Bestrebungen zur Stadtreform und Interventionsmaßnahmen zur Überwindung der ›urbanen Krise‹. Zimmermann bezieht systematisch städtische Urbanität und Kultur mit ein, auch jenseits kommunaler Trägerschaft, und unternimmt den Versuch, so etwas wie die Charakteristik der Stadt zu erfassen. Metropolen bildeten – so Zimmermann – den Kontext für die »programmatischen Manifestationen künstlerischer Modernität der Jahrhundertwende«. Zugleich erweist sich die »Ungleichzeitigkeit von Lebensmilieus«, die Differenz, als konstitutiv für Urbanität. Pointiert schließt Zimmermann: »Es gibt also durchaus eine eigenständige ›urbane Variable‹ in der Gesellschaftsgeschichte« (Zimmermann 1996, 173 f.).

Der neue Überblick von Andrew Lees und Lynn Hollen Lees (Lees/Lees 2007) will den Beitrag der Städte zur Genese des modernen Europa herausarbeiten. Der Fokus liegt dabei primär auf Großbritannien, Frankreich und Deutschland und dort wiederum insbesondere auf den Hauptstädten. Die

Autoren wollen Städte präsentieren als »the places where modernity began and where it reached its zenith« (Lees/Lees 2007, 2). Während in der Periode 1750–1850 als »era of disruption« sich die alten Strukturen des Ancien Regime unter dem Druck neuer Prozesse wie Industrialisierung, Urbanisierung und Nationalismus auflösten, sehen Lees/Lees die Periode 1850–1914 als »era of reconstruction«, in der die urbanen Gesellschaften erfolgreich Antworten auf die vielfältige urbane Krise entwickelten und umsetzten. Europäische Urbanisierung im 19. Jahrhundert wird als Erfolgsgeschichte präsentiert, da die verheerenden sozialen, hygienischen und technischen Problemlagen der ersten Jahrhunderthälfte erfolgreich angegangen und bewältigt wurden. Dies übersieht die Ambivalenz dieses zivilisatorischen ›Fortschritts‹; der vielfach Probleme nicht radikal löste, sondern nur deren Folgen räumlich oder zeitlich verlagerte, etwa durch die Kanalisierung der Städte zu Lasten der stärker belasteten Flüsse und Meere. Sehr überzeugend sind dagegen die Passagen, wo die zeitgenössischen Diskurse über Armut und Verbrechen verbunden werden mit religiösen Kulturen und liberalen oder konservativen Weltbildern.

Eine globale Perspektive, von der zeitlichen Reichweite dem universalhistorischen Überblick von Lewis Mumford vergleichbar (Mumford 1979), entwirft der monumentale Band des britischen Geografen und Planungshistorikers Peter Hall *Cities in Civilization* (Hall 1998). Im Unterschied zu Hohenberg/Lees richtet Hall einen eher individualisierend-exemplarischen Blick auf einzelne große Städte, die jeweils im Rahmen einer thematisch ausgerichteten Gesamtstruktur paradigmatisch für bestimmte Entwicklungen und Perioden stehen. So wird etwa im ersten Teil des Buches *The City as Cultural Crucible* Wien im Zeitraum 1780–1910 als »The City as Pleasure Principle« vorgestellt, während Paris für den Zeitraum 1870–1910 als »Capital of Light« figuriert. Diese Voranstellung von Kultur ist programmatisch für die seit dem Erscheinen von Hohenberg/Lees' Überblick vollzogene forschungspolitische Wende; die Ökonomie figuriert bei Hall erst im zweiten Teil unter der Chiffre der Innovation »The City as Innovative Milieu«. In Korrespondenz mit der in den 1990er Jahren und auch danach noch blühenden Forschung zu lokalen Bedingungen für Innovation (Heßler 2002) werden Städte wie Manchester (Textilindustrie), Glasgow (Schiffbau), Berlin (Elektrotechnik), Detroit (Auto-Massenproduktion) und Tokyo (Staat als Innovator) im Hinblick auf ihre

Qualität als Innovationszentren untersucht. Unmittelbar auf die ›Kulturindustrie‹ des 20. Jahrhunderts zielt der dritte Hauptteil »The Marriage of Art and Technology«. In Teil 4 »The Establishment of the Urban Order« untersucht Hall an Beispielen wie London und Paris (Haussmann) Ansätze zu räumlicher Ordnung und Planung im 19. Jahrhundert, wobei hier bis zu aktuellen Deregulierungsprojekten im London der Thatcher-Ära ausgegriffen wird. Im fünften Teil diskutiert Hall, anknüpfend an Debatten von Castells und Sassen, die Wirkungen der Informations-und Kommunikationstechnologien für die Stadt der Zukunft. Insgesamt gelingt es Hall mit seiner Sekundäranalyse häufig, eine heterogene Literaturlage klar strukturierend, theoretisch reflektiert und zugleich narrativ ansprechend zusammenzufassen. Von daher bilden seine Kapitel sehr gute Einführungen zu den jeweiligen Städten und Perioden.

2.2 Überblicke zur deutschen und europäischen Stadtgeschichte des Mittelalters und der Frühen Neuzeit

Für die lange Zeit in der Forschungslandschaft dominierende mittelalterliche Stadtgeschichte gibt Eberhard Isenmanns Band zur deutschen Stadt im Spätmittelalter (1250–1500) den bislang umfassendsten Überblick (Isenmann 1988, 12; vgl. auch überarb. u. erweiterte Fassung Isenmann 2012). Auf über 400 Seiten wird detailliert die Struktur und das Funktionieren der deutschen Stadt des Spätmittelalters dargelegt. Isenmann plädiert im Hinblick auf die Stadtdefinition für ein Festhalten an Webers Idealtypus der okzidentalen Stadt. Er unterstreicht allerdings, dieser Idealtypus sei »[…] an den Beispielen großer, weitgehend autonomer, wirtschaftlich starker und sozial differenzierter, funktionsreicher Städte wie Lübeck, Nürnberg oder Köln gewonnen, die eine Vielzahl von Merkmalen bündeln. Doch sind diese Städte Ausnahmen im Hinblick auf die überwältigende Masse kleiner, in ihren Funktionen reduzierter und oft kaum lebensfähiger Städte« (Isenmann 1988, 25). Im Unterschied zur früheren, rechtsgeschichtlich orientierten, die Stadt (rechtlich) scharf vom Umland scheidenden Betrachtung bettet Isenmann die Stadt in ihr Umland ein, zeigt die Systematik von Stadt-Land-Beziehungen, die zentralörtliche Funktion von Stadt in unterschiedlichen Gebieten auf.

Handlicher ist der Überblick von Felicitas Schmieder (Schmieder 2005). Im Wesentlichen chronologisch orientiert, arbeitet Schmieder nach einer kurzen universalgeschichtlichen Einleitung und dem knappen, die »Vorgeschichte der mittelalterlichen Stadt« behandelnden ersten Kapitel im zweiten Kapitel die »Siedlungs- und Stadtentstehung im deutschen Reich« anhand funktionaler und rechtlicher Faktoren heraus. Die Autorin möchte die gemeinsamen und typischen Merkmale der mittelalterlichen Stadt aufzeigen und legt ihren Schwerpunkt, unter Verweis auf Isenmann, kompensatorisch auf das Früh- und Hochmittelalter. Großen Raum widmet Schmieder folgerichtig dem Prozess der Kommunebildung, etwa am Beispiel der Städte Worms und Köln, aber auch den Gründungsakten, am Beispiel Freiburg, oder der Genese einer freien Reichsstadt am Beispiel Frankfurts. Für die »Stadt des späten Mittelalters« (Kap. 4) thematisiert Schmieder die Ausdifferenzierung der Bürgerschaft, das als »Symbiose« gefasste Verhältnis von Stadt und Kirche sowie die »Herrschaft der Stadt« auch über ihr Umland bzw. die Rolle von Städten als politische Akteure im Reich. So prägnant das Textbook von Schmieder zu den klassischen Fragen der mittelalterlichen Stadtgeschichte informiert, bleiben doch Probleme des städtischen Alltags, von Kultur, Geschlecht und Alter ebenso außen vor wie mittlerweile stärker erforschte Fragen städtischer Umwelt und Ressourcen. Dem Muster der »Enzyklopädie deutscher Geschichte« folgt der Überblick von Frank G. Hirschmann (Hirschmann 2009). Neben der politischen und Sozialgeschichte der Stadt legt Hirschmann auch besonderen Wert auf »Städte als Zentren von Wirtschaft und Verkehr«.

Einen Überblick über europäische Stadtgeschichte des Mittelalters bietet auch der von Ferdinand Opll und Christoph Sonnlechner herausgegebene Sammelband *Europäische Städte im Mittelalter* (Opll/Sonnlechner 2010). Besonders bemerkenswert ist hier, neben größeren Überblicken zur Debatte über Stadtbegriff und Historiografie aus berufener Hand (Irsigler, Johanek), die Einbeziehung neuerer kulturgeschichtlicher Fragestellungen, etwa in einem Kapitel, das »Die Mittelalterliche Stadt als Bühne bürgerlicher und herrschaftlicher Repräsentation« vorstellt. Auch die naturale Dimension ist mit vier Beiträgen zum Thema »Stadt und Umwelt« deutlich stärker präsent als in der herkömmlichen Stadtgeschichte zum Mittelalter, bemerkenswert hier insbesondere der Versuch von Christoph Sonnlechner, den ›ökologischen Fußabdruck‹ Wiens im Spätmittelalter zu rekonstruieren (Sonnlechner 2010).

Zu den eingeführten und bewährten Überblicken zur Stadt in der Frühen Neuzeit von Heinz Schilling (Schilling 2004) und Herbert Knittler (Knittler 2000), die ihre Schwerpunkte auf den klassischen Themenfeldern Stadt und Bürgertum, Stadt und Staat, Demografie und Kirche haben, gesellt sich neuerdings ein stärker kultur- und umweltgeschichtlich orientierter Überblick von Ulrich Rosseaux (Rosseaux 2006). Der Autor verweist auf den »transitorischen Charakter« der Epoche im Hinblick auf Städte und sieht in der »Urbanität als Lebensform« eine zunehmend wichtiger werdende Variable, die – stärker als das im Mittelalter dominierende Rechtliche – das Kriterium für Stadtqualität ausmacht. Dementsprechend widmet Rosseaux sein Augenmerk sehr viel stärker kulturellen und lebensweltlichen Aspekten als Schmieder dies für das Mittelalter tut. Dezidiert neue Fragen behandeln die Kap. 5 »Stadt und Umwelt« und 6 »Leben in der Stadt«, wo Fragen der städtischen Topografie und Ökologie verhandelt und anthropologische Muster und deren Veränderung in der frühneuzeitlichen Stadt, etwa im Hinblick auf Zeitverständnis, Nahrungsgewohnheiten, Kleidung und Freizeitverhalten ausführlicher diskutiert werden.

3. Zentrale Fragen

3.1 Stadtbegriff – Stadtarchäologie – Stadttypen

Vor allem für die mittelalterliche Stadtgeschichte war lange Zeit die Frage des Stadtbegriffs, der Definition von Stadt, von wesentlicher Bedeutung (Johanek/Post 2004; insbes. Heit 2004). Nachdem die rein rechtsgeschichtliche Definition (»Stadt im Rechtssinn«) durch die Impulse aus der Nationalökonomie und der sich formierenden Soziologie seit Ende des 19. Jahrhunderts überwunden wurde, entwickelten sich vor allem nach dem Zweiten Weltkrieg – aufbauend auf Max Webers bahnbrechenden Überlegungen zum Typus der okzidentalen Stadt (Weber 1921) – breite Debatten über Merkmale und Definitionskriterien der mittelalterlichen Stadt (Haase 1976–1984; Stoob 1979). Einflussreich war insbesondere Haases Vorschlag, ein variables Kriterienbündel für eine Definition zugrunde zu legen. 2005 schlug der österreichische Stadthistoriker Ferdinand Opll folgende Definition für die europäische mittel-

alterliche Stadt vor: »Die mittelalterliche Stadt in ihrer chronologisch wie regional jeweils unterschiedlichen Ausformung ist eine nichtagrarische Groß- bzw. größere Siedlung mit differenzierten wie organisierten Strukturen in ökonomischer, rechtlicher, sozialer und topografischer Hinsicht und mit zentralen Funktionen« (Opll 2005, 564).

Opll konstatiert ein Umdenken der jüngeren Forschung in mehrerlei Hinsicht: Die Wirkung von Invasion und Krieg würde im Hinblick auf Siedlungskontinuität mittlerweile anders bewertet, der verstärkte Rückgriff auf archäologische Befunde zeige insbesondere für die Frühzeit des Städtewesens dort Kontinuitätselemente, wo die Quellenarmut an schriftlichen Zeugnissen für das frühe Mittelalter das nicht hatte vermuten lassen. In Kombination wortgeschichtlicher Analysen für die unterschiedlichen Bezeichnungsformen für städtische Siedlungen mit archäologischen Ergebnissen treten die frühen Stadtformen im Vorfeld formaler Stadtrechtsverleihungen sehr viel deutlicher als bislang in Erscheinung. Insgesamt löse sich die jüngere Forschung vom Bestreben der älteren Forschung, die Stadtentstehung auf möglichst wenige Wurzeln zurückzuführen. So wie man in topografischer Hinsicht anstelle des »topografischen Dualismus« von Burg und Marktsiedlung von einer Polynuklearität ausgehe, werde man für die rechtlichen und sozialen Wurzeln der mittelalterlichen Stadtgemeinde ein breiteres Spektrum von Faktoren annehmen müssen, wobei einerseits dem Nahmarkt und der Einbindung in ein regionales Netzwerk, andererseits der Rolle der Stadtherren wieder eine größere Bedeutung beigemessen werde.

3.1.1 Stadtarchäologie und Stadtgeschichte

Eine zentrale Rolle für die Revision früherer Hypothesen über die Stadtentstehung spielte nach Opll die verstärkte Einbeziehung der Archäologie, die allerdings in der Bundesrepublik noch jüngeren Datums ist. Eine Mittelalterarchäologie etablierte sich in der Bundesrepublik institutionell erst in den 1970er Jahren (Johanek 2010, 61) und erst seit den 1980er Jahren gibt es in nennenswertem Umfang Publikationen zur Stadtarchäologie in Deutschland (vgl. Untermann 2000, 9). Das Engagement der Archäologie bei größeren Grabungen in Altstadtarealen war wesentlich durch den Boom von Stadtsanierungen und den weit verbreiteten Bau von Tiefgaragen in Stadtkernen in den 1980er und 1990er Jahren bedingt, in deren Gefolge Altstadtstrukturen und archäologische Bodendenkmale unmittelbar von Zerstörung bedroht waren. In einzelnen dieser Grabungen, etwa am Fischmarkt in Konstanz, wo sich die Latrine eines Klosterhofs als sehr ergiebig erwies, konnten große Fundmengen ergraben werden, die vielschichtige und weiterführende Einsichten in die Wirtschafts- und Sozialgeschichte der spätmittelalterlichen Städte erlauben (Landesdenkmalamt 1992). Allerdings erwies es sich angesichts der grundlegend verschiedenen Quellen und Methoden keineswegs als einfach, Ergebnisse der jeweiligen Disziplinen aufeinander zu beziehen (Untermann 2000). Kontroversen zwischen Stadtarchäologie und Stadtgeschichte ergaben sich häufig im Hinblick auf Diskrepanzen zwischen der Rekonstruktion mittelalterlicher Stadtgrundrisse aus den Urkatastern des frühen 19. Jahrhunderts, wie sie mit der oben erwähnten Produktion der Stadtatlanten versucht wurde, und den archäologischen Befunden, die häufig ein anderes Bild von Straßenführung und Parzellenstruktur aufweisen (Johanek 2010, 61). Wichtige Ergebnisse verspricht und liefert die Stadtarchäologie insbesondere hinsichtlich der in schriftlichen Quellen oft nur schwer zu fassenden Materialität städtischer Strukturen wie etwa städtischer Infrastruktur (Gläser 2004). Beispiel einer erfolgreichen Integration von Archäologie und der klassischen Analyse schriftlicher Quellen ist die vergleichende Studie von Armand Baeriswyl zum Wachstum der drei Zähringerstädte Burgdorf, Bern und Freiburg (Baeriswyl 2003).

3.1.2 Historische Typen von Städten

Die nie völlig befriedigend gelöste Frage »Was ist eigentlich eine Stadt?« bewog das Münsteraner Institut, zur Jahrtausendwende 2000 die traditionelle Frühjahrstagung der Frage nach dem Stadtbegriff zu widmen (Johanek/Post 2004). Ein breites disziplinäres Spektrum von Referenten beleuchtete Einheit bzw. Vielheit von Städten. Zudem wurden von historischer Seite unterschiedliche mittelalterliche Stadttypen identifiziert (Irsigler 2004), der Unterschied von Stadt und Dorf markiert, der Typus der Kleinstädte näher beleuchtet und das neue Phänomen der Global Cities interpretiert. Gerhard Dilcher propagiert die fortdauernde Brauchbarkeit und Relevanz des Weberschen Idealtypus der okzidentalen Stadt. Dieser fasse – insbesondere was die Kriterien »Autonomie« und »Autokephalie« angeht – die Merkmale und Qualitäten der europäischen Stadt

von etwa 1100, realhistorisch gefasst mit den Schwureinungen der Stadtbürger bis um 1800, als der Stadtbürger im Staatsbürger aufging, in bemerkenswert produktiver Weise. In differenzierter, auch quellennaher Argumentation demonstriert Dilcher, dass auch die Zeitgenossen durchaus einen Begriff vom Typus der Stadt hatten (Dilcher 2004).

Franz Irsiglers Beitrag zur Konstruktion und Interpretation mittelalterlicher Stadttypen (Irsigler 2004) hinterfragt vorrangig die Unterscheidungskraft und Aussagefähigkeit von Typologien. Während eine Unterscheidung nach Größe und Hierarchie (Kleinstadt, Mittelstadt, Großstadt, Weltstadt) sinnvoll sei, allerdings auf die jeweilige Stadtlandschaft bezogen sein müsse, hätten Typen wie »Bischofs- und Kathedralstädte« recht eng gezogene Grenzen in der Erklärungskraft für einzelne Stadtentwicklungen. Je größer und vielseitiger eine Stadt sei, desto weniger könne mit *einer* eine bestimmte Charakteristik hervorhebenden Typologisierung die Besonderheit der Stadt wirklich erfasst werden.

3.2 Stadt als Ort des Bürgertums

Die Stadt war über weite Strecken der europäischen Geschichte der eigentliche Ort des Bürgertums, das sich als sowohl politisch führende wie auch wirtschaftliche tragende Schicht der Städte profilierte; die Genese des europäischen Bürgertums als unterscheidbare Sozialformation ist daher ein genuin urbaner Prozess. Folgerichtig fokussiert auch die jüngere Stadtgeschichtsforschung nach wie vor das Bürgertum, seine Zusammensetzung, seine inneren Differenzierungen und Fraktionierungen. Die Entstehung des europäischen Bürgertums interpretiert etwa die international vergleichende Studie von Knut Schulz als ein Resultat kommunaler Aufstandsbewegungen und Kommunikationsprozesse in Europa (Schulz 1992).

Eine der ersten großangelegten stadtgeschichtlichen Ausstellungen stellte 1985 in Braunschweig unter dem Gesamttitel »Stadt im Wandel – Kunst und Kultur des Bürgertums in Norddeutschland 1150–1650« ins Zentrum (Meckseper 1985). In breiter Nutzung sachkultureller Überlieferung ging es hier darum, nicht nur die Entwicklung der Städte als politische Akteure und ihre Auseinandersetzungen mit Königen, Bischöfen und Landesherren nachzuzeichnen, sondern insbesondere auch den städtischen Alltag, eine damals noch neue geschichtswissenschaftliche Kategorie, also Arbeitswelt, Wohnen, Ernährung, Freizeit und Familie zu präsentieren.

Aber wer war eigentlich ›Bürger‹ im Sinne voller Teilhaberschaft an den Rechten und Pflichten eines Stadtbürgers? Insbesondere in der Stadtgeschichte zur Vormoderne erfuhr die Differenzierung der Einwohnerschaft von Städten, die keineswegs alle Bürger nach gleichem Recht waren, zunehmende Aufmerksamkeit. Der aus einer Münsteraner Tagung hervorgegangene Band *Sondergemeinden und Sonderbünde in der Stadt der Vormoderne* (Johanek 2004) identifiziert Sondergemeinden als ein Ensemble rechtlicher Qualitäten, die eine bestimmte Personengruppe meist in religiöser Hinsicht verbinden. Im Einzelnen werden neben jüdischen Gemeinden und Hugenotten auch die besondere Rolle der Kleriker in der vormodernen Stadt thematisiert; der Band macht die rechtliche Heterogenität der vormodernen Städte deutlich.

Einen besonders großen Stellenwert gewann die Erforschung des neuzeitlichen Bürgertums in zwei großen Forschungsverbünden Ende der 1980er und Anfang der 1990er Jahre an den Universitäten Bielefeld und Frankfurt. Der Bielefelder Sonderforschungsbereich stand in direktem Zusammenhang mit der die deutsche Geschichtswissenschaft seit den 1970er Jahren bewegenden Sonderwegsdebatte. Zentral ging es dem Bielefelder Projekt um die Frage, ob der deutsche Sonderweg an ein »Defizit an Bürgerlichkeit gebunden« war (Hettling 2009, 220). Im Verlauf der Forschung geriet insbesondere Kultur als zentrale Klammer und identitätsstiftendes Merkmal in den Fokus, Bürgertum wurde nicht mehr primär durch sozioökonomische Merkmale definiert, sondern vielmehr durch ›Bürgerlichkeit‹, wobei das zunächst angenommene Defizit an Bürgerlichkeit im Verlauf internationaler Vergleichsstudien widerlegt wurde (Kocka 1988). Der Bielefelder SFB initiierte zwar eine Reihe wichtiger Studien zur Kultur des Bürgertums (Frevert 1991; Daniel 1995); aus stadthistorischer Perspektive blieb allerdings die Einbettung in konkrete (und differente) Städte marginal. Direkter auf die Stadt als ›Ort‹ des Bürgertums zielte ein von Lothar Gall Ende der 1980er Jahren initiiertes Projekt an der Frankfurter Universität »Stadt und Bürgertum« (Gall 1993). Hier sollte die Transformation des vormodernen Stadtbürgertums bis ins Kaiserreich untersucht werden. Die 14 Fallstudien zu sorgfältig ausgewählten Städten unterschiedlicher Größe und Typologie wollten den Übergang von einer ständisch gegliederten (Stadt-)Gesellschaft Ende des 18. Jahrhunderts in die moderne Gesellschaft rechtlich gleicher Staatsbürger nachzeichnen. Besondere Aufmerksamkeit galt dabei auch den neuen Formen der freiwilligen Assoziation, die sich in Form bürgerlicher Vereine gerade in den Städten zu Beginn des 19. Jahrhunderts formierten und die Entstehung einer bürgerlichen Öffentlichkeit im Habermas'schen Sinne ermöglichten. Das Projekt nutzte in erheblichem Umfang auch die neuen Möglichkeiten der EDV, um die Vernetzung der lokalen Eliten und deren jeweilige Funktionsbereiche zu rekonstruieren. Ergebnis war dabei die Unterscheidung von drei Typen von Eliten, einer politischen Führungsschicht, einer wirtschaftlichen Oberschicht und einer kulturellen Elite von Meinungsführern. Der Forschungsverbund konnte die relative Kontinuität stadtbürgerlicher Eliten über die vermeintliche Zäsur um 1800 hinweg demonstrieren. Der regionale Fokus auf süd- und westdeutschen Städten (z. B. Roth 1996; Mettele 1998; Zerback 1997) wirkte sinnvoll dem stark ausgeprägten ›Preußen-Bias‹ der klassischen Urbanisierungsforschung entgegen, deren empirische Basis sich meist ausschließlich auf Preußen und preußische Städte bezogen hatte. Das Thema »lokale Eliten« bildete auch auf internationaler Ebene immer wieder ein privilegiertes Thema für Konferenzen und Sektionen, hingewiesen sei hier nur auf den von Ralf Roth und Robert Beachy herausgegebenen Band *Who Ran the Cities* (Roth/Beachy 2007).

Ein Thema von dauerhaftem Interesse ist die Rolle und Bedeutung von Juden in Städten. Behandelt der aus einer Tagung des Österreichischen Arbeitskreises für Stadtgeschichtsforschung hervorgegangene Band *Juden in der Stadt* die Rolle von Juden über die Epochen hinweg an primär mitteleuropäischen Beispielen (Mayrhofer/Opll 1999), so gelingt es Till van Rahden für Breslau im Kaiserreich, wo Juden 30 % des gehobenen Bürgertums ausmachten, die Interaktion der unterschiedlichen konfessionellen Lager im städtischen Kontext für das Kaiserreich vielschichtig zu rekonstruieren (Rahden 2000). Der Kulturwissenschaftler Joachim Schlör setzt sich in seiner Studie zur Großstadt-Debatte mit dem Verhältnis von Judentum und Urbanität, der Suche nach dem »Ich der Stadt«, auseinander (Schlör 2005).

Das Mäzenatentum als wesentliche bürgerliche Aktivität fand – wohl auch im Zeichen sinkender Leistungsfähigkeit der öffentlichen Hände – in den letzten Jahren verstärktes wissenschaftliches Interesse. Andreas Ludwig zeigt für den Fall der ausgeprägt bürgerlichen Stadt Charlottenburg (heute Teil

Berlins) die überragende Bedeutung sozialer Stiftungen und deren abrupten Niedergang als Folge des Ersten Weltkriegs und der Inflation (Ludwig 2005). Zur Kulturförderung im Spannungsfeld von städtisch-kommunalen und privat-bürgerlichen Initiativen präsentiert das von Clemens Zimmermann gestaltete Schwerpunktthema der *Informationen zur modernen Stadtgeschichte* (Zimmermann 2008) internationale Vergleichsstudien und demonstriert einerseits lange Traditionen, andererseits die in der jüngeren Vergangenheit gestiegene Relevanz des Kulturthemas. Die Aufmerksamkeit für städtisches Bürgertum erweiterte sich in den letzten zwanzig Jahren auch auf Kleinstädte, die in wachsendem Maße erforscht werden, wenngleich hier immer noch deutliche Defizite im Vergleich zum Forschungsstand zu den Großstädten und Metropolen zu verzeichnen sind (Gräf 1997; Urbanitsch/Stekl 2000; Zimmermann 2003).

Die Öffnung Osteuropas nach dem Kollaps der Sowjetunion hat auch ein vermehrtes Interesse für die osteuropäische Stadtkultur angeregt. Eine katalysatorische Rolle kam hier den Arbeiten des Osteuropahistorikers Karl Schlögel zu St. Petersburg und einer Vielzahl anderer russischer Städte (Schlögel 1988; 2001; 2005) zu. Gerade im Hinblick auf die Frage, warum die Transformationsprozesse beim Aufbau demokratischer und offener Gesellschaften nach dem Kollaps des Staatssozialismus in Osteuropa so unterschiedlich erfolgreich ausfielen, geriet auch die Stadtkultur als Erklärungsfaktor für die mehr oder weniger erfolgreiche Ausbildung von Zivilgesellschaft verstärkt in den Fokus. Dieser Aspekt wird systematischer verfolgt im Sammelband von Carsten Goehrke und Bianka Pietrow-Ennker aus, die nach dem Defizit der Herausbildung bürgerlicher Zivilgesellschaft fragen (Goehrke/Pietrow-Ennker 2006).

War die mittelalterliche, frühneuzeitliche und auch die Stadt des 19. Jahrhunderts in ihren Leitungsorganen ausschließlich männlich beherrscht, so hatte sich die Ausblendung von Frauen, zahlenmäßig meist die Mehrheit der Stadtbevölkerung, lange Zeit auch historiografisch verdoppelt. Hier sind in den letzten Jahren deutliche Veränderungen zu beobachten; die Bedeutung von Frauen in der Stadt wurde zunehmend thematisiert und durch gendergeschichtliche Forschungen, die ›Geschlecht‹ als zentrale Erkenntniskategorie begreifen, stärker ins Zentrum gestellt. Schon die Tatsache, dass »Frauen in der Stadt« zum Thema von Jahrestagungen wie etwa des Österreichischen Arbeitskreises für Stadtgeschichtsforschung wurde, belegt das ›Ankommen‹ im Mainstream der historischen Stadtforschung, auch wenn alle Herausgeber des einschlägigen Bandes noch Männer sind (Hödl/Mayrhofer/Opll 2003). Auch der alltagsgeschichtliche, der Magdeburger Geschichte gewidmete Band *Leben in der Stadt* schlägt einen großen chronologischen Bogen durch alle Perioden der Stadtgeschichte (Labouvie 2004). Stärker fokussiert auf von Frauen selbst verfasste Quellen der Frühen Neuzeit ist ein von Daniela Hacke herausgegebener Band (Hacke 2004).

3.3 Stadt – Katastrophe – Krieg

Die am Prozess der Urbanisierung orientierte Stadtgeschichte hatte sich vorrangig für strukturelle Faktoren längerer Dauer interessiert; die einschneidende Wirkung kontingenter Ereignisse wie Katastrophen und Kriege passte systematisch nicht in das strukturorientierte Paradigma. Die Beeinträchtigung von Warenströmen und von Austauschbeziehungen durch Kriege und Katastrophen tauchten nur als externe Störfaktoren auf und wurden nicht näher untersucht. Eine systematisch vergleichende Auseinandersetzung mit der Bedeutung von Katastrophen für Städte setzte in der Geschichtswissenschaft erst in den 1990er Jahren ein. Wegmarke war dabei eine von der Internationalen Kommission für Städtegeschichte initiierte internationale Projektgruppe zum Thema »Stadtzerstörung«. Ab 1999 legte der Koordinator der Gruppe, Martin Körner, drei Bände mit internationalen Einzelstudien und zusammenfassenden Überblicken vor (Körner 1999/2000). Im ersten Band, der »Zerstörung durch Erdbeben, Feuer und Wasser« gewidmet ist, wurde ein breites Spektrum von Naturkatastrophen in ihrer Wirkung auf primär europäische Städte vom Mittelalter bis zur Neuzeit beleuchtet. Der Akzent lag hier zum größeren Teil auf der Rekonstruktion der materiellen Wirkungsgeschichte von Katastrophen, dem Ausmaß und der Art der Schäden und der Maßnahmen ihrer Beseitigung. Vereinzelt kamen aber auch schon kulturgeschichtliche Fragen nach der Wahrnehmung und mentalen Bewältigung von Katastrophen zur Diskussion. Weitergeführt und durch eine auf den Erkenntniswert von Naturkatastrophen für die Stadtgeschichte orientierte Einleitung fokussiert wurde das Thema im Band *Cities and Catastrophes* (Massard-Guilbaud/Platt/Schott 2002). Aufbauend

auf einer begriffsgeschichtlichen Einführung identifiziert die Herausgeberin Massard-Guilbaud die Aspekte Erklärung der Katastrophe, Bewältigung, Ka-
tastrophenhilfe, Wiederaufbau und Katastrophen-
prävention (Massard-Guilbaud 2002). Sie betont den
Zäsurcharakter des 19. Jahrhunderts im Hinblick auf
die Veränderung des Gefahrenspektrums einerseits,
der möglichen (technischen) Abhilfe andererseits.
So waren weniger die in der Frühen Neuzeit fast alltäglichen Stadtbrände (Allemeyer 2007; Zwierlein
2011) die schlimmsten Verheerer industriezeitlicher
Städte, sondern eher große Überschwemmungen,
die Cholera trat im Hinblick auf gesundheitliche
Geißeln die, zumindest symbolische, Nachfolge der
Pest an. Katastrophen werden auch als Katalysator
für Veränderungsprozesse identifiziert; die im Kontext von Katastrophen evidente Krise erzwingt bzw.
ermöglicht neue Weichenstellungen. Seit 2000 lässt
sich generell ein breiteres Interesse an Katastrophen
in der historischen Forschung beobachten, was einerseits durch das Phänomen des Klimawandels, die
von vielen Zeitgenossen nicht unbedingt zu Recht
damit in Verbindung gebrachte Häufung von Naturkatastrophen auch in Mitteleuropa (z. B. Hochwasser
Mittel- und Osteuropa 2002 – Dresden), andererseits durch die innerwissenschaftliche Hinwendung
zu Phänomenen der kulturellen Wahrnehmung,
Verarbeitung und Erinnerung erklärt werden kann,
wofür sich Naturkatastrophen besonders eignen
(Pfister 2002; Groh/Kempe/Mauelshagen 2003;
Schenk/Engels 2007). Naturkatastrophen werden –
darüber besteht Konsens in der Forschung – nicht
mehr als bloße ›Überwältigung‹ menschlicher Gesellschaften durch naturale Faktoren verstanden,
vielmehr wird die Mitwirkung der betroffenen Gesellschaften durch ihr Verhalten an Zustandekom-
men und Schadensintensität der Katastrophen thematisiert (Siedlungsmuster, Stand der Prävention,
Reaktionsfähigkeit der Gesellschaft). Die kulturgeschichtlich orientierte Katastrophenforschung ist
häufig implizit, wenngleich nicht unbedingt vom
Selbstverständnis her, auch Stadtgeschichte, denn
die höchsten Opferzahlen und Schäden entstehen in
der Regel in Städten. Themenschwerpunkte zu
»Stadt und Katastrophe« in *den Informationen zur
modernen Stadtgeschichte* (Schott 2003) oder Sektionen auf Historikertagen mit anschließenden Veröffentlichungen (Ranft/Setzer 2004) entwickelten das
stadtgeschichtliche Interesse an Katastrophen weiter.
Bemerkenswert ist auch, wie das teilweise stark
divergierende Katastrophengeschehen in Kolonien,

etwa den Philippinen, die Kolonialmächte zur Anpassung europäischer städtebaulicher Konzepte an
lokale Risiken motivierte, was Greg Bankoff am Beispiel Manilas verdeutlicht (Bankoff 2007).

Krieg war zentrales Moment eines klassisch poli-
tikgeschichtlichen Verständnisses von Geschichte;
die Kriege der Städte waren daher vielfach Thema
im Sinne eines Kampfes um Macht und Rang im
Wettstreit der politischen Akteure. Kennzeichnend
für die Stadtgeschichte der letzten Jahrzehnte ist jedoch zunehmend ein anderer Blick auf das Verhältnis von Stadt und Krieg, das etwa Aspekte der Finan-
zierung, des Festungsbaus, der Erinnerungspolitik,
der alltäglichen Kriegserfahrung im totalen Krieg
des 20. Jahrhunderts und der Fragen von Wiederaufbau mit einschließt (Kirchgässner/Scholz 1989).
Wichtige neuere Arbeiten zu Stadt und Krieg sind
insbesondere auch angelsächsischen Ursprungs,
etwa die große Studie von Roger Chickering zum
Kriegsalltag im Ersten Weltkrieg am Beispiel der
Stadt Freiburg (Chickering 2007), die intensiv Fragen der Wahrnehmung und Deutung des Krieges
und ihrer alltäglichen Lebenssituation seitens der
Betroffenen thematisiert und auch die Unmöglichkeit für die städtische Selbstverwaltung herausarbeitet, eine ausreichende Versorgung der ganzen
Bevölkerung sicherzustellen. Eine vergleichende
Weltkriegsgeschichte der Hauptstädte Paris, Berlin
und London bieten die beiden von Jay Winter und
Jean-Louis Robert herausgegebenen Bände *Capital Cities at War. 1914–1919* (Winter/Robert 1999, 2007).
Für den Zweiten Weltkrieg ist eine alltagsgeschichtliche Betrachtung in städtischem Kontext bislang
kaum breiter entwickelt worden. Allerdings erfuhr
in den letzten Jahren der Bombenkrieg und Feuersturm in deutschen Städten wachsende Aufmerksamkeit (Friedrich 2003; Sebald 2003; Zentner
2005), wobei der teilweise scharf anklagende Gestus
gegenüber der alliierten Luftkriegsstrategie auch
einbezogen wurde in Debatten über vermeintliche
Revisionismen und Aufrechnungen der Opfer. Gerade die sechzigjährigen Jahrestage der Zerstörung
vieler deutscher Städte 2004/2005 produzierten eine
Flut lokalgeschichtlicher Erinnerungsliteratur. Systematischer entwickelt der von Marcus Funck herausgegebene Band *Endangered Cities* die spezifische
Bedrohung und Gefährdung europäischer Städte in
der Epoche der Weltkriege (Funck 2004).

3.4 Demografie – Gesundheit – Krankheit

Das klassische demografische Interesse vieler Stadthistoriker, das sich zunächst auf Migrationsströme richtete und die Zusammensetzung der Migrantengruppen und ihr jeweiliges aggregiertes Migrationsverhalten rekonstruierte (Beispiele in Hardtwig/Tenfelde 1990), transformierte sich Ende des 20. Jahrhunderts zunehmend in ein Interesse an den Ursachen und Faktoren spezifischen Bevölkerungsverhaltens, Veränderungen von Geburtlichkeit und Sterblichkeit, Bedeutung von Krankheiten und Epidemien und die Maßnahmen bürgerlicher Sozial- und Gesundheitsreformer zur Verbesserung der Lage. In einem Überlappungsfeld von Stadtgeschichte, Medizin-, Wissenschafts- und Technikgeschichte formierte sich ein breiteres Korpus von Forschungen, die die Auseinandersetzung von Städten und Stadtverwaltungen mit Krankheit untersuchten. Die bahnbrechende Studie des britischen Historikers Richard Evans (Evans 1990) zur berüchtigten Cholera-Epidemie in Hamburg 1892 gab der folgenden Entwicklung einen deutlichen Schub. Evans entfaltete am Umgang der hansestädtischen Gesellschaft mit der Epidemie eine lokale Gesellschaftsgeschichte und demonstrierte damit, dass Krankheits- und Epidemie-Geschichte einen Schlüssel zur Aufdeckung größerer gesellschaftlicher Konfliktlinien bieten kann. Bereits kurz zuvor war in der Stadtplanungsgeschichte und der Stadtsoziologie die Hygienebewegung wiederentdeckt worden (Rodriguez-Lores 1985; Rodenstein 1988). Die dank großzügiger Förderung des Wellcome-Trust in Großbritannien breit entwickelte Social History of Medicine stand hier konzeptionell und teilweise auch methodisch Pate für die sich rasch entwickelnde Erforschung städtischer Gesundheitsverhältnisse und kommunaler Gesundheitspolitik deutscher Städte (Reulecke/Castell Rüdenhausen 1991; Münch 1993; Witzler 1995; Machule 1996; Vögele/Woelk 2000). Über einzelne Städte hinaus untersucht die Studie von Jörg Vögele auf breiter Basis die »Sozialgeschichte städtischer Gesundheitsverhältnisse während der Urbanisierung« (Vögele 2001). Vögele kommt zum Schluss, dass die städtischen Sterberaten bereits nach der Mitte des 19. Jahrhunderts sinkende Tendenz aufwiesen. Für den starken Rückgang in den letzten Jahrzehnten des 19. Jahrhunderts macht er die Verbesserung städtischer Hygiene verantwortlich, die in demografischer Hinsicht eine Revolution darstellte, denn bis dahin konnte keine größere Stadt allein durch die natürliche Reproduktion ihrer Bewohner ihren Bevölkerungsstand halten, geschweige denn wachsen. Die Habilitationsschrift von Anne Hardy untersucht systematisch den Diskursraum über Hygiene und städtische Gesundheit zwischen Ärzten, Ingenieuren und Kommunalbeamten (Hardy 2005). Deutlich wird hier die Zentralität des Hygiene-Begriffs für die gesundheitlichen, aber auch sozialreformerischen Debatten des späten 19. und frühen 20. Jahrhunderts.

3.5 Umwelt – Ressourcen

Der Hygiene-Begriff nahm um 1900 eine ähnliche Schlüsselstellung ein wie der Umwelt-Begriff für die gesellschaftliche Debatte seit den 1970er Jahren (Radkau 2002). Nachdem sich in den 1980er Jahren aus aktueller Betroffenheit Ansätze einer Erforschung historischer Umweltprobleme herausgebildet hatten (vgl. Winiwarter/Knoll 2007), entfaltete sich seit Ende der 1990er Jahre in der Stadtgeschichte ein dezidiertes Interesse an städtischen Umweltproblemen (Winiwarter 1998). Die Urban Environmental History formierte sich in engem Anschluss an amerikanische Debatten. Dort wehrten sich Historiker wie Martin Melosi, Harold Platt oder Joel Tarr dezidiert dagegen, dass die Beschäftigung mit städtischen Umweltproblemen kein Gegenstand der Umweltgeschichte sein sollte, wie es Donald Worster und eine große Gruppe amerikanischer Umwelthistoriker postulierten (Tarr 2001). Es entwickelte sich ein internationaler Diskurszusammenhang europäischer und amerikanischer Stadt- und Umwelthistoriker (Bernhardt 2001; Bernhardt/Massard-Guilbaud 2002; Schott/Luckin/Massard-Guilbaud 2005; Brantz 2007). Galt die Aufmerksamkeit dabei zunächst der Verschmutzungsproblematik in ihren unterschiedlichen Erscheinungsformen, so wandte sich die Aufmerksamkeit auf späteren Tagungen der Bedeutung von Ressourcen zu und erfasste auch methodische Aspekte, ob etwa eine Stoffstromanalyse der ›Inputs‹ und ›Outputs‹ eine sinnvolle Vorgehensweise sein könnte, um den städtischen Umgang mit Ressourcen zu untersuchen (frühes Vorbild Boyden 1981; Barles 2005; Kraussmann 2005). Konzeptionell einflussreich wurde das Konzept des gesellschaftlichen Stoffwechsels, das von einer Wiener Arbeitsgruppe um Marina Fischer-Kowalski erarbeitet wurde (Fischer-Kowalski 1997). Auch für Perioden, für die sich Stoff- und Materialströme nicht genau quantifizieren lassen, dient dieses Konzept dazu, Stadt metaphorisch als stoffwechselnde Entität zu verstehen. In historischer Perspektive geht das Konzept des gesellschaftlichen Stoffwechsels von einer mit Größenwachstum der Stadt und wachsender Komplexität fortschreitender ›Kolonisierung der Natur‹ aus. Städte waren (und sind) demnach gezwungen, zur Sicherung ihrer Reproduktion sich immer größere Hinterländer und Versorgungsgebiete nutzbar zu machen, wobei dann zwangsläufig auch die dort befindlichen Ökosysteme und Formen landwirtschaftlicher Produktion eine dauerhafte, an die Bedürfnisse der Stadt angepasste, Transformation erfahren (Schott 2011). International war für die Urban Environmental History die Studie von William Cronon zur historischen Rolle Chicagos als ›Nature's Metropolis‹ von zentraler Bedeutung gewesen, weil Cronon in bislang nicht gesehener Weise Stadt und ihr räumlich weit gefasstes Umland als funktionale und interdependente Einheit verknüpfte (Cronon 1991).

Auch wenn der Schwerpunkt der »Umweltgeschichte der Stadt« auf der industriezeitlichen Stadtgeschichte liegt, sind doch auch für andere Epochen eine Reihe von Arbeiten entstanden, die die Umweltbeziehungen von Städten in den Mittelpunkt stellen. So zeichnet etwa Christian Mathieu am Beispiel Venedigs den Diskurs nach, der sich dort in der Frühen Neuzeit um die damals befürchtete Verlandung und die dagegen erwogenen Maßnahmen entwickelte (Mathieu 2007). Für mittelalterliche Städte ging der amerikanische Umwelthistoriker Richard Hoffmann dem Potential und den (quellenbedingten) Grenzen des Konzepts ›ökologischer Fußabdruck‹ nach und trug zu einem größeren internationalen Ensemble von Städten Belege für deren räumliche Umweltwirkung zusammen (Hoffmann 2007). Ein großes zeitliches wie räumliches Spektrum von antiker Wasserkultur bis zu Umweltproblemen moderner Kolonialstädte wird im Sammelband *Die europäische Stadt und ihre Umwelt* behandelt (Schott/Toyka-Seid 2008). Die bis auf weiteres beispielgebende umweltgeschichtliche Bestandsaufnahme liegt für die Stadt Wien vor, wo Karl Brunner und Petra Schneider mit zahlreichen Autoren eine hervorragend illustrierte und kartierte Bestandsaufnahme der städtischen Umweltgeschichte veröffentlicht haben (Brunner/Schneider 2005).

»Tiere in der Stadt« wurde in den letzten Jahren als neues Thema in der Umweltgeschichte der Stadt entdeckt (Brantz 2008; Wischermann 2009). So zeig-

ten die amerikanischen Stadt- und Umwelthistoriker Clay McShane und Joel Tarr, dass sich gerade in der Phase der Hochindustrialisierung der zweiten Hälfte des 19. Jahrhunderts durch Verkehrsintensivierung die physische Präsenz und die ökonomische Relevanz des Pferdes als »living machine« für die Stadt massiv verstärkte (McShane/Tarr 2007). Die Industrialisierung und Technisierung des Tötens und der Verarbeitung von Tieren wurde gleichfalls als wesentlicher Bestandteil urbaner Modernisierung international vergleichend von Dorothee Brantz untersucht (Brantz 2006). Der besonders in der amerikanischen Umweltdebatte zentrale Begriff »environmental justice«, was dort vor allem die unterschiedliche Betroffenheit durch negative Umweltfaktoren in Relation zu rassisch-ethnischer Zusammensetzung von Wohn- und Stadtvierteln thematisiert, wird in wachsendem Maße zu einer auch für die europäische Stadt- und Umweltgeschichte relevanten Fragestellung, was ein thematisch breiter Sammelband unterstreicht (Massard-Guilbaud/Rodger 2011).

Wasser, der Stoff, der rund 90 % der Städte durchströmenden Materie ausmacht, stand in den letzten Jahren sehr stark im Fokus der Umweltgeschichte der Stadt (als Pionierstudie Guillerme 1988). In zahlreichen Studien zur Etablierung einer industrialisierten systemischen Wasserversorgung und -entsorgung kam das Interesse aus der Auseinandersetzung mit Gesundheit und Krankheit der Stadt, das eher technikhistorische Interesse am Prozess der infrastrukturellen Vernetzung und die verwaltungsgeschichtliche Fokussierung der Entfaltung städtischer Leistungsverwaltung zusammen. Angesichts der sich abzeichnenden globalen Wasserknappheit und der mit der Agenda 21 eingeleiteten Ausrichtung auf nachhaltige Stadtentwicklung bündelte sich das Interesse von Geografen, Soziologen, Ingenieuren und Historikern in konzeptionell ausgerichteten Bänden wie *Hydropolis* (Frank/Gandy 2006). Bemerkenswert ist auch die Einbeziehung von Städten wie Istanbul, die aus dem klassischen Kanon europäischer Städte fallen; Noyan Dinçkal, dessen Studie in einem Vergleichsprojekt mit der Wasserversorgung Berlins entstand, kann hier die anderen Pfade und die besonderen Einpassungsprobleme industrieller Versorgungstechnik in den kulturellen und sozialen Kontext der ottomanischen Metropole deutlich machen (Dinçkal 2004). Historische Studien zur Genese von Wasserver- und Entsorgungssystemen deutscher Städte beschränken sich nicht mehr, wie noch in den 1990er Jahren, auf die ›heroische‹ Periode technischer Vernetzung bis zum Ersten Weltkrieg, sondern untersuchen, wie dies Marcus Stippak an den Städten Darmstadt und Dessau – zugleich für die Nachkriegsperiode ein deutsch-deutscher Systemvergleich – exemplifiziert, auch die neue Thematisierung von Umweltproblemen seit 1970 (Stippak 2010).

3.6 Repräsentationen von Stadt

Die kulturgeschichtliche Wende seit den 1990er Jahren beförderte auch das Interesse der Stadthistoriker an Bildern und Vorstellungen über Städten, an Strategien zur Identifikation und Identitätsbildung. Dies beinhaltet sowohl materialisierte Abbildungen als auch mentale Bilder und Vorstellungen, die von städtischen Akteuren produziert und im innerstädtischen wie zwischenstädtischen Diskurs verhandelt werden. Ein solches Interesse wird etwa in der Studie von Ulrich Meier *Mensch und Bürger* sichtbar, der rekonstruiert, wie die Stadt im Denken von Theologen, Philologen und Juristen im Spätmittelalter figuriert (Meier 1994). Ikonografische Bilder von Städten stellt der Band von Wolfgang Behringer und Bernd Roeck vor (Behringer/Roeck 1999). Vor dem Hintergrund einer vielschichtig rekonstruierten Produktions- und Gattungsgeschichte der Stadtbilder, die Historiker zur Quellenkritik im Umgang mit Bildern mahnt, wird die bildliche Überlieferung von 46 deutschen Städten zwischen 1400 und 1800 in kürzeren Aufsätzen kritisch referiert und kontextualisiert. Deutlich herausgearbeitet wird der gezielte Konstruktionscharakter vieler Stadtbilder, die bewusste Selektion, Thematisierung oder Dethematisierung von unerwünschten oder als unwichtig erachteten Realitätselementen, die Bildproduktionen steuerten. Das Projekt stand, ähnlich wie auch die Initiative von Martin Körner zu Stadtzerstörungen, im Kontext internationaler Koordination zur Stadtikonografie.

Vorstellungen und mentale Bilder von Städten wurden schon seit dem Mittelalter produziert und verbreitet, man denke nur an die klassische Polarität von »Hure Babylon« und »Himmlische Stadt Jerusalem«. Eine deutliche Intensivierung der Produktion literarischer Bilder von Stadt zeigt sich in den letzten Jahrzehnten des 19. und im frühen 20. Jahrhundert, wo die Kritik an der industriekapitalistischen Moderne sich häufig in Form von »Großstadtkritik« manifestierte. Dieses Quellenmaterial wird von britischen und amerikanischen Historikern ausgewertet, etwa in der geschlechtergeschichtlich orientierten Studie von Judith Walkowitz *City of Dreadful Delight*, die das viktorianische London aus den Schilderungen der Zeitgenossen als abgründige und vielfach sexuell kodierte Stadtlandschaft skizziert (Walkowitz 1992). Andrew Lees analysiert das Denken deutscher Sozialreformer über Sünde und Verbrechen, über Ursachen gesellschaftlicher Degeneration und die Strategien und Programme zur Abhilfe (Lees 2002). Auf die Jahrhundertwende um 1900 konzentriert sich ein Band, dessen Beiträge Wahrnehmungen und Wirkungen der Großstädte im Spannungsfeld von Stadt und Land untersuchen (Zimmermann/Reulecke 1999).

Die aktuelle Problematisierung städtischer Imagepolitik motivierte auch Fragen von Historikern nach der Entstehung, den Zielen und Formen (moderner) städtischer Öffentlichkeitsarbeit und Imagepflege. Maßstäbe setzte hier ein von Adelheid von Saldern geleitetes Forschungsprojekt, das systematisch Stadtrepräsentationen in Form von Stadtjubiläen und anderen Großveranstaltungen in deutschen Städten des 20. Jahrhunderts untersuchte. Dabei wurde insbesondere auch reflektiert, in welcher Weise die politischen Rahmenbedingungen der NS-Zeit, des DDR-Regimes und der Bundesrepublik Form und Inhalt städtischer Repräsentation beeinflussten. Die Bearbeiterinnen kamen dabei zum Schluss, dass die jeweils präsentierte Stadtgeschichte oberflächlich an das NS-Regime angepasst wurde, gleichwohl aber meist noch erhebliche Spielräume für lokale Akzentsetzungen fortbestanden (Saldern 2003, 2005; Schott 2004). Auch in der DDR dienten Stadtjubiläen der Beschwörung lokaler Identität und Gemeinschaft, der Konstruktion von Geschichts- und Zukunftsbildern und pragmatisch auch der Konkurrenz um knappe Mittel von der Zentrale, wenn sich eine Stadt – wie etwa Rostock als Tor zur Ostsee – als Aushängeschild des Staates profilieren konnte.

In Reaktion auf lebhafte internationale Forschung zu Stadtbildern und Stadtidentitäten in der Soziologie oder der Kulturgeografie verstärkte sich auch das historische Interesse an der Genese der Produktion und Konstruktion solcher Raumbilder (Guckes/Schürmann 2005). An herausragenden Städten wie Berlin (Biskup/Schalenberg 2008), aber auch an Bergbau- und Schwerindustriestädten mit großen Imageproblemen wie Recklinghausen (Schürmann 2005) wurde die historische Genese von Stadtmarketing und Imagebildung untersucht.

Stärker an materialisierten Bildern orientiert sind Forschungen zur aktuellen Konstruktion bestimmter historisch grundierter städtischer Ensembles, wie etwa der Platz um die rekonstruierte Dresdner Frauenkirche. So verweisen Forschungen aus dem Kontext von Kunstgeschichte und Denkmalpflege auf den Konstruktionscharakter von Bildern von Stadt (Brandt/Meier 2008) und der Kunsthistoriker Vinken weist am Beispiel der Altstädte von Basel und Köln nach, wie sehr die heute als »Altstadt« wahrgenommenen Stadtteile Resultat bewusster Zuweisungs- und Konstruktionsprozesse im Zeitalter der Moderne waren und sind (Vinken 2010).

Im Zeichen globalisierter Städtekonkurrenz gilt »Kreativität« als hochwichtiger Standortfaktor von Städten. Stadtgeschichtlich gewendet, richtete sich die Aufmerksamkeit auf die vermeintliche Eigenschaft bestimmter Städte, in besonderen Phasen Zentren von Innovation und Kreativität zu bilden (Wien um 1900, Paris und Berlin in den 1920er Jahren). So arbeitet Martina Heßler in einem Forschungsüberblick heraus, was aus Sicht der Forschung »Stadt als innovatives Milieu« ausmacht (Heßler 2002) und verfolgt diese Fragestellung im Band *Creative Urban Milieus* auf europäischer Ebene, insbesondere im Hinblick auf die Formierung einer Kulturökonomie seit Mitte des 19. Jahrhunderts (Heßler/Zimmermann 2008). Allerdings erwiesen sich die von Martina Heßler untersuchten Ansätze zur bewussten Herstellung kreativer räumlicher Wissenschaftsumwelten nur bedingt als erfolgreich (Heßler 2007).

3.7 Selbstverwaltung – Interventionsstadt

Das Interesse an der Stadt als Verwaltung, als ordnendem, fürsorgendem, planendem und lenkendem Akteur im Prozess der Urbanisierung bildet auch im Zeichen des *cultural turn* eine Konstante der historischen Stadtforschung. Eine Übergangsphase von der älteren, stärker verwaltungsgeschichtlich ausgerichteten Forschung, wie sie sich etwa in den Studien von Krabbe manifestierte, zu neueren Ansätzen markiert das von Jürgen Reulecke initiierte DFG-Schwerpunktprogramm »Die Stadt als Dienstleistungszentrum« (1986–1993). Im Rahmen dieses Programms wurden Einzelprojekte zu Aspekten der städtischen Leistungsverwaltung gefördert, von klassischen Feldern wie der kommunalen Armenfürsorge und dem städtischen Finanzwesen bis hin

zu städtischer Gesundheitspolitik, Sportpolitik, Stiftungen und technischer Infrastruktur. Das zentrale Erkenntnisinteresse richtete sich – so Reulecke – auf die »Genese moderner Sozialstaatlichkeit ›vor Ort‹«. Die Städte spielten, so eine Generalthese des Programms, »in den Jahrzehnten vor dem Ersten Weltkrieg die Rolle eines Schrittmachers auf dem Wege einer sozialen Reform, die viele Einzelelemente des späteren Sozialstaates im kommunalen Raum bereits erproben konnte« (Reulecke 1995, 5, 9 f.). Aus dem Schwerpunktprogramm entstanden eine größere Zahl von Promotionen und Habilitationen, etwa die bereits erwähnte Studie von Andreas Ludwig zu Stiftungen in Charlottenburg oder die Untersuchung der Bedeutung städtischer Sportförderung Ende des 19. und im frühen 20. Jahrhundert (Nielsen 2002).

Der internationale Vergleich, ein unübersehbarer Forschungstrend des frühen 21. Jahrhunderts, fand auch für die städtische Selbstverwaltung Anwendung, etwa in Marcus Gräsers Studie zum Wohlfahrtsstaat in den USA und Deutschland 1880–1940. Gräser untersucht, wie vergleichbare soziale Probleme auf lokaler Ebene unterschiedlich thematisiert und in politische Kontexte eingeordnet wurden, wie ähnlich und dennoch letztlich verschieden politische Strömungen wie die ›progressive Party‹ und der Nationalsoziale Verein von Friedrich Naumann waren (Gräser 2009). Ebenfalls transatlantisch vergleicht Sebastian Haumann Prozesse von Bürgerprotest und Stadterneuerung in Philadelphia und Köln der 1960er und 1970er Jahre (Haumann 2011). Innereuropäische Vergleiche praktizieren die Studien von Michael Schäfer, der das städtische Bürgertum von Edinburgh und Leipzig als in der Krise befindlich für den Zeitraum 1890 bis 1930 untersucht (Schäfer 2003), wie auch die Untersuchung von Thomas Höpel, der die Kulturpolitik deutscher und französischer Städte im 20. Jahrhundert kontrastiert (Höpel 2008).

Im Hinblick auf die Perioden diktatorischer Regime in der deutschen Geschichte des 20. Jahrhunderts war die Forschung ursprünglich davon ausgegangen, dass die Gleichschaltung jegliche Handlungsspielräume auf der städtischen Ebene vollständig beseitigt hätte, kommunale Selbstverwaltung damit faktisch beendet war. Gegen diese Annahme wenden sich für die Periode des Nationalsozialismus eine Reihe jüngerer Studien im Sammelband *Stadtverwaltung im Nationalsozialismus* (Mecking/Wirsching 2005). Demnach ist häufig eine vergleichsweise große personelle Kontinuität jenseits der Ebene der Oberbürgermeister und Bürgermeister über die Machtergreifung hinaus zu konstatieren; Stadtverwaltungen gelang es häufig, bei sprachlicher Anpassung an die Parolen des neuen Regimes bereits vorher verfolgte Stadtentwicklungsziele weiterzuverfolgen. Kommunale Herrschaft leistete gerade dadurch einen nicht unerheblichen Beitrag zur Systemstabilisierung und Stärkung der Akzeptanz des neuen Regimes, wie etwa Bernhard Gotto für die NS-Kommunalpolitik in Augsburg herausarbeitet (Gotto 2006). Auch für die Stadt in der DDR-Zeit liegen mittlerweile Untersuchungen vor, die nach den Handlungsspielräumen lokaler Herrschaftseliten in diktatorischen Regimen fragen. Philipp Springer kommt dabei in seiner Studie zur Industriestadt Schwedt zum durchaus überraschenden Ergebnis, dass die Oberbürgermeister keineswegs blind der jeweiligen Parteilinie folgten, sondern stets bestrebt waren, auch lokale Handlungsoptionen zu erweitern (Springer 2006).

3.8 Stadtmaschine – vernetzte Stadt

Die Stadt des Industriezeitalters wurde seit den späten 1980er Jahren zunehmend als ›Stadtmaschine‹ bzw. als ›vernetztes System‹ thematisiert. Anlass gaben dazu die Tendenzen zu universaler kommunikativer Vernetzung, die historisch gewendet die Frage nach früheren Phasen technischer Vernetzung, nach Gemeinsamkeiten und Unterschieden aufwarf. Wichtige Impulse für neue Fragestellungen kamen aus der kulturgeschichtlichen Betrachtung von Alltagstechnologien, etwa der Eisenbahn oder der künstlichen Beleuchtung, wie sie Wolfgang Schivelbusch exemplarisch vorführte (Schivelbusch 1979, 1983). Auf internationaler Ebene war das von Thomas P. Hughes entwickelte Untersuchungsparadigma der »Large Technical Systems« prägend, das Systemwachstum großer Infrastrukturen nicht mehr als bloße ingenieurtechnische Optimierung begriff, sondern mit Konzepten wie »technological style«, »momentum« und »system builder« soziale und kulturelle Faktoren als Determinanten von Technikentwicklung mit einbezog (Hughes 1983). Die Untersuchung der »vernetzten Stadt« (Tarr/Dupuy 1988) gewann eine forschungsorientierende Bedeutung. Herausgearbeitet wurde nun in vergleichenden Studien wie *Die Vernetzung der Stadt* (Schott 1999), dass die Wahl bestimmter technologischer Systeme (etwa von Gleich- oder Wechselstrom) und die Art,

Weise und Folgen der Implementierung seitens der Stadtverwaltung und der städtischen Entscheider keineswegs einer Logik rein ingenieurtechnischer Optimierung folgte. Entscheidungsprozesse über Technologien waren in jeweils neu lokal ausgehandelte Leitbilder zur erwünschten Stadtentwicklung eingebettet und erhielten durch diese Bezüge ihren spezifischen Sinn (Schott 1999). Technische Infrastrukturen wie Elektrizitätsversorgung und öffentlicher Nahverkehr erwiesen sich demnach als zentrale Instrumente einer »Produktion von Stadt«. In stärker kulturgeschichtlich ausgerichteten Studien wurden Technikdebatten als Denkraum für die Selbstreflexion der beginnenden Moderne über Wünsche, Visionen oder Befürchtungen untersucht. Gerade in Debatten über Elektrifizierung verbanden sich Visionen einer durch Elektrizität ermöglichten räumlichen Dekonzentration, einer Überwindung des Kohle- und-Dampfzeitalters der Industrialisierung, auch der Milderung der scharfen Klassengegensätze (Binder 1999; Schott 1999b). In dem Maße, wie die Durchsetzung der neuen Technologien in der Regel ein städtisches Phänomen war, waren solche Debatten immer auch Bestandteil von Diskursen über Urbanität und Stadt.

Die Transformation europäischer Städte zu einer »Urban Machinery« über den Zeitraum von 1850 bis in die zweite Hälfte des 20. Jahrhunderts verfolgt ein Sammelband dieses Titels (Hård/Misa 2008). Leitfrage ist hier, wie ungeachtet der beobachtbaren Tendenzen zu einer globalen Homogenisierung von Technologien und Raumarrangements europäische Städte sich dennoch eine markant von Städten in anderen Weltregionen unterscheidbare äußere Gestalt wie auch Stadtkultur bewahrt haben. Die Herausgeber erschließen mit den Leitbegriffen »circulation« und »appropriation« einerseits den europäisch-amerikanischen Austausch von Ideen, Informationen und Technologien über die Lösung technischer und sozialer Probleme der städtischen Zivilisation. Andererseits steht »appropriation« für die produktive Aneignung und kulturelle Anverwandlung übernommener Technologien und Konzepte, die die Einpassung in ein anders geartetes gesellschaftliches Umfeld ermöglichte. Von der Formierung internationaler Regime zum Interessenabgleich über die Nutzung des Rheins im 19. Jahrhundert bis hin zur Anpassung der Städte an das Auto im Nachkriegseuropa reicht die Bandbreite der Beiträge.

Um Vernetzung auf zwischenstädtischer Ebene über den gesamten europäischen Raum geht es in zwei Sammelbänden, die die Beziehung von Stadt und Eisenbahn bzw. Verkehr und Kommunikation thematisieren (Roth/Polino 2003; Roth 2009). Steht im Band von 2003, der aus einer Sektion der europäischen Stadtgeschichts-Konferenz von 2000 hervorging, die Interdependenz von Industrialisierung, Urbanisierung und Eisenbahnbau im Zentrum, so versammelt der zweite Band einerseits Studien zur Verkehrs- und Kommunikationsentwicklung in bislang weniger stark in deutschsprachiger Forschung zugänglichen Städten wie Czernowitz oder Lissabon, andererseits die Bedeutung zentraler Knotenpunkte wie der Seehafenstädte oder der Kommunikationsnetze von Banken und Bankiers für die Entfaltung internationaler Kommunikation und Austausch. Stadt ist dabei nicht nur Akteur oder Diskursraum, sondern selbst auch Diskursgegenstand, etwa im um 1900 deutlich intensivierten Austausch in der internationalen Community der Stadtplaner und Wohnungsreformer. Roth unterstreicht die Relevanz solch stadtbezogener Forschung, die »Kommunikations- und Interaktionsmuster im europäischen Raum freilegen [kann], die durch die Ausbildung nationalstaatlicher Strukturen überformt und geschwächt wurden, an die aber die Europäisierungstendenzen insbesondere in der zweiten Hälfte des 20. Jahrhunderts anknüpfen konnten« (Roth 2009, 10).

4. Ausblick: Gibt es eine europäische Stadt?

Der Verweis auf eine Reihe von Überblickswerken mit europäischen Fokus, aber auch die international komparativen Monografien und die zuletzt referierten Sammelbände zu städtischer Technologie und Verkehr und Kommunikation mit europäischem Referenzrahmen zeigen, dass historische Stadtforschung zunehmend den nationalen Rahmen hinter sich lässt. Die Tendenz zu einer ›transnationalen Geschichte‹ ist unübersehbar, gerade auch im Hinblick auf Gegenwartsdiagnosen, die von einer relativ verminderten Relevanz der nationalstaatlichen Ebene im Vergleich zur gesteigerten Bedeutung Europas einerseits, der Regionen und Stadtregionen andererseits als Handlungsebenen ausgehen. Die fortschreitende europäische Integration einerseits, die auch forschungspolitisch durchaus Wirkungen entfaltet (EU-Framework-Programme, ESF, COST etc.), die vorübergehend wachsende politische Kluft (Irak-

krieg) zu den USA andererseits beförderte eine lebhafte Diskussion über das Modell der »europäischen Stadt«, das auch in der Stadtgeschichte seinen Niederschlag zeigt. So wurde insbesondere im Kontext der Architektur und Stadtplanung der amerikanischen Stadt, bis in die frühen 1970er Jahre programmatisches Leitbild auch europäischer Stadtplanung, das Gegenmodell der »europäischen Stadt« entgegengehalten, einerseits als Leitbild für eine kompakte, sozial gemischte, vielfältige und im globalen Vergleich gut integrierte Stadt, andererseits aber auch als postuliertes Resultat einer längerfristigen historischen Entwicklung (Hassenpflug 2002). Die Agenda 21 mit der Orientierung auf eine Energieverbrauch minimierende »Stadt der kurzen Wege« verleiht diesem Modell der »europäischen Stadt« zusätzliche ökologische Legitimation. Zugleich ist in der Verteidigung der europäischen Stadt auch die Zurückweisung neoliberaler Deregulierungsprogramme, wie sie die 1990er Jahre und die Zeit bis zur Finanzkrise 2008 prägten, mit enthalten; die europäische Stadt rekurriert nicht nur auf ein baulich-materielles Ensemble, sondern repräsentiert auch eine, so ihre Verteidiger, langfristig entstandene und letztlich soziale Integration besser und konfliktärmer sichernde Gesellschaftsform. Wie stark normativ aufgeladen das Modell einer »europäischen Stadt« auch im wissenschaftlichen Diskurs sein kann, zeigt etwa eine Bemerkung des Rezensenten Stefan Goch in einer Rezension über das von Boris Michel herausgegebene Buch *Stadt und Gouvernementalität* (2005): »Auch für die deutschen und europäischen Städte wäre es wichtig, liberale Ordnungspolitik, das Modell des europäischen Wohlfahrtsstaates und eine spezifische Form der Zivilgesellschaft zu bewahren und fortzuentwickeln« (Goch 2006, 761).

Aus historischer Perspektive entwickelt ein von Friedrich Lenger und Klaus Tenfelde herausgegebener Band Ansätze für eine Geschichte der europäischen Stadt im 20. Jahrhundert (Lenger/Tenfelde 2006). Lenger weist in seiner Perspektiven der historischen Stadtforschung für das 20. Jahrhundert aufreißenden Einleitung nachdrücklich auf den Konstruktionscharakter des Modells der »europäischen Stadt« hin, das implizit das Gegenmodell der amerikanischen Stadt voraussetze, das meist polar anhand von Merkmalslisten abgegrenzt werde: Geringere Wachstumsdynamik, schwächere Suburbanisierung, stärkere Zentrumsorientierung privaten Wohnens, repräsentative Ausstattung des Zentrums mit öffentlichen Bauten, stärker sozialstaatliche

Überformung sowie effektivere stadtplanerische Gestaltung charakterisierten demnach die europäische Stadt. Problematisch für die historische Stadtforschung und zugleich für den Realitätscharakter des Modells wäre, wie weit dieser Typus der europäischen Stadt räumlich und zeitlich reicht: Die Städte des zaristischen Russland sind bis Ende des 19. Jahrhunderts kaum diesem Typus zuzuordnen. Für die südeuropäischen Städte stellt sich die Frage, ob deren Urbanisierungsmodell, häufig ohne parallele Industrialisierung und ohne Entwicklung des nach 1945 in Nordwesteuropa ausgeprägten fordistischen Modells sozialstaatlicher Wohnungspolitik, sich nicht fundamental von dem als klassisch-europäisch erachteten nordwesteuropäischem Modell unterscheidet (Lenger 2006, 5–10). Lenger konstatiert eine deutlich weniger stark entwickelte Forschungslage zur europäischen Stadt im 20. Jahrhundert und skizziert die Umrisse eines Forschungsprogramms, das sich zeitlich der Stadt seit den 1880er bis Ende des 20. Jahrhunderts annimmt, wobei dieser Zeitraum noch in vier Perioden gegliedert werden könne (bis 1914, Zeit der Weltkriege, 1945 bis zur Ölkrise 1973, nach 1973 bzw. nach 1990). Damit korrespondiert die Periodisierung, sicher nicht ganz zufällig, mit den gegenwärtig für die Hochmoderne in der allgemeinen deutschen Geschichtswissenschaft diskutierten Zäsuren (Beginn 1880er, Zäsur 1970er, vgl. Raphael 2008). Lengers Band präsentiert einen fast enzyklopädischen Überblick zur Stadtentwicklungen in verschiedenen Regionen Europas im 19. und 20. Jahrhundert unter Einschluss auch afrikanischer Entwicklungen, zu zentralen Themen und Dimensionen der Stadtforschung wie Recht, insbesondere unterschiedliche Rechtsformen des Grundbesitzes, der Entwicklung von Stadt-Land-Gegensätzen und der Stadtwahrnehmung. Ein umfangreicheres Kapitel zur Nachkriegszeit enthält vor allem international vergleichende Studien zu Planungsprozessen. Unter der Überschrift »Erosion der großen Stadt?« werden schließlich Überlegungen präsentiert, inwiefern ›Urbanisierung‹ eigentlich noch als Leitbegriff (historischer) Stadtforschung taugt, ob es sich nicht um eine Periode »Jenseits der Urbanisierung« handelt, wie der Forschungsüberblick von Paul Nolte andeutet (Nolte 2006).

Wie bereits in der Einleitung zu diesem Beitrag erwähnt, steht die Entwicklung von Fragestellungen und die Generierung neuer Themen in der Stadtgeschichte, wie in der Geschichtswissenschaft insgesamt, immer im Kontext aktueller Fragestellungen und Probleme. Es zeichnet sich daher ab, dass die bisher vergleichsweise starke Selbstreferenzialität europäischer Stadtgeschichte im Zuge der realen Schrumpfung der Bedeutung Europas in der Welt auch in der Stadtgeschichte stärker in vergleichender Perspektive den Blick auf Urbanisierungsprozesse in außereuropäischen Weltregionen lenken wird. Dabei wird deutlich werden, dass die klassischen Muster der europäischen Urbanisierung (kompakte und vergleichsweise hochwertige Bausubstanz, interventionistische Leistungsverwaltung, Stadtplanung) nur bedingt als Entwicklungsrezepte außereuropäischer Megastädte taugen.

Literatur

Allemeyer, Marie Luisa: *Fewersnoth und Flammenschwert. Stadtbrände in der Frühen Neuzeit.* Göttingen 2007.

Baeriswyl, Armand: *Stadt, Vorstadt und Stadterweiterung im Mittelalter. Archäologie und historische Studien zum Wachstum der drei Zähringerstädte Burgdorf, Bern und Freiburg im Breisgau.* Basel 2003.

Bankoff, Greg: »Fire and Quake in the Construction of Old Manila«. In: *The Medieval History Journal* 10 (2007), 411–427.

Barles, Sabine: »A Metabolic Approach to the City: Nineteenth and Twentieth Century Paris«. In: Schott, Dieter/ Luckin, Bill u. a. (Hg.): *Resources of the City. Contributions to an Environmental History of Modern Europe.* Aldershot 2005, 28–47.

Behringer, Wolfgang/Roeck, Bernd (Hg.): *Das Bild der Stadt in der Neuzeit. 1400–1800.* München 1999.

Bernhardt, Christoph (Hg.): *Environmental Problems in European Cities in the 19th and 20th Century.* Münster u. a. 2001.

Bernhardt, Christoph/Reif, Heinz (Hg.): *Sozialistische Städte zwischen Herrschaft und Selbstbehauptung. Kommunalpolitik, Stadtplanung und Alltag in der DDR.* Stuttgart 2009.

Betker, Frank: »Einsicht in die Notwendigkeit«. *Kommunale Stadtplanung in der DDR und nach der Wende (1945– 1994).* Stuttgart 2005.

Binder, Beate: *Elektrifizierung als Vision. Zur Symbolgeschichte einer Technik im Alltag.* Tübingen 1999.

Biskup, Thomas/Schalenberg, Marc (Hg.): *Selling Berlin. Imagebildung und Stadtmarketing von der preußischen Residenz bis zur Bundeshauptstadt.* Stuttgart 2008.

Borsay, Peter u. a. (Hg.): *New Directions in Urban History: aspects of European Art, Health, Tourism and Leisure since the Enlightenment.* Münster u. a. 2000.

Boyden, Stephen u. a.: *The Ecology of a city and its people: the case of Hong Kong.* Canberra 1981.

Brandt, Sigrid/Meier, Hans-Rudolf (Hg.): *Stadtbild und Denkmalpflege. Konstruktion und Rezeption von Bildern der Stadt.* Berlin 2008.

Brantz, Dorothee: »Animal Bodies, Human Health, and the Reform of Slaughterhouses in Nineteenth-Century Berlin«. In: *Food and History* 3 (2006), 193–215.

Brantz, Dorothee: »The Natural Space of Modernity: A Transatlantic Perspective on (Urban) Environmental History«. In: Lehmkuhl, Ursula/Wellenreuther, Hermann (Hg.): *The Historian's Nature: Comparative Approaches to Environmental History*. Oxford 2007, 195–225.

Brantz, Dorothee: »Die ›animalische Stadt‹: Die Mensch-Tier-Beziehung in der Urbanisierungsforschung« In: *Informationen für Moderne Stadtgeschichte* 1 (2008), 86–100.

Bruhns, Hinnerk/Nippel, Wilfried (Hg.): *Max Weber und die Stadt im Kulturvergleich*. Göttingen 2000.

Brunner, Karl/Schneider, Petra (Hg.): *Umwelt Stadt. Geschichte des Natur- und Lebensraumes Wien*. Wien/Köln/Weimar 2005.

Chickering, Roger: *The Great War and Urban Life in Germany. Freiburg 1914–1918*. Cambridge, Ma./New York/Melbourne 2007.

Clark, Peter: *European Cities and Towns. 400–2000*. Oxford 2009.

Cronon, William: *Nature's Metropolis. Chicago and the Great West*. New York 1991.

Daniel, Ute: *Hoftheater. Zur Geschichte des Theaters und der Höfe im 18. und 19. Jahrhundert*. Stuttgart 1995.

Daunton, Martin (Hg): *The Cambridge Urban History of Britain. Bd. III 1840–1950*. Cambridge 2000.

Dilcher, Gerhard: »Einheit und Vielheit in Geschichte und Begriff der europäischen Stadt«. In: Johanek, Peter/Post, Franz-Joseph (Hg.): *Vielerlei Städte. Der Stadtbegriff*. Köln/Weimar/Wien 2004, 13–30.

Dinçkal, Noyan: *Istanbul und das Wasser. Zur Geschichte der Wasserversorgung und Abwasserentsorgung von der Mitte des 19. Jahrhunderts bis 1966*. München 2004.

Ehbrecht, Wilfried: »Zum Stand moderner Stadtgeschichtsforschung«. In: Becht, Hans-Peter/Schadt, Jörg (Hg.): *Wirtschaft – Gesellschaft – Städte. Festschrift für Bernhard Kirchgässner zum 75. Geburtstag*. Ubstadt-Weiher 1998, 13–31.

Ennen, Edith: *Frühgeschichte der europäischen Stadt*. Bonn 1953.

Evans, Richard J.: *Tod in Hamburg. Stadt, Gesellschaft und Politik in den Cholerajahren 1830–1910*. Reinbek bei Hamburg 1990 [engl. 1987].

Fischer, Fritz: *Griff nach der Weltmacht. Die Kriegszielpolitik des kaiserlichen Deutschland 1914/18*. Düsseldorf 1961.

Fischer-Kowalski, Marina u. a.: *Gesellschaftlicher Stoffwechsel und Kolonisierung von Natur. Ein Versuch in Sozialer Ökologie*. Amsterdam 1997.

Frank, Susanne/Gandy, Matthew (Hg.): *Hydropolis. Wasser und die Stadt der Moderne*. Frankfurt a. M./New York 2006.

Frevert, Ute: *Ehrenmänner. Das Duell in der bürgerlichen Gesellschaft*. München 1991.

Friedrich, Jörg: *Brandstätten. Der Anblick des Bombenkriegs*. Berlin ²2003.

Funck, Marcus (Hg.): *Endangered Cities. Military Power and Urban Societies in the Era of the World Wars*. Boston 2004.

Gall, Lothar (Hg.): *Stadt und Bürgertum im Übergang von der traditionalen zur modernen Gesellschaft*. München 1993.

Gläser, Manfred (Hg.): *Lübecker Kolloquium zur Stadtarchäologie im Hanseraum IV: die Infrastruktur*. Lübeck 2004.

Goch, Stefan: Rezension zu Boris Michel (Hg.): *Stadt und Gouvernementalität*. Münster 2005. In: *AfSG* 46 (2006), 761.

Goehrke, Carsten/Pietrow-Ennker, Bianka (Hg.): *Städte im östlichen Europa. Zur Problematik von Modernisierung und Raum vom Spätmittelalter bis zum 20. Jahrhundert*. Zürich 2006.

Gotto, Bernhard: *Nationalsozialistische Kommunalpolitik. Administrative Normalität und Systemstabilisierung durch die Augsburger Stadtverwaltung 1933–1945*. München 2006.

Gräf, Holger Th. (Hg.): *Kleine Städte im neuzeitlichen Europa*. Berlin 1997.

Gräser, Marcus: *Wohlfahrtsgesellschaft und Wohlfahrtsstaat. Bürgerliche Sozialreform und Welfare State Building in den USA und in Deutschland; 1880 – 1940*. Göttingen 2009.

Groh, Dieter/Kempe, Michael u. a. (Hg.): *Naturkatastrophen. Beiträge zu ihrer Deutung, Wahrnehmung und Darstellung in Text und Bild von der Antike bis ins 20. Jahrhundert*. Tübingen 2003.

Guckes, Jochen/Schürmann, Sandra (Hg.): »Stadtbilder und Stadtrepräsentationen«. In: *Informationen zur modernen Stadtgeschichte* 1 (2005), 5–95.

Guillerme, Andre: *The age of water: the urban environment in the North of France, A.D. 300–1800*. Austin 1988.

Haase, Carl (Hg.): *Die Stadt des Mittelalters*. Bd. 1–3. Darmstadt 1976–1984.

Hacke, Daniela (Hg.): *Frauen in der Stadt. Selbstzeugnisse des 16.–18. Jahrhunderts*. Ostfildern 2004.

Haefeli, Ueli: *Verkehrspolitik und urbane Mobilität. Deutsche und Schweizer Städte im Vergleich 1950–1990*. Stuttgart 2008.

Hård, Mikael/Misa, Tom (Hg.): *Urban Machinery. Inside Modern European Cities*. Cambridge, Ma. 2008.

Hardy, Anne I.: *Ärzte, Ingenieure und städtische Gesundheit. Medizinische Theorien in der Hygienebewegung des 19. Jahrhunderts*. Frankfurt a. M. 2005.

Häußermann, Hartmut/Siebel, Walter: »Die Politik der Festivalisierung und die Festivalisierung der Politik. Große Ereignisse in der Stadtpolitik«. In: Dies. (Hg.): *Festivalisierung der Stadtpolitik. Stadtentwicklung durch große Projekte*. Opladen 1993, 7–31.

Haumann, Sebastian: »*Schade, daß Beton nicht brennt ...*« *Planung, Partizipation und Protest in Philadelphia und Köln 1940–1990*. Stuttgart 2011.

Hall, Peter: *Cities in Civilization. Culture, Innovation and Urban Order*. London 1998.

Hassenpflug, Dieter (Hg.): *Die europäische Stadt – Mythos und Wirklichkeit*. Münster 2002.

Heit, Alfred: »Vielfalt der Erscheinung – Einheit des Begriffs? Die Stadtdefinition in der deutschsprachigen Stadtgeschichtsforschung seit dem 18. Jahrhundert«. In: Johanek, Peter/Post, Hans-Peter (Hg.): *Vielerlei Städte. Der Stadtbegriff*. Köln/Weimar/Wien 2004, 1–12.

Heßler, Martina: »Stadt als innovatives Milieu – ein transdisziplinärer Forschungsansatz«. In: *Neue politische Literatur* 47 (2002), 193–223.

Heßler, Martina: *Die kreative Stadt. Zur Neuerfindung eines Topos*. Bielefeld 2007.

Heßler, Martina/Zimmermann, Clemens (Hg.): *Creative Urban Milieus. Historical Perspectives on Culture, Economy and the City*. Frankfurt a. M. 2008.

Hettling, Manfred: »Eine anstrengende Affäre. Die Sozialgeschichte und das Bürgertum«. In: Müller, Sven Oliver/ Torp, Cornelius (Hg.): *Das Deutsche Kaiserreich in der Kontroverse*. Göttingen 2009, 219–232.

Hirschmann, Frank G.: *Die Stadt im Mittelalter*. München 2009.

Hödl, Günther/Mayrhofer, Fritz/Opll, Ferdinand (Hg.): *Frauen in der Stadt*. Linz 2003.

Höpel, Thomas: *Von der Kunst- zur Kulturpolitik. Städtische Kulturpolitik in Deutschland und Frankreich 1918–1939*. Stuttgart 2007.

Hoffmann, Richard C. (2007): »Footprint Methaphor and Metabolic Realities. Environmental Impacts of Medieval European Cities«. In: Squatriti, Paolo (Hg.): *Natures Past. The Environment and Human History*. Ann Arbor 2007, 288–325.

Hohenberg, Paul M./Lees, Lynn H.: *The making of urban Europe. 1000–1994* [1985]. Cambridge, Ma. 1995.

Hughes, Thomas P.: *Networks of Power. Electrification in Western Society 1880–1930*. Baltimore/London 1983

IMS (= Informationen zur modernen Stadtgeschichte) Sonderteil: »Perspektiven historischer Stadtforschung«. 1 (2002), 54–103.

Irsigler, Franz: »Überlegungen zur Konstruktion und Interpretation mittelalterlicher Stadttypen«. In: Johanek, Peter/Post, Franz-Joseph (Hg.): *Vielerlei Städte. Der Stadtbegriff*. Köln/Weimar/Wien 2004, 107–121.

Isenmann, Eberhard: *Die deutsche Stadt im Spätmittelalter. 1250–1500*. Stuttgart 1988.

Isenmann, Eberhard: *Die deutsche Stadt im Mittelalter 1150–1550. Stadtgestalt, Recht, Verfassung, Stadtregiment, Kirche, Gesellschaft, Wirtschaft*. Wien u. a. 2012.

Johanek, Peter (Hg.): *Sondergemeinden und Sonderbünde in der Stadt der Vormoderne*. Köln/Weimar/Wien 2004.

Johanek, Peter »Stadtgeschichtsforschung – ein halbes Jahrhundert nach Ennen und Planitz«. In: Opll, Ferdinand/Sonnlechner, Christoph (Hg.): *Europäische Städte im Mittelalter*. Innsbruck/Wien/Bozen 2010, 45–92.

Johanek, Peter/Post, Franz-Joseph (Hg.): *Vielerlei Städte. Der Stadtbegriff*. Köln/Weimar/Wien 2004.

Keyser, Erich: »Der Stadtgrundriß als Geschichtsquelle«. In: *Studium Generale* 16.6 (1963), 345–351.

Kirchgässner, Bernhard/Scholz, Günter (Hg.): *Stadt und Krieg*. Sigmaringen 1989.

Knittler, Herbert: *Die europäische Stadt in der Frühen Neuzeit*. München 2000.

Kocka, Jürgen (Hg.): *Bürgertum im 19. Jahrhundert*. München 1988.

Köllmann, Wolfgang: *Sozialgeschichte der Stadt Barmen im 19. Jahrhundert*. Tübingen 1960.

Köllmann, Wolfgang: *Bevölkerung in der industriellen Revolution*. Göttingen 1974.

Körner, Martin (Hg.): Stadtzerstörung und Wiederaufbau. Bd. 1: Zerstörung durch Erdbeben, Feuer und Wasser (1999); Bd. 2: Zerstörung durch die Stadtherrschaft, innere Unruhen und Kriege (2000); Bd. 3: (Red. Niklaus Bartlome) Schlußbericht (2000). Bern.

Koller, Heinrich: »Zur Entwicklung der Stadtgeschichtsschreibung im deutschsprachigen Raum«. In: Mayrhofer, Fritz (Hg.): *Stadtgeschichtsforschung. Aspekte, Tendenzen, Perspektiven*. Linz 1993, 1–18.

Krabbe, Wolfgang R.: *Kommunalpolitik und Industrialisierung. Die Entfaltung der städtischen Leistungsverwaltung im 19. und frühen 20. Jahrhundert. Fallstudien zu Dortmund und Münster*. Stuttgart u. a. 1985.

Krabbe, Wolfgang R.: *Die deutsche Stadt im 19. und 20. Jahrhundert*. Göttingen 1989.

Labouvie, Eva (Hg.): *Leben in der Stadt. Eine Kultur- und Geschlechtergeschichte Magdeburgs*. Köln/Weimar/Wien 2004.

Krausmann, Fridolin: »Sonnenfinsternis. Das Energiesystem von Wien im 19. und 20. Jahrhundert«. In: Brunner, Karl und Schneider, Petra (Hg.): *Umwelt Stadt. Geschichte des Natur- und Lebensraumes Wien*. Wien/Köln/Weimar 2005, 140–150.

Lampen, Angelika/Ozwar, Armin (Hg.): *Schrumpfende Städte. Ein Phänomen zwischen Antike und Moderne*. Köln u. a. 2008.

Landesdenkmalamt/Stadt Zürich (Hg.): *Stadtluft, Hirsebrei und Bettelmönch. Die Stadt um 1300*. Stuttgart 1992.

Lange, Helmut (Bearb.): *Geschichte in der Kulturarbeit der Städte. Hinweise des Deutschen Städtetages*. Köln ²1992.

Lees, Andrew: *Cities, Sin and Social Reform in Imperial Germany*. Ann Arbor 2002.

Lees, Andrew/Lees, Lynn H.: *Cities and the Making of Modern Europe, 1750–1914*. Cambridge 2007.

Lenger, Friedrich (Hg.): »Einleitung«. In: Ders./Tenfelde, Klaus (Hg.): *Die europäische Stadt im 20. Jahrhundert. Wahrnehmung, Entwicklung, Erosion*. Köln/Weimar/Wien 2006, 1–21.

Löw, Martina: *Raumsoziologie*. Frankfurt a. M. 2001.

Ludwig, Andreas: *Der Fall Charlottenburg. Soziale Stiftungen im städtischen Kontext (1800–1950)*. Köln/Weimar/Wien 2005.

Maschke, Erich/Sydow, Jürgen (Hg.): *Zur Geschichte der Industrialisierung in den südwestdeutschen Städten*. Sigmaringen 1977.

Massard-Guilbaud, Geneviève: »Introduction – The Urban Catastrophe: Challenge to the social, economic, and cultural order of the city«. In: Dies./Platt, Harold/Schott, Dieter (Hg.): *Cities and Catastrophes*. Frankfurt a. M. 2002, 9–43.

Massard-Guilbaud, Geneviève/Rodger, Richard (Hg.): *Environmental and Social Justice in the City. Historical Perspectives*. Cambridge 2011.

Mathieu, Christian: *Inselstadt Venedig. Umweltgeschichte eines Mythos in der Frühen Neuzeit*. Köln/Weimar/Wien 2007.

Mayrhofer, Fritz/Opll, Ferdinand (Hg.): *Juden in der Stadt*. Linz/Donau 1999.

Meier, Ulrich: *Mensch und Bürger. Die Stadt im Denken spätmittelalterlicher Theologen, Philosophen und Juristen*. München 1994.

McShane, Clay/Tarr, Joel: *The Horse in the City. Living Machines in the Nineteenth Century*. Baltimore 2007.

Mecking, Sabine/Wirsching, Andreas (Hg.): *Stadtverwaltung im Nationalsozialismus. Systemstabilisierende Dimensionen kommunaler Herrschaft*. Paderborn 2005.

Meckseper, Cord (Hg.): *Stadt im Wandel. Kunst und Kultur des Bürgertums in Norddeutschland 1150–1650*. Braunschweig 1985.

Mettele, Gisela: *Bürgertum in Köln 1775–1870. Gemeinsinn und freie Assoziation*. München 1998.

Münch, Peter: *Stadthygiene im 19. und 20. Jahrhundert. Die*

Wasserversorgung, Abwasser- und Abfallbeseitigung unter besonderer Berücksichtigung Münchens. Göttingen 1993.

Mumford, Lewis: Die Stadt. Geschichte und Ausblick. Köln/Berlin 1963.

Nielsen, Stefan: Sport und Großstadt 1870 bis 1930: Komparative Studien zur Entstehung bürgerlicher Freizeit. Frankfurt a. M. 2002.

Nolte, Paul: »Jenseits der Urbanisierung? Überlegungen zur deutschen Stadtgeschichte seit 1945«. In: Lenger, Friedrich/Tenfelde, Klaus (Hg.): Die europäische Stadt im 20. Jahrhundert. Wahrnehmung – Entwicklung – Erosion. Köln/Weimar/Wien 2006, 477–492.

Opll, Ferdinand: »Das Werden der mittelalterlichen Stadt«. In: HZ 280 (2005), 561–589.

Opll, Ferdinand/Sonnlechner, Christoph (Hg.): Europäische Städte im Mittelalter. Innsbruck/Wien/Bozen 2010.

Oswalt, Philipp (Hg.): Schrumpfende Städte. Bd. 1 Internationale Untersuchung, Bd. 2 Handlungskonzepte. Ostfildern-Ruit 2004/05.

Oswalt, Philipp/Rieniets, Tim (Hg.): Atlas of Shrinking Cities/Atlas der schrumpfenden Städte. Ostfildern-Kemnat 2006.

Pfister, Christian (Hg.): Am Tag danach. Zur Bewältigung von Naturkatastrophen in der Schweiz 1500–2000. Bern/Stuttgart/Wien 2002.

Pinol, Jean-Luc (Hg.): Histoire de l'Europe urbaine. 1. De l'antiquité auc XVIIIe siècle. Genese de villes européennes; 2. De l'Ancien Régime á nos jours. Expansion et limite d'un modèle. Paris 2003.

Pirenne, Henri: Medieval Cities. Their origins and the revival of trade. Princeton 1925.

Planitz, Hans: Die deutsche Stadt im Mittelalter. Von der Römerzeit bis zu den Zunftkämpfen. Graz/Köln 1954.

Radkau, Joachim: Natur und Macht in der Geschichte. München ²2002.

Rahden, Till van: Juden und andere Breslauer. Die Beziehungen zwischen Juden, Protestanten und Katholiken in einer deutschen Großstadt von 1860–1925. Göttingen 2000.

Ranft, Andreas/Selzer, Stephan (Hg.): Städte aus Trümmern. Katastrophenbewältigung zwischen Antike und Moderne. Göttingen 2004.

Raphael, Lutz: »Ordnungsmuster der Hochmoderne? Die Theorie der Moderne und die Geschichte der europäischen Gesellschaften im 20. Jahrhundert«. In: Raphael, Lutz/Schneider, Ute (Hg.): Dimensionen der Moderne. Festschrift Christof Dipper. Frankfurt a. M. u. a. 2008, 73–91.

Reif, Heinz: Die verspätete Stadt: Industrialisierung, städtischer Raum und Politik in Oberhausen; 1846–1929. Köln 1993.

Reulecke, Jürgen: Geschichte der Urbanisierung in Deutschland. Frankfurt a. M. 1985.

Reulecke, Jürgen: »Bundesrepublik Deutschland«. In: Engeli, Christian/Matzerath, Horst (Hg.): Moderne Stadtgeschichtsforschung in Europa, USA und Japan. Ein Handbuch. Stuttgart/Berlin/Köln 1989, 21–36.

Reulecke, Jürgen/Castell Rüdenhausen, Adelheid Gräfin zu (Hg.): Stadt und Gesundheit. Zum Wandel von »Volksgesundheit« und kommunaler Gesundheitspolitik im 19. und frühen 20. Jahrhundert. Stuttgart 1991.

Reulecke, Jürgen: »Das Exemplarische und das Besondere. 20 Jahre Stadtgeschichtsforschung in der Alten Stadt«. In: Die Alte Stadt, 22 (1995a), 126–136.

Reulecke, Jürgen: »Einleitung«. In: Ders. (Hg.): Die Stadt als Dienstleistungszentrum. Beiträge zur Geschichte der »Sozialstadt« in Deutschland im 19. Und frühen 20. Jahrhundert. St. Katharinen 1995b, 1–17.

Rodenstein, Marianne: »Mehr Licht, mehr Luft«. Gesundheitskonzepte im Städtebau seit 1750. Frankfurt a. M. 1988.

Rodger, Richard/Herbert, Joanna (Hg.): Testimonies of the City. Identity, Community and Change in a Contemporary Urban World. Aldershot 2007.

Rodriguez-Lores, Juan: »Stadthygiene und Städtebau: Zur Dialektik von Ordnung und Unordnung in den Auseinandersetzungen des Deutschen Vereins für Öffentliche Gesundheitspflege 1868–1901«. In: Ders./Fehl, Gerhard (Hg.): Städtebaureform 1865–1900: Von Licht, Luft und Ordnung in der Stadt der Gründerzeit. Hamburg 1985, 19–58.

Roth, Ralf: Stadt und Bürgertum in Frankfurt a. M.. Ein besonderer Weg von der ständischen zur modernen Bürgergesellschaft 1760 bis 1914. München 1996.

Roth, Ralf: »German Urban Elites in the Eighteenth and Nineteenth Centuries«. In: Ders./Beachy, Robert (Hg.): Who Ran the Cities? City Elites and Urban Power Structures in Europe and North America, 1750–1940. Aldershot 2007, 127–160.

Roth, Ralf (Hg.): Städte im europäischen Raum. Verkehr, Kommunikation und Urbanität im 19. und 20. Jahrhundert. Stuttgart 2009.

Roth, Ralf/Polino, Marie-Noelle (Hg.): The City and the Railway in Europe. Aldershot/Burlington 2003.

Rosseaux, Ulrich: Städte in der Frühen Neuzeit. Darmstadt 2006.

Saldern, Adelheid von (Hg.): Inszenierte Einigkeit. Herrschaftsrepräsentationen in DDR-Städten. Stuttgart 2003.

Saldern, Adelheid von (Hg.): Inszenierter Stolz. Stadtrepräsentationen in drei deutschen Gesellschaften (1935–1975). Stuttgart 2005.

Saldern, Adelheid von (Hg.): Stadt und Kommunikation in bundesrepublikanischen Umbruchzeiten. Wiesbaden 2006a.

Saldern, Adelheid von: »Integration und Fragmentierung in europäischen Städten. Zur Geschichte eines aktuellen Themas«. In: Archiv für Sozialgeschichte 46 (2006b), 3–60.

Schäfer, Michael: Bürgertum in der Krise. Städtische Mittelklassen in Edinburgh und Leipzig 1890 bis 1930. Göttingen 2003.

Schenk, Gerrit/Engels, Jens Ivo (Hg.): »Historical Disaster Research. Concepts, Methods and Case Studies«. In: Historical Social Research/Historische Sozialforschung 32 (2007) 3.

Schilling, Heinz: Die Stadt in der Frühen Neuzeit. München 1993/2004.

Schivelbusch, Wolfgang: Geschichte der Eisenbahnreise. Zur Industrialisierung von Raum und Zeit. Frankfurt a. M. 1979.

Schivelbusch, Wolfgang: Lichtblicke. Zur Geschichte der künstlichen Helligkeit im 19. Jahrhundert. München/Wien 1983.

Schürmann, Sandra: Dornröschen und König Bergbau. Kulturelle Urbanisierung und bürgerliche Repräsentationen am Beispiel der Stadt Recklinghausen (1930–1960). Paderborn 2005.

Schlögel, Karl: Jenseits des Großen Oktober. Das Laboratorium der Moderne. Petersburg 1909–1921. Berlin 1988.

Schlögel, Karl: *Promenade in Jalta und andere Städtebilder.* Darmstadt 2001.

Schlögel, Karl: *Marjampole oder Europas Wiederkehr aus dem Geist der Städte.* München 2005.

Schlör, Joachim: *Das Ich der Stadt. Debatten über Judentum und Urbanität, 1822–1938.* Göttingen 2005.

Schmieder, Felicitas: *Die mittelalterliche Stadt.* Darmstadt 2005.

Schott, Dieter: *Die Vernetzung der Stadt. Kommunale Energiepolitik, öffentlicher Nahverkehr und die »Produktion« der modernen Stadt. Darmstadt – Mannheim – Mainz 1880–1918.* Darmstadt 1999.

Schott, Dieter (Hg.): »Stadt und Katastrophe«. In: *Informationen zur modernen Stadtgeschichte* 1 (2003), 4–50.

Schott, Dieter: »Zukunft und Geschichte der Stadt: Stadtrepräsentationen im 20. Jahrhundert«. In: Iggers, Georg/ Schott, Dieter/Seidler, Hanns/Toyka-Seid, Michael (Hg.): *Hochschule – Geschichte – Stadt. Festschrift für Helmut Böhme.* Darmstadt 2004, 319–341.

Schott, Dieter: »Städte und ihre Ressourcen in der Geschichte: Blicke über und aus Europa«. In: Hoppe, Andreas (Hg.): *Raum und Zeit der Städte. Städtische Eigenlogik und jüdische Kultur seit der Antike.* Frankfurt a. M. 2011, 95–116.

Schott, Dieter/Toyka-Seid, Michael (Hg.): *Die europäische Stadt und ihre Umwelt.* Darmstadt 2008.

Schröder, Brigitte/Stoob, Heinz (Bearb.): *Bibliographie zur deutschen historischen Städteforschung* Bd. 1 (1986), Bd. 2 (1996). Köln.

Schröder, Wilhelm H.: *Moderne Stadtgeschichte.* Stuttgart 1979.

Schulz, Knut: »*Denn sie lieben die Freiheit so sehr ...«. Kommunale Aufstände und die Entstehung des europäischen Bürgertums im Spätmittelalter.* Darmstadt 1992.

Sebald, Winfried G.: *On the natural history of destruction.* London 2003.

Simmel, Georg: »Die Großstädte und das Geistesleben«. In: Petermann, Theodor (Hg.): *Die Großstadt. Vorträge und Aufsätze zur Städteausstellung.* Dresden 1903, 187–206.

Sonnlechner, Christoph: »Der ›ökologische Fußabdruck‹ Wiens im Spätmittelalter – eine Annäherung«. In: Opll, Ferdinand/Sonnlechner, Christoph (Hg.): *Europäische Städte im Mittelalter.* Innsbruck/Wien/Bozen 2010, 351–364.

Springer, Philipp: *Verbaute Träume. Herrschaft, Stadtentwicklung und Lebensrealität in der sozialistischen Industriestadt Schwedt.* Berlin 2006.

Stippak, Marcus: *Beharrliche Provisorien. Städtische Wasserversorgung und Abwasserentsorgung in Darmstadt und Dessau, 1869–1989.* Münster u. a. 2010.

Stoob, Heinz (Hg.): *Die Stadt. Gestalt und Wandel bis zum industriellen Zeitalter.* Köln/Wien 1979.

Tarr, Joel/Dupuy, Gabriel (Hg.): *Technology and the Rise of the Networked City in Europe and America.* Philadelphia 1988.

Tarr, Joel: »Urban History and Environmental History in the United States. Complementary and Overlapping Fields«. In: Bernhardt, Christoph (Hg.). *Environmental Problems in European Cities in the 19th and 20th Century.* Münster 2001, 25–39.

Untermann, Matthias: »Archäologie in der Stadt. Zum Dialog der Mittelalterarchäologie mit der südwestdeutschen Stadtgeschichtsforschung«. In: Kirchgässner, Bernhard/ Becht, Hans-Peter (Hg.): *Stadt und Archäologie.* Stuttgart 2000, 9–44.

Urbanitsch, Peter/Stekl, Hannes (Hg.): *Kleinstadt-Bürgertum in der Habsburgermonarchie 1862–1914.* Wien/ Köln/Weimar 2000.

Utku, Yasemin: »Der Kult des großen Plans um 1910 – Gestaltung von Metropolregionen in historischer Perspektive«. In: *Informationen zur modernen Stadtgeschichte* 1 (2011), 106–109.

Vinken, Gerhard: *Zone Heimat. Altstadt im modernen Städtebau.* Berlin/München 2010.

Vögele, Jörg/Woelk, Wolfgang (Hg.): *Stadt, Krankheit und Tod. Geschichte der städtischen Gesundheitsverhältnisse während der Epidemiologischen Transition (vom 18. bis ins frühe 20. Jahrhundert).* Berlin 2000.

Vögele, Jörg: *Sozialgeschichte städtischer Gesundheitsverhältnisse während der Urbanisierung.* Berlin 2001.

Vries, Jan de: *European Urbanization 1500–1800.* Cambridge, Ma. 1984.

Walkowitz, Judith: *City of Dreadful Delight. Narratives of Sexual Danger in Late-Victorian London.* Chicago 1992.

Weber, Max: »Die Stadt«. In: *Archiv für Sozialwissenschaft und Sozialpolitik* 47 (1921), 621 ff. [wiederabgedruckt in Haase, *Stadt.* Bd. 1, 34 ff.].

Wehler, Hans-Ulrich: *Das deutsche Kaiserreich 1971–1918.* Göttingen 1973.

Winiwarter, Verena: »Plädoyer für eine Umweltgeschichte der Stadt«. In: *Pro Civitate Austriae* N.F. 3 (1998), 7–15.

Winiwarter, Verena/Knoll, Martin: *Umweltgeschichte.* Köln/Weimar/Wien 2007.

Winter, Jay/Robert, Jean-Louis (Hg.): *Capital cities at war: Paris, London, Berlin 1914–1919.* Bd. 1 Cambridge 1999; Bd. 2 A Cultural History. Cambridge 2007.

Wischermann, Clemens: »Der Ort des Tieres in einer städtischen Gesellschaft«. In: Ders. (Hg.): *Tiere in der Stadt* (= *Informationen zur modernen Stadtgeschichte* 2 (2009), 5–12.

Witzler, Beate: *Großstadt und Hygiene. Kommunale Gesundheitspolitik in der Epoche der Urbanisierung.* Stuttgart 1995.

Zentner, Christian: *Der Bombenkrieg. Feuersturm über Deutschland.* St. Gallen 2005.

Zerback, Ralf: *München und sein Stadtbürgertum. Eine Residenzstadt als Bürgergemeinde 1780–1870.* München 1997.

Zimmermann, Clemens: *Die Zeit der Metropolen. Urbanisierung und Großstadtentwicklung.* Frankfurt a. M. 1996.

Zimmermann, Clemens: »Wohnen als sozialpolitische Herausforderung. Reformerisches Engagement und öffentliche Aufgaben«. In: Reulecke, Jürgen (Hg.): *Geschichte des Wohnens.* Bd. 3. 1800–1918: *Das bürgerliche Zeitalter.* Stuttgart 1997, 503–636.

Zimmermann, Clemens: *Kleinstadt in der Moderne.* Ostfildern 2003.

Zimmermann, Clemens: »Einleitung: Raumgefüge und Medialität der Großstädte im 20. Jahrhundert«. In: Ders. (Hg.): *Zentralität und Raumgefüge der Großstädte im 20. Jahrhundert.* Stuttgart 2006.

Zimmermann, Clemens: *Städtische Kulturförderung.* In: *Informationen zur modernen Stadtgeschichte* 2 (2008), 5–15.

Zimmermann, Clemens/Reulecke, Jürgen (Hg.): *Die Stadt als Moloch? Das Land als Kraftquell? Wahrnehmungen und Wirkungen der Großstädte um 1900.* Basel/Boston/Berlin 1999.

Zwierlein, Cornel: *Der gezähmte Prometheus. Feuer und Sicherheit zwischen Früher Neuzeit und Moderne.* Göttingen 2011.

7. Archäologische Stadtforschung

Archäologische Stadtforschung wird an zwei Beispielen eingeführt, erstens Rom und zweitens die griechische und punische Kolonisation. Rom war die größte und mächtigste Stadt der Antike und gilt seither als ein Vorbild und Maßstab für Metropolen. Die griechische und punische Kolonisation der Küsten des Schwarzen Meeres und insbesondere des Mittelmeerraumes war ein Motor der frühen Stadtentwicklung in Europa.

I. Das Beispiel Rom

Chrystina Häuber

1. Vorbemerkungen zur archäologischen Stadtforschung

»Die Anfänge des Städtewesens waren mit der kulturhistorischen Stufe der Entstehung von herrschaftlich organisierten Agrargesellschaften verknüpft«, schreibt Elisabeth Lichtenberger. ›Die Herrschaft trat in zwei Ausprägungen auf: Priesterherrschaft (Priesterkönigtum), das mit Tempelstädten verbunden war, und weltliche Formen der Herrschaft, durch die Burgstädte entstanden sind. Tempelstädte und Burgstädte kennzeichnen die Hochkulturen der Alten Welt (Vorderer Orient, Sumerer, Hethiter). Die Lage der Burg in der Stadt war in den Hochkulturen unterschiedlich. Eine Randlage der Burg war kennzeichnend für alle Stadtkulturen, welche dem Markt die zentrale Position in der Stadt eingeräumt haben.

Die griechische Polis unterschied sich in der politischen Organisation klar von den anderen antiken Hochkulturen. Mit ihr begann die ›europäische‹ Stadtgeschichte. Nach Ernst Kirsten (1956) diente der Vorgang des Synoikismos (siehe dazu Teil II), eine ›Zusammensiedlung‹ älterer Vorsiedlungen, als Schutzmaßnahme und Machtkonzentration. Er war mit einer ›Demokratisierung‹ verbunden in der Weise‹, »daß größere Teile der Stadtbevölkerung in den Genuß der Gleichberechtigung kamen. Während in der Polis eine Selbstverwaltung entstand, verblieb das umgebende Land des Stadtstaates in der Hand von städtischen Grundbesitzern und wurde von deren Sklaven bearbeitet« (Lichtenberger 1998, 34–35).

Bereits der antike Autor Vitruv, ein Zeitgenosse Julius Caesars, teilte die »Stadtrepräsentation« ein in »Grundriss, Aufriss und die räumlich-perspektivische Darstellung« (Cain/Haug 2011, XII). Stadtforschung ist nun keineswegs darauf beschränkt, doch viele Forscher widmen sich nach wie vor diesen Thematiken. Explizit zum Thema archäologische Stadtforschung haben sich u. a. der Architekt und Bauforscher Dieter Mertens (2000) und die Klassischen Archäologen Hans-Ulrich Cain und Annette Haug (2011, XVIII) geäußert.

Mertens schreibt: »Auf dem komplexen Gebiet der antiken Stadtforschung sind Wissenschaftler verschiedener Disziplinen – Historiker, Epigraphiker, Siedlungsgeographen – zusammen mit Archäologen und Architekten tätig. In keinem anderen Zweig der Altertumswissenschaften ist daher fächerübergreifende Zusammenarbeit in höherem Maße erforderlich. Gleichwohl verstehen wir unter archäologischer Stadtforschung in erster Linie die Beschäftigung mit der Stadt in ihrer physischen Gestalt und mit dem durch die archäologischen Hinterlassenschaften bezeugten Leben in ihr« (2000, 229; vgl. 247–248). Mertens konzentriert sich in diesem Beitrag auf die griechischen Kolonialstädte in Unteritalien und Sizilien. Ihm sind natürlich der hohe Zerstörungsgrad dieser antiken Städte und unser lückenhaftes Wissen über sie bewusst, dennoch beschäftigt er sich mit diesen *Städten in ihrer Gesamtheit*. Es ist meines Erachtens diese Herangehensweise, die ›(archäologische) Stadtforschung‹ ausmacht. Forscher, die lediglich ein einzelnes Gebäude in einer Stadt untersuchen, sind somit noch nicht als ›Stadtforscher‹ ausgewiesen – selbst wenn es sich um einen besonders bedeutenden Gebäudekomplex handeln sollte.

Ein anderes Problem, das meines Wissens in diesem Zusammenhang noch nicht thematisiert worden ist, kommt in der archäologischen Stadtforschung hinzu: In einigen Fällen wissen die Ausgräber antiker Befunde genau, wo sie sich befinden, weil weder die städtische Siedlung an dieser Stelle jemals aufgegeben wurde, noch die Kenntnis ihres antiken Namens verloren ging. Problematisch wird es dagegen dann, wenn es darum geht, eine antike Stadt, für welche diese Siedlungskonstanz fehlt, nur gestützt auf archäologische Befunde identifizieren zu wollen. Die entsprechende Motivation erklärt sich aus der Hoffnung des entsprechenden Ausgräbers oder der Ausgräberin, im Vorrat der antiken Schriftzeugnisse Nachrichten über den untersuchten Ort zu finden.

Herkulaneum und Pompeji, zwei campanische Landstädte, stellen diesbezüglich besondere Glücksfälle dar. Herkulaneum wurde im Jahre 1738 zufällig wiederentdeckt. Die von den Gelehrten der Zeit geleistete Identifizierung dieses Platzes mit der seit dem Vesuvausbruch 79 n. Chr. verschwundenen Stadt Herkulaneum hat sich bewahrheitet. Entsprechendes gilt auch für das vom Vesuv verschüttete Pompeji, das 1748 wiederentdeckt werden sollte (Borbein u. a. 2000b, 12).

Der gleichsam umgekehrte Versuch besteht darin, nach Städten zu *suchen*, die aus antiken Schriftquellen bekannt sind. Das berühmteste Beispiel, Troja, ist nach wie vor Gegenstand von Kontroversen, welche der Philologe und Althistoriker Timothy P. Wiseman (2008, 311) wie folgt kommentiert: »The trouble with archaeological discoveries is that they encourage the Schliemann fallacy: find the site of Troy, and you've proved the *Iliad* is true.«

Die Geschichte berühmter Ausgrabungen, vor allem jener des 19. und 20. Jahrhunderts, in denen neben ganzen Städten auch überregional bedeutende Heiligtümer untersucht worden sind, und zu denen die Großgrabungen des Deutschen Archäologischen Instituts (DAI) zählen, haben die Klassischen Archäologen Adolf H. Borbein, Tonio Hölscher und Paul Zanker (2000b, 13) dargestellt und kommentiert: mit »den Großgrabungen [im 19. Jahrhundert] und ihrer Propaganda-Wirkung wuchs das Selbstbewusstsein der Archäologen. In der positivistischen Endphase der Wissenschaft des 19. Jahrhunderts glaubten sie, die gesamte materielle Überlieferung in allen von den antiken Mittelmeerkulturen berührten Regionen abschließend klassifizieren, datieren und deuten zu können«. Die Autoren selbst zeichnen dagegen ein sehr kritisches Bild dieser Unternehmungen. Der Bauforscher Gottfried Gruben (2000, 262) wies in diesem Zusammenhang treffend darauf hin, ›dass überall Kunstwerke gesucht, aber hauptsächlich Bauwerke gefunden wurden‹, weshalb der Bauforschung eine Schlüsselrolle zugewachsen sei, und wies (ebd., 266) am Beispiel der französischen Großgrabung auf der Insel Delos darauf hin, dass »Trotz einer auf sechsunddreißig Bände angewachsenen Publikation […] dem Notstand nicht abzuhelfen [ist], daß die effiziente Ausgrabung des mit 23 ha umfangreichsten Ruinenareals Griechenlands von einer angemessenen Dokumentation nicht mehr eingeholt werden kann, da die Häuser zerfallen und Monumente restauriert werden müssen, ehe sie publiziert sind«. Weitere Beispiele dieser Art und ihre spezifischen Probleme nennt Paul Zanker (2010).

2. Die zentrale Bedeutung der Romforschung

Forschungen zum antiken Rom betreiben außer den von Mertens genannten Wissenschaftlern z. B. auch Kartographen, Geomedientechniker, Geologen und Archivare. Die nahezu gesamte Bandbreite der aktuellen Forschung zum antiken Rom ist 2004 beim Symposium *Imaging Ancient Rome* in Rom vorgestellt worden (Haselberger/Humphrey 2006). Nicht vertreten bei diesem Symposium waren Panoramen, von denen das *Leipziger Rom-Panorama 2005*, welches die Stadt im Jahre 312 n. Chr. wiedergab, im Jahre 2007 Anlass zu dem Leipziger Kolloquium *Das antike Rom und sein Bild* gegeben hat (Cain/Haug/Asisi 2011). Die Semantik des Stadtbildes der antiken Stadt Rom und seiner einzelnen Elemente, Bild-Räume und ihre Betrachter am Beispiel des antiken Rom, sowie verschiedene Lebenswelten im antiken Rom werden gegenwärtig von den hier genannten und weiteren Wissenschaftlern ebenso untersucht, wie »die Stadt als Feld multidisziplinärer Forschung«, sowie »die Stadt als kultureller Raum«. Zusätzlich wird überdies »das antike Rom und sein Bild als Symbol für die Welt schlechthin – als Ausgangspunkt und Zielpunkt abendländischer Identitätskonstruktionen« untersucht (Cain/Haug 2011, XX).

Die hier genannten Vertreter und Vertreterinnen der Klassischen Archäologie und Bauforschung, die sich mit der antiken Stadt Rom beschäftigen, kann man grundsätzlich daran unterscheiden, ob sie sich in ihren Forschungen auf ›mentale Räume‹ beziehen oder auf lagegetreue und katasterbasierte Karten des antiken Rom *mit geographischen Koordinaten*, welche geologische Erkenntnisse mit einbeziehen (oder auf daraus abgeleitete Visualisierungen). Oder anders ausgedrückt, ob an den entsprechenden Forschungen Geographen, Kartographen, Geomedientechniker und Geologen beteiligt sind oder nicht. Beide Forschungsrichtungen unterscheiden sich sowohl in ihren wissenschaftlichen Zielsetzungen, als auch in ihren wissenschaftlichen Ergebnissen und sind fundamental voneinander verschieden.

Die neuen topographischen Lexika (Richardson 1992; *LTUR 1993–2000*; *LTUR Suburbium* 2001–2008) sind ein untrügliches Anzeichen dafür, dass auch in Rom ›archäologische Stadtforschung‹ seit geraumer Zeit eine neue Blüte erfährt, außerdem stellen sie eine wichtige Basis für derartige Forschungen dar. Die ›Stadtforschung‹ ist in der Klassi-

schen Archäologie noch nicht so etabliert wie die Stadtgeographie in der Geographie, daher gibt es bisher keine entsprechenden Handbücher, die sowohl für die Stadtgeographie bereits zur Verfügung stehen (vgl. z. B. Lichtenberger 1998; Heineberg 2006; siehe für die Alte Geschichte Teil II), als auch für die Geologie der Stadt Rom (vgl. z. B. Funiciello/Heiken/De Rita/Parotto 2006). Die Lektüre dieser Werke lehrt, dass – was natürlich auch für Stadtforschung im Bereich der Klassischen Archäologie gilt – an diesen Fragestellungen interessierte Forscher ständig sowohl das Ganze, als auch alle möglichen Details einer Stadt in den Blick nehmen.

Im Folgenden kommen einige der Schwierigkeiten zur Sprache, die in der ›archäologischen Stadtforschung‹ bei der Erforschung der *Details* auftauchen können. Diesen 17 Punkten eines ›Topographischen‹ Manifests – nicht nur gültig für Rom – liegen zahlreiche Forschungsbeispiele zugrunde (vgl. Häuber/Schütz 2004, 109; Häuber 2005; dies. im Druck).

1. Gebäude oder Landschaftselemente der antiken Stadt Rom, die aus antiken Testimonia (z. B. Schriftquellen, Münzen, archäologischen Funden wie Inschriften usw.) bekannt sind, können bereits im Altertum unterschiedlich bezeichnet worden sein und obendrein von Antiquaren späterer Jahrhunderte pseudo-antike Toponyme (Ortsnamen) erhalten haben. Die modernen topographischen Lexika enthalten nur Beiträge zu antiken Gebäuden/Landschaftselementen, die aus antiken Testimonia bekannt sind, pseudoantike Toponyme werden darin nur sehr selten erwähnt.

2. Viele antike Architekturen Roms erscheinen auf alten Karten und Stadtansichten. Dabei handelt es sich nicht nur um bekannte Gebäude, die, als diese ›Bildquellen‹ entstanden sind, häufig noch viel besser erhalten waren, sondern auch um eine Vielzahl von nicht identifizierten antiken Ruinen.

3. Die Identifizierung einer (zuvor unbekannten) antiken Architektur gelingt nicht immer nur anhand von Analysen ihres Bautyps, ihrer Bautechnik und der Bodenfunde, aus denen sich unter Umständen ihre mögliche Funktion und Datierung ableiten lassen. Hilfreich für ihre Identifizierung kann auch die Bestimmung ihrer Lage innerhalb einer der vierzehn augusteischen Regionen (Stadtviertel) sein.

4. In der Antike können sich am selben Ort verschiedene Gebäude/Landschaftselemente befunden haben. Dies gilt zusätzlich auch für die Neuzeit.

5. In der Neuzeit können Orte und Architekturen im Laufe der Zeit verschiedene Namen getragen haben und die Schreibweise dieser Namen kann, über die Jahrhunderte betrachtet, erheblich differieren. Dies gilt analog für die Adelspaläste (Palazzi) und für die Mitglieder der Adelsfamilien, die im Zusammenhang archäologischer Forschungen von Bedeutung sein können. So können Letztere mit Namen bezeichnet werden, die auf ihre Familie(n), auf ihre (wechselnden) Titel oder auf ihre (wechselnden) Ämter Bezug nehmen. Auch die im 19. Jahrhundert neu ausgegrabenen antiken Architekturen und die damals neu angelegten Straßen wurden in vielen Fällen zunächst anders bezeichnet als heute, nicht selten haben diese Namen und Ortsbezeichnungen seither mehrfach gewechselt.

6. Viele Fundberichte früherer Jahrhunderte sind auf den ersten Blick unverständlich.

7. Die Tatsache, dass für einen Ort keine Funde überliefert sind, bedeutet nicht, dass dort nichts entdeckt worden ist.

8. Für den Zeitraum der großen Baumaßnahmen in Rom (von ca. 1870 bis 1911) gibt es zahlreiche publizierte Ausgrabungsberichte ohne Bilddokumentation. Für jene Funde dieser Zeit, deren Herkunft nicht hinreichend dokumentiert wurde, ist es heute schwierig, ihre Provenienz zu rekonstruieren.

9. In dieser Epoche kam es vor, dass archäologische Entdeckungen in Rom (scheinbar) bereits im Kalenderjahr vor ihrem tatsächlichen Funddatum erwähnt worden sind. Die entsprechenden Fachzeitschriften erschienen damals faszikelweise und die Herausgeber zögerten manchmal deren Erscheinen ein wenig heraus, wenn sie ihre Leser möglichst zeitnah über besonders spektakuläre Funde unterrichten wollten. Eine weitere Schwierigkeit besteht darin, dass viele Funde erst lange nach ihrer Entdeckung zum ersten Mal publiziert worden sind, ohne dass auf diese Tatsache eigens hingewiesen worden wäre.

10. Die unter 8. erwähnten publizierten Ausgrabungsberichte können Angaben zur geographischen Lage von Befunden, zu Entfernungen, Zeiträumen und Maßen (von Gebäuden und Funden) enthalten, die aus heutiger Sicht schwer verständlich sind.

11. Grundlage der unter 8. erwähnten Berichte waren von den Ausgräbern vor Ort angefertigte handschriftliche Notizen und Zeichnungen, die zum großen Teil unpubliziert geblieben sind. Es ist daher gegenwärtig theoretisch jederzeit möglich, in diesem Material des 19. und beginnenden 20. Jahrhunderts bedeutende Entdeckungen zu machen, die geeignet sind, seit Jahrzehnten für sicher gehaltenes Wissen in entscheidenden Punkten zu widerlegen.

12. Karten und Kataster können ›Objekte‹ enthalten, die zum Zeitpunkt ihrer Publikation nicht mehr existierten, und solche, die zwar geplant waren, jedoch erst später oder gar nicht zur Ausführung gelangt sind.

13. Es kommt vor, dass exakt derselbe Name im Laufe eines längeren Zeitraums zur Bezeichnung verschiedener Straßen gedient hat, wobei zu jeder Zeit immer nur *eine* Straße diesen Namen trug. Es kommt ebenfalls, und zwar sehr viel häufiger, vor, dass *gleichzeitig* Straßen (und Grundstücke) mit ähnlich lautenden Namen existieren. Straßen können ihren Verlauf und ihre Gestalt ändern und dabei ihren Namen behalten. Der Name einer Straße kann geändert werden, und innerhalb einer Straße können die Hausnummern wechseln.

14. Verschiedene Architekturen können denselben Namen tragen. Dies ist häufig bei den frühen Kirchen Roms zu beobachten, die im Laufe ihrer langen Geschichte (unter Umständen mehrfach) ihre Gestalt und Orientierung und sogar ihren Standort, aber nicht ihren Namen geändert haben. Nicht weniger kompliziert ist die Geschichte jener Gebäude, die als Kirche gedient haben, wenn deren Patrozinium gewechselt hat, in einigen Fällen sogar mehrfach. Die frühen Kirchen stehen zumeist am Standort einer antiken ›paganen‹ Architektur, die unter Umständen ihrerseits ebenfalls eine komplexe Bau- und Nutzungsgeschichte aufweist.

15. Verschiedene Forschungsmeinungen sind häufig darin begründet, dass die jeweiligen Autoren auf unterschiedlicher Datenbasis argumentieren.

16. Bei archäologischen Karten kommt es vor, dass der korrekt eingetragene Grundriss einer ausgegrabenen Architektur irrtümlich mit einem Gebäude identifiziert wird, das in antiken Testimonia überliefert ist. Dies kann, wenn das Versehen erkannt worden ist, dazu führen, dass in allen

zeitlich danach publizierten Karten nicht nur die falsche Beschriftung verschwunden ist, sondern die entsprechende Architektur ebenfalls.

17. Der gleichsam umgekehrte mentale Vorgang lässt sich ebenfalls belegen, kommt jedoch im Gegensatz zu dem in Punkt 16 genannten Beispiel sehr häufig vor. Kartographische Rekonstruktionen auf archäologischen Karten haben eine außerordentliche Konstanz. Sie werden häufig auch dann noch weiter tradiert, wenn sich bereits alle Prämissen als falsch erwiesen haben, die ursprünglich Anlass zu dieser Rekonstruktion gegeben hatten.

Die unter 15. genannten auffällig verschiedenen gleichzeitigen Forschungsmeinungen zu demselben Sachverhalt der stadtrömischen Topographie lassen sich häufig damit erklären, dass den jeweiligen Autoren jene Schwierigkeiten nicht bewusst gewesen sind, die in den hier aufgelisteten 17 Punkten aufgeführt sind.

3. Rom

3.1 Historische Einführung

Nach der antiken Tradition wurde Rom in der Mitte des 8. Jahrhunderts v. Chr. gegründet, eine Behauptung, die Coarelli (2003, 8; vgl. Albertoni 1983, 142, 143, 151) durch die Erkenntnisse der modernen Forschung bestätigt sieht. Er bringt dies mit der etwa gleichzeitig einsetzenden griechischen Kolonisation des westlichen Mittelmeers in Verbindung. Der protourbane Siedlungskern Roms auf dem Kapitol existierte nach den neuesten Erkenntnissen bereits im 14. Jahrhundert v. Chr., d. h. während der Mittleren Bronzezeit (*BullCom* 2001, 270, 285; 291–298; Wiseman 2008, 1), und die protourbanen Siedlungskerne auf dem Palatin und Quirinal werden jetzt ins 10. Jahrhundert v. Chr. datiert (Ende der Bronzezeit – Beginn der Eisenzeit). Als Folge der neuen Chronologie, die diesen Datierungen zugrunde liegt (La Rocca u. a. 2001, 175–176, 220–221), lässt sich nun jedoch eine bedeutende ›stadtplanerische‹ Entscheidung bereits in die erste Hälfte des 10. Jahrhundert v. Chr. datieren: Der Bestattungsplatz an der Straße *Sacra Via* am Forum Romanum, beim späteren Tempel des Kaisers Antoninus Pius und der Faustina, sowie jener im Bereich des späteren Augustusforums, werden aufgegeben und die Belegung

der Nekropole auf dem Esquilin wird begonnen, die sich zur größten Roms und zur bedeutendsten des gesamten Imperium Romanum entwickeln sollte. Dort befand sich auch spätestens seit dem 6. Jahrhundert v. Chr. ein archaischer Siedlungskern, der bislang nicht beachtet worden ist. Er wurde am höchsten Punkt des Esquilins, dem Fagutal, entdeckt (Häuber im Druck). Der Fagutal war ein Teil des Oppius, der zusammen mit dem Cispius zum Esquilin gehörte.

Die Nekropole auf dem Esquilin wurde in dieser ersten Phase ihres Bestehens entlang der Straße *Clivus Suburanus* angelegt, die älter ist als die Stadt Rom selbst (Salone 1980, 17). Während die späteren, außerhalb der sog. Servianischen Stadtmauer gelegenen Teile der Nekropole bereits seit dem Ende des Jahres 1873 zu Tage gekommen waren (Albertoni 1983, 140 u. passim), wurde ihr hier betrachteter Teil entdeckt, als man im Jahre 1885 zwischen der Kirche S. Martino ai Monti und der modernen Via Merulana die neue Straße Via Giovanni Lanza erbaut hat (La Rocca u. a. 2001, 176; vgl. Albertoni 1983, 142).

Jene planerischen Entscheidungen und Baumaßnahmen, die Rom dann definitiv als städtisches Zentrum ausweisen und die für alle Zukunft das Stadtbild prägen sollten, werden von den antiken Schriftquellen den mythischen Königen Roms zugeschrieben, dem Stadtgründer Romulus und sechs weiteren Königen (Mitte 8. Jh. bis 510/509 v. Chr.), im Besonderen den noch zu besprechenden ›Tarquiniern‹ (Coarelli 2003, 9): Errichtung von Comitium (dem Platz für Volksabstimmungen) und Curia (dem Gebäude für die Senatsversammlungen) am Forum Romanum (Freyberger 2009), Bau des Entwässerungskanals Cloaca Maxima zur Trockenlegung des Forum Romanum-Tals, Trockenlegung des Tals zwischen Palatin und Aventin mit Anlage des Circus Maximus (wo u. a. Wagenrennen stattfanden), Anlage des Forum Romanum als Platz (für Versammlungen des gesamten Volkes), Nutzung des Marsfeldes für Heeresversammlungen, Bau der sog. Servianischen Stadtmauer (im 6. Jh. v. Chr.) und zahlreicher Tempel, wobei der auf mächtigen Substruktionen stehende Tempel für Iuppiter Optimus Maximus, Iuno und Minerva auf dem Kapitol, der Hauptstaatskult der Römer, unter der Herrschaft des letzten Königs, Tarquinius Superbus, nahezu vollendet worden sein soll (Richardson 1992, s. v.; *LTUR*, s. v.).

Auf die Königszeit folgte die Republik (510/509–31 v. Chr.). In dieser Zeit wurden alle monumentalen

Architekturen aus den in Rom und Umgebung anstehenden Baumaterialien errichtet, z. B. die ersten für Rom so charakteristischen Aquaedukte, von denen schließlich insgesamt 11 die Stadt versorgen sollten, und die Kaiserzeit (31 v. Chr. – 476 n. Chr.), mit prächtigen, nun marmorverkleideten Bauten: den Triumphbögen, Kaiserfora, kaiserlichen Basiliken, Kaiserthermen, Tempeln für Götter und vergöttlichte Kaiser, sowie Theatern für Aufführungen aller Art, wie z. B. das Colosseum (in dem hauptsächlich Tierhatzen und Gladiatorenkämpfe, aber auch theatralisch inszenierte Exekutionen stattfanden), sowie den Kaiserpalästen auf dem Palatin, die, insgesamt betrachtet, auch heute noch nicht nur das Stadtbild Roms, sondern auch die Vorstellung vom antiken Rom wesentlich prägen. Im Jahre 293 n. Chr. führte Kaiser Diocletian die Tetrarchie ein, was die Teilung in ein weströmisches und ein oströmisches Reich zur Folge hatte, 330 n. Chr. verlegte Kaiser Konstantin der Große seine Residenz von Rom nach Byzantion, das er in Konstantinopel umbenannte (heute: Istanbul), und im Jahre 476 n. Chr. endete das weströmische Reich. Die Bedeutung Roms ist auf dem back cover eines Romführers (2010) der Klassischen Archäologin Amanda Claridge treffend zusammengefasst: »The city of Rome is the largest archaeological site in the world, capital and showcase of the Roman Empire and the centre of Christian Europe.« Ihr Hinweis auf das Papsttum erklärt gleichzeitig, warum die Stadt Rom und ihre inzwischen annähernd dreieinhalbtausendjährige Geschichte bereits seit Jahrhunderten auf einzigartig intensive Weise erforscht wurde, ehe die Stadt seit 1871 wieder Hauptstadt Italiens wurde, was diesen Prozess noch wesentlich verstärkte.

Während der Republik erobert der Stadtstaat Rom die italische Halbinsel und die Länder rund um das Mittelmeer, ein Prozess, der auch in der Stadt selbst in allen Bereichen des Lebens zu großen Veränderungen führt. Am Ende wird Rom eine Millionenstadt sein und die gewaltigen innen- und außenpolitischen Umwälzungen haben letztendlich die Entstehung des Principats 27 v. Chr. zur Folge. Dieser phänomenale Aufstieg Roms war neben den Leistungen seiner Bewohner – sie waren glänzende militärische Eroberer, und es gelang ihnen anschließend, die annektierten Gebiete zu einem gut funktionierenden politischen Ganzen umzuformen – eine Folge des klug gewählten Standortes ihrer Stadt. Rom liegt am Tiber, der in der Antike große Bedeutung als Wasserstraße besaß, und zwar

genau da, wo es in der Nähe der Tiberinsel die einzige Furt am Unterlauf des Flusses gab, das heißt, wo eine Reihe von Fernstraßen den Fluss überquerten. Diese verliefen vom Meer ins Inland, verbanden außerdem Latium, Etrurien und Campanien miteinander (Salone 1980, 17) und hatten lange vor der Gründung der Stadt Rom dazu geführt, dass sich an dieser Stelle ein Rindermarkt befand, das spätere Forum Boarium (Coarelli 2003, 8). Hinzu kam, dass der Kapitolshügel ganz nah am Tiber liegt, weshalb seine Bewohner diesen Verkehrsknotenpunkt mühelos kontrollieren konnten. Obendrein gab es am Fuße des Kapitols, wie überall am linken Tiberufer, reichlich fließende Süßwasserquellen. Die Geologen Renato Funiciello, Grant Heiken, Donatella De Rita und Maurizio Parotto (2006, 1–38) weisen daher zu Recht auf Tatsachen hin, die bisher nicht die gebührende Beachtung gefunden haben: Es waren die geologischen Ressourcen am unmittelbaren Standort der Stadt Rom und jene ihrer weiteren Umgebung, verbunden mit der Lage der Stadt in der Nähe des Mittelmeers, welche die unverzichtbaren Voraussetzungen dafür gebildet haben, dass die Römer ein Weltreich dieser Größenordnung überhaupt aufbauen und über einen sehr langen Zeitraum erhalten konnten. Der Althistoriker John R. Patterson (2010, 232) fasste die Forschungsergebnisse zu Rom der letzten 20 Jahre wie folgt zusammen: »The history of the leading men of Rome cannot be detached from that of the urban masses, but neither can it be separated from that of the broader hinterland, and the systems for the exploitation of that hinterland, which allowed their city to grow and flourish on such a scale.«

3.2 Stadtrömische archäologische Bodenfunde: drei Beispiele

Die im Folgenden beschriebenen Beispiele werden bewusst nicht in ihrer chronologischen Reihenfolge behandelt, weil es vielmehr darum geht, mit ihrer Hilfe Zusammenhänge zu erklären, die weit über ihre genaue zeitliche Verortung hinausweisen.

Romforscher sehen sich mit einer Reihe von Problemen konfrontiert. Zum einen befindet sich das Stadtzentrum noch an derselben Stelle wie in der Antike, was zur Folge hatte, dass die antiken Architekturen Roms mitsamt ihren Ausstattungen im Laufe der Zeit entsprechend stark zerstört worden sind. Hinzu kommt, dass Roms Stadtgebiet während der Antike ständig vergrößert wurde, in nachantiker Zeit aber wieder wesentlich kleiner war, um dann seit 1871 erneut permanent zu wachsen. Zweitens haben die Römer erst ab ca. 300 v. Chr. damit begonnen, ihre eigene Geschichte zeitnah aufzuschreiben. Dieses ›Geschichtsvakuum‹ wurde im Nachhinein von den jeweils führenden Adelsfamilien der Republik in ihrem Sinne ›gestaltet‹. Dies beweisen die Lucretiageschichte, d.h. die Legenden um die Vertreibung des letzten Königs, Tarquinius Superbus (510/509 v. Chr.), und die Erfindung jener fünf Männer, die im angeblich unmittelbar daran anschließenden ersten Jahr der Republik Consuln gewesen sein sollen – Legenden, für die offenbar die Geschichte Athens zum Vorbild gedient hatte (Moses 1993; Wiseman 2008, 137–139, 234, 293–305, 306–319). Ein drittes Problem stellt die Bewältigung der über 1000-jährigen Forschungsgeschichte zu Rom dar, wobei für die Erforschung der Topographie der antiken Stadt sowie für die Erforschung der in früheren Jahrhunderten erfolgten archäologischen Entdeckungen gerade die ältere Literatur von Bedeutung ist (Lanciani 1902–2002). Klassische Archäologen publizieren in ›mehr als 25‹, bzw. in 29 modernen Sprachen (Brandt 1999; A. Wallace Hadrill 2008), es ist jedoch unbekannt, in wie vielen Sprachen über das antike Rom geschrieben wird, und wie viele Fachdisziplinen an dieser Diskussion beteiligt sind. Da im Übrigen alle Klassischen Archäologen, die sich mit Rom beschäftigen, interdisziplinär arbeiten, erscheint der Versuch, die Besonderheiten ›archäologischer Stadtforschung‹ ausgerechnet am Beispiel Roms aufzeigen zu wollen, auf den ersten Blick nahezu unmöglich.

Um dennoch den spezifischen Beitrag der Archäologie bei der Erforschung der antiken Stadt Rom zu verdeutlichen, wird hier stattdessen das Potential stadtrömischer archäologischer Bodenfunde anhand von drei Beispielen vorgestellt und sodann zusammengefasst, wie diese im Kontext von Erkenntnissen anderer Fächer als Hinweise auf die Charakteristika des antiken Rom und seiner Entwicklung gesehen werden. Diese Beispiele zeigen, dass die Deutung stadtrömischer archäologischer Bodenfunde nicht immer einfach ist, dass diese Funde geeignet erscheinen, einen Teil der einschlägigen antiken schriftlichen Überlieferung in Frage zu stellen und dass sie vor allem Informationen über jene frühen Zeiträume liefern können, für die keine *gleichzeitigen* antiken Schriftquellen zur Verfügung stehen.

Das erste Beispiel sind Funde des beginnenden 6. Jahrhunderts v. Chr., die im Heiligtum der For-

tuna und der Mater Matuta am Forum Boarium ausgegraben worden sind, das unmittelbar am Tiberhafen in Rom gelegen war. Als zweites Beispiel folgt Keramikgeschirr des 7. Jahrhunderts v. Chr. aus der großen Nekropole auf dem Esquilin mit den ältesten bislang in Rom angetroffenen Inschriften. In diesen Fällen handelt es sich um Einzelfunde, die sich dadurch auszeichnen, nicht in Rom angefertigt worden zu sein. Während diese Funde Anlass zu weitreichenden und gut begründeten Schlüssen gegeben haben, entziehen sich andere archäologische Entdeckungen einer Erklärung. Dies kann selbst dann der Fall sein, wenn Vergleichbares insgesamt in großen Mengen bekannt und erforscht und nicht einmal auf Rom beschränkt ist. Dies ist der Fall in unserem dritten Beispiel, dem Wechsel von der Brand- zur Körperbestattung (spätes 1. – spätes 2. Jh. n. Chr.), dessen Ursachen man auch in Rom aus den im Folgenden skizzierten Gründen gerne besser verstehen würde. Bei einem Beurteilungsversuch der ersten beiden Beispiele steht die Frage im Raum, wie und warum die genannten Einzelfunde, die zumeist auch noch besonders kostbar sind, nach Rom gelangen konnten, während das dritte Beispiel zweifellos über die in Rom ansässige Bevölkerung dieser Zeit Auskunft gibt. Wie wir im Folgenden sehen werden, geben aber auch die beiden ersten Beispiele Auskunft über die Bevölkerung der Stadt Rom ihrer Zeit.

3.3 Der historische Kontext der drei Beispiele stadtrömischer archäologischer Bodenfunde

Zur Erklärung der Bedeutung dieser archäologischen Bodenfunde muss weiter ausgeholt werden. Der mythische Gründer Roms, Romulus, hatte angeblich alle seine Bürger mit einem gleich großen Stück Land ausgestattet: zwei *iugera* = 0,504 Hektar (vgl. Schütz 2008, 61), eine Geschichte, die nach aller Wahrscheinlichkeit auf die griechischen Kolonisten Bezug nimmt, die ja tatsächlich ein gleich großes Baulos zugeteilt erhielten (Gross 1979, 338; Mertens, 2000, 234, 235, 239, 241; siehe Teil II). Dass in Rom im Laufe der Zeit Adelsfamilien entstanden, wird z. B. darauf zurückgeführt, dass einige dieser Männer Kontakte zu anderen Völkern, u. a. zu Griechen, unterhielten, und auf diese Weise reich geworden seien (Albertoni 1983, 143; Cornell 1996, 1322; Coarelli 2003, 8). Mit dieser Annahme ließe sich erklären, warum die in den ersten beiden Beispielen erwähnten Gegenstände nach Rom geraten sind. Andere Forscher bieten ein gleichsam umgekehrtes Erklärungsmodell, demzufolge griechische Prospektoren diese Objekte in Rom eingeführt hätten (Wiseman 1994, 29). Im Übrigen lassen sich in Latium und Rom bereits in der Mitte des 8. Jahrhunderts v. Chr. ausländische Handwerker nachweisen (Albertoni 1983, 151).

Ein Problem sei gleich zu Anfang bei der Betrachtung des erstgenannten Lösungsvorschlags genannt: die Gründungslegenden Roms, d. h. auch die Geschichten um Romulus und Remus, entstammen erst dem 4. und 3. Jahrhundert v. Chr. (Wiseman 2008, 15–17, 149–152; ders. 2010, 17). Der für Rom überlieferte Synoikismos, den man in der Antike gleichfalls mit dem Stadtgründer Romulus sowie mit dem Sabinerkönig Titus Tatius in Verbindung brachte (der die protourbane Siedlung auf dem Quirinalshügel gegründet haben soll), wird dagegen von der modernen Forschung für wahrscheinlich gehalten. Dies kann man aus archäologischer Sicht darin bewiesen sehen, dass die *Sacra Via*, eine archäologisch nachgewiesene, zum Forum Romanum führende Straße, den Namen *via* in der Antike trug, was beweist, dass sie sich zum Zeitpunkt ihrer Benennung ›außerhalb der Stadt‹ befunden hat (Coarelli 1999, 226, 227), und zwar offenbar außerhalb der protourbanen Siedlung auf dem Palatin, die Romulus gegründet haben soll. Nach diesem Erklärungsmodell wurde die ›Palatinstadt‹ im Norden von dieser Straße begrenzt, bzw. trennte die *Sacra Via* die ›Palatinstadt‹ von der Siedlung des Titus Tatius. Hierzu ist anzufügen, dass die Stadt Rom tatsächlich, wie in dieser Geschichte ihres Synoikismos behauptet wird, vom Tiber aus in östlicher Richtung gewachsen ist. Es gab ja die frühen Siedlungskerne auf dem Kapitol, Quirinal, Fagutal und Palatin, Letzterer mit der angeblichen Hütte des Stadtgründers Romulus (die ›Casa Romuli‹), in deren Nähe sich später Kaiser Augustus ansiedeln sollte (das sog. Augustushaus neben der ›Casa Romuli‹ ist allerdings mit Sicherheit *nicht* die von Augustus bewohnte Domus).

Das Besondere Roms – im Unterschied zu vergleichbaren gleichzeitigen griechischen Stadtstaaten – bestand nun tatsächlich in der ethnischen Vielfalt seiner Bürger, die angeblich Romulus zu einem Teil von nah und fern angeworben haben soll, indem er Flüchtlingen auf dem Kapitol Asyl gewährte. Böse Zungen behaupteten, es habe sich daher bei seinen Bürgern um ein »ramassis de gens sans foi ni loi« (einen Haufen Leute ohne Treu und Recht) gehandelt, wie Pierre Gros schreibt, die deshalb jedoch seit Beginn ihrer Geschichte über eine »force redoutable« (furchtbare Kraft; Gros 2010, 5) verfügt hätten, nämlich die ihrer beispiellosen Begabung, sich alles Fremde und Neue anzueignen: »Rome, à l'école du monde que'elle a conquis, crée à elle seule un autre monde« (Gros 2010, 8).

Andere moderne Kommentatoren betonen dagegen, wie erzkonservativ die Römer gewesen seien, besonders auf dem Gebiet der Religion (Sheldon 2005, 14–18). Wie Gros gezeigt hat, galt die ›Gabe der Assimilation‹ der Römer besonders für den sozialen Bereich ihres Stadtstaates. So soll bereits einer der Gegner Roms, König Philipp V. von Makedonien (238–179 v. Chr.), erkannt haben, ›dass die Römer so gefährlich seien, weil sie ihre Sklaven zu Bürgern machen‹ (Gros 2010, 5). Außerdem erklärt sich die moderne Forschung mit diesem Willen und der Fähigkeit zur Integration nicht nur das Zusammenleben zahlreicher, verschiedenster Gruppen in der Stadt Rom zur Zeit der Republik, sondern auch den noch bemerkenswerteren inneren Zusammenhalt des riesigen Römischen Weltreichs (vgl. Gros, 2010, passim, bes. 7 f.). Bereits Joan R. Mertens hatte diese Leistung der Römer auf die folgende Formel gebracht: »Rome demonstrated what would always be its particular strengths: conquest and integration« (1987, 11).

Wie erwähnt, entwickelte sich Rom vom Tiber aus in östlicher Richtung. Anlass hierzu hatte nach der Ansicht von Altertumswissenschaftlern die Tatsache gegeben, dass das Areal des in Latium gelegenen Rom unmittelbar an das Herrschaftsgebiet der Etruskerstadt Veji anschloss, mit dem Tiber als Grenze; noch im Zwölftafelgesetz galt das rechte Tiberufer als Ausland (Carafa/Pacchiarotti 2012, 552). Die Geologen Renato Funiciello u. a. (2006, 13–15) sind dagegen der Ansicht, dass Rom aufgrund seiner geologischen Besonderheiten vom Tiber aus in östlicher Richtung gewachsen sei. Der Abschluss der Konstituierung der Etrusker als Volk wird im 9. Jahrhundert v. Chr. angenommen. Etruskische Sprachzeugnisse gibt es seit dem 8. Jahrhundert v. Chr., und man weiß, dass es im 7./6. Jahrhundert v. Chr. sogenannte Tyrannen in Etrurien gegeben hat. Man weiß auch, dass in dieser Zeit in Etrurien städtische Zentren entstanden sind (Wittke u. a. 2010, 74 f., Karte: Das etruskische Kernland). Wie wir noch sehen werden, gibt es in diesem Zeitraum auffallende Parallelen zu Rom. Mit Veji hatte Rom bereits über Jahrhunderte kriegerische Auseinandersetzungen gehabt, die im Jahre 396 v. Chr. mit der Eroberung der Etruskerstadt durch Rom endeten.

3.4 Der Wechsel von der Brand- zur Körperbestattung (spätes 1. – spätes 2. Jh. n. Chr.)

Ehe der Stadtstaat Rom daran ging, die gesamte Italische Halbinsel zu erobern, hatten sich die dort lebenden Völker in ihren Sitten und Gebräuchen wesentlich voneinander unterschieden. So pflegten die Etrusker (bei denen auch Körperbestattungen vorkamen) und die Latiner vornehmlich die Brandbestattung, während die Körperbestattung typisch für die Umbro-Sabeller war. In der Nekropole auf dem Esquilin in Rom (10. Jh. – 38 v. Chr.; Bodel 1994, 38–54, 58) wurden in archaischer Zeit beide Bestattungsformen nebeneinander vorgenommen (Lanciani 1902, 362), im 6. Jahrhundert v. Chr. sind parallel beide Bestattungsformen belegt, während vom 4. Jahrhundert v. Chr. an der neue Brauch der Körperbestattung überwog (Albertoni 1983, 146 f.). Später gingen die Römer dazu über, ausschließlich Körperbestattungen vorzunehmen (s. u.). Jene Teile der Nekropole, die zu diesem Zeitpunkt noch benutzt wurden, hat dann Gaius Maecenas, der engste Berater und Freund des Kaisers Augustus, im Jahre 38 v. Chr. im Zuge der Errichtung seiner *Horti* (einer Luxusvilla am Stadtrand) mit einer meterdicken Erdschicht zuschütten lassen (Häuber 2011a; dies. 2011b; dies. im Druck). Die Nekropole auf dem Esquilin wurde seit 1873 im Zuge der Errichtung eines Neubauviertels ausgegraben (dem »quartiere umbertino«, benannt nach dem italienischen König Umberto I., 1878–1900; vgl. Vasco Rocca 1978, 18), und sogleich überbaut. Leider war die Funddokumentation unzureichend, weshalb die Nekropole nicht im Detail rekonstruiert werden kann.

Der Althistoriker John Bodel (2008, 181), der »the early imperial shift from cremation to inhumation« (spätes 1. – spätes 2. Jh. n. Chr.) untersucht hat, kommt zu dem Schluss: »Despite repeated attempts to prove otherwise, what has rightly been called ›the biggest single event in ancient burial‹ – the change in practice of tens of millions of people across the western empire from burning to interring their dead, which transformed the suburban landscape of Rome – has persistently defied both theological and socio-historical explanation«. Mit der Bedeutung dieser Entscheidung für das ›Suburbium der Stadt Rom‹ sind die von dieser Zeit an so typisch werdenden Katakomben gemeint, die zwischen dem 1. und 5. Jahrhundert n. Chr. enstanden sind (Toms 1998, 408–418, fig. 200 [Verbreitungskarte der Katakomben]; dies. 2010, 447–458, fig. 216). Die Katakomben

Roms wurden außerhalb der Aurelianischen Stadtmauer entlang nahezu aller Ausfallstraßen errichtet, wegen ihrer weiten Entfernung zur Stadt sind sie in der Karte (vgl. Abb. 1) nicht eingetragen. Bodel (2008, 178 f.; vgl. 236–242) schreibt, dass zwischen 31 v. Chr. und 337 n. Chr., als Rom seiner Meinung nach ca. 750 000 bis eine Million Einwohner hatte, in der unmittelbaren Umgebung der Stadt zwischen 10,5 und 14 Millionen Menschen beerdigt worden sein müssen, wobei wir nur ca. 1,5 % dieser Bestattungen kennen; der Althistoriker Peter Herz (2012, 16) geht dagegen davon aus, dass die Bevölkerungszahl Roms in der Spätantike bereits deutlich zurückgegangen war.

Berücksichtigt man, dass es sich bei dem hier diskutierten dritten Beispiel stadtrömischer archäologischer Bodenfunde ursprünglich um Millionen von Einzelbestattungen gehandelt hat, dann wird klar, wie wenig wir eigentlich über jenen Teil der Bevölkerung des antiken Rom wissen, der nicht im Rampenlicht der antiken Geschichtsschreibung steht. Dass wir, wenn wir etwas über diese Personen erfahren wollen, u. a. auf die Erforschung ihrer Bestattungen angewiesen sind, liegt wiederum daran, dass Rom seit seiner Gründung zu den Städten mit »fortdauernder Lebenskontinuität« (Mertens 2000, 248) gehört hat – weshalb die Häuser, in denen diese Menschen gelebt haben, nicht erhalten geblieben sind. Als Glücksfall erweist sich in diesem Zusammenhang zweierlei: erstens dass Bestattungen nur außerhalb der Stadtmauer vorgenommen werden durften, wie die Römer in ihrem angeblich 449 v. Chr. veröffentlichten Zwölftafelgesetz verfügt hatten, in dem bereits gültiges Recht festgehalten wurde. Sobald die erste, die sog. Servianische Stadtmauer des 6./4. Jahrhunderts v. Chr., errichtet war, die quer durch die Nekropole auf dem Esquilin verlief (Häuber 2011c), wurden nun Bestattungen nur außerhalb des *pomerium* (der sakralen Stadtgrenze) und somit der Stadtmauer vorgenommen, und nach Errichtung der ersten Phase der Aurelianischen Stadtmauer (271–275 n. Chr.) außerhalb dieser Mauer (Carafa 2012, 86 Anm. 9). Zweitens ist die Stadt Rom erst im 20. Jahrhundert wieder zu der Größe angewachsen, die sie in der Kaiserzeit gehabt hatte, weshalb die außerhalb der Aurelianischen Stadtmauer befindlichen antiken Bestattungen bis zu diesem Zeitpunkt in vielen Fällen ungestört erhalten geblieben waren.

Die sog. Servianische Stadtmauer, die König Servius Tullius (nach der antiken Tradition 578–535 v. Chr.) erbaut haben soll, war mit ca. 11 km Länge die größte derartige Anlage auf der italischen Halbinsel. Sie umschloss eine Fläche von 426 Hektar, war aus Tuffquadern errichtet und hatte in der Ausbauphase des 4. Jahrhunderts v. Chr. eine Höhe von 10 m und eine Mächtigkeit von 4 m. Zum Vergleich: die 580 v. Chr. von der griechischen Kolonialstadt Gela auf Sizilien aus angelegte ›Zweitgründung‹, die Stadt Agrigent auf Sizilien, war »mit ca. 350 Gesamtfläche innerhalb der Mauern die mit Abstand größte der damaligen griechischen Welt« (Mertens 2000, 241 f.). Die Servianische Stadtmauer ist bis auf wenige Reste zerstört, die Aurelianische Stadtmauer großenteils erhalten. Sie wurde aus Ziegeln errichtet, war fast 19 km lang, in der ersten Ausbauphase 3,5 m mächtig (aber nur im unteren Bereich massiv), 8 m hoch und umschloss ein Areal von 1372 Hektar (= 13,72 Quadratkilometer; A. Claridge 1998, 59; dies. 2010, 61). Während die Karte (Abb. 1) auf dem linken Tiberufer die in weiten Teilen rekonstruierte sog. Servianische Stadtmauer und die hier gut erhaltene Aurelianische Stadtmauer zeigt, gibt sie auf dem rechten Tiberufer auf dem Gianicolo die hier auf der Basis geringfügiger Reste rekonstruierte Aurelianische Stadtmauer wieder (vgl. Carandini/Carafa 2012), sowie die von Papst Urban VIII. 1642–44 errichtete Stadtmauer, mit der er die Aurelianische Stadtmauer ersetzen ließ, und die Mauer, welche die Vatikanstadt umschließt. Unter der (zerstörten) *Porta Portuensis* passierte die archaische *Via Campana* (später *Via Portuensis* genannt) die Aurelianische Stadtmauer, ihr noch erhaltenes Äquivalent heißt in der Stadtmauer Urbans VIII. Porta Portese; da diese Stadttore häufig miteinander verwechselt werden, sind sie in der Karte (Abb. 1) beide eingetragen und beschriftet.

3.5 Keramikgeschirr des 7. Jahrhunderts v. Chr. aus der großen Nekropole auf dem Esquilin

Die Innovation, Dächer mit Terrakottaziegeln und -verkleidung zu bauen, kam in Mittelitalien im 7. Jahrhundert v. Chr. auf. Sie wird von antiken Schriftquellen und der modernen Forschung (Roncalli 1985, 79; N. C. Winter 1993, 19) mit dem Wirken des Korinthers Demaratos erklärt. Dieser gehörte der herrschenden Adelsfamilie der Bakchiaden an und hatte nach dem Umsturz des Kypselos (657 v. Chr.) seine Heimatstadt verlassen müssen. Demaratos hatte es fertig gebracht, den Bürgerkrieg in Korinth zu überleben und erreichte, mitsamt seinen beträchtlichen Reichtümern, begleitet von

Künstlern und Handwerkern aller Art, die Etruskerstadt Tarquinia, wobei der Handel mit dieser Stadt ihn zuvor reich gemacht hatte. In Tarquinia heiratete Demaratos eine ortsansässige Etruskerin und nahm den Namen Tarquinius an. Sein Sohn Lucumo soll nach der antiken Tradition im Jahre 616 v. Chr. unter dem Namen Lucius Tarquinius Priscus der erste Etruskerkönig Roms aus dem Adelsgeschlecht der ›Tarquinier‹ geworden sein. Wie Fausto Zevi zeigen konnte, entspricht dies offenbar den Tatsachen (Zevi 1995; vgl. Mura Sommella 2000, 16; Wiseman 2008, 153, 233, 316).

Die antiken Schriftquellen schreiben Demaratos zu, dafür gesorgt zu haben, dass die Kultur Mittelitaliens dank seines Wirkens stark griechisch beeinflusst worden sei. Wie erwähnt, sind aber bereits in der Mitte des 8. Jahrhunderts v. Chr. ausländische Handwerker in Latium und Rom nachweisbar, wie entsprechende Keramikfunde in der archaischen Nekropole auf dem Esquilin beweisen. Dort wurden außerdem zahlreiche feine Buccherogefäße aus Etrurien entdeckt (Albertoni 1983, 151, 143). Ein Teil der antiken Tradition geht davon aus, dass Rom eine etruskische Stadt gewesen sei (vgl. Wiseman 1995, 51), obwohl in Rom, einer Stadt Latiums, Latein gesprochen wurde (Wittke u. a. 2010, 66 f., Karte: Sprachen im alten Italien vor der Ausbreitung des Lateins). War Rom demnach eine Stadt der Latiner? Nach einem anderen Teil der antiken Tradition war dies der Fall (s. u.), und auch die meisten modernen Historiker sehen dies so, wobei das spätere Stadtgebiet Roms z. T. auch von Sabinern besiedelt gewesen sein soll. Nach der Auffassung wieder anderer antiker Autoren sei Rom weder eine etruskische noch eine latinische Stadt, sondern selbstverständlich eine griechische Stadt gewesen, wobei auch für diese Behauptung mit der Sprache argumentiert worden ist, welche die Bevölkerung Roms gesprochen habe (Wiseman 2008, 232–233; ders. 2010, 17).

Livius (vgl. Sheldon 2005, 6, 33), Horaz (*epist.* 2.1.139–176) und andere antike Autoren (vgl. Wiseman 2008, 125 f.) schildern die Römer der frühen Republik aus durchsichtigen politischen Gründen – im Zuge der Propaganda des Kaisers Augustus – als einfache latinische Bauern und Hirten. Dass dies nicht der Wahrheit entsprach, wissen wir heute besser als sie selbst aufgrund von archäologischen Bodenfunden aus dieser Epoche. Dies führt uns zu dem zweiten hier gewählten Beispiel stadtrömischer archäologischer Bodenfunde: Keramikgeschirr, das aus der archaischen Nekropole auf dem Esquilin stammt.

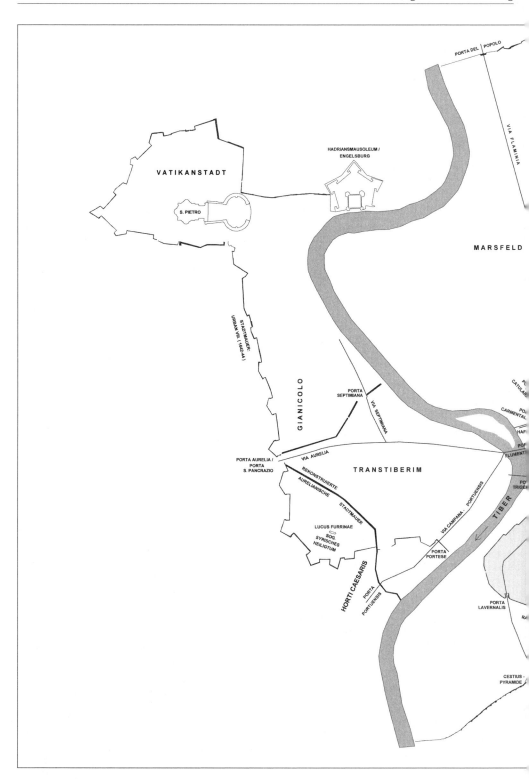

PORTA DEL POPOLO

VIA FLAMINIA

HADRIANSMAUSOLEUM /
ENGELSBURG

VATIKANSTADT

MARSFELD

S. PIETRO

STADTMAUER:
URBAN VIII. (1642-44)

GIANICOLO

PORTA
SEPTIMIANA

VIA SEPTIMIANA

PO.
CATULAR

POR
CARMENTAL

HAF

POR
FLUMENT

PORTA AURELIA /
PORTA
S. PANCRAZIO

VIA AURELIA

TRANSTIBERIM

REKONSTRUIERTE

AURELIANISCHE

STADTMAUER

LUCUS FURRINAE
SOG.
SYRISCHES
HEILIGTUM

VIA CAMPANA - PORTUENSIS

PO.
TRIGEM

TIBER

PORTA
PORTESE

HORTI CAESARIS

PORTA
PORTUENSIS

PORTA
LAVERNALIS

RA

CESTIUS -
PYRAMIDE

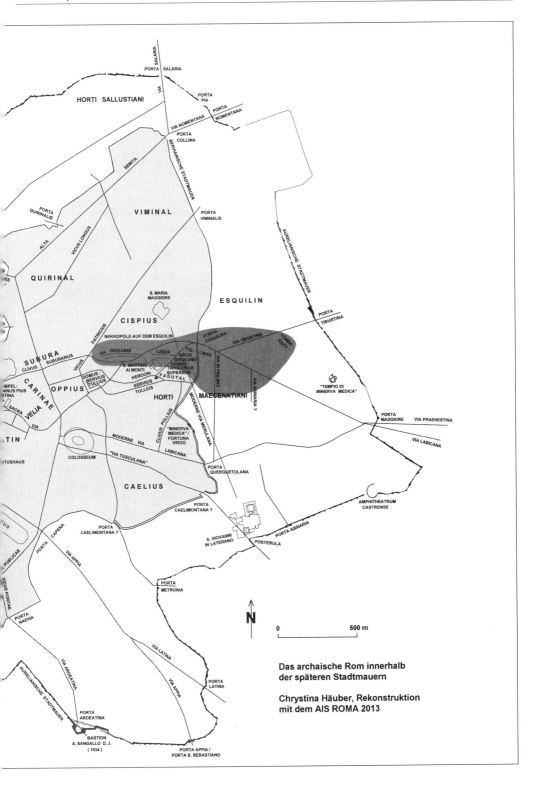

Das archaische Rom innerhalb der späteren Stadtmauern

Chrystina Häuber, Rekonstruktion mit dem AIS ROMA 2013

N

0   500 m

Wiseman (2008, 1 f., Abb. 1) hat die Umzeichnung nach einer Keramikscherbe publiziert. Diese Scherbe ist in der Nekropole auf dem Esquilin ausgegraben worden und gehörte zu einem italisch-geometrischen Teller (vgl. Prayon 2010, 102), der in die erste Hälfte des 7. Jahrhunderts v. Chr. datierbar ist. Auf dem Fragment erkennt man drei Buchstaben in etruskischer Schrift (*snu*[…]). Nach dem Urteil von Wiseman handelt es sich ›vielleicht um die älteste Inschrift aus Rom‹. Aus diesem Einzelfund können wir natürlich nicht etwa ableiten, dass Rom zu dieser Zeit eine reine Etruskerstadt war. Er bedeutet vielmehr, dass es bereits in der ersten Hälfte des 7. Jahrhunderts v. Chr. in Rom nicht nur die von Horaz und Livius beschworenen ›einfachen latinischen Bauern und Hirten‹ gab, die vermutlich zum großen Teil Analphabeten waren, sondern offenbar auch Etrusker, die lesen und schreiben konnten (!).

Nun zu weiterem, in diesem Fall ausgesprochen kostbarem, Keramikgeschirr aus der archaischen Nekropole auf dem Esquilin. Wiederentdeckt wurde es in den 1970er Jahren von Anna Mura Sommella (Albertoni 1983, 143; Mura Sommella 2000, 12, 16–18, Abb. 6). Es handelt sich um protokorinthische Keramikscherben, die in den 1870er Jahren in verschiedenen Gräbern entdeckt worden waren. Bei ihrer Auffindung im 19. Jahrhundert waren diese Scherben nicht etwa zusammen mit den übrigen Beigaben ihres jeweiligen Grabes magaziniert worden, sondern man hatte alle Beigaben nach Gattungen getrennt, weshalb auch alle protokorinthischen Scherben von der Nekropole des Esquilins zusammen aufbewahrt worden waren.

Aus einigen dieser protokorinthischen Scherben konnten drei *Skyphoi* (Trinkgefäße) zusammengesetzt werden (Mura Sommella 2000, 12, 16–18, Abb. 7–9 – ob es eine gute Entscheidung war, die möglicherweise nach einem Opfer absichtlich zerbrochenen und geweihten Gefäße wieder zusammenzusetzen, kann hier nicht diskutiert werden). Beim spektakulärsten diesbezüglichen Fund aus der Nekropole vom Esquilin handelt es sich um eine protokorinthische Olpe (Kanne; vgl. Mura Sommella 2000, 13, 16, 18, Abb. 10, 11), die eine griechisch geschriebene Besitzerinschrift trägt und aus einem berühmten Grab stammt (vgl. die Karte auf Abb. 1: Tomba CXXV). In der Inschrift bezeichnet sich dieser Mann als Händler aus Korinth. Es handelt sich um die älteste griechische Inschrift, die bislang in Rom gefunden worden ist: »Kleiklos, ›famed for fame‹« (Wiseman 2008, 231; vgl. 2). Sie wird ans Ende des 7. Jahrhunderts

v. Chr. datiert. Diese Inschrift beweist, dass bereits in dieser frühen Zeit auch Korinther in Rom gelebt haben, weshalb die zunächst sagenhaft anmutende Geschichte von dem Korinther Demaratos, dessen Sohn Lucius Tarquinius Priscus König von Rom geworden sein soll, auch aufgrund dieses Fundes weiter Glaubwürdigkeit erfährt. Demnach wohnten im 7. Jahrhundert v. Chr. nicht nur die von Livius und Horaz beschriebenen latinischen Bauern und Hirten in Rom, sondern *nachweislich* auch Etrusker und Korinther.

3.6 Funde im Heiligtum der Fortuna und der Mater Matuta am Forum Boarium

Vor dem Hintergrund dieser neuen Erkenntnisse zu den Bewohnern Roms im 7. Jahrhundert v. Chr. erscheinen nun auch die stadtrömischen archäologischen Bodenfunde des ersten hier gewählten Beispiels nicht mehr so außergewöhnlich. Sie entstammen dem Heiligtum der Fortuna und der Mater Matuta am Forum Boarium, das sich in unmittelbarer Nähe zum Tiberhafen Roms befunden hat. Antike Schriftquellen berichten über die Tempel der beiden Göttinnen, die König Servius Tullius im 6. Jahrhundert v. Chr. geweiht haben soll, weshalb dieses Heiligtum schon lange bekannt war, ehe es ausgegraben wurde (Pisani Sartorio 1995; Häuber 2005, 23–38).

Außer einem der beiden archaischen, an den Anfang des 6. Jahrhunderts v. Chr. datierbaren und angeblich von König Servius Tullius geweihten Tempel sind in diesem Heiligtum die beiden hier auf der Karte (Abb. 1) wiedergegebenen republikanischen Tempel der beiden Göttinnen (der östliche der beiden Tempel überbaut den archaischen Vorgängerbau) sowie ein Teil der Votive gefunden worden. Die Ausgrabung ist heute noch zugänglich und wird als Area sacra di S. Omobono bezeichnet. Der Besucher sollte sich jedoch vergegenwärtigen, dass das archaische Heiligtum wesentlich größer als die sichtbare Ausgrabungsfläche gewesen sein muss (Pisani Sartorio 1995, 284).

Zu den genannten Weihgeschenken zählen Keramikgefäße aus verschiedenen Orten in Griechenland, Kleinasien und Etrurien, sowie *alabastra* (Parfümölgefäße) aus Ägypten (Pisani Sartorio 1995, 283; Mura Sommella 2000, 20), die in den Anfang des 6. Jahrhunderts v. Chr. datierbar sind. Bemerkenswert ist auch eine *Tessera hospitalis* (eine Art ›Visitenkarte‹) aus Elfenbein mit einer etruskischen

Inschrift, die den Namen eines Spurianas einer etruskischen Adelsfamilie aus Tarquinia oder Orvieto
nennt (Mura Sommella 2000, 16, 19 f., Abb. 15), deren Entstehung gleichfalls am Anfang des 6. Jahrhunderts v. Chr. angenommen wird. Demnach wurde
dieses Heiligtum seit Beginn seines langen Bestehens von Menschen aus vielen Ländern rund um das
Mittelmeer frequentiert, von denen vielleicht sogar
einige in Rom ansässig geworden sind. Im Gegensatz
dazu zählen die antiken Schriftquellen, die über dieses Heiligtum berichten, ausschließlich Votive und
Baumaßnahmen auf, die entweder von seinem angeblichen Gründer, König Servius Tullius, oder während der Republik von römischen Bürgern gestiftet
worden waren (Pisani Sartorio 1995, 283 f.).

Wollte man sich demnach beim Studium dieses
Heiligtums allein auf die in antiken Schriftquellen
enthaltenen Informationen verlassen, d. h. ohne zusätzlich die archäologischen Bodenfunde zu Rate zu
ziehen, würde wie in vielen analogen Fällen, ein völlig falsches Bild entstehen.

Legende zur Karte auf Abb. 1:
In dieser Romkarte sind jene Landschaftselemente,
Straßen und Gebäude wiedergegeben, die im Text
erwähnt sind. Die übrigen Kartenelemente dienen
der besseren Orientierung (z. B. das Colosseum und
die Vatikanstadt). Die eingezeichneten Straßen haben bereits in archaischer Zeit existiert (bis auf die
Via Appia, die *Via Flaminia* und die *Via Nomentana*,
die ebenfalls der Orientierung dienen). Die im Text
angesprochen antiken Gebäude sind als dunkelgraue
Flächen wiedergegeben, antike Straßen als 3 m breite
graue Linien, moderne Straßen als schwarze Linien.
Die noch vorhandenen Teilstücke der sog. Servianischen Stadtmauer des 6./4. Jahrhunderts v. Chr. sind
als 4 m breite hellgraue Linien wiedergegeben, die
rekonstruierten Teile der sog. Servianischen Stadtmauer als 4 m breite mittelgraue Linien (das von dieser Stadtmauer eingeschlossene Gebiet ist hellgrau
angelegt). Die Aurelianische Stadtmauer (1. Bauphase 271–275 n. Chr.), einschließlich ihres rekonstruierten Teils auf dem Gianicolo im *Transtiberim*
(Trastevere), ist dunkelgrau angelegt, der Grundriss
ihres erhaltenen Teils, der Grundriss der von Urban
VIII. (1642–44) auf dem Gianicolo errichteten
Stadtmauer und der Grundriss der die Vatikanstadt
umschließenden Mauer wurden nach den offiziellen
photogrammetrischen Daten der Comune di Roma
gezeichnet (jetzt: Roma: Capitale), der Grundriss
der Bastion A. Sangallos d. J. (1534) ist mittelgrau

angelegt, der Grundriss der unter Urban VIII. errichteten Stadtmauer und der Grundriss der die Vatikanstadt umschließenden Mauer erscheinen ebenfalls mittelgrau. Der Tiber erscheint dunkelgrau,
sein Verlauf stellt keine Rekonstruktion der archaischen Situation dar, sondern wurde ebenfalls nach
den photogrammetrischen Daten gezeichnet, die
den aktuellen Zustand wiedergeben. Die modernen
Brücken wurden nicht eingezeichnet. Die Rekonstruktion der sog. Servianischen Stadtmauer basiert
zum Teil auf eigenen Forschungen (s. Häuber 2011c;
dies. im Druck), die der archaischen Straßen auf
Coarelli 2003, 9 sowie Carandini/Carafa 2012, die
Zeichnung der antiken Via Nomentana auf *LTUR* V
(1999) Abb. 89 (Zeichnung: C. Buzzetti und E.
Gatti), die Zeichnung des rekonstruierten Teils der
Aurelianischen Stadtmauer auf dem Gianicolo auf
Carandini/Carafa 2012, die Rekonstruktion der Nekropole auf dem Esquilin, die als dunkelgraue Fläche
angelegt ist, auf eigenen Forschungen und auf
Carandini/Carafa 2012. Chrystina Häuber, Rekonstruktion mit dem »AIS ROMA« 2013. Die Karte ist
maßhaltig und basiert auf den offiziellen photogrammetrischen Daten der Comune di Roma (jetzt:
Roma Capitale), die großzügigerweise von der Sovraintendenza ai Beni Culturali der Comune di Roma
(jetzt: Roma Capitale) dem Projekt »AIS ROMA« zur
Verfügung gestellt wurden.

*Ich danke meinem Mann, dem Geographen Franz Xaver
Schütz, und den beiden Klassischen Archäologen Dott.ssa
Susanna Le Pera und Dott. Luca Sasso D'Elia (Projekt
»Nuova Forma Urbis Romae« der Comune di Roma, jetzt:
Roma Capitale) für Ihre langjährige Unterstützung meiner
Romforschungen und der Geologin Prof.ssa Donatella De
Rita (Università di Roma Tre) für ihre Hilfe bei der Darstellung der Geologie der Stadt Rom.*

Literatur

Albertoni, Margherita: »La necropoli Esquilina arcaica e
  repubblicana«. In: AA.VV., Ausstellungs-Katalog *L'archeologia in Roma capitale tra sterro e scavo, Roma capitale 1870–1911*, 7 (Roma, Auditorium di Mecenate
  1983–1984). Venezia 1983, 140–155.
Bodel, John: »Graveyards and Groves: A Study of the Lex
  Lucerina«. In: *AJAH* 11 (1986) [1994].
Bodel, John: »From Columbaria to Catacombs: Collective
  Burial in Pagan and Christian Rome«. In: Brink, Laurie/
  Greene, Deborah (Hg.): *Roman Burial and Commemorative Practices and Earliest Christianity*. Berlin 2008,
  177–242.
Borbein, Adolf H./Hölscher, Tonio u. a. (Hg.): *Klassische
  Archäologie. Eine Einführung*. Berlin 2000a.
Borbein, Adolf H./Hölscher, Tonio u. a.: »Einleitung«. In:

Borbein, Adolf H. u. a.: *Klassische Archäologie. Eine Einführung*. Berlin 2000, 7–21.

Brandt, J. Rasmus: »The XVth International Congress of Classical Archaeology. Some reflections and perspectives«. In: Docter, Roald F./Moormann, Eric M. (Hg.): *Proceedings of the XVth International Congress of Classical Archaeology, Amsterdam 1998. Classical Archaeology towards the Third Millennium: Reflections and Perspectives* I.II (= *Allard Pierson Series*, 12). Amsterdam 1999, XIV.

BullCom: Primi risultati dalle indagini archeologiche in Campidoglio nell'area del Giardino Romano e dal Palazzo Caffarelli. (verschiedene Autoren). *BullCom* 102 (2001), 261–364.

Cain, Hans-Ulrich/Haug, Annette u. a. (Hg.): *Das antike Rom und sein Bild* (= *Transformationen der Antike* 21). Berlin 2011.

Cain, Hans-Ulrich/Haug, Annette: »Einleitung«. In: Cain, Hans-Ulrich/Haug, Annette u. a.: *Das antike Rom und sein Bild* (= *Transformationen der Antike* 21). Berlin 2011, XI-XX.

Carafa, Paolo: »Le Mura Aureliane«. In: Carandini, Andrea/Carafa, Paolo (Hg.): *Atlante di Roma antica: Biografia e ritratti della città, 1. testi e immagini, 2. tavole e indici.* Milano 2012, 85–89.

Carafa, Paolo/Pacchiarotti, Paolo: »Regione XIV. Transtiberim«. In: Carandini, Andrea/Carafa, Paolo (Hg.): *Atlante di Roma antica: Biografia e ritratti della città, 1. testi e immagini, 2. tavole e indici.* Milano 2012, 549–582.

Carandini, Andrea/Carafa, Paolo (Hg.): *Atlante di Roma antica: Biografia e ritratti della città, 1. testi e immagini, 2. tavole e indici.* Milano 2012.

Claridge, Amanda: *Rome*[1] (Oxford Archaeological Guides). Oxford 1998. 2. revised and expanded ed. 2010.

Coarelli, Filippo: »Sacra Via«. In: *LTUR* IV (1999) 223–228. Abb. 103–104; II, 152; III, 215.

Coarelli, Filippo: *Roma: Guide archeologiche Laterza*1. Roma/Bari 1980. 2. ed. 1981, 3. ed. 1983, 4. ed. 1994, 5. rev. ed. 1995, nuova edizione 2001 (Roma/Bari), 3. ed. 2003, nuova ed. riveduta e aggiornata 2008.

Cornell, Tim J.: »Rome (history)«. In: *OCD*[3] (1996), 1322–1327.

Freyberger, Klaus Stefan: *Das Forum Romanum. Spiegel der Stadtgeschichte des antiken Rom unter Mitarbeit von Christine Ertel und mit Fotos von Heide Behrens.* Mainz 2009.

Funiciello, Renato/Heiken, Grant/De Rita, Donatella/Parotto, Maurizio: *I Sette Colli. Guida geologica a una Roma mai vista.* Milano 2006. ed. Originale: Heiken, Grant/Funiciello, Renato u. a.: *The Seven Hills of Rome: a Geological Tour of the Ancient City.* Princeton 2005.

Gros, Pierre: »Le multiculturalisme et la construction de l'identitè romaine sous le Haut-Empire«. In: Dalla Riva, Martina/Di Giuseppe, Helga (Hg.): *Meetings between Cultures in the Ancient Mediterranean. Proceedings of the 17th International Congress of Classical Archaeology, Rome 22–26 sept. 2008.* =http://www.bollettinodiarcheologiaonline.beniculturali.it/bao_document/Keynote_speakers/1_GROS.pdf

Gross, Walter Hatto: »Städtebau«. In: *Der Kleine Pauly.* München 1979, 338.

Gruben, Gottfried: »Klassische Bauforschung«. In: Borbein, Adolf H. u. a. 2000a, 251–279.

Häuber, Chrystina: *Das Archäologische Informationssystem ›AIS ROMA‹: Esquilin, Caelius, Capitolium, Velabrum, Porta Triumphalis.* *BullCom* 106 (2005), 9–59.

Häuber, Chrystina: *The Horti of Maecenas on the Esquiline Hill in Rome.* 2011a. = http://www.rom.geographie.uni-muenchen.de/texts/hm_text1.pdf

Häuber, Chrystina: HORTI MAECENATIANI («HORTI LAMIANI»). 2011b. = http://www.rom.geographie.uni-muenchen.de/database.html

Häuber, Chrystina: *Servian city Wall.* 2011c. http://www.rom.geographie.uni-muenchen.de/database.html

Häuber, Chrystina: *The Eastern Part of the Mons Oppius in Rome: the Sanctuary of Isis et Serapis in Regio III, the Temples of Minerva Medica, Fortuna Virgo and Dea Syria, and the Horti of Maecenas. With Contributions by Edoardo Gautier di Confiengo and Daniela Velestino*, Suppl. *BullCom* (im Druck).

Häuber, Chrystina/Schütz, Franz Xaver: *Einführung in Archäologische Informationssysteme (AIS). Ein Methodenspektrum für Schule, Studium und Beruf mit Beispielen auf CD.* Mainz am Rhein 2004.

Haselberger, Lothar/Humphrey, John (Hg.): »Imaging Ancient Rome, Documentation – Visualization – Imagination, Proceedings of the Third Williams Symposium on Classical Architecture, held at the American Academy in Rome, the British School at Rome, and the Deutsches Archäologisches Institut, Rome, on May 20–23, 2004«. In: *JRA* 2006, 61. Suppl.

Heineberg, Heinz: *Stadtgeographie [2000].* 3., aktualisierte und erweiterte Auflage. Paderborn 2006.

Herz, Peter: »Die Energieversorgung in römischer Zeit«. In: *Weltenburger Akademie Schriftenreihe 2.31, Gruppe Geschichte.* Abensberg 2012, 5–21.

Kirsten, Ernst: »Die griechische Polis als historisch-geographisches Problem des Mittelmeerraumes«. In: *Colloquium Geographicum* 5. Bonn 1956.

Lanciani, Rodolfo: »Notes from Rome«. In: *The Athenaeum* vol. 3890, May 17th, 1902, 632–633 (= Cubberley, Anthony L. (Hg.): *Notes from Rome by Rodolfo Lanciani* (British School at Rome 1988) 362, letter CXVIII, 362–365).

Lanciani, Rodolfo 1902–2002, Lanciani, Rodolfo 1902–1913: *Storia degli Scavi di Roma e Notizie intorno le Collezioni Romane di Antichità* I-IV (Roma 1902–1913); Istituto Nazionale di Archeologia e Storia dell' Arte (Hg.): *Rodolfo Lanciani. Storia degli Scavi di Roma e Notizie intorno le Collezioni di Antichità* I-VII. Roma 1989–2002.

La Rocca, Eugenio/Rizzo, Silvana/Meneghini, Roberto/Santangeli Valenzani, Riccardo: »Fori Imperiali. Relazione preliminare degli scavi eseguiti in occasione del Grande Giubileo del Duemila«. In: *RM* 108 (2001), 171–283.

Lichtenberger, Elisabeth: *Stadtgeographie. Bd. 1: Begriffe, Konzepte, Modelle, Prozesse,* 3. neubearbeitete und erweiterte Auflage. Leipzig 1998.

LTUR: Eva Margareta Steinby (Hg.): *Lexicon Topographicum Urbis Romae (LTUR)* I-VI. Roma 1993–2000.

LTUR Suburbium: Adriano La Regina (Hg.): *Lexicon Topographicum Urbis Romae (LTUR). Suburbium* I-V. Roma 2001–2008.

Mura Sommella, Anna: ›*La grande Roma dei Tarquini*‹. *Alterne vicende di una felice intuizione.* *BullCom* 101 (2000), 7–26.

Mertens, Dieter: »Archäologische Stadtforschung«. In: Borbein, Adolf H./Hölscher, Tonio u. a. (Hg.): *Klassische Archäologie. Eine Einführung.* Berlin 2000a, 229–250.

Mertens, Joan R.: *The Metropolitan Museum of Art: Greece and Rome.* New Haven 1987.

Moses, Diana C.: »Livy's Lucretia and the Validity of Coerced Consent in Roman Law«. In: Laiou, Angeliki E. (Hg.): *Consent and Coercion to Sex and Marriage in Ancient and Medieval Societies.* Dumbarton Oaks 1993, 39–81.

Patterson, John R.: »The City of Rome Revisited: From Mid-Republic to Mid-Empire«. In: *JRS* 100 (2010), 210–232.

Pisani Sartorio, Giuseppina: »Fortuna et Mater Matuta, aedes«. In: *LTUR* II (1995) 281–285, Abb. 110–114.

Prayon, Friedhelm: *Die Etrusker. Geschichte, Religion, Kunst.* 5., überarbeitete Auflage. München 2010.

Richardson, Lawrence Jr.: *A New Topographical Dictionary of Ancient Rome.* London/Baltimore 1992.

Roncalli, Francesco: »Das Verhältnis der etruskischen Grabmalerei zu anderen Gattungen etruskischer Kunst«. In: Steingräber, Stefan (Hg.): *Etruskische Wandmalerei.* Stuttgart/Zürich 1985, 79–84.

Salone, Claudio: »Una strada fondamentale della Roma classica: l'asse Argileto-Subura«. In: *Ar* [mensile dell'Ordine degli Architetti di Roma e di Rieti] 9–10, 1980, 17–22.

Schütz, Franz Xaver: *Zum Regensburger und Kölner Stadtgrundriss. Eine GIS-gestützte Untersuchung* (= Regensburger Studien 14). Regensburg 2008. Zugleich: Univ.-Diss., Phil.-Fak. III, Univ. Regensburg unter dem Titel: *Entwicklung und Erprobung neuer digitaler Methoden zur geographischen Stadtgrundrissanalyse mit Fallbeispielen aus Regensburg und Köln. Eine GIS-gestützte Untersuchung.*

Sheldon, Rose Mary: *Intelligence Activities in Ancient Rome. Trust in the Gods, but Verify. Part I: The Republic.* London/New York 2005, 1–140.

Toms, Judith: »Catacombs«. In: Claridge, Amanda 1998, 408–418; *ead.* 2010. In: Claridge, Amanda 2010, 447–458.

Vasco Rocca, Sandra (Hg.): *SPQR, Guide Rionali di Roma. Rione XV Esquilino.* Roma 1978, 1982².

Wallace Hadrill, Andrew: *Statement von Prof. Andrew Wallace Hadrill (Director The British School at Rome), des President of the XVII AIAC Congress of Classical Archaeology, Meetings between Cultures in the Ancient Mediterranean, bei der Eröffnung dieses Kongresses am 22. September 2008 in Rom.*

Winter, Nancy A.: *Greek Architectural Terracottas from the Prehistoric to the End of the Archaic Period.* Oxford 1993.

Wiseman, Timothy Peter: »The Origins of Roman Historiography; Roman Legend and Oral Tradition«. In: Wiseman, Timothy Peter: *Historiography and Imagination: Eight Essays on Roman Culture.* Exeter 1994, 1–22; 23–36.

Wiseman, Timothy Peter: *Remus – a Roman myth.* Cambridge 1995.

Wiseman, Timothy Peter: *Unwritten Rome.* Exeter 2008.

Wiseman, Timothy Peter: »The Prehistory of Roman Hellenism. 2010«. In: Dalla Riva, Martina/Di Giuseppe, Helga (Hg.): *Meetings between Cultures in the Ancient Mediterranean. Proceedings of the 17th International Congress of Classical Archaeology, Rome 22–26 sept. 2008.* = http://www.bollettinodiarcheologiaonline.beniculturali.it/bao_document/Keynote_speakers/2_WISEMAN.pdf

Wittke, Anne-Maria/Olshausen, Eckhart/Szydlak, Richard in collaboration with Vera Sauer and other specialists: *Brill's Historical Atlas of the Ancient World New Pauly.* Leiden/Boston 2010.

Zanker, Paul: »Le rovine di Roma«. 2010. In: Dalla Riva, Martina/Di Giuseppe, Helga (Hg.): *Meetings between Cultures in the Ancient Mediterranean. Proceedings of the 17th International Congress of Classical Archaeology, Rome 22–26 sept. 2008.* = http://www.bollettinodiarcheologiaonline.beniculturali.it/bao_document/Keynote_speakers/4_Zanker.pdf

Zevi, Fausto: »Demarato e i re ›corinzi‹ di Roma«. In: Storchi Marino, Alfredina: *L'incidenza dell'antico. Studi in memoria di Ettore Lepore, Atti del convegno internazionale: Anacapri, 24–28 marzo 1991* I. Napoli 1995, 291–314.

II. Die griechische und punische Welt

Roald Docter

1. Vorbemerkung zum Stadtbegriff

Einen Überblick der archäologischen Stadtforschung der griechischen und punischen Welt zu verfassen, ist angesichts der Größe des das ganze Mittelmeer und sogar Schwarze Meer umspannenden kulturellen Forschungsfeldes kaum mehr machbar. Zeitlich beschränkt sich ein solcher Überblick zwar auf das 1. Jahrtausend v. Chr., aber der Publikationsbestand ist besonders seit der Mitte des 20. Jahrhunderts dermaßen angestiegen, dass sich ein solches Anliegen rasch als unrealistisch erweisen wird. Auch auf theoretischer Ebene ist es heute kaum mehr denkbar zu versuchen, eine Stadt als ein festes, überall gültiges Modell für andere Städte – sei es in der griechischen oder in der punischen Welt – zu deuten und zu erklären. Vielmehr ist man sich dessen bewusst, wie sehr sich einzelne Städte je nach Zeitpunkt, geografischer Lage und kultureller Prägung voneinander differenzieren können. Sie kennen jeweils eine eigene Entwicklungsdynamik und mögen von vielen unterschiedlichen Einflüssen geprägt worden sein. Der Begriff »Vernetzung« (»networks«) ist nicht umsonst im ersten Jahrzehnt des 21. Jahrhunderts zu einer Art Paradigma der archäologischen Forschung geworden.

Während der vorangehenden Jahrzehnte war hingegen die althistorische und archäologische Stadtforschung zuweilen noch sehr von einem anderen, soziologischen Paradigma beeinflusst, wie z. B. noch das Buch *Die Stadt im Altertum* des Althistorikers Frank Kolb zeigt: »Brauchbarer erscheinen da allemal noch die Ausführungen des Soziologen und Historikers Max Weber, an dessen Abhandlung über die Stadt niemand, der sich mit dieser Problematik befaßt, vorbeigehen kann. Grundvoraussetzung einer Stadt ist für Weber die Existenz einer größeren geschlossenen Siedlung, aber dieses Merkmal reicht nicht aus, da eine exakte quantitative Festlegung nicht möglich ist. Hinzu kommen vielmehr ökonomische und politisch-administrative Kriterien« (Kolb 1984, 12 f.). Die Stadt im ökonomischen Sinne wird daher definiert als Ort mit einem von ihr regulierten lokalen Markt. Im politisch-administrativen Sinne konnten aber auch Festungen und Garnison-

sorte von Weber als Stadt definiert werden. Weber wiederum war beeinflusst vom Werk Werner Sombarts (1902), besonders in der Verwendung des Begriffes ›Konsumentenstadt‹ (Sombart: »Konsumtionsstadt«, s. Hansen 2004, 9), sowie des Gegenbegriffes »Produzentenstadt« (Gewerbe- oder Handelsstadt). Gerade diese Gegenüberstellung, in der Ersterer für die antike Stadt und Letzterer für die mittelalterliche Stadt Modell stand, hat das althistorische urbanistische Diskurs während des 20. Jahrhunderts geprägt, besonders unter Einfluss von den Arbeiten Moses Finleys seit den sechziger Jahren.

In der wichtigen ökonomischen und ökologischen Geschichte des Mittelmeers von Peregrine Horden und Nicholas Purcell, *The Corrupting Sea* (2000), ist ein Kapitel (Kap. IV) den urbanen Zentren und somit dem Konzept der Stadt gewidmet. Die Autoren haben sich dabei zum Ziel gesetzt, nicht nur das Konzept der Konsumentenstadt in Frage zu stellen, sondern sogar auch die Stadt (»the town«) als einen gesonderter Siedlungstypus aufzugeben (Horden/Purcell 2000, 108 f.). Die Stadt als ökonomische und soziale Entität, die »central-place theory« und Größenordnungkorrelationen werden zurückgewiesen und die urbane/rurale Gegenüberstellung wird nur als ein »demographic marker of the spatial distribution of populations and as a cultural symbol« verstanden (ebd., 102 f., 122; s. Algazi 2005, 232). Der Mittelmeerraum »works as a gigantic set of micro-ecologies, with no significant intermediate level between the very small and the very large« (Horden/Purcell 2000, 518). Charakteristisch für diesen Raum ist die Kombination dreier Elemente: die Mikroregionen, die klimatologische Instabilität und die Tradition von wechselseitiger Abhängigkeit und Verbindungen (bes. Algazi 2005, 230). Die Autoren haben dadurch das Konzept ›Verknüpfung‹ (»connectivity«) überzeugend in die historische und archäologische Disziplinen eingeführt, genauso wie den damit verbundenen Begriff ›verstreute Hinterlande‹ (»dispersed hinterlands«). Letztere werden als Vernetzungen (»networks«) verstanden, die weit über die unmittelbaren geografischen Begrenzungen hinausgreifen (Horden/Purcell 2000, Kap. V bzw. IV, 8). Es ist klar, dass die jüngere Forschung sich somit weit von den alten, für die Antike gedachten Begriff der »Konsumentenstadt« und der Autarkie antiker Städte entfernt hat.

Trotz der Nützlichkeit jener neu eingeführten Konzepten für die archäologische Stadtforschung sind besonders die rigide Dekonstruktion der ›Stadt‹

als Konzept und die Ablehnung von Größenordnungskorrelationen auf begründete Kritik gestoßen: »Their Mediterranean is inhabited by settlements, large and small, displaying basically the same sort of reliance on diversification and ›connectivity‹ from antiquity through the Middle Ages« und »‚The City‹ and ›The Village‹ are often indeed misleading oppositions, but relative size and position and the concentration of power, authority, and resources make a difference« (Algazi 2005, 232 f.). Auf breiterer und insbesondere archäologischer Basis hat Mogens H. Hansen vom Kopenhagener Poliszentrum sich in einem gesonderten Beitrag mit Hordens und Purcells Stadtthese auseinandergesetzt und kommt für die griechische Welt zu einem deutlich anderen, ausgewogeneren Bild: »Thus, instead of Horden and Purcell's opposition between the urban few and the rural many, the Classical Greek *polis* world testifies to an opposition between the urban many and the rural few. The urban population however, did not stay behind the walls waiting to have provisions brought into their market. Many, perhaps even most, of them must have been farmers who lived in the urban centre but every morning walked to their fields in the hinterland and walked back again to their houses every evening. They were not consumers who lived on the surplus produced by the rural population. They were Weberian *Ackerbürger*. Since almost all were settled in the city, there was no opposition between people settled in the town versus people settled in the hinterland« (Hansen 2004, 32; aber s. Jones 2004, 44–47, für ein Gegenplädoyer). Nur Sparta würde sich nicht in dieses archäologische Bild fügen, und vielleicht nicht zufälligerweise wird gerade Sparta in den antiken Quellen (Platon und Aristoteles) als eine Ideal*polis* dargestellt, etwa im Sinne einer Konsumentenstadt.

Das Bild antiker Städte ist also manchmal viel einheitlicher als vermutet, manchmal aber auch viel differenzierter. Eine repräsentative Auswahl zu treffen unter den unzähligen antiken Städten der griechischen und punischen Welt, um dieses Bild zu beleuchten, ist deswegen so gut wie unmöglich. Drei Städte – Karthago, Athen (mit Piräus) und Megara Hyblaia – dürften aber genügen, um das Bild des in Teil I besprochenen Rom in seiner Vielfältigkeit zu ergänzen, wobei jeweils andere Aspekte einer antiken Stadt hervorgehoben werden. Zwei dieser Städte sind Kolonien, die aus verschiedenen, von der Forschung stark diskutierten Gründen in dem zentralen Mittelmeerraum gegründet wurden. Zudem, und

nicht zufällig, handelt es sich wie im Falle Roms um Städte am Mittelmeer oder mit einer starken Bindung ans Mittelmeer und deswegen mit einer offenen, nach außen gerichteten Ausprägung: das Mittelmeer als verbindendes Element, ganz im Sinne des Konzeptes der Connectivity. Sokrates soll kurz vor seinem Tode gesagt haben: »Und wir, die wir das Land bis zu der Herakles bekannten Säulen vom Phasis an bewohnten: wir nahmen nur ein kleines Teilchen ein und wie Ameisen oder Frösche rings um den Sumpf so hausten wir rings um das Meer« (Platon, *Phaidon* 109B; Dirlmeier 1959, 175).

2. Karthago

Wie sich die Stadt Rom aus einem Rindermarkt am Tiberufer zu einer Großstadt entwickelt hat, so ist auch der Anfang der punischen Metropole Karthago – allerdings nach der antiken Überlieferung – mit einem Rind bzw. dessen Haut verbunden. Die bei Timaios (FGrH 566 F60) festgehaltene Geschichte ist wohlbekannt und kann hier nur in ihren Grundzügen skizziert werden. Nach einer Abspaltung in der Adelsschicht von Tyros im heutigen Libanon begab die Prinzessin Elissa (bzw. Dido) sich mit ihren aristokratischen Gefährten aufs Schiff und erreichte in 814/813 v. Chr. Libyen mit der Absicht, hier eine neue Stadt (im Sinne eines neuen Tyros) zu gründen (s. auch Dion. Hal. Ant. Rom. 1.74; Vell. Pat. 1.6.4). Unterwegs von Tyros in den Westen haben die Auswandernden erst auf der Insel Zypern Halt gemacht, wo sie den Hohepriester der Astarte (Venus) sowie 80 sakralprostituierte Mädchen an Bord nahmen. Der erfolgreiche Ausbau einer Kolonie braucht ja nicht nur Männer, sondern auch Frauen. In Libyen kauften die Einwanderer der einheimischen Bevölkerung ein Stück Grund ab, so groß wie eine Rinderhaut es abdecken konnte. Diese Rinderhaut wurde aber von den Phöniziern in Streifen geschnitten, mit denen ein weit größeres Siedlungsareal als das der eigens verhandelten Hautoberfläche abgesteckt wurde. Diese wohl als spätere Etymologie zu verstehende Erklärung des Wortes ›Byrsa‹, Toponym des Kernhügels Karthagos, ist insofern nicht befremdend, als sie sowohl das antike, seit Homer geprägte Bild der Phönizier als trickreiche Gauner bestätigt als auch generell die Rolle der Rinder bei der Gründung antiker Städten würdigt. Mit von Stier- und Kuhspann gezogenen Pflügen wurden bei Griechen und Römern und wohl auch bei den Phöniziern in einem sakralen Akt die Grenzen des Stadtgebietes abgesteckt (s. Carafa, in: Carandini/Cappelli 2000, 272–277).

Im Phönikischen heißt Qrt-hdšt (Kart'hadasht) »neue Stadt«, etwa wie Neapolis im Griechischen. Es ist dabei gewiss nicht ohne Bedeutung, dass Karthago die einzige Stadt der phönizisch-punischen Welt ist, von der wir eine ausführliche Gründungsgeschichte kennen. Obwohl die Tradition zweifelsohne auch Elemente beinhaltet, die als Teil eines späteren griechischen und sekundär auch lateinischen Diskurses verstanden werden können, die ein nichtgriechisches und nichtrömisches Bild Karthagos zu vermitteln versuchte (Bonnet 2006, 370 f.), enthält die Geschichte auch Elemente, die so typisch orientalisch und der klassischen Welt fremd sind, dass sie kaum von griechisch-römischen Historikern erfunden sein können (Aubet 1993, 187–190). Der mythische Anlass der Koloniegründung ist zwar nicht archetypisch, sondern gerade für eine Stadt mit der Namen ›neue Stadt‹ sehr plausibel. Andere phönizische Kolonien im zentralen und westlichen Mittelmeerraum werden eher aus kommerziellen Gründen wie Nähe zu Rohstoffvorkommen (bes. Metallen) gegründet worden sein. Wirkliche Agrarkolonien, wie in der griechischen Kolonisation (s. u.), sind in der phönizischen Welt weniger üblich. Karthago nimmt, spätestens seit dem Ende des 6. Jahrhunderts v. Chr., eine Vorrangstellung unter den punischen Kolonien ein, während sie diese bis dahin mit anderen aus der Literatur überlieferten kolonialen Großsiedlungen wie Cádiz (Spanien), Utica (Tunesien) und Lixus (Marokko) teilte.

Die Richtigkeit der Frühdatierung Karthagos hat sich bis vor kurzem nie durch die archäologischen Forschung bewähren können; Spuren der ältesten Stadt, von gut datierbaren griechischen Keramikfunden begleitet, ließen erst eine Chronologie ab dem zweiten Viertel des 8. Jahrhunderts v. Chr. zu. Radiokarbondatierungen an Tierknochen aus den frühesten Schichten haben aber jüngst eine Datierung in das späte 9. Jahrhundert ergeben, also in guter Übereinstimmung mit dem historisch überlieferten Gründungsdatum 814/813 v. Chr. (Docter u. a. 2008).

Das Aussehen und die urbanistische Entwicklung der punischen Stadt Karthago sind nach etwa zwei Jahrhunderten archäologischer Forschungstätigkeit, besonders aber seit den 1970er Jahren, relativ bekannt. Gegründet wurde die Stadt bemerkenswerterweise wohl nicht auf dem (späteren) Zentralhügel

Byrsa, sondern wohl an dessen südöstlichen und östlichen Hängen, also zum Meer hin gerichtet. Hier sind die genannten ältesten Spuren menschlicher Präsenz gefunden worden, in Schichten die bis etwa 6 m unter dem heutigen Laufniveau liegen. Die Lage, auf einer in die Bucht von Tunis hineinreichenden Halbinsel, ist nicht nur strategisch gut gewählt, sondern besitzt mit einem nördlichen und einem südlichen Landeplatz am Strand auch die Charakteristika der phönizischen Städte der Levanteküste und besonders der Mutterstadt Tyros. An jenen Stellen dürften sich auch extra-urbane Teile der Siedlung befunden haben mit an ›Häfen‹ gebundenen Funktionen wie Magazine, Werften, Behausungen für Seefahrer und Händler sowie Kneipen und Bordelle. Leider konnten diese nach den levantinischen Vorbildern als ›Unterstadt‹ bzw. ›Unterstädte‹ zu interpretierenden Stadtteile bisher nicht erforscht werden und bleiben also nur hypothetisch zu rekonstruieren (Docter 2002/2003, 122 f. Abb. 5). Eine extensive Feldbegehung mit einem Radius von 30 km im Umland von Karthago hat gezeigt, dass die Stadt erst nach der Mitte des 6. Jahrhunderts, und dann noch spärlich, von ländlichen Fundorten umgeben war (Greene 1986; Docter 2009, 182 f., Abb. 3). Sie war also eher stark auf das Meer orientiert und somit mit ihren weit ›verstreuten Hinterlanden‹ (Spanien, Sizilien, Sardinien, …) vernetzt. Erst nach dem 2. Punischen Krieg, im 2. Jahrhundert v. Chr., war mit dem Verlust dieser Hinterlande nicht nur eine starke rurale Landnahme der periurbanen Landschaft erforderlich, sondern ist diese auch archäologisch eindeutig nachweisbar.

Der Umfang des durch Ausgrabungen gesicherten Stadtbereiches der Frühphase Karthagos ist bereits mit etwa 25 ha zu berechnen. Dies ließe auf eine für antike Begriffe beträchtliche Einwohnerzahl von etwa 5000–8000 bereits im 7. Jahrhundert schließen. Im 2. Jahrhundert ist diese Zahl sicherlich bis 50 000, wenn nicht bis 100 000 angestiegen. Die Stadt, oder vielleicht besser ›Oberstadt‹, ist mindestens seit dem 7. Jahrhundert von Stadtmauern umgeben; diese wurden im 5. Jahrhundert noch mal erneuert, bzw. ein größeres Territorium einschließend erweitert. Nekropolen und Handwerkerviertel befanden sich – wie üblich in der antiken Welt – außerhalb dieser Mauern (*extra muros*). Auch der Tophet Karthagos, ein heiliger Bezirk, wo die eingeäscherten Resten von Tausenden von jungen Kindern (Kinderopfer oder Gräber von noch nicht in die Gesellschaft aufgenommenen Kindern) beigesetzt waren, lag anfangs ›extra muros‹. Wohl von den späteren Mauern eingeschlossen, wurde zu einem nicht bestimmbaren Zeitpunkt vor etwa 350 v. Chr. ein Kanal (15–20 m breit und 2 m tief) parallel zur Küstenlinie ausgegraben, der hafenähnliche Funktionen besessen haben mag. Dieser wurde nach 350 verschüttet und dann von einem Doppelhafen im Südosten ersetzt. Die letzte Fassung dieses Hafens datiert kurz vor dem Ausbruch des 3. Punischen Krieges und hat die Form eines rechteckigen Handelshafen, der durch einem kleinen Kanal mit einem runden Kriegshafen für Triremen verbunden ist (Hurst/Stager 1978; s. Appian 8.14.95–96; 8.19.127).

Die Stadt war von Anfang an deutlich planmäßig strukturiert, mit rechteckigen Häusern, die Wand an Wand standen und sich zu von Straßen umgebenen *insulae* gliederten; offensichtlich ging dies mit einem verbindlichen Grundstückskataster einher (Niemeyer u. a. 2007, 175 ff.). Die übergreifende Struktur dieser *insula*-Bebauung und Straßenorientierungen kennzeichnet sich durch ein fächerförmiges, radiales Baumuster an den Hängen des Byrsahügels. Es lohnt sich, mit einem Zitat von Hans Georg Niemeyer generell die Bedeutung der Straße für die Stadt und das städtische Leben zu betonen: »Ein Straßennetz gehört unverzichtbar zum Katalog derjenigen Elemente, durch deren Zusammenwirken die Stadt entsteht, lebt und fortdauert. Straßen sind Instrument der Ent- und Versorgung, dienen für Transporte jeglicher Art, erschließen die von einer bestimmten Größe der Siedlung an unübersichtliche, sonst nicht zu gliedernde Menge der individuellen, privaten Häuser. Sie ermöglichen die rasche Übermittlung öffentlich wichtiger Nachrichten durch Ausruf, ebenso die zwischenmenschliche Kommunikation im Gespräch, garantieren den leichten Zugang zu Werkstätten und Läden, öffentlichen, größeren Versammlungsplätzen und Heiligtümern. Im täglichen Gebrauch der Straße konstituiert sich die Lebensgemeinschaft der Bürger, vollzieht sich das städtische Leben« (Niemeyer u. a. 2007, 233). Die Straßen Karthagos waren gleich von Anfang an mit Steinschotter befestigt und hatten unregelmäßige, offene Rinnen als Regen- und Abwasserkanäle. Bereits um 425 v. Chr. wurden wenigstens einige Straßen mit Pflasterungen aus Kalksteinplatten und einem mittigen offenen Abwasserkanal monumentalisiert. Eine letzte Fassung dieser aufwendig gepflasterten Straßen aus dem Anfang des 2. Jahrhunderts kannte sogar einen sorgfältig aus dem Kalkstein gearbeiteten Abwasserkanal in der Straßenmitte. Diese definitive,

für einige Generationen garantierte Befestigung der Straßenniveaus stellte nicht nur ein Ende an die mächtigen Straßenauffüllungsschichten (Siedlungsmüll) der vorangegangenen Zeit, sondern erlaubte auch die Beibehaltung der gleichen Flurniveaus in den Häusern und machte damit erst die Investition in teurere feste Kalkmörtel- und Tesselatumböden (die *pavimenta Punica*) möglich. Dies ging notwendigerweise mit dem Ausbau einer Müllentsorgung und Dungeinsammlung durch *Koprologoi* einher; Letztere wohl für die bewässerten Gartenanbaugebiete westlich der Stadt, in der Megara (Docter 2005; Maraoui Telmini 2011).

Die Wasserversorgung der Stadtbevölkerung geschah anfangs durch tief in den gewachsenen Boden ausgeschachtete Brunnen. Spätestens seit der Mitte des 4. Jahrhunderts wurden diese durch Zisternen ersetzt; in der Endphase Karthagos besaß jedes Haus mindestens eine Zisterne. Die Häuser selber folgen in ihren Grundrissen hauptsächlich den orientalischen Vorbildern der Levante, besonders während der ersten Jahrhunderte: Hofhaus und Vierraumhaus. Erst ab dem späten 4. Jahrhundert treten auch griechisch hellenistische Bauelemente auf wie das Peristylium und die Wanddekoration im Mauerwerkstil (etwa 1. Pompejanischer Stil), besonders in Kombination mit Elementen dorischer Bauordnung (Tang 2005). Zur gleichen Zeit sind aber auch ägyptische Einflüsse in der Wanddekoration zu vermerken, besonders in den (Kranz-)Profilen. Trotz dieser ›internationalen‹ Einflüsse blieb der Grundbestand der karthagischen Häuser typisch punisch, insbesondere durch die Beibehaltung langer schmaler Korridore (‚Korridorhäuser‘). Auch das Gesamtbild der Stadt wird sich für den antiken Betrachter bedeutend von anderen, griechischen Städten unterschieden haben: Die mehrstöckigen Häuser besaßen nie ziegelgedeckte Giebeldächer, sondern boten mit ihren Flachdächern eher den Anblick einer orientalischen Dachlandschaft.

Der Reichtum der Stadt, der sich sowohl im privatem als auch im öffentlichem Bereich deutlich zeigte, hat in den 50er Jahren des 2. Jahrhunderts auch die Aufmerksamkeit einer römischen Senatskommission auf sich gelenkt, an der Cato der Ältere Teil hatte. Die Drohung, die für Rom davon ausging, soll Cato zu seinen berühmten geflügelten Worten ›ceterum censeo, Carthaginem esse delendam‹ veranlasst haben (diese Version mit dreifacher Alliteration ist aber erst 1821 von dem deutschen Historiker Franz Fiedler konstruiert worden, (Maaß 2004); bei

Plutarch, Cato 27, heisst es im Griechischen schlicht-
hin ›ich bin der Meinung, dass Karthago nicht stehen
bleibe‹). Nach drei Jahren Belagerung wurde die
Stadt im Frühjahr von 146 v. Chr. von römischen Sol-
daten eingenommen und dem Erdboden gleichge-
macht. Scipio soll die Stadt verflucht haben, dadurch
dass er sie mit Salz bestreuen und zudem pflügen
ließ. »Wenn einer Stadt ihre Nutzungsrechte (Nieß-
brauch) genommen und der Pflug über sie geführt
wird, wie es Karthago erging, hört sie auf, als Stadt zu
bestehen« (*Digesta* 7,4,21; Maaß 2004, 381 f.).

3. Athen und Piräus

»Man kommt zur Stadt der Athener. Der Weg ist angenehm, überall bewirtschaftetes Land; er hat etwas
liebenswertes für den Anblick. Die Stadt ist allerdings ganz trocken, schlecht bewässert und aufgrund ihres Alters arg verwinckelt. Die meisten
Häuser sind minderwertig, wenige von Nutzen.
Wird sie das erste Mal von Fremden betrachtet,
dürfte wohl bezweifelt werden, ob sie die berühmte
Stadt der Athener sei. Nach kurzer Zeit wird man es
aber glauben. So war da das Schönste der bewohnten
Welt: das erwähnenswerte Theater, groß ist es und
wunderbar. Das prachtvolle Heiligtum der Athena,
hochgelegen ist es; der Anblick lohnt sich! Der sogenannte Parthenon, der über dem Theater liegt und
die Betrachter staunend ergreift.« Mit dieser Beschreibung schilderte Herakleides Kritikos (I,1;
FGrH II,254; Arenz 2006, 119) zwischen 279 und
267 v. Chr. die innerstädtische, infrastrukturelle
Situation des hellenistischen Athens. Dieses Bild
entspricht jenes des egalitären, demokratischen
Athen der klassischen Zeit (Demosthenes, Rede 23,
206 f.; s. Goette/Hammerstaedt 2004, 251). Mit dem
Wiederaufbau Athens nach der Zerstörung durch
die Perser 480 v. Chr. hat man nicht die Möglichkeit
genützt, die Stadt neu, etwa orthogonal, zu ordnen,
wie dies später im Piräus geschah. Die alten Besitzansprüche der zurückgekehrten Familien waren an-
scheinend stärker als ein (nur zu vermutender)
Wunsch einer Katasterreform und Rationalisierung
des Stadtgewebes.

Athen nimmt durch den schriftlichen und archäologischen Quellenreichtum eine Sonderstellung
unter den etwa 1500 bekannten griechischen Städten
(*póleis*) ein (Hansen 1997, 9 f.). Sie bildet zugleich
aber auch ein Beispiel für eine eher ›natürlich‹ gewachsene Stadt nach dem Verschwinden der auf und

um die Akropolis zentrierten mykenischen Palast-
kultur. Dem Mythos nach hat der athenische König
Theseus einen Synoikismos (*synoikismós*) Attikas
vorgenommen und damit eine politische Vereinigung der kleineren Dörfer und Städte bzw. ihre Gemeinschaften (Demen) zu einem größeren Verband
bewirkt. In der so durch Mythos gesicherten Realität
wird die Akropolis in Athen wohl als politisches und
sakrales Zentrum für Athen und Attika fungiert haben. Ein wirklich einheitliches urbanes Stadtgewebe
mit klar getrennten Funktionen wird aber erst seit
dem späten 6. oder Anfang des 5. Jahrhunderts mit
den nur literarisch überlieferten archaischen Stadtmauern (Thukydides I.89.3) oder 478–476 v. Chr.
mit den unter Themistokles gebauten Stadtmauern
festgelegt worden sein; die Existenz einer noch früheren Stadtmauer, vor 700 v. Chr., ist gleichwohl
nicht ausgeschlossen (Lauter-Bufé/Lauter 1975). In
Realität handelt es sich bei dem Synoikismos Attikas
aber wohl um ein Prozess, das spätestens zu Beginn
des 6. Jahrhunderts angefangen hat. Mit der Reform
der Stämme (*phylaí*) 508/507 v. Chr. unter Kleisthe-
nes wurden die 133 oder 139 (bzw. 170 oder 174,
nach Strabo 9,1, 16) Demen auch wirklich institutionell in die athenische Polisstruktur eingebunden, wobei die zehn neugebildeten Stämme jeweils
zu einem Drittel (*trittýes*) aus einer der drei Regionen, Stadt (*ásty*), Küste (*paralía*) und Inland (*mesó-
geios*), bestanden.

Die Stadt wurde von drei Flüssen umgeben, dem
Ilissos im Süden, dem Kephissos im Westen und
dem Ereidanos im Norden; Letzterer floss teils auch
durch die Stadt. Bis in die klassische Zeit bestand sie
aus einer Oberstadt, der Akropolis, und einer bewohnten Unterstadt in der südlich davon gelegenen
Ebene (s. auch Thukydides II.15.3–6). Es ist anzu-
nehmen, dass die Akropolis selbst in der frühen Eisenzeit wohl auch noch bewohnt war (Papadopoulos
2003, 299 f.) und erst später ausschließlich religiösen
Funktionen vorbehalten war. Nicht zufälligerweise
situiert auch das obengenannte, im Dionysoskult
eingebundene und im dritten Viertel des 4. Jahrhunderts gebaute (Dionysos-)Theater des Lykurgos sich
am südöstlichen Akropolishang. Der Bereich der
späteren, klassischen Agora, nordwestlich der Akropolis und östlich des Kolonos Agoraios, wurde seit
der späten Bronzezeit bis ins 6. Jahrhundert v. Chr.
noch von Nekropolen und Töpferwerkstätten eingenommen (Papadopoulos 2003, 271 ff.).

Die Begriffe »Oberstadt« und »Unterstadt« werden aber auch für das *ásty* Athen bzw. für das etwa

sechs Kilometer entfernte Piräus benützt (Hoepfner/Schwandner 1994, 22), wo sich die Hafenanlagen befanden, die für das klassische Athen von so großer Bedeutung waren. Jene ummauerte Hafenstadt wurde nach 461 v. Chr. mit Athen verbunden durch die sogenannten Langen Mauern, die einen sicheren, befestigten Korridor bildeten. Sie zeigen, wie sehr Piräus trotz der Distanz als ein Teil der Stadt Athen empfunden wurde. Eine dritte Mauer (Bau: 437–432 v. Chr.) verband Athen mit ihrem alten Hafen Phaleron, südlich des Piräus. Das dadurch eingeschlossene Dreieck dürfte in Zeiten der Belagerung als eine zusätzliche Nahrungsquelle gedient haben (etwa durch Gartenanbau; s. auch Conwell 2008). Bis zu den Perserkriegen war Phaleron der wichtigste Hafen Athens, danach übernahm Piräus diese Rolle. Mit dieser Verschiebung ging auch eine wichtige innerstädtische Reorganisation Athens einher. Die direkten Verbindungswege zwischen dem Meer (Piräus) und Athen lagen jetzt weiter nördlicher als zuvor und erreichten die Stadt bei dem Piräus-Tor, dem Demiai-Tor oder sogar noch nördlicher beim Heiligen und beim Dipylon-Tor. Besonders die Getreidetransporte zwischen dem kommerziellen Hafen von Piräus (Kántharos) und Athen werden hiervon betroffen gewesen sein. Gewollt oder nicht hat sich damit innerhalb Athens eine Verschiebung des kommerziellen und öffentlichen Zentrums ergeben, von der archaischen Agora (nord-)östlich der Akropolis zur neuen, klassischen Agora nordwestlich davon (Papadopoulos 2003, 271 ff.). Das ehemalige Töpferviertel (Kerameikos) verschob sich weiter nach Nordwesten zum Dipylon-Tor und jenseits davon. Auch die Nekropolen wurden jetzt nach außerhalb der neuen Stadtmauern verlagert.

Aufgrund archäologischer Indizien berechnete John Travlos, dass die Stadtmauern Athens etwa 215 ha umfassten, von denen aber 30 ha durch öffentliche und kultische Plätze sowie die Akropolis eingenommen wurden und 65 ha ganz unbebaut blieben (Travlos 1971/Kolb 1984, 80). Die Berechnungen von Travlos lassen daher auf etwa 6000 Häuser schließen, was zu einer Einwohnerzahl von etwa 34 000 bis 50 000 am Ende des 5. Jahrhunderts führt. Dies muss aber nicht unbedingt strittig sein aufgrund der Erwähnung von Xenophon, dass die Stadt zu dieser Zeit »aus mehr als zehntausend Häusern besteht«, denn eine solche runde Zahl ist bei antiken Autoren meist als ›sehr viele‹ zu interpretieren (Memorabilia III 6,14; Jaerisch 1977, 192 f.).

Aristoteles (Politik 1267b, 1330b) würdigte Hippodamos von Milet als Erfinder des orthogonal angelegten Stadtplans, wobei sich die *insula* als gliederndes Modul auszeichnet. Unter den vielen, oft irrtümlich, Hippodamos zugeschriebenen Stadtplänen ist der von Piräus – im Auftrag Athens – aus der Zeit nach 476 v. Chr. wohl als gesichert zu betrachten. Diese geplante Rasterstadt war eng mit dem Ausbau der athenischen Flotte verbunden und sollte in erster Linie Behausungen für die Matrosen und ihre Familien bieten (Hoepfner 1989, 12 f.; Hoepfner/Schwandner 1994, 22–50). Aristoteles äußert sich auch über die Wohnungen selber: »Die Einrichtung der Privathäuser gilt als hübscher und in vielfacher Hinsicht praktischer, wenn sie gradlinig ist und dem neuen hippodamischen Prinzip folgt« (Politik 1330b; Hoepfner 1989, 12). Die Archäologie hat gezeigt, dass es sich hier um relativ große, standardisierte Häuser handelt auf Parzellen von 241 m² und in der neuen Form der sog. Prostas-Häuser. Diese Rationalität steht in schrillem Kontrast zu den für Athen bezeugten Häusern, sowohl was Grundriss, als auch was Größe anbetrifft (Tsakirgis 2005). Jene sind fast nie exakt rechteckig, sondern eher dem unregelmäßigen Straßenverlauf angepasst. In den meisten Fällen handelt es sich um Häuser, deren Räume um einen Hof herum angelegt worden sind (›Hofhaus mit einem Eingang‹). Die funktionelle Kombination von Wohnen und Werken (Werkstatt und Laden) scheint dabei eher typisch zu sein. Die relativ geringe Größe der athenischen Häuser fällt im Vergleich mit Piräus auf; die Hausparzellen sind selten größer als 225 m². Die klassischen athenischen Häuser scheinen im Vergleich zu zeitgenössischen Häusern wiederum eher durchschnittlich oder größer zu sein (Morris 2005, 107 ff., der aber nur von überdachten Teilen der Häuser ausgeht).

Ein zusätzlicher Vergleich mit klassischen Häusern in anderen attischen Dörfern und Demenzentren (Thorikos, Ano Voula und Rhamnous) zeigt, dass auch da unregelmäßige Grundrisse überwiegen. Die einzelnen Räume hingegen sind meist größer und auch Türme bilden manchmal einen integralen Teil des Ganzen. Da diese attischen Häuser meist durch mehr als einen Eingang betreten werden konnten – im Gegensatz zu den Häusern in Athen und Piräus –, darf man hier vielleicht auch einen sozialen, gesellschaftlichen Unterschied zwischen einer Groß- und einer Kleinstadt bzw. einem Dorf sehen. Die räumliche Syntax der athenischen und piräischen Häuser bezeugt den klaren Wunsch, die

Interaktion zwischen den Haushaltsmitgliedern und der Stadtgesellschaft zu kontrollieren bzw. einzugrenzen (Nevett 2005).

Einige abschließende Bemerkungen zur städtischen Infrastruktur mögen das Bild einer Großstadt – auch im Vergleich zu Rom und Karthago – abrunden. Zwar waren die Straßen Athens und Piräus' in klassischer Zeit zumeist noch unbefestigt oder lediglich mit einer gestampften Mergellehmschicht versehen, aber die Entwässerung geschah bereits mithilfe von in Trockenmauerwerk oder Tonröhren ausgeführten Kanälen. Wie in Karthago war zu dieser Zeit auch in Athen ein Müll- und Dungentsorgungssystem durch *Koprologoi* in Funktion (Owens 1983). Besonders fortschrittlich aber im zeitgenössischen Vergleich ist die Wasserversorgung Athens. Während diese seit mykenischer Zeit bis zu den Perserkriegen hauptsächlich mithilfe von Brunnen abgesichert wurde, kam im späten 6. Jahrhundert v. Chr. ein ausgedehntes Netz von Frischwasserleitungen hinzu, um die Trinkwasseranforderungen der Stadtbevölkerung zu befriedigen (Tölle-Kastenbein 1994). Das Wasser wurde aus dem Quellgebiet am Hymettosgebirge mithilfe einer 9,5 km langen Leitung in die Stadt geführt. Der Baubeginn ist bereits in der Zeit der Peisistratiden (6. Jh.) anzusetzen, aber Erneuerungen und Erweiterungen des Netzes sind noch bis in das späte 4. Jahrhundert v. Chr. zu verfolgen.

4. Megara Hyblaia

Kehren wir zurück ins 8. Jahrhundert, zu den Anfängen von Megara Hyblaia auf Sizilien: »Um die gleiche Zeit kam auch Lamis aus Megara mit Siedlern nach Sizilien und gründete über dem Fluß Pantakyas einen Ort namens Trotilos, später kamen sie von dort nach Leontinoi, um da für kurze Zeit Mitbürger der Chalkidier zu werden, wurden wieder herausgeworfen, gründeten Thapsos, um nach dem Rat des Sikelerkönigs Hyblon, der die Feldmark hergab, Megara anzulegen, das hybläisch genannt wurde« (Thukydides VI,4,1; Landmann 1973, 445). Die Kolonisten unter der Führung ihres Oikisten (*oikistés*, ›Gründer‹) Lamis ließen sich also erst nach einigen Umwandelungen und auf Beratung eines lokalen Fürsten an einer strategischen Stelle der sizilischen Ostküste nieder. Franco De Angelis berechnet ihre Zahl auf lediglich 112 bis 225 Siedler und sieht einen Bevölkerungszuwachs bis 225–450 Personen in der zweiten Generation und bis mindestens 2000 Personen um 500 v. Chr. (De Angelis 2003, 49). Auf einem Plateau am Meer, in einem gut bewässerten Tal, wurde die Siedlung geplant. Sie wurde vom Cantera-Fluss im Norden und dem San Cosmano-Strom im Süden begrenzt. Das Gründungsdatum ist nach Thukydides und Eusebios und unter Berücksichtigung anderer Daten in den Zeitraum zwischen 732 und 725 v. Chr. zu setzen, ein Datum, das durch die Archäologie bestätigt werden konnte. Damit reiht Megara Hyblaia sich unter die ältesten der griechischen Kolonien. Die Kombination von literarischen (historischen) und archäologischen Daten ergibt ein klares Bild vom Gründungsablauf einer griechischen Kolonie. Nur die für andere Kolonien klar beschriebene Rolle des panhellenischen Orakelheiligtums von Delphi fehlt in diesem Falle (Osborne 1996, 8 ff.).

Die Gründung (*apoikía*) mag als Beispiel einer orthogonal organisierten, ummauerten Kolonialsiedlung gelten, wo die Archäologie sowohl den Ablauf der Gründungs- und Siedlungsphasen als auch die planmäßige Aufteilung des Stadtgebietes klar hat dokumentieren können. Drei große Hauptstraßen (*plateíai*) sind nachgewiesen worden; zwei davon begrenzen den öffentlichen Marktplatz (Agora) im Westen und Norden. Weitere Querstraßen (*stenopoí*) unterteilen das Stadtgewebe in rechteckigen Häuserblöcken (*insulae*). Offensichtlich war vom Anfang an eine 61 ha große Siedlung vorgesehen, denn noch vor dem Bau der dieses Areal umschließenden Stadtmauer um die Mitte des 7. Jahrhunderts v. Chr. oder spätestens am Ende des 6. Jahrhunderts (Broise/Tréziny/Gras 1983, 649; Vallet/Villard/Auberson 1983, 97 ff.) wurden die Nekropolen bereits jenseits dieser Stadtgrenze angelegt. Auch bestand eine klare Aufteilung zwischen den Wohnsektoren und den öffentlichen Bereichen, wobei die Agora als eine Art Scharnier zwischen den fünf einzelnen Stadtteilen, mit unterschiedlichen Orientierungen, funktionierte. Der Ursprung dieser fünf Orientierungen bzw. Quartiere wird wohl interpretiert als Reflexion des Synoikismos der fünf Dörfer (*kómai*) der Mutterstadt Megara in Griechenland (Vallet/Villard/Auberson 1983, 145 f.). Es ist überdies bemerkenswert, dass die Wohnquartiere nur etwa 40 % des Stadtgebietes ausmachten (im Vergleich: Athen etwa 56 %, s. o.). Jeder Siedler bekam eine Parzelle oder Hausstelle (*oikópedon*) von 100 bis 130 m²; 16 solcher Parzellen bildeten in zwei Reihen von acht jeweils eine *insula*. Es mag vielleicht nicht ohne Bedeutung sein, dass der Begriff *oikópedon* auch schriftlich zum ersten Mal in einem kolonialen Kontext bezeugt ist. In der griechischen Kolonie Himera (Nordsizilien) wurde im Bereich des Tempels D ein Bronzetafel aus der ersten Hälfte des 5. Jahrhunderts gefunden, auf dem ein Gesetz zur Verteilung des Landes festgelegt worden war: *oikópedon* wird hierin nicht für irgendein bebaubares Gelände benützt, sondern für ein Gelände von durch die Stadt festgelegter Standardgröße, wahrscheinlich orientiert an einer der Straßenfluchten, auf dem es gesetzlich erlaubt war zu bauen (Brugnone 1997).

Während der Gründungsphase von Megara Hyblaia wurden quadratische oder rechteckige Häuser in der Mitte der Parzellen gebaut; es handelt sich um sehr kleine Einraumhäuser von etwa 15–20 m². Ab dem 7. Jahrhundert fangen die Hausgrößen und Hausformen an zu variieren, was auf eine zunehmende soziale Differenzierung hinweisen könnte. Diese Differenzierung wird besonders im 6. Jahrhundert auch in den Nekropolen ersichtlich. Ebenfalls ab dem 7. Jahrhundert und verstärkt im 6. Jahrhundert werden die öffentlichen Sektoren von monumentalen sakralen und politischen Bauten eingenommen, wie Tempel, Hallen (*stoaí*) und Bankettsaal (*prytaneíon*) sowie ein Gebäude, das als Ort zur Verehrung des *oikistés* Lamis (*heróon*) gedeutet wird (Vallet/Villard/Auberson 1976, 184 ff./De Angelis 2003, Kap. 2–3).

Da die meisten griechischen Koloniegründungen als Agrarkolonien zu verstehen sind, darf man annehmen, dass die geplante Gründung nicht nur mit einer Verteilung des Baulandes innerhalb der Stadt, sondern auch des Ackerlandes außerhalb (in der *chóra*) einherging. Hier hat De Angelis wiederum wegweisende Berechnungen gemacht, die zulassen, das Territorium von Megara Hyblaia auf 40 000 ha anzusetzen, davon 33 200 ha Agrarland. Dies ließe theoretisch zu, eine Bevölkerung von zwischen 39 000 und 52 000 Personen zu ernähren, was im Hinblick auf die oben genannten Einwohnerzahlen der Stadt wohl nie wirklich so gewesen ist (De Angelis 2003, Kap. 4; De Angelis 2000, 125 ff.: 41500–55333). Es ist also mit beträchtlichen Überschüssen zu rechnen. Sicherlich ab dem frühen 7. Jahrhundert wird ein beträchtlicher Anteil der einheimischen sizilischen Bevölkerung in der Stadt ansässig gewesen sein, wie auch aus den nichtgriechischen Gräbern in den Nekropolen hervorgeht. Das gleichzeitige Verschwinden oder Verkleinern von nahegelegenen einheimischen Siedlungen wird wohl interpretiert

als Resultat eines Synoikismos (De Angelis 2003, 54). Einwanderer von überall in der griechischen Welt wird die Stadt aber zu allen Zeiten angezogen haben. Eines der am meisten einleuchtenden Beispiele dafür stammt aus der Südnekropole von Megara Hyblaia. Hier wurde der Torso einer lebensgroßen männlichen Marmorstatue (*kúros*) aus der Zeit um 550 v. Chr. gefunden. Er trägt einen Inschrift in megarischem Alphabet: »(Grab) des Arztes Somrotidas, (Sohn) des Mandrokles«. Somrotidas war ein eingewanderter Ostgrieche, vielleicht aus Samos, der im neuen Westen als Arzt erfolgreich wurde und wohl auch die Bürgerschaft erwarb (Vallet/Villard/Auberson 1983, 164 ff.).

245 Jahre nach der Gründung wurde Megara Hyblaia von dem Tyrannen Gelon von Syrakus zerstört. Einer Neugründung am gleichen Ort unter Timoleon um 340 v. Chr. war ebenfalls kein langes Leben gegeben: Bereits 214 v. Chr. bereiteten die Römer der Besiedlung des Ortes ein definitives Ende.

5. Schluss

Die Wahl der drei Städte kann zwar nicht ein repräsentatives Gesamtbild griechischer und punischer Städte vermitteln, aber in Zusammenhang mit der in Teil I auf breiterer Ebene besprochenen Stadt Rom mögen sich doch einige allgemeine Ansätze zu einem solchen Bild ergeben.

Megara Hyblaia zum Beispiel ist nur eine unter den rationell aufgebauten frühen griechischen Kolonialsiedlungen im zentralen Mittelmeerraum. Die phönizische Kolonie Karthago mit ihrem *insula*-ähnlichen Bauprinzip geht jener sogar um einige Generationen voraus, ohne dass hier zwangsläufig eine Vorbildrolle zu vermuten sei. Die Erfahrungen mit einer Rationalisierung des Baubestandes, die in den Kolonien gemacht wurden, fanden erst später Resonanz im griechischen Mutterland. Das Beispiel Piräus zeigt aber auch, wie sehr man diese Erfahrungen weiterentwickelte und zu perfektionieren wusste.

Das Beispiel Athen hingegen zeugt – wie Rom übrigens auch – von einer eher ›natürlich‹ gewachsenen Stadtstruktur. Hier bot sich nach der Verwüstung durch die Perser zwar die Möglichkeit zu einer rationellen Neugestaltung, aber diese Chance wurde nicht genutzt. Es ist dabei kaum vorstellbar, dass dies *nicht* in Erwägung gezogen worden ist, denn gleichzeitig und früher gab es bereits mehrere Beispiele einer solchen Rationalisierung. Neben der Dominanz alter Besitzansprüche spielt hier vielleicht auch die Tatsache mit, dass Athen, anders als viele andere griechische Städte wie Eretria, Chalkis, Korinth, Megara, Milet, Samos, Thera, Aigina, Sparta, Lokris, Phokaia, Kolophon usw., keine eigenen Erfahrungen mit kolonialen Neugründungen gesammelt hat. Die einzige gesicherte Kolonie Athens ist Thurioi am Golf von Tarent und datiert erst auf 444/443 v. Chr. Als Neugründung des 510 v. Chr. zerstörten Sybaris wurde sie als eine panhellenische Kolonie unter athenischer Schirmherrschaft aufgefasst. Die im zweiten Viertel des 5. Jahrhunderts in Piräus gesammelten Erfahrungen wurden dann mit einem von Hippodamos verfassten Stadtplan in den Westen (zurück)exportiert. Bemerkenswerterweise wird auch die aus Athen überkommene Einteilung der Bürger in zehn Stämme, je nach Herkunftsregion der Kolonisten (neben Athen Arkadien, Elea/Velia, Achaia, Boiotien, Amphiktyonis, Doris, Ionien, Euboia sowie von den Inseln), für die Organisation der Stadtgesellschaft maßgebend (Diodor 12,11). Wie sehr die Einwohnerzahlen sich in den besprochenen Fallbeispielen auch unterscheiden, das wichtigste Element bleibt der Mensch, der sich im Zusammenleben auf einem relativ begrenzten Areal mit (vielen) anderen verständigen muss. Diese zwischenmenschliche Auseinandersetzung wirkt auf architektonischer, stadtplanerischer, politischer, kultischer, gesetzlicher und sozialer Ebene und gestaltet somit eine Stadt. Die unterschiedliche Ausfüllung jener Parameter bestimmt die Vielfältigkeit antiker Städte. Dass gerade Herodot, der Vater der Geschichtsschreibung, sich nach vielen Reisen und einem Aufenthalt in Athen für einen definitiven Wohnsitz in Thurioi entschieden hat, mag in dieser Hinsicht bedeutsam sein. Die Stadt hatte eine sehr fortschrittliche demokratische Verfassung mit Gesetzen, die sogar auf den berühmtesten Gesetzgeber der westgriechischen Kolonien, Charondas von Katane, zurückgehen sollen (Diodor 12,12 ff.). Bei seiner teils auf Autopsie basierenden Kenntnis der damals bekannten Welt und ihren unterschiedlichen Staatsformen und Verfassungen (Herodot 3,80 ff.) wird das Leben in der damals modernsten Stadt Thurioi für Herodot attraktiv und völlig zufriedenstellend gewesen sein.

Literatur

Arenz, Alexander: *Herakleides Kritikos »Über die Städte in Hellas«. Eine Periegese Griechenlands am Vorabend des Chremonideischen Krieges*. München 2006.

Aubet, Maria Eugenia: *The Phoenicians and the West. Politics, colonies and trade*. Cambridge 1993.

Algazi, Gadi: »Diversity Rules: Peregrine Horden and Nicholas Purcell's *The Corrupting Sea*«. In: *Mediterranean Historical Review* 20/2 (2005), 227–245.

Bonnet, Carole: »Identité et altérité religieuses. À propos de l'hellénisation de Carthage«. In: *Pallas* 70 (2006), 365–379.

Broise, Henri/Gras, Michel u. a.: »Mégara Hyblaea. Bilan des fouilles récentes sur le plateau sud«. In: *MEFRA* 95 (1983), 647–650.

Brugnone, Antonietta: »Legge di Himera sulla ridistribuzione della terra«. In: *Parola del Passato* (1997) 295–297, 262–305.

Carandini, Andrea/Cappelli, Rosanna: *Roma. Romolo, Remo e la fondazione della città*. Roma 2000.

Conwell, David H.: *Connecting a City to the Sea: The History of the Athenian Long Walls*. Leiden 2008.

De Angelis, Franco: »Estimating the Agricultural Base of Greek Sicily«. In: *Papers of the British School at Rome* 68 (2000), 111–148.

De Angelis, Franco: *Megara Hyblaia and Selinous: The Development of Two Greek City-States in Archaic Sicily*. Oxford 2003.

Dirlmeier, Franz (Hg.): *Platon. Phaidon*. Griechisch und Deutsch. München 1959.

Docter, Roald F.: »The Topography of Archaic Carthage. Preliminary results of recent excavations and some prospects«. In: *TALANTA. Proceedings of the Dutch Archaeological and Historical Society* 34–35 (2002/2003) [2004], 113–133.

Docter, Roald F.: »The *koprologoi* of Carthage. On the Scarcity of Settlement Finds in Carthage between c. 550 and 480 BC«. In: Spanò Giammellaro, Antonella (Hg.): *Atti del V Congresso Internazionale di Studi Fenici e Punici. Marsala – Palermo, 2-8 ottobre 2000*. Palermo 2005, 269–276.

Docter, Roald F.: »Carthage and its Hinterland«. In: Helas, Sophie/Marzoli, Dirce (Hg.): *Phönizisches und punisches Städtewesen (Iberia Archaeologica 13)*. Mainz 2009, 179–189.

Docter, Roald F./Chelbi, Fethi u. a.: »New Radiocarbon Dates from Carthage: Bridging the Gap between History and Archaeology?« In: Sagona, Claudia (Hg.): *Beyond the Homeland. Markers in Phoenician Chronology (Ancient Near Eastern Studies 28)*. Leuven/Paris/Dudley 2008, 379–422.

Gehrke, Hans-Joachim: »Bemerkungen zu Hippodamos von Milet«. In: Schuller, Wolfgang/Hoepfner, Wilhelm u. a. (Hg.): *Demokratie und Architektur. Der hippodamische Städtebau und die Entstehung der Demokratie. Konstanzer Symposion vom 17. Bis 19. Juli 1987*. München 1989, 58–68.

Greene, Joseph A.: *The Carthaginian Countryside. Archaeological Reconnaissance in the Hinterland of Ancient Carthage*. Chicago 1986.

Hansen, Mogens Herman: »The Polis as an Urban Centre.

The Literary and Epigraphical Evidence«. In: Ders. (Hg.): *The Polis as an Urban Centre and as a Political Community. Acts of the Copenhagen Polis Centre 4.* Copenhagen 1997, 9–86.

Hansen, Mogens Herman: »The Concept of the Consumption City applied to the Greek *Polis*«. In: Heine Nielsen, Thomas (Hg.): *Once Again. Studies in the Ancient Greek Polis. Papers from the Copenhagen Polis Centre 7.* Wiesbaden 2004, 9–48.

Hoepfner, Wilhelm: »Die frühen Demokratien und die Architekturforschung«. In: Schuller, Wolfgang/Hoepfner, Wilhelm/Schwandner, Ernst-Ludwig (Hg.): *Demokratie und Architektur. Der hippodamische Städtebau und die Entstehung der Demokratie. Konstanzer Symposion vom 17. Bis 19. Juli 1987.* München 1989, 9–16.

Hoepfner, Wilhelm/Schwander, Ernst-Ludwig: *Haus und Stadt im Klassischen Griechenland.* München 1994.

Horden, Peregrine/Purcell, Nicholas: *The Corrupting Sea: A Study of Mediterranean History.* Oxford 2000.

Hurst, Henry/Stager, Lawrence E.: »A Metropolitan Landscape: The Late Punic Port of Carthage«. In: *World Archaeology* 9 (1978), 334–346.

Jaerisch, Peter (Hg.): *Xenophon. Erinnerungen an Sokrates.* Griechisch – Deutsch. München ²1977.

Jones, Nicholas F.: *Rural Athens under the Democracy.* Philadelphia 2004.

Kolb, Frank: *Die Stadt im Altertum.* München 1984.

Landmann, Georg Peter: *Thukydides: Geschichte des Peloponnesischen Krieges.* München 1973.

Lauter-Bufé, Heide/Lauter, Hans: »Die vorthemisthokleische Stadtmauer Athens nach philologischen und archäologischen Quellen«. In: *Archäologischer Anzeiger* (1975), 1–9.

Maaß, Michael: »*Ceterum censeo* … oder so«. In: *Hannibal ad portas. Macht und Reichtum Karthagos.* Karlsruhe/Stuttgart 2004, 380–382.

Maraoui Telmini, Boutheina: »Découverte de latrines puniques du 5ème siècle av. J.-C. à Carthage (Bir Massouda)«. In: *BABESCH* 86 (2011), 53–70.

Morris, Ian: »Archaeology, Standards of Living, and Greek Economic History«. In: Manning, Joseph Gilbert/Ders.

(Hg.): *The Ancient Economy. Evidence and Models.* Stanford 2005, 91–126.

Nevett, Lisa C.: »Between Urban and Rural: House-Form and Social Relations in Attic Villages and Deme Centers«. In: Ault, Bradley A./Dies. (Hg.): *Ancient Greek Houses and Households. Chronological, Regional, and Social Diversity.* Philadelphia 2005, 83–98.

Niemeyer, Hans Georg/Docter, Roald F. u. a.: *Karthago. Die Ergebnisse der Hamburger Grabung unter dem Decumanus Maximus. (Hamburger Forschungen zur Archäologie 2).* Mainz 2007.

Osborne, Robin: *Greece in the Making, 1200–479 BC.* London/New York 1996.

Owens, Eddie J.: »The koprologoi at Athens in the Fifth and Fourth Centuries B.C.«. In: *Classical Quarterly* 33 (1983), 44–50.

Papadopoulos, John K.: *Ceramicus Redivivus. The Early Iron Age Potters' Field in the Area of the Classical Athenian Agora* (Hesperia Supplement 31), Athens 2003.

Rupprecht Goette, Hans/Hammerstaedt, Jürgen: *Das antike Athen. Ein literarischer Stadtführer.* München 2004.

Sombart, Werner: *Der moderne Kapitalismus.* Leipzig 1902.

Tang, Birgit: *Delos, Carthage, Ampurias. The Housing of Three Mediterranean Trading Centres.* Rome 2005.

Tölle-Kastenbein, Renate: »Das archaische Wasserleitungsnetz für Athen«. In: *Antike Welt* 25. Sondernummer. Mainz 1994.

Travlos, John: *Bildlexikon zur Topographie des antiken Athen.* Tübingen 1971.

Tsakirgis, Barbara: »Living and Working around the Athenian Agora: A Preliminary Case Study of Three Houses«. In: Ault, Bradley A./Nevett, Lisa C. (Hg.): *Ancient Greek Houses and Households. Chronological, Regional, and Social Diversity.* Philadelphia 2005, 67–82.

Vallet, Georges/Villard, Francois u. a.: *Le quartier de l'agora archaïque. Megara Hyblaea 1.* Rome 1976.

Vallet, Georges/Villard, Francois u. a.: *Megara Hyblaea 3. Guida agli scavi.* Rome 1983.

Weber, Max: »Die Stadt. Eine soziologische Untersuchung«. In: *Archiv für Sozialwissenschaft und Sozialpolitik* 47 (1920/1921), 621–772.

8. Stadt im Blick der Kommunalwissenschaft

Hellmut Wollmann

1. Einleitung und Fragestellung

Die Kommunen, also die rund 12 600 kreisangehörigen Gemeinden, 323 Kreise und 116 kreisfreien Städte, gelten in der deutschen Verfassungstradition und -doktrin staatsrechtlich nicht als eigene (»dritte«) bundesstaatliche Ebene, sondern werden im zweistufigen, aus Bund und Ländern bestehenden Föderalsystem den Ländern. d. h. der Exekutive der Länder zugerechnet.

Hierbei sind die Kommunen konzeptionell und institutionell in einen Spannungsbogen zwischen »Kommune und Staat« eingebettet, der in die Begründung der kommunalen Selbstverwaltung zu Beginn des 19. Jahrhunderts zurückreicht. Schwebte doch einerseits den frühliberalen Theoretikern und Reformern – in Anlehnung an das von ihnen bewunderte zeitgenössische englische *local government* – eine *politisch-demokratisch* akzentuierte Form kommunaler »Selbstregierung« vor. Und setzten andererseits pragmatische Reformer die kommunale Selbstverwaltung – die damalige spätabsolutistisch-obrigkeitsstaatliche Wirklichkeit vor Augen – auf die *administrative* Spur einer »mittelbaren Staatsverwaltung«. In dem Maße, wie sich nach dem Scheitern der Revolution von 1848 die Stärkung der restaurativen monarchischen Gewalt in den deutschen Einzelstaaten durchsetzte, wurde die Vorstellung von der kommunalen Selbstverwaltung als »mittelbare Staatsverwaltung« vollends bestimmend (vgl. Einzelheiten bei Wollmann 1999a, 51 ff.; Bogumil/Holtkamp 2006, 20 ff.). Vor dem Hintergrund dieser »pfadabhängigen« Prägelinie wird die kommunale Ebene in der staatsrechtlichen Lehre, aber auch verfassungsgerichtlichen Judikatur bis heute der Landesexekutive zugerechnet und werden die gewählten Kommunalvertretungen als »Verwaltungsorgane« aufgefasst (vgl. Wollmann 1999a, 59 ff.). Insbesondere den Landkreisen und ihren Landräten war diese historisch begründete konzeptionelle und institutionelle Verklammerung mit der staatliche Ebene eigentümlich, und sie tragen rechtliche und institutionelle Spuren dieser »Staatsnähe« in den Kreisordnungen einiger Bundesländer noch heute.

Im Zuge der Neubegründung des demokratischen Verfassungsstaats nach 1945 ist dieses staatlich und administrativ akzentuierte Verständnis von kommunaler Selbstverwaltung indessen in mehrfacher Hinsicht in Bewegung geraten.

– Wenn Art. 28 Abs 2 GG statuiert, dass die Gemeinden das Recht haben, »alle Angelegenheiten der örtlichen Gemeinschaft zu *regeln*«, so scheint es begriffsgeschichtlich aber auch verfassungspolitisch durchaus bedeutsam, dass nicht der traditionelle Begriff des »Verwaltens« (noch Art. 127 der Weimarer Verfassung sprach verfassungstextlich vom Recht auf »Selbst*verwaltung*«), sondern der umfassendere (ansatzweise politische) Begriff des »Regelns« verwendet wird.

– Art. 28 Abs. 1, Satz 2–4 GG schreibt nunmehr vor, »in den Ländern, Kreisen und Gemeinden [müsse] das Volk eine Vertretung haben, die aus allgemeinen, unmittelbaren, freien, gleichen und geheimen Wahlen hervorgegangen ist […]. In Gemeinden kann an die Stelle einer gewählten Körperschaft die Gemeindeversammlung treten.« In ihrer Verankerung in demokratischer Legitimität werden die Gemeinden und Kreise mithin in einem Atemzug mit den Ländern genannt, also den Letzteren demokratiepolitisch gewissermaßen gleichgestellt (vgl. Wollmann 1999a, 55).

– Indem die Kommunalverfassungen der Länder zunehmend der Tatsache Rechnung trugen, dass unter den Rahmenbedingungen der pluralistischen Demokratie und Parteienkonkurrenz die politischen Parteien längst maßgebliche politische Akteure auch auf der kommunalen Ebene geworden sind, führten sie entsprechende »(quasi-) parlamentarische« Verfahrensregelungen (Fraktionsrechte, quasi-parlamentarische Minderheitenrechte usw.) ein. Die durchgreifende »Politisierung« der kommunalen Arena und Praxis schlägt sich im zunehmend üblichen Wortgebrauch von »Kommunalparlament« und »Stadtregierung« nieder (für Details vgl. Wollmann 1999a, 57 ff.; Bogumil/Holtkamp 2006, 35).

– Schließlich haben seit Beginn der 1990er Jahre die Einführung der Direktwahl der Bürgermeister und Landräte, der Verfahren ihrer möglichen Abwahl sowie der lokalen verbindlichen Referenden das politische Profil und Potential der Kommunen im bundesstaatlichen System unübersehbar gestärkt (vgl. Wollmann 2008; 75 ff., 296; Bogumil/Holtkamp 2006, 102 ff.).

Dieses Spannungsverhältnis – zwischen selbstbestimmtem kommunalem Politik- und Verwaltungssystem (im Sinne eines »local *government*«) und staatlich bestimmter und kontrollierter Verwaltungsebene soll in diesem Beitrag vor allem unter zwei Blickwinkeln diskutiert werden:

In einem ersten Abschnitt sollen – durch eine eher juristische Brille – die verfassungsrechtlichen bzw. einfachgesetzlichen Regelungen in den Blick genommen werden, durch die das kommunale Handlungsmodell und institutionelle Gehäuse konstituiert wird. Dabei sollen einerseits die rechtlichen Regelungen herausgearbeitet werden, die darauf gerichtet sind, den Kommunen einen eigenen Handlungsspielraum zu eröffnen und abzustecken. Andererseits sollen die rechtlichen Regelungen aufgezeigt werden, durch die der die kommunalen Aktivitäten eingrenzende organisatorisch-territoriale Handlungsrahmen festgelegt, der Umfang ihrer Aufgaben und Pflichten bestimmt und die Formen staatlicher Aufsicht und Kontrolle statuiert werden.

In einem zweiten Abschnitt soll das kommunale Aufgabenmodell unter der Fragestellung näher untersucht werden, ob und in welchem Umfang dieses als »echte« kommunale Selbstverwaltung oder – in Fortsetzung einer »pfadabhängigen« Entwicklungslinie – Züge einer »mittelbaren Staatsverwaltung« trägt. Hierbei soll die jüngste »funktionalreformerische« Welle einer »Kommunalisierung« staatlicher Aufgaben unter der Fragestellung erörtert werden, inwieweit es hier um eine »echte« Kommunalisierung staatlicher Aufgaben oder aber um eine »Verstaatlichung« kommunaler Verwaltung handelt.

In einem abschließenden Teil (unten 3) sollen die aufgezeigten Entwicklungslinien – in der Spannung zwischen »Kommune und Staat« bilanziert und ein Ausblick: »Kommunale Selbstverwaltung – Auslauf- oder Zukunftsmodell?« versucht werden.

2. Die rechtliche Regelung des Handlungsspielraums der Kommunen und seiner Grenzen

2.1 Die Begründung und Reichweite kommunaler Autonomie

In der deutschen Kommunalrechtsgeschichte findet sich eine rechtliche Regelung der allgemeinen Zuständigkeit der kommunalen Selbstverwaltung erstmals in § 108 Preußische Städteordnung vom 11. November 1808, wo der »Versammlung der Stadtverordneten« die »unbeschränkte Vollmacht« zugesprochen wurde, »in allen Angelegenheiten des Gemeinwesens zu entscheiden« (vgl. Wollmann 1999a, 52; vgl. Text bei Engeli/Haus 1975, 104 ff.). Das Gesetz, das nur für die Städte, nicht aber für die Landgemeinden galt und das für die Wahl der Stadtverordnetenversammlung ein (plutokratisches) Klassenwahlrecht vorschrieb, war das früheste europäische Kommunalgesetz, nach der französischen postrevolutionären Munizipalgesetzgebung vom 14.12.1789, die der Preußischen Städteordnung in wichtigen Vorschriften Pate stand, jedoch bereits 1800 von Napoleon kassiert wurde (vgl. Wollmann 1999b, 194).

Verfassungsrang erhielt die kommunale Selbstverwaltung in der deutschen Rechtsgeschichte erstmals in Art. 127 der Weimarer Reichsverfassung von 1919: »Gemeinden und Gemeindeverbände haben das Recht der Selbstverwaltung innerhalb der Schranken der Gesetze«. In Art. 28 Abs. 2 GG vom 23. Mai 1949 ist nunmehr vorgeschrieben, »den Gemeinden [müsse] das Recht gewährleistet sein, alle Angelegenheiten der örtlichen Gemeinschaft im Rahmen der Gesetze in eigener Verantwortung zu regeln. Auch die Gemeindeverbände haben im Rahmen ihres gesetzlichen Aufgabenbereiches nach Maßgabe der Gesetze das Recht der Selbstverwaltung. Die Gewährleistung der Selbstverwaltung umfasst auch die Grundlagen der finanziellen Eigenverantwortung; zu diesen Grundlagen gehört eine den Gemeinden mit Hebesatzrecht zustehende wirtschaftskraftbezogene Steuerquelle.«

Ähnliche Vorschriften enthalten die *Verfassungen aller Bundesländer* (»Flächenstaaten«).

Ein analoges Verständnis kommunaler Selbstverwaltung liegt Art. 4 Ziffer 2 der *Europäischen Charta der kommunalen Selbstverwaltung* vom 15.10.1985 zugrunde, wonach »die kommunalen Gebietskörperschaften […] im Rahmen der Gesetze das Recht«

haben, »sich mit allen Angelegenheiten zu befassen, die nicht von ihrer Zuständigkeit ausgeschlossen oder einer anderen Stelle übertragen sind.« Die Charta wurde auch von der Bundesrepublik ratifiziert und erlangte damit völkerrechtliche Geltung.

Im einschlägigen verfassungsrechtlichen Schrifttum und in der einschlägigen verfassungsgerichtlichen Rechtsprechung werden Art. 28 Abs. 2 GG (und die entsprechenden Vorschriften der Landesverfassungen) als eine sog. institutionelle Garantie aufgefasst, die die Einrichtung der kommunalen Selbstverwaltung in ihrem »Wesensgehalt« beschreiben (vgl. etwa Burgi 2010b, § 6 Rn.7). In seiner Schlüsselentscheidung vom 23.11.1988 (sog. Rastede-Urteil) hat das Bundesverfassungsgericht (BVerFGE 79, 127) diese institutionelle Garantie und die von ihr umfasste kommunale Handlungs- und Entscheidungsautonomie umschrieben und (vielzitiert) bekräftigt: »Angelegenheiten der örtlichen Gemeinschaft im Sinne von Art. 28, Abs. 1 Satz 1 GG sind diejenigen Bedürfnisse und Interessen, die in der örtlichen Gemeinschaft wurzeln oder auf sie einen spezifischen Bezug haben, die also den Gemeindeeinwohnern gerade als solchen gemeinsam sind, indem sie das Zusammenleben und -wohnen der Menschen in der Gemeinde betreffen; auf die Verwaltungskraft der Gemeinde kommt es hierfür nicht an.«

Die allgemeine Zuständigkeitsvermutung des Art, 28 Abs. 2 GG (»alle Angelegenheiten der örtlichen Gemeinschaft«) speist eine Fülle sog. »freiwilliger« Selbstverwaltungsaufgaben, die die Kommunen zum traditionellen Kern ihrer kommunalen Selbstverwaltung rechnen. Hierzu zählen die Einrichtung und Unterhaltung von Museen, Theatern, Schwimmbädern, Sportstätten, Jugendeinrichtungen, Büchereien, Förderung von Vereinen, Wirtschaftsförderung, Partnerschaft mit anderen Städten im In- und Ausland usw.

Zum traditionellen Kernbestand der um die »allgemeinen Angelegenheiten der örtlichen Gemeinschaft kreisenden Aufgaben gehören jene der sog. »Daseinsvorsorge«, insbesondere der infrastrukturellen Grundversorgung wie Wasserversorgung, Abwasserbeseitigung, Müllabfuhr, öffentlicher Personenverkehr, Gas- und Elektrizitätsversorgung usw. (vgl. Wollmann 2002).

Ferner wird zum Kern der »kommunalen Selbstverwaltung« eine Reihe sog. »Hoheitsrechte« gerechnet, die die Kommunen eigenverantwortlich (allerdings »im Rahmen der geltenden Gesetze«) ausüben. Hierzu gehören in Sonderheit

– die sog. Organisationshoheit, aufgrund derer die Kommunen entscheiden, wie ihre Verwaltung (intern) zu organisieren sei, ob und welche Verwaltungsreformen (insbesondere nach dem Neuen Steuerungsmodell, vgl. Bogumil u. a. 2007) sie unternehmen, wie sie die Erbringung der »Daseinsvorsorge« organisieren (in Eigenverwaltung, Kommunalunternehmen oder »privatisiert«, vgl. Brüning 2012, 60 ff.), usw.
– die sog. Personalhoheit als das Recht der Kommunen, eigenverantwortlich als Dienstherr bzw. Arbeitgeber die Kommunalbediensteten zur Erfüllung der kommunalen Aufgaben einzustellen, zu befördern und zu entlassen, sowie
– die sog. Budgethoheit als das Recht der Kommunen, ihre kommunalen Haushalte eigenverantwortlich aufzustellen und zu beschließen, wobei als ein Angelpunkt der kommunalen Selbstverwaltung in der in Art. 28 Abs. 2 GG verankerten »Gewährleistung […] der Grundlagen der finanziellen Eigenverantwortung« gesehen wird.

2.2 (Verfassungs-) rechtliche Grenzen und Bindungen der kommunalen Autonomie

Die Reichweite und Ausgestaltung des in Art. 28, Abs. II (und in den entsprechenden Vorschriften der Landesverfassungen) eröffneten Handlungsspielraums steht unterdessen unter dem entscheidenden Vorbehalt, dass dieser (in der Formulierung des Art. 28 II GG) *im Rahmen der Gesetze* auszuüben sei. (Die Weimarer Verfassung wählte in diesem Zusammenhang die sprachlich etwas schroffere Formulierung von den »Schranken der Gesetze«.) Dieser verfassungsrechtliche Vorbehalt bildet ein breites »Einfallstor« für Bundes- und Landesgesetze und neuerdings zunehmend für unmittelbare oder mittelbare Normsetzung der EU.

Institutioneller Rahmen der Kommunalsysteme: Während den Kommunen, wie erwähnt, das von der »kommunalen Selbstverwaltung« abgeleitete Recht (sog. Organisationshoheit) zuerkannt wird, über Fragen der »inneren« Organisation eigenständig zu entscheiden, werden die (»äußeren«) institutionellen Strukturen und Zuständigkeiten der Organe der kommunalen Selbstverwaltung (Kommunalvertretungen, Bürgermeister/Landräte usw.) im sog. *äußeren kommunalen Verfassungsrecht* geregelt, das in der Form von »Gemeindeordnungen« bzw. »Kreisordnungen«

durch die Gesetzgebung der einzelnen Länder festgelegt wird. Bis in die frühen 1990er Jahre wiesen die Vorschriften der »äußeren Kommunalverfassung« der einzelnen Länder zum Teil erhebliche historisch und regional bedingte Unterschiede, vor allem in der Regelung der Stellung und Funktion der Bürgermeister, auf (vgl. Bogumil/Holtkamp 2006; Wollmann 2008, 87 ff.). Seit den frühen 1990er Jahren hat sich eine bemerkenswerte »Vereinheitlichung« der Kommunalverfassungen insbesondere dadurch vollzogen, dass inzwischen in allen Bundesländern (Flächenstaaten) in weithin übereinstimmender Gesetzgebung der Länder die Direktwahl der Bürgermeister und Landräte, zum Teil ihre Abwahl und überwiegend kommunale Referenden eingeführt worden sind, wodurch sich die machtpolitischen Gewichte in den kommunalpolitischen Arenen nicht unerheblich verschoben haben (vgl. Bogumil/Holtkamp 2006, 102 ff.; Wollmann 2008, 88 ff.). Desgleichen fällt die Verabschiedung der *Kommunalwahlgesetze* in die Zuständigkeit der einzelnen Landesparlamente.

Schließlich zeigt sich der bestimmende Einfluss, den die Länder auf die »äußere« Organisation »ihrer« Kommunen nehmen können, darin, dass ihnen im deutschen Verfassungs- und Kommunalsystem das Recht zuerkannt wird, den *territorialen Zuschnitt der Gemeinden und Kreise* durch Landesgesetzgebung festzulegen – und dies gegebenenfalls gegen den Willen der lokalen Bevölkerung und ihrer gewählten Kommunalvertretungen. Allerdings sind sie gehalten, in der Vorbereitung und Verwirklichung von kommunalen Gebietsreformen bestimmte Verfahrensregeln (»due process«) (wie Durchführung von öffentlichen Anhörungen, Ermittlung der relevanten Sachverhalte, Abwägung des lokalen Interesses an Gebietserhaltung mit dem »übergeordneten allgemeinen Interesse« an der Schaffung leistungsfähiger Kommunalstrukturen) zu beachten. Dieses den Landesparlamenten im deutschen Verfassungsrecht zuerkannte Recht, kommunale Gebietsreformen gegebenenfalls gegen den Willen der betroffenen Kommune durchzusetzen, wird dem (in der einschlägigen vergleichenden Literatur so genannten) »nordeuopäischen« Reformmuster zugerechnet, das auch den kommunalen Gebietsreformen in Großbritannien und in den skandinavischen Ländern eigentümlich ist. Dem steht das sog. »südeuropäische« Reformmuster, exemplarisch in Frankreich, gegenüber, wo kommunale Gebietsreformen nur »freiwillig«, also mit Zustimmung der betroffenen Kommunen vollzogen werden können – und in diesen Län-

dern denn auch kaum stattgefunden haben. (Für Einzelheiten der während der 1960er und 1970er Jahre in den »westdeutschen« Bundesländern und in den 1990er Jahren in den »neuen« Bundesländern verwirklichten kommunalen Gebietsreformen sowie der in den »ostdeutschen Ländern« jüngst erneut in Gang gekommenen Gebietsreformen vgl. Wollmann 2008, 57 ff., Kuhlmann 2009, 90 ff.)

Kommunales Aufgabenmodell: Da die Bundesgesetze nach der Zuständigkeitsregelung des Grundgesetzes in aller Regel von den Ländern als »eigene Angelegenheiten« durchgeführt werden (vgl. Art. 30, 83 Abs. 1 GG, und die Länder für den Vollzug ihrer eigenen Gesetze ohnedies selber zuständig sind, liegt es grundsätzlich bei ihnen, die Einrichtung der entsprechenden Behörden und das Verwaltungsverfahren zu regeln, also insbesondere auch darüber zu entscheiden, ob, in welcher Form und aufgrund welcher Verfahren der administrative Aufgabenvollzug den Kommunen übertragen werde. In diesem Zusammenhang ist hervorzuheben, dass es seit der Grundgesetzreform von 2006 (»Föderalismusreform I«) dem Bund verwehrt ist, den Kommunen die Durchführung von Bundesgesetzen unmittelbar zuzuweisen (Art. 84 Abs. 1 Satz 7 GG). Auch den Vollzug der Bundesgesetze betreffend sind hierfür nunmehr allein die Länder zuständig, die hierbei allerdings das jeweils landesverfassungsrechtlich festgelegte Konnexitätsgebot zu beobachten haben, wonach die Übertragung einer neuen Aufgaben auf die Kommunen mit der Zuteilung der entsprechenden Finanzmittel verbunden werden soll.

Typen kommunaler Aufgaben: Vermöge der gesetzgeberischen Zuweisung von Aufgaben auf die Kommunen können die Länder bestimmenden Einfluss auf den Umfang und die Organisationsform des Aufgabenmodells der Kommunen ausüben.

– Zwar besitzen die Kommunen, wie oben bereits erwähnt und mit Beispielen veranschaulicht, in den sog. freiwilligen Selbstverwaltungsaufgaben einen beachtlichen Bestand an Funktionen, die sich aus der in Art. 28 Abs. 2 garantierten allgemeinen Zuständigkeit für »alle Angelegenheiten der örtlichen Gemeinschaft« ableiten.

– Jedoch hat sich in den Ländern verbreitet die Praxis durchgesetzt, dass kommunale Selbstverwaltungsaufgaben durch Landesgesetz zu sog. »pflichtigen« Selbstverwaltungsaufgaben erklärt, zu deren Wahrnehmung die Kommunen verpflichtet werden und deren Durchführung vielfach detailliert geregelt wird. Beispielsfelder sind die Bauleitplanung, ins-

besondere die Aufstellung und Verabschiedung von Bebauungsplänen, Kindergärten, Jugendhilfe, Abfallbeseitigung, Abwasserbeseitigung usw. Vermöge ihrer »Pflichtigkeit« und detaillierter Regelung büßen diese Funktionen in gewissem Umfang den Charakter von Selbstverwaltungsaufgaben ein.
– Den Selbstverwaltungsangelegenheiten stehen die sog. »Auftragsangelegenheiten« bzw. »Weisungsangelegenheiten« gegenüber, d. h. öffentliche (staatliche) Aufgaben, die den Kommunen von der staatlichen Ebene (also vom Land) durch Gesetz übertragen werden (zu Einzelheiten dieser Unterscheidung siehe ausführlich unten Kap. 2). Zu ihnen gehören das Melderecht, das Bauaufsichtsrecht und das Ordnungsrecht, hierbei u. a. Kraftfahrzeugzulassung, Ausländerwesen, Pass- und Meldewesen, Lebensmittelüberwachung.

Regulierung kommunaler Aktivitäten: In der Wahrnehmung ihrer (Selbstverwaltungs- ebenso wie übertragenen) Aufgaben werden die Kommunen durch ein (immer dichteres) Netz von rechtlicher Vorschriften reguliert, in dem neben bundes- und landesgesetzlicher Rechtsregeln die EU-Normsetzung, sei es im Wege der unmittelbar geltenden Verordnungen, *regulations*, sei es im Wege der in nationales, d. h. Bundesrecht umzusetzenden Richtlinien, *directives*) eine immer größere Bestimmungskraft gewinnt.

Hierfür liefert die wirtschaftliche oder wirtschaftsähnliche Betätigung der Kommunen, vor allem im Sektor der sog. Daseinsvorsorge, ein eindringliches Beispiel. Traditionell wurde in diesem Feld der Handlungsrahmen für die Kommunen im Wesentlichen durch das von den einzelnen Ländern landesgesetzlich gestaltete sog. kommunale Wirtschaftsrecht (mit landesspezifischen Unterschieden) abgesteckt (vgl. Bauer 2012, 24 f.). Seit den 1980er Jahren ist die Normsetzung der EU auch und gerade hier in dem Maße bestimmungsmächtiger geworden, wie sie mit dem übergreifenden Ziel der Schaffung eines EU-weiten »gemeinsamen Marktes« nicht zuletzt wettbewerbsorientierte Ausschreibungs- und Vergabevorschriften für das kommunale Handeln durchzusetzen bestrebt war und hierbei auch und gerade die traditionell in »lokalen Märkten« erbrachten Leistungen der »Daseinsvorsorge« im Visier hatte (vgl. Wollmann/Marcou 2010).

Staatliche Aufsicht über kommunale Aktivitäten: Schließlich können die Länder auf den Handlungs- und Gestaltungsspielraum, den die Kommunen in der Ausführung ihrer Aufgaben haben, wesentlich durch die Formen der Aufsicht einwirken, die sie über die Tätigkeiten der Kommunen ausüben. Die »schwächere« Variante der Aufsicht ist die sog. *Rechtsaufsicht*, in der sich die staatliche Ebene darauf beschränkt, die Rechtmäßigkeit des kommunalen Handelns (im »Rahmen der Gesetze«) zu prüfen. Davon ist die deutlich weitergehende und »härtere« Variante der sog. *Fachaufsicht* zu unterscheiden, vermöge derer die staatliche Aufsichtsbehörde nicht nur die Rechtmäßigkeit, sondern auch und insbesondere die Zweckmäßigkeit des kommunalen Handels kontrolliert (zu Einzelheiten, insbesondere zur Zuordnung der Rechts- bzw. Fachaufsicht zu den Selbstverwaltungs- bzw. Auftragsangelegenheiten vgl unten 2).

2.3 Schutz der kommunalen Autonomie durch Rechtsprechung

Als ein dem Verfassungsstaat eigentümliches Gegengewicht und Korrektiv gegenüber staatlichen Eingriffen in die kommunale Autonomie stehen den Kommunen verschiedene Wege und Verfahren der Rechtsprechung offen.

Verwaltungsgerichtsbarkeit: Zum einen stehen den Kommunen gegen Entscheidungen der staatlichen Ebene, die etwa im Wege der Rechts- oder auch Fachaufsicht ergehen, die *verwaltungsgerichtlichen* Mittel (Widerspruch, Anfechtungsklage) zur Verfügung, durch die die Rechtmäßigkeit der staatlichen Intervention überprüft wird.

Kommunale Verfassungsbeschwerde: Zum andern und vor allem ist das Rechtsmittel der sog. *kommunalen Verfassungsbeschwerde* zu nennen, das sowohl im Grundgesetz (vgl. Art. 93 Abs. 1 Nr. 4b GG, in Verbindung mit § 13 Nr. 8a und 9 Bundesverfassungsgerichtsgesetz) als auch in den meisten Landesverfassungen verankert ist und das in andern europäischen Verfassungs- und Kommunalsystemen seinesgleichen nicht hat. Mithilfe der kommunalen Verfassungsbeschwerde kann jede Gemeinde und jeder Kreis ein Bundes- oder Landesgesetz vor dem Bundes- oder einem Landesverfassungsgericht mit der Behauptung anfechten, dass das Recht auf kommunale Selbstverwaltung durch dieses Gesetz verletzt worden sei.

Die kommunalrechtliche und -politische Relevanz und Brisanz des Instituts der Kommunalen Verfassungsbeschwerde sei hier nur in zwei Entscheidungsfeldern veranschaulicht.
– So bildeten kommunale Gebietsreformen wiederholt Gegenstand von kommunalen Verfassungsbe-

schwerden, mit denen einzelne Gemeinden oder Kreise die Verfassungsmäßigkeit der von den Landesparlamenten beschlossenen Reformen angriffen. Zwar haben die Verfassungsgerichte bestätigt, dass ein Recht der einzelnen Kommunen auf den Fortbestand ihrer jeweiligen Gebietsstruktur nicht anerkannt wird. Jedoch wurden Gebietsreformgesetze vereinzelt als verfassungswidrig mit der Begründung kassiert, dass die verfassungsrechtlich gebotenen Verfahrensregeln (Anhörung, zutreffende und vollständige Sachvermittlung, Abwägung der für die Regelung sprechenden Gemeinwohlgründe) verletzt worden seien.

– In einer aufsehenerregenden Entscheidung vom 8.5.2012 hat der Verfassungsgerichtshof des Landes Nordrhein-Westfalen – aufgrund einer Verfassungsbeschwerde von 91 Städten und Gemeinden – ein Landesgesetz wegen Verletzung des »Rechts auf kommunale Selbstverwaltung« für verfassungswidrig erklärt. Das Gericht führte u. a. aus: »Das Einheitslastenabrechnungsgesetz des Landes Nordrhein-Weltfalen vom 09.02.2010 wird der bundesrechtlich vorgesehenen Finanzierungsbeteiligung der Gemeinden und Gemeindeverbände an den finanziellen Belastungen des Landes infolge der Deutschen Einheit nicht gerecht und verletzt das Recht auf kommunale Selbstverwaltung.« (http://beck-online.beck.de/defaultaspx?typ= reference&bcid=Y-300-Z-becklink-N-1020207 (19.09.2013))

3. Kommunalverwaltung zwischen »echter« kommunaler Verwaltung und »beauftragter« staatlicher Verwaltung

3.1 »Dualistisches« oder »monistisches« Verwaltungsmodell?

In Deutschland geht das dualistische Aufgabenmodell institutionengeschichtlich im Wesentlichen auf die Preußische Städteordnung von 1808 (und von dort wiederum auf die französische Munizipalgesetzgebung von 1789) zurück Demnach waren die Städte einerseits für »alle Angelegenheiten des Gemeinwesens« (§ 108, Engeli/Haus 1975, 116) zuständig. Anderseits konnte der Staat »die Ausübung der Polizei« (d. h. in deren weiten zeitgenössischen Verständnis als

zuständig »für die Sicherheit und das Wohl der städtischen Bevölkerung«) »dem Magistrat übertragen, der sie sodann vermöge Auftrags ausübt […] Die Magistrate werden in dieser Hinsicht als Behörden des Staates betrachtet« (§ 166, Engeli/Haus 1975, 122 f.).

Das dualistische Aufgabenmodell – mit seiner in unterschiedliche Terminologie gekleideten Unterscheidung von »Selbstverwaltungsangelegenheiten« und »Auftragsangelegenheiten« – bildete seither eine (pfadabhängige) Grundstruktur der deutsch-österreichischen Kommunaltradition (und wurde über diese auch für die Kommunalsysteme in Mittel-/Osteuropa prägend (vgl. Wollmann 2008, 48).

Unmittelbar nach dem Zweiten Weltkrieg forderte der Städtetag, in den künftigen Kommunalordnungen das herkömmliche dualistische zugunsten eines monistischen Aufgabenmodells, in dem alle den Kommunen zustehenden bzw. zugewiesenen Aufgaben unterschiedslos kommunale Aufgaben sind, zu verlassen, und legte einen entsprechenden Vorschlag (sog. Weinheimer Entwurf) vor (vgl. Engeli/Haus 1975, 25).

Zwar hielten auch nach 1945 zunächst die Kommunalordnungen der meisten Länder der alten Bundesrepublik an dem dualistischen Schema fest, jedoch ist inzwischen eine wachsende Zahl von Ländern zum monistischen Modell übergangen. Derzeit sind die Länder Bayern, Mecklenburg-Vorpommern, Niedersachsen, Rheinland-Pfalz, Saarland, Sachsen-Anhalt sowie Thüringen dem dualistischen und die Länder Baden-Württemberg, Brandenburg, Hessen, Nordrhein-Westfalen, Sachsen sowie Sachsen-Anhalt dem monistischen Aufgabenmodell zuzurechnen (Nachweise bei Burgi 2010a, 25 ff.).

3.2 Varianten der »Kommunalisierung« staatlicher Aufgaben

Die »Kommunalisierung« staatlicher Aufgaben (als deren »Übertragung« oder Dezentralisierung) auf die Kommunen findet

– im monistischen Modell in der institutionellen Form der »Weisungsaufgabe« und
– im dualistischen Modell in jener der »Auftragsangelegenheit«

statt. Der für das Verhältnis zwischen Kommune und Staat entscheidende Unterschied zwischen der Selbstverwaltungsaufgabe und der »übertragenen« Aufgabe (sei es als »Weisungs-« oder »Auftragsangelegenheit) besteht darin, dass die Kommunen hinsichtlich der Ersteren in ihren Entscheidungen und

Tätigkeiten allein der *Rechtsaufsicht* der staatlichen Aufsichtsbehörde, also der Prüfung der Rechtmäßigkeit unterliegt. Demgegenüber steht die Kommune in der Ausführung von Weisungsaufgaben bzw. von Auftragsangelegenheiten unter der *Fachaufsicht* der Aufsichtsbehörde, die sich nicht nur auf die Rechtmäßigkeit, sondern auch und besonders auf deren Zweckmäßigkeit, Angemessenheit usw. erstreckt und je nach Regelung das Recht der Aufsichtsbehörde einschließen kann, generelle oder auch Einzelweisungen zu erteilen.

Insgesamt birgt diese Form der Aufgabenübertragung die Tendenz, dass die Kommunalverwaltung in Ansehung dieser Aufgaben in die Staats-/Landesverwaltung integriert, sozusagen verstaatlicht wird (vgl. Katz 2006, 885). Dies gilt vor allem dann, wenn die Aufgabenübertragung in der institutionellen Form der sog. Organleihe (vgl. Burgi 2010a) vorgenommen wird, vermöge derer die in dieser Form in Pflicht genommene kommunale Dienststelle (z. B. das Landratsamt als Landkreisverwaltung) als eine Art verlängerten Armes der Landesverwaltung agiert. Vor diesem Hintergrund erweist sich die »Kommunalisierung« (sei es als »Auftragsangelegenheit« oder als »Weisungsaufgabe«, ganz zu schweigen von »Organleihe«) als »unechte« Kommunalisierung oder eher als (administrativen) Dekonzentration denn als Dezentralisierung (vgl. Wollmann 1997).

Allerdings sei an dieser Stelle hervorgehoben, dass sich die konzeptionell und rechtsdogmatisch scharfen Unterschiede zwischen Rechts- und Fachaufsicht in der Anwendungspraxis der Staatsaufsicht vielfach abgeschliffen haben (so schon Thieme 1981). Der »weichere« Modus der Fachaufsicht wird in der neueren Diskussion als »kooperative Aufsicht« (vgl. Wegrich 2006) oder gar als »Vertrauensaufsicht« (Knemeyer 1999) bezeichnet, mit Elementen von Beratung und Verhandlung zwischen Staatsaufsicht und Kommune anstelle von top-down- Kontrollaufsicht. Zudem ist zu beachten, dass das gestärkte politische Gewicht der Gemeinden (und hier vor allem der kreisfreien Städte und Großstädte) ebenso wie der Kreise und insbesondere die inzwischen weitgehend eingeführte Direktwahl der Bürgermeister und auch Landräte das Machtverhältnis zwischen den Landesbehörden und den Kommunen fühlbar, wenn nicht wesentlich verändert hat. Die Beamten der Aufsichtsbehörden sehen sich vielfach Bürgermeistern und Landräten als kommunalen Politik- und Verwaltungsspitzen gegenüber, die vermöge ihrer direktdemokratischen Legitimität und ihres kommunalpoliti-

schen Machtpotentials mit den Beamten der Aufsichtsbehörden auch dort sozusagen auf Augenhöhe verkehren und verhandeln, wo diese formal über hierarchische Aufsichtsmittel gebieten.

3.3 Funktionalreform als »Kommunalisierung« öffentlicher/ staatlicher Aufgaben

In den vergangenen Jahren sind in einer Reihe von Bundesländern wiederholt zum Teil umfangreiche sog. Funktionalreformen eingeleitet und durchgeführt worden, die darauf zielten, staatliche Aufgaben, die bislang von oberen Verwaltungsebenen oder von staatlichen Sonderbehörden erledigt worden waren, auf die kommunale Ebene, insbesondere auf Kreise und kreisfreie Städte, zu übertragen. Zum Teil gingen solchen Funktionalreformen territoriale Reformen der Kreise und Gemeinden voraus, um auf die Übernahme zusätzlicher Funktionen vorzubereiten (zu den mehreren Wellen von Funktionalreformen vgl. Kuhlmann 2009, 120 ff.; Burgi 2010a, 26 f.).

Überwiegend erfolgten funktionalreformerische Aufgabenübertragungen im Wege von – der Fachaufsicht unterworfenen »Weisungsaufgaben« oder »Auftragsangelegenheiten«, also als »unechte« Kommunalisierungen. Nur vereinzelte wurde der Übertragungsmodus der (»monistischen«) »Pflichtaufgabe ohne Weisung«, also einer »echten« Kommunalisierung gewählt.
– Bundesweites Aufsehen erregte die in Baden-Württemberg eingeleitete (nach dem damaligen Ministerpräsidenten »Teufel-Reform« genannte) Funktionalreform. Durch sie wurden mit Wirkung zum 1.1.2005 350 von insgesamt 450 staatlichen Sonderbehörden (insbesondere Schul-, Landwirtschafts-, Versorgungs-, Forst-, Vermessungs- Gewerbeaufsichts- und Straßenbauämter) aufgelöst und ihre Aufgaben (im Wege der sog. Organleihe) auf 35 Landratsämter und (als »Pflichtaufgaben nach Weisung«) auf die 9 kreisfreien Städte übertragen (vgl. Kuhlmann 2009, 121 ff.; Ebinger/Bogumil 2008 mit weiteren Einzelheiten und Nachweisen) – also in Formen einer »unechten« Kommunalisierung, die die Landratsämter ausdrücklich als »untere (ausdrücklich als »Staatsbehörden« qualifizierte) Verwaltungsbehörden« auffasst und damit einer »Verstaatlichung« der kommunalen Dienststellen nahekommt (vgl. Wollmann 2008, 259). Inzwischen ist

allerdings die Schulverwaltung, die ebenfalls (»unecht«) kommunalisiert worden war, wieder als staatliche Sonderbehörde »rezentralisiert« (»re-verstaatlicht«) worden (vgl. Richter 2008).

– Als weiteres jüngeres Beispiel sei die Funktionalreform im Land Nordrhein-Westfalen genannt, wo durch das »Gesetz zur Kommunalisierung des Umweltrechts« vom 11.12.2007 die Kreise und kreisfreien Städte zu unteren Umweltschutzbehörden gemacht wurden, einschließlich des Vollzugs der Genehmigungs- und Prüfungsaufgaben nach dem Bundesimmissionsschutzgesetzes und des Landeswassergesetzes – und dies als (monistische) »Pflichtaufgabe ohne Weisung« (sic!), mithin als »echte« Kommunalisierung (vgl. Burgi 2010a, 26).

3.4 Umfang und Trägerschaft dezentralisierter Verwaltung im »intergouvernementalen« Kontext

Inzwischen wird der überwiegende Teil der ausführungsbedürftigen Gesetze von den Kommunen, also insbesondere von den Kreisen und kreisfreien Städten, implementiert. Für die 1990er Jahre wurde dieser Anteil auf 80 % geschätzt (vgl. Schmidt-Eichstaedt 1999, 336). Angesichts der seitdem noch gestiegenen Flut von EU-Recht (seien es Verordnungen, sei es umgesetzte Richtlinien) dürfte dieser Anteil inzwischen eher noch zugenommen haben. Die »Selbstverwaltungsaufgaben« und »übertragenen« Aufgaben summieren sich zu einem kommunalen Aufgabenprofil, vermöge dessen Umfangs die deutschen Kommunen (neben den schwedischen) zu den funktional stärksten europäischen Kommunalsystemen rechnen (vgl. Wollmann 2008, 296 f.).

Nach innerstaatlichen Ebenen unterschieden, sind rund 30 % aller öffentlich Beschäftigten bei den Kommunen tätig – gegenüber knapp über 50 % bei den Ländern und 15 % beim Bund (vgl. Wollmann 2008, 222 mit Nachweisen). Im bemerkenswert geringen Anteil des Bundes kommt zum Ausdruck, dass es dem Bund (von engen Ausnahmen abgesehen) verfassungsrechtlich verwehrt ist, eigene Behörden auf der regionalen und lokalen Ebene einzurichten. Im recht hohen Anteil der Landesbediensteten schlagen sich insbesondere die von den Ländern besoldeten Lehrer und Polizisten nieder.

Von den Kommunalbeschäftigten entfallen 37 % auf die kreisangehörigen Gemeinden, 32 % auf die kreisfreien Städte, 25 % auf die Kreise und 4,7 % auf die Gemeindeverbände (Verwaltungsgemeinschaften, Ämter usw.) (vgl. Wollmann 2008, 222 mit Nachweisen). Darin, dass die kreisfreien Städte und Kreise zusammen fast zwei Drittel aller Kommunalbeschäftigten haben, spiegelt sich wider, dass diese, insbesondere die kreisfreien Städte, die »Arbeitspferde« der kommunalen Ebene sind.

4. Fazit und Ausblick

4.1 Rechtlicher Handlungsspielraum der Kommunen

Die Steuerung und Bestimmung des Handlungsspielraums Kommunen durch Rechtsregeln, für die der in Art. 28 Abs. 2 GG gemachte Vorbehalt (»im Rahmen der Gesetze«) das verfassungsrechtliche »Einfallstor« eröffnet, findet in einer ausgedehnten Regelungsdichte durch Bundes- und Landesgesetze und neuerdings zunehmend durch Normsetzung der EU Ausdruck. Die Regelungsdichte wird dadurch angetrieben, dass weder die EU noch der Bund eine eigenen Verwaltungsunterbau haben und in immer detaillierteren Regelungen die Möglichkeit sehen, die Durchführung zu steuern, die bei den Ländern und innerhalb dieser bei den Kommunen liegt. »Die Regelung aller Angelegenheiten der örtlichen Gemeinschaft in eigener Verantwortung, auch die Gewährleistung der finanziellen Eigenverantwortung, läuft in der Praxis inzwischen leer. In der Verfassungswirklichkeit ist festzustellen, dass die Kommunen aufgrund gesetzlich festgelegter Pflichtaufgaben und Detailregelungen bezüglich der Durchführung vielfach kaum über Entscheidungsspielräume verfügen« (Deutscher Städtetag 2008, 2).

Dieser tendenziellen Überregelung sollte entschieden entgegengetreten werden, zum einen, weil sie den »Wesenskern« des Instituts der kommunalen Selbstverwaltung und damit das lokale Schlüsselelement des demokratischen Verfassungsstaats gefährdet, und zum andern weil dadurch die »elementare Voraussetzung für einen effektiven und maßgeschneiderten Gesetzesvollzug« der Boden entzogen wird, die »ein ausgewogenes Verhältnis zwischen erforderlicher Standardisierung und hinreichender Gestaltungsfreiheit der vollziehenden Ebene« erheischt (Deutscher Städtetag 2008,6).

Die mithin sowohl demokratietheoretisch wie verwaltungspolitisch gebotene Ent-feinerung und Entdichtung der rechtlichen Regelungen wurde jüngst auf der Ebene der EU im Zusammenhang mit dem 1.12.2009 in Kraft getretenen Vertrag von Lissabon dadurch angestoßen, dass im gleichzeitig beschlossenen »Protokoll zu den Diensten von allgemeinem ökonomischen Interesse« die »die wichtige Rolle und der weite Ermessensspielraum [sic! HW] der nationalen, regionalen und lokalen Behörden in der Frage [hervorgehoben wird], wie Dienste von allgemeinem wirtschaftlichen Interesse auf eine den Bedürfnissen der Nutzen so gut wie möglich entsprechende Weise […] zu organisieren« seien, also nicht zuletzt das Erfordernis eines »weiten Ermessensspielraums« der »lokalen Behörden« hervorgehoben wird.

Im europäischen Vergleich ist auf Schweden aufmerksam zu machen, dessen Gesetzgebungskultur eine »Rahmengesetzgebung« (*ramlag*) eigentümlich ist, in der auf Detailregelungen weithin verzichtet wird. Beispielsweise tritt das schwedische »Planungs- und Baugesetz« durch bemerkenswert »schlanke« Regelungen hervor, die den Kommunen sowohl im Planungs- als auch im Baugenehmigungsverfahren weite Entscheidungsspielräume eröffnen und die sich in der schwedischen Planungs- und Baugenehmigungspraxis offenkundig bewährt haben (vgl. Wollmann 2008, 281 mit Nachweisen).

4.2 »Kommunalisierung« staatlicher Aufgaben

In dem Maße, wie Funktionalreformen in den Ländern überwiegend in der Form der (»monistischen«) »Weisungsaufgaben« oder der (»dualistischen«) »Auftragsangelegenheiten«, wenn nicht gar in der Form der »Organleihe« – in der einen wie der anderen Variante typischerweise mit dem hierarchischen Instrument der Fachaufsicht durch die staatliche Behörde verknüpft -, ist hierin eine »unechte« Kommunalisierung zu sehen, die eher als administrative Dekonzentration denn als Dezentralisierung zu qualifizieren ist und die Züge einer Verstaatlichung der Kommunalverwaltung trägt

Dieser Tendenz einer Verstaatlichung der Kommunalverwaltung könnte wirksam dadurch begegnet werden, dass zum einen durchweg das dualistische Aufgabenmodell zugunsten des monistischen verlassen wird, also die den Gemeinden zustehenden oder übertragenen Aufgaben allesamt als kommunale Selbstverwaltungsangelegenheiten gelten. Zum andern könnte die Übertragung der Aufgaben

in der Form der »Selbstverwaltungsangelegenheiten *ohne* Weisung« erfolgen, bei deren Durchführung die Gemeinden typischerweise nur der Rechtsaufsicht, aber nicht der Fachaufsicht durch die staatliche Ebene unterworfen wäre. Es sei daran erinnert, dass das Land Nordrhein-Westfalen im Rahmen einer Funktionalreform unlängst den bemerkenswert Schritt unternahm, die Umweltverwaltung, einschließlich des Vollzugs des Bundesimmissionsschutzgesetzes, den Kreisen und kreisfreien Städten als allein der Rechtsaufsicht unterliegende »Selbstverwaltungsaufgabe *ohne* Weisung«, also in einem Akt der »echten« Kommunalisierung, zu übertragen (vgl. Burgi 2010a, 39). Dies wäre auch für den Vollzug der Bauaufsicht, einschließlich der Erteilung von Baugenehmigungen, zu erwägen (vgl. hierzu ausführlich Wollmann 2008; 278 ff.). Allerdings sollte bei jeder zu »kommunalisierenden« öffentlichen/ staatlichen Aufgabe sorgfältig ermittelt und abgewogen werden, ob sie (aufgrund ihrer spezifischen Aufgabenstellung, der Verwaltungsstruktur des betreffenden Landes usw.) für eine »volle« Kommunalisierung (mit Beschränkung auf Rechtsaufsicht und unter Verzicht auf Fachaufsicht und Weisung durch die staatliche Ebene) taugt (vgl. hierzu Ebinger/Bogumil 2008). Hierbei könnten Vorsicht und Skepsis gegenüber einer der wirksamen und sanktionsbewehrten Kontrolle entkleideten »vollen« Kommunalisierung nicht zuletzt in dem für Korruption bekanntermaßen anfälligen Bausektor geboten sein.

Wiederum könnte der Blick auf die Kommunalverwaltung in Schweden instruktiv und hilfreich sein, wo innerhalb des generell vorfindlichen *monististischen* Aufgabenmodell den Gemeinden das Baugenehmigungsverfahren als Selbstverwaltungsaufgabe zugewiesen ist und die Baugenehmigungsentscheidungen mithin grundsätzlich von der Kommunalvertretung bzw. von einem dieser eingesetzten Ausschuss getroffen werden. Zwar sind die Kommunalvertretung bzw. ihr zuständiger Ausschuss in ihrer Baugenehmigungsentscheidung an die (allerdings wenig detaillierten »schlanken«) rechtlichen Vorgaben des Baugesetzes gebunden, sind also insoweit einerseits »rechtgesteuert« (schwedisch: *lagstyrd*). Jedoch wird davon ausgegangen und akzeptiert, dass diese Entscheidungen zugleich kommunalpolitisch geprägt sind, also insoweit andererseits »politikgesteuert« (schwedisch: *folksstyrd*) sind (für Einzelheiten vgl. Wollmann 2008, 205–206, 276–277). Auch diese Regelung und Praxis haben sich in Schweden offenkundig bewährt.

4.3 Kommunale Selbstverwaltung: »Auslaufmodell« oder zukunftsfähiges kommunales Handlungsmodell?

Insgesamt bietet die Entwicklung der kommunalen Selbstverwaltung ein ambivalentes und widersprüchliches Bild. Auf der einen Seite werden die Autonomie und der eigene Gestaltungsspielraum der Kommunen von einem immer dichteren Netz von detaillierten rechtlichen Vorgaben durch Bundes- und Landesgesetze und neuerdings zunehmend durch EU-Normsetzung eingeschnürt und fremd-bestimmt. Zwar fehlt es nicht an Warnungen und gegenläufigen Forderungen. Angesichts des Interesses, das die »oberen Ebenen« an ihrer Detailsteuerung der lokalen Handlungs- und Vollzugsebene haben (zumal die EU innerhalb der Nationalstaaten und der Bund auf regionaler und lokale Ebene keinen eigenen Verwaltungsunterbau besitzen), ist indessen kaum damit zu rechnen, dass dieser das EU- und bundesstaatliche Mehr-Ebenen-System bestimmende Regelungstrend in absehbarer Zeit entscheidend gebrochen wird.

Hinzu kommt, dass das bestehende, im Wesentlichen bundesgesetzlich geregelte Gemeindefinanzsystem und die sich verschärfenden finanziellen Engpässe der Kommunen, die aktuell »den bislang dramatischsten Einbruch des kommunalen Finanzierungssaldos der Nachkriegsentwicklung« (Deutscher Städtetag 2011, 6) erleben, ihre budgetären Handlungsspielräume aufzehren. Durch das Ausmaß, in dem sich viele Kommunen gezwungen sehen, laufende ebenso wie investive Ausgaben zu streichen und ihren Personalstand zu beschneiden, läuft die kommunale Selbstverwaltung Gefahr, in ihrem historischen Kern ausgehöhlt und vollends zum »Auslaufmodell« (Wollmann 2002) zu werden.

Auf der anderen Seite können Entwicklungslinien identifiziert werden, die die Überlebens- und Zukunftsfähigkeit des deutschen Kommunalmodells unterstreichen (vgl. Wollmann 2012). Hierzu rechnen auch und gerade die hier diskutierten Funktionalreformen, in denen durch eine »Kommunalisierung« von bislang staatlich durchgeführten Aufgaben das Funktionsprofil der Kommunen wesentlich gestärkt wird. Auch wenn diese Kommunalisierungsvorhaben bislang weitgehend in mit Fachaufsicht und auch Weisungsrechten verknüpften Organisationsformen (»Selbstverwaltungsaufgaben mit Weisung«, »Auftragsangelegenheiten« oder gar als »Organleihe«) verwirklicht wurden, erfährt die kommunale Ebene hierdurch im bundesstaatlichen System gleichwohl eine deutliche funktionale Aufwertung und einen funktionalen Bedeutungsgewinn. Zudem ist durch das nunmehr in allen Bundesländern verfassungskräftig verankerte sog. Konnexitätsprinzip (zumindest rechtlich) sichergestellt, dass die Übertragung neuer Aufgaben von den Ländern auf die Kommunen nur bei gleichzeitiger entsprechender Ressourcenübertragung zulässig ist (vgl. Deutscher Städtetag 2011, 8 f.).

Ferner soll (ohne dass dies an dieser Stelle vertieft werden kann) an die »Rekommunalisierungs«-Welle erinnert werden, die in vielen Gemeinden in Feld der »Daseinsvorsorge« (Wasserversorgung, Abfallbeseitigung, Energieversorgung) in Gang gekommen ist (hierzu ausführlich Kuhlmann/Wollmann 2012). Hatten sich bis in die späten 1990er Jahre die Gemeinden vielfach aus verschiedenen Gründen (kurzfristige Liquiditätsbeschaffung, Marktliberalisierungsdruck der EU usw.), kommunale Versorgungseinrichtungen, insbesondere ihre traditionellen Stadtwerke ganz oder teilweise an private Investoren zu verkaufen (die Rede vom »Stadtwerkesterben« machte die Runde), so hat das Pendel in den letzten Jahren merklich in Richtung eines Comeback des kommunalen Sektors (durch Rückkauf oder Neugründung von Versorgungseinrichtungen, insbesondere im Energiesektor) zurückgeschlagen (vgl. Wollmann/Marcou 2010; Wollmann/ Baldersheim u. a. 2010, Wollmann 2011; Röber 2009; Bauer u. a. 2012).

Darüber hinaus zeichnet sich ein bemerkenswerter funktionaler und politischer Bedeutungsgewinn der Kommunen und ihrer Selbstverwaltung auch im europäischen Kontext ab. Nachdem die Europäische Union in ihren Vertragswerken von der kommunalen Selbstverwaltung als einer innerstaatlichen Struktur lange Jahre keine Kenntnis genommen hatte und insoweit, wie gesagt worden ist, »kommunalblind« war, wurde die kommunale Selbstverwaltung im Zuge der Verabschiedung des *Vertrags von Lissabon* in Art. 4 Abs. 2 Satz 1 EUV nunmehr erstmals europarechtlich anerkannt: »Die Union achtet die Gleichheit der Mitgliedstaaten vor den Verträgen und ihre jeweilige nationale Identität, die in ihren grundlegenden politischen und verfassungsmäßigen Strukturen einschließlich der regionalen und lokalen Selbstverwaltung zum Ausdruck kommt«. Zudem wurde das Subsidiaritätsprinzip als Leitlinie der Zuständigkeitsverteilung innerhalb der EU ausdrücklich auf die lokale Ebene erstreckt: »Nach dem

Subsidiaritätsprinzip wird die Union in den Bereichen, die nicht in ihre ausschließliche Zuständigkeit fallen, nur tätig, sofern und soweit die Ziele der in Betracht gezogenen Maßnahmen von den Mitgliedstaaten weder auf zentraler noch auf regionaler oder lokaler Ebene ausreichend verwirklicht werden können, sondern vielmehr wegen ihres Umfangs oder ihrer Wirkungen auf Unionsebene besser zu verwirklichen sind« (Art. 5 Abs. 3 EUV).

Literatur

Bauer, Hartmut: »Von der Privatisierung zur Rekommunalisierung«. In: Ders./Büchner, Christiane/Hajasch, Lydia (Hg.): *Rekommunalisierung öffentlicher Daseinsvorsorge, KWI-Schriften 6.* Potsdam 2012, 10–31.

Bogumil, Jörg/Holtkamp, Lars: *Kommunalpolitik und Kommunalverwaltung.* Wiesbaden 2006.

Bogumil, Jörg/Grohs, Stephan/Kuhlmann, Sabine/Ohm, Anna K.: *Zehn Jahre Neues Steuerungsmodell.* Berlin 2007.

Brüning, Christoph: »Rechtliche Voraussetzungen der Rekommunalisierung«. In: Bauer, Hartmut/Büchner, Christiane/Hajasch, Lydia (Hg.): *Rekommunalisierung öffentlicher Daseinsvorsorge, KWI-Schriften 6.* Potsdam 2012, 59–72.

Burgi, Martin: »Kommunalisierung staatlicher Aufgaben – Möglichkeiten, Grenzen und Folgefragen aus rechtlicher Sicht«. In: Bogumil, Jörg/Kuhlmann, Sabine (Hg.): *Kommunale Aufgabenwahrnehmung im Wandel.* Wiesbaden 2010a, 23–46.

Burgi, Martin: *Kommunalrecht.* München ³2010b.

Deutscher Städtetag: Positionspapier, Kommunen im Bundesstaat stärken. Köln 2008 = http://www.bundesrat.de/ nn_8364/DE/foederalismus/bundesstaatskommission/ unterlagen/AU-068,templateId=raw,property=publicati onFile.pdf/AU-068.pdf

Deutscher Städtetag: *Geschäftsbericht.* Köln 2011

Engeli, Christian/Haus, Wolfgang (Hg.): *Quellen zum modernen Gemeindeverfassungsrecht in Deutschland.* Stuttgart 1975.

Ebinger, Falk/Bogumil, Jörg: »Grenzen der Subsidiarität. Verwaltungsreform in den Ländern«. In: Heinelt, Hubert/Vetter, Angelika (Hg.): *Lokale Politikforschung heute.* Wiesbaden 2008, 165–195.

Katz, Alfred: »50 Jahre Gemeindeordnung Baden-Württemberg. Südwestdeutsche Kommunalverfassung – Zukunfts- oder Auslaufmodell?« In: *Die Gemeinde* 129 (2006), 841–916.

Knemeyer, Franz-Ludwig: »Rechtsaufsicht als Vertrauensaufsicht. Zum Wandel der Staatsaufsicht über die Kommune als Zeichen eines Wandels in der äußeren Kommunalverfassung und zur Stärkung kommunaler Selbstverwaltung«. In: *Bayerische Verwaltungsblätter* 7 (1999), 193–201.

Kuhlmann, Sabine: *Politik- und Verwaltungsreform in Kontinentaleuropa. Subnationaler Institutionenwandel im deutsch-französischen Vergleich.* Baden-Baden 2009.

Kuhlmann, Sabine/Wollmann, Hellmut: *Verwaltung und Verwaltungsreform in Europa. Einführung in die vergleichende Verwaltungswissenschaft.* Wiesbaden 2013.

Richter, Philipp: Kommunalisierung der Schulaufsicht – Erfahrungen aus der baden-württembergischen Verwaltungsstrukturreform. In: Bogumil, Jörg/Kuhlmann, Sabine (Hg.): *Kommunale Aufgabenwahrnehmung im Wandel.* Wiesbaden 2008, 67–87.

Röber, Manfred: »Privatisierung ade? Rekommunalisierung öffentlicher Dienstleistungen im Lichte des Public Managements«. In: *Verwaltung und Management,* 15.5 (2009), 227–240.

Schmidt-Eichstaedt, Gerd: »Autonomie und Regelung von oben«. In: Wollmann, Hellmut/Roth, Roland (Hg.): *Kommunalpolitik.* Opladen 1999, 323–334.

Thieme, Werner: »Die Gliederung der deutschen Verwaltung«. In: Püttner, Günter (Hg.): *Handbuch der kommunalen Wissenschaft und Praxis. Bd. 1.* Berlin 1981, 204–229.

Wegrich, Kai: *Steuerung im Mehrebenensystem der Länder.* Wiesbaden 2006.

Wollmann, Hellmut: »Echte Kommunalisierung und Parlamentarisierung. Überfällige Reformen der kommunalen Politik- und Verwaltungswelt«. In: Heinelt, Hubert (Hg.): *Modernisierung der Kommunalpolitik.* Opladen 1997, 235 ff.

Wollmann, Hellmut: »Kommunalvertretungen – Verwaltungsorgane oder Parlamente?« In: Ders./Roth, Roland (Hg.): *Kommunalpolitik.* Opladen 1999a, 37–49.

Wollmann, Hellmut: »Entwicklungslinien lokaler Demokratie und kommunaler Selbstverwaltung im internationalen Vergleich«. In: Ders./Roth, Roland (Hg.): *Kommunalpolitik.* Opladen 1999b, 186–206.

Wollmann, Hellmut: »Die traditionelle deutsche kommunale Selbstverwaltung – ein Auslaufmodell?« In: *Deutsche Zeitschrift für Kommunalwissenschaften* (DfK) 1 (2002), 24 -45.

Wollmann, Hellmut: *Reformen in Kommunalpolitik und -verwaltung. England, Schweden, Deutschland und Frankreich im Vergleich.* Wiesbaden 2008.

Wollmann, Hellmut: »Provision of Public Services in European Countries: From Public/Municipal to Private and Reverse?« In: *Croatian and Comparative Public Administration* 3 (2011), 889–915. = http://en.iju.hr/ccpa/ccpa/ downloads_files/001-Wollmann.pdf

Wollmann, Hellmut: »Entwicklung, Stand und Perspektive der deutschen kommunalen Selbstverwaltung im europäischen Vergleich«. In: Egner, Björn/Haus, Michael/Terizakis, Georgios (Hg.): *Regieren. Festschrift für Hubert Heinelt.* Wiesbaden 2012, 421–441.

Wollmann, Hellmut/Baldersheim, Harald/Citroni, Giulio/ Marcou, Gérard/McEldowny, John: »From Public Service to Commodity: The Demunicipalization (and remunicipalization?) of Energy Provision in Germany, Italy, France, the U.K. and Norway«. In: Wollmann, Hellmut/Marcou, Gérard (Hg.): *The Provision of Public Services in Europe. Between State, Local Government and Market.* Cheltenham/Northampton 2010, 168–190.

Wollmann, Hellmut/Marcou, Gérard: »From private sector-based to privatized service provision. Is the pendulum swinging back again? Comparative summary«. In: Wollmann, Hellmut/Marcou, Gérard (Hg.): *The Provision of Public Services in Europe. Between State, Local Government and Market.* Cheltenham/Northampton 2010, 240–260.

9. Stadt in der lokalen Politikforschung

Hubert Heinelt

In Deutschland steht die politikwissenschaftliche Auseinandersetzung mit Politik auf der lokalen Ebene seit Anfang der 1970er Jahre in einem Spannungsverhältnis zwischen zwei Ansätzen oder Traditionslinien. Diese sollen im Folgenden (im Abschnitt 1) skizziert werden – und zwar unter den Gesichtspunkten, wie zum einen der Gegenstandsbereich »Stadt« und zum anderen daran anknüpfend die für die Politikwissenschaft traditionell zentralen Fragen von Macht und Demokratie thematisiert worden sind, aber auch die seit den 90er Jahren unter dem Schlagwort »Governance« subsumierten »neuen Formen des Regierens« (vgl. Benz 2004; Benz/Dose 2010). Ferner wird darauf eingegangen, wie mit dem begrifflichen Zugriff auf den Gegenstand Stadt und mit einem bestimmten Verständnis von Demokratie auch eine je spezifische Sicht auf die politische Rolle der Bürgerinnen und Bürger sowie ein je spezifisches Leitbild lokaler Politik einhergeht. Anschließend werden (im Abschnitt 2) die im Kontext dieses Spannungsverhältnisses seit den 70er Jahren geführten Debatten der lokalen Politikforschung rekapituliert, um zu zeigen, wie sich im Zeitverlauf der Blick der Politikwissenschaft auf die Stadt und Fragen von Macht, Demokratie und des Regierens in Städten verändert hat. Abschließend (im Abschnitt 3) geht es zunächst um Perspektiven, die sich aus diesen beiden Traditionslinien für die politikwissenschaftliche Beschäftigung mit der Rolle von Städten im Prozess der europäischen Integration ergeben. Außerdem werden Spezifika der lokalen Politikforschung in Deutschland im internationalen Vergleich reflektiert.

Hervorgehoben sei gleich zu Beginn dieses Beitrags, dass sich die politikwissenschaftliche Auseinandersetzung mit der lokalen Ebene auf Politik in Städten konzentriert und ländliche Politik oder Politik »vor Ort« auf dem Lande kaum behandelt worden ist (vgl. Schneider 1991). Dies geschieht indes ohne einen Begriff von Stadt, der diesen konzeptionell von nichtstädtischen sozialen, aber auch politischen Strukturen und Prozessen abgrenzt. Gleichwohl wird durchaus eine »Gegenüberstellung von Stadt und Land« (vgl. z. B. Blatter 2008, 158) thematisiert – nicht zuletzt im Hinblick auf Konflikte »zwischen Stadt und Umland« (Blatter 2008, 142), die gerade in Ballungsräumen virulent sind und in den letzten Jahren zu einer gesteigerten Aufmerksamkeit für das Regieren in solchen Räumen (im Sinne von »metropolitan governance«; vgl. Zimmermann/Heinelt 2011) geführt haben. Zudem wird zwar von Stadt als politisch autonomem Gebilde gesprochen (vgl. u. a. Bogumil 2001, 59, 46 f.). Als solches sei die Stadt spätestens seit dem 19. Jahrhundert »zum Ausgangspunkt tiefgreifender Veränderungen in Staat und Gesellschaft [geworden], sie wird Trägerin der Liberalisierung und Demokratisierung und entwickelt sich zu einem Experimentierfeld für das ökonomische, soziale und kulturelle bürgerliche Engagement« (Bogumil 2001, 46; Bogumil/Holtkamp 2006, 15)

Es fehlt indes ein Begriff von Stadt, der (etwa in der Tradition Wirths 1974) auf »Urbanität als Lebensform« verweist. Da dies der Fall ist, erfolgt in der lokalen Politikforschung eine Unterscheidung lokaler Politik allenfalls nach der Gemeindegröße entsprechend der Einwohnerzahl und nach der Einwohnerzahl definierter Gemeindegrößenklassen und der Begriff Stadt wird entsprechend gegebenenfalls oberflächlich zur Klassifikation verwendet – etwa um zwischen Groß-, Mittel- und Kleinstädten, Vor- und Kernstädten oder ländlichen und Großstädte zu unterscheiden.

1. Der Gegenstand politik-wissenschaftlicher Aus-einandersetzung mit Politik auf der lokalen Ebene

Im Folgenden sollen die einleitend angesprochenen zwei Traditionslinien politikwissenschaftlicher Auseinandersetzung mit dem Gegenstand Stadt verdeutlicht werden. Dies geschieht vor allem im Hinblick darauf, dass mit dem je spezifischen Blick auf den Gegenstand Stadt auch das Feld des Politischen und der an Politik auf der lokalen Ebene beteiligten Akteure unterschiedlich bestimmt wird.

1.1 Kommunalpolitik

Eine der beiden angesprochenen Traditionslinien politikwissenschaftlicher Auseinandersetzung mit Politik auf der lokalen Ebene geht vom staatsrechtlichen Gemeindebegriff und damit von der Kommune aus und ist auf *Kommunalpolitik* ausgerichtet. Rechtlich gelten sowohl die Gemeinden, die kreisfreien Städte, die kreisangehörigen Städte als auch die Landkreise als Kommunen.

»Juristisch sind die Kommunen Körperschaften des öffentlichen Rechtes. Im Rahmen der föderalstaatlichen Ordnung der Bundesrepublik sind sie als Träger der grundgesetzlich garantierten kommunalen Selbstverwaltung (Art. 28, Abs. 2 GG) eine eigene Ebene im Verwaltungsaufbau. In ihrem Gebiet sind sie grundsätzlich die Träger der gesamten örtlichen öffentlichen Verwaltung und gehören neben dem Bund und den Ländern zu den öffentlichen Gebietskörperschaften« (Bogumil/Holtkamp 2006, 9).

Aus der Orientierung auf den staatsrechtlichen Gemeindebegriff ergeben sich Verbindungen zur Staatsrechtslehre und zur Verwaltungswissenschaft. Gleichwohl unterscheidet sich diese Traditionslinie der lokalen Politikwissenschaft in Deutschland, die weit in die Zeit vor den 70er Jahren zurückreicht und sich als Kommunalwissenschaft begriff (vgl. Hesse 1989), von der Staatsrechtslehre und Verwaltungswissenschaft dadurch, dass originären politikwissenschaftlichen Fragen eine maßgebliche Rolle beigemessen wird – nämlich denen nach den Voraussetzungen, Erfolgsbedingungen und Formen der Interessenartikulation, -organisation und -vermittlung sowie den mit ihnen verbundenen Aspekten von politischer Macht und demokratischer Selbstbe-

stimmung. Dies erfolgt allerdings fokussiert auf Kommunalpolitik und damit auf das, was im Rathaus und bezogen auf das Rathaus politisch passiert. »›Lokale Politikforschung‹ [bezieht sich dabei; H.H.] nur [auf] den Themenkreis, der sich mit der Abbildung gesellschaftlicher Konfliktfelder auf lokaler Ebene, ihrer Aufnahme in lokalen politisch-administrativen Prozessen und denen Outputeffekten auf die Lösung dieser Probleme sowie auf Folgeprobleme befaßt. Weitgehend unberücksichtigt bleiben soziologische Analysen zur sozialen Inzidenz einzelner Konfliktfelder [sowie] ökonomische Analysen zur Beziehung der lokalen Finanzwirtschaft zu lokalen und überörtlichen Allokations- und Konsumptionsprozessen [...]« (Fürst/Hesse 1978, 313/Fn. 2).

Die Fokussierung auf Kommunalpolitik bedingte zwar nicht, dass diese Traditionslinie der lokalen Politikforschung von vornherein keinen Zugang zu der seit den 90er Jahren um sich greifenden Governance-Debatte gefunden hat, mit der politische Entscheidungen nicht mehr nur an das »Regierungssystems« (im Sinne von *government*) als eine eng gefasste Kernstruktur des politischen Systems gebunden, sondern auch auf von ihr autonome gesellschaftliche Akteure bezogen wurden. Mit der Thematisierung von Interessenartikulation, -organisation und -vermittlung haben Interdependenzen zwischen der Kommune und ihrer gesellschaftlichen Umwelt immer schon zum Standardrepertoire der Forschungsfragen dieser Traditionslinie gehört. Da diese Interdependenz allerdings mit einem Fokus auf ein im Kontext kommunalpolitischer Strukturen stattfindendes Regieren thematisiert worden ist, musste der Zugang zur Governance-Debatte letztlich oberflächlich bleiben. Konzeptionell wird nämlich auf diese Weise nicht eingefangen, was der Begriff »Governance« im Kern impliziert. Er bedingt, dass (vgl. Heinelt 2002, 15).

– die traditionell von der politischen Theorie betonte Trennung von Staat und Gesellschaft in den Hintergrund tritt,

– die Sphäre des Politischen (oder des »policy-making«) insofern in die Gesellschaft hinein ausdehnt wird, als sie nicht mehr an den Staat oder Gebietskörperschaften gebunden ist, und

– Partizipation am »Regieren« nicht nur eine indirekte Beteiligung an »Regierungsangelegenheit« über Wahlen und das Repräsentationssystem bedeutet, sondern vielmehr auch ein darüber hinaus erweitertes politisches Engagement im »öffentlichen Leben«.

Stattdessen dominiert in der auf Kommunalpolitik fokussierten Richtung der lokalen Politikforschung eine Orientierung auf repräsentative Demokratie. Diese mag zwar durch Formen direkter Demokratie (Referenden) und Bürgerbeteiligung ergänzt werden (vgl. Bogumil 2002), aber im Zentrum bleiben die Kommunen mit ihren am Modell der repräsentativen Demokratie ausgerichteten politischen Entscheidungsstrukturen. Dies geht mit einer Sicht des Bürgers einher, die ihn vorrangig als Wähler betrachtet. Betont wird dabei das Recht des Individuums auf Teilnahme an allgemeinen Wahlen und damit die Möglichkeiten, (a) individuelle Präferenzen im Hinblick auf Handlungsvorgaben für die Regierenden zu aggregieren, und (b) die Regierenden gegenüber den Bürgern verantwortlich zu machen (letztlich beim nächsten Wahltermin).

Mit Barber (1984) kann argumentiert werden, dass das Modell repräsentative oder »liberale« Demokratie insofern eine »thin democracy« nahe legt, als seine Sicht »of human nature is founded on a radical premise no less startling for its familiarity: man is alone« (Barber 1984, 68). Dieser »psychological frame« des Modells repräsentativer Demokratie (wie ihn Barber 1984, 67 ff. bezeichnet) kann durch eine bestimmte »vor-konzeptionelle« Rahmung (Barber 1984, 27) bzw. ein bestimmtes Axiom (eine bestimmte Grundannahme) ergänzt werden. Dieses »axiom sets up materialism. [It] posits that humans are material beings in all they are and in all they do« (Barber 1984, 32). Auch wenn auf Kommunalpolitik fokussierte Vertretern repräsentativer Demokratie nicht umstandslos unterstellt werden kann und sollte, dass sie von diesen »psychologischen« und »vor-konzeptionellen« Rahmungen ausgehen, so tritt bei ihnen dennoch häufig eine Haltung hervor, die darauf hinausläuft, dass Demokratie in den Kontext von »interest theory and rational-choice models« (Barber 1984, 68) gerückt wird. Entsprechend dominiert ein Leitbild lokaler Politik, das mit der Ausrichtung auf Kommunalpolitik die Bedeutung von Machtkontrolle durch Gewaltenteilung und eine Unterwerfung der Verwaltung unter das Recht hervorhebt, um dadurch selbstbezügliche Interessendurchsetzung zurückzudrängen bzw. einzudämmen.

Mit der Fokussierung auf die Kommune und mit der Vorstellung, über kommunalpolitische Entscheidungen und mithilfe der Kommunalverwaltung hierarchisch Angelegenheiten der örtlichen Gemeinschaft zu ordnen, ist ein bestimmter Machtbe-

griff verbunden. Dieser Machtbegriff scheint auch in der Einbindung der Kommunen als gebietskörperschaftlicher Ebene in die vertikalen Kompetenzbeziehungen auf, die als einseitig von übergeordneten Instanzen (Bund und Ländern sowie in den letzten Jahren der EU) dominiert begriffen werden: Macht wird dabei letztlich auf »die Chance [bezogen], für einen Befehl bestimmten Inhalts bei angebbaren Personen Gehorsam zu finden« (Weber 2005, 38). Macht ist aus dieser Perspektive an hierarchische und das heißt einseitige Interventionsmöglichkeiten (»power over«) gebunden, wenngleich sie in demokratischen Strukturen an die Legitimation durch Mehrheitsentscheidungen rückgebunden sind.

1.2　Stadtpolitik

Die Entstehung einer anderen Traditionslinie ist mit der Gründung des Arbeitskreises »Lokale Politikforschung« der Deutschen Vereinigung für Politikwissenschaft (DVPW) im Jahr 1972 zu markieren. Sie versucht – einem Diktum von Rolf-Richard Grauhan (dem Gründungsvater dieses Arbeitskreises) folgend – »die lokale Politik aus dem Ghetto des kommunalpolitischen Systems« (Grauhan 1975b, 12) zu befreien. Lokale Politik wird entsprechend auf ein physisch-ortsgebundenes und sozialräumliches Interaktionssystem bezogen (vgl. Heinelt/Wollmann 1991, 9 f.) – und nicht von vornherein auf Kommunalpolitik. Außerdem wird Politik eher funktional als Herstellung und Durchsetzung gesellschaftlich verbindlicher Entscheidungen verstanden und auch damit von der Kommunalpolitik und ihrem Entscheidungszentrum im Rathaus gelöst. Dadurch wird ein relativ klar mit dem staatsrechtlichen Gemeindebegriff absteckbarer Gegenstandsbereich – nämlich die *Kommunalpolitik* – zwar nicht völlig aufgegeben, sich aber doch weitgehend einer darüber hinausgehenden *Stadtpolitik* zugewendet (vgl. dazu auch Fürst/Hesse 1978, 305 ff.). Mit der Orientierung auf Stadtpolitik ergab sich für diese Traditionslinie der lokalen Politikforschung, dass Interaktionen zwischen öffentlichen und privaten Akteuren und damit einhergehend einer verbindlichen Handlungskoordination auf der Grundlage von Verhandlungen und gegenseitigem Interessenausgleich (statt durch Mehrheitsentscheidungen und durch sie legitimierte hierarchische Interventionen) eine zentrale Bedeutung beigemessen worden ist. Auf diese Weise wurden von dieser Traditionslinie eine Ausweitung der Sphäre des Politischen in die (Stadt-)Gesellschaft hinein sowie (damit korrespondierend) über Wahlen hinausgehende Formen von politischer Partizipation schon lange thematisiert, bevor diese Aspekte auch in anderen Bereichen der Politikwissenschaft mit dem Aufkommen der Governance-Debatte eine steigende Aufmerksamkeit erfuhren, durch die gesellschaftlich verbindliche Handlungskoordination jenseits von *government* durch solche Formen von *governance* hervorgehoben wurden.

Bei diesem Verständnis des Gegenstandsbereichs lokaler Politik, das zum einen auf ein physisch-ortsgebundenes und sozialräumliches Interaktionssystem und zum anderen auf einen funktional bestimmten Politikbegriff beruht, ist es naheliegend, dass diese Traditionslinie der lokalen Politikforschung in Deutschland Affinitäten zur Soziologie und den Raumwissenschaften aufweist (siehe dazu Abschnitt 3).

Außerdem ist es naheliegend, dass diese Traditionslinie der lokalen Politikforschung sich nicht nur mit dem »governance turn« in der Politikwissenschaft nicht schwer getan, sondern seine Durchsetzung in der deutschen Politikwissenschaft sogar maßgeblich gefördert hat. Dadurch, dass die Sphäre des Politischen mit dem Fokus auf Stadtpolitik ausgedehnt und nicht auf das kommunalpolitische Entscheidungs- und Verwaltungssystem reduziert worden ist, ergaben sich im Hinblick auf Macht und Demokratie anders akzentuierte Fragestellungen als in der zuerst skizzierten Traditionslinie der lokalen Politikforschung.

Ähnlich wie in der Governance-Debatte ging es in der zweiten Traditionslinie in Bezug auf Partizipation am »Regieren« nicht nur um eine indirekte Beteiligung an »Regierungsangelegenheiten« über Wahlen und das Repräsentationssystem, sondern auch um ein darüber hinaus gehendes politisches Engagement im »öffentlichen Leben«. Das betraf im historischen Verlauf der Debatte zunächst Bürgerbeteiligung bzw. das Engagement einzelner Bürgerinnen und Bürger, die nicht nur auf Letztentscheidungen in kommunalen Instanzen abzielt, sondern auch Formen und Möglichkeiten der Selbsthilfe und damit gesellschaftlicher Selbstregulierung hinausläuft. Damit ergibt sich eine Abschlussfähigkeit an ein (im Sinne Barbers 1984) Verständnis »starker Demokratie« (»strong democracy«), das auf »a distinctively modern form of participatory democracy« (Barber 1984, 117) verweist: »[L]iterally, it is self-government by citizens

rather than representative government in the name of citizens. Active citizens govern themselves directly here, not necessarily at every level and in every instance, but frequently enough and in particular when basic policies are being decided« (Barber 1984, 151). Nach diesem Verständnis von Demokratie gelten Menschen als soziale Wesen (Barber 1984, 215) »with variable but malleable natures and with competing but overlapping interests [who] can contrive to live together communally not only to their mutual advantage but also to the advantage of their mutuality« (Barber 1984, 118).

Die Sicht des Menschen als einem sozialen Wesen ist auch kennzeichnend für den »psychologischen« und »vor-konzeptionellen« Rahmen dieses Verständnisses von Demokratie. Diese Sichtweise impliziert, dass Menschen als soziale Wesen nicht nur schlicht interagieren, sondern auch dazu in der Lage sind »to create a public language that will help reformulate private interests in terms susceptible to public accommodation« (Barber 1984, 119) – wodurch selbstbezogene Interessen durch politische Interaktion transformiert und möglicherweise überwunden werden können. Dies legt ein Leitbild lokaler Politik nahe, das weniger auf Mehrheitsentscheidungen (im Rat) abhebt, sondern auf argumentative Auseinandersetzungen im öffentlichen Raum über die verbindliche Regelung von Angelegenheiten der örtlichen Gemeinschaft.

Mit dem Bezug auf Stadtpolitik ging ferner eine Beschäftigung mit kollektiven oder korporativen Akteuren (von Vereinen und Verbänden bis zu Unternehmen) und deren Relevanz für die politische Bearbeitung gesellschaftlicher Herausforderungen auf der lokalen Ebene einher – und zwar mit oder ohne Einbindung kommunaler Akteure. Damit wurden neben Fragen der sozietalen Handlungs- bzw. Selbstkoordination auch Machtfragen thematisiert – indes ohne diese per se an Zuständigkeiten und Machtressourcen innerhalb des politisch-administrativen Systems (der Kommunen, aber auch zwischen der kommunalen und übergeordneten staatlichen Ebenen) zu binden, sondern auch auf gesellschaftliche Einflusspotentiale zu beziehen. Im Unterschied zu der auf die kommunale Ebene und die Kommunalpolitik fokussierten Traditionslinie der lokalen Politikforschung in Deutschland dominiert daher in dieser zweiten Traditionslinie ein anderes Machtkonzept. Es stellt nicht auf einseitige Interventionsmöglichkeiten (»power over«), sondern auf Handlungskapazitäten ab, bestimmte Effekte zu bewirken (»power to«; vgl. zu dieser Unterscheidung zuerst Stone 1989). Diese Handlungskapazitäten sind nur durch Interaktion von Akteuren zu generieren und auch umzusetzen, wobei die Akteure zwar zur Erreichung bestimmter Handlungsziele (oder zur Bewirkung bestimmter Effekte) voneinander abhängig sein mögen, sie aber letztlich über ein hohes Maß an Autonomie verfügen, sich auf entsprechende Interaktionen einzulassen und die betreffenden Handlungsziele mit zu definieren.

2. Einzelne Phasen der politikwissenschaftlichen Auseinandersetzung mit Politik auf der lokalen Ebene

Wie und vor welchen Hintergrund die genannten Sichtweisen die lokale Politikforschung in Deutschland geprägt haben, lässt sich entlang einzelner Phasen verdeutlichen (vgl. zu diesen Phasen Wollmann 1991, 18–27 sowie Heinelt/Mayer 2001, 66–70; Heinelt/Mayer 2003 und Heinelt 2004, 32–35). Bis zum Beginn der 1970er Jahre dominierte eindeutig eine auf die Kommune und Kommunalpolitik ausgerichtete lokale Politikforschung, die sich selbst als Kommunalwissenschaft begriff (vgl. Hesse 1989). Dies änderte sich, als mit der Konstituierung des Arbeitskreises »Lokale Politikforschung« der DVPW die Formierung der zuvor skizzierten zweiten Traditionslinie erfolgte. Die Ausweitung des Blickfeldes über die Kommunalpolitik hinaus resultierte aus der Analyse lokaler Entwicklungen unter »gesamtgesellschaftlichen Fragestellungen«. Diese Phase (von 1972–1976) ist für die deutsche lokale Politikforschung sowohl prägend als auch exzeptionell. In Anlehnung an den angloamerikanischen Terminus »local politics« sollte die Bezeichnung ›lokale Politikforschung‹ Distanzierung und Emanzipation von der überkommenen kommunalwissenschaftlichen und soziologischen Gemeindeforschung signalisieren. Diese Phase wurde von Politikwissenschaftlern, Soziologen, Stadtplanern und Architekten gemeinsam getragen, deren interdisziplinäre Herangehensweise durch die Dominanz eines sozioökonomischen Paradigmas geprägt war (vgl. dazu die Beiträge in Grauhan 1975a). Wie für die sozialwissenschaftliche Debatte jener Zeit allgemein, herrschte infolge der mit der Studentenbewegung

initiierten Rekonstruktion marxistischer Theorie ein »,gesamtgesellschaftlicher Analyseansatz‹ [vor], der auf den Primat politökonomischer, auf die ›Entwicklungsgesetze des Kapitalismus‹ zurückverweisende Erklärungen und Interpretationen drang« (Wollmann 1991, 18). Gleichwohl wurde in »empirischen Fallstudien die ›institutionelle‹ Fragestellung, einschließlich ihrer normativ-demokratietheoretischen Prämissen, weitergeführt« (Wollmann 1991, 20).

Gleichzeitig formierte sich in dieser Phase indes um Paul Kevenhörster auch eine Gruppe von Politikwissenschaftlern, die zunächst »Studiengruppe für Lokale Politikforschung« und »Arbeitsgruppe Kommunalpolitik und Politikwissenschaft« hieß (Kevenhörster 1977, 1978; vgl. auch Wollmann 1991, 16). Sie bestand in erster Linie aus Politikwissenschaftlern der Pädagogischen Hochschule Westfalen-Lippe, Abteilung Münster. Obwohl diese Gruppe sowohl die überkommen Kommunalwissenschaften als auch Gemeindeforschung angesichts einer zur damaligen Zeit zunehmender Politisierung der lokalen Ebene auch zu überwinden trachtete, blieb Kommunalpolitik stets Bezugspunkt ihrer Arbeiten.

Auch wenn diese Phase schon zu Beginn der zweiten Hälfte der 1970er Jahre mit dem aufkeimenden und sich verbreitenden Zweifel an der Erklärungskraft (neo-)marxistisch inspirierter gesamtgesellschaftlicher Erklärungsansätze ein Ende fand, ist ihre Wirkung für die weitere Entwicklung der lokalen Politikforschung doch prägend gewesen. Dies gilt vor allem für die bereits erwähnte Befreiung der »lokalen Politik aus dem Ghetto des kommunalpolitischen Systems«. Sie ergab sich aus den damaligen Debatten, weil konsequenterweise »der Stellenwert lokaler Ereignisse und Problemlagen im gesellschaftlichen Gesamtsystem in den wissenschaftlichen Blick gerückt« wurde (Grauhan 1975b, 12). Trotz des Verblassens der gesamtgesellschaftlichen Analyse- und Theoretisierungsbemühungen blieb die Öffnung auf das gesellschaftliche Umfeld kommunaler Politik als Wesensmerkmal einer bestimmten Diskursgemeinschaft der lokalen Politikforschung in Deutschland erhalten. Exzeptionell ist diese Phase deshalb geblieben, weil in der Folgezeit die Suche nach theoretischen Paradigmen (oder eines Paradigmas) hinter stark empirisch ausgerichtete Forschungsinteressen zurücktrat. Dies mag erklären, dass eine unmittelbare Verbindung zu der in den 1990er Jahren in der Politikwissenschaft einsetzenden steuerungstheoretischen Debatte – und damit zur Governance-Diskussion – nur bedingt (d. h. nur von einzelnen Forschern) hergestellt wurde.

Eine nächste Phase setzte ein, als sich die lokale Politikforschung in der zweiten Hälfte der 1970er Jahre verstärkt mit Problemen der »Reformpolitik« der 1970er Jahre und der Implementation von politischen Programmen auseinandersetzte. Die in dieser Zeit einsetzende Implementationsforschung war auf die Frage fokussiert, warum bestimmte Politikinhalte *(policies)* bzw. politisch intendierte Effekte letztlich nicht umgesetzt werden konnten. Da Umsetzungs- bzw. Vollzugsprobleme vor allem auf lokaler Ebene sowohl deutlich als auch der lokalen Ebene zugeschrieben wurden, tat sich für die lokale Politikforschung ein weites Betätigungsfeld auf. Diese Entwicklung in Deutschland reihte sich ein in eine internationale Debatte, deren Fragestellung gut mit dem Untertitel der grundlegenden Arbeit von Pressman und Wildavsky (1973) zur Implementation auf den Punkt gebracht worden ist: »How great expectations in Washington are dashed in Oakland. Or, why its's amazing that Federal programs work at all«. Im Rahmen von *Implementationsuntersuchungen* nahmen Fragen nach Handlungsspielräumen der Kommunen gegenüber Bund und Ländern, aber auch gegenüber wirtschaftlichen Interessen einen zentralen Stellenwert ein. Ferner wurden »Chancen einer kritischen Verwaltungsforschung« (Wollmann 1980a; vgl. auch Wollmann 1980b) und Möglichkeiten einer »Gegenimplementation von unten« (Wollmann 1983), d. h. aus der Perspektive der Politikadressaten bzw. Betroffenen, diskutiert. Entsprechende Untersuchungen waren Bestandteil kritischer Reflexionen von Befunden der Implementationsforschung (vgl. Mayntz 1980; Mayntz 1983). Diese Reflexionen bildeten eine maßgebliche Grundlage für die in den späten 1980er Jahren einsetzende steuerungstheoretische Debatte (vgl. Mayntz 1987), in deren Gefolge sich das Governance-Paradigma ausbreitete. Ergebnisse der Implementationsforschung – nicht nur, aber auch der lokalen Politikforschung – waren dafür bedeutsam, weil sie Probleme politischer Steuerung als solche (a) der Implementation, d. h. der zielkonformen Durch-/Umsetzung von Politikinhalten, (b) der Motivation, d. h. der Motive und Folgebereitschaft der Politikadressaten, und (c) des Wissens, d. h. der Kenntnis steuerungsrelevanter Wirkungszusammenhänge, deutlich werden ließen (vgl. Mayntz 1987, 96–97). Als entscheidend wurde für die Behebung von Steuerungsproblemen angesehen, dass sich politische Steuerung über *Politiknetzwerke*

sowohl zwischen verschiedenen öffentlichen als auch zwischen diesen und privaten Akteuren herstellen muss und Steuerungserfolge entscheidend davon abhängen, ob in diesen Netzwerken kollektive nicht-governementale Akteure auftreten, die in der Lage sind, Interessen gesellschaftlicher Gruppen zu formieren, zu artikulieren und auf dem Verhandlungswege zu vermitteln, aber auch für die verbindliche Einhaltung der unter ihrer Beteiligung ausgehandelten Problemlösungen zu sorgen.

Aus der Beteiligung an der Implementationsforschung ergab sich für die lokale Politikforschung ein fließender Übergang zu einer Phase (vom Beginn der 1980er bis zum Beginn der 1990er Jahre), in der die *Policy-Analyse* (oder auf Deutsch die Politikfeldanalyse) im Mittelpunkt des Interesses stand, verwies doch die Untersuchung von Implementationsprozessen auf die für die Policy-Analyse zentrale Untersuchung der Umsetzung spezifischer Politikinhalte in konkreten Politikfeldern. Auch hierbei folgte die lokale Politikforschung – und zwar an vorderster Front – einem Trend in der Herkunftswissenschaft, der zu seiner Zeit in der Disziplin höchst umstritten war (vgl. Hartwich 1985). Obwohl Vertreterinnen und Vertreter der lokalen Politikforschung das Augenmerk nicht von den politikwissenschaftlich zentralen Fragen der intentionalen Gestaltung und Gestaltbarkeit des Gegenstandes ließen – und damit von der akteursabhängigen Machtentfaltung und Interessenvermittlung –, sahen sie sich innerhalb der Politikwissenschaft einem Vorurteil ausgesetzt, »welches Mitte der 80er Jahre [allgemein] gegen die Policy-Analyse erhoben wurde: bei ihr zerfasere das Fach, und die disziplinäre Identität gehe verloren; die Politikwissenschaft wildere in den Bereichen anderer – paradigmatisch gefestigter – Disziplinen […]; dadurch gingen ihr zentrale Fragen, nach Macht, Herrschaft und Interessen und auch […] nach der Legitimität verloren (Hartwich 1985, 5)« (Blanke/Benzler 1991, 10; Hervorh. i. Orig.).

Dahinter stand, dass bis Ende der 1980er Jahre eine konzeptionelle und begriffliche Ausweitung des Politischen in Sphären gesellschaftlicher Handlungskoordination, die nicht unmittelbar mit dem Regierungsapparat verbunden war, innerhalb der Politikwissenschaft auf große Vorbehalte stieß. Politik war für die Politikwissenschaft jener Zeit und nicht nur für die Traditionslinie der lokalen Politikforschung, die sich auf die Kommune und Kommunalpolitik fokussiert, dem »policy-making« innerhalb eng gefasster Strukturen des politischen Systems (des »Regierungssystems«) vorbehalten. Dies begann sich erst seit den 1990er Jahren zu ändern, als auch der politikwissenschaftliche Mainstream einer gesellschaftlich verbindlichen Handlungskoordination jenseits von *government* durch Formen von *governance* verstärkt Aufmerksamkeit schenkte.

Die Beschäftigung mit einzelnen Politikfeldern konzentrierte sich im weiteren Verlauf der 1980er Jahre auf die Bereiche der lokalen Arbeitsmarkt- und Sozialpolitik – und zwar in engem Austausch zwischen Politikwissenschaftlern und Soziologen (vgl. Blanke u. a. 1986; Heinelt/Wollmann 1991; Blanke/Benzler 1991). Ausgangspunkte dafür waren die wahrgenommene bzw. diagnostizierte »Krise des Sozialstaats«, eine Neuorientierung lokaler Sozialpolitik im Zeichen einer Veränderung der »Erwerbsgesellschaft« (Krüger/Pankoke 1985) und die Suche nach Möglichkeiten einer »*Erneuerung der Politik ›von unten‹*« (Hesse 1986), die die »*Kommune als Gegenmacht*« (Bullman/Gitschmann 1985) zu identifizieren trachtete und auf neue sozialen Bewegungen in (Groß-)Städten (Grottian/Nelles 1983) rekurrierte. Dabei handelte es sich nicht zuletzt um die Entwicklung einer effektiven Handlungskoordination zwischen autonomen Akteuren, und zwar sowohl zwischen solchen aus verschiedenen Verwaltungen als auch solchen aus unterschiedlichen »*intermediären Instanzen*« (Verbänden und Selbsthilfegruppen bzw. -einrichtungen, vgl. Kaufmann 1987). Gerade in den Bereichen der lokalen Arbeitsmarkt- und Sozialpolitik war gut zu verdeutlichen, dass die Städte und Gemeinden als Gebietskörperschaften ein Akteur (oder eine Akteursgruppe) unter vielen sind. Klar zu machen war aber auch, dass es in diesen Politikfeldern bei der Umsetzung der intendierten Politikinhalte auf Akteursnetzwerke ankommt, die über Organisationsgrenzen hinausreichen. Zu verdeutlichen war ferner, dass die zu vernetzenden Akteure über je spezifische Ressourcen verfügen, aber auch bestimmte Interessen oder Handlungsorientierungen verfolgen, die zu nutzen bzw. zu berücksichtigen sind (vgl. zu entsprechenden städtischen Fallstudien Blanke u. a. 1987 und Benzler/Heinelt 1991). Dabei galt »intermediären Instanzen« ein besonderes Interesse, und es sind Beiträge zum intermediären Bereich aus der lokalen Politikforschung gewesen, die Diskussionen in den 1990er Jahren zu Potentialen von Zivilgesellschaft begründet oder vorweggenommen haben (vgl. u. a. Evers 1991 mit seinem Konzept der »Brückeninstan-

zen« und den Sammelband von Heinelt/Schmals 1997 zur Entwicklung sowie zu Defiziten und Potentialen »ziviler Gesellschaft« auf der lokalen Ebene).

Diese Diskussionen zu Potentialen von Zivilgesellschaft waren weniger auf »intermediäre Instanzen« im Sinne von Selbsthilfegruppen bzw. -einrichtungen bezogen. In ihrem Zentrum standen vielmehr Formen politischer Interessenartikulation und -vermittlung, die auf *Foren der politischen Selbstartikulation und des öffentlichen argumentativen Austausches* beruhen. Als »institutioneller Kern« einer so verstandenen Zivilgesellschaft gilt ein »Assoziationswesen, das problemlösende Diskurse zu Fragen allgemeinen Interesses im Rahmen veranstalteter Öffentlichkeiten institutionalisiert« (vgl. Habermas 1992, 443 f.). Diesem Assoziationswesen sind solche *kollektive Akteure* zuzuordnen, die sich an universellen Belangen (wie Menschenrechten oder Umweltbelangen) orientieren und versuchen, argumentativ (mit der Macht des Argumentes) gesellschaftlich bindende Entscheidungen zu beeinflussen (vgl. Heinelt 2008, 74). Solche Debatten sind ihrerseits Bezugspunkte für Überlegungen geworden, wie Governance-Prozesse partizipativ zu gestalten sind, um über sie nicht nur die Effektivität politischer Steuerung zu erhöhen, sondern auch ihre Legitimität (vgl. dazu u. a. Heinelt 1997; Heinelt 2002 sowie zusammenfassend Heinelt 2008).

In den seinerzeitigen Debatten um eine möglichst effektive Handlungskoordination zwischen autonomen lokalen Akteuren wurden die institutionellen und fiskalischen Handlungsrestriktionen der Kommunen relativiert und die Bedeutung von Netzwerkkonstellationen zwischen öffentlichen und privaten Akteuren hervorgehoben (vgl. Mayer 1991). Diese Netzwerkkonstellationen hat Evers (1988) mit der Charakterisierung als »*pluralistische Verhandlungssysteme*« auf den Begriff gebracht. Was damit Ende der 1980er Jahre im Kontext der lokalen Politikforschung entwickelt wurde, enthält im Kern das, was in der steuerungstheoretischen Diskussion über Verhandlungssysteme (vgl. u. a. Mayntz 1993; Scharpf 1992) und davon ausgehend über Governance erst einige Jahre später allgemein in der Politikwissenschaft Verbreitung gefunden hat. Der Begriff der »pluralistischen Verhandlungssysteme« verwies nämlich auf Akteurskonstellationen bzw. interorganisatorische Netzwerke, in denen auf Verhandlungslösungen ausgerichtete Interaktionsorientierungen dominieren und allenfalls ein schwacher, verhandelnder »lokaler Staat« eingebunden ist.

Eine neue Phase der lokalen Politikforschung hat in Deutschland in der ersten Hälfte der 1990er Jahre mit der Hinwendung zum Thema der Verwaltungsmodernisierung eingesetzt, das mit neuen, von »*New Public Management*« beeinflussten Konzepten ins Zentrum der fachwissenschaftlichen Diskussion drängte (vgl. u. a. Grunow/Wollmann 1998). Dabei ging es in der deutschen Debatte weniger um Privatisierung und »outsourcing« (der Vergabe der Erbringung einzelner Leistungen an Dritte). Im Mittelpunkt des sogenannten »Neuen Steuerungsmodells« (als deutscher Variante von New Public Management) stand vielmehr eine »Binnenmodernisierung« (Bogumil/Jann 2009, 237 ff.), d. h. eine Modernisierung der kommunalen Verwaltung. Sie sollte von der kommunalen Politik (des Rates) getrennt und stärker intern über Zielvereinbarungen (statt durch hierarchische Einzeleingriffe) gesteuert werden, was eine dezentrale Gesamtverantwortung einzelner Verwaltungseinheiten bedingen und mit neuen inneradministrativen Formen der Führung und Kontrolle (»Controlling«) einhergehen sollte. Im Zuge der Beschäftigung mit der Modernisierung der kommunalen Verwaltung trat die Traditionslinie der lokalen Politikforschung wieder stärker hervor, die auf die Kommune und die Kommunalpolitik ausgerichtet ist. Sie hatte im Vergleich zur Zeit vor den 1970er Jahren in den zuvor skizzierten Entwicklungsphasen der lokalen Politikforschung in Deutschland eine eher randständige Rolle gespielt, wenngleich diese Traditionslinie in Form der Kommunalwissenschaft (bzw. mit interdisziplinärer Orientierung als Kommunalwissenschaften) präsent geblieben war (vgl. Hesse 1989).

Kommunale Verwaltungsmodernisierung ist allerdings im Kontext der lokalen Politikforschung nie einseitig unter dem Gesichtspunkt einer Binnenmodernisierung bzw. einer alleinigen Modernisierung der Kommunalverwaltung und eines veränderten Verhältnisses von Kommunalpolitik und Kommunalverwaltung (Rat und Verwaltung) diskutiert worden. Es wurde vielmehr daneben auch thematisiert, wie neue *Formen direkter Demokratie und bürgerschaftlicher Partizipation* durch die Einbindung einzelner Bürgerinnen und Bürger wie auch der (organisierten) Zivilgesellschaft lokale Politik verändern (vgl. dazu den Sammelband Heinelt/Mayer 1997) und dass neben einer Binnenmodernisierung der Kommunalverwaltung auch auf die »Bürgerkommune« (Bogumil u. a. 2003) zu setzen sei – dies insofern um so mehr, als das Interesse an New Public

Management aufgrund fragwürdiger Umsetzungs-»Erfolge« (vgl. Bogumil/Kißler 1997 und zur späteren Debatte Bogumil u. a. 2007) in der lokalen Politikforschung nachließ und das an neuen Formen bürgerschaftlicher Partizipation zunahmen. Ende der 1990er und zu Beginn der 2000er Jahre richtete sich dieses Interesse besonders auf lokale »Agenda 21«-Prozesse, die darauf abzielten unter breiter Beteiligung der »Stadtgesellschaft« konkrete Möglichkeiten und Perspektiven einer »nachhaltigen Stadtentwicklung« zu klären (Heinelt/Mühlich 2000). Später weitete sich dieses Interesse auf bürgerschaftliches Engagement und Bürgerpartizipation im Allgemeinen aus (Haus 2002; Holtkamp u. a. 2006; Vetter 2008).

Diese Debatten gewannen nicht zuletzt deswegen an Relevanz, weil zum einen in der lokalen Politikforschung die mit sinkender Wahlbeteiligung (gerade auch bei Kommunalwahlen) in Verbindung gebrachte Politikverdrossenheit thematisiert, ihr aber die über die traditionelle Kommunalpolitik hinausweisenden neuen Formen bürgerschaftlicher Partizipation entgegengesetzt wurden. Zum anderen verband sich das Interesse an bürgerschaftlichem Engagement und Bürgerpartizipation mit der unter dem Stichwort »Governance« geführten Diskussion, da diese darauf verwies, dass sich das Politische, d. h. die Prozesse der Formulierung und Durchsetzung gesellschaftlich verbindlicher Entscheidungen, in die Gesellschaft hinein ausdehnen. Wie ist indes Politik demokratisch zu gestalten, wenn diese nicht mehr oder zumindest nicht mehr in relevanten Bereichen an die traditionellen Strukturen des politischen Systems gebunden ist? *Zur partizipativen Gestaltung von »Governance«* hat die lokale Politikforschung insofern eine Betrag geliefert, als sie mögliche komplementäre Entwicklungen zwischen Reformen bzw. Veränderungen des lokalen »Regierungssystems« (vor allem der Direktwahl von Bürgermeistern) und der Verwaltung sowie direkter Demokratie und einer über Einzelfallentscheidungen hinausgehenden partizipativen Einbindung der Bürgerschaft in Entscheidungs- und Implementationsprozesse betonte (vgl. u. a. Heinelt 1997; Bogumil 2002).

In den letzten Jahren hat sich die politikwissenschaftliche Auseinandersetzung mit der Stadt stärker als in den letzten Jahrzehnten thematisch aufgespreizt (vgl. dazu die Sammelbände Heinelt/Vetter 2008; Haus/Kuhlmann 2012). Die Themen reichen von klassischen kommunalpolitischen Feldern wie der kommunalen Haushaltspolitik (-konsolidierung) und neueren Gegenstandsbereichen wie den jüngsten Territorialreformen in einigen Bundesländern, aber auch im internationalen Vergleich (vgl. Bogumil/Kuhlmann 2010) bis zu ebenso schon als klassisch geltenden Themen von Bürgerbeteiligung, demokratischen Innovationen auf lokaler Ebene (Geißel 2008) und (etwa im Zeichen schrumpfender Städte entstandener) lokaler Politiknetzwerke öffentlicher und privater Akteure, bei denen stärker Stadtpolitik als Ganzes ins Blickfeld gerückt worden ist (vgl. Bernt u. a. 2010). Bei dieser thematischen Aufspreizung bleiben zwar die unterschiedlichen Bezugspunkte der Betrachtung entlang der Unterscheidung zwischen Kommunalpolitik und Stadtpolitik sichtbar, ihnen wird indes in der aktuellen Debatte keinerlei konzeptionelle Bedeutung zugewiesen. Neu hinzugetreten sind als Untersuchungsgegenstand in den letzten Jahren das Regieren in Ballungsräumen (»metropolitan governance«; Blatter 2008; Zimmermann/Heinelt 2011) und die Integration der lokalen Ebene in das EU-Mehrebenensystem (vgl. z. B. Rechlin 2004; Eltges 2005; Alemann/Münch 2006; Münch 2006; Zimmermann 2008; Knodt 2010).

3. Ausblick und Eigenheiten der lokalen Politikforschung in Deutschland im internationalen Vergleich

Die Auseinandersetzung mit der Integration der lokalen Ebene in das EU-Mehrebenensystem bezieht sich auf einen vielversprechenden, auch für die politische Debatte wichtigen Gegenstandsbereich. In dieser Auseinandersetzung kommt noch am deutlichsten die unterschiedliche Haltung der beiden Traditionslinien der lokalen Politikforschung in Deutschland zum staatsrechtlichen Gemeindebegriff zum Ausdruck, da diese unterschiedlichen Haltung Konsequenzen für die jeweilige Konzipierung von Raumbezügen und der Interdependenzen zwischen unterschiedlichen Ebenen politischen Handelns hat. Eine Fokussierung auf den staatsrechtlichen Gemeindebegriff und Kommunalpolitik impliziert ein Denken in »Container«-Räumen bzw. Räumen mit mehr oder weniger festen Grenzen und durch sie definierte »action units« (vgl. Castells 1996; Whatmore 1999; Schmitt-Egner 2002). Dage-

gen legt eine Relativierung des staatsrechtlichen Gemeindebegriffs und der Bedeutung der Kommunalpolitik ein Denken in »spaces of flows« oder »spaces of relations« und »action spaces« nahe, für die auf der lokalen Ebene Gemeindegrenzen zwar wichtige Größen, aber keine Begrenzungen der Beschäftigung mit lokaler Politik darstellen müssen. Und in vertikaler Hinsicht kann sich zwar aus einer solchen Perspektive die Bedeutung territorial definierbarer, geschichteter »container spaces« (mit jeweils spezifischen Regierungsebenen) ergeben, dies indes mit offenem Auge für funktional bestimmte »action spaces«. Auf diese Weise müssen vertikale Kompetenzverschiebungen nicht vornehmlich als Nullsummenspiel wahrgenommen werden – die Kommunen verlieren zum Beispiel zu ungunsten eines Machtzuwachses der EU (vgl. etwa Wollmann 2002; Sturm/Pehle 2005, 114). Sie können aber auch nach Möglichkeiten durchleuchtet werden, sich in einem neu eröffnenden Mehrebenenspiel neue Handlungsmöglichkeiten zu erschließen – etwa indem lokale Akteure (einschließlich kommunaler) die Länder- und Bundesebene übersprungen und gegen diese auf der EU-Ebene Entscheidungen beeinflusst werden. Allerdings sind in einer so wahrgenommenen »shifting geometries of power« (Swynegedouw u. a. 2002, 112) die Möglichkeiten eines »jumping of scales« (Smith 1984) nicht gleich verteilt. Dies gilt etwa für kleinere Kommunen, die nicht die Möglichkeit wie Großstädte haben, sich über eine strategie- und handlungsfähige Organisation (wie *Eurocities*) direkt in das »policy-making« auf der EU-Ebene einzuschalten (vgl. Heinelt/Niederhafner 2008).

Mit den unterschiedlichen Raumbegriffen treten in der Auseinandersetzung mit der Integration der lokalen Ebene in das EU-Mehrebenensystem nicht nur wieder die angesprochenen zwei Traditionslinien der lokalen Politikforschung hervor; deutlich werden auch die mit diesen Traditionslinien verknüpften (im Abschnitt 1) skizzierten Machtbegriffe. Findet sich in der auf die Kommune als gebietskörperschaftliche Einheit und die Kommunalpolitik fokussierten Forschung ein Machtbegriff, der an hierarchische Interventionsmöglichkeiten (»power over«) gebunden ist, so stellt die auf die Stadt und die Stadtgesellschaft als sozialräumlichen Handlungszusammenhang bezogene Forschung auf ein Machtkonzept ab, das auf Handlungskapazitäten bezogen ist, bestimmte Effekte zu bewirken (»power to«). Und es sind öffentliche und gesellschaftliche

Akteure, die sowohl diese Handlungskapazitäten durch »horizontale« (und das heißt nicht handfest hierarchisch strukturierte) Interaktion zu generieren und umzusetzen als auch die mit ihnen zu erreichenden Handlungsziele zu definieren haben.

Vergleicht man die lokale Politikforschung in Deutschland mit der internationalen wissenschaftlichen Debatte, so kann festgestellt werden, dass sie sich mit der Perspektivenerweiterung auf »local governance« zweifellos auf dem Stand der internationalen Diskussion befindet (vgl. u. a. Andrew/Goldsmith 1998; Stoker 2000; Le Galès 2000; Le Galès 2002, 186–226). Im Unterschied zur deutschen Debatte ist indes vor allem im angelsächsischen Kontext die wissenschaftliche Diskussion schon seit geraumer Zeit eindeutig und nachdrücklich nicht vorrangig auf Kommunalpolitik ausgerichtet, sondern in einem weiteren Sinne auf Stadt- bzw. lokale Politik (vgl. Heinelt/Mayer 2001, 70–72).

Dass im angelsächsischen Kontext die wissenschaftliche Diskussion sich stärker als in Deutschland auf die Gesamtheit von Politik in einem räumlich ortsgebundenen Interaktionssystem bezieht, kann darauf zurückgeführt werden, dass dort »local government« im Unterschied zu Deutschland (wie auch zum kontinentaleuropäischen Bereich allgemein) stärker auf die Erbringung von öffentlichen Dienstleistungen ausgerichtet (vgl. zu einer entsprechenden Typisierung Hesse/Sharpe 1991) und die Erbringung von öffentlichen Dienstleistungen in den Zusammenhang mit und ein Zusammenwirken von öffentlichen und privaten bzw. gesellschaftlichen Akteuren gerückt worden ist. Außerdem wurden die lokale Interessenartikulation und -vertretung nicht vorrangig an die Strukturen des »local government« gebunden, sondern in einen breiten (stadt-)gesellschaftlichen Zusammenhang von Konflikt- und Konsensbildungsprozessen gerückt, an denen unterschiedliche öffentliche und private Akteure bzw. Organisationen eine Rolle spielen können. Auch dies führte dazu, dass eine Konzentration auf die Sphäre der Kommunalpolitik unterblieb.

Am deutlichsten tritt die politikwissenschaftliche Auseinandersetzung mit entsprechenden lokalen Akteurskonstellationen in der Entwicklung der »urban regime theory« zu Tage (Stoker/Mossberger 1994; Stoker 1995; Mossberger/Stoker 2001; Dowding 2001). Dieser Ansatz ist aus Untersuchungen von »regime politics« hervorgegangen, bei denen es um die Frage ging, wie es bestimmten lokaler Eliten gelingen konnte, auf ökonomisches Wachstum aus-gerichtete Koalitionen zu formieren (vgl. u. a. Elkin 1987; Stone 1989; Harding 1995). Ausgehend von solchen Untersuchungen wurde aufgezeigt, wie Akteursbündnisse oder »multi-organizational partnerships« politisch dominant werden (d. h. ein bestimmtes »Regime« konstituieren) und welche »changing modes of governance« (so der Titel und Untertitel von Lowndes/Skelcher 1998) daraus resultieren können.[1] Dies hat zu Konzeptualisierungen geführt, die nicht zuletzt für die empirische Analyse und den Vergleich örtlich unterschiedlicher Akteurs- und Governance-Konstellationen nutzbar gemacht worden sind (Clark 1983; Kantor u. a. 1997; Smith/Beazley 2000). Bestimmte Ausprägungen von lokalen Regime-Strukturen konnten auf diese Weise nicht nur mit spezifischen Trägern und sozialen Milieus (neben dem Milieu der »business community« – oder eines Teils von ihr – etwa den Milieus von Industriearbeitern, Mittelschichtangehörigen usw.), sondern auch mit unterschiedlichen institutionellen Handlungskapazitäten verbunden werden.

Dass Ansätze, wie sie etwa ausgehend von der zuvor skizzierten »urban regime theory« entwickelt worden sind, in der politikwissenschaftlichen Auseinandersetzung mit dem Gegenstand Stadt in Deutschland fehlen, dürfte daraus resultieren (vgl. Heinelt/Mayer 2001, 65–66), dass sich hierzulande die entsprechende wissenschaftliche Debatte eher von den jeweils aktuellen Entwicklungen im politischen Umfeld des Gegenstands Stadt hat inspirieren lassen. Als Folge dessen hat sich die lokale Politikforschung nicht nur mit einer großen Breite von Themen beschäftigt, sie hat dadurch auch eine bemerkenswerte Nähe zur lokalen bzw. kommunalen Praxis sowie einen intensiven Austausch mit lokalen und kommunalen Praktikern entwickelt. Die Erarbeitung von gegenstandsbezogenen Theorien, Analysekonzepten und Methodologien hat dies indes erschwert. Dazu wäre ein kontinuierlicher Diskussionsprozess erforderlich gewesen, der indes angesichts der Themenvielfalt und -konjunkturen der politikwissenschaftlichen Auseinandersetzung mit dem Gegenstand Stadt in Deutschland nicht hergestellt und gesichert werden konnte.

---

1 Zu kritischen Kommentaren gegenüber diesem Ansatz vgl. u. a. Davies 2002, 2003 und 2004; Imbroscio 2003 und 2004.

Literatur

Alemann, Ulrich von/Münch, Claudia (Hg.): *Europafähig-keit der Kommunen. Die lokale Ebene in der Europäischen Union.* Wiesbaden 2006.

Andrew, Caroline/Goldsmith, Michael: »From Local Goverment to Local Governance – and Beyond?« In: *International Political Science Review* 19.2 (1998), 101–117.

Barber, Benjamin: *Strong Democracy. Participatory Politics for a New Age.* Berkeley/Los Angeles/London 1984.

Benz, Arthur (Hg.): *Governance. Regieren in komplexen Regelungssystemen.* Wiesbaden 2004.

Benz, Arthur/Dose, Nicolai (Hg.): *Governance. Regieren in komplexen Regelungssystemen.* Wiesbaden ²2010.

Benzler, Susanne/Heinelt, Hubert: *Stadt und Arbeitslosigkeit. Örtliche Arbeitsmarktpolitik im Vergleich.* Opladen 1991.

Bernt, Matthias/Haus, Michael/Robischon, Tobias (Hg.): *Stadtumbau komplex. Governance, Planung, Prozess.* Darmstadt 2010.

Blanke, Bernhard/Evers, Adalbert u. a. (Hg.): *Die Zweite Stadt. Neue Formen lokaler Arbeits- und Sozialpolitik.* Opladen 1986.

Blanke, Bernhard/Heinelt, Hubert u. a.: *Großstadt und Arbeitslosigkeit. Ein Problemsyndrom im Netz lokaler Sozialpolitik.* Opladen 1987.

Blanke, Bernhard/Benzler, Susanne: »Horizonte der Lokalen Politikforschung. Einleitung«. In: Blanke, Bernhard (Hg.): *Staat und Stadt. Systematische, vergleichende und problemorientierte Analysen »dezentraler« Politik. Politische Vierteljahresschrift.* Sonderheft 22 (1991), 9–32.

Blatter, Joachim: »Metropolitan Governance. Theoretische Formen, vielfältige Reformen und der aktuelle Nivellierungsdruck in deutschen Großstadtregionen«. In: Heinelt, Hubert/Vetter, Angelika (Hg.): *Lokale Politikforschung heute.* Wiesbaden 2008.

Bogumil, Jörg: *Modernisierung lokaler Politik. Kommunale Entscheidungsprozesse im Spannungsfeld zwischen Parteienwettbewerb, Verhandlungszwängen und Ökonomisierung.* Baden-Baden 2001.

Bogumil, Jörg (Hg.): *Kommunale Entscheidungsprozesse im Wandel. Theoretische und empirische Analysen.* Opladen 2002.

Bogumil, Jörg/Kißler, Leo: »Modernisierung der Kommunalverwaltungen auf dem Prüfstand der Praxis«. In: Heinelt, Hubert (Hg.): *Modernisierung der Kommunalpolitik. Neue Wege zur Ressourcenmobilisierung.* Opladen 1997.

Bogumil, Jörg/Holtkamp, Lars u. a.: *Das Reformmodell Bürgerkommune. Leistungen – Grenzen – Perspektiven.* Berlin 2003.

Bogumil, Jörg/Holtkamp, Lars: *Kommunalpolitik und Kommunalverwaltung. Eine policyorientierte Einführung.* Wiesbaden 2006.

Bogumil, Jörg/Grohs, Stephan u. a.: *Zehn Jahre Neues Steuerungsmodell. Eine Bilanz kommunaler Verwaltungsmodernisierung.* Berlin 2007.

Bogumil, Jörg/Jann, Werner: *Verwaltung und Verwaltungswissenschaft in Deutschland. Einführung in die Verwaltungswissenschaft.* Wiesbaden ²2009.

Bogumil, Jörg/Kuhlmann, Sabine (Hg.): *Kommunale Aufgabenwahrnehmung im Wandel. Kommunalisierung, Re-gionalisierung und Territorialreform in Deutschland und Europa.* Wiesbaden 2010.

Bullmann, Udo/Gitschmann, Peter: *Kommune als Gegenmacht. Alternative Politik in den Städten und Gemeinden.* Hamburg 1985.

Castells, Manuel: *The Information Age. Economy, Society and Culture: The Rise of the Network Society.* Oxford/ Malden 1996.

Clark, Jill: »Six Urban Regime Types. The Effects of State Law and Citizen Participation on the development of Alternative Regimes«. In: *Public Administration Quarterly* 25.1 (2001), 3–48.

Davies, Jonathan S.: »Urban Regime Theory: A Normative-Empirical Critique«. In: *Journal of Urban Affairs* 24.1 (2002), 1–17.

Davies, Jonathan S.: »Partnerships versus Regimes. Why Regime Theory cannot explain Urban Coalitions in the UK«. In: *Journal of Urban Affairs* 25.3 (2003), 253–269.

Davies, Jonathan S.: »Can't Hedgehogs Be Foxes Too? Reply To Clarence N. Stone«. In: *Journal of Urban Affairs* 26.1 (2004), 27–33.

Dowding, Keith: »Explaining Urban Regimes«. In: *International Journal of Urban and regional Research* 25.1 (2001) 7–18.

Elkin, Stephan L.: *City and Regime in the American Republic.* Chicago/London 1987.

Eltges, Markus: »Städte und Europäische Strukturpolitik«. In: *Raumforschung und Raumordnung* 2 (2005), 135–141.

Evers, Adalbert: *Intermediäre Institutionen und pluralistische Verhandlungssysteme in der lokalen Politik. Eine Problemskizze zur Produktion und Aneignung sozialer Innovationen.* Unveröffentlichtes Manuskript (vorgelegt im Arbeitskreis Lokale Politikforschung beim 17. Kongress der DVPW in Darmstadt) 1988.

Evers, Adalbert: »Pluralismus, Fragmentierung und Vermittlungsfähigkeit. Zur Aktualität intermediärer Aufgaben und Instanzen im Bereich der Sozial- und Gesundheitspolitik«. In: Heinelt, Hubert/Wollmann, Hellmut (Hg.): *Brennpunkt Stadt. Stadtpolitik in den 80er und 90er Jahren.* Basel/Boston/Berlin 1991.

Fürst, Dietrich/Hesse, Joachim Jens: »Thesen zur Distanz zwischen der »lokalen Politikforschung« und dem kommunalen politisch-administrativen System«. In: Bermbach, Udo (Hg.): *Politische Wissenschaft und politische Praxis.* Opladen 1978.

Geißel, Brigitte: »Zur Evaluierung demokratischer Innovationen – die lokale Ebene«. In: Heinelt, Hubert/Vetter, Angelika (Hg.): *Lokale Politikforschung heute.* Wiesbaden 2008.

Grauhan, Rolf-Richard (Hg.): *Lokale Politikforschung.* Frankfurt a. M. 1975a.

Grauhan, Rolf-Richard: »Einführung. Lokale Politikforschung«. In: Grauhan, Rolf-Richard (Hg.): *Lokale Politikforschung.* Frankfurt a. M. 1975b.

Grottian, Peter/Nelles, Wilfried (Hg.): *Großstadt und neue soziale Bewegungen.* Basel/Boston/Berlin 1983.

Grunow, Dieter/Wollmann, Hellmut (Hg.): *Lokale Verwaltungsreform in Aktion. Fortschritte und Fallstricke.* Basel/ Boston/Berlin 1998.

Habermas, Jürgen: *Faktizität und Geltung. Beiträge zur Diskurstheorie des Rechts und des demokratischen Rechtsstaats.* Frankfurt a. M. 1992.

Harding, Alain: »Elite Theory and Growth Machines«. In: Judge, David/Stoker, Gerry u. a. (Hg.): *Theories of Urban Politics*. London/Thousand Oaks/New Delhi 1995.

Hartwich, Hans-Herrmann (Hg.): *Policy-Forschung in der Bundesrepublik Deutschland. Ihr Selbstverständnis und ihr Verhältnis zu den Grundfragen der Politikwissenschaft*. Opladen 1985.

Haus, Michael (Hg.): *Bürgergesellschaft, soziales Kapital und lokale Politik. Theoretische Analysen und empirische Befunde*. Opladen 2002.

Haus, Michael/Kuhlmann, Sabine (Hg.): *Lokale Politik-(forschung) zwischen Krise und Erneuerung*. Wiesbaden 2012.

Heinelt, Hubert: »Neuere Debatten zur Modernisierung der Kommunalpolitik«. Ein Überblick. In: Heinelt, Hubert/Mayer, Margit (Hg.): *Modernisierung der Kommunalpolitik. Neue Wege zur Ressourcenmobilisierung*. Opladen 1997.

Heinelt, Hubert: »Preface«. In: Grote, Jürgen R./Gbikpi, Bernard (Hg.): *Participatory Governance. Political and Societal Implications*. Opladen 2002.

Heinelt, Hubert: »Governance auf lokaler Ebene«. In: Benz, Arthur (Hg.): *Governance – Regieren in komplexen Regelsystemen*. Wiesbaden 2004.

Heinelt, Hubert: *Demokratie jenseits des Staates. Partizipatives Regieren und Governance*. Baden-Baden 2008.

Heinelt, Hubert/Wollmann, Hellmut (Hg.): *Brennpunkt Stadt. Stadtpolitik in den 80er und 90er Jahren*. Basel/Boston/Berlin 1991.

Heinelt, Hubert/Mayer, Margit (Hg.): *Modernisierung der Kommunalpolitik. Neue Wege zur Ressourcenmobilisierung*. Opladen 1997.

Heinelt, Hubert/Schmals, Klaus M. (Hg.): *Zivile Gesellschaft. Entwicklung, Defizite und Potentiale*. Opladen 1997.

Heinelt, Hubert/Mühlich, Eberhard (Hg.): *Lokale Agenda 21*. Opladen 2000.

Heinelt, Hubert/Mayer, Margit: »Lokale Politikforschung in Deutschland. Entwicklungen und Besonderheiten im internationalen Vergleich«. In: Schröter, Eckhard (Hg.): *Empirische Policy- und Verwaltungsforschung. Lokale, nationale und internationale Perspektiven*. Opladen 2001.

Heinelt, Hubert/Mayer, Margit: »Local Politics Research in Germany – Developments and Characteristics in Comparative Perspective«. In: *European Urban and Regional Studies* 10.1 (2003), 39–48.

Heinelt, Hubert/Niederhafner, Stefan: »Cities and Organized Interest Intermediation in the EU Multi-Level System«. In: *European Urban and Regional Studies* 15.2 (2008), 173–187. In: Heinelt, Hubert/Vetter, Angelika (Hg.): *Lokale Politikforschung heute*. Wiesbaden 2008, 103–126.

Heinelt, Hubert/Vetter, Angelika (Hg.): *Lokale Politikforschung heute*. Wiesbaden 2008.

Hesse, Joachim Jens (Hg.): *Erneuerung der Politik »von unten«?* Opladen 1986.

Hesse, Joachim Jens (Hg.): *Kommunalwissenschaften in der Bundesrepublik Deutschland*. Baden-Baden 1989.

Hesse, Joachim J./Sharpe, Laurence J.: »Local Government in International Perspective: Some Comparative Observations«. In: Hesse, Joachim J./Sharpe, Laurence J. (Hg.): *Local Government and Urban Affairs in International*

Perspective. Analyses of Twenty Western Industrialised Countries. Baden-Baden 1991.

Holtkamp, Lars/Bogumil, Jörg/Kißler, Leo: *Kooperative Demokratie. Das politische Potenzial von Bürgerengagement*. Frankfurt/New York 2006.

Imbrosico, David L.: »Overcoming the Neglect of Economics in Urban Regime Theory«. In: *Journal of Urban Affairs* 25.3 (2003), 271–284.

Imbroscio, David L.: »The Imperative of Economics in Urban Political Analysis. A Reply to Clarence N. Stone«. In: *Journal of Urban Affairs* 26.1 (2004), 21–26.

Kantor, Paul/Savitch, H.V./Haddock, Serena V.: »The Political Economy of Urban Regimes. A Comparative Perspective«. In: *Urban Affairs review* 32.3 (1997), 348–377.

Kaufmann, Franz-Xaver: *Staat, intermediäre Instanzen und Selbsthilfe. Bedingungsanalysen sozialpolitischer Intervention*. München/Wien 1987.

Kevenhörster, Paul: *Lokale Politik unter exekutiver Führerschaft. Beiträge des ersten Symposions der Studiengruppe für Lokale Politikforschung*. Meisenheim am Glan 1977.

Kevenhörster, Paul: *Kommunalpolitische Praxis und lokale Politikforschung. Referate der Arbeitsgruppe Kommunalpolitik und Politikwissenschaft anlässlich des Kongresses der Deutschen Vereinigung für Politische Wissenschaft*. Berlin 1978.

Knodt, Michèle: »Kommunales Regieren im europäischen Mehrebenensystem«. In: Abels, Gaby/Eppler, Annegret u. a. (Hg.): *Die EU-Reflexionsgruppe »Horizont 2020–2030«: Herausforderungen und Reformoptionen für das Mehrebenensystem*. Baden-Baden 2010.

Krüger, Jürgen/Pankoke, Eckart (Hg.): *Kommunale Sozialpolitik*. München/Wien 1985.

Le Galès, Patrick: »Private-sector Interests and Urban Governance«. In: Bagnasco, Arnaldo/Le Gales, Patrick (Hg.): *Cities in Contemporary Europe*. Cambridge 2000.

Le Galès, Patrick: *European Cities. Social Conflicts and Governance*. Oxford 2002.

Lowndes, Vivien/Skelcher, Chris: »The Dynamics of Multi-Organizational Partnerships. An Analysis of Changing Modes of Governance«. In: *Public Administration* 76 (1998), 313–333.

Mayer, Margit: »›Postfordismus‹ und ›Lokaler Staat‹«. In: Heinelt, Hubert/Wollmann, Hellmut (Hg.): *Brennpunkt Stadt. Stadtpolitik in den 80er und 90er Jahren*. Basel/Boston/Berlin 1991.

Mayntz, Renate (Hg.): *Implementation politischer Programme. Empirische Forschungsberichte*. Königstein 1980.

Mayntz, Renate (Hg.): *Implementation politischer Programme II*. Opladen 1983.

Mayntz, Renate: »Politische Steuerung und gesellschaftliche Steuerungsprobleme – Anmerkungen zu einem theoretischen Paradigma«. In: *Jahrbuch zur Staats- und Verwaltungswissenschaft* 1 (1987), 89–110.

Mayntz, Renate: »Policy-Netzwerke und die Logik von Verhandlungssystemen«. In: Héritier, Adrienne (Hg.): *Policy-Analyse. Kritik und Neuorientierung*. Opladen 1993.

Mossberger, Karen/Stoker, Gerry: »The Evolution of Urban Regime Theory. The Challenge of Conceptualization«. In: *Urban Affaire Review* 36.6 (2001), 810–835.

Münch, Claudia: *Emanzipation der lokalen Ebene? Kommunen auf dem Weg nach Europa*. Wiesbaden 2006.

Pressman, Jeffrey L./Wildavsky, Aron: *Implementation.*

How Great Expectations in Washington are Dashed in Oakland. Or, Why it's Amazing that Federal Programs Work at All. Berkeley 1973.

Rechlin, Sandra: *Die deutschen Kommunen im Mehrebenensystem der EU – betroffene Objekte oder aktive Subjekte?* Berlin 2004.

Scharpf, Fritz W.: »Die Handlungsfähigkeit des Staates am Ende des zwanzigsten Jahrhunderts«. In: Kohler-Koch, Beate (Hg.): *Staat und Demokratie in Europa.* Opladen 1992.

Schmitt-Egner, Peter: »The Concept of ›Region‹. Theoretical and Methodological Notes on its Reconstruction«. In: *European Integration* 24.3 (2002), 179–200.

Schneider, Herbert: *Kommunalpolitik auf dem Lande.* München 1991.

Smith, Mike/Beazley, Mike: »Progressive Regimes, Partnership and the Involvement of Local Communities. A Framework for Evaluation«. In: *Public Administration* 78.4 (2000), 855–878.

Smith, Neil: *Uneven Development. Nature, Capital, and the Production of Space.* Oxford 1984.

Stoker, Gerry: Regime Theory and Urban Politics. In: Judge, David/Stoker, Gerry/Wolman, Harold (Hg.): *Theories of Urban Politics.* London/Thousand Oaks/New Delhi 1995.

Stoker, Gerry: »Urban Political Science and the Challenge of Urban Governance«. In: Piere, Jon (Hg.): *Debating Governance. Authority, Steering, and Democracy.* Oxford 2000.

Stoker, Gerry/Mossberger, Karen: »Urban Regime Theory in Comparative Perspective«. In: *Environment and Planning C: Government and Policy* 12 (1994), 195–212.

Stone, Clarence: *Regime Politics. Governing Atlanta, 1946–1988.* Lawrence 1989.

Sturm, Roland/Pehle, Heinrich: *Das neue deutsche Regierungssystem.* Wiesbaden 2005.

Swyngedouw, Erik/Page, Ben u.a: »Sustainability and Policy Innovation in a Multi-level Context: Crosscutting Issues in the Water Sector«. In: Heinelt, Hubert/Getimis, Panagiotis u. a. (Hg.): *Participatory Governance in Multilevel Context.* Opladen 2002.

Vetter, Angelika: *Erfolgsbedingungen lokaler Bürgerbeteiligung.* Wiesbaden 2008.

Weber, Max: *Wirtschaft und Gesellschaft: Grundriss der verstehenden Soziologie.* Frankfurt a. M. ³2005.

Whatmore, Sarah: »Hybrid Geographies: Rethinking the ›Human‹ in Human Geography«. In: Massey, Doreen/Allen, John u. a. (Hg.): *Human Geography Today.* Cambridge 1999.

Wirth, Louis: »Urbanism as a Way of Life«. In: *Community Life and Social Policy. Selected Papers.* (Hg. von Elizabeth Wirth Marvick und Albert J. Reiss jr.). Chicago 1956 (zuerst veröffentlicht in: *American Journal of Sociology,* XLIV [1938] 1–24).

Wollmann, Hellmut (Hg.): *Politik im Dickicht der Bürokratie. Beiträge zur Implementationsforschung* (Leviathan Sonderheft 3). Opladen 1980a.

Wollmann, Hellmut: »Implementationsforschung – eine Chance für kritische Verwaltungsforschung«. In: Wollmann, Hellmut (Hg.): *Politik im Dickicht der Bürokratie.* Opladen 1980b.

Wollmann, Hellmut: »Implementation durch Gegenimplementation von unten«. In: Mayntz, Renate (Hg.): *Implementation politischer Programme II.* Opladen 1983.

Wollmann, Hellmut: »Entwicklungslinien lokaler Politikforschung. Reaktion auf oder Antizipation von sozioökonomischen Entwicklungen?« In: Heinelt, Hubert/Wollmann, Hellmut (Hg.): *Brennpunkt Stadt. Stadtpolitik in den 80er und 90er Jahren.* Basel/Boston/Berlin 1991.

Wollmann, Hellmut: »Die traditionelle deutsche kommunale Selbstverwaltung – ein ›Auslaufmodell‹«?. In: *Deutsche Zeitschrift für Kommunalwissenschaften,* 41.1 (2002), 42–51.

Zimmermann, Karsten/Heinelt, Hubert: *Metropolitan Governance in Deutschland. Regieren in Ballungsräumen und neue Formen politischer Steuerung.* Wiesbaden 2011.

Zimmermann, Karsten: »Cities for Growth, Jobs, and Cohesion. Die implizite Stadtpolitik der EU«. In: Heinelt, Hubert/Vetter, Angelika (Hg.): *Lokale Politikforschung heute.* Wiesbaden 2008.

Teil II: Die Stadt als kultureller Raum

Christoph Heyl

Überblick

Der Mensch ist ein Wesen, das in selbstgesponnene Bedeutungsgeflechte verstrickt ist – so umriss Clifford Geertz in Anlehnung an Max Weber seinen Begriff der Kultur (Geertz 1999, 9). Ein solcher Kulturbegriff ist charakteristisch für die Abwendung von einem älteren, normativen Kulturverständnis, wonach das als Kultur betrachtet wurde, was die Kultivierten in einer Gesellschaft von den Unkultivierten unterschied. An die Stelle dieser Denkfigur trat ein deskriptiver, weit gefasster Kulturbegriff, wonach sich Kultur in mit Bedeutung aufgeladenen menschlichen Handlungen und ebenso mit Bedeutung aufgeladenen, von Menschen geschaffenen Artefakten manifestiert. Die Sichtung und Deutung solcher Manifestationen ist Gegenstand kulturwissenschaftlicher Forschung. Spricht man von dem Projekt, mit Bedeutung Aufgeladenes zu deuten, so ist damit auch gleich ein Problem benannt, das kulturwissenschaftliche Forschung mit aller geisteswissenschaftlichen Forschung teilt. Kulturelle Phänomene werden aus einer Perspektive betrachtet, die ihrerseits immer auch selbst zu weiten Teilen kulturell konditioniert ist. Insofern ist hier ein Theoriebewusstsein, das das Wissen um die Kontingenz der eigenen Praxis zum Gegenstand des Nachdenkens macht, unbedingt erforderlich: »Theory is the awareness of the contingency of your own practice« (Bode in Ahrens/Volkmann 1996, 92).

Will man über einen solchen Grundkonsens hinaus kulturwissenschaftliche Forschung genauer beschreiben, so muss man sofort auf Debatten verweisen, die die Charakteristika solcher Forschung zum Gegenstand haben. Der Terminus »Kulturwissenschaft« »[...] läßt sich bislang trotz vielfacher Bemühungen deshalb nicht eindeutig beschreiben, weil darunter eine Vielfalt von unterschiedlichen Forschungsrichtungen und Tendenzen in den Geisteswissenschaften subsumiert wird, weil er als Sammelbegriff für einen offenen und interdisziplinären Dis-

kussionszusammenhang fungiert und weil seine Reichweite umstritten ist« (Nünning 2004, 368). Eine sich als kulturwissenschaftlich verstehende Forschung war und ist insofern gedanklich produktiv, als sich mit ihr neue theoretische Ausrichtungen und neue Fragestellungen verbinden. Dabei soll allerdings nicht vergessen werden, dass es in den Geisteswissenschaften auch vor der Durchsetzung des Begriffes ab den 1980er Jahren Forschung gegeben hatte, die sich zu nicht unerheblichen Teilen als Kulturwissenschaft *avant la lettre* beschreiben lässt. Man könnte hier an die Altertumswissenschaften denken, in denen es immer ein Interesse an der Aufladung nicht nur von Texten, sondern auch von Artefakten mit Bedeutungen gab. Ähnlich verhält es sich mit den kulturhistorisch-anthropologischen Arbeiten von Norbert Elias (ab den 1930er Jahren) und den im Umfeld der interdisziplinären Forschungsbibliothek Aby Warburgs (insbesondere nach deren Rettung nach London 1933) entstehenden Untersuchungen. Etliche akademische Disziplinen haben sich in jüngerer Zeit durch einen explizit als kulturwissenschaftlich bezeichneten Anteil erweitert, so etwa die neueren Philologien. Insgesamt bildet das, was in verschiedenen Varianten als Kulturwissenschaft bezeichnet wird, eine Kontaktzone zwischen den Fächern (insbesondere aus dem geistes- und sozialwissenschaftlichen Bereich); so kommt es, dass bestimmte Begriffe, Konzepte und Typen von Fragestellungen über die Fächergrenzen hinaus gängig wurden. Dies wird in den Kapiteln des zweiten Teils dieses Handbuchs immer wieder deutlich.

Bereits die oben genannte Grundkonsens-Formel – Kulturwissenschaft sichtet und deutet mit Bedeutung aufgeladene menschliche Handlungen sowie mit Bedeutung aufgeladene Artefakte – zeigt, dass die Stadt sich als ein prominentes Objekt kulturwissenschaftlicher Forschung anbietet. Städte sind von Menschen geschaffene komplexe Strukturen, die stets hochgradig und in vieler Hinsicht mit Bedeutung aufgeladen sind. Sie bilden einen typischen, sich von nichtstädtischen Lebenssituationen unterscheidenden Rahmen für urbanes Leben. Die Urbanität dieses Lebens besteht gerade darin, dass es als urban *wahrgenommen* wird, dass es möglich ist, bestimmte Handlungsweisen und materielle Strukturen als sinntragend zu konstruieren und zugleich als sinntragend zu erleben. Darstellungen der Stadt in Texten und Bildern können dabei, wenn sie genug Menschen erreichen, die Wahrnehmung der Stadt beeinflussen. Sie können sich so auf Trends in ihrer zukünftigen materiellen Gestaltung sowie auf ihre weitere Darstellung in immer neuen Texten und Bildern auswirken. Der Zusammenhang zwischen Darstellung und Dargestelltem ist ein Topos, der einem in Auseinandersetzungen mit der Stadt als einem kulturellen Raum immer wieder begegnet. Es werden Versuche unternommen, die Stadt oder zumindest Aspekte der Stadt zu lesen wie einen Text, worauf die Ergebnisse dieser deutenden Lektüre wieder in Form eines Textes niedergelegt werden. Dahinter steht die wirkmächtige, gedanklich produktive Metapher von aller Kultur als Text.

Die Idee der Stadt als Text und die Frage nach spezifischen Texturen der Stadt bildet den Ausgangspunkt für Jens Wietschorkes Kapitel zur *Anthropologie der Stadt*. Die Stadt konturiert sich dabei als ein Ort besonders intensiver Bedeutungsproduktion, als ein durch und durch semiotisierter Raum, der permanent neu codiert wird. Zugleich wird aufgezeigt, wie die moderne Stadtforschung im 19. Jahrhundert im Kontext einer neuen Unübersichtlichkeit der Städte entstand und so antrat, um die Stadt wieder lesbar zu machen. Es werden Grundzüge einer kulturellen Spezifik von Städten z.B. an den Begriffen des Habitus oder der Eigenlogik erörtert sowie anhand spezifischer *urban imaginaries* und sinnlich erfahrbarer Umgebungen entwickelt.

Von der Stadt als Text führt ein Kapitel über *Stadt und Literatur* (C. Heyl) zu Texten über die Stadt und das Leben in ihr. Es bestand von den Anfängen städtischer Siedlungen im alten Orient an ein enger Zusammenhang zwischen Stadt, Schriftkultur und der Produktion von Literatur, die sich mit der Stadt auseinandersetzt. Charakteristisch für viele literarische Topoi zum Thema »Stadt« ist deren extreme Langlebigkeit; so blieben altorientalisch-biblische und griechisch-römische Texte und Textbestandteile über Jahrtausende hinweg einflussreich. Neue Phänomene wie die Etablierung des Romans und die Figur des Flaneurs fanden ihre notwendige kulturelle

Voraussetzung in der Entwicklung der modernen Großstadt. Man darf darauf gespannt sein, welche Texte aus dem Zusammentreffen einer alten Tradition des literarischen Sprechens über die Stadt mit den neuen Formen städtischer Existenz in den außereuropäischen Megacities entstehen werden.

Von ähnlicher Bedeutung wie die sprachlich erstellten Bilder der Stadt sind ihre *bildlichen Darstellungen*. Matthias Bruhn und Gabriele Bickendorf zeigen in ihrem Kapitel, wie solche Bilder zu allen Zeiten Vorstellungen von der Stadt und vom städtischen Leben verdichtet und geformt haben. Die Stadt wurde in der Frühen Neuzeit zu einem Hauptgegenstand von Bildern; diese wiederum ließen sich durch grafische Reproduktionsverfahren in immer höherer Zahl unter die Leute bringen. Zu weiteren medial ausgelösten Schüben im Bereich der bildlichen Darstellung der Stadt kam es mit der Erfindung der Fotografie, des bewegten Bildes sowie in jüngster Zeit der Bilderflut, die sich durch die digitalen Medien generieren und rezipieren lässt.

Vorstellungen von der Stadt beziehen sich nicht nur auf die Gegenwart, sondern auch auf die Vergangenheit. In einem Kapitel zum *Gedächtnis der Stadt* geht Kirstin Buchinger der Frage nach, inwiefern die Stadt Träger von Erinnerungen sein und vielleicht sogar über so etwas wie ein Gedächtnis verfügen kann. Dabei bindet sie den in jüngster Zeit zu beobachtenden kulturwissenschaftlichen »Memory-Boom« an antike Ursprünge der Gedächtnisforschung zurück und zeigt, wie ein kollektives, medial vermitteltes Bild von der Vergangenheit einer Stadt entstehen kann

Eines der kennzeichnenden Elemente westlich geprägter moderner Urbanität ist ein charakteristisches Zusammenspiel des *Privaten* und des *Öffentlichen*. Die historische Entwicklung dieses bis heute zentralen Bestandteils städtischen Lebens wird im folgenden Kapitel untersucht (C. Heyl). Dies geschieht in Gestalt einer Fallstudie zu London im 18. Jahrhundert, d.h. zu der Stadt, die in dieser Zeit zum Prototyp der modernen westlichen Metropole schlechthin wurde. Dabei lässt sich ein enger Zusammenhang zwischen der Etablierung von bürgerlicher Privatsphäre und Öffentlichkeit sowie durchgreifenden Veränderungen in Wohnarchitektur, Sozialformen und Geschlechterrollen aufweisen.

Verhaltensweisen im öffentlichen Raum untersuchen Ilse Helbrecht und Peter Dirksmeier in ihrem Kapitel zu *Stadt und Performanz*. Beobachtbares Verhalten in der Stadt wird hier als Inszenierung betrachtet. Im Zentrum dieser Herangehensweise steht also – wie bei der Betrachtung der Stadt als Text – eine Metapher, nämlich die von der Stadt als Bühne. Dies ist insofern ein fruchtbarer Ansatz, als sich der Blick auf die Stadt ändert, sobald sie dergestalt als Aufführungsort interpretiert wird. Soziale Rollen und sozialer Status werden demnach erst in der Performanz realisiert, wobei die Bedeutung des städtischen Raums als Bühnenraum nicht zu unterschätzen ist. Helbrecht und Dirksmeier zeigen, wie im Zusammenhang klassischer Positionen der Stadttheorie bereits über solche Verhaltensweisen und deren Implikationen nachgedacht wurde.

In einem Kapitel zu *Stadt und Religion* führt Stephan Lanz in religiöse Stadt-Konzepte (nämlich: die heilige, die islamische, die säkulare und die fundamentalistische Stadt) ein. Darauf folgt eine Betrachtung der religiösen Produktion materieller städtischer Räume und der religiösen Transformation des städtischen Alltags, wobei performative Akte, wie sie Helbrecht und Dirksmeier beschreiben, eine wichtige Rolle spielen. Schließlich werden die globale Zirkulation und lokale Verortung religiöser Netzwerke (z. B. transnationale Islamisierungsprozesse in der postkolonialen Stadt) erörtert. Dieses abschließende Kapitel ist geeignet, die bereits erwähnte historische Kontingenz der wissenschaftlichen Praxis noch einmal ins Gedächtnis zu rufen. In einer noch nicht allzu fernen Vergangenheit wäre es abwegig erschienen, Religion und Stadt zu einem prominenten Gegenstand eines Handbuchs zu machen, aber ein veränderter zeitgeschichtlicher Horizont verhalf diesem Thema auf drastische Weise zu neuer Geltung.

Literatur

Bode, Christoph: »Why Theory Matters«. In: Arens, Rüdiger/Volkmann, Laurenz (Hg.): *Why Literature Matters. Theories and Functions of Literature*. Heidelberg 1996, 87–100.

Geertz, Clifford: *Dichte Beschreibung. Beiträge zum Verstehen kultureller Systeme*. Frankfurt a. M. ⁶1999.

Nünning, Ansgar (Hg.): *Metzler Lexikon Literatur- und Kulturtheorie. Ansätze – Personen – Grundbegriffe*. Stuttgart/Weimar ³2004.

10. Anthropologie der Stadt: Konzepte und Perspektiven

Jens Wietschorke

»Denn woraus besteht eine Stadt? Aus allem, was in ihr gesagt, geträumt, zerstört, geschehen ist. Aus dem Gebauten, dem Verschwundenen, dem Geträumten, das nie verwirklicht wurde. Aus dem Lebenden und dem Toten. […] Eine Stadt, das sind alle Worte, die dort je gesprochen wurden, ein unaufhörliches, nie endendes Murmeln, Flüstern, Singen und Schreien, das durch die Jahrhunderte hier ertönte und wieder verwehte. Mag es auch noch so entschwunden sein, es hat doch einmal dazugehört, auch das, was sich nie mehr rekonstruieren läßt, ist ein Teil davon. […] Wer will, kann es hören. Es lebt fort in Archiven, Gedichten, in Straßennamen und Sprichwörtern, in Wortschatz und Tonfall der Sprache. […] Die Stadt ist ein Buch, der Spaziergänger sein Leser. Er kann auf jeder beliebigen Seite beginnen, vor- und zurückgehen in Raum und Zeit. Das Buch hat vielleicht einen Beginn, aber noch lange kein Ende. Seine Wörter – das sind Giebelsteine, Baugruben, Namen, Jahreszahlen, Bilder« (Nooteboom 2000, 11–12).

Im Gegensatz zur klassischen Stadtethnologie, die sich im Sinne einer »anthropology in the city« mit dem sozialen Leben in Städten auseinandersetzt, interessiert sich die »anthropology of the city« für die Frage nach den lokalen Besonderheiten und der spezifischen Gestalt bestimmter Städte. Um die Stadt als Ganzes in den Blick zu nehmen, sind in den letzten Jahrzehnten diverse Konzepte entwickelt worden, die im Folgenden kursorisch vorgestellt und diskutiert werden. Einen Ausgangspunkt bildet dabei die Denkfigur der kulturellen Textur der Stadt. In der neueren Diskussion sind aber auch Begriffe wie das Imaginäre, der Habitus oder die Eigenlogik der Städte in Umlauf. Zugleich untersucht die neuere Stadtforschung verstärkt städtische Atmosphären und die unverwechselbaren -scapes der Stadt: Klang-, Geruchs- und Geschmackslandschaften, die ganz wesentlich dazu beitragen, warum eine Stadt so ist und nicht anders. In diesem Beitrag werden die genannten Konzepte kritisch gesichtet und perspektivisch gebündelt: Wie kann verfahren werden, um ganze Städte nicht nur als Orte vielfältiger sozialer Prozesse, sondern auch als kulturelle Figurationen eigener Ordnung zu beschreiben? Und wie lässt sich die Art und Weise nachzeichnen, in der »das Gebilde Stadt den Menschen formt« (Lindner 2004c, 179)?

1. Die Stadt als Text und Textur

Die Rede vom Text der Stadt und von der Stadt als Text ist längst zu einem Gemeinplatz geworden. Buchtiteln wie *Reading Berlin*, *Reading London*, *München lesen* oder *Moskau lesen* zufolge können Städte wie geschriebene Texte entziffert werden, wenn man sie nur zu lesen versteht (Fritzsche 1996; Bond 2007; Hirmer/Schellong 2008; Schlögel 2011). Hinter dieser Behauptung steht die lange Geschichte einer Metapher: Das *Buch der Natur*, das *Buch der Schöpfung*, das *Buch der Welt* waren Formeln, in denen sich seit der beginnenden Neuzeit die Hoffnung artikulierte, dass die empirische Wirklichkeit als Ensemble von Bedeutungen erschlossen und als ein sinnvolles Ganzes kognitiv erkannt werden kann, kurz: dass es eine Homologie von Welt und Bewusstsein gibt (Stierle 1993, 13). Buch, Schrift und Text wurden zu Leitmetaphern für die »Lesbarkeit der Welt« (Blumenberg 1979), wie sie im 18. Jahrhundert Barthold Heinrich Brockes konstatierte: »Schaue dann / In des Welt-Buchs schönen Lettern unsers Schöpfers Schriften an« (zit. nach Weimar 2007, 23). Im 20. Jahrhundert ist die Lesbarkeit der Welt vom Zuständigkeitsbereich der Theologie und der Naturwissenschaften in den der Sprach-, Literatur- und Kulturwissenschaften übergegangen. Und in dem Maße, in dem literarische Texte als Teil allgemeiner kultureller Zeichensysteme verstanden wurden, wurde auch Kultur im weiten Sinne als Text betrachtet. Kritiker haben den modischen Gebrauch dieser Metapher als einen Taschenspielertrick der Literaturwissenschaften angesehen, die in der alten Idee vom »Buch der Welt« einen Notausgang aus der Sackgasse der hermeneutischen Textexegese erkannten und nun aufgrund ihrer professionellen Zuständigkeit für geschriebene Texte eine generelle Deutungshoheit für Kultur reklamierten: »So wird bzw. macht sich Literaturwissenschaft zur Kulturwissenschaft« (Weimar 2007, 34). Allerdings bedeutete dieser *cultural turn* der Literaturwissenschaften – zusammen mit den *linguistic turn* der Sozial- und Kulturwissenschaften – weit mehr als nur eine neue Legitimationsfigur der klassischen textfixierten Fächer: An den Rändern der Disziplinen entstanden neue Theorievorhaben wie die Kultursemiotik, die Cultural Studies oder der New Historicism, die begannen, prinzipiell alle Formen kultureller Bedeutungsproduktion in ihren wechselseitigen Verweisungszusammenhängen in den Blick zu nehmen. Dabei avancierten die Metaphern *Text* und *Textur* zu generellen Funktionsbegriffen, mittels derer die Logik kultureller Repräsentationen und Bedeutungszusammenhänge beschreib- und analysierbar gemacht werden sollte. Die berühmte Formulierung des Kulturanthropologen Clifford Geertz, »dass der Mensch ein Wesen ist, das in selbstgesponnene Bedeutungsgewebe verstrickt ist« (Geertz 1987, 9), stellt Kultur als Text – im Wortsinne von »Gewebe« – vor und macht damit deutlich, dass alle Bedeutungen, mit denen wir es zu tun haben, mit anderen Bedeutungen zusammenhängen, mithin nur als Elemente von Kontexten, Konstellationen und Konfigurationen zu entschlüsseln sind. Nur in diesen textuellen und intertextuellen Zusammenhängen lassen sich – um mit John Fiske zu sprechen – »dense, vivid, detailed interwoven narratives, relationships, and experiences« angemessen erfassen (Fiske 1992, 155).

Vor diesem Hintergrund wird auch die Attraktivität der Metapher »Stadt als Text« verständlich. Bestimmt man die Stadt über die – den Ansatz Louis Wirths freilich drastisch verkürzende – Formel von Größe, Dichte und Heterogenität (Wirth 1974), dann wird sofort klar, dass Städte auch Orte besonders extensiver, vielfältiger und dabei räumlich komprimierter Zeichen- und Bedeutungsproduktion sind. Die von Georg Simmel diagnostizierte »Steigerung des Nervenlebens« in den Städten (Simmel 1903, 188) verweist nicht zuletzt auch auf eine gesteigerte Präsenz, Intensität und Verarbeitungsgeschwindigkeit von Signifikationsprozessen. Die Stadt ist, so Karlheinz Stierle, »ein semiotischer Raum, wo keine Materialität unsemiotisiert bleibt« (Stierle 1993, 14). In Michel de Certeaus *Kunst des Handelns* beginnt das Kapitel »Gehen in der Stadt« mit dem Blick von der 110. Etage des World Trade Center auf Manhattan. Für den Betrachter verwandelt sich die Stadt von hier aus in ein »Textgewebe« aus Kontrasten, Stiltraditionen und Stilbrüchen, aus »paroxystischen Orten« und »urbanen Irruptionen«. »Der Betrachter kann hier in einem Universum lesen, das höchste Lust hervorruft« (De Certeau 1988, 179). Allerdings erfasst der panoramatische Blick aus der 110. Etage nach De Certeau nur das Bild einer fiktiven Stadt – eines optischen Artefakts wie einer Karte oder Planskizze. Die »gewöhnlichen Benutzer der Stadt« nämlich leben unten, in den »undurchschaubaren Verflechtungen des alltäglichen Tuns«, ihre Körper folgen aber ebenfalls »dem mehr oder weniger deutlichen Schriftbild eines städtischen ›Textes‹ […], den sie schreiben, ohne ihn lesen zu können« (ebd., 181 f.).

Für die Lektüre dieses urbanen Schriftbildes wurde seit dem späten 19. Jahrhundert vor allem der Flaneur für zuständig erklärt. In seinem unabgeschlossenen *Passagen-Werk* hat Walter Benjamin – in Anlehnung an Edgar Allan Poe, Charles Baudelaire und Franz Hessel – diese Figur konzeptualisiert und damit einen der wichtigsten historischen Referenzpunkte für die Metapher »Stadt als Text« bereitgestellt (Benjamin 1982, 524–569). Bezeichnend für die Stadtsemiotik der Flanerie ist, dass die Textualität der Stadt hier von einer Bewegungsart her gedacht wird: Der Flaneur spaziert absichtslos durch die Stadt und gewinnt aus der unsystematischen Beobachtung – in einer Art von »wandering/wondering« (Amin/Thrift 2002, 14) – seine Reflexionen. Benjamin verweist an dieser Stelle vor allem auf Baudelaire, der in seinen *Tableaux de Paris*, im *Spléen de Paris* und anderen Werken die moderne Poetik als eine Poetik des Transitorischen und Fragmentarischen gekennzeichnet und damit ein Modell für die Stadterfahrung des Flaneurs formuliert hat. Wie der exemplarische Dichter der Moderne begegnet auch der exemplarische Flaneur den flüchtigen Phänomenen seiner urbanen Umwelt mit einer flüchtigen Wahrnehmungsweise und überführt seine augenblickshaften Beobachtungen und Reflexionen in den poetischen Text (Neumeyer 1999). Eine experimentelle Weiterentwicklung dieser Haltung kann in dem situationistischen *dérive* gesehen werden, das Guy Debord 1956 in seinem Aufsatz zur *Theorie des Umherschweifens* beschrieben hat (Debord 1956). Das *dérive* als »Technik des eiligen Durchquerens abwechslungsreicher Umgebungen« dient im Sinne der Situationisten einer psychogeographischen Exploration des Stadtraums, wobei besonders die spontanen emotionalen Reaktionen auf die durchquerten Räume die Richtung vorgeben. In der produktiven Grauzone zwischen Kunst, Architekturtheorie und Stadtforschung haben diese Methoden des Urbanismus immer wieder Nachfolger gefunden (vgl. z. B. von Keitz/Voggenreiter 2010).

Auch Michel de Certeau hat das Gehen in der Stadt und die Praxis der Lektüre theoretisch miteinander verknüpft. So bestimmt er den Raum als »Ort, *mit dem man etwas macht*«, wobei er diese praxeologische Definition in Beziehung setzt zur Lektüre, die ebenfalls einen Raum konstituiert – einen Raum nämlich, der »durch den praktischen Umgang mit einem Ort entsteht, den ein Zeichensystem – etwas Geschriebenes – bildet« (De Certeau 2006, 345). Wie das Gehen in der Stadt aus der Straße, macht also das Lesen aus den geschriebenen Zeichen einen erfahrbaren Raum. Die Stadt als Text – das ist mithin kein statisches, festgelegtes Zeichengebilde, sondern vielmehr eine Stadt, in der sich Akteure bewegen und in der eine permanente Bewegung des Codierens und Decodierens stattfindet. Dabei wird die semantische Offenheit und Vieldeutigkeit urbaner Repräsentationen betont, wie es beispielsweise auch William Sharpe und Leonard Wallock tun: »Like a literary text, the city has as many interpretations as it has readers« (Sharpe/Wallock 1987, 17). Und Roland Barthes fordert in diesem Sinne eine pluralistische »Anhäufung von Lektüren der Stadt«, um dem auf den Grund gehen zu können, was er die Sprache der Stadt nennt: »Wir werden zahlreich sein müssen, um die Stadt, in der wir uns befinden, zu entziffern« (Barthes 1988, 208).

Aus der Sicht des Flaneurs, des situationistischen »drifters« und der poststrukturalistischen Stadtsemiologie wird der städtische Raum also zu einem infiniten »Reich der Zeichen« (Barthes 1981), in dem zahllose »Hieroglyphics of Space« (Leach 2002) zu finden und zu entziffern sind, so dass der Gang durch die Stadt als offener, von den Dispositionen des Lesers und der Zufälligkeit der Beobachtungen abhängiger Lektüreprozess erscheint: offen für Überraschungen und Entdeckungen, offen für

Querverbindungen und Interpretationen, offen für Erinnerungen und déja-vus. Die Kulturwissenschaftlerin Aleida Assmann hat darauf hingewiesen, dass sich hinter der Trope »Stadt als Text« nicht nur dieses semiotische Verständnis, sondern auch ein memoriales Verständnis verbirgt (vgl. auch das Kapitel »Das Gedächtnis der Stadt« in diesem Band). Während der semiotische Zugang die Stadt als »synchrones Zeichenuniversum« liest, versteht der memoriale Zugang die Stadt als »Erinnerungsdepot« und »Gedächtnistheater« – dementsprechend folgt die Stadtentzifferung einerseits den Regeln der Physiognomik, andererseits der Mnemotechnik. So ist Paris mit seinen Flaneuren (wie Baudelaire und Benjamin) der Inbegriff der semiotisch lesbaren Stadt, wohingegen Rom mit seinen Pilgern und »Vergangenheitstouristen« (wie Petrarca und Goethe) exemplarisch für die memoriale Stadt steht, in der die Aufmerksamkeit vor allem historischen Spuren als »erinnerungsträchtige[n] und erinnerungstragende[n] Relikte[n]« gilt (Assmann 2000, 216; kritisch dazu van der Ree 2000). Mit diesem Konzept der memorialen Stadt ist die für eine Anthropologie der Stadt zentrale Tatsache angesprochen, dass sich – wie Michel Butor in seinem bekannten Essay schreibt – »Text an einem Ort angehäuft hat«. Mit bestimmten Städten und Stadtvierteln, sogar mit einzelnen Straßen und Plätzen sind Mengen von abrufbaren Texten verbunden, der städtische Raum ist in seine eigenen Narrative und Bilder verstrickt. Butor fühlt sich nach der Ankunft in einer fremden Stadt »begleitet, empfangen, verfolgt von Text. Man hat mir von der Stadt erzählt. Ich habe in Zeitungen und Büchern darüber gelesen [...]. Wo ich auch haltmache, bin ich umgeben, eingekreist von Text« (Butor 2000, 169–170). Betrachtet man also die Fragmente der semiotischen Stadterfahrung in ihrer memorialen Dimension, dann fügen sie sich zu einem Bild der singulären Stadt zusammen: ihrer Genese, ihrer Geschichte, ihrer Mythen und lokalen Besonderheiten. »Als von Geschichte und Geschichten durchtränkter, kulturell kodierter Raum bildet die Stadt einen Vorstellungsraum, der den physikalischen insofern überlagert, als er der durch die begleitenden Bilder und Texte *hindurch* erlebte und erfahrene Raum ist« (Lindner 2008, 86).

Das Thema der symbolischen Repräsentation von Städten in Bildern, Texten und Vorstellungen wurde durch einen 1958 erschienenen Aufsatz von Anselm L. Strauss und R. Robert Wohl in der neueren Stadtforschung verankert (Wohl/Strauss 1958). In ihrem symbolisch-repräsentativen Ansatz gingen sie davon aus, dass Städte einen distinkten Charakter haben, der sich in einem Netz von »kumulativen Konnotationen« (ebd., 113) ausdrückt. An diese Idee knüpfte später der Soziologe Gerald D. Suttles mit seinen Überlegungen zur »kumulativen Textur urbaner Repräsentationen« an. Suttles spricht von der »charakterologischen Einheit« einer Stadt als einem stilistischen Verweisungszusammenhang von erstaunlicher historischer Stabilität. Dass beispielsweise Chicago als rauhe Arbeiterstadt, als »City of the Big Shoulders« gilt, wie es in einem emblematischen Chicago-Gedicht von Carl Sandburg heißt, ist für ihn das Produkt eines historischen Prozesses der Akkumulation von Bedeutungen (Suttles 1984). Es versteht sich von selbst, dass Suttles diesen Prozess nicht nur an den hochkulturellen Repräsentationen von Literatur, Theater, Musik oder Film nachvollzieht, sondern ebenso an den unscheinbaren Äußerungen des Alltags: »not just what people put in their museums, but also what they put on their car bumpers and T-shirts« (ebd., 284). Auf dieser Basis arbeitet Suttles drei Kategorien von kollektiven Repräsentationen heraus: Erstens heroische Gründer- oder Entdeckerfiguren, zweitens unternehmerische und politische Pioniere, sowie drittens ein Set von Redensarten, Liedern, »citylore« und allen möglichen Artefakten, die den Charakter des Ortes spiegeln bzw. ihn erst hervorbringen und tradieren (ebd., 284). Die Bandbreite dessen, was bei einer solchen Analyse zu berücksichtigen ist, fällt denkbar groß aus: »The place called London, for example, has been fashioned and refashioned through commentaries, recollections, memories and erasures, and in a variety of media – monumental, official and vernacular, newspapers and magazines, guides and maps, photographs, films, newsreels and novels, street-level conversations and tales« (Amin/Thrift 2002, 2). Die Stadt wird so zu einer Art von ebenso materiellem wie immateriellem Palimpsest, in das fortlaufend neue Botschaften eingeschrieben werden. Alle diese Botschaften aber folgen laut Suttles übergeordneten Prinzipien, die es erlauben, Städten als Sinneinheiten anschauliche Formeln zuzuordnen. So fanden sich auf der damaligen symbolischen Landkarte der US-amerikanischen Städte knappe Typisierungen wie »Bean Town«, »Fun City«, »Second City«, »Lotus Land« oder »Buffalo Bayou« (Suttles 1984, 291). Allerdings ist das Verhältnis von *citylore* und materieller Stadt denkbar kompliziert. Denn die Geschichten und narrativen Versatzstücke,

die kulturellen Codierungen überlagern und durchdringen nicht nur die materielle Gestalt der Stadt, sondern werden in einem infiniten Prozess selbst zum Teil dieser materiellen Gestalt. Wenn wir also einen »primären« Stadttext (Bauten, Denkmäler, genutzter Stadtraum) von einem »sekundären« Stadttext (Texte, Bilder, Filme) unterscheiden (Schenk 2007, 48), dann ist zugleich klar, dass beide in einem Interferenzverhältnis zueinander stehen: Texte und Bilder gehen in Praktiken der Architektur, Raumplanung und Raumnutzung ein, diese wiederum wirken zurück auf die Bilder und Texte, die über eine Stadt kursieren. Die kumulative Textur darf also nicht als eine gegenüber den städtischen Materialitäten sozusagen kontingente Bedeutungsebene verstanden werden, sondern ist immer auch so etwas wie eine reale und vielfältig materialisierte Tiefenstruktur der Stadt.

In der Praxis haben nicht nur Architekten und Raumplaner mit dieser Tiefenstruktur zu tun. Auch der Städtetourismus ist der kulturellen Textur der Stadt auf der Spur. Das Gros der Städtereisenden sucht nach einem räumlich erfahrbaren Zusammenhang lokaler Besonderheiten: historischer Erzählungen, kultureller Geschmacksmuster und ikonisierter Sehenswürdigkeiten, aus denen sich der Extrakt eines »genius loci« gewinnen lässt. Reiseführer sind insofern zuverlässige Handbücher dieser Narrative und Imaginationen, als sie deren kumulative Logik abbilden. Aus einer Serie »typischer« Ingredienzien setzt sich so ein Bild der Stadt zusammen. Im schlechtesten Fall reduziert sich dieses Bild auf eine Handvoll austauschbarer Stichwörter als Leitgerüst für Reisende: Schönbrunn, Kaiserin Elisabeth, Schnitzel, Sachertorte und *Der dritte Mann* werden zu Bauelementen der Wien-Erfahrung. »Saudade«, das Erdbeben von 1755, blau-weiße Wandkacheln, starker Kaffee und gegrillter Fisch verdichten sich zur Essenz Lissabons. John Urry hat in seiner Soziologie des Tourismus den »tourist gaze« als einen Blick beschrieben, der vor allem auf die Produktion von Differenz basiert: Touristen orientieren sich gerade auf das hin, was sich von den Verhältnissen zu Hause unterscheidet, mehr noch: Sie suchen überhaupt das, was den besuchten Ort von allen anderen möglichen Orten unterscheidet. In diesem Sinne können Touristen immer auch als Spezialisten für kulturelle Differenz zwischen Orten und damit auch die kulturelle Spezifik von Städten gelten (Urry 2002). Aus dem Wechselspiel zwischen Tourismus, lokaler Fremdenverkehrs- und Freizeitindustrie sowie den städtischen Räumen und Gegebenheiten entsteht eine »tourist city« als eine ebenso reale wie imaginierte Stadt der Bilder und Narrative (Judd/ Fainstein 1999). Sie entspricht weitgehend der kulturellen Textur der Stadt, geht aber keineswegs in dieser auf, da nicht unbedingt alle Elemente des Stadtgedächtnisses für Tourismus und Stadtmarketing anschlussfähig sind. Im Zusammenhang einer Anthropologie der Stadt geben die Überlegungen zur »tourist city« einen wichtigen Hinweis darauf, dass die kulturelle Textur einer Stadt nicht einfach »vorhanden« ist, sondern in spezifischen Praktiken angeeignet und aktualisiert werden muss: Es sind die Handlungsmuster der Gegenwart, welche die in Städten sedimentierte Geschichte zu realessentialistischen Figuren und Figurationen zusammenschließen, und auch das »geographische Kapital« des Ortes (Molotch 1998, 129) muss erst praktisch in Wert gesetzt werden.

Kommen wir an dieser Stelle nochmals auf den eingangs skizzierten Standpunkt der Stadtsemiotik zurück: Roland Barthes hat ein grundlegendes Problem darin gesehen, »einen Ausdruck wie ›Sprache der Stadt‹ aus dem rein metaphorischen Stadium herauszuführen. [...] Der wahre wissenschaftliche Sprung ist dann vollzogen, wenn man unmetaphorisch von der Sprache der Stadt reden kann« (Barthes 1988, 203). Wenn aber die Stadt *tatsächlich* als ein sprachlich strukturierter Zusammenhang verstanden werden soll, dann macht es einen fundamentalen Unterschied, ob die »Sprache der Stadt« aus einer semiologischen oder einer praxeologischen Perspektive betrachtet wird. Pierre Bourdieu hat zu diesem Problem einmal festgehalten: »Wer die Sprache als ein Objekt der Analyse behandelt, statt sie zum Denken und Sprechen zu benutzen, läßt sich dazu verleiten, sie als *logos* im Gegensatz zur *Praxis* zu konstituieren, als toten Buchstaben ohne praktischen Nutzen oder ohne anderen Zweck als den, interpretiert zu werden, wie man ein Kunstwerk interpretiert« (Bourdieu/Wacquant 1996, 175–176). Für die Flaneure des frühen 20. Jahrhunderts war die Stadt eine Konfiguration aus Zeichen, ein ästhetischer Zusammenhang, der »wie ein Kunstwerk« zu interpretieren war. Aus Sicht einer Sozial- und Kulturwissenschaft der Stadt muss die kulturelle Textur des Urbanen aber anders aufgeschlossen werden. Im letzten Abschnitt dieses Artikels wird das Programm einer praxeologischen Lesart des kulturellen Imaginären der Stadt genauer skizziert werden. Dann ist auch generell die Frage zu diskutieren,

welche Rolle den urbanen Akteuren – Bewohnern, Touristen, Stadtplanern, Stadtpolitikern etc. – bei der Konstitution der kulturellen Textur einer Stadt zukommt: Bleibt dieses Konzept per se einer semiotischen Perspektive verhaftet, oder lässt sich von ihm aus auch stadtbezogenes soziales Handeln denken?

2. The City as a Whole: Von der Stadtforschung zur Städteforschung

Wie wir gesehen haben, gibt es zwei grundsätzliche Möglichkeiten, die Metapher »Stadt als Text« zu verstehen: Zum einen dient sie als eine Figur der semantischen Öffnung – der Stadtraum wird zu einem infiniten Zeichenuniversum aus Textfragmenten und frei flottierenden Bedeutungen –, zum anderen kann sie aber auch als eine Figur der semantischen Schließung fungieren. Dabei wird die Stadt dann zu einem Erinnerungsdepot und Gedächtnisspeicher und erhält dadurch ihre kulturelle Textur, ihre unverwechselbare Gestalt und ihre charakterologische Einheit. Im folgenden Abschnitt soll der Frage nach dem Stadtcharakter weiter nachgegangen werden. Welche Ansätze wurden bislang in der Stadtforschung entwickelt, um die singuläre Beschaffenheit bestimmter Städte zu untersuchen und damit »The City as a Whole« (Strauss 1961, 5) zu beschreiben? Und wie verhalten sich die Zugangsweisen einer »anthropology in the city« und einer »anthropology of the city« (Hannerz 1980) zueinander? Der Blick in aktuelle Publikationen aus Feuilleton, Tourismuswirtschaft und Städtemarketing zeigt, dass diese Frage längst nicht mehr nur die Sozial- und Kulturwissenschaften interessiert. Denn die Unterscheidbarkeit und kulturelle Einzigartigkeit individueller Städte ist zu einem zentralen stadtpolitischen Thema geworden: *In terms of culture* rückt der »Standort« neu in den Fokus der Planungsinstanzen, und es wird deutlich, dass ökonomische Konkurrenzen heutzutage immer stärker über die »Ökonomie der Symbole« (Zukin 1998) und die Imageproduktion von Städten entschieden werden. Der konkrete Ort gewinnt also an Gewicht – und es scheint angebracht, dem ökonomisierten Verständnis von »Stadtkultur« eine verstärkte wissenschaftliche Reflexion von deren Grundlagen entgegenzusetzen.

In den topografischen Sammelwerken des 16. und 17. Jahrhunderts kam die Stadt als ein Ganzes in den Blick. Die Stadtansichten in Hartmann Schedels *Weltchronik* (1493), in Sebastian Münsters *Kosmographie* (1544), im Städtebuch *Civitates orbis terrarum* von Braun und Hogenberg (1572–1618) oder in den Topografien von Matthäus Merian d.Ä. (1642–1688) zeigen die städtische Landschaft – mehr oder weniger typisiert – als ein geschlossenes Ensemble von Wohn-, Repräsentations- und Sakralbauten, akzentuiert durch Türme und umgeben von einer klar definierten Stadtbefestigung (Behringer/Roeck 1999; Günther 2009; vgl. auch das Kapitel »Das Bild der Stadt« in diesem Band). Diese Bilder entsprachen nicht nur der alten Vorstellung von der Stadt als *imago mundi* und Abbild der göttlichen Ordnung, sondern auch dem, was man tatsächlich überblicken konnte. Im 19. Jahrhundert traten die Städte über ihre alten Grenzen hinaus und stellten sich dem einen Aussichtspunkt erklimmenden Betrachter zunehmend als amorphe Gebilde dar: »Man sieht etwas ohne deutliche Form, ohne klare Struktur, ohne erkennbare Grenzen und, als Folge der rauchenden Schornsteine, ohne klarumrissene Konturen« (Girouard 1985, 343; Übersetzung zit. nach Brunt 1995, 460). Inmitten dieser unübersichtlichen Stadt des 19. Jahrhunderts entsteht die moderne Stadtforschung – und die Unübersichtlichkeit des Urbanen kann geradezu als ihr Entstehungsgrund bezeichnet werden. Im Zusammenhang mit der Bekämpfung der Cholera nach 1832 wurden die »dunklen Stadtviertel« als mögliche »Brutstätten von Krankheit und Laster« untersucht, frühe Stadtethnographen wie Henry Mayhew und Charles Booth interessierten sich für soziale Segregation und die Armut in den Elendsquartieren des Londoner East End, und die »Chicago School« um Robert E. Park wandte sich – ausgehend von den Wahrnehmungsweisen der urbanen Reportage – den vielen verschiedenen Lebenswelten, Milieus und Szenen innerhalb der Städte zu (Lindner 2004a).

In den Fokus der frühen Stadtforschung kam die Stadt mithin als eine zu erkundende *terra incognita* und als in sich differenzierter soziokultureller Raum. Auch die spätere Stadtethnologie befasst sich in ihrer kleinräumigen und milieuorientierten Ausrichtung vor allem mit einzelnen Vierteln wie »urban villages« und sozialen bzw. ethnischen Enklaven. Die klassische Stadt- und Regionalsoziologie dagegen untersucht die Stadt als Schauplatz und Labor allgemeiner gesellschaftlicher Prozesse und interessiert

sich vornehmlich für Fragen der Siedlungsstruktur, der räumlichen Organisation von Gesellschaft, der sozialen Ungleichheit in Städten sowie für stadtpolitische Regulierungstechniken. Ulf Hannerz hat in seinem Buch *Exploring the City* 1980 beklagt, dass die Stadtforschung die Stadt zwar vielfach zum *locus*, sehr selten aber zum *focus* der Forschung gemacht habe (Hannerz 1980). Das heißt: Geforscht wurde zwar extensiv und intensiv in Städten, allerdings blieb dabei die Stadt selbst als sozialwissenschaftlicher Gegenstand unterbelichtet – und damit die Frage, was eigentlich Stadt ausmacht. Erst recht gilt das, wenn man nicht nur generell nach den Charakteristika urbanen Lebens fragt, sondern darüber hinaus nach den Eigenschaften und der kulturellen Einzigartigkeit ganz bestimmter Städte.

Wo also lässt sich ansetzen, um die Stadt als singuläres Ganzes und – davon ausgehend – Differenzen zwischen Städten systematisch zu beschreiben? Welche begrifflichen Instrumentarien bieten sich an, um ortsspezifische Logiken als einen relevanten Prägefaktor kultureller Prozesse zu untersuchen? (allgemein dazu Frank 2012; Schwab 2012). Zunächst einmal ist jede einzelne Stadt von einem ganz bestimmten Ensemble struktureller Merkmale bestimmt: von ihrer geographischen und landschaftlichen Lage, ihren natürlichen Ressourcen und Verkehrswegen, den lokal dominanten Sektoren der Ökonomie und Wirtschaftszweigen, den dominanten Konfessionen und ethnischen Gruppen sowie ihren besonderen Merkmalen im Hinblick auf sozialen Status (Bruttoinlandsprodukt pro Kopf, Arbeitslosenquote, Sozialhilfequote etc.) und soziale Laufbahn. Im Hinblick auf solche Strukturbedingungen hat René König 1969 in seinem Großstadt-Beitrag für das *Handbuch der empirischen Sozialforschung* festgehalten, dass »jede Großstadt ein ungeheuer komplexes Gebilde bedeutet, das jeweils die einzigartige Lösung einer einzigartigen Aufgabe darstellt«, und weiter, dass »die erreichten Lösungen gewisse Dauerzüge entwickeln, welche die Identifizierung der betreffenden Stadt über lange Zeiträume über Jahrhunderte, ja sogar Jahrtausende erlauben« (König 1969, 124). Davon ausgehend, fordert König eine »idiographische Erfassung der Großstadt«, um diesen Dauerzügen der Städte auf den Grund zu gehen.

Einen ersten Schritt in diese Richtung stellt die Stadttypologie dar, zu der Max Weber einen klassischen und in seinen Grundzügen auch heute noch gültigen Vorschlag gemacht hat. Weber unterscheidet 1921 in einem – später in *Wirtschaft und*

Gesellschaft integrierten – Beitrag zwischen Produzentenstadt (Gewerbestadt), Konsumentenstadt (z. B. Fürstenstadt, Grundrentnerstadt) und Händlerstadt, wobei er anmerkt, »daß die empirischen Städte fast durchweg Mischtypen darstellen und daher nur nach ihren jeweils vorwiegenden ökonomischen Komponenten klassifiziert werden können« (Weber 2005, 927). Bereits vier Jahre zuvor hatte Gottlieb Gassert auf Basis der Berufszählung von 1907 eine ähnliche Typologie vorgelegt, in der er von den Kategorien Industriestadt, Metropolstadt, Handelsstadt und Rentner- und Beamtenstadt ausgeht (Gassert 1917). An dieser Linie haben sich später weite Teile der Soziologie und Geographie der Stadt orientiert – und auch die Stadtanthropologie hat sich die Klassifikation in drei oder vier Grundtypen angeeignet. So paraphrasiert Ulf Hannerz mit seiner *Big C-Anthropologie der Städte* die Webersche Trias und spricht von Coketown, Courttown und Commercetown (Hannerz 1980, 98–99). Für die Frage nach der kulturellen Textur der Stadt ist entscheidend, dass alle diese Einteilungen einem Primat der Ökonomie folgen: Die Spezifik der Stadt wird zunächst von der Berufsstatistik und Wirtschaftsstruktur her zu fassen versucht. Dahinter steckt die – schon auf Werner Sombarts Stadtteorie zurückgehende – Annahme, dass die Strukturmuster von Konsumtion und Reproduktion und die lokal vorherrschenden Branchen eine besondere kulturelle Prägekraft entfalten. Schon in Suttles' Konzept der kumulativen Textur war es die Ökonomie, die gleichsam den kulturellen basso ostinato bestimmter Städte und ihrer »citylore« bildete. Im Kontext einer Soziologie und Anthropologie der Städte sind hier zwei weiterführende Theorien von besonderem Interesse: das Konzept des Habitus der Stadt und das Konzept der Eigenlogik der Städte. Beide beziehen sich auf Phänomene der lokalen Verfestigung von Routinen und kulturellen Mustern und versuchen zu zeigen, dass der konkrete Ort, an dem etwas stattfindet, einen unabdingbaren Kontext für dessen Verständnis bildet.

Martyn Lee und Rolf Lindner haben gegen Ende der 1990er Jahre den Bourdieuschen Habitusbegriff in anregender Weise auf ganze Städte übertragen (Lee 1997; Lindner 2003). Dabei gehen sie davon aus, dass Städte ebenso wie soziale Akteure im Laufe ihrer (Lebens-)Geschichte bestimmte Dispositionen ausbilden, die sie für bestimmte Entwicklungen mehr anfällig machen als für andere. Entscheidend ist hier wie dort der sozioökonomische Status: »Ausgehend von den für einen bestimmten Typus von Umgebung

konstitutiven Strukturen, dem jeweils stadtprägenden Sektor der Ökonomie, entsteht durch kulturelle Codierungen über die Zeit der Habitus einer Stadt« (Lindner 2003, 48), der fast so etwas wie eine körperliche Dimension gewinnt: »Städte lassen sich an ihrem Gang erkennen wie Menschen« (Robert Musil). Lindner rekurriert dabei unter anderem auf die Analysen kultureller Ökonomien, wie sie von Harvey Molotch und Allen J. Scott angestellt wurden (Molotch 1998; Scott 2000). Paris etwa hat eine Kultur der Distinktion ausgebildet, die den »mondänen Stil« zu einem Markenzeichen der Stadt hat werden lassen: In Kunsthandel, Mode, Hochkultur und der Produktion von Luxuswaren sind die eleganten »articles de Paris« untrügliche Zeichen für den erlesenen Geschmack. Auch in Los Angeles sind es die kulturellen Ökonomien, welche die Wirtschaftsgeschichte der Stadt bestimmen – hier allerdings unter ganz anderen stilistischen Vorzeichen: Nicht der Stil des »Echten«, sondern der Glamour der Unterhaltungsindustrie und des »schönen Scheins« bestimmt die kulturelle Produktion rund um Hollywood. In beiden Fällen ist es sozusagen die urbane »Produktionsbiographie«, die das kulturelles Kapital der Stadt und ihre Entwicklungspotentiale bestimmt, die Paris zur Distinktionslandschaft und L.A. zur Traumfabrik – aber zugleich auch zum »Junkyard of Dreams« (Davis 1992, 373) – macht. Am Beispiel Berlins hat Rolf Lindner dann gezeigt, dass die Produktionsbiografie der Stadt auch die Formen kultureller Reproduktion und damit das ganze kontextuelle Setting der Stadt bestimmt: So verweist der besondere historische Stellenwert der »Zerstreuungsindustrie« und Unterhaltungselektronik in Berlin auf die klassische Leitindustrie der Stadt, nämlich die Elektrotechnik. Sie prägte nicht nur den frühen Ausbau des öffentlichen Nahverkehrs (»Tempo! Tempo!«), sondern auch die Angebote der Kulturindustrie und schließlich das Bild von den »schlagfertigen«, »nervösen« und gleichsam »unter Strom stehenden« Berlinern (Lindner 2004c, 183 f.).

Von einem »Habitus der Stadt« zu sprechen, bedeutet zunächst nicht mehr als eine tentative Annäherung an das, was man die »kulturelle Trägheit« einer Stadt nennen könnte. Zur Erläuterung seines Habitusbegriffs sagte Pierre Bourdieu in einem Gespräch: »Jedermann weiß […], dass soziale Gebilde Routinen haben, immanente Tendenzen, in ihrem Sosein zu verharren; dass sie etwas haben, was wie Erinnerung aussieht oder wie Treue, und in Wirklichkeit nur die ›Summe‹ aller Verhaltensweisen der

Akteure darstellt« (Bourdieu/Wacquant 1996, 173 f.). Wenn Robert E. Park zu Beginn von *The City* schreibt, die Stadt sei »a state of mind, a body of customs and traditions, and of the organized attitudes and sentiments that inhere in these customs and are transmitted with this tradition« (Park 1925, 1), dann weist er bereits auf diese unbewussten Routinen hin, die dafür sorgen, dass eine Stadt als distinkter kultureller Raum gleichsam über Jahrhunderte hinweg erkennbar bleibt. »History repeats itself, but how?« – so haben Molotch, Freudenburg und Paulsen diese Frage formuliert (Molotch/Freudenburg/Paulsen 2000). Die Stadt wird also nicht nur als ein Produkt von Geschichte verstanden, sondern als ein Raum, in dem sich diese Geschichte nach bestimmten Mustern fortschreibt. An dieser Stelle ist daran zu erinnern, dass der Habitus im Sinne Bourdieus *opus operatum* und *modus operandi* zugleich ist: ein Set dauerhafter Dispositionen, die strukturiert sind und aus denen sich zugleich strukturierende Praktiken ergeben. Wenn es eine zentrale Leistung dieses Begriffs in der Bourdieuschen Theoriearchitektur ist, den alten Dualismus von Struktur und Handeln produktiv aufzulösen, dann macht eben diese Leistung den Begriff für eine kulturwissenschaftliche Stadtforschung interessant, die die Stadt gleichsam – nach den Gesetzen einer »Kausalität des Wahrscheinlichen« (Lindner 2003, 52) – als Erzeugungsprinzip ihrer eigenen Geschichte verstehen will. Zugleich steckt im Rekurs auf Bourdieu der grundlegende Hinweis darauf, dass Städte aufgrund ihrer Position im sozialen Raum und ihrer sozialen Laufbahn auch einen klassenkulturellen Stil verkörpern. Dabei richtet sich die Aufmerksamkeit nicht nur auf die Produktions-, sondern auch auf die Reproduktionsweisen: Die Konsumlandschaften, Kulturangebote und Freizeiteinrichtungen spiegeln immer auch die Bedürfnisse und Vorlieben derer, die im stadtprägenden Sektor der Ökonomie tätig sind.

Helmuth Berking und Martina Löw setzen mit ihrem Konzept der »Eigenlogik« von Städten an einem ähnlichen Punkt an. Im Kern übernehmen sie die Idee Lees und Lindners, ortsspezifische, sich aus lokalen Ökonomien ergebende Routinen und kulturelle Muster als einen »Habitus der Stadt« zu fassen (Berking/Löw 2008). Sie erweitern dieses Konzept allerdings um den Begriff der »städtischen Doxa« zu einem Begriffspaar, mit dem sich – so Löw – Prozesse eigenlogischer städtischer Vergesellschaftung denken lassen (Löw 2008, 76). Eigenlogik erfasst somit »praxeologisch die verborgenen Strukturen der

Städte als vor Ort eingespielte, zumeist stillschweigend wirksame präreflexive Prozesse der Sinnkonstitution (Doxa) und ihrer körperlich-kognitiven Einschreibung (Habitus)« (ebd.). Sie »webt sich in die für die Lebenspraxis konstitutiven Gegenstände hinein« (ebd., 77) und affiziert so in einem umfassenden Sinne die Körper, Materialitäten und Praktiken in der Stadt. Unter dem Etikett der Eigenlogik fassen Berking und Löw bestehende Ansätze – auch die kulturelle Textur der Stadt – zu einem neuen »Superkonzept« zusammen, allerdings mit einem deutlichen Akzent auf der Frage nach »Erfolgsfaktoren der Stadtentwicklung« und damit auch einer anwendungsorientierten Perspektive im Hinblick auf »Strategien zur Veränderung« (ebd., 234). Die Rede von kulturellen »Pfadabhängigkeiten« wird so auch auf ihren ökonomischen Kern zurückgeführt, die Analyse lokaler Eigenlogiken liefert Erkenntnisse, die im Rahmen von Kommunalpolitik und Strukturplanung höchst relevant sind (vgl. z. B. Löw/Terizakis 2011).

Wenn hier Grundzüge der kulturellen Spezifik von Städten – bei aller interpretatorischen Vorsicht – aus der Präponderanz eines bestimmten ökonomischen Sektors oder eines Sets bestimmter Branchen hergeleitet werden, dann rücken auch spezifische Berufskulturen in den Fokus der Aufmerksamkeit. Robert E. Park schreibt 1915, in einer Hochphase der Urbanisierung in Nordamerika, dass aufgrund der intensiven Arbeitsteilung in Großstädten »every vocation, even that of a beggar, tends to assume the character of a profession« (Park 1925, 14). Dieser Spur folgend, lassen sich die lokalen Ausprägungen solcher zu Professionen erhobenen Tätigkeiten als Ausgangspunkte einer Anthropologie der Städte nutzen. So hat Gerald D. Suttles im Zuge seiner skizzenhaften Charakterisierung amerikanischer Großstädte eine Reihe kultureller Figuren genannt, die – ausgehend von ihrer konkreten Tätigkeit – für die Signatur ihrer Stadt stehen: die »hog butchers« und »Polish steelworkers« von Chicago wie die ölsuchenden »wildcatters« von Houston, die »stars« von Los Angeles wie die »city slickers« oder »Jewish pushcart peddlers« von New York (Suttles 1984, 290–291). Mehr noch: die Stadt selbst kommt zuweilen im Kostüm der in ihr anzutreffenden Berufstypen daher, etwa wenn es heißt, Chicago sei »Hog Butcher, Tool Maker, Stacker of Wheat, Player with Railroads, and Freight Handler to the Nation« (Carl Sandburg, zit. nach Lindner 2008, 85). In solchen Figuren verdichtet sich die Stadtimagination in einer überaus anschaulichen Form, wobei besonders die Produktions- und Wirtschaftsgeschichte der entsprechenden Stadt präsent bleibt. Dadurch, dass die Stadt als Sozialtyp imaginiert wird, erhalten Stadterzählungen ihre empirische Lebendigkeit und spontane Plausibilität: Städte können – wie menschliche Typen – als rauh und herzlich erscheinen, als distinguiert und hochnäsig, schäbig und heruntergekommen, kleinbürgerlich und borniert, artifiziell und vordergründig. All diese Eigenschaften sind aber stets in einem Netz der Relationen, der gegenseitigen Anziehungs- und Abstoßungsprozesse zu verorten: Sie sind gleichermaßen Produkte von Fremd- wie Selbstzuschreibungen im Verhältnis zu anderen Städten (Lindner 2003, 49).

Einen weiteren Versuch, Lokalspezifik von bestimmten Berufsgruppen her zu denken, hat Werner Schiffauer in seinem Text zur »Logik von kulturellen Strömungen in Großstädten« unternommen. Er unterscheidet vier Idealtypen von Berufskulturen: die Berufskultur des Kollektivs (z. B. in von Bergbau und Schwerindustrie geprägten Städten), die hierarchische Berufskultur (in Beamten- und Verwaltungsstädten), die individualistische Berufskultur (in Städten mit hohem Angestelltenanteil) und die Kultur der Randseiter (besonders stark etwa in Universitätsstädten). Am Beispiel Berlins zeigt Schiffauer auf, wie die stadtkulturelle Dynamik von *access to diversity* und *diversity of access* durch die in einer Stadt vorherrschenden Berufskulturen beeinflusst wird: Die »für deutsche Verhältnisse bemerkenswerte Subkultur« in Westberlin wurde demnach nicht zuletzt durch die starke Rolle der »Kollektivisten« und der »Randseiter« begünstigt – und damit durch die relativ schwache Präsenz eines etablierten Bürgertums (Schiffauer 1997, 121). Auf diese Weise geht es bei der Formierung stadtspezifischer Kulturmuster immer auch darum, welche (Berufs-)Gruppen sich am stärksten in urbanen Repräsentationen präsent sind. Mit ihnen ist die Idee eines distinkten, gruppenspezifische Sozialnormen und Werte beinhaltenden »Ethos« verbunden – etwa als »Ethos der Region« wie im Ruhrgebiet (Lindner 1994). Ulf Hannerz hat in diesem Begriff sogar den Kern dessen gesehen, was eine Anthropologie der Stadt zu suchen hat: »If a city can be summed up with any justice, then [...] in terms like a dominant ethos«. Dieses Ethos wird als Ausgangspunkt bestimmter Verhaltensmuster zu einem Schlüssel, mit dem sich die Stadtspezifik aufschließen lässt: »Directly or indirectly from this roots must spring, at the same time, highly observable forms of frequently repeated behaviour, frontstage for almost everybody much of the time, often linked to characteristic built-up forms as well« (Hannerz 1980, 307).

Während die Konzepte des Habitus oder der Eigenlogik der Stadt sozusagen auf ein inneres Verlaufsmuster kultureller Stadtentwicklung auf Basis der stadtprägenden ökonomischen Struktur zielen, ist die Idee des kulturellen Imaginären allgemeiner angelegt, wobei die Rezeptions- und Wahrnehmungsebene im Vordergrund steht. Versucht man, die Theoriegeschichte des Image-Begriffs in der Stadtforschung zu rekonstruieren, dann stößt man zunächst auf zwei in ihrer Ausrichtung sehr unterschiedliche Studien, die beide zu Beginn der 1960er Jahre publiziert wurden: *The Image of the City* von Kevin Lynch (Lynch 1960) und *Images of the American City* von Anselm Strauss (Strauss 1961). Lynchs Arbeit stammt aus dem Kontext der Stadtplanung und befasst sich mit mentalen Repräsentationen bestimmter Städte, sowohl im Sinne der individuellen Wahrnehmung als auch der kollektiven Vorstellung dieser Städte. Sein Ausgangspunkt ist dabei die visuelle Ordnung der Stadt: ihre topografische Gestalt und gebaute Form, die sich für den Betrachter zu einem distinkten »Image« verdichten. Dabei interessiert sich Lynch für Stadtgrundrisse, Silhouetten und Landmarken, die er zum räumlichen Verhalten der Stadtbewohner in Beziehung setzt. *The Image of the City* ist ein Beitrag zur Planungstheorie, der sich bewusst auf die visuellen Gestaltqualitäten und die Gestaltwahrnehmung der Stadt – erschließbar u. a. über »mental maps« – beschränkt. Durch die weitgehende Ausblendung der historischen und kulturellen Kontexte, von denen die Stadtwahrnehmung abhängt, scheint diese Studie für die Analyse von Stadtkultur kaum von Nutzen zu sein. Und doch: Lynch hat damals als einer der ersten die Aufmerksamkeit auf die mentalen Bilder der Stadt gelenkt und der interdisziplinären Urbanistik damit zahlreiche Impulse gegeben.

In einem anderen, weit umfassenderen Sinn hat sich der Soziologe Anselm Strauss zur gleichen Zeit der Analyse urbaner Images zugewandt. Wie Lynch interessierte ihn »the City as a Whole« – anders als Lynch aber untersuchte er mehrere Dimensionen der »Symbolization of Cities«, weit über die visuelle Gestalt hinaus (Wohl/Strauss 1958; Strauss 1961). An diese Theorietradition knüpft wiederum Rolf Lindner an, wenn er das »urban imaginary« zu einer zentralen Kategorie seiner kulturanalytischen Stadtforschung macht (Lindner 1999, 2008). Für ihn ist das

Imaginäre im Unterschied zum weitgehend bewusst geschaffenen Image eine »verborgene Schicht der Realität« (Lindner 2008, 86) und damit so etwas wie das kulturelle Unterbewusste der Stadt. Interessanterweise findet sich im Werk Sigmund Freuds – des Entdeckers des individuellen Unterbewussten – tatsächlich schon ein Hinweis zur Übertragbarkeit dieser psychologischen Kategorie auf ganze Städte. So formuliert er 1930 in seinem Hauptwerk über das »Unbehagen in der Kultur« die »phantastische Annahme, Rom sei nicht eine menschliche Wohnstätte, sondern ein psychisches Wesen von ähnlich langer und reichhaltiger Vergangenheit, in dem also nichts, was einmal zustande gekommen war, untergegangen ist, in dem neben der letzten Entwicklungsphase auch alle früheren noch fortbestehen« (Freud 1930/1999, 427). In diesem Gedanken ist nicht nur die Idee von der Stadt als Erinnerungsdepot und kumulative Textur vorweggenommen, sondern auch der Kerngedanke des Stadthabitus. »Könnte es nicht« – so Rolf Lindner und Johannes Moser im Vorwort zu ihrer Dresden-Studie – »eine Tiefengrammatik der Stadt geben« (Lindner/Moser 2006, 7), die erklären könnte, weshalb Dresdens kulturelles Imaginäres auch nach dem Ende der Monarchie, der Zerstörung im Zweiten Weltkrieg und nach 40 Jahren DDR bestimmten Mustern und Repräsentationsmodi einer typischen Residenzstadt folgt? Wenn Städte – frei nach Freud – als intersubjektive Speicher vergangener Bewusstseinszustände begriffen werden können, dann werden solche Trägheitseffekte (im Sinne von Bourdieus »Hysteresis«) erklärbar.

Schließlich ist das Imaginäre der Stadt auch als eine Theoriefigur zu verstehen, die den irreführenden Gegensatz von Klischee bzw. Vorstellung und Wirklichkeit produktiv aufzuheben versucht. Insofern sie die Produktion und Reproduktion von Städtebildern in der (kollektiven) Imagination von Akteuren verortet, scheint sie präziser zu sein als etwa der Begriff der »kulturellen Identität« von Städten (Pizzi/Weiss-Sussex 2011) oder die intentionalistische Vorstellung einer »kulturellen Konstruktion« der Stadt (z. B. Schüle 2003). Das Imaginäre der Stadt trägt der Tatsache Rechnung, dass urbane Räume in sozial vermittelten Aneignungsprozessen immer auch in Bilder übersetzt werden, die eine eigene Wirkungsmacht entfalten. Bewusste und strategisch geplante Imageproduktion (wie etwa die Warenästhetik des »city branding«) hat sich in diesem Sinne am kulturellen Imaginären als der »Tiefengrammatik« bzw. den »latenten Dispositiven« der Stadt (Lindner 2008,

87) zu orientieren, um plausibel zu sein. Mit einem Ort lässt sich eben nicht alles machen: Ebenso wenig wie Stuttgart als mondäner »Partner der Welt« inszeniert werden kann, wie es ein Werbeslogan der örtlichen Messe versucht, kann das Ruhrgebiet ohne Weiteres zur »creative city« umgedeutet werden (Wietschorke 2010b). In diesem Sinne steckt auch das kulturelle Imaginäre der Stadt Möglichkeitshorizonte ab und setzt planerischen Vereinnahmungsversuchen einen »Widerstand des Wirklichen« entgegen.

3. Sinn und Sinnlichkeit: »Sensuous Geographies« und urbane Geschmackslandschaften

Gehen wir von den konzeptionellen Versuchen, »the City as a Whole« in ihrer Spezifik beschreibbar zu machen, nochmals einen Schritt zurück. Jede konkrete Wahrnehmung einer Stadt geht von sinnlichen Eindrücken und Erfahrungen aus, und so sind die »sensuous geographies« zu einem wichtigen Untersuchungsfeld der neueren Stadtforschung geworden (Rodaway 1994). In diesem Zusammenhang sollen zunächst vier Zugänge näher beleuchtet werden: zum einen der Begriff der städtischen Atmosphären, des Weiteren zwei verschiedene Konzepte rund um urbane »sensescapes« sowie abschließend die »rhythmanalysis«, die den Faktor Zeit in die ethnografische Exploration des städtischen Lebens miteinzubeziehen versucht. Wie immer, wenn es um ästhetische Erfahrungen geht, rückt auch hier das Nachdenken über Stil ins Zentrum: Welchen Stil hat eine Stadt, ein Stadtviertel oder eine bestimmte Straße? Welche Konvergenz und Konzentration von Sinneswahrnehmungen sorgt dafür, dass wir einen Raum als einheitliches *surrounding* fassen? Bereits hier wird deutlich, dass »sensuous geographies« eine Möglichkeit darstellen, die kulturelle Textur von Räumen in ihrer Materialität mit dem wahrnehmenden Subjekt zu vermitteln: Über visuelle, akustische, olfaktorische, gustative und haptische Anmutungsqualitäten wird der Stadtcharakter sozusagen körperlich angeeignet und erfährt eine Syntheseleistung, die ihn plausibel – sinnfällig – macht.

Um dieser subjektiven Ebene der Stadtwahrnehmung einen angemessenen Platz einzuräumen, haben der Philosoph Gernot Böhme und der Geograph Jürgen Hasse den Begriff der Atmosphäre in die Stadtforschung eingeführt (Böhme 1998; Hasse 2002). Damit zeigen sie, dass einzelne Sinneseindrücke im städtischen Raum zu einer Stimmungsqualität zusammenschießen, die diesen unverwechselbar werden lässt. Daraus ergibt sich »das Poetische einer Stadt« (Böhme 1998, 153) und das »surplus« an Sinn, das sie von anderen Städten quasi blind unterscheidbar macht. Rainer Kazig spricht vom Atmosphären-Konzept als von einem erfahrungsbasierten, »nicht repräsentationellen Zugang zum Raum« (Kazig 2007). Allerdings können Atmosphären im Alltag mit Repräsentationen verknüpft werden, was diesen eine Art von spontaner Evidenz verleihen kann. So ist die Atmosphäre für den französischen Stadtsoziologen Jean-Paul Thibaud weniger das, was wahrgenommen wird, sondern vielmehr die Rahmenbedingung und das Medium, durch das hindurch etwas wahrgenommen wird (Thibaud 2003). Atmosphären »vermitteln« in diesem Sinne zwischen der Stadt und ihrem Betrachter und sind damit auch ein Moment und Medium der praktischen Aneignung städtischer Räume in ihrer kulturellen Textur.

Ein wesentliches Moment urbaner Atmosphären sind die sogenannten »soundscapes«, die »Klanglandschaften« der Stadt (Roesing 2000). Arjun Appadurais Konzept der »-scapes« wird hier entlehnt, um den räumlichen Zusammenhang zu kennzeichnen, in dem die einzelne Sinneswahrnehmung verortet wird. Mit »soundscapes« können akustische Gemengelagen im öffentlichen Raum gemeint sein, wie sie etwa der soundscape-Pionier R. Murray Schafer in den 1970er Jahren in der kanadischen Hafenstadt Vancouver aufgezeichnet hat. Schafer selbst hat aus seinen Tondokumentationen im »World-Sound-Project« diverse Kompositionen entstehen lassen, die sowohl das allgemeine Anwachsen des Geräuschpegels in der Moderne als auch die spezifischen Klanglandschaften von Städten spiegeln. Kulturwissenschaftliche Untersuchungen, etwa aus dem Umfeld der Cultural Studies, sind des Weiteren dem Zusammenhang zwischen musikalischen Stilen und ihrem urbanen Entstehungskontext nachgegangen. Sara Cohen hat den »Liverpool Sound« auf die Liverpooler Sozialgeschichte zurückbezogen, um zu zeigen, dass hier soziale Laufbahn und Image des Ortes und die lokale populärkulturelle Produktion signifikante Homologien aufweisen (Cohen 1994). Überhaupt ist das kulturelle Imaginäre zahlreicher Städte – wie z. B. Wien oder New Orleans – in besonderer Weise mit dem Thema Musik verknüpft (zu Wien vgl. Nussbaumer 2007), so dass sich musikalische und städtische Texturen in einem »Sound der Stadt« gegenseitig Evidenz verleihen.

Etwas später als die soundscape-Forschung trat die Erforschung städtischer Geruchslandschaften auf den Plan. Eine Pionierrolle nimmt hier Douglas J. Porteous ein, der in einem 1985 erschienenen Artikel darauf hingewiesen hat, dass »smells may be spatially ordered and place-related« (Porteous 1985, 369). Auch die Olfaktorik ist Teil urbaner Mythologien – denken wir etwa an die orientalistische Imagination arabischer Städte oder an Chicago, wo man zuweilen immer noch die Gerüche der Schlachthöfe wahrzunehmen meint, die »in den kollektiven Sinnesapparat unauslöschlich eingegangen« sind (Lindner 2004b, 394). Für Gernot Böhme ist eine Stadt ohne Geruch »eine Stadt ohne Charakter« (Böhme 1998, 151), was mehr oder weniger den Umkehrschluss erlaubt, dass die charakteristische Stadt einen bestimmten Geruch hat. Der Geruchssinn ist aber – durch seine enge Verbindung mit Diskursen über Hygiene, Sauberkeit und Schmutz, aber auch durch seine präreflexive Leiblichkeit z. B. im Gefühl des Ekels vor Körpergerüchen – in besonderem Maße ein »sozialer Sinn«, über den spontane Distinktionsprozesse in Gang gesetzt werden. Beim Betreten einer Kellerwohnung oder einer Kaschemme wurde die soziale Frage für Georg Simmel ganz unvermittelt zu einer »Nasenfrage« (Bischoff 2007, 197). Und laut Böhme kann man »mit der Nase entscheiden, ob man sich in Ost- oder West-Berlin befindet« (Böhme 1998, 149). Gerüche sind somit sozial und kulturell klassifizierte und klassifizierende Wahrnehmungen, welche die symbolische Ordnung und Imagination städtischer Räume wesentlich mitbestimmen: Der Vieux Port in Marseille und die Wiener Hofburg unweit der Hofzuckerbäckerei Café Demel riechen nicht nur verschieden, sondern in ihren Gerüchen werden auch ganze Bündel soziokultureller Assoziationen und Positionszuweisungen »mitgeschmeckt«. Welches Spektrum urbane Geruchsforschung abdecken kann, zeigen denn auch zwei Arbeiten über Wien: Während sich Peter Payer mit dem historischen Wandel der Olfaktorik im öffentlichen Raum und dem Diskurs über städtische Geruchsbelästigungen auseinandersetzt (Payer 1997), untersuchte ein Forschungsteam um Mădălina Diaconu Wiener Geruchslandschaften aus interdisziplinärer Perspektive, besonders unter Einbeziehung verschiedener Naturwissenschaften und der

Psychologie. Mittels von Chromatogrammen wurde die chemische Zusammensetzung von Geruchsverbindungen festgestellt und ausgehend davon die »Einbettung der Sinneswahrnehmung in Sozialpraktiken« hervorgehoben (Diaconu u. a. 2011).

Urbane Gerüche und Geräusche formieren immer auch eine Art von Rythmus, der gewissermaßen synästhetisch erlebt wird. Henri Lefebvre hat den Rythmus der Stadt als »localized time« und »temporalized place« beschrieben und damit auf die enge Verschränkung von lokalen Besonderheiten mit zeitlichen Abläufen hingewiesen (Lefebvre 1996, 227). In seinem Konzept des Rhythmus treten die sinnlichen Eindrücke, die Geräusche und Gerüche, die Bewegungsmuster von Menschen und Verkehrsmitteln, die alltäglichen Zeitabläufe und die stummen Regularien der infrastrukturellen Organisation zu einem dynamischen Bild der Stadt zusammen, das – so John Allen – »a sense of time and location« vermittelt (Allen 1999, 56). Rhythmusanalyse nach Lefebvre versucht also, die Synchronizität und Diachronizität von Phänomenen zu erfassen, um Atmosphären beschreibbar zu machen. Auch wenn dieses Programm methodisch letztlich ähnlich vage bleibt wie das der Flânerie, deutet es doch an, wie eine sinnliche Anthropologie der Stadt das lokalspezifische Zusammenspiel vielfältiger Eindrücke lesbar machen kann.

Einen weiteren Schlüssel zum Verständnis urbaner Räume als stilistisch kohärenter Einheiten bildet die Kategorie des Konsums. Pierre Bourdieu hat – am Beispiel Paris – darauf hingewiesen, wie die von ihm untersuchten feinen Unterschiede des Geschmacks »Ortseffekte« ausbilden, sich also stadträumlich in bestimmten Konsumlandschaften konzentrieren. Im kursorischen Vergleich der luxuriösen Rue du Faubourg Saint-Honoré und der kleinbürgerlichen Rue du Faubourg Saint-Antoine zeigt er zudem auf, dass solche Ortseffekte nur relational zu entschlüsseln sind (Bourdieu 1998). Als ein früher Vorläufer dieser Sichtweise kann der Romancier Honoré de Balzac angesehen werden. Balzac konzentrierte sich bei seinen realistischen Milieuschilderungen in der *Comédie Humaine* insbesondere auf die Pariser Verhältnisse und entfaltete den städtischen Raum literarisch als einen Raum der sozialen Distinktionen und stilistischen Differenzen (vgl. dazu auch Pankow 2002). Dabei verknüpfte er seine Milieustudien, seine Exkurse über Mode und Lebensstil explizit mit einer Charakterologie des städtischen Raums: »Schließlich« – so Balzac – »ha-

ben die Straßen von Paris menschliche Eigenschaften und flößen uns durch ihre Physiognomie gewisse Ideen ein, gegen die wir wehrlos sind« (zit. nach Stierle 1993, 451). Nicht von ungefähr ist gerade Paris schon früh zum Schauplatz solcher kultursoziologischen Beobachtungen *avant la lettre* geworden: als eine Stadt, in der der demonstrative Konsum eine weitaus stärkere Tradition vorweisen kann als anderswo, ein Zentrum des Luxus und der Mode. So wurde denn auch die Pariser Passage zu einer Ikone der Konsumkultur des 19. und frühen 20. Jahrhunderts – Walter Benjamin und Franz Hessel machten sich zu ihren Chronisten. Überhaupt können die klassischen Einkaufsmeilen der Warenhausära – wie die Fifth Avenue in New York, die Miracle Mile in Chicago, der Rodeo Drive in Beverly Hills, die Regent Street in London oder abermals die Rue du Faubourg Saint-Honoré in Paris – als »Konsumlandschaften« mit einem distinkten Stil beschrieben werden (Ritzer/Friedman 2007, 215).

Während bei den genannten Autoren bestimmte Landschaften und Orte des Konsums *in* der Stadt fokussiert werden (vgl. auch Wietschorke 2010a), sind Rolf Lindner und Lutz Musner noch einen Schritt weiter gegangen und haben den Vorschlag gemacht, auch ganze Städte als »Geschmackslandschaften« zu beschreiben (Lindner/Musner 2005; Lindner 2010). Dieser Gedanke verbindet gewissermaßen die »sensuous geographies« mit Überlegungen zur »sozialen Laufbahn« von Städten. Denn »Geschmack« wird mit Bourdieu als ein sozialer Indikator verstanden, der immer auf symbolische Ordnungen des legitimen »guten« respektive des vulgären »schlechten« Geschmacks verweist. So wie Richard Hoggart seine farbenreiche Milieuschilderung der klassischen britischen working class-neighbourhood mit der Kapitelüberschrift »Landscape with Figures« versehen hat (Hoggart 1958, 27–71), liegt der urbanen Geschmackslandschaft eine klassenkulturelle Prägung zugrunde. Die kulturelle Stereotypik der Städte lässt sich so als eine ikonische Verallgemeinerung von als genuin verstandenen »Wahrzeichen des Geschmacks« verstehen. Eckkneipe, Currywurstbude und Döner-Imbiss etwa stehen exemplarisch für Berlin als für eine vom Notwendigkeitsgeschmack geprägte Stadt (Lindner 2010). Solche Stereotypen bilden sich immer relational heraus: So etabliert sich die Wahrnehmung der »barbarischen« Berliner Geschmackslandschaft erst in der Konstellation zu anderen Städten wie Hamburg und München (im nationalen Rahmen) oder

Paris und Wien (im internationalen Rahmen). Die Logik der Stereotypisierung nachzuvollziehen, bedeutet daher, das gesamte Feld der im Spiel befindlichen Positionen und Relationen in den Blick zu nehmen – es bedeutet aber auch, danach zu fragen, durch welche sozialen Aushandlungsprozesse, Selbst- und Fremdzuschreibungen bestimmte urbane Phänomene zu kulturelle Figuren und Wahrzeichen *dieser einen* Stadt werden. Nur durch einen weiten, historisch informierten und mit exakter Fantasie geführten kulturwissenschaftlichen Blick kommt man solchen Prozessen der Stadtimagination auf die Spur.

4. Zur Praxeologie des Stadtcharakters: Stadtanthropologie in der Diskussion

Neuere Forschungen und Debatten zur Anthropologie der Stadt haben diverse Problemstellen dieser Analyseperspektive aufgedeckt. Zunächst sieht sich jeder wissenschaftliche Versuch, Städte als Ganzes in den Blick zu nehmen und ihren spezifischen Charakter zu beschreiben, mit populären wie professionellen Diskursen sowie einer gewaltigen Menge publizistischer Erzeugnisse konfrontiert, die eben dies schon längst tun: Von »Wien ist anders« bis »Mir geht's Berlin« jonglieren Werbetexte, Reiseberichte, Bahnmagazine, Feuilletonartikel und »stadtpsychologische« Studien mit der Atmosphäre, dem »Lebensgefühl« oder gar der »Seele« von Städten. Und ebenso steht die Anthropologie der Stadt vor dem Problem, dass sie in der – noch so subtilen – Nachzeichnung historischer Prägekräfte und lokaler Besonderheiten hegemoniale Stadtbilder reproduziert. So ließe sich einer Studie wie der Lutz Musners über den »Geschmack von Wien« leicht der Vorwurf machen, sie würde in Kapiteln wie »Musik liegt in der Luft« oder »Eine Archäologie der Gemütlichkeit« Wiener Hochglanzklischees bedienen, anstatt einmal dorthin zu gehen, wo Wien so gar nicht nach »Wien« schmeckt – oder zu schmecken scheint (Musner 2009, kritisch dazu Schalenberg 2009). Allerdings hieße das, die Rekonstruktions- und Dekonstruktionsleistung zu verkennen, die in solchen Studien zum kulturellen Imaginären der Stadt steckt. Deshalb sollen hier noch einmal das Erkenntnisinteresse und die epistemologischen Grenzen einer Anthropologie

der Stadt benannt werden, zumal gerade das Eigenlogik-Konzept neuerdings stark in die Kritik geraten ist. So wurde eingewandt, die eigenlogik-interessierte Stadtforschung würde soziale Verhältnisse massiv kulturalisieren, indem sie Handeln und Verhaltensweisen essentialistisch festschreibt. Zudem beruhe der Eigenlogik-Ansatz auf der Generalisierung mehr oder weniger willkürlich herausgegriffener Aspekte städtischen Lebens; mit dem Fokus auf symbolischen Repräsentationen einer Stadt komme man der vielfältigen und konflikthaften sozialen Realität von Städten nicht näher, sondern folge einer holistischen Vorstellung von Stadt, die zudem den status quo affirmativ reproduziere. Insgesamt drohe die Gefahr eines unreflektierten Umweltdeterminismus (vgl. Kemper/Vogelpohl 2011).

Diese Argumente sind nachvollziehbar. Und doch steckt darin ein grundlegendes Missverständnis, was die unterschiedlichen Zugangsweisen von klassischer Stadtsoziologie und kulturwissenschaftlicher Stadtforschung angeht. Ein Hauptunterschied liegt hier in der historischen Perspektivierung: Während die Stadtsoziologie mit ihrem Interesse an Fragen der Stadtentwicklung und der stadtpolitischen Regulation besonders an der Prozesshaftigkeit und dem Wandel des Städtischen interessiert ist, versuchen die neueren Ansätze einer *anthropology of the city* vor allem Phänomene der Konstanz und der Kontinuität kultureller Formen zu verstehen. Alle Konzepte, die mit einer »kulturellen Textur« von Städten argumentieren, folgen denn auch der Grundannahme, dass gewisse Strukturmomente und Charakterzüge von Städten trotz des sozialen und technologischen Wandels gleich bleiben. Wenn Bourdieu von »Routinen« sozialer Gebilde spricht, von »Tendenzen, in ihrem Sosein zu verharren«, dann ist damit das Erkenntnisinteresse der eigenlogik-orientierten Stadtforschung recht präzise benannt. Diese folgt einer kulturellen Argumentation: Sie geht der Eigendynamik kultureller Traditionsbildung und Sinnkonstitution nach, die sich zu den Strukturbrüchen und Fragmentierungen der strikt »soziologischen Stadt« keineswegs analog verhält (vgl. die soziologischen Stadtkonzepte nach Frey 2011). Eben diese Perspektive aber macht es möglich, gelebte Sinneinheiten zu fassen, die der klassischen stadtsoziologischen und stadtpolitischen Betrachtungsweise leicht als »kulturalistisch«, »holistisch« und »essentialistisch« erscheinen. Dabei sind es gerade kulturelle Sinnkonstruktionen und »Essenzen«, mittels derer sich soziale Akteure in ihrem gelebten Alltag orientieren und mit denen sie auch dem städtischen Raum Bedeutung verleihen. So ist Berlin-Kreuzberg nicht nur ein Schauplatz sozialer und ethnischer Verwerfungen, pluralisierter Milieus und stadtpolitischer Konflikte, sondern auch ein wirkungsmächtiger »Mythos« (Lang 1998) und damit eine kulturelle Gestalt bzw. Figuration, die in der »harten« soziologischen Beschreibung nicht aufgeht. Essentialisierende Wahrnehmungsweisen und Praktiken, die zur Konstitution städtischer Sinnprovinzen bis hin zur »City as a Whole« beitragen, sind – so prekär und verhandelbar die »Essenzen« auch sein mögen – elementarer Bestandteil städtischen Lebens. Zugleich sind sie es, die einer Stadt mit all ihren stadtspezifischen Routinen und »geglaubten Eigenschaften« ihren jeweils eigenen Möglichkeitshorizont verleihen. Konkrete, geschichtlich gewordene Orte sind also keine Container, die beliebig gefüllt werden könnten. Es gibt vielmehr wirkungsmächtige Ortseffekte und Ortsbeziehungen, die die Spielräume begrenzen, Praktiken kanalisieren und deshalb bestimmte Handlungs- und Verhaltensmuster wahrscheinlicher und plausibler, andere unwahrscheinlicher und unplausibler machen.

Wie aber lässt sich vermeiden, dass diese Ortseffekte letztlich doch deterministisch verstanden werden? Und wie kann eine sensible und ergebnisoffene Rekonstruktion und Dekonstruktion von Städtebildern aussehen, die nicht nur vorhandene Klischees reproduziert und neu zusammensetzt? Als ein Schlüssel zu diesem Problem bietet sich der Versuch eines konsequent relationalen und praxeologischen Verständnisses von »the City as a Whole« an, in dem die Vielfalt von Akteursperspektiven und Deutungsmustern berücksichtigt wird. Es geht also darum, die »Produktion von Städtebildern im Sinne einer sozialen Herstellungsleistung genauer unter die Lupe zu nehmen« (Löw/Steets/Stoetzer 2007, 137). Wie das konkret umgesetzt werden könnte, ist aber nur selten explizit gemacht worden. Folgen wir zunächst einer grundsätzlichen Überlegung von Manuel Castells, der das Urbane als ein Produkt konflikthafter Aushandlungsprozesse charakterisiert hat. Was eine Stadt in ihrer kulturellen Textur bedeutet, ist keine Frage von bloßen Deutungen und Zuschreibungen, sondern verweist auf soziale Praxis im materiellen Sinne, die ökonomische, religiöse, politische und technologische Operationen umfasst (Castells 1983, 302). Erst mittels eines Kulturbegriffs, der Kultur als die Art und Weise versteht, wie soziale Strukturen

und Prozesse aktiv verhandelt und mit Bedeutung versehen werden, lässt sich Stadtkultur in ihrer gelebten Komplexität beschreiben. So verstanden, werden die Elemente der kulturellen Textur der Stadt – Straßen, Gebäude, Texte, Erzählungen, Gerüche, Geräusche, Musik, Mode etc. – zu genuinen Produkten und Momenten von – auch kommunikativer – Praxis: Die Textur ist nun nicht mehr semiologisch, sondern praxeologisch aufzuschlüsseln. Für unseren Zusammenhang ist dabei entscheidend, dass es um Praktiken geht, die auf »the City as a Whole« ausgerichtet sind und diese mit herstellen: Solche Praktiken sind nicht nur in den professionellen Bereichen von Tourismus, Architektur, Stadtplanung etc. anzutreffen, sondern tendenziell überall, wobei auch jede soziale Gruppe »sowohl als Mitproduzent städtischer Eigenlogik als auch als Produkt stadtspezifischen Sinns zu begreifen« ist (Löw 2008, 84). Die grundsätzliche Herausforderung für die eigenlogikinteressierte Stadtforschung liegt denn auch darin, das Handeln *in der Stadt* epistemologisch als ein Aushandeln *der Stadt* zu fassen und den Praktiken nachzuspüren, welche die Stadt als ein Ganzes konstituieren. Zusammenfassend sollen zu diesem Programm drei Perspektiven skizziert werden.

(1) Die meisten der vorliegenden Studien zur kulturellen Textur der Stadt beziehen sich auf die kulturelle Dominanz produktionsgeschichtlicher Entwicklungslinien. Frei nach Marx erweist sich die Ökonomie als die Basis, auf die sich stadtspezifische Kultur gründet. Sowohl den Konzepten der »kulturellen Ökonomien«, der »kumulativen Textur« und des »Habitus der Stadt« als auch der Analyse städtischer »Eigenlogiken« liegt die Annahme zugrunde, dass die charakteristischen kulturellen Artikulationsformen in Städten an die dort vorhandenen Wirtschaftszweige und Berufskulturen gebunden ist – oft auch dann noch, wenn diese durch einen tiefgreifenden Strukturwandel nahezu verschwunden sind. Damit erweisen sich die Versatzstücke des Imaginären als zutiefst praktisch: Sie hängen elementar mit der Art und Weise zusammen, wie Menschen ihre alltägliche Arbeit und Freizeit gestalten, woher sie kommen und was sie für wichtig halten, welche Geschichten sie erzählen und wie sie ihr Verhältnis zu Politik und Gesellschaft denken. Deshalb geht es bei der »kulturellen« Textur nicht um Kultur im dekorativen Sinne, sondern im Sinne einer alle Tätigkeiten begleitenden Deutungspraxis, die sich unter bestimmten Bedingungen realessentialistisch verfestigt. Zusammengehalten von der Prägekraft ei-

ner »formative[n] Periode« der Stadtgeschichte (Löw 2011, 56) und den Merkmalen einer bestimmten Produktionsstruktur, bilden die Elemente des städtischen Imaginären einen stilistischen, atmosphärisch wahrnehmbaren Zusammenhang und eine »Gestalt« wie etwa die der proletarischen/postproletarischen »Geschmackslandschaft« im Ruhrgebiet (Lindner 1994). So ist ein städtisches Imaginäres überhaupt erst dann plausibel, wenn sozusagen »Dinge und Menschen […] zueinander passen« (Bourdieu nach Lindner 2010, 162). Es geht um den inneren *Zusammenhang* städtischer Praktiken und Repräsentationen (vgl. Hannerz 1980, 297). Die Suche nach kulturellen Homologien und feldübergreifenden Effekten – gleichsam die experimentelle Frage danach, was die Wiener Staatsoper insgeheim mit dem Vorstadtbeisl zu tun hat – kann ein heuristisches Mittel sein, solche Zusammenhänge aufzuspüren. Allerdings dürfen diese Zusammenhänge nicht als verbindliche Muster ausgegeben werden, sondern stets als »Möglichkeitsspielräume« und spezifische Wahrscheinlichkeiten lokalen Handelns.

(2) Städtebilder konstituieren sich nicht nur intrinsisch, sondern stets in Relation zu anderen Städtebildern, das Besondere eines Ortes definiert also immer auch eine Differenz zu anderen Orten, im »Konnex der Städte« (Löw 2008, 96–102). Die Analyseperspektive muss dabei über die wissenschaftliche Heuristik des Städtevergleichs *ex post* hinausgehen: Denn der Herausbildung von ortsspezifischen Semantiken liegen immer schon relationale Praktiken zugrunde. Diese folgen häufig dem Muster »Historische Kulturstadt versus moderne Industriestadt«. Im nationalen Rahmen ist hier z. B. die Städtekonkurrenz zwischen den schottischen Zentren Edinburgh und Glasgow zu nennen: das »schöne« Edinburgh und das »rauhe« Glasgow haben sich – analog zu produktionsgeschichtlichen Entwicklungslinien – im wechselseitigen Bezug aufeinander herausgebildet. Im deutschsprachigen Raum entspricht dem die Konkurrenzsituation zwischen Berlin und Wien, ohne die die Debatten um die kulturelle, technische und ästhetische Moderne um 1900 kaum zu verstehen wären. Ian Taylor, Karen Evans und Penny Fraser sind der »local structure of feeling« in den beiden nordenglischen Industriestädten Manchester und Sheffield nachgegangen. Sie konnten zeigen, dass beide Städte bei vergleichbaren Ausgangsbedingungen ganz unterschiedlich auf die Anforderungen des Strukturwandels reagiert haben und führen diese Differenzen auf langfristige Struk-

turen und Dispositionen dominanter sozialer Trägergruppen zurück (Taylor u. a. 1996). Eine ältere, vergleichende Studie des Anthropologen Anthony Leeds befasst sich dagegen mit den brasilianischen Städten São Paulo und Rio de Janeiro. Leeds weist nach, dass die kulturelle Faktur beider Städte (São Paulo als industriöse Handelsstadt mit nüchterner Wirtschaftsethik, die Landeshauptstadt Rio als überbordende Stadt ausgelassener sinnlicher Vergnügungen und opulenter Ästhetik) mit deren komplementärer Funktionszuweisung zusammenhängen (Leeds 1968). Und schließlich haben Rolf Lindner und Johannes Moser in einer experimentellen Erhebung eine Auswahl von »Eigenschaften« deutscher Städte abgefragt und deutlich gemacht, dass die Konfiguration des Städtevergleichs einen Einfluss auf die charakterologische Zuschreibung hat (Lindner/Moser 2005, 24–28). Von den klassischen Metropolenkonkurrenzen des 19. Jahrhunderts bis hin zum Städtewettbewerb der »kulturellen Ökonomien« lassen sich also immer wieder bewusste wie unbewusste Strategien und Praktiken der Abgrenzung finden, die das urbane Imaginäre wechselseitig mit konstituieren.

(3) Um die im Kern semiotische Idee der kulturellen Textur praxeologisch zu fassen, ist es schließlich notwendig, die unterschiedlichen Praktiken der Aneignung von »the City as a Whole« in den Fokus zu nehmen. Die Stadt als Sediment ihrer eigenen Geschichte ist ein materiell-symbolisches Substrat vergangener räumlicher Aneignungspraktiken, die ihr eine kohärente Gestalt verleihen – allerdings muss es gegenwärtige Aneignungspraktiken geben, damit diese Gestalt immer wieder neue Präsenz erhält. Alexa Färber spricht hier von der »Greifbarkeit der Stadt« und weist darauf hin, dass Aneignung von städtischem Raum auch hegemonialen Charakter haben kann (Färber 2010). Besondere Aufmerksamkeit hat in diesem Zusammenhang die Materialität der Stadt gefunden. So ist Bruno Latours Akteur-Netzwerk-Theorie auch für die Stadtforschung fruchtbar gemacht worden (Farias/Bender 2010) – und in der Tat enthält sie einiges Potential im Hinblick auf die Frage, wie die Vorstellung von der Stadt als kultureller Textur und materiellem Speicher von Geschichte mit einer akteurszentrierten Perspektive verbunden werden kann. Denn – so könnte man sagen – die Plausibilität einer städtischen Imageproduktion basiert nicht zuletzt darauf, dass die Materialität der Stadt für bestimmte Narrative anschlussfähig ist, dass also etwas materiell und

symbolisch bereitsteht, was als spezifisch angeeignet werden kann. Die Elemente der gebauten und gestalteten Umgebung werden so gleichsam zu Aktanten in der Produktion von Lokalität, die »Stadt als Ganzes« wäre als eine Art von »Assemblage« zu fassen, als Netzwerk von »Artefakten, Dingen, Menschen, Zeichen, Normen, Organisationen, Texten und vielem mehr« (Belliger/Krieger 2006, 15). An diesem Punkt also wäre die Idee von der Stadt als Textur mit der Stadt als Produkt sozialer Aushandlungsprozesse zu verknüpfen. Damit könnte auch die Opposition zwischen kulturwissenschaftlicher Städteforschung einerseits und klassischer Stadt- und Regionalsoziologie mit ihrem Fokus auf Machtstrukturen, Konflikten und sozialer Ungleichheit andererseits aufgelöst werden. Es könnte deutlich gemacht werden, dass Stadtimaginationen stets relational, in Praktiken eingelagert und auf vorhandene Materialitäten bezogen sind. Gehen wir weiter mit Lefebvre von einer sozialen »Produktion des Raums« aus, dann muss die Trias von »espace perçu«, »espace conçu« und »espace vécu« (Lefebvre 2006) auch auf die soziale Produktion von Ortsspezifik übertragen werden. Auf diese Weise kann die Gemengelage konfligierender Stadtdeutungen ebenso dargestellt werden wie die Produktion gestaltförmiger Stadtrepräsentationen. Diese werden zu Möglichkeitsformen, auf die in unterschiedlicher Weise Bezug genommen werden kann: affirmativ oder negierend. Immer aber werden sich die Akteure zu historisch geprägten »structures of feeling« und mentalen Bildern der Stadt verhalten müssen – es gibt kein Entkommen aus der Geschichte des Ortes.

Anstatt also die Stadt mithilfe der Textmetapher zu einem in sich ruhenden Speicher vorhandener Erinnerungen und Narrative zu machen, wäre in der Analyseperspektive »von der Erinnerung zum Erinnerer« überzugehen (van der Ree 2000, 179), um der Tatsache Rechnung zu tragen, dass die Historizität von Städten von Prozessen der Historisierung und Aneignung von Geschichte durch urbane Akteure abhängig ist. Nur so kann in Forschungen zum kulturellen Imaginären, zum Habitus oder zur Eigenlogik der Stadt das Problem umgangen werden, dass die Stadt als ein – wie auch immer anthropomorphisiertes – »Wesen« den in ihr und über sie handelnden Akteuren vorgeordnet und damit a priori essentialisiert wird. Eine solche Biografisierung der Stadt bleibt eine prekäre Operation – daran erinnert schon der Begriff des »genius loci«, der selbst auf der Übertragung eines personalen Modells auf

Städte und Landschaften beruht (Wolfrum/Nerdinger 2008, 132). Nur im Sinne einer Auslotung der praktisch verhandelten »Sinngrenzen der Stadt« (Löw 2011, 64), die immer auch als Objektivationen kultureller Zuschreibungen verstanden werden müssen, kann sie auch ein heuristisches Mittel zum Verständnis lokaler Besonderheiten sein.

Richard Sennett hat seinem Buch *Fleisch und Stein* ein pseudo-aristotelisches Motto vorangestellt: »Eine Stadt besteht aus unterschiedlichen Arten von Menschen; ähnliche Menschen bringen keine Stadt zuwege« (Sennett 1997, 17). Stadtkultur ist fragmentiert, diversifiziert, faszinierend gerade durch das Wechselspiel von Eigenem und Fremdem, Exotik und Nähe. Zum anderen aber meint Kultur – etwa wenn wir umgangssprachlich von »einer Kultur« sprechen – immer auch ein übergreifendes Set von Verhältnissen und Praktiken, die miteinander zusammenhängen und so eine kohärente »Gestalt« bilden. Stadtkultur in diesem Sinne meint, mit Robert E. Park, »a body of customs and traditions«, sie bildet ein immer schon mit Bedeutungen versehenes Ganzes, auf das sich auch ein »gemeinsames Bewusstsein« der Stadtbewohnerinnen und -bewohner beziehen kann (Löw 2011, 60). Es scheint sinnvoll, weder bei dem einen noch bei dem anderen Befund stehen zu bleiben, sondern beide miteinander zu vermitteln: Die Stadt ist sowohl ein historisch gewordenes kulturelles Produkt »filled with meaning« (Lindner 2006, 35), als auch ein Schauplatz von gelebten Auseinandersetzungen um Deutungen, Bedeutungen und Ressourcen, die wiederum in sie als ein kulturelles Produkt eingehen. Und was in in ihr geschieht, ist stets zurückgebunden an das, was in ihr geschehen ist. Zugleich gibt es spezifische Praktiken, die sich – wie z. B. in Stadtplanung und Stadtmarketing, Feuilleton und Tourismus, aber auch der Eigenlogik-interessierten Stadtforschung selber – auf »the City as a Whole« beziehen und diese mit hervorbringen. Wenn wir also von einer kulturellen Logik des Ortes sprechen möchten, dann ist dieser Logik analytisch nur beizukommen, wenn wir sie tentativ als ein Wechselspiel von historischer Prägung, alltäglichen Praktiken der Aneignung und bewussten strategischen Operationen verstehen, das eine Art von innerem Zusammenhang bilden muss, um den Status eines plausiblen »urban imaginary« erlangen zu können. Dieser Zusammenhang manifestiert sich in der »physisch-realen Struktur«, im »sozialen Organisationssystem« sowie in einem »Bestand an Haltungen und Gedanken« (Wirth 1974,

58), die allesamt als strukturierende Strukturen – zugleich *opus operatum* wie *modus operandi* – zu verstehen sind. Sie bilden keine »Essenz« der Stadt, sondern beruhen auf vergangenen wie gegenwärtigen Handlungen, die mit Essenzen operieren. Je mehr wir diese Praktiken in materialisierter Form und als hegemonialen Diskurs vorfinden, desto mehr sind wir geneigt – und berechtigt –, von einer Pariser, Berliner oder Moskauer Stadtkultur zu sprechen. Dabei müssen aber stets die Alternativen eines »anderen« Paris, Berlin und Moskau denkbar bleiben, um mit der Rede von begrenzten Möglichkeits*horizonten* nicht die Stadt als offenen Möglichkeits*raum* zu verlieren. Dass all die genannten Motive – die Historizität und *longue durée* von Stadtkultur, der Zusammenhang von Kulturtourismus und Städtemarketing, die Stadt als Utopie bürgerlicher wie antibürgerlicher Freiheiten – nahezu ausschließlich dem historischen Modell der »europäischen Stadt« verpflichtet sind, sei hier nur am Rande vermerkt. Dass es so gut wie keine Studien zur kulturellen Textur oder Eigenlogik gibt, die sich mit afrikanischen oder asiatischen Metropolen und Megacities auseinandersetzen, macht den limitierten Blick einer kulturwissenschaftlichen Stadtforschung deutlich, die sich in und an Großstädten mit historischer Tiefenstruktur, klassischem Urbanisierungsmuster und bürgerlich-kapitalistischer Prägung entwickelt hat (zur europäischen Stadt vgl. Siebel 2004). Theoretische wie empirische Versuche zu einer Anthropologie der Stadt sehen sich also nicht zuletzt von dieser Seite massiv herausgefordert.

(Europäische) Urbanität in ihrer vollen historischen Bedeutung – und damit auch die Einzigartigkeit lokaler urbaner Kultur – kann, anderslautenden Gerüchten aus der zeitgenössischen Urbanistik und kommunalen Kulturpolitik zum Trotz, nicht »hergestellt« werden. Denn was unter den Etiketten der »Urbanität« und der »Stadtkultur« gesucht wird, ist letztlich eine historische Tiefendimension, ein kultureller Kontext, und dazu: ein gewachsenes Chaos der Lebensstile, die sich an einem bestimmten Ort in einem bestimmten Moment kreuzen. Die Produktion von Kontext wäre aber – ebenso wie die Produktion von historisch gewachsenem Chaos – ein paradoxes Unterfangen und damit ein Ding der Unmöglichkeit (Wolfrum/Nerdinger 2008, 132). Dass sich urbane Kultur niemals ganz zur Ware machen lässt, findet seinen doppelten Grund in der Bestimmung von Stadt als einem notwendigerweise offenen Möglichkeitsraum und in der Bestimmung des Kul-

turbegriffs selber, der – so Rolf Lindner – »seine argumentative Kraft aus der Opposition gegenüber jeder Form instrumentellen Denkens gewinnt« (Lindner 2004b, 385). Beides berechtigt zur Hoffnung, dass das Leben in Städten immer einen unerwarteten Schritt weiter ist als seine Diagnostiker in den Planungsstäben – und natürlich auch in der Wissenschaft – denken. Nur eine Stadtforschung, die mit ethnografischer Sensibilität und soziologischer Fantasie um diesen unerwarteten Schritt weiß, kann die Dynamik urbaner Kultur halbwegs angemessen erfassen.

Literatur

Allen, John: »Worlds within Cities«. In: Massey, Doreen/ Allen, John u. a. (Hg.): *City Worlds*. London 1999, 53–98.

Amin, Ash/Thrift, Nigel: *Cities: Reimagining the Urban*. Oxford 2002.

Assmann, Aleida: »Die Stadt zwischen Erlebnisraum und Alptraum. Thomas De Quinceys Streifzüge durch London«. In: Graevenitz, Gerhart von (Hg.): *Die Stadt in der europäischen Romantik*. Würzburg 2000, 215–225.

Barthes, Roland: *Das Reich der Zeichen*. Frankfurt a. M. 1981.

Barthes, Roland: »Semiologie und Stadtplanung«. In: Ders.: *Das semiologische Abenteuer*. Frankfurt a. M. 1988, 199–209.

Behringer, Wolfgang/Roeck, Bernd (Hg.): *Das Bild der Stadt in der Neuzeit 1400–1800*. München 1999.

Belliger, Andréa/Krieger, David J.: »Einführung in die Akteur-Netzwerk-Theorie«. in: Dies. (Hg.): *ANThology. Ein einführendes Handbuch zur Akteur-Netzwerk-Theorie*. Bielefeld 2006, 13–50.

Benjamin, Walter: *Das Passagen-Werk*. Gesammelte Schriften V 1. Herausgegeben von Rolf Tiedemann. Frankfurt a. M. 1982.

Berking, Helmuth/Löw, Martina (Hg.): *Die Eigenlogik der Städte. Neue Wege für die Stadtforschung*. Frankfurt a. M. 2008.

Bischoff, Werner: »›Korrespondierende Orte‹. Zum Erscheinen olfaktorischer Stadtlandschaften«. In: Berndt, Christian/Pütz, Robert (Hg.): *Kulturelle Geographien. Zur Beschäftigung mit Raum und Ort nach dem Cultural Turn*. Bielefeld 2007, 189–212.

Blumenberg, Hans: *Die Lesbarkeit der Welt*. Frankfurt a. M. 1979.

Böhme, Gernot: »Die Atmosphäre einer Stadt«. In: Breuer, Gerda (Hg.): *Neue Stadträume*. Frankfurt a. M./Basel 1998, 149–162.

Bond, Erik: *Reading London: Urban Speculation and Imaginative Government in Eighteen-century literature*. Columbus 2007.

Bourdieu, Pierre: »Ortseffekte«. In: Kirchberg, Volker/Göschel, Albrecht (Hg.): *Kultur in der Stadt. Stadtsoziologische Analysen zur Kultur*. Opladen 1998, 17–25.

Bourdieu, Pierre/Wacquant, Loïc: »Die Ziele der reflexiven Soziologie«. In: Dies.: *Reflexive Anthropologie*. Frankfurt a. M. 1996, 95–249.

Brunt, Lodewijk: »Die Stadt als Leviathan. Henry Mayhew

und die Londoner Welt«. In: *Historische Anthropologie 3* (1995), 460–477.

Butor, Michel: »Die Stadt als Text«. In: Keller, Ursula (Hg.): *Perspektiven metropolitaner Kultur*. Frankfurt a. M. 2000, 169–178.

Castells, Manuel: *The City and the Grassroots*. Berkeley/Los Angeles 1983.

Certeau, Michel de: *Kunst des Handelns*. Berlin 1988.

Certeau, Michel de: »Praktiken im Raum« [1980]. In: Dünne, Jörg/Günzel, Stephan (Hg.): *Raumtheorie. Grundlagentexte aus Philosophie und Kulturwissenschaften*. Frankfurt a. M. 2006, 343–353.

Cohen, Sara: »Identity, Place and the ›Liverpool Sound‹«. In: Stokes, Martin (Hg.): *Ethnicity, Identity and Music. The Musical Construction of Place*. Oxford/Providence 1994, 117–134.

Davis, Mike: *City of Quartz. Excavating the Future in Los Angeles*. London 1992.

Debord, Guy: »Théorie de la derive«. In: *Les lèvres nues 9* (1956).

Diaconu, Mădălina/Buchbauer, Gerhard/Skone, James G./Bernhardt, Karl-Georg/Menasse-Wiesbauer, Elisabeth (Hg.): *Sensorisches Labor Wien. Urbane Haptik- und Geruchsforschung*. Berlin/Wien/London 2011.

Färber, Alexa: »Die Greifbarkeit der Stadt. Überlegungen zu einer stadt- und wissensanthropologischen Erforschung stadträumlicher Aneignungspraxen«. In: *dérive. Zeitschrift für Stadtforschung* Okt.–Dez. 2010, 100–105.

Farias, Ignacio/Bender, Thomas (Hg.): *Urban Assemblages. How Actor-Network Theory Changes Urban Studies*. London 2010.

Fiske, John: »Cultural Studies and the Culture of Everyday Life«. In: Lawrence Grossberg/Cary Nelson, Cary/Treichler, Paula A. (Hg.): *Cultural Studies*. London 1992, 154–173.

Frank, Sybille: »Eigenlogik der Städte«. In: Eckardt, Frank (Hg.): *Handbuch Stadtsoziologie*. Wiesbaden 2012, 289–309.

Freud, Sigmund: *Das Unbehagen in der Kultur* [1930]. In: Ders.: *Gesammelte Werke XIV: Werke 1925–1931*. Frankfurt a. M. 1999, 419–506.

Frey, Oliver: »Stadtkonzepte in der europäischen Stadt: In welcher Stadt leben wir eigentlich?« In: Ders./Koch, Florian (Hg.): *Die Zukunft der europäischen Stadt. Stadtpolitik, Stadtplanung und Stadtgesellschaft im Wandel*. Wiesbaden 2011.

Fritzsche, Peter: *Reading Berlin 1900*. Cambridge, Ma. 1996.

Gassert, Gottlieb: *Die berufliche Struktur der deutschen Großstädte nach der Berufszählung von 1907*. Greifswald 1917.

Geertz, Clifford: »Dichte Beschreibung. Bemerkungen zu einer deutenden Theorie von Kultur«. In: Ders.: *Dichte Beschreibung. Beiträge zum Verstehen kultureller Systeme*. Frankfurt a. M. 1987, 7–43.

Girouard, Mark: *Cities and People*. New Haven/London 1985.

Günther, Lutz Philipp: *Die bildhafte Repräsentation deutscher Städte. Von den Chroniken der Frühen Neuzeit zu den Websites der Gegenwart*. Köln/Weimar/Wien 2009.

Hannerz, Ulf: *Exploring the City. Inquiries toward an Urban Anthropology*. New York 1980.

Hasse, Jürgen: »Zum Verhältnis von Stadt und Atmosphäre. Wo sind die Räume der Urbanität?« In: Ders. (Hg.): *Subjektivität in der Stadtforschung*. Frankfurt a. M. 2002, 19–40.

Hirmer, Simone/Schellong, Markus (Hg.): *München lesen. Beobachtungen einer erzählten Stadt*. Würzburg 2008.

Judd, Dennis R./Fainstein, Susan S. (Hg.): *The Tourist City*. New Haven/London 1999.

Hoggart, Richard: *The Uses of Literacy. Aspects of working-class life with special reference to publications and entertainments*. Harmondsworth 1958.

Kazig, Rainer: »Atmosphären – Konzept für einen nicht repräsentationellen Zugang zum Raum«. In: Berndt, Christian/Pütz, Robert (Hg.): *Kulturelle Geographien. Zur Beschäftigung mit Raum und Ort nach dem Cultural Turn*. Bielefeld 2007, 167–187.

Keitz, Kay von/Voggenreiter, Sabine (Hg.): *En passant. Reisen durch urbane Räume: Perspektiven einer anderen Art der Stadtwahrnehmung*. Berlin 2010.

Kemper, Jan/Vogelpohl, Anne (Hg.): *Lokalistische Stadtforschung, kulturalisierte Städte. Zur Kritik einer »Eigenlogik der Städte«*. Münster 2011.

König, René: »Großstadt«. In: *Handbuch der empirischen Sozialforschung. Bd. 10: Großstadt, Massenkommunikation, Stadt-Land-Beziehungen*. Stuttgart 1969, 42–145.

Lang, Barbara: *Mythos Kreuzberg. Ethnographie eines Stadtteils 1961–1995*. Frankfurt/New York 1998.

Leach, Nigel (Hg.): *The Hieroglyphics of Space. Reading and experiencing the modern Metropolis*. London 2002.

Lee, Martyn: »Relocating Location: Cultural Geography, the Specificity of Place and the City Habitus«. In: McGuigan, Jim (Hg.): *Cultural Methodologies*. London 1997, 126–141.

Leeds, Anthony: »The Anthropology of the Cities: Some Methodological Issues«. In: Eddy, Elizabeth M. (Hg.): *Urban Anthropology: Research Perspectives and Strategies*. Athens 1968, 31–47.

Lefebvre, Henri: *Writings on Cities*. Oxford 1996.

Lefebvre, Henri: »Die Produktion des Raums«. In: Dünne, Jörg/Günzel, Stephan (Hg.): *Raumtheorie. Grundlagentexte aus Philosophie und Kulturwissenschaften*. Frankfurt a. M. 2006, 330–340.

Lindner, Rolf: »Das Ethos der Region«. In: Ders. (Hg.): *Die Wiederkehr des Regionalen. Über neue Formen kultureller Identität*. Frankfurt a. M. 1994, 201–231.

Lindner, Rolf: »The Imaginary of the City«. In: Bundesministerium für Wisssenschaft und Verkehr/Internationales Forschungszentrum Kulturwissenschaften Wien (Hg.): *The Contemporary Study of Culture*. Wien 1999, 289–294.

Lindner, Rolf: »Der Habitus der Stadt. Ein kulturgeographischer Versuch«. In: *Petermanns Geographische Mitteilungen* 147 (2003), 46–63.

Lindner, Rolf: *Walks on the Wild Side. Eine Geschichte der Stadtforschung*. Frankfurt a. M. 2004a.

Lindner, Rolf: »Offenheit – Vielfalt – Gestalt. Die Die Stadt als kultureller Raum«. In: Jaeger, Friedrich/Rüsen, Jörn (Hg.): *Handbuch der Kulturwissenschaften. Bd. 3: Themen und Tendenzen*. Stuttgart 2004b, 385–398.

Lindner, Rolf: »Vorüberlegungen zu einer Anthropologie der Stadt«. In: *Volkskunde in Sachsen* 16 (2004c), 177–188.

Lindner, Rolf: »The Gestalt of the Urban Imaginary«. In: Weiss-Sussex, Godela/Bianchini, Franco (Hg.): *Urban*

Mindscapes of Europe. Amsterdam/New York 2006, 35–42.

Lindner, Rolf: »Textur, *imaginaire*, Habitus – Schlüsselbegriffe der kulturanalytischen Stadtforschung«. In: Berking, Helmuth/Löw, Martina (Hg.): *Die Eigenlogik der Städte. Neue Wege für die Stadtforschung*. Frankfurt a. M. 2008, 83–94.

Lindner, Rolf: »Wahrzeichen des Geschmacks. Anmerkungen zur Stadt als Geschmackslandschaft«. In: Frank, Sybille/Schwenk, Jochen (Hg.): *Turn Over. Cultural Turns in der Soziologie*. Frankfurt a. M. 2010, 159–170.

Lindner, Rolf/Musner, Lutz: »Kulturelle Ökonomien, ›Geschmackslandschaften‹ und Metropolenkonkurrenz«. In: *Informationen zur modernen Stadtgeschichte* 1 (2005), 26–37.

Lindner, Rolf/Moser, Johannes (Hg.): *Dresden. Ethnografische Erkundungen einer Residenzstadt*. Leipzig 2006.

Löw, Martina: *Soziologie der Städte*. Frankfurt a. M. 2008.

Löw, Martina: »Städte als sich unterscheidende Erfahrungsräume. Grundlagen für eine sinnverstehende Stadtsoziologie«. In: Herrmann, Heike/Keller, Carsten u. a. (Hg.): *Die Besonderheit des Städtischen. Entwicklungslinien der Stadt(soziologie)*. Wiesbaden 2011.

Löw, Martina/Steets, Silke u. a.: *Einführung in die Stadt- und Raumsoziologie*. Opladen/Farmington Hills 2007.

Löw, Martina/Terizakis, Georgios (Hg.): *Städte und ihre Eigenlogik. Ein Handbuch für Stadtplanung und Stadtentwicklung*. Frankfurt a. M. 2011.

Lynch, Kevin: *The Image of the City*. Cambridge, Ma. 1960.

Molotch, Harvey: »Kunst als das Herzstück einer regionalen Ökonomie: Der Fall Los Angeles«. In: Göschel, Albrecht/Kirchberg, Volker (Hg.): *Kultur in der Stadt. Stadtsoziologische Analysen zur Kultur*. Opladen 1998, 121–143.

Molotch, Harvey/Freudenburg, William u. a.: »History Repeats Itself, But How? City Character, Urban Tradition, and the Accomplishment of Place«. In: *American Sociological Review* 65 (2000), 791–823.

Musner, Lutz: *Der Geschmack von Wien. Kultur und Habitus einer Stadt*. Frankfurt a. M. 2009.

Neumeyer, Harald: *Der Flaneur: Konzeptionen der Moderne*. Würzburg 1999.

Nooteboom, Cees: »Die Form des Zeichens, die Form der Stadt«. In: Ders.: *Die Dame mit dem Einhorn. Europäische Reisen*. Frankfurt a. M. 2000, 9–18.

Nussbaumer, Martina: *Musikstadt Wien. Die Konstruktion eines Images*. Freiburg/Berlin/Wien 2007.

Pankow, Edgar (Hg.): *Honoré de Balzac. Pathologie des Soziallebens*. Leipzig 2002.

Park, Robert E.: »The City. Suggestions for the Investigation of Human Behaviour in the Urban Environment«. In: Ders./Burgess, Anthony/McKenzie, Roderick (Hg.): *The City*. Chicago 1925.

Payer, Peter: *Der Gestank von Wien*. Wien 1997.

Porteous, J. Douglas: »Smellscape«. In: *Progress in Human Geography* 9 (1985), 356–378.

Pizzi, Katia/Weiss-Sussex, Godela (Hg.): *The Cultural Identities of European Cities*. Berlin 2011.

Ree, Dieteke van der: »Hat die Stadt ein Gedächtnis? Bemerkungen zu einer schwierigen Metapher«. In: Kokot, Waltraud/Hengartner, Thomas u. a. (Hg.): *Kulturwissenschaftliche Stadtforschung. Eine Bestandsaufnahme*. Berlin 2000, 167–188.

Ritzer, George/Friedman, Michael: »Stadterneuerung als McDisneysierung der Städte«. In: Nollmann, Gerd (Hg.): *Sozialstruktur und Gesellschaftsanalyse. Sozialwissenschaftliche Forschung zwischen Daten, Methoden und Begriffen*. Wiesbaden 2007, 207–230.

Rodaway, Paul: *Sensuous Geographies. Body, Sense and Place*. London 1994.

Roesing, Helmut: »Soundscape. Urbanität und Musik«. In: Kokot, Waltraud/Hengartner, Thomas/Wildner, Kathrin (Hg.): *Kulturwissenschaftliche Stadtforschung. Eine Bestandsaufnahme*. Berlin 2000, 69–83.

Schafer, R. Murray: *The Soundscape: Our Sonic Environment and the Tuning of the World*. Rochester 1977.

Schalenberg, Marc: »Rezension zu: Lutz Musner, Der Geschmack von Wien. Kultur und Habitus einer Stadt«. Frankfurt a. M. 2009. In: *H-Soz-u-Kult*, 24.07 (2009). = http://hsozkult.geschichte.hu-berlin.de/rezensionen/2009-3-072.

Schenk, Frithjof Benjamin: »Die Stadt als Monument ihres Erbauers: Orte der symbolischen Topographie«. In: Schlögel, Karl/Schenk, Frithjof B./Ackeret, Markus (Hg.): *Sankt Petersburg. Schauplätze einer Stadtgeschichte*. Frankfurt a. M. 2007, 47–58.

Schiffauer, Werner: Zur Logik von kulturellen Strömungen in Großstädten. In: Ders. (Hg.): *Fremde in der Stadt. Zehn Essays über Kultur und Differenz*. Frankfurt a. M. 1997, 92–127.

Schlögel, Karl: *Moskau lesen. Verwandlungen einer Metropole. Aktualisierte Neuausgabe*. München 2011.

Schüle, Klaus: *Paris: Die kulturelle Konstruktion der französischen Metropole. Alltag, mentaler Raum und sozialkulturelles Feld in der Stadt und in der Vorstadt*. Opladen 2003.

Schwab, Christiane: »Anthropological Perspectives on the European Urban Landscape«. In: Kockel, Ullrich/Craith, Máiréad Nic u. a. (Hg.): *A Companion to the Anthropology of Europe*. Oxford 2012, 440–455.

Scott, Allen J.: *The Cultural Economy of Cities. Essays on the Geography of Image-Producing Industries*. London 2000.

Sennett, Richard: *Fleisch und Stein. Der Körper und die Stadt in der westlichen Zivilisation*. Frankfurt a. M. 1997.

Sharpe, William/Wallock, Leonard (Hg.): *Visions of the modern city. Essays in history, art, and literature*. Baltimore 1987.

Siebel, Walter (Hg.): *Die europäische Stadt*. Frankfurt a. M. 2004.

Simmel, Georg: »Die Großstädte und das Geistesleben«. In: *Die Großstadt. Vorträge und Aufsätze zur Städteausstellung. Jahrbuch der Gehe-Stiftung Bd. 9*. Dresden 1903, 185–206

Stierle, Karlheinz: *Der Mythos von Paris. Zeichen und Bewusstsein der Stadt*. München/Wien 1993.

Strauss, Anselm L.: *Images of the American City*. New York 1961.

Suttles, Gerald D.: »The Cumulative Texture of Local Urban Culture«. In: *American Journal of Sociology* 90 (1984), 283–304.

Taylor, Ian/Evans, Karen u. a.: *A Tale of Two Cities. Global change, local feeling and eyeryday life in the North of England: A Study in Manchester and Sheffield*. London/New York 1996.

Thibaud, Jean-Paul: »Die sinnliche Umwelt von Städten.

Zum Verständnis urbaner Atmosphären«. In: Hauskeller, Michael (Hg.): *Die Kunst der Wahrnehmung. Beiträge zu einer Philosophie der sinnlichen Erkenntnis*. Kusterdingen 2003, 280–297.

Urry, John: *The Tourist Gaze*. London ²2002.

Weber, Max: *Wirtschaft und Gesellschaft. Grundriss der verstehenden Soziologie*. Frankfurt a. M. 2005.

Weimar, Klaus: »Das Wort *Lesen,* seine Bedeutungen und sein Gebrauch als Metapher«. In: Stoellger, Philipp (Hg.): *Genese und Grenzen der Lesbarkeit*. Würzburg 2007, 21–34.

Wietschorke, Jens: »Räume der Konsumtion in Berlin. Erkundungen am Mierendorffplatz und im Rheingauviertel«. In: Binder, Beate u. a. (Hg.): *Orte – Situationen – Atmosphären. Kulturanalytische Skizzen*. Frankfurt a. M. 2010a, 151–168.

Wietschorke, Jens: »Von der Industriekultur zur Kulturindustrie? Historische Identität und regionale Repräsentation im Ruhrgebiet«. In: *Rheinisch-Westfälische Zeitschrift für Volkskunde* 55 (2010b), 23–46.

Wirth, Louis: »Urbanität als Lebensform« [1938]. In: Herlyn, Ulfert (Hg.): *Stadt- und Sozialstruktur*. München 1974, 42–66.

Wohl, R. Richard/Strauss, Anselm L.: Symbolic Representation and the Urban Milieu. In: *American Journal of Sociology* 63 (1958), 523–532.

Wolfrum, Sophie/Nerdinger, Winfried (Hg.): *Multiple City. Stadtkonzepte 1908 | 2008*. Berlin 2008.

Zukin, Sharon: Städte und die Ökonomie der Symbole. In: Kirchberg, Volker/Göschel, Albrecht (Hg.): *Kultur in der Stadt. Stadtsoziologische Analysen zur Kultur*. Opladen 1998, 27–40.

11. Stadt und Literatur

Christoph Heyl

1. Anfänge: Stadt, Schriftkultur und Literatur im alten Orient

Die Verbindung zwischen Stadt und Literatur ist ebenso alt wie eng. Stadtkultur und Schriftkultur bedingen sich zu weiten Teilen gegenseitig; beide haben ihren Ursprung im alten Orient. Hier sprechen archäologische Befunde eine klare Sprache, denn die enge Verbindung von Stadt und Schrift ist im klassischen Schriftträger des alten Orients und dem klassischen Baumaterial der altorientalischen Stadt auf geradezu sinnbildliche Weise greifbar. Die Keilschrifttafel war nichts anderes als ein beschriebener, flacher Ziegelstein; nicht selten wurden beschriftete Ziegel in Tempeln und Palästen verbaut (weiterführend: Mattenklott 2009, 2).

In städtischen Zusammenhängen bildete sich in Religion und Recht eine Infrastruktur heraus, die auf Schriftlichkeit beruhte. Man versicherte sich religiöser und rechtlicher Normen, indem man sie in Texten niederlegte. Im städtischen Milieu gab es daher bald eine bedeutsame Minderheit von Menschen, die des Lesens und Schreibens kundig war. Die Alphabetisierung war wichtig, weil es galt, die kommende Generation von Priestern und Rechtsgelehrten heranzuziehen. Durch den Prozess der Verschriftlichung gewannen die Institutionen des Rechts und der Religion an Kontinuität und Expansionsfähigkeit, was wiederum zur Prägung des städtischen Lebens beitrug.

Die frühen Zusammenhänge zwischen Stadtkultur und Schriftkultur sind offenkundig. Wie verhält es sich aber mit dem Zusammenhang zwischen Stadt und Literatur? Die Beantwortung dieser Frage ist, insbesondere was die Frühzeit städtischen Lebens angeht, von dem dabei zugrundegelegten Literaturbegriff abhängig. Dazu gibt es in der Literaturwissenschaft zwei konkurrierende Ansätze (Nünning 2004, 393 f.; Hernadi 1978). Ein enger Literaturbegriff sieht solche Texte als Literatur an, in denen ein künstlerischer Gestaltungswille erkennbar ist. Dies lässt sich an einer formal wie gedanklich kunstvollen Strukturierung über die Alltagssprache hinaus festmachen. Solche Kunstliteratur weist gerne durch metatextuelle Kommentare auf ihren eigenen Kunstcharakter, ihr kunstvolles Gemachtsein hin. Dagegen steht ein weiter Literaturbegriff, der kurzerhand alles Geschriebene als Literatur definiert. Letzterer gewann in der sich zunehmend zur Kulturwissenschaft hin öffnenden Literaturwissenschaft ab den 1980ern immer mehr an Boden.

Folgt man dem weiten Literaturbegriff, so produzierten die frühen städtischen Schriftkulturen von Anfang an Literatur. Geht man von einem engen Literaturbegriff aus, so findet man gleichfalls früh literarische Texte. Die sich im Kontext von Recht und Religion etablierende Verschriftlichungspraxis bediente sich nämlich bereits früh kunstvoller Strukturierungsverfahren. Wichtige Texte wurden formal und stilistisch überhöht. Darüber hinaus ist mit einer Freude am Erzählen und Fabulieren zu rechnen, die sich selbst in den trockensten Texten aus Recht und Religion Bahn brechen konnte. So wurde die Legitimität und Kraft rechtlicher oder religiöser Normen sowie historischer Überlieferungen gerne beispielsweise durch Ursprungsgeschichten, durch Erzählungen über ihre göttlichen oder menschlichen Stifter- und Gründerfiguren untermauert. Neben dem bloßen Fixieren von Informationen etablierte sich also auch sehr bald das erzählende Schreiben. Dieses verdrängte orale Traditionen sicherlich weder schnell noch vollständig, aber es trat ihnen zumindest zur Seite.

Es entfaltet sich von den Anfängen städtischen Lebens an eine doppelte Verbindung von Stadt und Literatur, die bis heute Bestand hat. Zum einen ist die Stadt im Gegensatz zu nichtstädtischen Zusammenhängen der Ort der Literaturproduktion und -rezeption. Zum anderen werden die Stadt und das städtische Leben unter diesen Bedingungen zu zentralen Gegenständen der Literatur. Diese doppelte

Verklammerung von Stadt und Literatur ist prototypisch bereits in den großen mesopotamischen Stadtkulturen zu greifen. Hier finden sich erstmals Großbibliotheken wie etwa die Bibliothek des Assurbanipal (668 – ca. 630 v. Chr.) in Ninive. Die dort seit 1850 stattfindenden Grabungen und die Erforschung der über 30.000 aufgefundenen Tontafeln im Britischen Museum lassen die Dimensionen dieser nur in einem städtischen Kontext denkbaren Bibliothek erahnen (dazu Fincke 2004, 55–60, sowie die Website des Ashurbanipal Library Project des British Museum). Assurbanipals enorme Sammlung von Texten umfasste auch Abschriften des berühmten Gilgamesch-Epos, dessen Überlieferung schon damals ca. 1000 Jahre alt gewesen sein dürfte. In diesem Text ist eine frühe Thematisierung der Stadt greifbar; er beginnt mit einer ausgiebigen Beschreibung der monumentalen Stadtmauern von Uruk (Anon., Schott und Soden 1980, 10). Eine der beeindruckendsten Figuren des Epos ist der wilde, ungeschlachte Steppenbewohner Enkidu, der nomadisch von der Jagd lebt, bis ihn eine (städtische!) Prostituierte zu dem Schritt in die urbane Zivilisation verführt. Er geht nach Uruk und lernt dort, Brot zu essen, Bier zu trinken und sich zu waschen. Erst diese Handlungen machen ihn, so wird es im Epos ausgeführt, zu einem Menschen (ebd., 27); der wahre Mensch ist demnach der Städter.

2. Das Nachleben orientalischer literarischer Stadtbilder: die Bibel

Die Spannung zwischen nomadischer und städtischer Existenz – und damit die schreibende Auseinandersetzung mit dem Phänomen »Stadt« – findet sich auch in einer weiteren Gruppe altorientalischer Texte, die zusammen das Corpus des Alten Testaments bilden. Im Gegensatz zu der auf Keilschrifttafeln fixierten Literatur Altmesopotamiens, die in nachantiker Zeit in Vergessenheit geriet und erst ab dem 19. Jahrhundert überhaupt wieder zugänglich und bekannt wurde, handelt es sich beim Alten Testament um eine extrem wirkmächtige Gruppe von Texten, die über viele Jahrhunderte nicht nur präsent blieben, sondern bis heute als zentrale kulturelle Bezugsgröße die literarische Imagination stimulieren. Sodom und Gomorrha als Inbegriff städ-

tischer Sittenverderbnis, Jericho als Archetyp einer scheinbar uneinnehmbaren Stadt, die aber dennoch den Belagerern auf wundersame Weise in die Hände fällt, die moralisch verdorbene Stadt Ninive, die von Jona gewarnt und deren Untergang im Buch Zephanja angekündigt wird – das sind Beispiele für Bilder, deren Kenntnis über Jahrhunderte vorausgesetzt werden konnte und die entsprechend immer wieder durch intertextuelle Verweise aufgerufen wurden. So ist beispielsweise im Buch Zephanja die Rede davon, dass Ninive nach seiner Zerstörung nur noch von Rohrdommeln, Eulen, schreienden Käuzchen und Raben bevölkert sein werde. Entsprechend spukt die ansonsten nicht weiter sinnbefrachtete Rohrdommel bis ins 20. Jahrhundert hinein hartnäckig in städtischen Untergangsszenarien herum (Anon. 1911, 285; dazu: Heyl 2010, 120 f.). Sollte in einem Text städtische Dekadenz eine zentrale Rolle spielen, so lag es für Autoren über Jahrhunderte und bis in die Gegenwart nahe, einen Verweis auf Sodom nicht nur im Werk selbst, sondern auch in dessen Titel unterzubringen – man denke das John Wilmot, dem zweiten Earl of Rochester zugeschriebene Theaterstück *Sodom, or the Quintessence of Debauchery* (1684), *Les 120 journées de sodome ou l'ecole du libertinage* des Marquis de Sade (1785, Erstpublikation: 1904), *Sodome et Gomorrhe* (vierter Teil von *À la recherche de temps perdu*, 1921/22) von Marcel Proust, *Sodome et Berlin* von Yvan Goll (1930) oder *Sodom et Gomorrhe* von Jean Giradoux (1943).

Über das alttestamentliche Textcorpus wanderten so eindrückliche Behandlungen der Stadt aus dem Bereich des alten Orients in den Kernbestand abendländischer literarischer Topoi und Imaginationsfiguren. Das Neue Testament trug eine weitere Idee der Stadt bei, die zu einem in der christlichen Tradition stets präsenten und entsprechend breit rezipierten Topos wurde, nämlich die des neuen, des himmlischen Jerusalem (weiterführend zum Jerusalem-Bild des Alten Testaments: siehe Metzger in Galle und Klingen-Protti (Hg) 2005, 16–62). Die Idee einer über alle Maßen prachtvollen Stadt, die bei der Erschaffung eines neuen Himmels und einer neuen Erde fertig aus diesem Himmel herniederfährt, wird in der Johannesoffenbarung (21, 1–27) entwickelt. Das neue Jerusalem ist so heilig, dass es keines Tempels bedarf, es ist so leuchtend, dass dort weder Sonne noch Mond nötig sind. (Dazu vgl. auch das Kapitel »Stadt und Religion« von Stephan Lanz.) Hier handelte es sich zunächst einmal um eine es-

chatologische Naherwartung, für die nach dem Ausbleiben der Apokalypse im Laufe der Zeit zahlreiche
Deutungen gefunden wurden. Ein Text wie die Johannesoffenbarung hatte die Kraft, Jerusalem nachhaltig mit Sinn aufzuladen und gleichzeitig immer
neu ausdeutbar zu machen. Jerusalem wurde so zur
Chiffre für religiös konnotierte Utopien aller Art, die
fortan in der Literatur auftauchten, und in aller Regel gibt es dabei einen offensichtlichen Bezug zu den
Jerusalem-Passagen der Johannesoffenbarung. Ein
berühmtes Beispiel ist William Blakes Gedicht »Jerusalem« (1804), in dem die Jerusalem-Utopie dem
England der »dark Satanic Mills«, also der Industriellen Revolution mit ihren teuflischen Fabriken,
entgegengesetzt wird. »Jerusalem« endet mit folgender Strophe (Blake 1969, 481):

I will not cease from Mental Fight,
Nor shall my Sword sleep in my hand
Till we have built Jerusalem
In England's green & pleasant Land.

Dies ist ein in Großbritannien bis heute überaus bekannter Text, der – in der Vertonung von Sir Hubert
Parry (1916) – den Status einer informellen britischen Nationalhymne hat, die gerne bei Parteitagen
der britischen Konservativen, aber ebenso auch der
Labour Party sowie bei der weltberühmten »Last
Night of the Proms« gesungen wird. Die Art, wie der
Text unter lebhaftester Publikumsbeteiligung dabei
in der Royal Albert Hall zu Gehör gebracht wird, ist
übrigens seit vielen Jahrzehnten ein Londoner Ritual, das sich als fester Bestandteil einer urbanen
Folklore beschreiben lässt.

Angesichts des hier skizzierten grenzüberschreitenden Rezeptionsphänomens zwischen Literatur
und Musik sei angemerkt, dass Motive und Topoi
generell die Tendenz haben, über Genregrenzen hinweg sowie transmedial zu wandern. Nicht nur werden Texte gelegentlich vertont (manche existieren
sogar nur zu diesem Zweck; zur Stadt im Libretto:
Klotz in Meckseper/Schraut 1983, 105–120); ebenso
ist stets mit einem Austausch zwischen Texten und
Bildmedien zu rechnen. Bei allem, was hier zur Stadt
in der Literatur gesagt wird, ist daran zu denken,
dass die sprachlichen und visuellen Bildtraditionen
(siehe dazu das von Gabriele Bickendorf und Matthias Bruhn verfasste Kapitel) nicht bloß parallel
existieren, sondern eng miteinander verbunden sind
und beständig interagieren. Diese Interaktion potenziert die Kraft der Bilder von der Stadt und macht
manche von ihnen mit der Zeit allgegenwärtig.

Sobald Texte gedruckt, sobald stillstehende und
bewegte Bilder ad infinitum reproduziert werden
können, beeinflußt nicht nur das bereits Gelesene
das neue Bild und das bereits Gesehene den neuen
Text. Es ist darüber hinaus damit zu rechnen, dass
die Wahrnehmung der Stadt durch literarische
Stadtbilder (und ihre transmedialen Inkarnationen)
geformt und geleitet wird. Es ist kaum möglich, eine
der großen Weltstädte zum ersten Mal zu besuchen
und dabei »neu« zu sehen. Man hat immer schon
medial vermittelte Bilder dieser Stadt im mentalen
Reisegepäck, die Orte mit Assoziationen und Erwartungen verknüpfen. Gleich, ob eine Stadt von Einheimischen oder Fremden wahrgenommen wird;
ein großer Teil ihrer historischen Tiefenstruktur,
insbesondere ihre Vielzahl von Erinnerungsorten
(dazu mehr in dem Kapitel »Das Gedächtnis der
Stadt« in diesem Band) ist nur lesbar, weil solche
Orte durch Texte sowie eng mit Texten verbundene
Bilder mit Sinn aufgeladen werden. Darüber hinaus
waren es literarische Texte, die, bereits lange vor dem
Zeitalter der technischen Reproduzierbarkeit von
Bildern, allgemeine Vorstellungen städtischen Lebens formulierten und vermittelten, welche nicht an
einen bestimmten Ort gebunden sein mussten. Als
besonders wirkungsvoll erwiesen sich dabei griechische und lateinische Texte.

3. Stadt und Literatur in der griechisch-römischen Antike

In Texten der griechisch-römischen Antike finden
sich immer wieder Beispiele dafür, wie Literatur
nicht nur städtisches Leben reflektiert, indem sie es
beschreibt, sondern wie sie dieses städtische Leben
auch aktiv formt. In Texten wird verhandelt, was unter einer städtischen Existenz zu verstehen ist und
worin der Habitus des Städters besteht. (Hier ist in
der Tat vom *Städter* zu sprechen; die Literatur, von
der hier die Rede ist, wurde zum weithin überwiegenden Teil von Männern und somit aus männlicher
Perspektive geschrieben.) Dabei zeigt sich eine Tendenz, die städtische Existenz als die im Zweifelsfall
überlegene Lebensform darzustellen. Diesem Gedanken sind wir bereits in einem anderen Zusammenhang, nämlich im Gilgamesch-Epos, begegnet:
das wilde Wesen wird erst durch die Stadt und ihre
spezifische Lebensweise zum Menschen gemacht.

Die Idee taucht durch die Jahrhunderte hinweg immer wieder auf, wenn in literarischen Texten städtisches Leben thematisiert wird. Der Städter, so zumindest sein positiv besetztes Klischee, zeichnet sich durch die Eleganz seiner Gedanken und seiner äußeren Erscheinung aus. Durch seine Stilsicherheit, durch das, wofür später die französische Sprache Ausdrücke wie *savoir vivre* und *savoir faire* bereitstellte, hebt er sich von der sich ebenfalls als Klischee verfestigenden Figur des tumben Landbewohners ab, der wohl die Erde kultiviert, nicht aber sich selbst.

Die mit dem überlegenen städtischen Habitus assoziierte Gewandtheit in allen Lebenslagen wurde in lateinischen Texten gerne als *urbanitas* bezeichnet (dazu: Scheithauer 2007). Alleine die Nennung dieses Begriffs reichte aus, um ein ganzes Feld positiv besetzter Assoziationen zu suggerieren, wie dies beispielsweise im *Carmen 22* des Catull (ca. 84–54 v. Chr.) geschieht. Dort ist von einem Mann namens Suffenus die Rede, der als »homost [sic!] venustus et dicax et urbanus«, »ein Mensch von Anmut, treffendem Witz und städtischer Art« vorgestellt wird (Catull 2001, 28 f.). Leider hat Suffenus eine Schwäche. Er ist nämlich ein Amateurdichter, und ein erbärmlich schlechter dazu. Sobald man seine Werke liest, verfliegt der erste Eindruck der *urbanitas*. Um zu zeigen, wie sich Suffenus selbst bloßstellt, greift Catull interessanterweise geradezu reflexhaft nach Bildern, die mit dem Landleben assoziiert sind. Das Gedicht setzt voraus, dass es eine Vorstellung von einem überlegenen städtischen Habitus gibt, und dass man, wenn man diesen Habitus nicht überzeugend zu verkörpern weiß, in das erniedrigend-komische Gegenklischee des Ländlichen abrutscht. »Haec cum legas tu, bellus ille et urbanus / Suffenus unus caprimulgus aut fossor / rursus videtur« (»Wenn du das liest, kommt dir jener feine und städtische Suffenus plötzlich wie irgendein Ziegenmelker oder Umgräber vor«; ebd.). Schließlich muss die Plattheit des Landes als Bild für die gedankliche Plattheit dessen herhalten, mit dessen *urbanitas* es nicht weit her ist: »infaceto est infacetior rure, / simul poemata attigit« (er ist »platter als das platteste Land, sobald er sich an Verse macht«, ebd.).

An Catulls Gedicht lässt sich exemplarisch aufzeigen, wie effektiv schon früh in literarischen Texten der städtische Habitus gegen das Ländliche ausgespielt wird. Für den Menschen, der das Attribut der *urbanitas* besitzt, ist es noch nicht einmal nötig, sich ständig in der Stadt aufzuhalten. Es war unter den römischen Eliten durchaus verbreitet, neben dem Stadthaus auch eine *villa rustica* zu besitzen, ein Landhaus, das sich in der Regel durch seine landwirtschaftlichen Erträge finanzierte und darüber hinaus Einkünfte einbringen konnte. Auch auf dem Land konnte man – im Sinne der *urbanitas* – ein urbaner Mensch sein. Entscheidend war, dass es sich um einen Habitus handelte, der durch städtische Lebenspraxis erworben und danach im ländlichen Kontext bewahrt wurde.

Freilich entstand in der Antike gleichfalls ein wichtiges literarisches Genre, in dem das Landleben ausgiebig gepriesen wurde, nämlich die Bukolik oder Hirtendichtung (dazu Effe 2001). Allerdings sind auch diese Texte nur im Zusammenhang mit dem Urbanen zu verstehen. Was auf den ersten Blick als ein literarisches Lob des einfachen Landlebens erscheint, erweist sich bei näherem Hinschauen als eine hochartifizielle Konstruktion. Immer wieder wird auf eine imaginäre ländliche Welt – insbesondere auf die der Schäfer – rekurriert, die mit dem realen Landleben wenig zu tun hat. Die dort agierenden Hirten sind verfeinerte Menschen, die auf kunstvolle Weise verfeinerte Gedanken formulieren. Anstatt harter Arbeit nachzugehen, verbringen sie ihre Zeit eher kontemplativ; selbst die Landschaft, in der sie sich aufhalten, ist idealisiert (vgl. Andresen 1990, Bd.1, Sp. 517 f.). Es handelt sich hier um einen Traum vom Land, der von gebildeten, privilegierten Städtern geträumt wurde. Die Bukolik ist daher funktional als ein urbanes literarisches Phänomen aufzufassen.

Selbst wo sich die antike Literatur ganz von der Stadt abzuwenden scheint, bleibt sie also urban, denn letztlich ist es der Städter, für den die Bukolik mit ihrer Traumvision vom guten Leben auf dem Land attraktiv ist. Dieser Sachverhalt wird sogar in einzelnen Texten auf drastische Weise offengelegt. Ein gutes Beispiel dafür ist die zweite Epode des Horaz (95 v. Chr. – 8 v. Chr.), einer der heute noch bekanntesten antiken Texte, die das Landleben in den höchsten Tönen loben oder zumindest zu loben scheinen (Horaz 1992, 260 f.):

Beatus ille qui procul negotiis,
ut prisca gens mortalium,
paterna rura bobus exercet suis
[...]

Glückselig jener, der da ferne von Geschäften
So wie das Urgeschlecht der Sterblichen
Die väterliche Flur mit eigenen Stieren pflügt

Es folgt eine lange, idealisierende Schilderung des Landlebens, die in ihrer Begeisterung und Detailfreudigkeit kaum zu überbieten ist – muhende

Kühe, selbstgekelterter Wein, eigene Oliven; alles wird aufgeboten. In den allerletzten Zeilen verbirgt sich allerdings die Pointe des Gedichts. Wir erfahren, dass all das nichts anderes war als ein bloßer Tagtraum eines Wucherers, der, erfrischt durch diesen Traum, nicht etwa aus seiner städtischen Existenz ausbricht, sondern unverzüglich und mit frischer Energie wieder seine Finanzgeschäfte fortsetzt. Es gehört zum Habitus des Städters, auf bestimmte Weise vom Land zu träumen, und genau das wird hier auf effektvolle Weise literarisch inszeniert.

Die Bukolik sollte sich als ein langlebiges Genre erweisen, das insbesondere ab der Renaissance immer wieder belebt wurde. Dabei blieb der hier beschriebene Zusammenhang zwischen urbaner Basis und dem Traum vom Landleben durchweg erhalten; die literarische Bukolik blieb also das, was sie seit der Antike war, nämlich eine städtische Art, das Ländliche zu imaginieren.

Betrachtet man die Zusammenhänge von Stadt und Literatur in der Antike, so sind nicht nur einschlägige literarische Themen und Topoi zu berücksichtigen. Städte konturierten sich als Orte, an denen Literatur produziert und rezipiert wurde. Dass Literatur in den Städten der griechisch-römischen Antike eine wichtige Rolle spielte, wird bereits bei einem flüchtigen Blick auf archäologisch rekonstruierte Stadtpläne deutlich. In diesen fällt nämlich als einer der quasi obligatorischen Großbauten in aller Regel mindestens ein Theater ins Auge (dazu Pappalardo 2007). Es gab offensichtlich einen Konsens, dass die Aufführung von Theaterstücken (und damit die breite Rezeption literarischer Texte) ein Grundbestandteil des städtischen Lebens sei. Entsprechend waren die städtischen Eliten bereit, viel für die dafür erforderliche Infrastruktur, für die Theatergebäude sowie deren Betrieb und Erhalt zu tun.

In antiken Städten gab es bereits eine Art Buchhandel – auch wenn das Handelsgut noch nicht aus codexförmigen Büchern, sondern aus den damals üblichen Schriftrollen bestand (dazu Kleberg 1967). Über etablierte Handelswege wurden die nötigen Beschreibstoffe (also vor allem Papyrus aus Ägypten) importiert. Da es sich hier um eine knappe Ressource handelte, mit der Spekulation betrieben wurde, versuchte man in der Kaiserzeit, die Versorgung der Stadt Rom durch städtische Papyrusmagazine zu sichern (Andresen 1990 Bd.1, Sp. 512). In der Stadt wurden Texte entweder von Schreibsklaven oder von freien Berufsschreibern reproduziert; dabei wurde der zu vervielfältigende Text einer Gruppe von Schreibern diktiert (ebd.). Der Buchhandel ist im Athen des späten fünften vorchristlichen Jahrhunderts belegt; es gab ihn aber sicherlich schon vorher. Zu dieser Zeit ist jedenfalls die Berufsbezeichnung »Buchhändler« (*bibliopóles*) in Schriftquellen greifbar (Ziegler/Sontheimer 1979, Bd.1, Sp. 960). Ein weiteres wichtiges Zentrum des antiken Buchhandels war das Alexandria der Ptolemäerzeit (Andresen 1990, Bd.1, Sp. 513), was insofern nicht überrascht, als dort der für die Produktion bezahlbarer Schriftrollen unverzichtbare ägyptische Papyrus billig und in nahezu beliebiger Menge zur Verfügung stand. Es ist daher auch sicherlich kein Zufall, dass die bis heute berühmteste Bibliothek der Alten Welt um das 3. Jahrhundert in Alexandria entstand. Hier wurden in einem zuvor nicht gekannten Maß Texte gesammelt, hier ist ein wichtiger Beginn institutionalisierter philologischer Tätigkeit greifbar (Jochem 1999, 5–10; zum Kontext des antiken Bibliothekswesen: Casson 2002). Damit war an diesem Ort Literatur in der Stadt auf überaus markante Weise präsent; es verfestigte sich die Idee, dass Literatur und ihre Institutionen einen wichtigen Bestandteil städtischen Lebens ausmachen.

Obwohl Alexandria die wichtigste Bibliothek hatte, spielte Rom als Hauptstadt eines weit über die mediterrane Welt ausgreifenden Imperiums die Schlüsselrolle, was die Infrastruktur des Literaturbetriebs anging. Spätestens seit der Kaiserzeit war es das Zentrum eines für römische Begriffe weltumspannenden Buchhandels. Schriftrollen wurden Teil der Warenströme, die von dort aus – vor allem per Schiff – bis in die entlegenste imperiale Peripherie verschickt wurden. Dieser imperiale Nexus ermöglichte den römischen und romanisierten Eliten eine ökonomische und gleichzeitig kulturelle Teilhabe, selbst über größte Distanzen hinweg. Dies hatte wiederum Auswirkungen auf die Strahlkraft urbaner Literatur und damit eines urbanen Habitus, an den sie eng gekoppelt war. Gleich, wo man sich befand – auch, wenn es noch so weit weg von der einen und einzigen *urbs*, also von Rom, war – konnte man sich der eigenen *urbanitas* versichern, indem man entsprechende Texte las, oder indem man vielleicht sogar selbst urbane Literatur in einem alles andere als urbanen Umfeld schrieb.

Ein gutes Beispiel dafür ist eine Gruppe elegischer Gedichte und Versbriefe, die Ovid ab dem Jahr 8 n. Chr. verfasste und die unter dem Titel *Tristia* und *Ex Ponto* bekannt sind. Es handelt sich hier um den Beginn europäischer Exilliteratur; der Dichter war bei Kaiser Augustus in Ungnade gefallen und wurde in die Verbannung geschickt. So fand er sich am Schwarzen Meer wieder, in einem gottverlassenen Nest namens Tomis, in dem er sich von hosentragenden Barbaren umgeben sah, die der lateinischen Sprache nicht mächtig waren. Weiter konnte man von hauptstädtisch geprägter römischer Kultur nicht entfernt sein. In dieser Situation schreibt sich Ovid regelrecht nach Rom zurück. Von der ersten Zeile an nutzt er das Medium des Textes, um trotz seiner physischen Distanz zur Hauptstadt nicht aus den Zusammenhängen urbaner Kommunikation und Kultur herauszufallen (Ovid 1959, 3; Übers.: Verf.):

Parve – nec invideo – sine me, liber, ibis in urbem,
ei mihi, quod domino non licet ire tuo!
[…]
vade, liber, verbisque meis loca grata saluta:
contingam certe quo licet illa pede.

Kleines Buch, Du wirst ohne mich in die Stadt gehen; ich missgönne es Dir nicht; weh mir, dass ich als Dein Herr nicht mit Dir gehen kann! […] Geh, Buch, und grüße mit meinen Worten die geliebten Orte; zumindest werde ich sie mit diesem »Fuß« betreten, der mir erlaubt ist.

Der Text vertritt seinen Autor; er darf nach Rom, während dies Ovid selbst nicht erlaubt ist. Die Stellvertreterfunktion des Textes wird in einem Wortspiel gefasst – Ovid darf die Stadt nicht mehr betreten, aber was seinen Füßen versagt ist, ist immerhin noch seinen Versfüßen möglich. Er kann auch in der Verbannung in das finsterste, barbarischste Provinznest noch an seiner Urbanität festhalten, weil er sich erstens den intellektuellen Habitus des Hauptstadtbewohners bewahrt, und weil er zweitens nicht aus urbanen Kommunikationszusammenhängen herausfällt. Selbst vom Schwarzen Meer aus ist es ihm möglich, Manuskripte nach Rom zu schicken und dort veröffentlichen zu lassen. Auf diesen Umstand weist er mehrfach hin, so in *Tristia* IV. ix (ebd., 194 f.: Übers.: Verf.):

Quod Scythicis habitem longe summotus in oris,
[…]
nostra per immensas ibunt praeconia gentes,
quodque querar notum qua patet orbis erit.
Ibit ad occasum quicquid dicemus ab ortu,
testis et Hesperidae vocis Eous erit.
trans ego tellurem, trans altas audiar undas,
[…]

Wenngleich ich weit weg an skythischen Gestaden lebe, […], so wird doch mein Heroldsruf durch zahllose Völker gehen; meine Klage wird auf der ganzen Welt bekannt werden. Was auch immer ich sage, wird vom Sonnenuntergang bis zum Sonnenaufgang wandern, und der Osten wird Zeuge der Stimme aus dem Westen sein. Übers Land und durch das tiefste Wasser wird man mich hören […].)

Ovid kann davon ausgehen, dass das, was er schreibt, überall gelesen werden kann – und wenn auch nicht, wie er hyperbolisch behauptet, auf der ganzen Welt, so doch ganz sicher im Zentrum der römischen Welt, also in Rom. Die literarische *urbanitas* erweist sich hier einmal mehr als ein kultureller Gestus, der zwar am und im städtischen Leben geformt wird, den man dann aber in sich trägt. Die enge Vertrautheit mit der Stadt, die die *urbanitas* überhaupt erst möglich macht, erlaubt es, städtisches Leben sowohl enthusiastisch zu preisen, als auch vehement zu kritisieren. Ein einflussreiches Beispiel für letztere Haltung ist Juvenals dritte Satire (Juvenal 1993, 36–61).

4. Früh- und Hochmittelalter: Niedergang und Wiederbelebung von Stadt und Stadtliteratur

Der Zerfall des römischen Weltreichs zog – insbesondere im Westen – einen Niedergang städtischen Lebens nach sich. Es erodierte nicht nur die architektonische Substanz der Städte, sondern zugleich auch an diese gebundene Vorstellungen von Urbanität. Oft genug, so beispielsweise im nachrömischen Britannien, traten an die Stelle prunkvoller öffentlicher Großbauten aus Marmor und Ziegelstein, öffentlicher Bäder und komfortabler Wohnhäuser niedrige, dunkle Langhäuser aus Holz, Reisig, Lehm und Mist, in denen die Menschen nicht selten gemeinsam mit den Tieren lebten. Das Ausschmieren von Fachwerkwänden mit Mist ist in einem altenglischen Zauberspruch des 7. oder 8. Jahrhunderts gegen Geschwulste belegt; die Geschwulst wird wie folgt beschworen: »Clinge þu alswa col on heorþe, / Scring þu alswas scearn awage […]«, »Schrumpfe wie die Kohle auf dem Herd! Schrumpfe wie der Mist in der Wand […]« (Breuer/Schöwerling 1981, 58 f.). In einer auf diese Weise gewandelten Lebenswelt wurden die älteren Topoi der antiken Stadtliteratur erst einmal obsolet: Schwindet die Differenz zwischen Stadt- und Landleben, so liegt es weniger nahe, diese literarisch zu feiern.

Es gab immerhin Auseinandersetzungen mit der untergegangenen städtischen Kultur der Römer und mit deren materiellen Hinterlassenschaften. Ein bemerkenswertes Zeugnis ist hier ein unter dem Titel »The Ruin« bekanntes altenglisches Gedicht, das um das Jahr 1000 aufgezeichnet wurde, aber sicherlich älter ist und bis auf das 7. Jahrhundert zurückgehen kann. Dessen namentlich unbekannter Autor ist voll Bewunderung für die noch klar erkennbaren Reste römischer Bauten und Infrastruktur. Er beschreibt all das, was er aus seinem Alltag nicht mehr kennt, nämlich hohe, helle Gebäude, die dauerhaft aus Ziegelsteinen errichtet sind. Besonders geht er dabei auf die römischen Badehäuser ein (Breuer und Schöwerling 1981, 48 f.):

Stanhofu stodan, stream hate wearp
widan wylme; weal eall befeng
beorthan bosme; þaer þa baþu wæron,
hat on hreþre. þæt wæs hyðelic.

Die Steinhäuser standen, der Strom sprudelte heiß auf / mit heftiger Wallung; eine Mauer umgab alles / mit einem hellen Bogen; da waren die Bäder / von innen her heiß. Das war sehr angenehm.

Trotz aller Bewunderung wird in diesem Gedicht deutlich gemacht, dass diese Art städtischen Lebens einer Vergangenheit angehört, an die man nicht mehr anknüpfen kann. Dies wird bereits in den Anfangszeilen des Gedichts signalisiert (ebd.):

Wrætlic is þes wealstan, wyrde gebræcon;
Burgstede burston, brosnað enta geworc.

Kunstvoll ist der Steinbau, das Schicksal zerstörte ihn; / die Stadt zerfiel, es zerbrach das Werk der Riesen.

Hier wird nur noch der Versuch unternommen, den Niedergang eines einstmals glänzenden städtischen Lebens zu kommentieren. Das Gedicht »The Ruin« ist dabei ein Beispiel für eine ganz vereinzelte, sich letztlich in der elegischen Rückschau erschöpfende Thematisierung des Städtischen. Diese Vereinzelung der Texte ist auf einen zeitweisen Niedergang der Schriftkultur (und damit der Literatur) in Kombination mit einer schlechten Überlieferungssituation zurückzuführen.

Die sich in manchen Regionen schon in der Spätantike, in anderen erst im frühen Mittelalter durchsetzende Christianisierung hatte Auswirkungen auf den Zusammenhang von Stadt und Literatur. Es ist davon auszugehen, dass im Frühmittelalter nur eine kleine Minderheit des Lesens und eine wohl noch kleinere Minderheit des Schreibens kundig war. Die Tatsache, dass es sich dabei zum weitaus größten Teil um Kleriker handelte, führte zu einer Verengung der Themen, die in literarischen Texten bevorzugt behandelt wurden. Neue Texte waren vor allem religiöser Natur, sie bezogen sich primär auf die Bibel und die bisherige kirchliche Überlieferung. Wo das geschriebene Wort zuallererst im Dienst der Exegese

und Verkündigung stand, wurde weltliche Literatur zu einem nachrangigen Phänomen. In diesem Zusammenhang ist weiter zu bedenken, dass klösterliche Gemeinschaften, in denen die Beschäftigung mit Texten eine wichtige Rolle spielte, oft die Städte mieden. Der Benediktinerorden, dessen traditionelles Motto *Ora et labora et lege* (Bete und arbeite und lies!) lautet, errichtete seine Klöster – angefangen mit dem Stammkloster Montecassino – mit Vorliebe an abgeschiedenen Orten. Dies bedeutet, dass ein Teil der ohnehin wenigen Schriftkundigen den Städten den Rücken kehrte. Damit wanderte auch die Überlieferung antiker Texte, die zunehmend und schließlich ganz und gar in den Skriptorien der Klöster geleistet wurde, aus den Städten ab.

Das hier skizzierte Szenario beschreibt einen dominanten Trend. Dennoch gab es ab dem frühen Mittelalter Ausnahmephänomene. Hier ist vor allem an Andalusien zu denken, ein orientalisch geprägtes Land auf europäischem Boden, in dem die Städte als Zentren einer breit angelegten Gelehrsamkeit und Textproduktion aufblühten. Dies geschah in dem 756 von Abd ar-Rahman I. begründeten Emirat von Cordoba; dieser islamische Staat existierte von 929 bis 1031 als Kalifat von Cordoba weiter. Die islamische Herrschaft erwies sich als relativ tolerant gegenüber den anderen Schriftreligionen, also dem Judentum und dem Christentum. In Andalusien wurden sowohl religiöse Texte als auch die griechische Philosophie studiert; Städte wie Granada und Cordoba waren Zentren der Textproduktion und -rezeption. Dabei handelt es sich um ein Szenario städtischer Kultur, das für den Rest Europas durchaus untypisch war.

Die Präsenz verschiedener kultureller Einflüsse ab dem 8. Jahrhundert macht verständlich, warum die Städte Andalusiens im Hochmittelalter Autoren hervorbrachten, die in Europa ihresgleichen suchten. Cordoba war die Heimatstadt des großen jüdischen Philosophen, Theologen und Arztes Maimonides (ca. 1138–1204); in der Nähe von Granada kam Ibn Tufail (1110–1185, der Universalgelehrte war im Westen bekannt als Abubacer) zur Welt. Aus Cordoba stammte gleichfalls der große Aristoteles-Kommentator Ibn Rušd (1126–1198, im Westen bekannt als Averroës; dazu: Menocal 2003 und Burckhardt ²1980). In Andalusien entstand neben philosophischen, theologischen und wissenschaftlichen Werken auch erzählende weltliche Literatur wie *Hadīth Bayād wa-Riyād*, die Liebesgeschichte von Bayād und Riyād, die in einem städtischen Milieu spielt. Dieser Text ist in einer illustrierten Handschrift des 13. Jahrhunderts in der Vatikanischen Bibliothek erhalten (Codex Vat. Arab. 368), es handelt sich dabei um eine der wenigen arabischen Handschriften, die die Reconquista, die gewaltsame Rechristianisierung Andalusiens, überdauerten (dazu: Robinson 2007).

Wenn sich in Andalusien ab dem 8. Jahrhundert eine ganz bemerkenswerte, städtisch geprägte Kultur etablierte, in der und über die geschrieben wurde, so war dies mit Blick auf die Verhältnisse im übrigen Europa eine Ausnahme. Erst im Hochmittelalter änderte sich die geschilderte Situation merklich. Im Zusammenhang mit dem neuen Erstarken von Städten – insbesondere von immer wichtiger werdenden Handelsstädten – finden sich in Texten Anfänge einer Debatte über städtisches Leben, die bis heute anhält. Ein gutes Beispiel dafür sind zwei lateinische Texte des zwölften Jahrhunderts, in denen das Leben in London kommentiert wird. Der Kleriker William Fitzstephen war vom Leben in dieser Stadt begeistert – so sehr, dass er eine Beschreibung der Stadt in die von ihm verfasste Lebensbeschreibung des Thomas à Becket integrierte. In diesem als *Descriptio Londoniae* bekannten Teil seiner *Vita Sancti Thomae* feiert er die Buntheit städtischen Lebens, die Vielfalt der Vergnügungen, die an einem solchen Ort zum Alltag gehören (Riley 1860, 2–15; engl. Übers. in Stow 1987, 509 ff.). Er schildert die Speisen, die in Londons Garküchen zu haben sind, wobei er lobend betont, dass dort auch allerlei exotische Spezialitäten angeboten werden. Er beschreibt, wie die Jugendlichen Londons eine frühe Form von Fußball spielen oder im Winter Schlittschuhe anlegen, um sich auf dem Eis mit waghalsigen, blitzschnellen Manövern gegenseitig zu überbieten. Es ist vielleicht nicht ganz und gar anachronistisch, bei der Lektüre solcher Passagen an die städtischen Orte zu denken, an denen sich heutige Jugendliche mit ihren Skateboards zusammenfinden; bis heute gehört es zum urbanen Leben, dass verschiedenste Alters- und Interessengruppen Teile der Stadt sichtbar in Beschlag nehmen.

Im Gegensatz zu William Fitzstephens Begeisterung für das bunte Treiben in der Stadt findet sich in einem gleichfalls in der zweiten Hälfte des 12. Jahrhunderts verfassten Chronikwerk von Richard of Devizes ein Modell einer Tirade *gegen* das Leben in der großen Stadt (Devizes 1838, 61). Weil die Stadt Zuwanderer und damit Fremdes anzieht, finden sich dort alle nur denkbaren Laster zusammen. Dass es ein Nachtleben gibt, dass Menschen ihr Geld damit verdienen, Dienstleistungen zu erbringen, die nur dem Vergnügen ihrer Kundschaft dienen, dass man singt, musiziert, spielt, dass es Menschen mit unterschiedlichen Hautfarben und sexuellen Vorlieben gibt, das alles macht die Stadt zu einem gefährlichen, durch und durch moralisch verkommenen Ort. »Ergo, si nolueris habitare cum turpibus, non habitabis Londiniis« – wenn Du also nicht unter verkommenen Menschen wohnen willst, dann wirst Du nicht in London wohnen (ebd., Übers.: Verf.)

In den hier vorgestellten markanten Passagen aus Texten von William Fitzstephen und Richard of Devizes zeichnen sich überaus langlebige Topoi eines Lobs bzw. eines Tadels der Stadt ab (insbes. zum Lob der Stadt: Classen 1986). Diese unterscheiden sich deutlich von älteren Topoi zu Stadt und Land, die man in der Literatur der griechischen und insbesondere der römischen Antike findet. In den Städten des römischen Weltreichs war eine ganz offensichtlich durch Zuwanderung über große Distanzen entstandene Mischbevölkerung der Normalfall – alleine schon deshalb, weil permanent große Militäreinheiten quer durch das Imperium verlegt wurden. Insofern war es nicht naheliegend, Zuwanderung und Sittenverfall in einen engen Zusammenhang zu bringen; die Zuwanderung war vielmehr Grundbedingung von Stadtgründungen in den Provinzen und damit Grundbedingung städtischen Lebens. In der im Mittelalter unter christlichen Vorzeichen einsetzenden Diskussion um Wesen und Bewertung des Urbanen verhält sich dies ganz anders, wie die bei Richard of Devizes entworfene Polemik gegen Fremdheit und Vielfalt in der Stadt zeigt. Die Begeisterung für die vielfältigen Möglichkeiten, für die Buntheit des Urbanen, aber auch die Furcht vor der Stadt als einem Ort, an dem alles Fremde (und damit alles Schlechte und Gefährliche) zusammenströmt, bleiben auch über das Mittelalter hinaus griffige entgegengesetzte Wahrnehmungsmuster. Wie lebendig und wirkmächtig diese noch sind, zeigt sich beispielsweise, wenn heute in Zeitungen verschiedener politischer Couleur Texte erscheinen, in denen es um die Folgen von Migration für Großstädte geht.

5. Frühe Neuzeit: Utopien, warnende Satiren, Tagebücher

Zu den Ereignissen, die den Übergang vom Mittelalter zur Frühen Neuzeit markieren, gehören die Reformation und die Einführung des Buchdrucks mit beweglichen Lettern. Beide trugen wesentlich dazu bei, einen spezifisch urbanen, dynamischen Zusammenhang von kreativer Produktion, technischer Reproduktion und ökonomischer Distribution von Texten zu etablieren. Eine der zentralen Positionen protestantischer Theologie war das, was Luther als das Priestertum aller Gläubigen bezeichnete (Luther 1888, 407). Danach bedarf es nicht eines zwischen Gott und den Gläubigen vermittelnden Klerus; jeder und jede steht in einem unmittelbaren Verhältnis zu Gott und muss daher Zugang zu den biblischen Texten haben. Dies impliziert eine grundsätzliche protestantische Forderung nach einer umfassenden Alphabetisierung; alle, gleich ob Kind, Frau oder Mann, sollten lesen lernen.

Der Protestantismus gab einen starken Impuls zur Etablierung einer textzentrierten Kultur; hier entstand deutlich früher als in katholischen Zusammenhängen ein großes weltliches Lesepublikum beider Geschlechter, das im Umgang mit dem geschriebenen Wort geschult war und das entsprechend auch grundsätzlich am Lesen von Texten aller Art Gefallen fand. Protestantische Städte entwickelten sich zu Zentren dieser textzentrierten Kultur. Vor allem im deutschsprachigen Raum sowie in den Ländern Nordeuropas kam es zu einer Welle protestantischer Universitätsgründungen; war eine Stadt erst einmal unter diesen Vorzeichen zur Universitätsstadt geworden, so lag es nahe, sie als Hochburg der Textauslegung und Textproduktion wahrzunehmen.

Mit dem Buchdruck etablierte sich auch sehr schnell ein gut vernetzter Buchhandel. Bereits die zweite Generation der Drucker handelte auch mit Büchern, die von Kollegen in anderen Städten und sogar in anderen Ländern gedruckt worden waren. Dies war leicht möglich, weil Bücher in lateinischer Sprache von Gelehrten und Gebildeten in ganz Europa gekauft wurden. So wurden viele Städte als Standorte von Universitäten sowie Zentren des Buchdrucks und Buchhandels zu Bestandteilen eines internationalen Netzwerks, in dem Texte und damit auch potenziell innovative Ideen immer schneller zirkulierten. Dabei konnte die Innovation schon aus der Wiederentdeckung verschütteter

Texte und literarischer Modelle bestehen. Die Humanisten der Renaissance wandten sich dem Corpus antiker Literatur zu, soweit dieses auf verschiedenen Wegen überliefert worden war.

So kehrten die antiken literarischen Topoi zur Stadt und damit zum Gegensatz von Stadt und Land wieder in das Bewusstsein der Gebildeten zurück. Die Beschäftigung mit Platons *Politeia* (Platon 2005), in der dieser einen idealen Staat entwarf (was im griechischen Kontext gleichbedeutend mit einer Polis, also einem Stadtstaat, war), sowie mit den platonischen Dialogen *Timaios* und *Kritias*, in denen das sagenhafte Inselreich Atlantis vorkommt, führte zur Entwicklung eines neuen Genres, nämlich der Utopie. Die nun aufkommenden utopischen Gedankenexperimente kreisen in aller Regel um eine imaginierte ideale Stadt, die das Herzstück eines idealen Staates darstellt (zu Stadtarchitektur und literarischer Utopie: Rahmsdorf 1999).

Namensgebend für das neue Genre war der 1516 in lateinischer Sprache veröffentlichte Text *Utopia* von Thomas Morus (Morus 1516/1981). Die Bewohner der von Morus erdachten Insel Utopia leben in vierundfünfzig Städten, die alle auf gleiche Weise sozial organisiert sind. Es handelt sich also um ein zutiefst städtisches Gemeinwesen, wobei allerdings die Trennung von Stadt und Land dadurch überwunden werden soll, dass alle Utopier nach einem Rotationssystem immer wieder zwei Jahre auf dem Land verbringen müssen.

Die herausragende Rolle der Stadt im utopischen Denken der Frühen Neuzeit zeigt sich gleichfalls in Tommaso Campanellas *La città del Sole* (*Die Sonnenstadt*, 1602 in italienischer Sprache verfasst, 1623 in lateinischer Übersetzung veröffentlicht; Campanella 1623/2008). Auch hier ist die ideale Stadt das Herzstück einer idealen, in diesem Fall egalitär-kommunistisch gedachten Gesellschaft. Die Architektur der Stadt erfüllt dabei originellerweise eine belehrende Funktion. Auf den konzentrisch angeordneten Ringen der Stadtmauern ist eine Hierarchie des Wissens abgebildet, das so veröffentlicht und durchschaubar gemacht werden soll. Die utopische städtische Architektur wird damit zu einem in erzieherischer Absicht eingesetzten Medium.

Ebenso wie bei Morus und Campanella ist in Francis Bacons *Nova Atlantis* (1624 in lateinischer Sprache, 1627 in englischer Übersetzung; Bacon 1974) der Einfluss Platos erkennbar; der Titel der Schrift war als Verweis auf Platons *Timaios* und *Kritias* zu verstehen. Die Rahmenerzählung lässt europäische Seefahrer auf ihren Entdeckungsreisen die Insel Bensalem erreichen. Dort finden sie eine große Hafenstadt vor, deren überaus kultivierte Einwohner sich der europäischen Seeleute annehmen und sie über die Grundzüge ihres Staatswesens aufklären. Der utopische Staat wird also anhand der utopischen Stadt erfahren, und in der Stadt findet sich die erstaunlichste Einrichtung dieses Staates überhaupt, sein intellektuelles Herzstück, eine Einrichtung, die als »Haus des Salomo« bezeichnet wird. Dabei handelt es sich um ein Institut, in dem man nach empirischen Grundsätzen naturwissenschaftliche Forschung betreibt. Ziel dieser Forschung ist nicht nur ein neues Verständnis, sondern auch eine sehr weit gehende Beherrschung der Natur. Es handelt sich also um eine Darstellung der als »new Philosophy« bezeichneten frühen naturwissenschaftlichen Vorgehensweise, die Bacon propagierte, und die die bisherige Orientierung am Wissen des Altertums über die Natur ablösen sollte. In der *Nova Atlantis* dient städtische Prunkarchitektur dazu, die Ergebnisse einer solchen innovativen Forschung zu feiern und im öffentlichen Bewusstsein zu verankern. Es ist von großen Galerien die Rede, in denen nicht nur Erfindungen, sondern auch Statuen der wichtigsten Erfinder gezeigt werden. Bacons Text blieb Fragment; was davon vorhanden ist, entwirft jedoch die imaginierte utopische Stadt mit ihrem Haus des Salomo als ein Laboratorium der Modernisierung.

Neben Texten, die die utopische Stadt entwerfen, finden sich im 16. und 17. Jahrhundert auch zahlreiche Werke, die Handreichungen zum Verhalten in tatsächlich existierenden Städten lieferten. Zum Teil handelte es sich dabei um didaktische Stadtsatiren, die auf unterhaltende Weise die Gefahren schilderten, die sowohl den Einheimischen als auch Besuchern in der Stadt drohten. Ein gutes Beispiel dafür ist ein 1608 veröffentlichtes Büchlein von Thomas Dekker mit dem aussagekräftigen Titel *The Belman of London. Bringing to light the most notorious villanies that are now practised in the Kingdome. Profitable for Gentlemen, Lawyers, Merchants, Citizens, Farmers, Masters of Housholds, and all sortes of servants* [...] (Dekker 1608). In diesen Texten tauchen erstmals literarische Motive auf, die nur in einer hinreichend großen Stadt mit einer entwickelten sozialen Topografie denkbar sind. Ein solches Motiv ist das des Doppellebens. So erzählt Thomas Harman in einem Text, der vor allerlei städtischen Schwindlern warnt, die Geschichte eines angesehenen *gentleman*, der sich täglich ans andere Ende der Stadt begibt,

sich dort als Bettler verkleidet und so seinen Lebensunterhalt verdient (Harman 1573, 26). Diese Geschichte von der heimlichen Doppelexistenz bleibt fortan im Repertoire der mit der Großstadt assoziierten *plots*; man findet sie in struktureller unveränderter Form beispielsweise in einer der Sherlock Holmes-Geschichten von Arthur Conan Doyle (nämlich: *The Man with the Twisted Lip*, Erstveröffentlichung: 1891, siehe Doyle 1988, 229–244).

Neben dieser sowohl warnenden als auch unterhaltsamen Literatur gab es die sogenannten Apodemiken, d. h. Handbücher für Reisende, die zumeist in lateinischer Sprache erschienen und besonders bei Studenten beliebt waren. Da diese in aller Regel von Stadt zu Stadt reisten, spielen nützliche und unterhaltsame Informationen über die Städte Europas in den Apodemiken eine zentrale Rolle. Im *Viatorium* von David Fröhlich (Fröhlich 1644) erfährt man viel über Geschichte, Größe und Sitten der Städte Europas; dazu kommen Informationen über Universitäten, Kirchen, Speisen und Getränke (welche Städte sind wegen ihres guten Biers aufzusuchen?), sowie literarische Topoi und dichterische Floskeln, auf die man zurückgreifen kann, falls man in die Verlegenheit kommt, ein Lobgedicht auf eine Stadt schreiben zu müssen, in der man sich gerade aufhält.

Schließlich ist ein Genre zu erwähnen, das in der Lage ist, uns wie kein anderes Einblicke in die Befindlichkeit und das Alltagsleben von Stadtbewohnern der frühen Neuzeit zu geben, nämlich das Tagebuch. Das herausragende, in seiner Ausgiebigkeit und literarischen Qualität konkurrenzlose Beispiel für das 17. Jahrhundert ist das Tagebuch des Samuel Pepys (Pepys 1983). Pepys, ein gebildeter, allseitig interessierter und allen Genüssen zugetaner junger Londoner, der gerade dabei war, im englischen Flottenamt Karriere zu machen, hielt zwischen 1660 und 1669 seine Erlebnisse überaus akribisch fest; in diesen Zeitraum fielen Großereignisse wie die *Great Plague*, die große Pest von 1665, sowie das *Great Fire*, ein verheerender Großbrand, der 1666 die City of London innerhalb der alten Stadtmauern nahezu vollständig zerstörte. Gerade bei diesen Ereignissen zeigt sich ein Charakteristikum dieses Textes: streckenweise ähneln seine Aufzeichnungen dem Bericht eines Reporters. Als ganz London vor dem *Great Fire* flüchtete, näherte er sich immer wieder so weit wie möglich dem Feuer, um es zu beobachten. Die Passagen seines Tagebuchs, in denen er die Brandkatastrophe beschreibt, sind zu Recht berühmt; es handelt sich um literarische Bravourstücke, in denen insbesondere sein scharfer Blick für Details zur Geltung kommt, die immer wieder ein Schlaglicht auf das gesamte Geschehen werfen (ebd. Bd. 7, 267–279).

Aber auch die Beschreibungen des Alltags und der Art, wie Pepys diesen Alltag erlebt, sind überaus lesenswert. In seinem Tagebuch konturiert sich ein frühneuzeitlicher Habitus des Großstadtmenschen. Pepys ist hungrig nach Vergnügen, Wissen und sozialem Aufstieg. Aus seinen Aktivitäten in verschiedenen Lebensbereichen ergeben sich im Text multiple Handlungsstränge, die er mit großem Geschick sowohl tatsächlich fortführt als auch fortschreibt. So liest man über seine Theaterbesuche und Affären, seine begeisterte Beschäftigung mit den Anfängen einer empirischen Naturwissenschaft und das laufende Geschäft im Büro. Diese verschiedenen Handlungsstränge sind ein durch und durch urbanes Phänomen; sie ergeben sich aus dem sich immer weiter auffächernden Rollenrepertoire des männlichen, gebildeten Großstadtbewohners.

6. Das 18. Jahrhundert: Erscheinungsformen und Themen der Großstadtliteratur

Nachdem die Entwicklung vieler kontinentaleuropäischer Städte im 17. Jahrhundert durch den Dreißigjährigen Krieg gebremst worden war (einen ähnlichen Effekt hatten leicht zeitversetzt der englische Bürgerkrieg und die darauf folgende Revolutionszeit), folgte ab dem späten 17. und insbesondere im 18. Jahrhundert eine Phase des Wachstums. Dieses Wachstum fiel in London am stärksten aus; die britische Hauptstadt überflügelte sogar Konstantinopel und Paris. Hatten zu Beginn des 18. Jahrhunderts Konstantinopel ca. 700 000 Einwohner und Paris und London jeweils etwas über eine halbe Million, so kam es bis 1800 in London zu einer Verdopplung der Bevölkerung, während das Wachstum der beiden anderen großen Städte deutlich langsamer ausfiel. (Historische Bevölkerungszahlen sind stets nur als Näherungswerte zu betrachten, die in der Regel auf zeitgenössischen und modernen Schätzungen beruhen. Eine Orientierung geben Chandler und Fox 1974, 11–20 und 320–339. Zu den Städten Mitteleuropas siehe vergleichsweise Rausch 1981.) Im

18. Jahrhundert beginnt man, London als *the metropolis* zu bezeichnen (zum Begriff der Metropole vgl. Reif 2006). London nahm vor allem wegen seiner Größe, aber auch aufgrund besonderer politischer und gesellschaftlicher Gegebenheiten eine Ausnahmestellung ein. Hier entwickelte sich früher als anderswo eine Literatur, die sich als Großstadtliteratur bezeichnen lässt.

Mit dem starken Wachstum weniger großer Städte etablierte sich eine lebensweltliche Differenz zwischen diesen und den übrigen Mittel- und Kleinstädten. Die Großstadt erreichte im 18. Jahrhundert Ausmaße, die es dem Einzelnen unmöglich machten, sie in ihrer Gänze zu kennen oder überall in ihr bekannt zu sein. Es entwickelte sich eine immer stärker ausgeprägte und feiner differenzierte soziale Topografie, was dazu führte, dass man bestimmte Gegenden einer Großstadt mit bestimmten Vorstellungen assoziierte. Angesichts des stetigen Wachstums und der damit verbundenen wachsenden Unüberschaubarkeit der Großstadt unterschieden sich Raumnutzung, Bewegungsmuster und Raumwahrnehmungen der einzelnen Städterinnen und Städter immer stärker voneinander. Die *mental maps* der Stadt, die sich aus ihrer individuellen Wahrnehmung ergaben, wurden sich also aufs Ganze gesehen immer unähnlicher. London nimmt bei alledem aufgrund seines starken, auf Zuwanderung gegründeten Wachstums eine Vorreiterrolle ein. Entsprechend wichtig ist diese Stadt für die weitere Entwicklung einer Literatur, die aus dem Urbanen hervorgeht und sich zugleich damit beschäftigt, die also im engeren Sinne als Stadtliteratur anzusprechen ist. Diese Entwicklung wurde durch überaus günstige rechtliche und politische Rahmenbedingungen erleichtert bzw. überhaupt erst ermöglicht. In London etablierte sich früher als anderswo eine selbstbewusste bürgerliche Öffentlichkeit (dazu grundlegend und breit rezipiert: Habermas 1996). Diese konnte sich ungehindert in Veröffentlichungen artikulieren, da es in England – ganz im Gegensatz zu den meisten Ländern des Kontinents – bereits seit 1694 keine Zensur mehr gab (Drabble 1989, 1101 ff.; eine Ausnahme bildete die Zensur für Theaterstücke, ein Anachronismus, der sich bis 1968 hielt).

Die in London herrschenden Ausnahmebedingungen waren Hintergrund einer neuen literarischen Erschließungsweise der Großstadt. Es handelt sich dabei um essayistische Texte, die das urbane Leben aus der Zuschauerperspektive eines aufmerksamen, intelligenten Spaziergängers beschreiben. Dieser Zuschauer, der es sich erlauben kann, sich Zeit für seine Beobachtungen und die sich an ihnen entspinnenden Gedankengänge zu nehmen, ist ein Müßiggänger im eigentlichen Wortsinn, eine stets männliche Figur, die Muße zum Gehen hat. Diese Figur wurde später unter der Bezeichnung »Flaneur« bekannt. Man assoziiert sie gemeinhin mit dem 19. und frühen 20. Jahrhundert und – nicht zuletzt durch den Einfluss von Walter Benjamins *Passagenwerk* (Benjamin 1983) – mit Paris. Tatsächlich etablierte sich aber das Phänomen des literarisch inszenierten und sich inszenierenden Flaneurs bereits deutlich früher und an einem anderen Ort, nämlich im London des frühen 18. Jahrhunderts. Hier nahm eine solche Figur ab 1711 in den täglich erscheinenden Ausgaben des *Spectator* Gestalt an (Addison/ Steele 1965). Dabei handelte es sich um eine von Joseph Addison und Richard Steele verfasste Folge von *periodical essays*, also um journalistische Essayistik.

Addison und Steele nehmen hier eine zu großen Teilen auf Michel de Montaigne zurückgehende Form des Schreibens auf (Montaigne 2010). Der Essay behandelt gerne ein breites Spektrum von Themen, darunter solche aus der Alltagswelt. Dabei wird das Alltägliche auf gedanklich und sprachlich elegante Weise betrachtet. Häufig wird so ein Gegenstand, der normalerweise nicht viel Beachtung findet, ins Zentrum der Aufmerksamkeit gestellt. Addison und Steele wenden diese Technik auf die materielle sowie die gedankliche Welt der Großstadt an. Mr. Spectator, die zentrale Figur, bewegt sich durch London und verhält sich seinem Namen entsprechend: er beobachtet. Diese Beobachtungen werden zum Ausgangspunkt seiner Erörterungen. Mr. Spectator beschreibt, wie er London von einem Ende zum anderen und zu allen Tageszeiten durchstreift. Dabei erscheint die Metropole wie eine fremde Welt; der Alltag von Stadtbewohnern, die zu verschiedensten Tageszeiten an verschiedensten Orten verschiedensten Beschäftigungen nachgehen, wird als geradezu exotisch geschildert. Die Bewegung des Beobachters im städtischen Raum erschließt dadurch eine kaleidoskopische Erfahrungswelt; der Alltag steckt auf einmal voll Überraschungen.

Hier ist anzumerken, dass ein dergestalt kaleidoskopischer und damit assoziativer Blick auf die Stadt vom frühen 18. Jahrhundert an bis heute ein zentraler Beschreibungstopos urbanen Lebens blieb. Er findet sich auch auf der Metaebene der Sekundärliteratur zur Stadt in Literatur und Bildkünsten. So ist

Franziska Bollereys Band *Mythos Metropolis. Die Stadt als Sujet für Schriftsteller, Maler und Regisseure* angelegt als »[…] eine assoziative Reihung von Bildern und Texten […] eine Seismografie von Impressionen, die die sensible, künstlerische Psyche von den Reizungen der Großstadt empfängt« (Bollerey 2010, 8).

Das von Addison und Steele verfolgte literarische Projekt setzte großstädtisches Leben als Thema voraus und richtete sich zur Zeit seiner Erstpublikation auch explizit an ein großstädtisches Lesepublikum. Die Essays wurden insbesondere in den zahlreichen Kaffeehäusern der Stadt diskutiert. Der *Spectator* und seine zahlreichen Nachahmerprojekte spielten eine nicht zu unterschätzende Rolle bei der Etablierung eines bürgerlichen Diskussionszusammenhangs, der nicht zuletzt der Verständigung darüber diente, was die bürgerliche Existenz ausmacht und mit welchem Themenspektrum sich die bürgerlichen Mittelschichten (im Gegensatz zur Aristokratie einerseits und den unterbürgerlichen Schichten andererseits) auseinandersetzen sollten. Der im *Spectator* entworfene bürgerliche Habitus konturiert sich dabei von Anfang an als urbaner Habitus, er geht von der Erfahrungswelt der Metropole aus und wendet sich an ein hauptstädtisches Publikum. Der *Spectator* blieb über lange Zeit, sogar bis ins 19. Jahrhundert hinein, extrem einflussreich. Er wurde in ganz Großbritannien intensiv rezipiert, so dass man sich auch in der Provinz an der urban geprägten Gedankenwelt dieser Essays orientierte. Das Urbane entfaltete insofern eine normative Kraft, die sich auch weit über die Grenzen des urbanen Raums hinaus behauptete. Zugleich prägte der *Spectator* nachhaltig die Wahrnehmung der Metropole; Tagebücher belegen, dass sich noch Generationen später Menschen als aufmerksame und sprachmächtige Flaneure inszenierten, um sich eine Stadterfahrung zu verschaffen, die explizit der des Mr. Spectator nachgebildet war. So schrieb James Boswell in den 1760ern: »As we drove along and spoke good English, I was full of rich imagination of London, ideas suggested by the Spectator and such as I could not explain to most people, but which I strongly feel and am ravished with« (Boswell 1991, 130).

Die Großstadt des 18. Jahrhunderts – und hier wiederum vor allem London – bildete ein Milieu, das sich günstig auf die Entstehung und Entwicklung des Romans auswirkte, eines literarischen Genres, das schnell zu einer der Leitgattungen der europäischen Literatur und letztlich der Weltliteratur aufstieg. Warum es zu diesem Aufstieg kam, ist Gegenstand einer literaturgeschichtlichen Debatte, die durch Ian Watts 1957 veröffentlichte Studie *The Rise of the Novel* angestoßen wurde, und die immer noch lebhaft geführt wird (Watt 1987; weitere Diskussionsbeiträge z. B. Davis 1983; Hunter 1990). Dabei werden kulturhistorische sowie sozial- und ideengeschichtliche Faktoren ins Feld geführt. Sicherlich ist die Entstehung des Romans nicht monokausal zu erklären; allerdings spricht vieles dafür, die Großstadt und spezifische Charakteristika großstädtischen Lebens als notwendige Bedingung für die Entstehung und die überaus schnelle massenhafte Verbreitung des Romans anzusehen (Heyl 2004, 518–526). Die enge Verbindung zwischen Roman und Großstadt tritt zutage, wenn man die Frage stellt, worin sich der Roman von älteren erzählenden Texten unterschied.

Bis ins späte 17. und frühe 18. Jahrhundert bestand die europäische erzählende Literatur weitestgehend aus Nacherzählungen bereits bekannter Stoffe. Man erzählte beispielsweise von Gestalten aus der antiken Mythologie, von solchen aus der Bibel oder von historischen Figuren, die aus der Geschichtsschreibung bekannt waren. Dabei war jeder dieser Figuren durch tradierte Texte, d. h. durch bereits existierendes Bildungswissen eine oder mehrere Handlungen fest zugeordnet. Es handelte sich also um Geschichten, deren Ausgang bereits bekannt war; Spannung im heutigen Sinne, also ein Reiz, der sich aus der Offenheit des Handlungsverlaufs für den Leser herleitet, spielte keine Rolle. Die Handlungen bestanden aus historisch, religiös oder mythologisch relevanten Haupt- und Staatsaktionen, die meist in einer weit entfernten Vergangenheit und oft in fernen Ländern angesiedelt waren. Entsprechend waren die agierenden Figuren weit von der zeitgenössischen Alltagswelt, vom Erfahrungshorizont der Menschen entfernt, die solche narrativen Texte lasen. Ebenso war die Sprache dieser älteren narrativen Texte oft weit von der Alltagssprache der Leserschaft entfernt – insbesondere, wenn in Versen erzählt wurde.

All das ändert sich durch den Roman. Zwar nimmt auch er wie jede andere Textsorte Traditionen des Schreibens auf, aber mit ihm hört das Erzählen auf, primär Nacherzählen zu sein. Die Geschichten, die im Roman erzählt werden, spielen typischerweise in einer Welt, die der Lebenswelt seiner Leserschaft sehr nahe ist; seine Figuren sind keine übernatürlichen oder sozial extrem herausgehobenen Wesen aus einer zeitlich und lokal fernen Welt, sondern realistisch geschilderte Menschen, die auch die eigenen Nachbarn sein könnten. Sie schlagen sich mit Problemen herum, die auch den Leser oder die Leserin selbst betreffen könnten. Einer der typischen Handlungsorte des Romans ist von seiner Entstehungszeit an die Stadt, insbesondere die Großstadt. Die Geschichten der Figuren sind nicht vorgezeichnet; ein wesentlicher Lesereiz besteht darin, dass man wissen will, wie ihr Leben weitergeht.

Es ist auffällig, dass die in ihrem Ausgang offene Geschichte als literarisches Phänomen schnell breiteste Akzeptanz findet, sobald Leserinnen und Leser auch ihre eigene Lebensgeschichte als in die Zukunft hinein offen denken können, sobald sie sich nicht mehr als Menschen begreifen, denen eine bestimmte soziale Position, ein bestimmter Beruf und damit auch weitgehend ein bestimmter Lebensweg vorgegeben ist. Dies ist ab der Wende zum 18. Jahrhundert in den großen Städten der Fall, wobei wiederum London eindeutig eine Vorreiterrolle einnimmt.

Die Stadt ist ein Ort, in der das Unerwartete – im Guten ebenso wie im Bösen – jederzeit in das Leben des Einzelnen einbrechen kann. Hier können sich ganz plötzlich unvorhergesehene Interaktionen mit anderen Menschen ergeben; der Roman thematisiert dies, indem er mit mehreren Handlungssträngen operiert, die sich auf unvorhergesehene Weise berühren und überschneiden. Die große Stadt wirkt als ein Magnet auf Zuwanderungswillige, sie lockt mit der Aussicht, dort, wo einen niemand kennt, ein neues Leben beginnen und sein Glück machen zu können. Ganz besonders ist das dort der Fall, wo eine große Stadt von einem großen, nicht durch Binnengrenzen strukturierten Einzugsgebiet umgeben ist. London, die *metropolis*, kann im 18. Jahrhundert ihre Bevölkerung nur deshalb verdoppeln, weil die Landbevölkerung nicht an Grundherren gebunden ist wie anderswo, weil es ein effizientes und bezahlbares Netzwerk von Postkutschenlinien gibt und weil es legal ist, sich aus allen Teilen Großbritanniens in die Hauptstadt aufzumachen. Mit der realen Möglichkeit der Migration in die Stadt taucht diese als immer wieder auf verschiedene Weise literarisch verarbeitetes Motiv im Roman auf.

In manchen Gesellschaften des 18. Jahrhunderts ist – insbesondere im städtischen Milieu – eine wachsende soziale Mobilität zu beobachten (Paradebeispiel sind hier die bürgerlichen Mittelschichten Englands, in die man aus den unterbürgerlichen Schichten aufsteigen kann und die ihrerseits mit der Aristokratie verbunden sind). Zusammen mit der in großen Städten ohnehin zunehmend vorhandenen Anonymität liegen damit Lebensumstände vor, die es immer mehr Menschen ermöglichen, die eigene Lebensrolle neu zu erfinden und davon auszugehen, dass die Entwicklung des eigenen Lebens grundsätzlich offen ist und durch allerlei Zufälle in unerwartete Richtungen gelenkt werden kann. Damit ist ein lebensweltliches Thema gegeben, das im Roman ab dem frühen 18. Jahrhundert immer neu durchgespielt wird.

Ein weiteres zentrales Thema des Romans hängt gleichfalls unmittelbar mit den Entwicklungen in der städtischen Lebenswelt zusammen. Ab der Wende zum 18. Jahrhundert etablierte sich, ausgehend von den großen Städten (und in London früher als an anderen Orten), die bürgerliche Privatsphäre. Die Privatsphäre manifestierte sich in einer neuartigen materiellen, mentalen und sozialen Abgrenzung von Räumen. Das Leben der Nachbarn, aber auch das Leben der unter dem eigenen Dach lebenden Dienstboten vollzog sich von nun an im Verborgenen. War die vormoderne Stadt von sozialer *und* lokaler Nähe geprägt gewesen, so vereinte die moderne Stadt nun lokale Nähe und soziale Distanz. Der Alltag der Anderen wurde enigmatisch und dadurch auf neue Weise interessant. Hier erlaubte nun der Roman, zumindest in Gestalt der realistischen literarischen Simulation das zu beobachten, was sich in der Realität dem fremden Blick entzog. Für den Roman war von Anfang an die Veröffentlichung des Privaten geradezu programmatisch. Insofern handelt es sich um ein Genre, das aufs Engste mit der Stadt als kultureller Voraussetzung für seine Entstehung verbunden ist.

Im Kontext der Debatte um die Entwicklung des Romans ist darauf hinzuweisen, dass es Vorformen dieser Textart gibt, die auch außerhalb Englands und zum Teil auch schon vor dem 18. Jahrhundert zu beobachten sind, wie beispielsweise *Don Quijote* von Cervantes (1605–1615), Grimmelshausens *Simplicissimus* (1668) oder *Le Diable Boiteux* von Lesage (1707). Ob es sich hier bereits um voll entwickelte Romane handelt, ist vor allem eine Definitionsfrage. Dagegen spricht z.B. die Fixierung auf die schablonenhaften Handlungen des Ritterromans bei Cervantes, das durchgehend starke satirische Element bei Grimmelshausen und die übernatürlichen Handlungsanteile bei Lesage. Sieht man eine realistische Zeichnung von Handlung und Figuren als zentrales Charakteristikum des Romans an, so kann man die genannten Texte noch nicht als voll entwickelte Texte dieses Genres betrachten.

7. Romantik und 19. Jahrhundert

Die enge Verbindung von Stadt und Roman zeigt sich – ins Negative gewendet – auch in dessen weiterer Entwicklung zur Zeit der Romantik. Die Romantik hatte einerseits einen revolutionären Anteil, war aber zugleich tendenziell gegen Modernisierung, Industrialisierung und die damit verbundene moderne Urbanität gerichtet. Romantische Autoren und Autorinnen zeigten wenig Interesse daran, in der urbanen Gegenwart spielende Romane zu verfassen; oft wandte man sich der Lyrik zu; ein beliebtes Thema war die (vorindustrielle) Natur und das in ihr herbeigesehnte Naturerlebnis. In diesem Kontext findet sich auch immer wieder Stadtkritik als Kernbestandteil einer romantischen Modernisierungskritik (zum Verhältnis der Romantiker zur Stadt: Gassenmeier/ Gurr 2002; von Graevenitz 2003; Höhne 2005; Peer 2011). So beklagt beispielsweise William Wordsworth in seinem autobiografischen Gedicht *The Prelude* die Einsamkeit des Städters (Wordsworth 1984, 483):

[…]
How often in the overflowing Streets,
Have I gone forward with the Crowd, and said
Unto myself, the face of every one
That passes by me is a mystery.
[…]

Lobt er doch einmal die Stadt, wie in dem Sonett *Composed upon Westminster Bridge* (verfasst 1802, Erstveröffentlichung 1807; Wordsworth 1984, 285), so wird sie dabei poetisch verfremdend als quasi-Naturschauspiel gefasst (dazu: Böker in Meckseper und Schraut (Hg.) 1983, 30 f.). Ein anderer Romantiker, E.T.A. Hoffmann, lässt das Phantastische und Unheimliche in die Stadt einbrechen (dazu ausführlich: Steigerwald 2001). In seiner Novelle *Der goldene Topf* (1814; Hoffmann 2003) bevölkert er das zeitgenössische Dresden mit Zauberern und allerlei sonstigen Wunderwesen. Entsprechend markiert der Verfasser das Spannungsverhältnis zum Genre der Prosaerzählung dadurch, dass er den Text im Untertitel auf in sich widersprüchliche Weise als »Ein Mährchen [sic!] aus der neuen Zeit« bezeichnet.

Wo der Roman bzw. die Novelle zur Zeit der Romantik prominent werden, wenden sie sich von einer realistischen Schilderung zeitgenössischen städtischen Lebens, von den Alltagsproblemen der Stadtbewohner ab. Wenn die Stadt als Handlungsort gewählt wird, dann ist es oft die Stadt der Vergangenheit. Sir Walter Scott verhalf dem historischen Roman zum Durchbruch; seine Werke wurden quer durch Europa begeistert gelesen. In seinen Romanen führte er Fiktion und kulturhistorische Quellenarbeit zusammen. So entstanden Texte, in denen nicht nur die Menschen, sondern auch eine Stadt der Vergangenheit durch die Imagination des Autors zu neuem Leben erweckt wurde – nämlich in *The Heart of Midlothian* und wichtigen Teilen von *Waverley* das Edinburgh des 18. Jahrhunderts (Scott 1818; Scott 1814). Diese Art, über die Stadt zu schreiben, traf den Zeitgeschmack und wurde entsprechend nachgeahmt. Einer der bis heute bekanntesten historischen Romane, die im Gefolge von Scott entstanden und die man überdies als Stadtroman bezeichnen kann, ist Victor Hugos *Notre-Dame de Paris* (Hugo 1841). In diesem Text ist der Handlungsort – das Paris des späten 15. Jahrhunderts, und hier insbesondere die für den Roman titelgebende Kathedrale – ebenso interessant und wichtig wie die Handlung, die sich um die Tänzerin Esmeralda und den Glöckner Quasimodo entspinnt.

Spielt eine Stadt in einem erfolgreichen, kernkanonischen historischen Roman eine dergestalt zentrale Rolle, so kann dies nachhaltige Auswirkungen auf die Wahrnehmung dieser Stadt haben. Der historische Roman verfremdet nämlich insofern die städtische Lebenswelt der Gegenwart, indem er sie mit literarisch inszenierten Erinnerungen anreichert. Hat man Victor Hugos Roman gelesen, so wird es naheliegen, ja, vielleicht sogar unvermeidlich sein, an Quasimodo zu denken, wenn man an der Kathedrale vorbeigeht. Der Text zieht sogar gelegentlich Gegenwart und imaginierte Vergangenheit zusammen (Stierle in Galle/Klingen-Protti 2005, 134). Der historische Roman reichert Orte in der Stadt mit Erinnerungen an Personen an, die nie gelebt haben; zugleich prägt und verbreitet er ein eingängiges Bild von »authentischen« Ereignissen, Personen und Lebensumständen der Vergangenheit. Orte und Gegenstände werden narrativ mit Sinn aufgeladen. Es kommt zu einer doppelten Überblendung, zum einen von Fakten und Fiktion, zum anderen von Gegenwart und Vergangenheit. Wegen ihrer Breitenwirkung kann die Belletristik so bei der Plazierung von Erinnerungsorten in der Stadt zu einem überaus wirkmächtigen Faktor werden (dazu mehr im Kapitel »Das Gedächtnis der Stadt« in diesem Band). Ihr Einfluss wird durch die intermediale Rezeption von Texten noch weiter verstärkt. Victor Hugos Text etablierte neue ikonografische Elemente in der Darstellung der Kathedrale, da er Fotografen wie Nègre und Brassaï (und viele in deren Nachfolge) dazu anregte, besonders markante, groteske Wasserspeier eindrucksvoll in Szene zu setzen. Diese Fotografien beeinflussten ihrerseits die zahlreichen Verfilmungen von *Notre-Dame de Paris*. Damit wurden Bauelemente, die mit bloßem Auge aus der Distanz kaum zu erkennen waren, ins öffentliche Bewusstsein gerückt und mit Figuren aus Hugos Roman verbunden.

Noch stärker ist der Einfluss des historischen Romans auf die Stadt Edinburgh. Hier wurde der Hauptbahnhof kurzerhand nach Scotts größtem Romanerfolg benannt. Fährt man mit der Bahn nach Edinburgh, so kommt man in Waverley Station an – ein ganz außerordentlicher Benennungsakt, durch den die Assoziation zwischen der Stadt und diesem Roman dauerhaft ins Stadtbild eingeschrieben wurde. (Im übrigen Europa sucht man vergebens nach Ähnlichem – es gibt z.B. keinen Berliner Hauptbahnhof, der »Berlin Stechlin« hieße). Der Bahnhof ist übrigens nicht das einzige unübersehbare Gebäude im öffentlichen Raum, das eine Verbindung zu Scott herstellt. Im Zentrum der schottischen Hauptstadt ragt das Scott Monument in den Himmel, eine gut 60 m hohe Struktur, die einer auf bizarre Weise aus ihrem Kontext gerissenen gotischen Kirchturmspitze ähnelt. In der Mitte der Stadt, dort, wo sich die Achsen der klassischen Panoramablicke auf Edinburgh kreuzen, steht damit ein unübersehbarer Hinweis auf die Verbindung zwischen dieser Stadt und einer für sie identitätsbildenden Literatur (weiterführend zu Scott und Edinburgh: Duncan 2007).

Die Anreicherung der Stadt mit literarisch inszenierten Erinnerungen ist übrigens nicht nur eine Leistung des historischen Romans à la Scott oder Hugo. Jeder hinreichend verbreitete Roman (und darüber hinaus: jeder hinreichend verbreitete Text beliebigen Genres) kann diese Wirkung haben. Beschreibt ein solcher Text seine Gegenwart, so wird diese Gegenwart irgendwann zu einer fernen und dadurch interessanten Vergangenheit. So ziehen Touristen aus aller Welt durch die englische Stadt Bath, um dort eine Atmosphäre zu genießen, die sie als die Welt der Romanfiguren Jane Austens kennengelernt haben, wobei diese Kenntnis oft nicht einmal auf die Texte selbst, sondern auf deren Verfilmungen zurückgeht. Jane Austens Romane werden dort als Triebfeder einer *heritage industry* genutzt, die Texte, Verfilmungen, Denkmalschutz und Tourismus zusammenbringt. Insofern kann der Einfluss von Literatur (oder, andersherum betrachtet: die geschickte Nutzung von Literatur) zu einem handfesten Wirtschaftsfaktor werden. In solchen Fällen besteht ein enger Zusammenhang zwischen Literatur, die urbane Räume zu ihren Handlungsorten macht, und der Wahrnehmung sowie dem ökonomischen Nutzwert dieser Räume. Literatur spiegelt also nicht nur die Stadt wider; sie ist trotz eines eventuell vorhandenen Realismusversprechens immer mehr als Beobachtung (dazu vgl. Alter 2005, x). Sie kann Teile städtischer Realität repräsentieren, erschafft dabei aber die Stadt in der Imagination neu; dieses der Beobachtung ebenso wie der Imagination entsprungene Konstrukt kann wiederum eine starke Wirkung auf die Gestaltung realer Strukturen in der Stadt haben.

Im weiteren Verlauf des 19. Jahrhunderts wandte sich der Roman wieder sehr viel stärker der städtischen Gegenwart zu. Immer öfter und intensiver wird mit einem Motiv gearbeitet, das den Roman seit seiner Frühzeit im 18. Jahrhundert begleitete: In der Stadt ist alles in Bewegung. Nichts bleibt lange, wo es ist – die Bewegungen des Straßenverkehrs sind ebenso schnell und chaotisch wie die Bewegungen der Figuren auf der Leiter der sozialen Hierarchie. Insbesondere unter dem Einfluss der Industriellen Revolution erscheint die Großstadt als Moloch und Freiraum zugleich. Häufig behandelt der Roman in der zweiten Hälfte des 19. Jahrhunderts die Stadt als ein Laboratorium des sozialen Wandels. Dabei werden enge Zusammenhänge zwischen sozialen Milieus und deren lokaler Konkretisierung hergestellt; Romane entwerfen eine *mental map* ihrer Schauplätze, wobei gleichermaßen auf Interieurs und die Straßen und Plätze der Stadt geachtet wird.

Unter den Stadtromanen des 19. Jahrhunderts gab es solche, die ein turbulentes Gewirr von Handlungssträngen so orchestrierten, dass dabei zugleich ein Bild der Stadt in ihrer sozialen und lokalen Komplexität gezeichnet wurde. Dies findet man bei Charles Dickens, für den die literarische Auseinandersetzung mit London zum großen Lebensthema wurde. Eine Alternative zu diesem Vorgehen lag darin, das Element der Handlung weitgehend zurückzunehmen und stattdessen Charaktere und Handlungsorte ganz in den Vordergrund zu stellen. So entsteht in Fontanes Roman *Der Stechlin* (1897; erstmals in Buchform: Fontane 1899) ein großes Sozialpanorama der besseren Kreise Berlins, in dem die latenten politischen und sozialen Spannungen in

der Hauptstadt herausgearbeitet werden. Das Städtische der Stadt wird dabei durch kontrastierende Schauplätze auf dem Land herausgestellt, wobei Fontane auch immer wieder darauf verweist, dass das Berlin der Kaiserzeit eine späte Hauptstadt und eine späte Großstadt ist. Das im *Stechlin* skizzierte Berlin erscheint – ebenso wie viele seiner Bewohner – in der Rolle des nach Anerkennung strebenden Emporkömmlings gefangen.

Andere Hauptstädte hatten ganz anders gelagerte Probleme. Wo Berlin vielen Berlinern noch zu klein vorkam, wuchsen andere Städte im Verlauf des 19. Jahrhunderts auf eine Weise, die als ausufernd und bedrohlich wahrgenommen wurde. Die Literatur beleuchtete zunehmend auch das Unüberschaubare und Mysteriöse. Eugène Sues Roman *Les Mystères de Paris* (Sue 1842) wurde zu einem erfolgreichen, vielfach nachgeahmten Text. Die zeitgenössische Stadt kann auch, wie in Stevensons *Dr. Jekyll and Mr. Hyde* (1886), zum Schauplatz der Schauerliteratur werden, wobei dieser Text nun nicht mit dem Übersinnlichen, sondern mit Psychologisierungen und dem Motiv des sich in tragische Zusammenhänge verstrickenden Naturwissenschaftlers operiert. Die Novelle enthält zugleich eine der berühmtesten Behandlungen des Doppelgängerthemas; die Doppelfigur Jekyll/Hyde ist damit ein Abkömmling des Doppelgängers, der bereits im 16. Jahrhundert als genuin urbane Figur (s. o.) auftaucht.

Im 19. Jahrhundert manifestierte sich das Mysteriöse bis Unheimliche – wiederum ganz und gar ohne übernatürliche Elemente – auch im Verbrechen. Die wachsenden Großstädte wirkten immer unüberschaubarer, neben den legitimen Wirtschaftszweigen expandierte in ihnen auch die Unterwelt; zumindest lag diese Befürchtung nahe. Wo immer mehr Menschen an einem Ort lebten, wurden immer mehr Verbrechen verübt, und wo die Zahl der Verbrechen stieg, stieg auch die Zahl der nicht aufklärbaren Fälle. Das Gefühl einer Bedrohung durch Kriminalität speiste sich weniger aus einer konkret wahrgenommenen, aktuellen Gefahr als aus der unbestimmt imaginierten Bedrohung. Hier stellte die *literarische* Imagination schließlich eine Gegenkraft bereit, nämlich die Figur des genialen Detektivs. Diesem Detektiv gelingt zuverlässig das, woran die Polizei (sowohl in der Realität als auch in Kriminalgeschichten) immer wieder scheitert. Er ist in der Lage, selbst die kompliziertesten Fälle aufzuklären, weil für ihn aufgrund seiner überragenden Geisteskraft die Stadt und was in ihr geschieht nicht unüberschaubar, sondern einer rationalen Analyse zugänglich ist. Was den gewöhnlichen Menschen verwirrt und ängstigt, wird von ihm binnen kürzester Zeit auf glasklare Zusammenhänge zurückgeführt.

Der Kriminalroman bzw. entsprechende Kurzgeschichten waren in ihrer frühesten Phase insbesondere für ein großstädtisches Publikum attraktiv, weil sie eine Figur bereitstellten, die in der Lage war, die städtische Reizüberflutung auf ein lesbares Zeichensystem zu reduzieren. Die dergestalt lesbare Stadt erscheint – zumindest im Handlungsradius des Detektivs – beherrschbar. Ein frühes prominentes Beispiel für solche Texte sind die berühmten Kurzgeschichten des US-amerikanischen Schriftstellers Edgar Allan Poe, in denen er seinen Ermittler C. Auguste Dupin in Paris rätselhafte Fälle aufklären lässt. (*The Murders in the Rue Morgue*, 1841; *The Mystery of Marie Rogêt*, 1842; *The Purloined Letter*, 1844; in: Poe 1979). Die 1880er Jahre brachten schließlich den globalen Durchbruch für die Kriminalgeschichte bzw. den Kriminalroman. Ab 1887 erschienen Arthur Conan Doyles Sherlock Holmes-Erzählungen. Es ist davon auszugehen, dass die in den späten 1880ern weit verbreitete Furcht vor dem großstädtischen Verbrechen zum Erfolg dieser Texte beitrug, denn 1888 begann die mysteriöse Serie der Jack the Ripper-Morde. Durch Arthur Conan Doyle wurde die Assoziation zwischen dem Genre der Kriminalgeschichte und der Stadt verfestigt und perpetuiert. Holmes ist ohne London nicht denkbar – und umgekehrt. Der Detektiv mit der karierten Mütze und der Meerschaumpfeife gehört zu den weltweit verbreiteten London-Klischees, und Jahr für Jahr sucht eine große Zahl von Touristen Holmes-Gedenkorte wie beispielsweise das Sherlock Holmes-Museum auf. Hier ist die scheinbar authentische Rekonstruktion der Wohnung eines Detektivs zu bewundern, der nie gelebt hat. Darüber hinaus finden sich im städtischen Raum zahlreiche Verweise auf den Detektiv, die die als identitätsbildend und vor allem wirtschaftsfördernd erkannte Assoziation zwischen ihm und London stärken – man denke beispielsweise an die ikonische Sherlock Holmes-Silhouette, die hundertfach als Dekorationselement an den Wänden der U-Bahn-Station Baker Street auftaucht. Hier zeigt sich einmal mehr die Wirkmächtigkeit der Literatur im städtischen Raum. Ihre Rolle ist nicht darauf beschränkt, die Stadt zu reflektieren und zu kommentieren; der Einfluss literarischer Texte kann Wahrnehmung und Gestaltung städtischer Räume nachhaltig prägen.

8. Stadt und Literatur ab dem frühen 20. Jahrhundert

Ab dem frühen 20. Jahrhundert, ab der Zeit der Klassischen Moderne also, lassen sich folgende Tendenzen in der literarischen Auseinandersetzung mit der Stadt beobachten. Zum einen wird das bereits vorhandene Repertoire von Herangehensweisen an die Stadt weiter genutzt. So kommt es zu einem neuen Aufblühen des Essays und damit verbunden der Figur des urbanen Flaneurs; ein dafür typischer deutscher Text mit charakteristischem Titel ist *Spazieren in Berlin. Ein Lehrbuch der Kunst, in Berlin spazieren zu gehn, ganz nah dem Zauber der Stadt von dem sie selbst kaum weiß* von Franz Hessel (1929). Eng verwandt mit solchen Essays sind journalistische Großstadtreportagen mit literarischem Anspruch, wie sie Egon Erwin Kisch anfangs vor allem über Prag, aber später gleichfalls über andere Städte in Europa, Asien und den USA verfasste (z. B.: *Aus Prager Gassen und Nächten*, 1912; *Die Abenteuer in Prag*, 1920; *Der Rasende Reporter*, 1924; *Paradies Amerika*, 1929) Auch, wenn der Reporter sich in der Regel nicht ausschließlich als Flaneur inszeniert und in solchen Reportagen die Leichtigkeit und die spielerische Distanz zum Gegenstand geringer ausgeprägt ist, zeigt sich hier dennoch die historische Verwandtschaft zwischen Journalismus und urbanem Essay, die bereits im frühen 18. Jahrhundert durch den *Spectator* (s. o.) begründet wurde.

Dass es sich bei solchen urbanen Essays und Reportagen um vergleichsweise konventionelle, formal und gedanklich auf wohlbekannten Modellen aufbauende Texte handelt wird deutlich, sobald man diese mit anderen Texten des frühen 20. Jahrhundert vergleicht, die stärker mit experimentellen und innovativen Verfahren operieren. Bahnbrechend war hier der Roman *Ulysses* von James Joyce (1922; Joyce 1986). In *Ulysses* wird geschildert, wie sich mehrere Figuren einen Tag lang durch Dublin bewegen. Auf den ersten Blick wirkt der Text oft enigmatisch, da schnell und unvermittelt zwischen Erzählerstimme, Gedanken der Figuren, verschiedenen Wahrnehmungsperspektiven sowie Dialogen bzw. Dialogfetzen gewechselt wird. Dublin ist dadurch auf eigenartige Weise gleichzeitig präsent und absent (Lobsien in Galle/Klingen-Protti 2005, 167). Im Text baut sich in schnellem, scheinbar endlosem Wechsel ein mosaikartiges Bild von Blicken auf die Stadt auf; dazu kommen die zahllosen, gleichfalls permanent wechselnden Erinnerungs- und Emotionsfetzen im Bewusstsein der Figuren, die durch die sinnliche Wahrnehmung der Stadt und ihrer Bewohner aufgerufen und aktiviert werden. Der Roman nimmt damit Kernerfahrungen bzw. zentrale Beschreibungstopoi der modernen Stadt auf, nämlich die der Beschleunigung, der Diskontinuität und der sich daraus ergebenden Verfremdungseffekte. All dies wird intensiviert durch die Einbindung neuer Ideen und Verfahren. Die Konstruktion von Assoziationsketten und die Verknüpfung von Sinneseindrücken mit Erinnerungen geht auf Anregungen aus der Psychoanalyse zurück. Der schnelle Perspektivwechsel, das selektive Fokussieren auf Details verweist auf entsprechende Verfahren, mit denen insbesondere in den 1920ern im Film experimentiert wurde. Die schnellen Schnitte und die bisherigen Sehgewohnheiten zuwiderlaufenden extremen Perspektiven, die sich in Walther Ruttmanns Film *Berlin. Die Sinfonie der Großstadt* (1927) finden, weisen eine ganz ähnliche Ästhetik auf. Hier gibt es eine zeittypische Korrespondenz zwischen den Künsten. Vielfältige Montagen, Perspektivwechsel, Unterbrechungen und innere Monologe finden sich auch in Dos Passos' New York-Roman *Manhattan Transfer* (Dos Passos 1925) sowie in dem großen Berlin-Roman der 1920er, *Berlin Alexanderplatz* von Alfred Döblin (1929; Döblin 1999). Es ist sicherlich kein Zufall, dass bereits der Beginn des ersten Kapitels, in dem Franz Biberkopf, die Hauptfigur, eine Straßenbahnfahrt als schwindelerregenden, surrealen Höllenritt erlebt, sehr deutlich an einprägsame Sequenzen aus *Berlin. Die Sinfonie einer Großstadt* erinnert (weiterführend zu Zusammenhängen zwischen Literatur und Film im frühen 20. Jahrhundert: Brooker 2002). Die Erwartungen des Lesepublikums werden in *Berlin Alexanderplatz* darüber hinaus – ganz ähnlich wie in *Ulysses* – durch epische Elemente unterlaufen.

Angelika Corbineau-Hoffmann spricht im Zusammenhang mit der Stadtliteratur der Moderne von »Collagen – Kompositionen des Ungewohnten«; damit wird in ihrer *Kleinen Literaturgeschichte der Großstadt* der bislang letzte literarische Blickmodus (nach Panoramen, moralischen Tableaus, dem pittoresken, dem perspektivischen und dem filmischen Blick) erreicht (Corbineau-Hoffmann 2003). Die Analogie zu den Bildkünsten wird hier in ein Register von Metaphern umgesetzt, das in diesem Fall als Ordnungsschema für literarische Zugänge zur Stadt genutzt wird. Dabei kann man tatsächlich verschiedene Wahrnehmungsmuster im literarischen Diskurs unterscheiden; diese wurden von Susanne Hauser semiotisch untersucht (Hauser 1990, insbesondere: 82–139; zu Perspektivwechseln in der literarischen und visuellen Darstellung der Stadt siehe auch Timms/Kelley 1985, 3 ff.).

Der wie eine Collage anmutende ständige Wechsel von Perspektiven sowie das Operieren mit Assoziationsketten haben eine verfremdende Wirkung; sie liefen den zur Zeit ihrer Einführung gängigen Lese-, Seh- und Denkgewohnheiten zuwider. Die Verfremdung als ein Verfahren, das durch das Aufbrechen solcher Gewohnheiten die Wahrnehmung der Welt überhaupt erst wieder möglich machen sollte, war bereits 1916 von dem russischen Literaturtheoretiker Viktor Šklovskij in »Die Kunst als Verfahren« als griffiges theoretisches Konzept eingeführt worden (siehe Šklovskij 1994, 3–35). Er legitimierte dabei das Widerständige jeder künstlerischen Tätigkeit: Kunst – und entsprechend auch Literatur – muss irritieren, sie muss enigmatisch und vielleicht auch schmerzhaft sein, um dem Publikum die Augen zu öffnen. Ganz in diesem Sinne etabliert sich ab den 1920ern eine neue Art der literarischen Rede von der Stadt. Ziel ist hier nicht mehr eine eingängige Eleganz in Sprache und Ideenführung. Stattdessen steht man bei der Lektüre eines Textes wie *Ulysses* vor der Aufgabe, sich in diesem Text erst einmal orientieren zu müssen. Der Text liefert Elemente, von denen man vermuten darf, dass sie auf sinnvolle Art und Weise verbunden sind, aber er stellt seine Leserschaft zugleich vor die Aufgabe, diese Verbindungen selbständig und oft ohne die Hilfe einer konventionellen Erzählerfigur aufspüren zu müssen.

Die Innovation ist immer auch der erste Schritt zur Etablierung neuer Traditionen; was als Anschreiben gegen zeittypische Vorstellungen von einem Text über die Stadt beginnt, kann leicht selbst zum Element des *mainstream* werden. Entsprechend wurden die kalkulierten Provokationen der Klassischen Moderne zu einem der gängigen Modelle, die aufgenommen oder verworfen werden konnten, wenn man sich im weiteren Verlauf des 20. Jahrhunderts literarisch mit der Stadt auseinandersetzen wollte. So bedienen sich die Verfasser und Verfasserinnen postmoderner Literatur aus dem Fundus der Möglichkeiten des Schreibens über die Stadt. Gemäß der Kernthese der Postmoderne, wonach die »großen Erzählungen« gescheitert seien, herrscht nun oft ein kulturkritischer Relativismus vor. Scheinbare Sicherheiten werden untergraben und multiperspektivisch aufgelöst. Identitäten erweisen sich als fragil. Die Stadt ist der Handlungsort, an dem sich all diese Unsicherheiten potenzieren – so beispielsweise in Paul Austers aus den Kurzromanen *City of Glass* (1985), *Ghosts* (1986) und *The Locked Room* (1986) bestehender *New York Trilogy* (Auster 1987). Ein in diesem Zusammenhang verstärkt aufgegriffenes Thema ist das der kulturellen Hybriditäten, die sich vor dem Hintergrund einer fortschreitenden Globalisierung insbesondere in städtischen Kontexten abzeichnen. Dies ist besonders dann der Fall, wenn ein Text in einer ehemaligen Hauptstadt eines Kolonialreichs spielt, die Zielort einer weltweiten Migration ist. Einschlägige Romane sind hier *The Buddha of Suburbia* von Hanif Kureishi (1990), *White Teeth* von Zadie Smith (2000) oder *Brick Lane* von Monica Ali (2003; zu allen: Deny 2009, 133–228).

Es ist zu erwarten, dass Migration und Globalisierung auf absehbare Zeit prominente Themen der Stadtliteratur bleiben werden. Zugleich ist davon auszugehen, dass außereuropäischen Megacities eine größere Rolle in der Literatur zukommen wird – in jedem Fall aus der Perspektive einheimischer Autorinnen und Autoren, höchstwahrscheinlich aber auch aus europäischer und nordamerikanischer Perspektive. In Megacities entstehen durch explosionsartiges Wachstum städtische Gebilde, die sehr schnell den Charakter ihrer historischen Stadtkerne (soweit diese überhaupt vorhanden sind) und der mit ihnen assoziierten lokalen Imaginationsfiguren überlagern. Literarische Traditionen reichen dort oft weniger weit zurück als in Europa – insbesondere, wenn es sich bei diesen Städten um koloniale Neugründungen handelt. In der Literatur überlieferte Stadtklischees können daher weniger verfestigt sein, als dies z. B. für Rom oder Paris der Fall ist.

Für diese Megacities (die Terminologie ist im Fluss; das Phänomen wird auch als »megalopolis«, »new metropolis« etc. bezeichnet – siehe Detmers/Heidemann/Sandten 2011, 483) bieten sich zwei Deutungsmuster (man spricht in diesem Zusammenhang in der aktuellen englischsprachigen Forschungsliteratur von »urban imaginaries«; siehe ebd.) an. Zum einen, und das insbesondere aus europäischer Perspektive, können sie als das Bedrohliche, ganz und gar andere Gegenstück zur europäischen Metropole erscheinen, wobei sie leicht zur Projektionsfläche europäischer Ängste werden: »Sie explodierten, implodierten, verendeten, rappelten sich wieder auf. In gewaltigen Massenveranstaltungen massakrierten sich die Menschen gegenseitig,

kopulierten in aller Öffentlichkeit, gebaren, hungerten und kreischten vor Freude« (Daus 1992, 11). Ganz anders fällt die Wahrnehmung und Bewertung der Megacities als multikulturelle Schmelztiegel aus. So gesehen erscheinen sie als Orte, der sich durch den Reichtum und die Komplexität kultureller und historischer Texturen auszeichnen: »[…] lively multicultural arenas which obtain diverse functions: »melting (s)pots« of people, territories of (sub)cultures, multilingual hotbeds of radical social and political changes. Moreover, as architectural sites, simultaneously featuring the splendour and decay of different time periods […]« (Detmers/Heidemann/Sandten 484). Literatur ist eine der kulturellen Praktiken, die es Gesellschaften ermöglicht, sich über ihr Selbstverständnis und ihre Lebensbedingungen zu verständigen. Daher kommt der literarischen Auseinandersetzung mit dem Leben in den neuen Metropolen sicherlich auch eine politische Funktion zu (siehe Gräbner 2010).

Es bleibt abzuwarten, welche Wege in der Stadtliteratur der Zukunft beschritten werden. Gegenwärtig zeichnet sich ein vielfach noch an »postmodernen« Verfahren orientiertes Spiel mit Typografie, der Materialität des Buches oder mit Hypertextstrukturen ab, die jeweils verstehbar sind als Versuche, die vielfältigen, gleichzeitigen und komplexen Sinneseindrücke der Großstadt durch simulierte Gleichzeitigkeit und gesteigerte Verdichtung zu inszenieren (dazu vgl. Gurr/Raussert 2001).

Einerseits wurde über Jahrtausende in der abendländischen Tradition ein reicher Fundus von Möglichkeiten des literarischen Sprechens über die Stadt aufgebaut. Insofern steht ein reiches Reservoir von Themen und Modellen zur Verfügung, die jederzeit erneut aufgegriffen, modifiziert und kombiniert werden können. Andererseits etabliert sich außerhalb Europas ein städtisches Leben neuen Zuschnitts, das – rein statistisch gesehen – für immer größere Teile der Weltbevölkerung die Rahmenbedingungen der städtischen Existenz definieren wird. Aufgrund postkolonialer kultureller Verflechtungen ist davon auszugehen, dass Verbindungen zwischen alten und neuen, aus der außereuropäischen Welt kommenden literarischen Auseinandersetzungen mit der Stadt noch auf lange Zeit intertextuell fortgesponnen werden.

Literatur

Addison, Joseph/Steele, Sir Richard: *The Spectator*. 5 Bde. (Hg. von Donald F. Bond). Oxford 1965.

Ali, Monica: *Brick Lane*. London 2003.

Alter, Robert: *Imagined Cities: Urban Experience and the Language of the Novel*. New Haven, Conn. 2005.

Anon.: *Hadīth Bayād wa-Riyād*. Handschrift, 13. Jh., Vatikanische Bibliothek (Codex Vat. Arab. 368).

Andresen, Carl u. a. (Hg.): *Lexikon der Alten Welt*, 3 Bde. Zürich/München ²1990.

Anon./Schott, Albert und Soden, Wolfram von (Hg.): *Das Gilgamesch-Epos. Neu Übersetzt und mit Anmerkungen versehen von Albert Schott. Ergänzt und teilweise neue gestaltet von Wolfram von Soden*. Stuttgart ²1980.

Anon. (Pseud: Muddersnook, Byde): »When the New Zealander Comes«. In: *Strand Magazine*, Bd. xlii, No. 249, September 1911, 284–249.

Ashurbanipal Library Project (British Museum): http://www.britishmuseum.org/research/research_projects/all_projects/ashurbanipal_library_phase_1.aspx (10.12.2011)

Auster, Paul: *The New York Trilogy*. London 1987.

Bacon, Francis: *The Advancement of Learning and New Atlantis*. (Hg. von Arthur Johnston). Oxford 1974.

Benjamin, Walter: *Das Passagenwerk*. Frankfurt a. M. 1983.

Blake, William (Hg.: Keynes, Geoffrey): *Blake. Complete Writings with Variant Readings*. London ³1969.

Bollerey, Franziska: *Mythos Metropolis: Die Stadt als Sujet für Schriftsteller, Maler und Regisseure*. Berlin ²2010.

Böker, Uwe: »Von Wordsworths schlummerndem London bis zum Abgrund der Jahrhundertwende«. In: Meckseper, Cord/Schraut, Elisabeth (Hg.): *Die Stadt in der Literatur*. Göttingen 1983, 28–56.

Boswell, James: *Boswell's London Journal, 1762–1763*. (Hg. von F. A. Pottle). Edinburgh ²1991.

Brand, Dana: *The Spectator and the City in Nineteenth-Century American Literature*. Cambridge 1991.

Breuer, Ralf/Schöwerling, Rainer, (Hg. und Übers.): *Altenglische Lyrik*. Stuttgart 1981.

Brooker, Peter: *Modernity and Metropolis: Writing, Film and Urban Formations*. Basingstoke 2002.

Burckhardt, Titus: *Die maurische Kultur in Spanien*. München ²1980.

Campanella, Tommaso: *Civitas Solis. Idea Reipublicae Philosophicae*. Frankfurt a. M. 1623.

Campanella, Tommaso: *Die Sonnenstadt*. Hg. und übers. von Jürgen Ferner. Stuttgart 2008.

Casson, Lionel: *Bibliotheken der Antike*. Düsseldorf 2002.

Catull = C. Valerius Catullus: *Sämtliche Gedichte. Lateinisch/Deutsch*. (Übers. und hg. von Michael Albrecht). Stuttgart 2001.

Chandler, T./Fox, G.: *3000 Years of Urban Growth*. New York 1974.

Classen, Carl Joachim: *Die Stadt im Spiegel der Descriptiones und Laudes urbium in der antiken und mittelalterlichen Literatur bis zum Ende des zwölften Jahrhunderts*. Hildesheim ²1986.

Corbineau-Hoffmann, Angelika: *Kleine Literaturgeschichte der Großstadt*. Darmstadt 2003.

Daus, Ronald (Hg.): *Großstadtliteratur. Ein internationales Colloquium über lateinamerikanische, afrikanische und asiatische Metropolen in Berlin, 14.–16. Juni 1990*. Frankfurt a. M. 1992.

Daus, Ronald: »Die Faszination außereuropäischer Großstädte«. In: Daus, Ronald (Hg.): *Großstadtliteratur. Ein internationales Colloquium über lateinamerikanische, afrikanische und asiatische Metropolen in Berlin, 14.–16. Juni 1990*. Frankfurt a. M. 1992, 9–16.

Davis, L.: *Factual Fictions: The Origins of the English Novel*. New York 1983.

Dekker, Thomas: *The Belman of London. Bringing to light the most notorious villanies that are now practised in the Kingdome. Profitable for Gentlemen, Lawyers, Merchants, Citizens, Farmers, Masters of Housholds, and all sortes of servants [...]*. London 1608.

Deny, Martina: *Lost in the Postmodern Metropolis. Studien zu (Des-)Orientierung und Identitätskonstruktion im zeitgenössischen Londonroman*. Frankfurt a. M. 2009.

Detmers, Ines/Heidemann, Birte u. a.: »Introduction: Tracing the Urban Imaginary in the Postcolonial Metropolis and the ›New‹ Metropolis«. In: *Journal of Postcolonial Writing*, Bd. 47, Nr. 5, Dezember 2011, 483–487.

Devizes, Richard of: *Chronicon Ricardi Diviensis de Rebus Gestis Ricardi Primi Regis Angliae*. (Hg. von Joseph Stevenson). London 1838.

Dieterle, Bernhard: *Die versunkene Stadt: Sechs Kapitel zum literarischen Venedig-Mythos*. Frankfurt a. M.1995.

Enklaar, Jattie: *Das Jahrhundert Berlins: Eine Stadt in der Literatur*. Amsterdam 2000.

Dos Passos, John: *Manhattan Transfer*. New York 1925.

Doyle, Sir Arthur Conan: »The Man with the Twisted Lip«. In: Doyle, Sir Arthur Conan. *The Penguin Complete Sherlock Holmes*. 1988, 229–244.

Drabble, Margaret (Hg.): *The Oxford Companion to English Literature*. Oxford ⁵1989.

Döblin, Alfred (Hg.: Muschg, Walter): *Berlin Alexanderplatz. Die Geschichte vom Franz Bieberkopf*. (Hg. von Walter Muschg). München ³⁸1999.

Duncan, Ian: *Scott's Shadow: The Novel in Romantic Edinburgh*. Princeton 2007.

Enklaar, Jattie: *Das Jahrhundert Berlins: Eine Stadt in der Literatur*. Amsterdam 2000.

Galle, Roland: *Städte der Literatur*. Heidelberg 2005.

Garber, Klaus (Hg.): *Stadt und Literatur im deutschen Sprachraum der Frühen Neuzeit*, 2 Bde. Tübingen 1998.

Effe, Bernd: *Antike Hirtendichtung: Eine Einführung*. Düsseldorf ²2001.

Fincke, J.: »The British Museum's Ashurbanipal Library Project«. In: *Iraq* 66, (2004), 55–60.

Fitzstephen, William: »Descriptio Londoniae«. In: Riley, Henry Thomas (Hg.), *Liber Custumarum. The Chronicles and Memorials of Great Britain and Ireland during the Middle Ages (Rolls Series)*, Nr. 12. Bd. 2. London 1860, 2–15.

Fontane, Theodor: *Der Stechlin*. Berlin 1899.

Fröhlich, David: *Bibliotheca, seu Cynosura Peregrinantium, hoc est, Viatorium*. Ulm 1644.

Galle, Roland/Klingen-Protti, Johannes (Hg.): *Städte in der Literatur*. Heidelberg 2005.

Garber, Klaus (Hg.): *Stadt und Literatur im deutschen Sprachraum der Frühen Neuzeit*, 2 Bde. Tübingen 1998.

Gassenmeier, Michael/Gurr, Jens Martin: »The Experience of the City in British Romantic Poetry«. In: Esterhammer, Angela: *Comparative History of Literatures in European Languages*. Amsterdam/Philadelphia 2002, 305–331.

Giradoux, Jean: *Sodom et Gomorrhe*. Paris 1943.

Goll, Yvan: *Sodome et Berlin*. Paris 1930.

Gräbner, Cornelia: »Four Paths Five Destinations: Constructing Imaginaries of Alter Globalization through Literary Texts«. In: *Cosmos and History: The Journal of Natural and Social Philosophy*, Vol. 6, No. 2 (2010), 93–112.

Graevenitz, Gerhard von: *Die Stadt in der europäischen Romantik*. Würzburg 2000.

Gurr, Jens Martin/Raussert, Wilfried (Hg.): *Cityscapes in the Americas and Beyond: Representation of Urban Complexity in Literature and Film*. Trier 2001.

Habermas, Jürgen: *Strukturwandel der Öffentlichkeit. Untersuchungen zu einer Kategorie der bürgerlichen Gesellschaft*. Frankfurt a. M. ⁵1996.

Harman, Thomas: *A Caveat or Warening for Common Cursetors Vulgarely called Vagabones*. London 1573.

Hauser, Susanne: *Der Blick auf die Stadt: Semiotische Untersuchungen zur literarischen Wahrnehmung bis 1910*. Berlin 1990.

Hernadi, P. (Hg.): *What is Literature?* Bloomington 1978.

Hessel, Franz: *Spazieren in Berlin. Ein Lehrbuch der Kunst, in Berlin spazieren zu gehn, ganz nah dem Zauber der Stadt von dem sie selbst kaum weiß*. Berlin 1929.

Heyl, Christoph: *A Passion for Privacy. Untersuchungen zur Genese der bürgerlichen Privatsphäre in London (1660–1800)*. München 2004.

Heyl, Christoph: »London as a Latter-Day Rome? From Neo-Classicist to Post-Colonial Urban Imagination and Beyond, 1666–1941«. In: Kinzel, Ulrich (Hg.): *London. Urban Space as Cultural Experience*. Sonderheft *Literatur in Wissenschaft und Unterricht* XLII, Nr. 2/3 (2010), 103–126.

Höhne, Horst: *Die Stadt der Romantiker: Paradoxien einer Haßliebe*. Frankfurt a. M. 2005.

Hoffmann, Ernst Theodor Amadeus: *Der Goldene Topf. Ein Mährchen aus der neuen Zeit*. (Hg. von Joseph Kiermeier-Debre). München ³2003.

Horaz (Quintus Horatius Flaccus): *Sämtliche Gedichte. Lateinisch/Deutsch*. Hg. und übers. von Bernhard Kytzler. Stuttgart 1992.

Hugo, Victor: *Notre-Dame de Paris*. Paris 1841.

Hunter, J. Paul: *Before Novels. The Cultural Contexts of Eighteenth Century Fiction*. New York 1990.

Jochem, Uwe: »The Alexandrian Library and its Aftermath«. In: *Library History* 15 (1999), 5–12.

Joyce, James (Hg.: Gabler, Walter): *Ulysses*. London 1986.

Juvenal = Decimus Iunius Iuvenalis (Hg. und übers. von Joachim Adamietz): *Satiren. Lateinisch-Deutsch*. München/Zürich 1993.

Kisch, Egon Erwin: *Aus Prager Gassen und Nächten*. Wien 1912.

Kisch, Egon Erwin: *Die Abenteuer in Prag*. Wien/Prag 1920.

Kisch, Egon Erwin: *Paradies Amerika*. Berlin 1929.

Kisch, Egon Erwin: *Der rasende Reporter*. Wien 1924.

Kleberg, Tönnes: *Buchhandel und Verlagswesen in der Antike*. Darmstadt 1967.

Klotz, Volker: »Operetten-Städte: singend und ersungen, tanzend und ertanzt«. In: Meckseper, Cord/Schraut, Elisabeth (Hg.): *Die Stadt in der Literatur*. Göttingen 1983, 105–120.

Lehan, Richard Daniel: *The City in Literature: An Intellectual and Cultural History*. Berkeley 1998.

Lobsien, Eckhard: »Die Stadt als Text – Topografie und Erzählen in James Joyces Ulysses«. In: Galle, Roland/Klingen-Protti, Johannes (Hg.): *Städte in der Literatur*. Heidelberg 2005, 161–174.

Mattenklott, Gundel: »Die Stadt als Raum ästhetischer Erfahrung und Bildung«. In: *Zeitschrift ästhetische Bildung* 1.2 (2009), 1–5, http://zaeb.net/index.php/zaeb/article/viewFile/18/15 (20.09.2010)

Meckseper, Cord/Schraut, Elisabeth (Hg.): *Die Stadt in der Literatur*. Göttingen 1983.

Metzger, Martin: »Hier will ich wohnen für immer. Literatur in Jerusalem – Jerusalem in der Literatur«. In: Galle/Klingen-Protti (Hg.) 2005, 16–62.

Kureishi, Hanif: *The Buddha of Suburbia*. London 1990.

Luther, Martin: *An den Christlichen Adel Deutscher Nation von des christlichen Standes Besserung* (1520). In: Köpf, Ulrich u. a. (Hg.): *D. Martin Luthers Werke* (Weimarer Ausgabe). 120 Bde. Abt. Schriften und Werke. Bd 6.

Menocal, Maria Rosa: *Die Palme im Westen. Muslime, Juden und Christen im alten Andalusien*. Berlin 2003.

Montaigne, Michel Eyquem de: *Essais*. (Hg. und übers. von Johann Daniel Tietz). Frankfurt a. M. 2010.

Morus, Thomas: *De optimo reip. Statu, deque nova insula Utopia, libellus vere aureus, nec minus salutaris quam festivus*. London 1516.

Morus, Thomas: *Utopia*. (Hg. und übers. von Alfred Hartmann). Zürich 1981.

Nünning, Ansgar (Hg.): *Metzler Lexikon Literatur- und Kulturtheorie. Ansätze – Personen – Grundbegriffe*. Stuttgart/Weimar ³2004.

Ovid = Publius Ovidius Naso (Hg.: Wheeler, Arthur Leslie), *Tristia. Ex Ponto*. London 1959.

Pappalardo, Umberto: *Antike Theater: Architektur, Kunst und Dichtung der Griechen und Römer*. Petersberg 2007.

Peer, Larry H. (Hg.): *Romanticism and the City*. New York 2011.

Pepys, Samuel: *The Diary of Samuel Pepys. A New and Complete Transcription*. 11 Bde. Hg. von Latham, Robert/Matthews, William. London ⁷1983.

Plato: *Werke in acht Bänden, griechisch und deutsch*. (Hg. von Dietrich Kurtz, übers. von Friedrich Schleiermacher). Darmstadt 2005.

Poe, Edgar Allan: *The Collected Works of Edgar Allen Poe*. Hg. von Thomas Olive Mabbott. 3 Bde. Cambridge, Ma. 1979.

Proust, Marcel: *Sodome et Gomorrhe*, 2 Bde. Paris 1921/1922.

Rahmsdorf, Sabine: *Stadt und Architektur in der literarischen Utopie der Frühen Neuzeit*. Heidelberg 1999.

Rausch, Wilhelm (Hg.): *Die Städte Mitteleuropas im 17. und 18. Jahrhundert*. Linz 1981.

Reif, Heinz: »Metropolen. Geschichte, Begriffe, Methoden«. In: *CMS Working Paper Series*, No. 001–2006, http://www.geschundkunstgesch.tu-berlin.de/uploads/media/001-2006.pdf (10.01.2012)

Robinson, Cynthia: *Medieval Courtly Culture in the Mediterranean: Hadith Bayad wa Riyad*. London 2007.

Sade, Donatien Alphonse, Comte, bekannt als Marquis de Sade: *Les 120 journées de sodome ou l'ecole du libertinage*. Paris 1904.

Scheithauer, Andrea: *Verfeinerte Lebensweise und gesteigertes Lebensgefühl im augusteischen Rom: »Urbanitas« mit den Augen Ovids gesehen.* Frankfurt a. M. 2007.

Šklovskij, Viktor: »Die Kunst als Verfahren«. In: Striedter, Jurij (Hg): *Russischer Formalismus. Texte zur allgemeinen Literaturtheorie und zur Theorie der Prosa.* München ⁵1994, 3–35.

Scott, Sir Walter: *Waverley.* Edinburgh 1814.

Scott, Sir Walter: *The Heart of Midlothian.* Edinburgh 1818.

Smith, Zadie: *White Teeth.* London 2000.

Steigerwald, Jörn: *Die fantastische Bildlichkeit der Stadt: Zur Begründung der literarischen Fantastik im Werk E.T.A. Hoffmanns.* Würzburg 2001.

Stevenson, Robert Louis: *The Strange Case of Dr. Jekyll and Mr Hyde.* New York 1886.

Stierle, Karlheinz: »Balzac, Hugo und die Entstehung des Pariser Stadtromans«. In: Galle, Roland/Klingen-Protti, Johannes (Hg.): *Städte in der Literatur.* Heidelberg 2005, 128–143.

Stow, John (Hg: Wheatley, H.B. und Pearl, Valerie): *The Survey of London.* London/Melbourne 1987.

Sue, Eugène: *Les Mystères de Paris.* Paris 1842.

Timms, Edward: *Unreal City: Urban Experience in Modern European Literature and Art.* Manchester 1985.

Watt, Ian: *The Rise of the Novel. Studies in Defoe, Richardson and Fielding.* London ²1987.

Wilmot, John, 2ⁿᵈ Earl of Rochester (?): *Sodom, or the Quintessence of Debauchery.* London 1684.

Wordsworth, William (Hg.: Gill, Stephen): *William Wordsworth.* Oxford 1984.

Ziegler, Konrat/Sontheimer, Walter (Hg.): *Der Kleine Pauly. Lexikon der Antike in fünf Bänden.* München 1979.

12. Das Bild der Stadt

Matthias Bruhn/Gabriele Bickendorf

1. Stadt als Thema der Kunst- und Bildgeschichte

Bildliche Darstellungen begleiten seit den frühen Hochkulturen die Geschichte der Stadtentwicklung, und sie haben im Prozess der Urbanisierung nicht nur deshalb zu allen Zeiten eine wesentliche Rolle gespielt, weil visuelle Muster und Kommunikationsformen eine unabdingbare Grundlage gesellschaftlicher Interaktion wären, sondern auch, weil konkrete Darstellungstechniken die jeweils historisch bestimmenden Ideen der Stadt reflektieren und verdichten helfen und so an deren weiterer Ausformung beteiligt sind. Schon das Konzept der »Stadt« ist in weiten Teilen bildlicher Natur, insofern sich aus Siedlungsformen wiederkehrende bauliche Strukturen wie Mauer und Tor ergeben haben und ihre Innen- und Außenansichten durch Denkmäler und Hoheitssymbole, Straßenachsen und Gebäude ästhetisch organisiert werden. Im Laufe der Bild- und Mediengeschichte ist darüber hinaus ein breites Spektrum von Darstellungsformen und -funktionen entstanden, das von Plänen und Modellen bis hin zu fotografischen und filmischen Aufnahmen reicht und das wiederum die Stadt, insbesondere die großen Metropolen, zur Projektionsfläche weitergehender sozialer und planerischer Erwartungen hat werden lassen.

Die aus diesem Prozess herrührenden Bildformen sind in den letzten Jahrzehnten besonders aus zwei Gründen wieder verstärkt in den Blick der kunsthistorischen Forschung genommen worden. Infolge der verheerenden Zerstörungen der europäischen Städte im Zweiten Weltkrieg und einer sich anschließenden Abriss- und Umbauwelle, die mit dem Wiederaufbau, der Modernisierung zur »autogerechten Stadt« und schließlich der Expansion in die Fläche hinein verbunden war, gewannen zunächst die historische Stadt- und Bauforschung sowie die Architekturgeschichte an neuer Bedeutung (Jaspert 1957; vgl. Durth/Gutschow 1993; Gleiss 1995). Nach dem Ab-

ebben der Modernisierungseuphorie kam seit den 1970er Jahren der Wunsch auf, den noch erhaltenen Bestand an Struktur und Bausubstanz denkmalpflegerisch zu retten und zu erhalten, zuweilen verbunden mit einer Suche oder Sehnsucht nach lokaler Identität, wie sie beispielsweise in der Totalrekonstruktion verlorener Bauten und Ensembles ihren Ausdruck findet. Ihr gegenüber steht eine postmoderne Deutung von Stadt als Kulisse.

Hatten in der Phase des Aufbaus vor allem großräumige Architekturvisionen und Pläne das Denken der Akteure bestimmt, spielten und spielen bei Restaurierungen und insbesondere bei Totalrekonstruktionen ältere Stadtansichten aus Malerei, Druckgrafik und Fotografie eine zentrale Rolle als Dokumente eines verlorenen Zustands, gerade an Orten, die für kulturell oder touristisch bedeutsam erachtet werden. In jüngster Zeit hat sich um die Frage nach dem urbanen Erbe eine Debatte entwickelt, die gerade an diesen Rekonstruktionen eine zunehmende Fiktionalisierung von Geschichtlichkeit und eine postmoderne Imagination der europäischen Stadt kritisiert, zumal wenn die Wiederherstellung von Ensembles und Platzanlagen einen großzügigen Mix unterschiedlicher Stile und Baureste vornimmt, um historisches Authentizitätsgefühl zu simulieren (Bartezky 2009; Nerdinger 2010; von Buttlar u. a. 2011; Bullock 2011; Schedewy 2011). Im Kontext dieser Debatte kommt den bildlichen Grundlagen der Rekonstruktionen, deren dokumentarischer Charakter zunehmend in Frage gestellt wird, besondere Bedeutung und Aufmerksamkeit zu.

Anlass zum Nachdenken geben auch die neueren kunsthistorischen und bildwissenschaftlichen Untersuchungen, welche die Grenzen künstlerischer Gestaltung im Zeitalter elektronischer Medien neu ausloten, darin den kunstwissenschaftlichen Forschungen nach 1900 vergleichbar, und den Blick auch auf angewandte Formen der Darstellung wie Pläne, Diagramme oder Gebrauchsfotografie richten. Ihre Ergebnisse machen deutlich, in welchem

Umfang und mit welchen technischen Grundlagen Städtebilder und Stadtansichten eine bestimmte und bestimmende Idee der Stadt vor Augen führen und ihr die mimetischen Anteile der Darstellung zu-, mitunter sogar weitgehend unterordnen. Dies betrifft keineswegs nur die offensichtlichen Fälle symbolisch-allegorischer Bilder der Stadt, sondern auch solche Darstellungen, die auf den ersten Blick als Wiedergabe eines bekannten Ortes erscheinen. Mehr noch: Ein bemerkenswertes Maß an künstlerischer Freiheit und kreativer Gestaltung war gerade mit den präzisen Angaben zu einzelnen Bauten verknüpft, als Ende des 15. Jahrhunderts die Stadtansichten entstanden. Seitdem haben Kunst und Kultur ein großes Reservoir an Bildern und Bildtypen hervorgebracht, die als Visualisierung des Begriffs der Stadt anzusehen sind und ihn gleichzeitig geprägt haben.

2. Nachantike Entwicklungen

Autonome Bilder der Stadt sind relativ späte Entwicklungen in der europäischen Hochkunst, in der sie als Vedutenmalerei außerdem eine eigene Gattung darstellen. Das erklärt die etwas verzögerte und auch begrenzte Erforschung durch die klassische Kunstgeschichte (z. B. Wescher 1938; Longhi 1955). Dies bedeutet aber nicht, dass Städtebilder nur eine sporadische oder geringfügige Bildpräsenz in der europäischen Kultur gehabt hätten, im Gegenteil. Als einzelnes Motiv in einem übergeordneten thematischen Kontext war das Bild der Stadt bereits seit der Antike kontinuierlich präsent. So wird die Stadtfläche einerseits in Gestalt präzise vermessender Planzeichnungen aufgezeichnet, wie im *Stadtplan von Nippur* (im heutigen Irak), der um 1500 vor Chr. entstanden ist (Abb. 1); andererseits werden Städte in frühen Karten bereits als Marke und Gebietsangabe mit deutlich erkennbaren Elementen wie

Abb. 1: Stadtplan von Nippur (Irak), um 1500 vor Chr. Ton. Hilprecht-Sammlung der Universität Jena

Abb. 2: Duccio di Buoninsegna: Versuchung Christi auf dem Berg, 1308-1311. Detail der *Maestà*, Altarretabel des Sieneser Doms, Rückseite, Predella mit Szenen zur Versuchung Christi und Wundertaten. Frick Collection, New York

Hauptstraße, Ringmauer, Türmen und Toren aufgezeichnet, wie in der *Mosaikkarte der St. Georgskirche von Madaba* (Jordanien, um 550 n. Chr.), der ältesten bekannten Wiedergabe des Heiligen Landes, die 1894 wiederentdeckt wurde und die Jerusalem als einen dicht bebauten Stadtkörper in perspektivischer Ansicht zeigt.

Die frühchristliche und mittelalterliche Kunst operiert bevorzugt mit den symbolischen Formen dieses Baukörpers: mit der Mauer als Sinnbild des umschlossenen Stadtraums oder mit Allegorien einer Stadt, bei denen eine weibliche Figur mit einer Mauerkrone als Attribut ausgestattet ist (vgl. Johanek 1999 und weitere Bildbeispiele bei Frugoni

1991). Derartige Formen, die im Sinne eines *pars pro toto* einen Ort markieren, sind bereits in der Antike vorhanden und auf Gemmen und Kameen respektive auf den Fresken römischer Städte wie Pompeji oder Herculaneum erkennbar; gleichwohl weisen sie eine erstaunliche Langlebigkeit auf (so findet sich die Stadtallegorie mit Mauerkrone noch in Darstellungen des 18. Jahrhunderts, d. h. etwa bis zu demjenigen Zeitpunkt, zu dem die realen Stadtmauern noch existierten, bevor sie infolge des Bevölkerungswachstums für die Erweiterungen des 19. Jahrhunderts niedergelegt wurden). In vielen Wappen und Abzeichen ist dieses Motiv der Mauerkrone bis heute konserviert.

Die architektonische Abbreviatur konnte gleichermaßen der Vorstellung vom Himmlischen Jerusalem eine Form geben als auch eine konkrete Stadt markieren (z. B. als Darstellung der »Civitas Ravennate« mit dem Palast Theoderichs im *Mosaikenfries von Sant'Apollinare Nuovo*, 6. Jh.). In den großen Radleuchtern des Heiligen Römischen Reiches, prominent im sogenannten »Barbarossa-Leuchter« des Aachener Doms (gefertigt im Auftrag Kaiser Friedrichs I. und seiner Gemahlin Beatrix um 1165) kommt vor allem die höhere Existenz der Stadt in vollendeten Maß- und Zahlenverhältnissen zum Ausdruck.

Kennzeichnend für viele mittelalterliche Darstellungen ist, dass das Motiv der Stadt nicht autonom auftritt, sondern als untergeordneter Bildgegenstand, der ein religiöses oder profanes Thema ergänzt oder bereichert. In Duccio di Buoninsegnas *Versuchung Christi auf dem Berg* (1308–1311), einer Szene seines Altarretabels für den Sieneser Dom (Abb. 2), zeigt sich Jerusalem als Gruppe miniaturisierter Bauten mit den typischen Elementen Mauer, Tor, Zinne, Tempeln und Türmen. Städte können auch als kleines Modell in der Hand ihrer legendären Gründer erscheinen (vgl. die Beispiele bei De Vecchi/Vergani 2003).

Größeres Gewicht erlangt das Bild der Stadt mit dem politischen und wirtschaftlichen Erstarken der oberitalienischen Stadtrepubliken am Ende des Mittelalters. Das markanteste Beispiel dafür ist die komplette Raumausstattung, die im Palazzo Pubblico von Siena den Unterschied von guter und schlechter Regierung thematisiert. Neben die figurenreichen Allegorien treten gleichberechtigt die beiden großformatigen Wandbilder, auf denen Ambrogio Lorenzetti um 1340 die Auswirkungen des jeweiligen Regierungshandelns auf die Stadt und das umliegende Territorium zeigt (Abb. 3, vgl. Belting/Blume 1989; Seidel 1999; Poeschke 2003, zur weiteren Entwicklung Ploder 1987). Hier wird ein großes Lebenspanorama entfaltet, das nicht mehr nur Elemente einer reprä-

Abb. 3: Ambrogio Lorenzetti: *Die Auswirkungen der guten Regierung in der Stadt.* Siena, Palazzo Pubblico, Sala dei Nove, Detail der Ostwand. 1338–1339

sentativen Architektur aufweist, sondern identifizier-
bare Bauten der Stadt Siena. Zugleich führt Lorenzetti
ein differenziertes urbanes Gefüge vor, das mehrere
Bühnen für idealtypisch handelnde Figuren und Fi-
gurengruppen bereitstellt, die zudem ihre jeweiligen
Binnenperspektiven entfalten (White 1987, 93–102).
Im großen Stil wird die Stadt als Handlungsraum für
die Mitglieder der Kommune vorgeführt, die in gen-
rehaften Szenen, aber auch in allegorischen Figuren
die Errungenschaften und die Privilegien städtischen
Lebens unter einer guten Regierung vor Augen führen, wie umgekehrt die Folgen schlechter Regierung
in ein analoges urbanes Umfeld gestellt sind.

Auch das umliegende Land ist in diese Perspektive einbezogen, indem Lorenzetti das städtische
Territorium außerhalb der Mauern in seiner Bedeutung für die Existenzgrundlagen der Stadtbevölkerung, aber auch für die ökonomische Entwicklung
erkennbar werden lässt. So zeigt das raumgreifende
Fresko auf der einen Wand die Verheerungen in
Stadt und Land als Folge politischer Krisen, während auf der gegenüberliegenden Wand und damit
wörtlich als Gegenbild die gelungene Versorgung
der Stadt durch Ackerbau und Jagd ebenso erscheint
wie ihre Anbindung an die Handelsrouten durch die
Darstellung des Wegenetzes und eines Hafens auf
dem eigenen Territorium.

3.　Neuere Medien des Stadtbildes

Das autonome Bild der Stadt ist engstens verbunden
mit den grafischen Reproduktionsmedien, die am
Beginn der Frühen Neuzeit eine Welle neuer Bildformen auslösten: als großformatige Stadtansicht
zur Wanddekoration, als Stadtplan und Karte sowie
als Illustration zu Städtebüchern, in Stichfolgen oder
einzelnen Blättern. In kurzer Zeit wurde im Druck-
wesen ein breites ikonografisches Spektrum von
Visualisierungsformen und thematischen Schwer-
punkten entwickelt. Dazu boten die neuen Bildmedien (die als vermeintlich »niedere Gattungen« dem
Blick der normativen Kunsttheorie längere Zeit entzogen gewesen sind) einen experimentellen Freiraum für neue Bildfindungen. Marksteine dafür waren die *Weltchronik des Hartmann Schedel* von 1493
sowie Jacopo de' Barbaris *Venedig-Plan* von 1500.

Die Schedelsche Weltchronik mit ihren über 1800
in Holz geschnittenen Illustrationen, darunter 29
Stadtansichten, weist als Weltgeschichte erstmals in

großem Umfang die Handlungsorte aus (vgl. Rücker
1988; Füssel 1994; Reske 2000). Hierbei kamen zwei
Typen der Darstellung zur Anwendung. Zum einen
verfügt sie über porträthafte Ansichten von Städten,
die mit der Darstellung markanter Bauten auf den ersten Blick einen hohen Wiedererkennungswert besitzen, auf den zweiten Blick aber deutliche künstlerische Eingriffe aufweisen. Zum anderen wurde mit
formelhaften Chiffren gearbeitet. Oftmals kam in diesem Prozess ein identischer Holzschnitt für Städte wie
Damaskus, Ferrara, Mailand und Mantua zum Einsatz, indem lediglich die Beschriftung ausgetauscht
wurde – eine Praxis, die für den frühen Buchdruck
insgesamt nicht untypisch ist (Gombrich 2010, 60). So
waren schon ab Mitte des 15. Jahrhunderts jene Pro-
filansichten aufgekommen, die zumeist in der Form
eines in die Breite gezogenen Frieses die Stadtkrone,
die Dächer der Stadt, vor allem aber ihre Türme, hinter der Stadtmauer bilden. Trotz gleichbleibender
Grundformen ergaben sich hieraus Charaktere oder
Physiognomien eines »Stadtbildes«, das bis heute in
der Idee der *skyline* präsent ist. Dabei ist die deutliche
Tendenz zu beobachten, prominente Bauten – und
darunter vor allem die Kirchen – durch eine vergrö-
ßerte und detailreiche, andererseits aber auch kompo-
sitorisch verbesserte Darstellung, mitunter durch Beschriftung hervorzuheben (prominente Beispiele sind
die Holzschnitte von Lübeck und Köln).

Im Gegensatz zu den eher kleinformatigen Darstellungen im Buchdruck lieferte der Plan Jacopo de'
Barbaris eine sensationelle Stadtansicht, die großfor-
matig als Wanddekoration gedacht war (Abb. 4, siehe
auch Landau/Parshall 1994, 44 f. und Frings 2002,
112). Der Plan gibt mit erstaunlicher Präzision und
unter Anwendung der neuesten Vermessungstechni-
ken sowie in perspektivischer Schrägansicht einen
Blick von oben auf die gesamte Stadt Venedig in der
Lagune und gestattet so einen Blick auf die Kommune, für den es zur Entstehungszeit keinen natürlichen Betrachterstandpunkt gab und der einzig dem
Auge Gottes vorbehalten schien. Damit vereint der
Plan verschiedene Bedeutungsebenen. Den Zeitgenossen gab er ein weitgehend präzises Bild der Stadt,
das seine architektonische Organisation mit dem
System der Kanäle und Gassen, den Plätzen und den
zentralen Bauten zeigte, so wie er gleichzeitig die Pri-
vilegierung des Stadtstaates deutlich machte, auf
dem das wohlgefällige Auge Gottes ruht. Damit rekurrierte der Venedig-Plan auf frühere Stadtansichten aus der schrägen Vogelperspektive wie z. B.
Francesco Rosellis *Ansicht von Florenz*, die mit ihrer

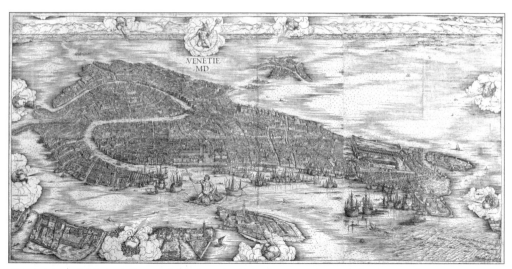

Abb. 4: Jacopo de' Barbari: Plan von Venedig, 1500, Holzschnitt in sechs Druckplatten. Venedig, Museum Correr

Betonung des Dombezirks deutlich auf das Himmlische Jerusalem anspielt (siehe Kreuer 1988; Friedman 2001). Darüber hinaus markierte der venezianische Plan einen gewaltigen Schritt, indem er erstmals sichtbar machte, was kein menschliches Auge sehen konnte. Im Gegensatz zu Florenz, das zumindest von Hügeln umgeben ist, die einen Blick von der Anhöhe auf die Stadt erlauben, verfügt die Lagunenstadt über keinen vergleichbaren Blickpunkt. Der Plan machte so auf frappante Weise Unsichtbares sichtbar, indem er mit den Mitteln der zeichnerischen und druckgrafischen Linie und der Anwendung perspektivischer Bildkonstruktion die Ergebnisse von Vermessungen und Berechnungen dergestalt umsetzte, dass die Gesamtheit der Stadtanlage, ihre Form, ihre Binnenstruktur und ihre Lage in der Lagune auf einen Blick erkannt werden konnten. Zugleich ist er keineswegs nur Abbild, sondern künstlerisch gestaltetes Werk, das durch diskrete kompositionelle Eingriffe in den technisch ermittelten Befund die bedeutenden Bauwerke und Plätze der Stadt akzentuiert und den Blick des Betrachters leitet.

Die Wirkung dieses monumentalen Holzschnitts lässt sich daran erkennen, dass sein Vorbild europaweit Schule machte und Grundlage einer Vielzahl entsprechender Stadtansichten des 16. bis 18. Jahrhunderts – allerdings im kleineren Format – wurde. Wahrscheinlich gab er auch den Anstoß dazu, dreidimensionale Modelle als Anschauungsobjekte anzufertigen, wie sie seit 1540 beispielsweise von Nürnberg (von Hans Baier, Abb. 5), München und Lands-

hut (Jakob Sandtner) und Augsburg (Hans Rogel) überliefert sind. Diese wurden später ihrerseits zum Objekt jener planerischen Blicktotale, in welcher sich absolute herrscherliche Vollmacht verwirklicht.

Zeitgleich wurde als weiterer Typus eine Form des Stadtplans ausgebildet, der neben reduzierten kartografischen Angaben vor allem von Aufnahmen zentraler Orte und prominenter Bauwerke und Plätze bestimmt wird. Die frühesten Beispiele dafür finden sich als Ergänzungen zu den Landkarten in illuminierten Handschriften des 15. Jahrhunderts der ptolemäischen *Geographia* und zeigen die wichtigsten Städte auf den drei Kontinenten der damals bekannten Welt: neben Jerusalem, Konstantinopel und Rom auch Damaskus, Alexandria und Kairo ebenso wie Mailand, Venedig und Florenz. Verfolgt man die Ausprägung dieses Typus, so lässt sich am römischen Beispiel deutlich erkennen, wie unterschiedliche Begriffe der Stadt zu Bildern werden. So zeigt ein Manuskript der *Geographia* von 1472/73 in der Biblioteca Vaticana die antike *Civitas,* und damit das europaweite Modell für den humanistischen Begriff der Stadt, indem antike Bauten und Monumente in den Stadtplan eingetragen sind. Ein Jahrhundert später nutzt der Verleger Antonio Laferi den gleichen Typus, um ein Bild Roms als Heiliger Stadt zu entwerfen, in der die Gläubigen den vollständigen Ablass erlangen konnten. Seine Radierung präsentiert auf dem Grundriss der Stadt großformatige und detailreiche Ansichten der sieben Erzbasiliken in ihrem aktuellen baulichen Zustand, während gleichzeitig die dauerhafte Präsenz

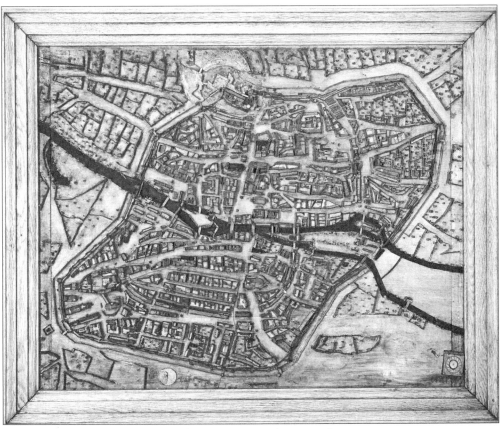

Abb. 5: Hans Baier: Modell der Stadt Nürnberg, 1540. Bayerisches Nationalmuseum

der Heiligen durch ihre Figuren aufgezeigt wird, die von Pilgern angebetet werden. Auf diesem Stich erscheinen nur wenige antike Monumente, die wesentlich verkleinert (und in deutlich ruinösem Zustand) die Überwindung der heidnischen Antike durch das christliche Rom signalisieren. Gleichgültig aber, welche Vorstellung hier umgesetzt wurde, bildete sich im Rahmen solcher Pläne schrittweise der Usus aus, bedeutende Monumente als derart charakteristisch zu betrachten, dass ihr Bild zur Chiffre der ganzen Stadt werden konnte – ein Muster, das sein modernes Echo auf touristischen Postkarten mit Aufnahmen der Peterskirche, des Kolosseums und der Trajanssäule als Stellvertretern des Reiseziels findet, die völlig selbstverständlich mit der Aufschrift »Grüße aus Rom« versehen werden – auch öffentliches Stadtmarketing operiert längst mit derlei Chiffren.

Die Differenzierung und Ausbildung des jeweiligen Kanons von Chiffren wurde deutlich befördert durch die Stiche und Stichfolgen, die im 17. und 18.

Jahrhundert von innerstädtischen Veduten und von den hervorragenden Monumenten angefertigt wurden (vgl. die Übersicht bei Zeitler 1999). Im Falle Roms bilden Alessandro Specchis Stichfolge *Roma moderna* von 1704 mit ihren Ansichten der Paläste, Kirchen und Plätze, Giuseppe Vasis *Magnificenze di Roma antica e moderna* (ab 1747) und den ab 1745 erschienenen *Vedute di Roma* von Giovanni Battista Piranesi (1720–78) markante Beispiele.

Ihre teils atmosphärisch verdichteten, teils dramatisch dynamisierten Stadträume zeigen in deutlicher Weise, wie sich zu Beginn des 18. Jahrhunderts eine Vorstellung vom Stadtbild aus Bildfolgen künstlerisch und architektonisch markanter Orte zusammensetzte (Garms 1995). Dabei wurden die Bauten zu Monumenten, d. h. zu Erinnerungsträgern eines kulturellen Gedächtnisses im ursprünglichen Wortsinn, in dem *monumentum* auch eine Schriftquelle der Vergangenheit bezeichnete. In den Monumenten verschränken sich ästhetische und historische Wahrnehmungen, indem sie gleichermaßen als Zeugnis, Erinnerungsort und Kunstwerk die Pracht und die damit verbundene Würde der Stadt markieren. Dies wird noch nachdrücklicher demonstriert in Piranesis folgender Sammlung *Le antichità Romane* von 1784, in welcher die moderne Architektur in den antiken Bestand hineingebaut ist, wie im Beispiel einer Ansicht des Palatin von Südosten zu erkennen (Abb. 6), in denen der Grafiker einen Blick auf die Überreste der antiken kaiserlichen Palastanlagen gewährt. Zeitgenössische Stadthäuser werden hier von einer überwucherten, riesenhaften Ruinenwelt hinterfangen.

Die Verknüpfung von Städtebildern mit der Kartografie und mit allegorischen Darstellungen der Welt in den vier Erdteilen sollte sich über Jahrhunderte in verschiedenen künstlerischen Medien erhalten. Die zunehmende Zahl von Städtebüchern wie auch die illustrierten Reiseberichte lieferten einen reichen Fundus von Motiven, die in Karten und auf Gemälden wiederverwendet wurden. Damit multiplizierten sich die jeweiligen Bildfindungen zur Darstellung verschiedener Städte. Spielten Städteansichten bei Hartmann Schedel eine zentrale Rolle, um Schauplätze der Weltgeschichte anschaulich zu machen, so übernahmen sie in Karten die Funktion, der Geografie ein Weltbild einzuschreiben (Miller 2003; zur Kartografiegeschichte allgemein siehe Schneider 2011). Die großformatigen und repräsentativen Karten des 16. und 17. Jahrhunderts zeichneten sich durch reiche Darstellungen aus, die entweder in die kartografische Aufnahme eingeschrieben waren, oder sie als ausgeschiedene Folge einzelner Bilder in einem Schmuckrahmen umschlossen. Besonders aufwendig gestaltete Beispiele dafür sind die in Amsterdam 1614 entstandene Weltkarte von Claes Jansz. Visscher (1587–1652) und die Karten der vier Erdteile von Willem Jansz. Blaeu (1571–1638) von 1617. Visschers *Orbis Terrarum Tabula* zeigt die beiden Hemisphären vor eine Fläche geblendet, die mit Szenen der Heilsgeschichte von der Erschaffung Adams bis zum jüngsten Gericht gefüllt ist. Gerahmt wird dies von einer umlaufenden Bildleiste, auf der jeweils oben und unten die Völker der Welt in Kostümbildern erscheinen, an den Seiten die 20 bedeutendsten Städte, von Sevilla bis Macao auf der linken und von Amsterdam bis Cusco auf der rechten Seite. Ähnlich verfuhr Willem Blaeu in seinen Erdteilkarten, deren Städtebilder zu einem erheblichen Teil der Reisebeschreibung *Civitates Orbis Terrarum* (1572–1618) von Georg Braun und Franz Hogenberg entnommen waren (vgl. Koller 2013). Mit einer umlaufenden Bilderleiste versah aber auch der Maler Jan van Kessel seine repräsentative Gemäldefolge der *Vier Erdteile* (1660), die im Zentrum jeweils großformatige allegorische Darstellungen aufweisen, während die Rahmenleiste ausschließlich Städteveduten präsentieren. Die Welt, ihre Städte und Völker wurden hier bildlich in die Schöpfungs- und Heilsge-

Abb. 6: Giovanni Battista Piranesi: *Veduta degli Avanzi delle Case de Cesari sul Palatino* (Überreste der Kaiserpaläste auf dem Palatin). Aus: *Le Antichità Romane*, Band 1, Tafel 35, Figur 1

schichte eingeschrieben, die sich in den Niederlanden des 17. Jahrhunderts nun nicht mehr nur an den Stätten und Orten der Bibel realisiert, sondern auch in den Handelsniederlassungen der Ost- und Westindischen Kompanien sowie in denjenigen Städten, die von den europäischen Kolonialmächten eingenommen und unterworfen worden waren. So gehören Cusco und das als »Mexico« bezeichnete alte Tenochtitlan zum Repertoire dieser Städtebilder.

Eine ikonografisch gesonderte Gruppe bilden darüber hinaus noch diejenigen Grafiken, die Krieg und Zerstörung der mitteleuropäischen Städte thematisieren. Eine hohe Anzahl davon weist das *Theatrum Europaeum* auf, das von Matthäus Merian (1593–1650) als umfassendes europäisches Geschichtswerk und Chronik der laufenden Ereignisse konzipiert wurde (Fuss 2000; Dethlefs 2004; Schock u. a. 2008). Das publizistische Großunternehmen erschien über mehr als ein Jahrhundert hinweg zwischen 1633 und 1738 und dokumentierte in Wort und Bild die Ereignisse zwischen dem Dreißigjährigen Krieg und der ebenfalls durch Kriegführung gekennzeichneten Regentschaft Ludwigs XIV. 720 Kupferstiche illustrieren hier nicht nur die Begebenheiten, sondern führen ein dramatisches, teilweise drastisches Bild der Zerstörung vor Augen. Während es schon in der Zeit um 1500 zahlreiche Ansichten von Stadtbränden, Fluten und Kriegsfolgen gegeben hatte (so auch eine Zerstörung Jerusalems in der Schedelschen Weltchronik), wurde hier erstmals, um das Ausmaß der Verheerungen noch deutlicher zu machen, auch mit dem Mittel der kontrastierenden Gegenüberstellung operiert. So wird die Darstellung einer intakten Stadt vor den Angriffen mit dem Bild ihres ruinösen Zustands nach dem Ende der Kampfhandlungen auf einem Blatt zusammengefügt. Damit entwickelten diese Städtebilder eine eigene Erzählform der Geschichte, mit der die räumliche Dimension historischer Veränderungen visualisiert wurde, während das Narrativ des Textes der Ereignisgeschichte vorbehalten blieb.

In der romantischen Malerei wird der Untergang großer Metropolen noch einmal zum beliebten Sujet, etwa beim britischen Maler John Martin (1789–1854), der die Folgen von göttlichem Zorn *(Sodom und Gomorrha)* oder Naturkatastrophen *(Die Zerstörung Herculaneums)* pathetisch ausgestaltet hat; sein Erfolg wurde sicherlich befördert durch die großformatigen Szenenbilder der Theatermalerei und der Panoramen der Zeit um 1800, die mit ihrer Aufführung von Stadtbränden und Kriegsereignissen ein neues Großstadtpublikum anzogen (vgl. Böhn 2007

und Koppenleitner u. a. 2011 zum Bild der Stadtzerstörung). Doch auch das Bildschema des Vorher-Nachher fand im Zeitalter der Industrialisierung, welche die Städte erneut umzupflügen begann, seine Fortsetzung. So hat der britische Architekt Augustus Welby Pugin (1812–1852) unter dem verallgemeinernden Titel *Catholic town in 1440* und *The same town in 1840* auf *einer* Doppeltafel einen modellhaften Vergleich angestellt, um die Rasanz der Entwicklung im Stadtbild zu verdeutlichen und denkmalpflegerische Anstrengungen einzufordern (Abb. 7, siehe auch Meier 2010, 94).

Derlei Bilder stellen einen Gegenpol zu den grafischen Veduten und Architekturdarstellungen der Denkmalführer und Architekturenzyklopädien dar, wie sie nicht nur von Rom, sondern auch von Paris unter Ludwig XIV. angefertigt wurden, um das beginnende städtebauliche *embellissement* der Hauptstädte in exquisiten Kupferstichen und Radierungen zu bewerben, während sich unterdessen die Gewichtungen von der Mitte der Stadt zu den Schlossanlagen an ihren Rändern verlagerten (vgl. Erben 2004; Krause 2012).

4. Die Stadt als Bildraum der Frühneuzeit

In der Malerei spielten Stadtansichten seit der italienischen Protorenaissance und der niederländischen *ars nova* eine bedeutende Rolle, um den Handlungsort einer *historia*, einer Bilderzählung christlichen, mythologischen oder modernen historischen Inhalts, glaubhaft zu charakterisieren. Maßstäbe setzte Jan van Eyck mit seinem Gemälde der *Madonna des Kanzlers Rolin* (1436), das die Szene einer Anbetung der Madonna und des Kindes durch den Stifter in einem Raum zeigt, der sich durch drei Bögen zu einem weiten Ausblick in eine Flusslandschaft mit einer Stadt öffnet. Das Gemälde gehört zwar selbst nicht zu den Historien im engeren Wortsinn, lieferte aber ein frühes Modell. In die Nachfolge gehört beispielsweise der grandiose Blick aus der Vogelschau in die Weite der Landschaft (mit einer Stadt im Bildhintergrund), in die Albrecht Altdorfer (um 1480–1535) die kriegerische Begegnung von Alexander dem Großen und dem Perserkönig Darius auf seinem Gemälde der *Alexanderschlacht* (1528/29) angesiedelt hat. In der italienischen Frührenaissance sind es dagegen vor allem die urbanen Binnenräume mit Ansichten promi-

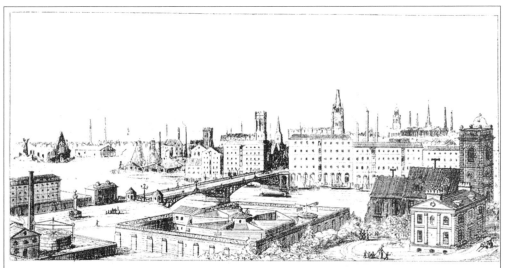

THE SAME TOWN IN 1840

1. St Michaels Tower, rebuilt in 1750. 2. New Parsonage House & Pleasure Grounds. 3. The New Jail. 4. Gas Works. 5. Lunatic Asylum. 6. Iron Works & Ruins of St Maries Abbey. 7. St Evans Chapel. 8. Baptist Chapel. 9. Unitarian Chapel. 10. New Church. 11. New Town Hall & Concert Room. 12. Wesleian Centenary Chapel. 13. New Christian Society. 14. Quakers Meeting. 15. Socialist Hall of Science.

Catholic town in 1440.

1. St Michaels on the Hill. 2. Queens Crofs. 3. St Thomas's Chapel. 4. St Maries Abbey. 5. All Saints. 6. St Johns. 7. St Peters. 9. St Albmurds. 9. St Maries. 10. St Edmunds. 11. Grey Friars. 12. St Cuthberts. 13. Guild hall. 14. Trinity. 15. St Olaves. 16. St Botolphs.

Abb. 7: Augustus Welby Northmore Pugin: The same town in 1840 – Catholic town in 1440. Illustration aus: *Contrasts, or, A parallel between the noble edifices of the fourteenth and fifteenth centuries and similar buildings of the present day, shewing the present decay of taste.* London ²1841 (Erstausgabe 1836)

nenter Plätze und Bauwerke, die als zeitgenössische Bühne für religiöse oder geschichtliche Historien genutzt wurden. Zu den markanten Beispielen zählt die Ausmalung der *Capella Sassetti* (1482–85) in der Florentiner Kirche Santa Trinità, die in mehreren Szenen auf allen drei Wänden der Kapelle das Leben des Heiligen Franziskus zeigt. Der Maler Domenico Ghirlandaio (1449–94) verlegte die Ereignisse der Heiligenlegende ins Florenz seiner Gegenwart und integrierte nicht nur, der üblichen Praxis entsprechend, das Stifterbild von Francesco Sassetti in die zentrale Szene, sondern ließ auch die zeitgenössischen Mitglieder der Familie Medici im Bildraum erscheinen. Diese Szene, in deren Zentrum der Papst die Ordensregeln des Heiligen Franziskus entgegennimmt, ist auf der Florentiner Piazza della Signoria angesiedelt, auf der man deutlich mit dem Palazzo Vecchio den Sitz der Florentiner Stadtregierung erkennen kann, sowie die Loggia dei Lanzi als Ort der kommunalen Gerichtsbarkeit.

Mit der Aktualisierung der Heiligenlegende und der Verlagerung des Handlungsortes verband sich für das Bild der eigenen Stadt eine nachdrückliche Steigerung der Dignität. Die Räume der Stadt wurden durch derartige bildliche Darstellungen örtlicher und zeitlicher Simultanität aufgeladen mit der Würde, die dem Leben und Wirken des Heiligen anhaftete. Umgekehrt betrachtet, verhalf die Partizipation an der Bedeutung von Heiligen den Darstellungen der Stadt überhaupt dazu, bildwürdig für einen Sakralraum zu werden.

In Ghirlandaios Fresken erscheint die Florentiner Vedute im Hintergrund der Szene. Einen Schritt weiter ging der venezianische Maler Vittore Carpaccio (um 1455–1526), als er wenige Jahre später den Auftrag übernahm, die Legende vom Kreuzwunder in einem Gemäldezyklus für die Bruderschaft der Scuola di San Giovanni anzufertigen. Auf dem Gemälde *Der Patriarch von Grado heilt einen Besessenen* ist das Geschehen an den Rand der Darstellung verlagert, die in ihrem Zentrum die alte Rialtobrücke über dem Canal Grande und die Häuser des angrenzenden Viertels zeigt. Frappant sind Detailreichtum und Genauigkeit der Darstellung – sowohl der Gebäude als auch der Figuren der reich bevölkerten Szene, welche die Bewohner Venedigs wie auch die orientalischen und afrikanischen Gäste und Einwanderer dieses Knotenpunkts weltumspannender Handelsrouten zeigt.

Ähnlich verfuhr Gentile Bellini (um 1429–1507), der in seiner Gemäldefolge für die Scuola Grande di San Giovanni Evangelista die Piazza San Marco mit Markuskirche, Dogenpalast und Campanile als grandiose Bühne für seine Tafel *Die Prozession des Heiligen Kreuzes* wählte (Abb. 8). Die frommen und zugleich reichen und selbstbewussten venezianischen Bruderschaften hatten mit den Ausmalungen ihrer Häuser einen Impuls gesetzt, der die Überhöhung der eigenen Stadt als Ort der Heilsgeschichte zunehmend kreativ mit einer selbstbewussten Inszenierung der städtischen Eliten verband. Die Ausmalung des Dogenpalastes, die obligatorischen Staats-

Abb. 8: Gentile Bellini: *Die Prozession des Heiligen Kreuzes*. Leinwand, 1496. Venedig, Galleria dell'Accademie

porträts der Dogen, aber auch die Darstellungen von Prozessionen zu Lande und zu Wasser und schließlich eine Vielzahl von Gesandtschaftsbildern verknüpften in der Folge auch das geschichtliche Historienbild mit der Vedute der urbanen Bühnen.

Eine zentrale Rolle spielte hierbei die Präzision der visuellen Ortsangaben. Diesem Prinzip folgten sowohl die niederländischen Maler des sogenannten Goldenen Zeitalters als auch die Vedutisten des 18. Jahrhunderts, bei denen die Stadtansicht zum autonomen Bildgegenstand wurde. Die berühmtesten Vertreter waren Giovanni Antonio Canal (1697–1768), der unter dem Namen Canaletto in die Kunstgeschichte eingegangen ist, und sein Neffe Bernardo Bellotto (1722–80), die in ihren panoramatischen Stadtansichten eine Form der gelenkten Hyperpräzision pflegten. Sie verbanden technische Perfektion in der genauen Wiedergabe mithilfe der Camera obscura mit jeweils ausgeklügelter Bildkomposition und Farbgebung (siehe Beddington 2010, 10–53, hier besonders die Zeichnung von Antonio Maria Zanetti d. Ä. zur Arbeit mit der *camera ottica*). Zugleich verbreiteten sie ihr Modell der Vedutenmalerei mit Ansichten von Venedig, London, Dresden und Warschau über Europa. Das weite Panorama übernahm schließlich am Ende des 18. Jahrhunderts der Venezianer Francesco Guardi (1712–1793), der sich aber nachdrücklich von der steingenauen Präzision verabschiedete und die atmosphärischen Qualitäten der Orte in den Mittelpunkt seiner mit breitem Pinsel aus dem Farbaufbau heraus entwickelten Veduten rückte.

Einen völlig anderen Typus stellen die Gemälde idealer Städte dar, die im Medium des Bildes theoretische Fragen von Architektur und Städtebau reflektieren. In den Sammlungen von Urbino, Baltimore und Berlin hat sich eine Folge von drei gemalten Stadtansichten (nebst einer Variante in Holz-Intar-sien) aus der italienischen Frührenaissance erhalten, die dem Architekten, Bildhauer und Maler Francesco di Giorgio Martini (1439–1502) oder seinem Vorgänger Luciano Laurana (1420–79) zugeschrieben werden, und die in streng symmetrischem Aufbau reine Imaginationen städtischer Binnenräume zeigen. Sie antworten in doppelter Hinsicht auf die kunsttheoretischen Schriften, die der Florentiner Humanist Leon Battista Alberti (1404–1472) zu Architektur und Malerei verfasst hatte, indem sie Beispiele für die mögliche Umsetzung des Regelwerks seiner *De re aedificatoria* vor Augen führen und dafür das malerische Mittel der zentralperspektivischen Bildkonstruktion anwenden, das er in seinem Traktat *De pictura* erläutert hatte (Alberti 2000).

So zeigt das Gemälde der *Città ideale* in der Galleria Nazionale delle Marche von Urbino (Abb. 9) eine fiktive Platzanlage mit ebenso fiktiven Bauten im antikisierenden Formenrepertoire der italienischen Frührenaissance. Die menschenleere Piazza mit einem Zentralbau in ihrer Mitte wirkt wie ein Bühnenbild – und tatsächlich übernahm der Maler Pietro Perugino, der Lehrer Raffaels, derartige Architekturfiktionen, um sie als Bühne und Handlungsort an hervorragendster Stelle einzusetzen: in der Ausmalung der Sixtinischen Kapelle, zu der Perugino 1481 die Szene *Christus übergibt Petrus die Schlüssel* beisteuerte. Dagegen blieben die figuren- und handlungsfreien Idealbilder für lange Zeit einmalige Beispiele für eine autonome Darstellung der Stadt in der Malerei.

In der Folge werden auch einzelne Teile der Stadt, etwa Plätze und Straßenachsen, selber zu »Bildern« des Städtischen und zunehmend auf eine entsprechende Ansicht oder Wirkung hin konzipiert (vgl. Jöchner 2008; Clarke u. a. 2011; Nova/Jöchner 2012). Die hier entworfene Szenografie einer Stadt findet

Abb. 9: Luciano Laurana/Francesco di Giorgio Martini: Ansicht einer Idealstadt. Um 1475. Öl auf Holz. Urbino, Galleria Nazionale delle Marche

ihre Fortsetzung außerdem in weiteren Architekturtraktaten, z. B. in Sebastiano Serlios *Sieben Büchern zur Architektur* (1537 ff.), dessen Illustrationen zum ersten und zweiten Buch über Geometrie und Perspektive (erschienen Paris 1545) den Stadtraum vom Bild her gedacht haben und in ihnen auswechselbare Hintergründe für theatralische Szenen und Stimmungslagen erkennen. In den wachsenden europäischen Großstädten wurde schließlich auch das Theater selbst zur Bühne eines neuen Bildes von Stadt.

Utopische Ideal- und Planstädte aus fürstlicher und staatsphilosophischer Perspektive beruhen maßgeblich auf bildlichen Vorstellungen von Ordnung, Regelmäßigkeit und Übersichtlichkeit, welche die Stadtgestalt zum Kunstwerk erheben (Kruft 1989; Vercelloni 1994; Eaton 2003). Innerhalb dieser deutlich visuell geprägten Ordnung wurde gleichermaßen auf kosmologische Modelle, auf neuere ballistisch-militärische Überlegungen oder auf antike Vorläufer (wie dem rasterförmigen Straßengrundriss von Milet oder dem Schema des römischen *castrum*) Bezug genommen; im Ergebnis entstanden dabei meist einheitlich angelegte, kreisförmige und quadratische Grundrisse, wie in Albrecht Dürers streng quadratischem Plan einer Idealstadt (in *Etliche Underricht zur Befestigung der Stett, Schloß und Flecken*, Nürnberg 1527), oder Johann Valentin Andreaes *Christianopolis* aus seiner *Reise nach der Insul Caphar Salama* (Esslingen 1741, siehe Andreae 1996). Gleiches gilt für die regelmäßige Form zahlloser Festungssterne, wie in Filaretes Stadt Sforzinda oder in den Plänen für Neubreisach und Palmanova.

In der überwiegenden Zahl der Beispiele ist die Stadt als Neugründung dem Blick eines planenden Individuums unterworfen und darin grundlegend von der Struktur gewachsener, parzellierter Stadträume unterschieden (Neuber 2003). Mit dem bildlich veränderten Blick auf die Stadt wird auch deren Öffentlichkeit neu definiert (Tönnesmann 2010). Nicht zufällig gibt es in diesen Entwürfen zahlreiche Übergänge zu anderen bekannten Bauaufgaben wie Pfalz oder Kloster, so wie sie später ihrerseits die Gestaltung von Gemeinschaftsarchitekturen wie Schule, Kaserne und Fabrik beeinflussen. Diese bildlich und strukturell vermittelten Übergänge sind jedoch nicht nur Ausdruck veränderter Herschaftsverhältnisse, sondern auch wirtschaftlich-demografischer Entwicklungen und neuer Vorstellungen von Wirtschaft und Industrie.

5. Zeugnisse des industriellen Umbruchs

Mit der fortgesetzten Landflucht und der Entstehung der Millionenstädte Paris und London wird die künstlerisch-literarische Reflexion zur direkten wie indirekten Ausdrucksform des Stadtlebens. Die Malerei z. B. des französischen Impressionismus nimmt sich dieser Entwicklung an. Die Stadt wird zum Betrachtungsobjekt des Flaneurs und gerät in den Blick der Sozialkritik. Ein besonderer, medial ausgelöster Schub im Bild der Stadt kann außerdem mit der Erfindung der Fotografie festgemacht werden (Frey 1999; Heilbrun 2009; Fischer 2010). Nicht durch Zufall zeigt die erste Daguerreotypie mit dem Blick auf eine Pariser Straße ein urbanes Motiv. Das neue Medium des 19. Jahrhunderts wurde von Beginn an für Aufnahmen von Städten und ihren markanten Bauten genutzt, wie auch die Daguerreotypie-Panoramen von Paris und Veduten Roms deutlich erkennen lassen (siehe Stahl 1999). Vor allem aber wurden die Umstrukturierung und der Ausbau der Städte seit den Gründerjahren von Fotografen als Herausforderung begriffen. So verfolgte Charles François Bossu, gen. Marville (1813–79) den stadthistorischen Einschnitt in dem durch Georges-Eugène Baron Haussmann eingeleiteten Umbau von Paris mit dem geschulten Blick eines Illustrators und begann systematisch, bald auch als offizieller Stadtfotograf, das unerbittliche Schlagen von Schneisen für die Anlage neuer Achsen festzuhalten. Die Mehrzahl seiner Aufnahmen sind jedoch präzise und zugleich melancholische Hausansichten, deren Langzeitbelichtung das Straßenleben der Bewohner und Passanten zum Verschwinden gebracht hat (Abb. 10, siehe auch de Thezy 1994). Einige seiner Fotografien gewannen später noch einmal an dokumentarischer Kraft, als sich der Umbau der Stadt in der zweiten Hälfte des 20. Jahrhunderts fortsetzte, etwa mit dem Abriss der zentralen Markthallen.

Der um eine Generation jüngere Jean Eugène Auguste Atget (1857–1927), der den Epochenbruch ebenfalls unmittelbar erlebte, widmete seine Arbeit ebenfalls fortan der fotografischen Dokumentation der gerade untergehenden Welt (Petit u. a. 2007). Zugleich sind seine Aufnahmen nicht nur dokumentarisch, sondern auch als bildliche Elegien zu verstehen, die durchaus fortschrittskritisch den Preis urbaner Modernisierung vor Augen führen. Im Blick auf das gerade verschwindende Alte entstanden auch neue Bilder der Stadt: Das scheinbar Unscheinbare

Abb. 10: Charles Marville:
Rue de Breteuil (heute zerstört).
Blick von der Rue Réaumur
auf die Rue Vaucanson.
Fotografie auf Albuminpapier,
um 1866. State Library of Victoria

mit wenig prominenten Gassen und Straßenecken wurde um die Jahrhundertwende als Signatur städtischer Lebenswelt ebenso entdeckt wie die »unsichtbare Stadt« der Katakomben, die zuvor bereits Nadar erschlossen hatte, oder der neue soziale *underground* mit Armut, Prostitution und Kriminalität. Mit dem modischen Medium der Stereofotografie, die um 1900 einen Höhepunkt feiert, werden bald auch die pittoresken und exotischen Ansichten von Welt-Städten zwischen Schanghai, Konstantinopel, Paris und Chicago auf die Reise geschickt.

Mit dem Beginn des 20. Jahrhunderts vervielfältigen sich die Bilder der Stadt explosionsartig, die Bilderwelt ist seither selber in weiten Teilen eine urbane. Die beschleunigte Stadt als turbulenter Ort lockerer Sitten wird auch zum Lieblingsmotiv der neuen Pressefotografie und zum Motor spezieller Kunstformen und –stile; so entsteht mit dem *Comic-Strip* der großstädtischen Presse ein neues Genre grafischer Literatur (Ahrens 2010). In der Malerei wird die Stadt vom deutschen Expressionismus und zeitgleich von der amerikanischen *Ashcan School* so-

wie der *American Scene* zum Kernthema: hier in Form einer seelischen Bedrohung, dort als angeblich genuin amerikanische Bühne für das Kleine-Leute-Glück, aber auch für den Konsum als Lebensform (siehe Tallack 2010 zur *Ash Can School* sowie zu Fotografien des sich transformierenden New York).

Parallel dazu geht die Foto-Avantgarde in Richtung Formalismus und Abstraktion. In Berlin, New York und Moskau bringen Foto-Abstraktion, Neues Sehen und Formalismus Bau- und Menschenmassen in ornamentale und serielle Strukturen und nutzen den neuen Hochhaus- und Wolkenkratzerbau nicht nur als Motiv, sondern auch als Standfläche für extreme Perspektiven. Eine umfassende Erkundung der Modernisierung, die auf einer groß angelegten Kampagne zur systematischen Erschließung einer Metropole basierte, lieferte schließlich Berenice Abbott (1898–1991) in den 30er Jahren mit ihrem Projekt *Changing New York* (publiziert in Yochelson 1997, vgl. Abb. 11), gefolgt von zahllosen weiteren Pionieren der Großstadtfotografie wie Diane Arbus, Henri Cartier-Bresson, Ara Güler oder Nan Goldin.

Abb. 11: Berenice Abbott: *Changing New York: Manhattan Skyline, I: South Street and Jones Lane. March 26, 1936.* Fotografie auf Silbergelatinepapier. Museum of the City of New York

Die formalen Experimente der Städtefotografie fanden eine direkte Fortsetzung in den ersten Filmen zum Thema. Großstadt und Film stehen seither in einer geradezu symbiotischen Beziehung zueinander, wie auch eine umfangreiche Literatur belegt (Vogt 2001; Barber 2002; Webber 2008; Mennel 2008). Die Fotografen Paul Strand (1890–1976) und Charles Sheeler (1883–1965) drehten 1920/21 den Film *Manhatta*, der auf jede Handlung verzichtete und die Bewegung zum zentralen Motiv eines Porträts von New York machte (Abb. 12, vgl. Brock 2006). Das Bewegungsmotiv wurde von Walter Ruttmann in seiner *Sinfonie der Großstadt* 1927 aufgegriffen und weiterentwickelt zum Rhythmus der Großstadt, der mit seinen unterschiedlichen Tempi und seiner Tendenz zur Beschleunigung am Ablauf eines Tages in Berlin gezeigt wird. Ein ganz anderes Bild entwarf dagegen Fritz Lang (1890–1976) in *Metropolis*, dem ersten Film, der ins Weltkulturerbe aufgenommen wurde und dessen Ästhetik das Genre des Science-Fiction-Films nachhaltig beeinflusst hat, etwa in Gestalt von Ridley Scotts *Blade-Runner* von 1982. Fritz Langs opulentes Werk von

1926/27 übersteigert die vertikale Wolkenkratzerstadt zu einem Sinnbild sozialer Ungerechtigkeit und gnadenloser Produktionsregime, in dem Stadt und Staat zu einem Moloch verschmelzen, Mensch und Technik im Automaten synchronisiert sind (Jacobsen 2000).

Hatten schon Plan, Modell und Vogelperspektive den Blick aus der Totale vorgegeben und Pioniere der Luftfotografie wie Nadar oder Eduard Spelterini ihn auch im neuen Medium umgesetzt, wird dieser Blick im 20. Jahrhundert zunehmend militarisiert. Dabei wird der Film auch die totale Zerstörung der Großstädte begleiten, etwa aus der Perspektive der Bombenschächte, die in den schwarz-weißen Wochenschaubildern der 1940er Jahre propagandistisch zum Einsatz kommen.

In den 1930er Jahren hatte auch eine surrealistische Variante der Fotografie die Stadt zu einem ihrer Themen gemacht, um sowohl die subjektive Erfahrungswelt als auch die dunklen Seiten des urbanen Lebens in den Fokus zu rücken; im Wortsinn gilt dies etwa für die Aufnahmen zum 1933 erschienenen Band *Paris de Nuit* von Brassaï (1899–1984, vgl.

Abb. 12: Charles Sheeler und Paul Strand: Still aus dem Stummfilm *Manhatta*, USA 1921, Spieldauer 10 Min.

Kittelmann/Zacharias 2011). Die darin eingesetzten surrealistischen Gestaltungsprinzipien fanden dann wiederum Eingang in die Trümmerfotografie, die mit dem Ende des Zweiten Weltkriegs die Zerstörung der Europäischen Großstädte durch die Flächenbombardements ins Bild setzte (siehe die Bildbeispiele bei Honnef und Breymayer 1995; Deres/Rüther 1995; Derenthal/Pohlmann 1995 sowie Derenthal 1999; zur Verarbeitung des Bombenkrieges in Literatur und Kunst Schmitz 2005 und Süß 2011). In Deutschland sind dabei zwei Richtungen zu beobachten: eine Trümmerfotografie der pathetischen Anklage, für die das Fotobuch *Eine Kamera klagt an* von 1950 mit Richard Peters Aufnahmen vom zerstörten Dresden das bekannteste Beispiel bildet, und die Erkundung von gebrochenen Sinnzusammenhängen im Chaos der Zerstörung, wie sie die München-Bilder von Herbert List zeigen. Ihren absoluten Nullpunkt finden diese Motive in den Aufnahmen der Wüstenlandschaften, die nach dem Abwurf von Atombomben über den japanischen Städten Hiroshima und Nagasaki 1945 zurückgeblieben waren.

6. Wachstum und die Grenzen der Sichtbarkeit

Das Wachstum der Städte prägt außerdem neue Bilder der Massengesellschaft als eines riesigen Metabolismus: Das vom Hamburger Stadtbaurat Fritz Schumacher vorgestellte fächerförmiges *Schema der natürlichen Entwicklung einer Stadt an hafen-bildendem Fluss,* gedacht als Grundlage zum Ausbau des »organisch« wachsenden Stadtkörpers und seiner Verkehrswege, ist nur eines von vielen Beispielen für den neuen, sozialpolitischen Raumbegriff im Zeitalter der Industriestadt und des Massenwohnbaus. Architekten, Sozial- und Kulturtheoretiker wie Sigfried Giedion oder Lewis Mumford begreifen die Stadt des 20. Jahrhunderts als eine Maschine, in welcher Wohn-, Verkehrs- und Arbeitsbereiche unter den Bedingungen industrieller Produktion neu gegliedert werden müssen (Le Corbusier 1925; Giedion 1948; Mumford 1938, 1961).

Aus einem Fernblick auf die Stadt und unter Rückbezug auf anthropologisch-soziologische Forschungen ergeben sich dabei auf globaler Ebene erstaunliche strukturelle Parallelen, welche Anlass geben, die Stadt als ein selbstorganisiertes, kulturübergreifendes Phänomen zu begreifen (wie bei Lynch 1960 oder Maki und Ohtaka 1965, vgl. Wagner 2008) und ihr Erscheinungsbild in einem postmodernen Sinne neu zu interpretieren (Venturi 2007; vgl. Stierli 2010). Am Ende des 20. Jahrhunderts wendet sich der Blick der Fotografen dementsprechend den nunmehr weltweit anzutreffenden Megacities zu. In den Mittelpunkt der Aufmerksamkeit rücken sowohl der Untergang der Städte der Kolonialzeit als auch die neuen Formen urbaner Wucherung von Millionenstädten. Robert Franks Fotografie *In der alten Stadt Beyruth* von 1991 und *Mexico City* von Balthasar Burkhard aus dem Jahr 1999 sind markante Beispiele dafür (siehe Abbildungen bei Husslein 2005 und Alms 2002).

Während die Fotokünstler hier noch an der ästhetischen Form eines Bildes der Stadt arbeiteten, widmen sich postmoderne Experimente gegenwärtig einem Spiel, bei dem die Stadt selbst die Form von Bildern annimmt. Die *Palm Islands,* die vor Dubai ins Meer hinein gebaut wurden, sind topografische Bilder, die nur noch aus größter Distanz durch Aufnahmen aus dem Flugzeug oder von Satelliten aus wahrgenommen werden können.

Literatur

Ahrens, Jörn: *Comics and the City: Urban Space in Print, Picture and Sequence.* New York 2010.

Alberti, Leon Battista: *Das Standbild. Die Malkunst. Grundlagen der Malerei.* (Hg. von Oskar Bätschmann). Darmstadt 2000.

Alms, Barbara (Hg.): Ausst.-Kat. *Die Stadt. Stadtbilder in Zeiten der Transformationsprozesse.* Bremen 2002.

Andreae, Johann Valentin: *Christianopolis.* Aus dem Lateinischen von Wolfgang Biesterfeld. Stuttgart 1996.

Barber, Stephen: *Projected Cities.* London 2002.

Bartetzky, Arnold: *Imaginationen des Urbanen: Konzeption, Reflexion und Fiktion von Stadt in Mittel- und Osteuropa.* Berlin 2009.

Beddington, Charles: *Canaletto in Venedig. Der Meister und seine Rivalen.* Stuttgart 2010.

Behringer, Wolfgang/Roeck, Bernd (Hg.): *Das Bild der Stadt in der Neuzeit: 1400–1800.* München 1999.

Belting, Hans/Blume, Dieter (Hg.): *Malerei und Stadtkultur in der Dantezeit. Die Argumentation der Bilder.* München 1989.

Böhn, Andreas: *Die zerstörte Stadt: Mediale Repräsentationen urbaner Räume von Troja bis SimCity.* Bielefeld 2007.

Bollerey, Franziska: *Mythos Metropolis: Die Stadt als Sujet für Schriftsteller, Maler und Regisseure.* Berlin 2006.

Brock, Charles (Hg.): Ausst.-Kat. *Charles Sheeler. Across Media.* Washington 2006.

Bullock, Nicholas: *Living with History, 1914–1964. Rebuilding Europe after the First and Second World Wars and the Role of Heritage Preservation.* Leuven 2011.

Bürkle, Stefanie: *Kunst Raum Stadt/Art Space City.* Berlin 2002.

ClarkeJan/Pasquier, Pierre/Phillips, Henry (Hg.): *La Ville en scène en France et en Europe (1552–1709).* Oxford u. a. 2011.

De Thézy, Marie: *Marville. Paris.* Paris 1994.

De Vecchi, Pierluigi/Vergani, Graziano Alfredo (Hg.): *La Rappresentazione della citta nella pittura italiana.* Mailand 2003.

Derenthal, Ludger/Pohlmann, Ulrich (Hg.): Ausst.-Kat. *Memento 1945. Münchner Ruinen.* München 1995.

Derenthal, Ludger: *Trümmer- und Aufbaujahre. Fotografie im sich teilenden Deitschland.* Marburg 1999.

Deres, Thomas/Rüther, Martin (Hg.): Ausst.-Kat. *Fotografieren verboten! Heimliche Aufnahmen von der Zerstörung Kölns.* Köln 1995.

Dethlefs, Gerd: »Schauplatz Europa. Das Theatrum Europaeum des Matthaeus Merian als Medium kritischer Öffentlichkeit«. In: Bußmann, Klauß/Werner, Elke Anna (Hg.): *»Europa« im 17. Jahrhundert.* Stuttgart 2004, 149–179.

Dogramaci, Burcu: *Großstadt: Motor der Künste in der Moderne.* Berlin 2010.

Durth, Werner/Gutschow, Niels: *Träume in Trümmern: Stadtplanung 1940–1950.* München 1993.

Eaton, Ruth: *Die ideale Stadt. Von der Antike bis zur Gegenwart.* Berlin 2003.

Erben, Dietrich: *Paris und Rom. Die staatlich gelenkten Kunstbeziehungen unter Ludwig XIV.* Berlin 2004.

Fischer, Hartwig (Hg.): Ausst.-Kat. *Bilder einer Metropole. Die Impressionisten in Paris.* Museum Folkwang. Göttingen 2010.

Frey, Andrea: *Der Stadtraum in der französischen Malerei 1860–1900.* Berlin 1999.

Friedman, David: »›Fiorenza‹: Geography and Representation in a Fifteenth Century City View«. In: *Zeitschrift für Kunstgeschichte,* 64 (2001), 56–77.

Frings, Jutta (Hg.): Ausst.-Kat. *Venezia! Kunst aus venezianischen Palästen.* Bonn 2002.

Frugoni, Chiara: *A Distant City. Images of Urban Experience in the Medieval World.* Princeton 1991.

Fuss, Ulrike Valeria: *Matthaeus Merian der Ältere. Von der lieblichen Landschaft zum Kriegsschauplatz. Landschaft als Kulisse des 30jährigen Krieges.* Frankfurt a. M. u. a. 2000.

Füssel, Stephan (Hg.): *500 Jahre Schedelsche Weltchronik.* Nürnberg 1994.

Garms, Jörg: *Vedute di Roma dal Medioevo all'Ottocento. Atlante iconografico, topografico, architettonico.* Neapel 1995.

Giedion, Sigfried: *Die Herrschaft der Mechanisierung. Ein Beitrag zur anonymen Geschichte.* Hamburg ²1994 (engl. 1948).

Gleiss, Maritta (Red.): Ausst.-Kat. *1945: Krieg – Zerstörung – Aufbau. Architektur und Stadtplanung 1940–1960.* Berlin 1995.

Gombrich, Ernst H.: *Kunst und Illusion. Zur Psychologie der bildlichen Darstellung.* Neuausgabe Berlin ³2010

Heilbrun, Françoise: »Impressionism and photography«. In: *History of Photography* 33 (2009), 1, 18–25.

Honnef, Klaus/Breymayer, Ursula (Hg.): Ausst.-Kat. *Ende*

und Anfang. Photographen in Deutschland um 1945. Berlin 1995.

Husslein, Agnes (Hg.): Ausst.-Kat. *Metropolis. Das Bild der Stadt.* Salzburg 2005

Jacob, Frank-Dietrich: *Historische Stadtansichten: Entwicklungsgeschichtliche und quellenkundliche Momente.* Leipzig 1982.

Jacobsen, Wolfgang/Sudendorf, Werner (Hg.): *Metropolis. Ein filmisches Laboratorium der modernen Architektur.* Stuttgart/London 2000.

Jaspert, Reinhard (Hg.): *Handbuch moderner Architektur. Eine Kunstgeschichte der Architektur unserer Zeit vom Einfamilienhaus bis zum Städtebau.* Berlin 1957.

Jöchner, Cornelia (Hg.): *Räume der Stadt. Von der Antike bis heute.* Berlin 2008.

Johanek, Peter: »Die Mauer und die Heiligen. Stadtvorstellungen im Mittelalter«. In: Behringer, Wolfgang/Roeck, Bernd (Hg.): *Das Bild der Stadt in der Neuzeit, 1400–1800.* München 1999, 26–38.

Johanek, Peter (Hg.): *Bild und Wahrnehmung der Stadt.* Wien 2012.

Kittelmann, Udo/Zacharias, Kyllikki (Hg.): Ausst.-Kat. *Brassaï. Im Atelier und auf der Straße.* Berlin 2011.

Koller, Ariane: *Weltbilder und die Ästhetik der Geographie. Die Offizin Blaeu und die niederländische Kartographie der Frühen Neuzeit.* Korb 2013.

Koppenleitner, Vera F./Rößler, Hole u. a. (Hg.): *Urbs incensa. Ästhetische Transformationen der brennenden Stadt in der Frühen Neuzeit.* Berlin 2011.

Krause, Katharina: »Louis XIV und die Erfindung des Boulevards«. In: Kampmann, Christoph u. a. (Hg.): *Neue Modelle im Alten Europa. Traditionsbruch und Innovation als Herausforderung in der Frühen Neuzeit.* Köln 2012, 164–175.

Kreuer, Werner/Institut für Geographie (Hg.): *Die Große Ansicht von Florenz. Essener Bearbeitung der Großen Ansicht von Florenz des Berliner Kupferstichkabinetts.* 2 Bde. Berlin 1998.

Kruft, Hanno Walter: *Städte in Utopia. Die Idealstadt vom 15. bis zum 18. Jahrhundert zwischen Staatsutopie und Wirklichkeit.* München 1989.

Lampugnani, Vittorio Magnago/Noell, Matthias (Hg.): *Stadtformen: Die Architektur der Stadt zwischen Imagination und Konstruktion.* Zürich 2005.

Longhi, Roberto: »Viviano Codazzi e l'invenzione della veduta realistica«. In: *Paragone* 71 (1955), 40–47.

Lynch, Kevin: *The Image of the City.* Cambridge, Mass. 1960.

Maki, Fumihiko/Ohtaka, Masako: »Some Thoughts on Collective Form«. In: György Kepes: *Structure in Art and Science.* New York 1965, 116–127.

Meier, Hans-Rudolf: »Annäherungen an das Stadtbild«. In: Beyer, Andreas/Burioni, Matteo u. a. (Hg.): *Das Auge der Architektur. Zur Frage der Bildlichkeit in der Baukunst.* München 2010, 93–113.

Mennel, Barbara Caroline: *Cities and Cinema.* London 2008.

Miller, Naomi: *Mapping the City. The Language and Culture of Cartography in the Renaissance.* London 2003.

Mumford, Lewis: *The Culture of Cities.* New York 1938.

Mumford, Lewis: *Die Stadt. Geschichte und Ausblick.* 2 Bde. München [3]1984 (engl. 1961).

Nerdinger, Winfried (Hg.): Ausst.-Kat. *Geschichte der Rekonstruktion – Konstruktion der Geschichte.* München 2010.

Neuber, Wolfgang: »Sichtbare Unterwerfung. Zu den herrschaftsstrategischen Raumvorstellungen in frühneuzeitlichen Idealstadtentwürfen und Utopien«. In: Jöchner, Cornelia (Hg.): *Politische Räume. Stadt und Land in der Frühneuzeit.* Berlin 2003, 1–22.

Nova, Alessandro/Jöchner, Cornelia (Hg.): *Piazza e monumento. Eine kunstwissenschaftliche Datenbank.* Berlin 2012.

Petit, Béatrice/Livingstone, Natalie u. a. (Hg.): Ausst.-Kat. *Eugène Atget. Retrospektive.* Berlin 2007.

Ploder, Josef: *Zur Darstellung des städtischen Ambiente in der italienischen Malerei von 1450 bis 1500.* Wien 1987.

Poeschke, Joachim: *Wandmalerei der Giottozeit in Italien. 1280–1400.* München 2003

Reske, Christoph: *Die Produktion der Schedelschen Weltchronik in Nürnberg.* Wiesbaden 2000

Roeck, Bernd (Hg.): *Stadtbilder der Neuzeit. Die europäische Stadtansicht von den Anfängen bis zum Photo.* Ostfildern 2006.

Roeck, Bernd (Hg.): *Stadtbilder der Neuzeit. Die europäische Stadtansicht von den Anfängen bis zum Photo.* Ostfildern 2006.

Rücker, Elisabeth: *Hartmann Schedels Weltchronik, das größte Buchunternehmen der Dürerzeit.* München 1988.

Schediwy, Robert: *Städtebilder: Reflexionen zum Wandel in Architektur und Urbanistik.* Wien [2]2005.

Schediwy, Robert: *Rekonstruktion: Wiedergewonnenes Erbe oder nutzloser Kitsch?* Wien 2011.

Schmitz, Walter (Hg.): *Die Zerstörung Dresdens: Antworten der Künste.* Dresden 2005.

Schneider, Ute: *Die Macht der Karten. Eine Geschichte der Kartographie vom Mittelalter bis heute.* 3. Ausg. Darmstadt 2011.

Schock, Flemming/Bauer, Oswald u. a. (Hg.): *Dimensionen der Theatrum-Metapher in der Frühen Neuzeit.* Hannover 2008.

Seidel, Max: *Dolce vita. Ambrogio Lorenzettis Porträt des Sieneser Staates.* Basel 1999.

Seng, Eva-Maria: *Stadt – Idee und Planung. Neue Ansätze im Städtebau des 16. und 17. Jahrhunderts.* München 2003.

Stahl, Christiane: »Friedrich von Martens (1806–1885). Panoramadaguerreotypie und fotografischer Verismus in der Frühzeit der Fotografie«. In: *Fotogeschichte. Beiträge zur Geschichte und Ästhetik der Fotografie,* 72 (1999), 3–14.

Stierli, Martino: *Las Vegas im Rückspiegel: Die Stadt in Theorie, Fotografie und Film.* Zürich 2010.

Süß, Dietmar: *Tod aus der Luft. Kriegsgesellschaft und Luftkrieg in Deutschland und England.* München 2011.

Tallack, Douglas: *New York Sights. Visualizing Old and New New York.* New York 2005.

Tönnesmann, Andreas: »Idealstadt und Öffentlichkeit. Raumbild und Gesellschaft in Renaissance und Moderne«. In: Albrecht, Stephan (Hg.): *Stadtgestalt und Öffentlichkeit. Die Entstehung politischer Räume in der Stadt der Vormoderne.* Köln 2010, 311–331.

Venturi, Robert: *Lernen von Las Vegas. Zur Ikonographie und Architektursymbolik der Geschäftsstadt.* Gütersloh [2]2007 (engl. 1972).

Vercelloni, Virgilio: *Europäische Stadtutopien: Ein historischer Atlas*. München 1994.

Vogt, Guntram: *Die Stadt im Film. Deutsche Spielfilme 1900–2000*. Marburg 2001.

Von Buttlar, Adrian u. a. (Hg.): *Denkmalpflege statt Attrappenkult. Gegen die Rekonstruktion von Baudenkmälern – eine Anthologie*. Gütersloh 2011.

Wagner, Kerstin: »Die visuelle Ordnung der Stadt. Das Bild der Stadt bei Kevin Lynch«. In: Jöchner, Cornelia (Hg.): *Räume der Stadt. Von der Antike bis heute*. Berlin 2008, 317–334.

Webber, Andrew: *Cities in Transition: The Moving Image and the Modern Metropolis*. London 2008.

Wescher, Paul: *Alte Städte in Meisterzeichnungen aus fünf Jahrhunderten*. Frankfurt a. M. 1938.

White, John: *The Birth and Rebirth of Pictorial Space*. London [3]1987.

Yochelson, Bonnie: *Berenice Abbott – Changing New York. Photographien aus den 30er Jahren. Das vollständige WPA-Projekt*. München 1997.

Zeitler, Kurt (Hg.): *Wege durch Rom. Druckgraphische Veduten aus drei Jahrhunderten.* München 1999.

13. Das Gedächtnis der Stadt

Kirstin Buchinger

Cicero stellte fest: »Groß ist die Kraft der Erinnerung, die Orten innewohnt« (Cicero 1989, V. 1–2, 294–396). Ausgehend von diesem Satz des großen Theoretikers der Mnemonik wird im Folgenden die Frage nach dem Gedächtnis der Städte in zweifacher Hinsicht gestellt; zum einen im Sinne der Frage nach einer Erinnerung an die Orte und zum anderen im Sinne der eher auf die Metapher gerichteten Frage, ob den Städten selbst ein Gedächtnis innewohnt.

Wie Aleida Assmann in diesem Zusammenhang bemerkt, ist die zweite Frage besonders suggestiv, da sie die Möglichkeit impliziert, dass Orte selbst zu Subjekten und Trägern der Erinnerung werden können und gar über ein Gedächtnis verfügen, welches weit über das des Menschen hinausgeht (Assmann 1999, 298). Allgemeinhin wird dieses »Gedächtnis des Ortes« mit dem *genius loci* umschrieben oder, um den mailändischen Architekten Aldo Rossi zu zitieren, als »Seele der Stadt als der eigentlichen Qualität einzelner städtebaulicher Tatbestände« verstanden (Rossi 1973, 20). Vor dem Hintergrund dieser zweifachen Frage nach dem Gedächtnis der Stadt soll im Folgenden der Forschungsstand zum Thema Erinnerung, Gedächtnis, Erinnerungskultur und Erinnerungsraum umrissen werden. Unter Einbeziehung von Beispielen aus westeuropäischen Metropolen soll dabei erprobt werden, welche Aspekte des Forschungsfeldes Denkanstöße für die Stadtforschung liefern können.

1. Memory-Boom

Wir leben in einer Zeit des Gedächtnisses. Seit einigen Jahren ist zu beobachten, dass überall von Erinnerung, kollektivem Gedächtnis und Gedenken gesprochen wird, und in den Kulturwissenschaften ebenso wie in den Neurowissenschaften ist ein regelrechter »Memory-Boom« zu konstatieren (Winter 2001, 5; Matussek 2000). Immer mehr Raum in der Forschung nimmt die Frage nach der Erinnerungskultur der europäischen Städte und Regionen ein, wovon zahlreiche Debatten über den Umgang mit dem historischen Erbe sowie von Form und Umfang des Gedenkens zeugen. Unter Erinnerungskultur sei im Folgenden die jeweilige Gesamtheit von Denkformen, sozialem Handeln und Institutionenbildung verstanden, die für Gedächtnis, Erinnerung und Gedenken eines Einzelnen, einer Gruppe oder einer bestimmten Gesellschaft spezifisch ist. Als Oberbegriff stellt sie ein Beziehungsgeflecht aller »denkbaren Formen der bewussten Erinnerung an historische Ereignisse, Persönlichkeiten und Prozesse« dar (Cornelißen 2003, 555).

Das Phänomen der Erinnerung hat die Menschen von jeher fasziniert, und auch die Erforschung der Erinnerung hat eine lange Tradition – gerade in Frankreich lieferten die Theorien der antiken Mnemotechnik wertvolle Impulse; zu denken ist hier vor allem an die frühen Reflexionen über die Psychodynamik des individuellen Erinnerns in Marcel Prousts Opus *Auf der Suche nach der verlorenen Zeit* (1908–1922) sowie auf solche im Werk des Philosophen Henri Bergson (*Materie und Gedächtnis*, 1896). Nach Bergson setzt sich Erinnerung aus Bildern von abwesenden Dingen zusammen. Das Gehirn aktualisiert diese Bilder, um sie für eine spezifische Situation anwenden zu können, und macht sie so lebensnützlich. Für Bergson stellt sich das Universum als eine Ansammlung von Bildern dar, wobei »Bild« ein absichtlich weit gefasster Begriff ist.

Bild-Erinnerungen sind, wie der Medienwissenschaftler Hans Belting meint, Identitäts-Erinnerungen: Sie konfigurieren das Gedächtnis nicht nach Maßgabe der Dekontextualisierung, sondern an konkrete individuelle Erfahrungshorizonte gebunden. Als solche strukturieren sie ebenfalls künftige Erfahrungen vor: »Unser körperliches Gedächtnis [ist] ein geborener Ort der Bilder [...] an dem Bilder sowohl empfangen wie produziert werden.« Kommunikativ wirksam ist dieses Bildgedächtnis, wenn es »von der kollektiven Imagination am Leben erhalten wird« (Belting 2001, 66).

2. Ursprünge der Gedächtnisforschung

In der antiken Mnemotechnik hießen diese wirksamen Bilder *imagines agentes*. Der Begriff findet sich erstmals in der anonym erschienen Schrift *Rhetorica ad Herennium* (ca. 86 v. Chr.). Die zentrale Anweisung an römische Redner lautet darin, *imagines agentes* zu verwenden: »Bilder müssen wir also in der Art festlegen, die man am längsten in der Erinnerung behalten kann. Das wird der Fall sein, wenn wir [...] nicht stumme und unbestimmte Bilder verwenden, sondern solche, die etwas in Bewegung bringen (nec vagas sed aliquid agentes imagines ponemus, *Rhetorica Ad Herennium*, III, 22, 37). Sie sind *Agent*en der Erinnerung, also aktiv, ergreifend, Handlung auslösend. Im Sinne der klassischen *ars memoriae* machen *imagines agentes* etwas vorstell- und erinnerbar, zusätzlich besitzen sie effektuierende Kraft für diejenigen, die sich selbst oder anderen etwas vorstellen. Sie werden verinnerlicht und lösen Handlungen aus. Es handelt sich bei den *imagines agentes* also um unbewegte Beweger. Diese finden sich sowohl in schriftlicher als auch in bildlicher Form; denn für die Wirksamkeit der Schrift bedarf es der inneren Vorstellungskraft, der *imaginatio*, ohne deren performative Kraft sie keine *imagines agentes* entwerfen könnte.

3. Erinnerung und Stadt

Ebenso wie das geschriebene Wort mithilfe der Vorstellungskraft und der Erinnerung beim Lesenden Wirkung entfalten kann, können auch räumliche Orte zu *imagines agentes* werden. Es kann davon ausgegangen werden, dass solche Orte, die in Städten vielfach vorhanden sind, im Gedächtnis des Einzelnen einen hohen Stellenwert haben, denn welcher Raum wäre den meisten Menschen präsenter als ihre Stadt? Leben wir in einer Stadt, so determiniert sie unseren Lebensrhythmus, unser Umfeld, unsere Prägung. Reisen wir in Städte – und Stadtreisen haben als Bildungspraxis eine lange Tradition – so üben diese Städte mit ihren vielfachen historischen

Bezügen, ihrer kulturellen Diversität und dem uferlosen Angebot an Sinneseindrücken einen besonderen Reiz aus. Gerade Hauptstädte als Aushängeschild der Nation sind als Orte des kulturellen Transfers und kulturelle Schmelztiegel voller *imagines agentes*. Der Romancier Stendhal war von den Impulsen, die er bei einem Besuch der Stadt Florenz 1817 aufnahm, so überwältigt, dass er durch das Erlebte erkrankte. Der durch kulturelle Reizüberflutung während einer (Städte-)Reise ausgelöste psychische und physische Erschöpfungszustand wird heute gar als »Stendhal-Syndrom« bezeichnet (Magherini 1989; Magherini 2007).

Bilderinnerungen können bewusst geplant sein – aus stadtplanerischer Perspektive etwa durch die Benennung öffentlicher Plätze und Gebäude nach historischen Ereignissen, sie können aber auch durch kleine Momente, Handlungen, ein Lied, eine Postkarte abgerufen, herbeizitiert werden – ganz im Sinne einer *mémoire involontaire*, wie sie in *Auf der Suche nach der verlorenen Zeit* geradezu exemplarisch dargestellt ist: Der Verzehr einer Madeleine löst bei Prousts Romanheld spontane Erinnerungen an die verschütteten Erlebnisse in der Kindheit aus. Die Funktion von *imagines agentes* kommt in unserem Zusammenhang Souvenirs zu: ein Stück der Berliner Mauer, eine Postkarte vom Eiffelturm, eine Teetasse mit der britischen Flagge, eine auf einem Flohmarkt erstandene Truhe – sie alle können augenblicklich Erinnerungen an jene Städte zurückholen, die wir bereisten. Dass die aufgerufenen Erinnerungen wenig mit dem zu tun haben, was eine Stadt ausmacht, ist evident und zeigt die Wechselwirkung zwischen Gedächtnis, Geschichte und Vergessen. Denn mit der Erinnerung an solche einprägsamen Bilder einer geht der Prozess der Selektion und der Verdrängung; Erinnerung und Vergessen sind zwei Seiten derselben Medaille. Vielleicht erinnern wir uns somit noch an das schöne Wetter, das wir während eines Spazierganges über die Ile de la Cité, vorbei an der Kirche Notre Dame hatten, an die Chimären auf der Kirche und ihre eindringlichen Blicke; nicht aber erinnern wir uns an die vielen Menschen, die verhinderten, dass wir die Kirche an diesem Tag von innen betrachten konnten. Das Gedächtnis wählt aus, was es behält.

Bilderinnerungen von Städten tragen die meisten von uns in sich – wir müssen jedoch im Zeitalter der technischen Reproduzierbarkeit (W. Benjamin) nicht einmal in den Städten gewesen sein, um uns an sie erinnern zu können. Max Frisch beschreibt dieses Phänomen in seinem Roman *Stiller* wie folgt: »Wir leben im Zeitalter der Reproduktion. Das allermeiste in unserem persönlichen Weltbild haben wir nie mit eigenen Augen erfahren, genauer: wohl nicht mit eigenen Augen, doch nicht an Ort und Stelle; wir sind Fernseher, Fernhörer, Fernwisser. Man braucht dieses Städtchen nie verlassen zu haben, um die Hitlerstimme noch heute im Ohr zu haben, um den Schah von Persien aus drei Meter Entfernung zu kennen und zu wissen, wie der Monsun über den Himalaja heult oder wie's tausend Meter unter dem Meeresspiegel aussieht. Kann heutzutage jeder wissen. Bin ich deswegen je unter dem Meeresspiegel gewesen; bin ich auch nur beinahe (wie die Schweizer) auf dem Mount Everest gewesen?« (Frisch 1954, 186).

Erinnerungsmedien, die ein kollektives »Stadtgedächtnis« im Sinne eines kollektiven Bildes von einer Stadt formen, sind zugleich die Massenmedien unserer Zeit: Bücher, Filme, das Internet. Dass die kollektiv abrufbaren Bilder oftmals nicht weit entfernt von Stereotypen und Klischees sind, muss nicht betont werden, denn kollektive Erinnerung bedeutet auch immer Vereinfachung und Verflachung. Unter diesen Vorzeichen wird Paris zur Stadt der Dichter, der Liebe, untergründig und romantisch, assoziiert mit Wärme und Leichtigkeit; London zur Stadt des Geldes, der Wirtschaft, der Architektur, der Erinnerungen an den Glanz des Empires – assoziiert mit Tempo, architektonischer Größe und Kühle; Berlin wird zum Symbol der Zweiteilung der ideologischen Welt, zerrissen, schmutzig, wiedervereint und rauh.

Metropolen waren und sind immer in besonderem Maße sowohl Orte der Literaturproduktion als auch Gegenstand der Literatur gewesen. So kenne ich Paris vielleicht durch Marcel Proust, Victor Hugo oder Charles Baudelaire, Berlin durch die Flaneure der Weimarer Republik, durch Fontane oder Joseph Roth. Dasselbe gilt, und das zeigen die Beiträge in diesem Handbuch deutlich, natürlich auch für andere Medien wie die Malerei oder die Fotografie. Dem Film kommt als beherrschendem Massenmedium seit der Zeit nach dem Ersten Weltkrieg dabei eine Schlüsselfunktion zu – und zu denken ist dabei nicht nur an frühe Filme wie *Metropolis* oder *Paris qui dort*, in denen Städte die Hauptrolle spielen. Auch heute zeigt der große Erfolg von Woody Allens Film *Midnight in Paris* (2011), mit dem der New Yorker Regisseur an zwei weitere Stadtfilme (über London und Barcelona) anknüpft, wie beliebt das Spiel auf der Klaviatur von Stadt-Klischees beim Publikum ist. Darüber hinaus wird am Beispiel der Paris-Erlebnisse des Protagonisten Gil (Owen Wilson) deutlich, wie das kollektive Gedächtnis funktioniert. Der junge Reisende sehnt sich danach, sich in Paris als Romancier selbst zu entdecken. Sein Bild der Stadt konfiguriert sich aus seiner »left bank«-Lektüre. Die Erinnerungen und Zeugnisse der nach Paris exilierten Literaten und Maler des beginnenden 20. Jahrhunderts verschmelzen zu seinem »inneren Paris«. Das geisterhafte Erscheinen Ernest Hemingways, Ella und Scott Fitzgeralds, Gertrude Steins, Picassos und Dalís im Paris der Gegenwart entspricht den kollektiven Erinnerungen des Protagonisten; das, was er mit Paris assoziiert, kann die Realität nicht vertreiben – oder anders formuliert – sein Stadtbild überformt die Realität. Wir erinnern uns an Cicero: Groß ist die Kraft der Erinnerung, die Orten innewohnt.

4. Die Idee einer kollektiven Erinnerung

Erwartungen an eine Stadt, die sich durch die Gegenwart geformte kulturelle Prägung ergeben, ebenso wie das, was Frisch im Zusammenhang mit nicht gelebten Erfahrungen in *Stiller* als Wissen bezeichnet, lassen sich gewissermaßen einem kollektiven Gedächtnis zuordnen. Der französische Soziologe Maurice Halbwachs, neben Friedrich Nietzsche sowie Aby Warburg ein Gründervater der sozialen Gedächtnisforschung, hat die Theorie der *mémoire collective* (kollektives Gedächtnis) geprägt. Der Schüler Henri Bergsons (u. a. *Matière et mémoire*, 1896) und Émile Durkheims (*Représentations individuelles et représentations collectives*, 1898) griff die individuelle Gedächtniskonzeption kritisch auf und führte sie weiter, denn er ging davon aus, dass das Individuum nie mit seiner Erinnerung isoliert bleibe. Ein Spaziergang durch Londons Straßen spielte für Halbwachs im Zuge seines Erkenntnisprozesses dabei eine Schlüsselrolle. Einige Gebäude riefen bei ihm unerwartet persönliche Erinnerungen hervor, so als ob die relative Stabilität der sozialen Umgebung bedeutsame Erinnerungen auch über die gespeicherten Gedächtnisbestände des Individuums hinaus wiederentstehen lassen könnte. Individuelle Erinnerungen, so Halbwachs' Schlussfolgerung, seien eigentlich sozial gerahmt und kollektiv, sie seien mit einer Pluralität von Bezügen ausgestattet und nicht durch ein einziges dominantes Gedächtnis überformt (Halbwachs 1991, 2 f.). Es ist das Milieu – das soziale Umfeld – in dem der Mensch lebt, das den Rahmen für »Form und Inhalt gemeinsamer Erinnerungen begrenzt und bedingt« (François/Schulze 2001, 13). Durch das »kollektive Bedürfnis nach Sinnstiftung« (ebd.) werden vergangene, auf den ersten Blick ausschließlich das Individuum betreffende Ereignisse zu Erinnerungen. Für Halbwachs sind Räume das Substrat kollektiven Gedächtnisses und dessen Voraussetzungen – auch in Bezug auf die Stadt ist dies ein wichtiger Aspekt. Halbwachs starb im Konzentrationslager Buchenwald, das heute ein Gedächtnisort der deutschen, europäischen und jüdischen Geschichte ist.

5. Kollektives Gedächtnis

Nach dem Holocaust und dem folgenden langanhaltenden Erinnerungstrauma setzte erst am Ende der 1970er und zu Beginn der 1980er Jahre ein neues, bis heute anhaltendes Interesse am kollektiven Gedächtnis ein. Wesentliche Impulse für die Beliebtheit der Gedächtnisthematik gingen von dem Pariser Historiker und Verleger Pierre Nora aus. Er zog aus den Arbeiten Halbwachs' eigene Schlussfolgerungen, die in das Experiment der historischen Analyse der *lieux de mémoire* mündeten. *Lieux de mémoire* ist ein Kunstbegriff (Nora 1998, 8), der als Metapher zu verstehen ist, eine Metapher, die sich an den Begrifflichkeiten der Mnemotechnik in der römischen Redekunst orientiert. Noras Vorhaben bestand in einer in die Tiefe gehenden Analyse der Orte, an denen sich das Gedächtnis der Nation (in diesem Falle Frankreichs) in besonderem Maße abzeichnet, kristallisiert oder verkörpert. In einer solchen symbolischen Betrachtungsweise der französischen Geschichte sind diese Kristallisationspunkte einfache Gedenkstätten, etwa Statuen großer Männer, Kriegerdenkmäler oder die Gräber der französischen Könige in Saint Denis. Symbole und Embleme wie die Trikolore oder die Marseillaise gehören ebenso dazu wie Gebäude – alles Kristallisationskerne des französischen kollektiven Gedächtnisses, vergleichbar einem Netz von materiellen und immateriellen Erinnerungsfäden, das das nationale Bewusstsein in einem ungenau bestimmbaren, aber sehr profunden Sinne zusammenhält. Das Interesse gilt bei einer sol-

chen Analyse nicht mehr der Geschichte im eigentlichen Sinne, sondern der Geschichte, derer man gedenkt, und wie sie in die jeweilige Gegenwart eingeordnet wird (Nora 2005, 16). Für Nora ist Gedächtnis erlebte Geschichte, die von einer Dialektik des Erinnerns und Vergessens getragen wird (Nora 1998, 13). Das Gedächtnis ist eine Art Zeitzeuge, der eine Subjektivierung und Aneignung der Vergangenheit betreibt (Assmann 1999b, 25). Vergangenes soll als das zu erkennen sein, als was es früher existiert hat, auch wenn es heute nicht mehr in dieser Form existiert (Ricoeur, zit. nach François/Schulze 2001, 14). Im Gegensatz dazu ist für Nora Geschichte eine »opération intellectuelle« (Nora 1984b, XVIII), welche Kognition, Analyse und Diskurs voraussetzt. Die Geschichtswissenschaft rekonstruiert das, was es nicht mehr gibt und soll – idealisiert – beschreiben, »wie es eigentlich gewesen ist« (François/Schulze 2000, 7; vgl. Nora 1998, 13). Nicht die objektive Erkenntnis, sondern die Emotionen und die Subjektivität spielen eine entscheidende Rolle im Prozess des Sich-Erinnerns (Nora 1984b, XIX). Dieses subjektive Empfinden vergangener Ereignisse, die Erinnerung, manifestiert sich in den ›Erinnerungsorten‹. Nora definiert sie als Kreuzungen, an denen sich die Geschichte zu erkennen gibt (Nora 1984a, VII). Es sind keine ›Orte‹, an die sich erinnert wird, sondern an denen die Erinnerung arbeitet (Nora 1984a, X). Daher kann ein Erinnerungsort vom Materiellsten und Konkretesten bis hin zum Abstraktesten und Intellektuellsten alle Ausprägungen annehmen (vgl. Nora 1984a, VII). Es kann eine materielle Qualität im Sinne eines Archivdepots, eine symbolische im Sinne einer Schweigeminute oder eine funktionale Qualität im Sinne eines Testaments besitzen. Erinnerungsorte können geografische Orte wie Flüsse, Landschaften, Denkmäler, Gedenkstätten, Archive, Friedhöfe oder Museen wie der Louvre sein.

Dass Städten als Knotenpunkten für Erinnerungsorte in diesem Zusammenhang eine maßgebliche Rolle zukommt, ist evident. Das zeigen bereits die unterschiedlichen Beiträge, die sich in den sieben Bänden der *Lieux de mémoire* auf Paris beziehen. Noras Beispiel machte Schule und der Terminus »Erinnerungsort« wurde zu einem Begriff, der sich zu einer festen Bezeichnung für einen Forschungsgegenstand in der Sozial-, Geschichts-, Literatur- und Kulturwissenschaft etabliert hat. So existieren heute in zahlreichen europäischen Ländern vergleichbare Untersuchungen, die Noras Konzept aufgriffen und sich auf die Suche nach dem spezifischen Gedächtnis der Nation begaben. Davon zeugt das 2001 erschienene dreibändige Werk *Deutsche Erinnerungsorte* (François/Schulze, 2001). Vergleichbare Veröffentlichungen gibt es in Italien, den Niederlanden, Dänemark, Österreich, und Luxemburg (Mario Isnenghi (Hg.): *I luoghi della memoria*. 3 Bde., Rom/Bari 1997/98; Pim de Boer/Willem Frijhoff (Hg.): *Lieux de mémoire et identités nationales*. Amsterdam 1993; Nicolaas C.F. van Sas (Hg.): *Waar de blanke top der duinen en andere vaderlandse herinneringen*. Amsterdam 1995; Ole Feldbaek (Hg.): *Dansk identitatshistorie*. Kopenhagen 1991/92; Moritz Csaky (Hg.): *Orte des Gedächtnisses*. Wien 2000 ff.; Sonja Kmec/Benoît Majerus/Michel Margue/Pit Peporte (Hg.): *Lieux de mémoire au Luxembourg, Erinnerungsorte in Luxemburg*, Luxemburg 2007).

Ausgehend von diesen Überlegungen zu Erinnerung, Geschichte und Gedächtnis im Zusammenhang mit Städten ist unbedingt die Dimension des Raumes einzubeziehen. Die vielfältigen möglichen Verknüpfungen und Bezüge zeigen bereits die unterschiedlichen Beispiele in einem Sammelband über Europäische Erinnerungsräume (siehe auch Buchinger/Gantet/Vogel 2008).

Die Forschung von Jan und Aleida Assmann ist in diesem Zusammenhang wegweisend. Die beiden, die die deutsche Rezeption von Halbwachs und die Entstehung einer »Erinnerungsgeschichte« maßgeblich prägten, haben die räumliche Metapher immer wieder in ihren Arbeiten verwandt und auf die Entstehung sogenannter »Erinnerungslandschaften« oder »Erinnerungsräume« im Rahmen des kulturellen Gedächtnisses hingewiesen. Städte sind solche »Erinnerungslandschaften«, also eine Vielzahl von Erinnerungsräumen, die sich überschneiden. Beispielhaft können dies Stadtteile, Gebäude und Monumente sein, die zusammen ein größeres Gesamtbild generieren. Jeder Spaziergang durch eine Stadt zeigt, dass sich an diesen Orten die Zeit im Raum verdichtet. Städte sind aufgeladen mit Geschichte – das implizieren schon die Reiseführer, die uns auf farbig markierte Routen schicken, die die verschiedenen Zeitebenen repräsentieren, die den Städten eingeschrieben sind, sich überlagern, bedingen und ablösen. Im Raume lesen wir die Zeit (Schlögel 2003). Im Grunde ist ein Stadtplan, egal ob von London, Paris oder Berlin, ein Teppich historischer Erinnerungen und Spiegel der Geschichte des jeweiligen Landes, und so ist der Besuch einer Stadt auch eine Reise durch die Zeit und von der Vorstel-

lungskraft evozierte Bilder. Aldo Rossi beschreibt dieses Phänomen in seinem Buch *L'Architettura della Città* (*Die Architektur der Stadt*, 1966) und stellt sich auf den Standpunkt, dass Städteplanung nicht voraussetzungslose Totalplanung sein könne, sondern sich an den gewachsenen, historisch bedingten Strukturen orientieren müsse.

6. Verräumlichung der Geschichte

Die Struktur einer Stadt lässt sich wie ein Palimpsest lesen. Unter Anwendung geeigneter Mittel kann der ausgelöschte Text wieder sichtbar gemacht werden (Assmann 2007, 111). Die verschiedenen Zeitschichten sind förmlich in der architektonischen Substanz einer Stadt lesbar. Assmann spricht in diesem Zusammenhang von einer »Verräumlichung der Geschichte« (Assmann 2007, 115). So zeugen die Straßen und Plätze Berlins heute von den insgesamt acht Epochen, in denen Berlin Hauptstadt war bzw. ist. Die einzelnen Schichten reichen vom Kurfürstentum der Markgrafen von Brandenburg über das Königreich Preußen, das Deutsche Kaiserreich, die Freie Sozialistische Republik, die Weimarer Republik, das Dritte Reich, die DDR bis hin zur wiedervereinigten Bundesrepublik Deutschland.

Vergangenheit, Gegenwart und Zukunft finden in der Stadt simultan statt und schreiben sich in ihr ein, werden überschrieben, sind auch durch Leerstellen und »Nicht-Orte« (Augé 1994) vorhanden. Ein Beispiel für nicht mehr vorhandene Orte, an die wir uns erinnern, ist in Berlin der ehemalige ›Führerbunker‹ in der Wilhelmstraße. Der Bunker ist seit mehr als 65 Jahren zerstört, aber der Boden, unter dem er sich einst befand, ist noch heute mit Erinnerungen aufgeladen. Ein weiteres Beispiel aus der deutschen Hauptstadt ist das Stadtschloss Unter den Linden. Nach einer jahrhundertelangen, höchst wechselvollen Geschichte wurde es nach seiner Zerstörung im Zweiten Weltkrieg zum »Nicht-Ort«. Nach der politischen Wende 1989 und der deutschen Wiedervereinigung wurde die Rekonstruktion der nicht mehr existenten Winterresidenz der vormaligen Könige von Preußen und der Deutschen Kaiser zum Gegenstand einer intensiven und öffentlichkeitswirksamen Debatte. Während der Wiederaufbau des Schlosses schließlich durchgesetzt werden konnte, verschwand andererseits mit dem restlosen Abriss des Palastes der Republik, nur wenige Meter entfernt, ein Symbol

des DDR-Regimes und damit ein Stück weit die Erinnerung an diesen Teil der deutschen Nachkriegs-
geschichte.

Um noch ein weiteres Beispiel aus der Geschichte
des 19. Jahrhunderts anzuführen: Napoleon III. ließ
in den 1850er Jahren noch während des Krimkrieges
Paris durch Haussmann städtebaulich in weiten Teilen neu erfinden. Die Gässchen der Ile de la Cité wi-
chen den breiten Boulevards jener die Vergangenheit der Stadt niederschreienden Prunkarchitektur.
Fortan sollte es nicht mehr möglich sein, Barrikaden
zu errichten, wie es noch 1848 geschehen war. An
diesen Beispielen zeigt sich, dass der staatliche Umgang mit historischen Erinnerungen im Stadtbild
immer auch politische Implikationen aufweist. Das
spiegelt sich in besonderem Maße in der Geschichte
der (Um-)Bennenung von Straßen, Plätzen und Ver-
kehrsknotenpunkten. Heide Wiese weist das in ihrem Buch *Unter den Straßen von Paris. Geschichte
und Geschichten von Pariser Metro-Stationen* über
den Pariser Untergrund nach, in dem sie die Geschichte der Namen der Métro-Stationen erzählt
(Wiese 2007).

Für Aleida Assmann (2007, 12) sind persönliche
historische Erfahrung in Generationen, Familien
und Stadtbildern, öffentlichen Geschichtsdebatten
sowie die vielgestaltigen Produkte eines florierenden
Geschichtsmarkts Gegenstand der Untersuchung einer »Geschichte im Gedächtnis«. Die Ausdrucksfor-
men einer solchen Erinnerungskultur sind vielfältig:
Denkmäler, Gedenkstätten, Bauwerke, Museen,
Feste, Riten, Benennung von Straßen, Gedenkmün-
zen und -briefmarken, Literatur, Theater, Kunst,
Ehemaligenvereine etc.

Sie weist darauf hin, dass auch außerhalb der Museen Geschichte präsent sein kann. So wird auf Floh-
märkten Vergangenes kurz vor seinem Verschwinden festgehalten, da sich an diesen Orten ein wahres
Sammelsurium von Anachronismen findet (Assmann 2007, 159). Die Akteure können Geschichte in
drei Formen präsentieren: Erzählen, Ausstellen, Inszenieren (Assmann 2007, 149–173). Bei der ersten
Form, dem Erzählen, werden Ereignisse in zeitlicher
Reihenfolge angeordnet und kausal miteinander
verknüpft. Der Unterschied zum Geschichtsbuch
besteht in der »narrativen Semantik, die den erzählten Ereignissen Bedeutung, Gewicht und Richtung
gibt« (Assmann 2007, 150). Bei der Ausstellung erfolgt eine »Re-Dimensionierung oder Re-Kontex-
tualisierung« (Assmann 2007, 152) von historischen
Texten, Bilder und Gegenständen. Die zeitliche Rei-

henfolge sowie die räumliche Platzierung sind dabei
maßgebend. Inszeniert wird, wenn ein Ort »zum
Zweck von Informationsvermittlung, Erfahrungs-
möglichkeiten und Handlungsangeboten« (Assmann 2007, 153) aufbereitet wird.

Die mediale Inszenierung widmet sich der ge-
filmten oder verfilmten Geschichte durch bewegte
Bilder in Film, Fernsehen, Video oder digitalen Medien. Bei der räumlichen Inszenierung wird die Information an einer Art »Bühne« vermittelt, die als
historischer Schauplatz fungiert (Assmann 2007,
153).

Ein Beispiel für eine mediale und räumliche Inszenierung von Geschichte im Raum der Stadt sind
die Initiativen des Berliner Vereins *Historiale*. Seit einigen Jahren werden unter der Ägide des Vereins bestimmte Themenschwerpunkte aus der Geschichte
ausgewählt und im Sinne eines »Happenings« und
unter Einbeziehung zahlreicher flankierender Maßnahmen in die Gegenwart des städtischen Raumes
zurückgeholt. 2005, genau 200 Jahre, nachdem Napoleon nach der siegreichen Doppelschlacht von
Jena und Auerstedt durch das Brandenburger Tor
Einzug in die Hauptstadt hielt, inszenierten die Ma-
cher des Geschichtsvereins *Historiale* den Adventus
des ehemaligen Kaisers höchst publikumswirksam.

Das Konzept »Geschichte im Gedächtnis« will die
Schattenlinie zwischen Vergangenheit und Gegenwart auflösen und einen fließenden Übergang schaffen. Assmann verwendet den Begriff der ›Inszenierung‹ nicht wertend, sondern beschreibend. Sie
räumt ein, dass er oft »pejorativ mit ›Künstlichkeit‹
und ›Unterhaltungswert‹ assoziiert« wird (Assmann
2007, 152, Hervorh. i. Orig.).

7. Histoire croisée

Das letzte hier zu behandelnde Konzept, das für die
Stadtforschung fruchtbare Impulse bereithält, lässt
sich unter dem Begriff der *histoire croisée* (gekreuzte
Geschichte) subsumieren. Bei dem Begriff handelt es
sich um eine Neuschöpfung aus dem französischen
Wort *croiser* (»kreuzen«). ›Kreuzen‹ soll hier bedeuten, zwei Dinge in Kreuzform übereinander zu legen,
wobei ein Schnittpunkt entsteht (vgl. Werner/Zim-
mermann 2004, 21). Für zwei Länder bzw. Städte bedeutet das, dass es Ereignisse oder Orte (im Sinne
der Metapher) gibt, an denen sich die Geschichte
beider Nationen kreuzt. So begibt man sich auf die

Suche nach den geteilten Erinnerungsorten (der Städte). Hierbei handelt es sich somit um einen Prozess des »va-et-vient entre les deux pôles« (Werner/Zimmermann 2004, 41). Dabei soll nicht nur eine bloße Analyse des Schnittpunktes erfolgen, sondern ebenfalls eine Untersuchung der Auswirkungen einer solchen Überschneidung vorgenommen werden (vgl. Werner/Zimmermann 2004, 22). *Croiser* bedeutet demnach auch *entrecroiser* (verflechten) und *entrelacer* (ineinander schlingen) (vgl. Werner/Zimmermann 2004, 22). Durch mehrmaliges Überkreuzen und »Hereinnahme faktisch aller nur denkbare[n] Kontexte« entsteht eine »Verflechtungsgeschichte« (Middell 2005, 2), die die strukturellen Verflechtungen und die Verflochtenheit der Erinnerungskulturen der Städte verdeutlichen kann. Es gilt zu klären, wie sie sich die Erinnerungskulturen gegenseitig prägen, bestimmen und wie sie voneinander abhängen (Schäfer 2008, 2). Historische Erinnerung wird so zu ihrer räumlichen und geografischen Dimension in Beziehung gesetzt (Buchinger/Gantet/Vogel 2008, 9). Die entstehenden ›Erinnerungslandschaften‹ sind Spiegel der Vielfältigkeit dieser Bezüge sowie der multiplen Verknüpfungen.

Die *histoire croisée* verfolgt einen multidimensionalen Ansatz, der den als zu eng empfundenen nationalen Bezugsrahmen als privilegierte Untersuchungseinheit für die Geschichtswissenschaft (Buchinger/Gantet/Vogel 2008, 13) aufgibt. Vielmehr stellt sie geteilte Erinnerungen und deren räumliche Bezüge dar, die für die Konstruktion eines Bildes des jeweils anderen verantwortlich sind (Buchinger/Gantet/Vogel 2008, 12).

Paul Valéry wies darauf hin, dass die kulturellen Ursprünge unserer Städte in den drei Metropolen Athen, Rom und Jerusalem liegen – das ist das gemeinsame Erbe unserer Städte. Eine Topografie gemeinsamer Erinnerung in den Städten findet sich sowohl im materiellen Erbe, in Bauten, Museen usw. als auch im immateriellen Erbe, in Wissen, Religionen, Trachten, Liedern, Bildungsgütern, Zeichen, Sprachen, Gesten, Mimik, Gebräuchen, Traditionen usw. Konstitutive Orte und Gegenstände des transnationalen europäischen Gedächtnisses (europäische Erinnerungsorte) sind etwa die Thermopylen, Belém, die Bastille, Auschwitz, das Brandenburger Tor, die Berliner Mauer, das Forum Romanum, die Alhambra, Greenwich oder etwa Lübeck.

Auch trennende Elemente können dabei gewissermaßen einend und in der historischen Rückschau verstärkend wirken. Um ein Beispiel anzuführen: die Zeit der Revolutions- und Napoleonischen Kriege (1793 bis 1815) und ihre paradigmatische Bedeutung für die nationale Selbstdefinition europäischer Länder zeigt sich bis heute im Stadtbild der Hauptstädte Großbritanniens, Frankreichs und Deutschlands. Während im Stadtplan von Paris Erinnerungen an die siegreichen Schlachten von den Pyramiden über Eylau bis Austerlitz wachgerufen werden, evozieren Namen wie Trafalgar Square, Waterloo Station oder Wellington Arch, ein Triumphbogen bei Hyde Park Corner, der ein Denkmal für die britischen Siege in den Napoleonischen Kriegen sein sollte, den historischen Triumph über den französischen Aggressor im kollektiven Gedächtnis der britischen Nation. In Berlin sind etwa die Siegessäule oder das Brandenburger Tor solche nationalen Erinnerungsorte, die sich auf den deutsch-französischen Antagonismus im 19. Jhd. beziehen. Über den nationalen, trennenden Bezugsrahmen hinaus eint das gemeinsame Erbe an kollektiven Erinnerungen an die Zeit um 1800 jedoch die Nationen.

Ein wichtiger Aspekt bei dieser kreuzenden Betrachtung der Erinnerungskulturen unserer Metropolen, dieser »janusköpfigen Hauptstädte« (François 2000, 52–66), ist die Diversität, die sich bereits durch die vielfältigen Impulse der Einwanderer ergibt, die in Stadtteilen wie etwa Brick Lane in London europäische Erinnerungsorte mit über Europa hinausweisenden Dimensionen schaffen.

Es ist deutlich geworden, dass es vielfältige Möglichkeiten gibt, sich dem Phänomen Stadt unter Einbeziehung der vorgestellten methodischen und theoretischen Konzepte der Gedächtnisforschung zu nähern.

Die Verbindung zwischen kollektivem Gedächtnis und der Stadt als Erinnerungsraum müsste allerdings noch eingehender erforscht werden. Ob den Städten ein metaphorisches Gedächtnis innewohnt, wäre eine der spannenden Fragen, die es in diesem Zusammenhang zu klären gilt. Durch die enge Verzahnung von gewachsenen Strukturen, bewussten wie unbewussten *imagines agentes* und den in unseren Metropolen lebenden, sie besuchenden oder lediglich über sie lesenden Menschen scheint ein »Gedächtnis des Ortes« im metaphorischen Sinne jedoch vorstellbar.

Literatur

Assmann, Aleida: *Erinnerungsräume. Formen und Wandlungen des kulturellen Gedächtnisses*. München 1999.

Assmann, Aleida: »Im Zwischenraum zwischen Geschichte und Gedächtnis: Bemerkungen zu Pierre Noras ›Lieux de mémoire‹«. In: François, Étienne (Hg.): *Lieux de mémoire. Erinnerungsorte. D'un modèle français à un projet allemand*. Berlin 1999, 19–27.

Assmann, Aleida: *Der lange Schatten der Vergangenheit, Erinnerungskultur und Geschichtspolitik*. München 2007.

Assmann, Jan: *Kultur und Gedächtnis*. Frankfurt a. M. 1988.

Augé, Marc: *Orte und Nicht-Orte*. Frankfurt a. M. 1994.

Belting, Hans: *Bild-Anthropologie. Entwürfe für eine Bildwissenschaft*. München 2001.

Buchinger, Kirstin/Gantet, Claire u. a. (Hg.): *Europäische Erinnerungsräume*. Frankfurt a. M. 2008.

Cicero: *De finibus bonorum et malorum* (*Über das höchste Gut und das größte Übel*, übers. von Harald Merklin). Stuttgart 1989.

Cornelißen, Christoph: »Was heißt Erinnerungskultur? Begriff – Methoden – Perspektiven«. In: *Geschichte in Wissenschaft und Unterricht* 54 (2003), 548–563.

François, Étienne/Schulze, Hagen (Hg.): *Deutsche Erinnerungsorte*, 3 Bde. München 2001.

François, Etienne: »Auf der Suche nach dem europäischen Gedächtnis«. In: Hohls, Rüdiger/Schröder, Iris u. a. (Hg.): *Europa und die Europäer. Quellen und Essays zur modernen europäischen Geschichte*. Stuttgart 2005, 250–255.

François, Etienne: »Europäische lieux de mémoire«. In: Budde, Gunilla (Hg.): *Transnationale Geschichte. Themen, Tendenzen und Theorien*. Göttingen 2006, 290–303.

François, Etienne: »Versailles, Potsdam: Die janusköpfigen Hauptstädte«. In: Fleckner, Uwe/Schieder, Martin u. a. (Hg.): *Jenseits der Grenzen. Französische und deutsche Kunst vom Ancient Régime bis zur Gegenwart*. Köln 2000, 52–66.

Frisch, Max: *Stiller*. Frankfurt a. M. 1954.

Halbwachs, Maurice: *Das kollektive Gedächtnis*. Stuttgart 1991.

Magherini, Graziella: *La Sindrome di Stendhal*. Florenz 1989.

Magherini, Graziella: *Mi sono innamorato di una statua: Oltre la Sindrome di Stendhal*. Florenz 2007.

Matussek, Peter: »Erinnerung und Gedächtnis«. In: Böhme, Hartmut/Matussek, Peter (Hg.): *Orientierung Kulturwissenschaft. Was sie kann, was sie will*. Reinbek 2000, 147–164.

Matussek, Peter: »Bewegte und bewegende Bilder. Animationstechniken im historischen Vergleich«. In: Lechtermann, Christina/Morsch, Carsten u. a. (Hg.): *Kunst der Bewegung. Kinästhetische Wahrnehmung und Probehandeln in virtuellen Welten*. Bern 2004, 1–13.

Nora, Pierre (Hg.): *Les lieux de mémoire*, 7 Bde. Paris 1984–1992.

Nora, Pierre: *Zwischen Geschichte und Gedächtnis* (Übersetzt von Wolfgang Kaiser). Frankfurt a. M. 1998.

Nora, Pierre: »Wie lässt sich heute die Geschichte Frankreichs schreiben?« In: Nora, Pierre (Hg.): *Französische Erinnerungsorte*. München 2005, 15–23.

Norberg-Schulz, Christian: *Genius Loci*. Stuttgart 1982.

Nüsslein, Theodor (Hg.): *Rhetorica ad Herennium* (Lateinisch–deutsch). München/Zürich 1994.

Rossi, Aldo: *Die Architektur der Stadt*. Düsseldorf 1973.

Schäfer (Buchinger), Kirstin: »Ist eine europäische Erinnerung vorstellbar?« In: Hassemer, Volker (Hg.): *Europa eine Seele geben. Städte und Regionen – Ihre kulturelle Mitverantwortung für Europa*. = www.berlinerkonferenz.eu/uploads/media/Erinnerungskultur.pdf, 2008 (12.09.2011).

Schlögel, Karl: *Im Raume lesen wir die Zeit. Über Zivilisationsgeschichte und Geopolitik*. München 2003.

Werner, Michael/Zimmermann, Bénédicte (Hg.): *De la comparaison à l'histoire croisée*. Paris 2004.

Wiese, Heide: *Unter den Straßen von Paris. Geschichte und Geschichten von Pariser Métro-Stationen*. Münster 2007.

Winter, Jay: »Die Generation der Erinnerung. Reflexionen über den ›Memory-Boom‹ in der zeithistorischen Forschung«. In: *Werkstatt Geschichte* 30 (2001), 5–16.

Yates, Frances A.: *Gedächtnis und Erinnern. Mnemonik von Aristoteles bis Shakespeare*. Berlin ³1994.

14. Privatsphäre, Öffentlichkeit und urbane Modernität. London als historischer Präzedenzfall

Christoph Heyl

Eines der kennzeichnenden Elemente westlich geprägter moderner Urbanität ist ein charakteristisches Zusammenspiel des Privaten und des Öffentlichen. Die Scheidung sowie die Übergänge zwischen Privatsphäre und öffentlichem Raum bzw. Öffentlichkeit strukturieren die Stadt sowohl in materieller als auch in sozialer Hinsicht. Wohin in der Stadt eine Mauer gesetzt wird oder eine Tür, was hinter dieser Mauer geschieht und wem sich die Tür öffnet, wie man in bestimmten Räumen innerhalb oder außerhalb eines Wohnhauses mit anderen Menschen interagiert oder sich ihnen entzieht, all das ist von Vorstellungen vom Privaten und Öffentlichen abhängig. Es fällt schwer, Verhaltensweisen moderner Städterinnen und Städter zu benennen, die nicht auf unmittelbare oder mittelbare Weise einen Bezug zum Privaten oder Öffentlichen aufweisen; große Teile unseres Verhaltenrepertoires, unserer Einschätzung von Verhaltensweisen als legitim oder illegitim hängt an zutiefst verinnerlichten Vorstellungen von Privatsphäre, öffentlichem Raum und Öffentlichkeit. Westliche Konzepte von urbaner Normalität – von »normalen«, also erstrebenswerten oder zumindest zumutbaren Verhaltensweisen und Lebensumständen – sind zumeist auch Konzepte eines »normalen« Umgangs mit dem Privaten und dem Öffentlichen. Bereits Hans Paul Bahrdt identifizierte das Zusammenspiel von Öffentlichkeit und Privatheit als konstitutiv für Urbanität (Bahrdt 1998/1961, 98–105).

Solche Konzepte von Normalität mögen im heutigen Alltag bei flüchtiger Betrachtung als etwas Gegebenes erscheinen, aber dennoch sind sie etwas Gewordenes, das sich besser verstehen läßt, wenn man um seine Genese weiß. Im folgenden Kapitel soll die historische Entwicklung dieses Kernelements städtischen Lebens skizziert werden. Als Gegenstand für eine Fallstudie bietet sich London an, da dort erstmals Privatsphäre und Öffentlichkeit in einer in ihren Grundzügen noch bis heute fortbestehenden Gestalt zum Massenphänomen wurden.

London nahm ab dem späten 17. Jahrhundert eine Vorreiterrolle ein; diese Stadt – und das in ihr greifbare Modell städtischen Lebens – wurde sehr schnell nicht nur zu einem Modell für ganz Europa, sondern auch für die sich im 18. und 19. Jahrhundert drastisch ausweitende globale britische Einflusssphäre. Aufgrund des rapiden Wachstums der Stadt und ihrer Einwohnerzahl (von gut einer halben Million um 1700 auf knapp eine Million um 1800 und viereinhalb Millionen um 1900; siehe Porter 1994, 131 und 186) war London nicht *eine* Metropole, sondern aus westlicher Perspektive gesehen auf lange Zeit *die* Metropole und damit der Maßstab des großstädtisch-Modernen schlechthin. Eine Fallstudie zur Entwicklung der materiellen und sozialen Strukturen Londons in Bezug auf das Private und das Öffentliche nimmt nicht nur einen Beispielfall in den Blick, sondern etwas, das man in vieler Hinsicht als den Präzedenzfall für westlich-moderne Urbanität betrachten kann. Die folgende Darstellung baut auf einer breit angelegten Studie zur Genese der bürgerlichen Privatsphäre in London auf (Heyl 2004).

1. Die Verschränkung von Privatsphäre und Öffentlichkeit

Die Begriffe »Privatsphäre« und »Öffentlichkeit«/ »öffentlicher Raum« bezeichnen Phänomene, die mit Abgrenzung und Öffnung verbunden sind. Dabei handelt es sich um Abgrenzung und Öffnung in Bezug auf physische Räume ebenso wie auf das Sozialverhalten – und hier insbesondere das Kommunikationsverhalten – von Menschen in diesen Räumen. In diesem Zusammenhang ist zu beachten, dass es sich bei den Begriffen »Privatsphäre« und »öffentlicher Raum« um Raummetaphern handelt; insofern ist stets ein Hinweis auf die räumliche Dimension der mit ihnen verbundenen Erscheinungen gegeben. Auch in dem Wort »Öffentlichkeit« ist durch die Vorstellung des Offenen eine Raummetapher enthalten.

Privatsphäre und Öffentlichkeit bilden insofern einen engen Zusammenhang, als sie stets aufeinander bezogen und miteinander verbunden sind. Warum sich dies so verhält, stellte Jürgen Habermas in seiner nach wie vor einflussreichen Untersuchung *Strukturwandel der Öffentlichkeit. Untersuchungen zu einer Kategorie der bürgerlichen Gesellschaft* dar (Habermas 1962). Für ihn konstituierte sich die Öffentlichkeit als ein bürgerlicher Kommunikationszusammenhang, der sich nur ein einem großstädtischen Kontext (nämlich: im London des 18. Jahrhunderts) herausbilden konnte. Dabei spielten die zahlreichen Kaffeehäuser Londons als Orte der freien Diskussion und der kommunikativen Vernetzung eine wichtige Rolle. Hier trat ein (allerdings ausschließlich männliches) Publikum zusammen, um die dort ausliegenden Zeitungen und Zeitschriften zu lesen und sich dann auf bemerkenswert zwanglose Weise über das Gelesene auszutauschen (zu den Kaffeehäusern siehe auch Schivelbusch 1990, 25 ff.). Die Diskussionen wirkten in Form von Leserbriefen und sonstigen Textbeiträgen auf die Zeitungen und Zeitschriften zurück, so dass diese schließlich zu einem einzigen virtuellen Kaffeehaus wurden. Der Kommunikationszusammenhang, der sich zunächst in der Hauptstadt formierte, konnte sich so auf den Rest des Landes ausweiten. Die sich dergestalt etablierende Öffentlichkeit diente nach Habermas nicht nur einer gemeinsamen Verständigung über ein Modell bürgerlicher Kultur. Sie sei ebenso ein Forum für politische Debatten und damit eine Voraussetzung für die politische Partizipation der bürgerlichen Mittelschichten gewesen.

Zugleich konstatierte Habermas einen Zusammenhang zwischen der Genese der bürgerlichen Öffentlichkeit und der bürgerlichen Privatsphäre. Es habe sich die Kernfamilie gebildet, die, im Gegensatz zur Welt der Öffentlichkeit, als Hort der privaten Intimität gedacht worden sei. Über diese private Welt und das Leben in ihr habe man sich von Anfang an in Texten (also: im Kontext der Öffentlichkeit) ausgetauscht. Aufbauend auf Habermas läßt sich konstatieren: Die Privatsphäre bot einen räumlich separierten Bereich, in den man sich zurückzog, und in dem man sich – als Einzelperson oder als Familie – auf Zeit aus anderen sozialen Zusammenhängen ausklammerte. Dieser Ort wurde auch zum ungestörten

Lesen oder Schreiben genutzt. Hier korrespondierte man mit Freunden, hier verfasste man Leserbriefe, die dann in der Presse veröffentlicht wurden, oder vielleicht sogar größere Texte wie Romane, die das private Leben zum Gegenstand hatten. Hier las man solche Romane ebenso wie Zeitschriften und Magazine. Physische Abschottung und medial vermittelte Kommunikation gingen somit Hand in Hand.

Bei alledem handelt es sich um genuin moderne Verhaltensmuster. In vormodernen Zusammenhängen existierte das Private – wenn man davon überhaupt sprechen kann – noch nicht als ein legitimes Massenphänomen. Fasst man das Öffentliche als eine komplementäre, durch kommunikative Praktiken mit dem Privaten trotz aller augenfälligen Scheidung verschränkten Bereich, so läßt sich in vormodernen Zusammenhängen weder von einer privaten noch von einer öffentlichen Sphäre sprechen.

Die Einbettung der Erscheinungsformen und Funktionen der Privatsphäre und der Öffentlichkeit in spezifische Kontexte der europäischen politischen, Geistes- und Sozialgeschichte legt nahe, dass diese Begriffe nicht oder nur mit größter einschränkender Vorsicht auf außereuropäische Gesellschaften und ihre Städte anzuwenden sind. Versteht man die Öffentlichkeit mit Habermas als einen seinem Ziel nach selbstaufklärerischen Kommunikationszusammenhang, so setzt diese Öffentlichkeit – und die mit ihr verklammerte Privatsphäre – die Aufklärung voraus.

2. Sonderbedingungen für die Entwicklung des Privaten und des Öffentlichen in London

In London war eine Konstellation von Bedingungen gegeben, die in ihrem Zusammenspiel erstmals die Etablierung von Privatsphäre und öffentlichem Raum als Massenphänomene im bürgerlichen Milieu ermöglichten. Zu diesen Bedingungen gehört die bereits erwähnte enorme Größe der Stadt. In der zweiten Hälfte des 18. Jahrhunderts wurde London nicht nur zur größten Stadt Europas, sondern wahrscheinlich auch zur größten Stadt der Welt. (Eine vergleichbare Größe konnte allenfalls noch die japanische Hauptstadt Edo haben.) Bemerkenswert ist auch, dass zu dieser Zeit gut 10 % der Einwohner Englands in London lebten. Ein Seitenblick auf Paris, wo zu dieser Zeit nur ca. 2,5 % der französischen Bevölkerung lebten, zeigt, dass es sich dabei um einen extrem hohen Anteil handelte (Porter 1994, 98 und 131).

Londons stupendes Wachstum wurde durch eine stetig zunehmende Zuwanderung aus ganz Großbritannien und darüber hinaus gespeist. Dies war bereits zeitgenössischen Beobachtern klar (Graunt 1662, 38; King 1810, 53) und wurde durch Studien des 20. Jahrhunderts bestätigt (Wrigley 1967, 44 ff.). Diese außerordentliche Migrationsdynamik führte zum Niedergang vormoderner, gemeinschaftsartiger Sozialstrukturen. Sie brachte Menschen zusammen, trennte sie aber auch gleichzeitig voneinander. In London trafen immer mehr Zuwanderer auf andere Zuwanderer. Der vormoderne Nexus von physischer und sozialer Nähe zerbrach; fortan wurde für das Leben in London zunehmend eine Kombination von physischer Nähe und sozialer Distanz kennzeichnend. Der Begriff »soziale Nähe« impliziert hier wohlgemerkt nicht eine romantisierende Sichtweise vormoderner Gemeinschaften; es handelte sich um eine Nähe, die nicht zuletzt mit einem hohen Maß von sozialer Transparenz und Sozialkontrolle verbunden war.

In der britischen Metropole war es spätestens ab der ersten Hälfte des 18. Jahrhunderts nicht mehr der Normalfall, in lokalisierte soziale Beziehungsnetze hineingeboren zu werden, in denen man ein Leben lang hätte verbleiben können. Abhängig vom eigenen sozialen Auf- oder Abstieg wurde es zudem immer üblicher, im Laufe des Lebens innerhalb der Stadt umzuziehen – entweder in Gegenden, wo man leicht Arbeit finden und billig wohnen konnte (London südlich der Themse und östlich der alten Stadtmauern), oder in solche mit hohem und sehr hohem Sozialprestige (im Norden und Westen). Zur permanenten Migration in die Stadt kam also eine ebenso permanente Binnenmigration in der Stadt. Unter diesen Umständen wurden enge, von Generation zu Generation vererbte soziale Bindungen in Nachbarschaftsverbänden immer seltener.

Die große Mehrheit der Menschen, die im 17. und im 18. Jahrhundert in London lebten, war stark durch den Protestantismus geprägt. Der Protestantismus brachte eine Vertrautheit mit bestimmten kulturellen Praktiken mit sich, die bei der Etablierung von Privatsphäre und öffentlichem Raum eine wichtige Rolle spielten. Eine zentrale Forderung des Protestantismus – nämlich, dass alle in der Lage sein sollen, die Bibel in ihrer eigenen Sprache zu lesen – führte dazu, dass in protestantischen Ländern weit mehr Menschen lesen und schreiben konnten als in katholischen (zum Zusammenhang zwischen Protestantismus und Alphabetisierung sowie zur Problematik einer Quantifizierung historischer Alphabetisierungsraten: Cressy 1980). Protestanten waren mit der stillen Lektüre religiöser Texte ebenso wie mit der auf das geschriebene Wort gestützten Introspektion und der gemeinsamen Diskussion über Texte vertraut.

Seit der Reformation waren aus religiösen Gründen bestimmte Typen von Rückzugsverhalten und Interaktion erprobt und erlernt worden, die im 17. und 18. Jahrhundert in säkularisierter Form zu Massenphänomenen wurden. Wer still schreibt oder liest, zieht sich währenddessen mental oder auch physisch von den Menschen seiner Umgebung zurück, um sich gleichzeitig kommunizierend anderen, physisch abwesenden Menschen zuzuwenden. In textbezogenen Praktiken, wie sie der Protestantismus vermittelte, zeichnen sich also bereits die unlösbar miteinander verbundenen Figuren von Rückzug und kommunikativer Öffnung ab, die dann in säkularisierter Form das Private und das Öffentliche prägen sollten.

Betrachtet man die politische Geschichte, die (ungeschriebene, aber dennoch als Idee existente) Verfassung und das Recht Englands ab dem späten 17. Jahrhundert, so wird deutlich, dass auch hier Sonderbedingungen vorlagen, die sich positiv auf die Etablierung von Privatsphäre und öffentlichem Raum auswirkten. Als Folge der beiden englischen Revolutionen des 17. Jahrhunderts waren der Macht des Staats und des Monarchen – was dort keineswegs ein und dasselbe war – Grenzen gesetzt. Ein Satz wie »An Englishman's home is his castle« (siehe Vickery 2009, 30) hatte einen wahren Kern, denn hier durfte der Staat nicht willkürlich auf Person, Haus und Gedanken des Einzelnen zugreifen. Niemand durfte ohne Anklage gefangengesetzt werden, niemandem durften Geheimnisse unter der Folter entrissen werden, und bemerkenswerterweise wurde ab 1694 keine Zensur mehr ausgeübt. (Eine kuriose Ausnahme bildeten Theaterstücke, die bis 1968 einer Zensur unterlagen; Drabble 1989, 1103, 1105–1108.) Politischer Dissens galt als legitim; was anderswo als Hochverrat eingeordnet worden wäre, wurde in England als Opposition (und damit als notwendiges Element des politischen Systems) verstanden.

Zu den in London herrschenden Besonderheiten kamen solche, die sich aus der spezifischen Struktur der englischen Gesellschaft ergaben. Ab dem späten 17. Jahrhundert ist hier ein Erstarken der bürgerlichen Mittelschichten, der *middle classes*, zu beobachten. Sie wurden zahlreicher, selbstbewusster und partizipierten zunehmend an der politischen und wirtschaftlichen Macht. Die englische Gesellschaft unterschied sich von den starren Ständegesellschaften kontinentalen Typs, in denen die Geburt die soziale Position eines Menschen für sein ganzes Leben vorgab. Sie erlaubte einen im Vergleich dazu deutlich höheren Grad von sozialer Mobilität, und zwar sowohl nach oben als auch nach unten. Dies hing mit dem englischen Erbrecht zusammen, in dem die sogenannte strenge Primogenitur, die Bevorzugung des männlichen Erstgeborenen, herrschte. Für die Aristokratie bedeutet dies, dass nur der älteste Sohn Besitz und Titel erbte. Alle nachgeborenen Söhne rutschten ins Bürgertum ab, hatten einen bürgerlichen Namen zu tragen und wurden meist in den gehobenen bürgerlichen Professionen tätig. Umgekehrt wurde es ab dem 18. Jahrhundert zunehmend toleriert und sogar gewünscht, dass reiche Bürgerstöchter in die Aristokratie einheirateten. Die bürgerlichen Mittelschichten waren weder nach oben noch nach unten hin hermetisch abgeschlossen. Es war möglich, durch ökonomischen Erfolg und das Erwerben des bürgerlichen Habitus innerhalb weniger Generationen in die *middle classes* aufzusteigen. Umgekehrt konnte man durch Bankrott ganz plötzlich aus dem Bürgertum herausfallen. Es gab also Bewegung in der englischen Gesellschaft. Dies brachte für die betroffenen Menschen die Notwendigkeit mit sich, ihre Verhaltensmuster und Sozialkontakte neu zu ordnen.

In Gestalt der bürgerlichen Mittelschichten bildete sich eine neue gesellschaftliche Großgruppe, die dabei war, trotz (oder gerade wegen) ihrer sozialen Unabgeschlossenheit nach oben und unten eine kulturelle Identität in Abgrenzung von Aristokratie und unterbürgerlichen Schichten für sich zu erfinden. So entstand ein Nährboden für neue Verhaltens- und Denkmuster, eine Gruppe, die ein Interesse an neuen Distinktionsmerkmalen in ihrer Alltagskultur hatte. Dabei wurden sowohl die Abgrenzung einer häuslichen Privatsphäre als auch die Teilnahme an der Diskussion im entstehenden öffentlichen Raum zu Kernelementen eines sich etablierenden bürgerlichen Lebensstils.

Insgesamt gab es also in London ab dem späten 17. Jahrhundert eine bemerkenswerte Kombination demografischer, konfessioneller, mentalitätsgeschichtlicher, politischer und sozialer Bedingungen, die für die Entstehung einer modernen bürgerlichen Privatsphäre – und damit verbunden einer bürgerlichen Öffentlichkeit – überaus günstig war. Dazu kam ein unvorgesehenes Großereignis, das als Katalysator des Wandels wirkte, weil es schlagartig zu einer großflächigen Neustrukturierung städtischer Räume und städtischer Wohnarchitektur führte. Durch eine verheerende Brandkatastrophe, das sogenannte *Great Fire of London*, wurden im September 1666 gut vier Fünftel der City of London zerstört (dazu weiterführend: Heyl in Thimann u. a. 2011, 23–44). Der Wiederaufbau musste so schnell und so kostengünstig wie möglich erfolgen. Dabei wurden neue Bauformen (und damit verbunden: neue Formen der Raumnutzung) entwickelt. Als Reaktion auf den Großbrand kam es erstmals zu einer Baugesetzgebung, die Neubauten aus Gründen des Brandschutzes, aber auch der Ästhetik weitgehend standardisierte. Der ökonomische Druck, unter dem der Wiederaufbau vor sich ging, führte zu einer weiteren Standardisierung, deren Ergebnis das seriell reproduzierbare Reihenhaus war. Plötzlich gab es Wohnhäuser, die auf neue Art im städtischen Raum angeordnet wurden und die eine zugleich eine neuartige Binnenstruktur aufwiesen.

3. Wohnarchitektur, Sozialformen und Verhaltensmuster vor und nach 1666

Die Bedeutung des *Great Fire* von 1666 als Katalysator des Wandels erschließt sich, wenn man die typischen materiellen und sozialen Strukturen Londons jeweils vor und nach der Brandkatastrophe vergleicht. Bis 1666 bestand die Bausubstanz der Stadt aus Fachwerkhäusern, die zu einem großen Teil noch auf die mittelalterliche bis Elisabethanische Zeit zurückgingen. Diese Häuser waren oft um Hinterhöfe gruppiert, die von der Nachbarschaft gemeinsam genutzt wurden. Ein breites Spektrum von Quellen deutet übereinstimmend darauf hin, wie sehr in solchen Gebäudeensembles physische und soziale Nähe Hand in Hand gingen. (Unter den zahlreichen einschlägigen Text- und Bildquellen sind insbesondere die Zeichnungen hervorzuheben, die ein Vermesser namens Ralph Treswell im frühen 17. Jahrhundert in London anfertigte. Dabei handelt es sich um maßstabsgetreue, ausgiebig kommentierte Grundrisse ganzer Gebäudekomplexe, die nicht nur über die Strukturierung von Räumen, sondern auch über Besitzverhältnisse und Nutzungsmodi Auskunft geben; siehe Schofield 1987).

Man lief den Nachbarn ständig über den Weg – beispielsweise auf dem Weg zu den wenigen Toiletten, die sich in den Hinterhöfen befanden und von sämtlichen Anliegern genutzt wurden. Es konnte sogar passieren, dass man sich *in* den Toiletten traf; mehrsitzige, gemeinsam genutzte Latrinen ohne Trennwände sind belegt (Schofield 1987, Farbabb. 5 und 10). Überall in den Wänden und Böden der Fachwerkhäuser fanden sich Ritzen und Astlöcher, durch die man andere Menschen im eigenen Haus oder in Nachbarhäusern beobachten und belauschen konnte. Lena Cowen Orlin bietet in ihrer Studie *Locating Privacy in Tudor London* sogar einen detaillierten Überblick zu verschiedenen Typen solcher *peepholes* (Cowen Orlin 2007, 177–189). Insgesamt hatte man die Nachbarschaft rund um die Uhr in einer Fülle von Lebenssituationen im Blick. Entsprechend kannte man einander, und man wusste sehr viel über die Menschen, die in der eigenen Straße oder um einen gemeinsamen Hof wohnten. Dass dieses Wissen auch intime und intimste Details einschloss, geht mit großer Klarheit aus den Akten kirchlicher Gerichtshöfe hervor, die in Fällen von Ehebruch und sonstigen moralischen Verfehlungen aktiv wurden (dazu Cowen Orlin 2007, 152 ff.).

Der Rückzug in private Bereiche war nicht als Normfall vorgesehen und wurde nicht durch dafür vorgesehene Räume in den Wohnhäusern unterstützt. Lena Cowen Orlin fasst ihre auf einem breiten Quellenmaterial beruhende Untersuchung über *privacy* im London der Tudor-Zeit so zusammen: »[...] this book is more concerned with ways in which privacy was thwarted than in ways in which it was advanced« (Cowen Orlin 2007, 10). Eine Privatsphäre in materieller Gestalt ist zunächst nicht als ein verbreitetes Phänomen greifbar, und schriftliche Quellen weisen darauf hin, dass gleichfalls die Idee der Privatsphäre noch kaum ausgeprägt war. In vormodernen nachbarschaftlichen Personenverbänden machte das Private keinen grundlegenden Bestandteil des Lebens aus. Es ist auch nicht sinnvoll, im Umkehrschluss davon zu sprechen, dass unter diesen Bedingungen alles öffentlich gewesen sei – zumindest nicht, wenn man mit Habermas die Öffentlichkeit als ein modernes, bürgerlich-aufklärerisches Phänomen begreift, das in einem komplemen-

tären Verhältnis zur Privatsphäre steht. In vormodernen Zusammenhängen war demnach nichts in einem bis heute aktuellen Sinn privat oder öffentlich.

Der Zusammenhang zwischen architektonisch gestaltetem Raum und bestimmten Sozialformen, Verhaltensweisen und Denkweisen wirkt sich normalerweise verlangsamend auf Prozesse des Wandels aus. Man ersetzt nicht großflächig die alte, vielleicht über viele Generationen ererbte Bausubstanz, selbst wenn sich allmählich neue Wünsche und Bedürfnisse, neue Ideen von Normalität herausbilden. Dies geschieht schon aus Kostengründen nicht. Allenfalls kommt es zu einer langsamen, schrittweisen Adaptierung der alten Gebäude und zum Erproben von Innovationen bei der Errichtung von Neubauten. Die Brandkatastrophe von 1666 setzte jedoch einen plötzlichen innovativen Neubeginn an die Stelle der langsamen Evolution. Der neue Typ des Wohnhauses als genormtes Reihenhaus wurde über den Wiederaufbau der zerstörten City hinaus zum neuen Standard urbaner Wohnarchitektur; er definierte städtisches Bauen im Zuge der nach 1666 einsetzenden enormen Expansion der Metropole sowie langfristig überall in Großbritannien und in der englischsprachigen Welt, wo man sich nach dem Vorbild Londons richtete.

Betrachtet man die ab dem *Great Fire* entstehende Bausubstanz Londons, so ist nun eine neuartige materielle Konkretisierung des Privaten klar erkennbar. Die sehr oft als Reihenhäuser seriell ausgeführten Wohnhäuser weisen eine vorher so nicht vorhandene Binnenstrukturierung auf. In ihnen kann man die eigentlichen bewohnten Räume von vorgeschalteten Puffer- und Verkehrszonen (nämlich: Treppenhäusern anstelle von in Wohnräumen befindlichen Treppen sowie Fluren anstelle von Haustüren, die unmittelbar Zugang zu einem Wohnraum geben) unterscheiden. Solche Strukturen ermöglichten neue, deutlich restriktivere Zugangsregelungen, die sich auch aus Schrift- und Bildquellen ab dem späten 17. Jahrhundert klar erschließen lassen. In den letzten Jahren wurde ein für solche Fragestellungen überaus wichtiges Quellencorpus in digitalisierter Form allgemein zugänglich. Es handelt sich dabei um die vollständigen Prozessakten (1647–1730) des als *Old Bailey* bekannten Hauptgerichtshof Londons (www.oldbaileyonline.org). Mit welcher Detailschärfe dieses Material zur Rekonstruktion Londoner Wohnhäuser und des Lebens in ihnen genutzt werden kann, zeigt eindrucksvoll die 2009 erschienene Untersuchung mit dem Titel *Behind Closed*

Doors. At Home in Georgian England von Amanda Vickery (Vickery 2009).

Die Nutzung der Wohnräume wurde auf eine neuartige Weise klar definiert. Wo bis weit ins 17. Jahrhundert eine Mischnutzung vorherrschte, gehörte es nach dem *Great Fire* in bürgerlichen Zusammenhängen sehr bald zum guten Ton, ein Schlafzimmer zu haben, in dem keine Gäste empfangen wurden, und ebenso ein Esszimmer, in dem man nicht schlief. Die Dienerschaft, die in vormodernen Zusammenhängen noch ganz selbstverständlich zu dem gehörte, was man als *family* bezeichnete, wurde nun materiell und konzeptuell separiert. »Familie« war fortan gleichbedeutend mit der bürgerlichen Kernfamilie, und der Dienerschaft wurden periphere Bereiche des Hauses (nämlich die Dachkammern und der durch einen Graben, die *area*, einigermaßen mit Licht und Luft versorgte Keller) zugewiesen. Die Anwesenheit der Dienerschaft in den Wohnräumen der Familie wurde durch neuartige Kommunikationsverfahren minimiert. Bedienstete standen nicht mehr ständig bereit, sondern wurden nur noch bei Bedarf durch Signale herbeigerufen, die über ein System von Glockenzügen in die Wirtschaftsräume des Hauses übermittelt wurden.

Besucher bekamen jetzt vor allem sorgfältig inszenierte Ausschnitte des häuslichen Privatlebens zu sehen. Spontane Besuche zu beliebigen Zeiten galten zunehmend als grob unhöflich und wurden nur in extremen Ausnahmesituationen toleriert. Stattdessen wurde es üblich, einen Besuch schriftlich anzukündigen; dabei hielt man sich an durch Konventionen allgemein festgesetzte Besuchszeiten. Besucher wurden ausschließlich in dafür hergerichteten Wohn- und Speisezimmern empfangen; alle anderen Bereiche des Hauses waren in aller Regel für sie tabu.

Zu den unzugänglichen Räumen gehörte auch ein Raumtyp, der vor dem Great Fire nur ausnahmsweise in den bürgerlichen Wohnhäusern Londons vorkam, der danach aber sehr verbreitet war, nämlich das sogenannte *closet*. Ein *closet* war ein kleiner Raum, der einer Person fest als ein privater Rückzugsort zugeordnet war; es handelte sich dabei also quasi um räumlich konkretisierte Privatsphäre in Reinkultur. In bürgerlichen Häusern gab es häufig auf allen von der Familie bewohnten Etagen eine derartige Kammer.

Solche Räume waren individuell beheizbar, es war also auch im Winter möglich, sich über längere Zeit in ihnen aufzuhalten. (Die Beheizbarkeit der *closets* ist ein aussagekräftiges Detail. Vor dem Great Fire hatte es pro Etage üblicherweise nur einen beheizbaren Raum gegeben; was bedeutet, dass man die langen, klimatisch ungemütlichen englischen Winter größtenteils in Gesellschaft anderer Menschen verbringen musste.) Im *closet* fanden sich üblicherweise eine (einzige!) Sitzgelegenheit, ein Tisch, Bücher und Schreibutensilien. Dazu kamen Möbelstücke mit abschließbaren Fächern oder Schubladen, in denen sich Schriftstücke vor fremden Augen geschützt aufbewahren ließen. In diesem Raum wurden auch Gegenstände aufbewahrt, die in einem Zusammenhang mit Interessen und Hobbies des Besitzers oder der Besitzerin standen, also beispielsweise Musikinstrumente oder Mal- und Zeichenutensilien. Portraits, die Menschen in ihren *closets* darstellen, deuten darauf hin, dass der private Raum und die mit ihm assoziierten Verhaltensweisen im 18. Jahrhundert eine wichtige Rolle für Selbstwahrnehmung und Identitätskonstruktionen spielten (weiterführend Heyl 2004, 197 f.). Wenn man sich dafür entschied, sich nicht im Kreis der Familie oder – im Fall von Männern – mit Attributen des eigenen Berufs darstellen zu lassen, so deutet dies darauf hin, dass man begann, die eigene Kernidentität in einem solchen emphatisch privaten Raum zu lokalisieren. Die Existenz der *closets* zeigt, dass im Gegensatz zur vormodernen Welt nun das Bedürfnis, Zeit alleine an einem abgeschiedenen Ort zu verbringen, als normal anerkannt war.

Das ab dem späten 17. Jahrhundert in der bürgerlichen Wohnarchitektur Londons auftretende *closet* verdeutlicht darüber hinaus den innigen Zusammenhang von Privatsphäre und öffentlichem Raum. Es ist aufs Engste mit den nur scheinbar entgegengesetzten Verhaltensweisen der sozialen Abkapselung und der kommunikativen Vernetzung verbunden. Wer sich in seine persönliche Kammer begab, separierte sich auf Zeit physisch von anderen Menschen. Gleichzeitig nutzte man die hinter ge- oder sogar verschlossener Tür verbrachte Zeit, um an Kommunikationsprozessen teilzuhaben. Im *closet* las man Romane, die von dem Privatleben anderer Menschen handelten, las man Zeitungen und Magazine. Hier schrieb man Leserbriefe, die, in Zeitungen und Magazinen veröffentlicht, wiederum von anderen Menschen in deren *closets* gelesen wurden. Der seinem Charakter nach durch und durch private Raum wurde genutzt, um in aller Ruhe an öffentlichen Diskursen zu partizipieren. Die bürgerliche Öffentlichkeit konstituierte sich dabei durch eine kommunikative Vernetzung, die in diesem Fall von zahllosen physisch separierten Privatsphären ausging.

Wie wichtig dem Londoner Bürgertum die materielle Konkretisierung der Privatsphäre wurde, läßt sich daran erkennen, dass diese Privatsphäre teuer erkauft wurde. Zu den materiellen Opfern, die man für sie brachte, gehört der Verzicht auf kostbare Wohnraumfläche innerhalb des Hauses – stattdessen wurden in Wohnhäusern neuen Typs viele kostbare Quadratmeter als unbewohnbare Verkehrs- und Pufferzonen genutzt, die man dem privaten Raum schützend vorschaltete. Wollte man mehreren Menschen die Möglichkeit eröffnen, sich in Räume wie *closets* zurückzuziehen, so war dies in der kalten Jahreszeit mit deutlich erhöhten Heizkosten verbunden. Wollte man die soziale Trennung und physische Separierung von der Dienerschaft, so bedeutete dies, dass man auf deren bequeme ständige Anwesenheit und Dienstbereitschaft in den eigenen Wohnräumen verzichten musste.

Die sich sehr schnell als Norm durchsetzende lineare Anordnung von Häusern in Reihenhauszeilen führte – zusammen mit der stetig wachsenden Zuwanderung sowie der durch sozialen Auf- oder Abstieg bedingten Binnenmigration in der Stadt – dazu, dass die alten, vormodernen Nachbarschaftsstrukturen bald der Vergangenheit angehörten. Die Reihenhauszeile verband die maximale physische Nähe der einzelnen Einheiten mit einer maximalen sozialen Distanz zwischen deren Bewohnern. Man lebte zwar Wand an Wand mit anderen Familien, aber da die Häuser nicht mehr um gemeinsam genutzte Innenhöfe gruppiert waren, lief man den Nachbarn nicht mehr über den Weg. Man konnte einander auch nicht mehr in die Fenster schauen, da alle Fenster einer Reihenhausfront nun in ein und dieselbe Richtung orientiert waren. Der Einblick von der Straße aus wurde durch hölzerne Sichtblenden verwehrt. Die Brandschutzgesetzgebung verbot den Bau von Fachwerkhäusern, und die neuen Backsteinmauern waren frei von materialbedingten Gucklöchern. Anstelle des gemeinsam genutzten Innenhofs lag nun hinter jedem Reihenhaus ein länglicher Hinterhof, der meist begrünt und als Garten gestaltet war. Diese Hinterhöfe oder Gärten waren säuberlich durch Zäune oder Mauern voneinander geschieden; oft waren die Mauern so hoch, dass es unmöglich war, die benachbarten Grundstücke einzusehen. Damit war man rundherum vor den Blicken der Nachbarschaft abgeschirmt; die Nachbarn waren also weitestgehend füreinander unsichtbar geworden.

4. Straßen, *squares*, Kaffeehäuser, Parks, Theater

Auch die Straßen und Plätze der Stadt wurden materiell auf neuartige Weise strukturiert; dazu traten neue Nutzungsweisen und -regeln. Der Verkehrsfluss in den Straßen wurde beschleunigt, indem man getrennte Zonen – Trottoir und Fahrdamm – für Fußgänger und Fahrzeuge bzw. Reiter einrichtete. Dazu kamen informelle Regeln, die die Fortbewegung in den Straßen reibungsloser und damit schneller und sicherer machten. So etablierte sich spätestens in der ersten Hälfte des 18. Jahrhunderts eine als *giving the wall* bezeichnete Sitte, die darin bestand, Damen und Respektspersonen nicht auf der Straßenseite des Gehwegs, sondern an den Häuserfassaden entlang gehen zu lassen, wodurch das Risiko von Zusammenstößen und sonstigen unerwünschten Körperkontakten gesenkt wurde. Ab der zweiten Hälfte des 18. Jahrhunderts wurde es in London üblich, dass sich Fußgänger auf dem Gehweg nicht kreuz und quer, sondern in zwei separierten Menschenströmen auf- und abwärts bewegten; Besucher vom Kontinent kommentierten häufig, dass die Londoner Passanten mit sehr hoher Geschwindigkeit dahinhasteten und ihnen meist keine Zeit blieb, um auch nur Höflichkeitsformeln mit Bekannten auszutauschen (Heyl 2004, 143 ff.). Die Straße wurde zunehmend auf ihre Funktion als Verkehrsraum reduziert und verlor nach und nach ihren Charakter als ein Ort, der routinemäßig auch der sozialen Interaktion diente. Bemerkenswert an solchen informellen Verkehrsregeln ist, dass sie nicht durch irgendeine Art von Obrigkeit vorgegeben und unter Androhung von Sanktionen durchgesetzt wurden. Es handelt sich hier um ein Phänomen der Selbstorganisation, das mit einer neuen Wahrnehmungsweise der Straße und ihrer Funktion einherging. Zugleich sind solche Regeln im Kontext einer allgemeinen Beschleunigungstendenz zu sehen, die als zentraler Indikator für den Prozess der Modernisierung betrachtet werden kann. (Insofern kann das Vorhandensein derartiger informeller Regeln, die auf die schnellstmögliche Bewegung von Menschenmassen abzielen, bis heute als aussagekräftiger Indikator für modern-großstädtische Lebenszusammenhänge betrachtet werden.)

Im Zuge der Expansion Londons ab dem späten 17. Jahrhundert trat ein neuer Typ des städtischen Platzes, der sogenannte *square*, auf. Das Bemerkenswerte am *square* war, dass es sich dabei nicht um einen öffentlichen und damit allgemein zugänglichen Platz mit den althergebrachten ökonomischen, kommunikativen und repräsentativen Funktionspotentialen handelte. Der *square* war eine dekorative Grünanlage, die in aller Regel von einem Zaun umgeben war. Einen Schlüssel zum Tor hatten nur die Bewohner der Häuser, die den *square* umgaben. Man nutzte diese Fläche, um in einem abgeschirmten Rahmen unter seinesgleichen zu promenieren. Der *square* ist damit ein weiteres Phänomen, das im weiteren Kontext der Etablierung der bürgerlichen Privatsphäre einzuordnen ist; er war letztlich ein privater Platz.

Betrachtet man die gegenseitige Abschottung der Wohnhäuser, die auf ihre Verkehrsfunktion reduzierten Straßen und die eingezäunten *squares*, so könnte der Eindruck entstehen, dass London ab dem späten 17. Jahrhundert immer ärmer an Möglichkeiten zur Kommunikation und sozialen Interaktion wurde. Tatsächlich gab es aber auch eine gegenläufige Entwicklung: Es etablierten sich neue Orte in der Stadt, deren Funktion darin bestand, Kommunikation und Interaktion zu ermöglichen. Bereits genannt wurden die Kaffeehäuser, von denen es in der ab den späten 1660ern rapide wachsenden Hauptstadt eine große Zahl gab.

Ganz anders beschaffene Orte, an denen selbst einander vollkommen unbekannte Menschen leicht miteinander Kontakt aufnehmen konnten, waren im späten 17. Jahrhundert und bis ins frühe 18. Jahrhundert hinein die berühmten Parks Londons. In diesen Parks herrschte die Sitte, dass Frauen (d. h. auch wohlhabende Frauen aus den bürgerlichen Mittelschichten) dort bei ihren Spaziergängen Gesichtsmasken tragen konnten. Im Schutz der Maske gestand man sich die Möglichkeit zu, etwas zu tun, was ansonsten als ein Verstoß gegen geltende Normen betrachtet worden wäre, nämlich unbekannte Männer anzusprechen oder sich von ihnen ansprechen zu lassen. Die dergestalt lokal deregulierte Kommunikation machte die Parks zu Partnerbörsen und damit auch zu Orten der Unterhaltung und des Abenteuers. (Bild- und Schriftquellen zur Praxis des Maskentragens in den Parks Londons in: Heyl 2004, 319 ff. Eine drastische Darstellung zu dem Geschehen in den Parks zur Zeit des späten 17. Jahrhunderts findet sich in Rochesters Gedicht »A Ramble in St. James's Park«; dazu: Gassenmeier 2000.) Das lockere Treiben in den Parks wurde noch vor der Mitte des 18. Jahrhunderts unüblich und setzte sich nur in dem räumlich stärker abgesetzten Rahmen kom-

merziell organisierter Maskeraden (bei denen jetzt auch die Männer maskiert waren) fort.

Zu Flirt, Unterhaltung und Kontaktaufnahme wurden auch die Theater Londons genutzt. Im Gegensatz zur heutigen Praxis blieb der Zuschauerraum während der Aufführung beleuchtet, so dass man Bekannte oder vielleicht auch Menschen, mit denen man erst noch bekannt werden wollte, ausfindig machen konnte. Es war üblich, auch nach Beginn des Stücks Unterhaltungen weiterzuführen; gleichfalls fand das Publikum nichts dabei, lautstark Freude oder Missfallen an der Aufführung kund zu tun. Das für kontinentaleuropäische Besucher der Zeit hemmungslos wirkende Treiben in den Theatern hatte einen politischen Hintergrund. Das Geschehen in den Theatern Londons unterschied sich wesentlich von dem in den Residenztheatern des Kontinents, in denen der lokale Herrscher als sichtbare, durchsetzungskräftige Ordnungsmacht physisch präsent war. Das betont freie Verhalten des Londoner Theaterpublikums galt dagegen als sichtbare Manifestation einer im Land herrschenden politischen Freiheit. Die Einschränkung der königlichen Macht durch ein demokratisches Element bildete im 18. Jahrhundert einen zentralen Baustein der ungeschriebenen britischen Verfassung. Der Mob war eine feste Größe im politischen Leben, er galt als eine extreme, aber systembedingt unvermeidliche Manifestation eines legitimen Drangs nach Opposition. Ebenso, wie es in der Politik ein demokratisches Element in Gestalt des Unterhauses gab, sollte es auch ein demokratisches und damit ungezügeltes populäres Element in der Sphäre der Kultur geben. Die Theater wurden in London nicht nur von Aristokratie und Bürgertum besucht; auch die unterbürgerlichen Schichten, die die billigeren Plätze im höchsten Rang einnahmen, waren stets sichtbar und hörbar präsent. Insofern bestand auch immer eine latente Verbindung zwischen Vergnügungen an öffentlich zugänglichen Orten und der politischen Öffentlichkeit, wie sie Habermas beschrieb.

In England (bzw. Großbritannien, das 1707 durch die Union mit Schottland entstand) war die Abwesenheit staatlicher Machtdemonstrationen im öffentlichen Raum der Stadt immer ein Politikum. Hier ist darauf zu verweisen, dass es im Gegensatz zu den Staaten des Kontinents bis 1829 keine Polizisten in den Straßen, Parks, Plätzen und Theatern Londons gab. Die Etablierung einer Polizei war bis zu diesem Zeitpunkt politisch nicht durchsetzbar, weil die politische Öffentlichkeit (an der man nicht vorbei regieren konnte) fürchtete, dem Monarchen damit ein Machtinstrument in die Hand zu geben, das die verfassungsmäßige *balance of power* hätte gefährden können. In London waren die konkreten öffentlichen Flächen und Räume ebenso wie die damit signifikant verbundene Öffentlichkeit auf frappierende Weise dereguliert. Ebenso, wie die Presse nicht durch Zensoren überwacht wurde, wurden die Diskussionen oder das Betragen der Staatsbürger nicht durch Polizisten überwacht. Deshalb konnten sich modellbildende moderne Strukturen sowohl im Kommunikationszusammenhang der Öffentlichkeit als auch im physisch betretbaren öffentlichen Raum früher und schneller als andernorts entwickeln.

5. Alternative Thesen zur Genese der modernen Privatsphäre

Führt man sich den in London beobachtbaren Befund vor Augen, so muss man den prominenten französischen Kulturhistorikern Philippe Ariès und Georges Duby widersprechen, die die in ihrer groß angelegten Geschichte des privaten Lebens die These vertreten, die Genese der Privatsphäre habe in engstem Zusammenhang mit den Machtansprüchen des modernen, effizient verwaltenden und kontrollierenden Staats gestanden. Es sei so gewesen, dass sich der Untertan vor dem Zugriff des starken Staats in die zu diesem Zweck neu geschaffene Privatsphäre geflüchtet habe (Ariès/Duby 1991 Bd.3, 23 f.; 370 f.). Das genaue Gegenteil davon war jedoch in England der Fall, wo sich früher als in Frankreich die bürgerliche Privatsphäre als Massenphänomen ausbildete.

Zu der von Ariès und Duby herausgegebenen *Geschichte des privaten Lebens* ist weiter anzumerken, dass es sich trotz des Anspruchs, die Genese des Privaten an sich zu verfolgen, dabei letztlich um eine Geschichte des privaten Lebens in Frankreich handelt. Eine weitere Schwierigkeit ergibt sich daraus, dass hier nicht eine Analyse aus einem Guss, sondern ein Nebeneinander von Einzelbeiträgen vorliegt, so dass statt übergreifender Interpretationsansätze Widersprüche erkennbar sind. Ariès referiert zustimmend die von Habermas aufgestellte These, wonach ein enger Zusammenhang zwischen der Entstehung von Privatsphäre und Öffentlichkeit existiert, und dass diese Öffentlichkeit »[…] in Eng-

land seit dem ausgehenden 17. Jahrhundert, in Frankreich im Laufe des 18. Jahrhunderts […]« entstand (Ariès/Duby 1991 Bd. 3, 25). Diese ganz richtige Chronologie wird dann aber im Folgenden nicht mehr aufgenommen; stattdessen wird Frankreich immer wieder als Modellfall betrachtet.

Wie öffentlicher Raum und Öffentlichkeit zusammenhängen können und warum es sich bei diesem Zusammenhang um ein modernes städtisches Phänomen handelt, wurde von Richard Sennett in *The Fall of Public Man* (Sennett 1977) untersucht. Zu einer Auseinandersetzung mit den von Habermas in *Strukturwandel der Öffentlichkeit* entwickelten Ansätzen, die an sich für Sennetts Thema einschlägig sind, kam es dabei unglücklicherweise nicht, da dieser Text erst seit 1989 in einer englischen Übersetzung zugänglich ist und so in der angelsächsischen Welt zwar intensiv, aber mit großer Zeitversetzung rezipiert wurde (Beispiele für die angelsächsische Habermas-Rezeption finden sich in Backscheider/Dykstal 1996, 9 und 22–37). Sennett interessiert sich besonders für Zusammenhänge zwischen der materiellen Gestaltung städtischer Lebensräume und dem Verhalten ihrer Bewohner. Er weist auf einen Zusammenhang zwischen materieller Abgrenzung und dem Bedürfnis nach sozialer Interaktion hin; diesen bringt er auf folgende Formel: »People are more sociable the more they have some tangible barrierers between them, just as they need specific places in public whose sole purpose is to bring them together« (Sennett 1977, 15). Sennett identifiziert das Öffentliche als ein in seinen Anfängen großstädtisches, ja sogar als ein hauptstädtisches Phänomen; auch er geht davon aus, dass die Hauptstadt bestimmte Orte bot, die es ermöglichten, sich mit Unbekannten nach etablierten Regeln auszutauschen. Er denkt dabei vor allem an Straßen, Plätze und Kaffeehäuser. Er konstatiert dann im Zusammenhang mit der Industriellen Revolution einen Niedergang dieser Interaktion im öffentlichen Raum; aus *public space* im Sinne eines städtischen Interaktionsraums, als eines Orts der anregenden Selbstinszenierung, sei *dead public space* geworden.

Das Aufkommen der Privatsphäre ist für Sennett ganz ähnlich wie für Ariès und Duby auf eine Fluchtbewegung zurückzuführen; die übermächtige Kraft, vor der die Menschen flüchteten, war dabei in seinem Modell nicht der starke Staat, sondern die Dampfwalze der Industrialisierung. Daher setzt er das Aufkommen der Privatsphäre erst für das 19. Jahrhundert an. Was die von Sennett angenommene Kausalität und Chronologie angeht, ist – wieder mit Blick auf den Präzedenzfall London – Skepsis angebracht. Unabhängig davon sind andere Elemente seiner Analyse bedenkenswert, nämlich der Gedanke, dass materielle Abgrenzungsstrukturen die soziale Interaktion nicht unterbinden, sondern im Gegenteil fördern, sowie die Idee des Verfalls des städtischen öffentlichen Raums zu *dead public space*.

Zunächst zur Wirkung materieller Abgrenzungsstrukturen: Hier lässt sich eine Verbindung zu den Untersuchungen des Soziologen Erving Goffman herstellen, der den Begriff des *involvement shield* prägte. Als solchen bezeichnete er einen beliebigen tragbaren Gegenstand, der in Gesellschaft anderer Menschen benutzt werden kann, um dahinter zu verschwinden – in heutigen Zusammenhängen also beispielsweise die Zeitung, hinter die man sich in einem überfüllten Zugabteil zurückzieht. Goffmann beobachtete, dass sich Menschen im subjektiv empfundenen Schutz eines solchen *involvement shield* freier fühlen und es wagen, Dinge zu tun, die sie normalerweise nicht tun würden (Goffman 1963, 39). Ein einschlägiges, hier bereits erwähntes Beispiel aus dem London des 18. Jahrhunderts ist das Treiben der Maskierten in den Parks der Hauptstadt (zur Funktion der Maske als *involvement shield*: Castle 1986, 39; Heyl in Entwistle/Wilson 2001, 121–142).

Führt man die Beobachtungen Goffmans und Sennetts zusammen, so lässt sich erklären, warum der scheinbare Rückzug in die Privatsphäre von Anfang an mit einer medial vermittelten kommunikativen Öffnung verbunden war. Der häusliche private Raum, insbesondere das *closet*, wirkte wie ein *involvement shield*; aus dem Verborgenen heraus fiel es leichter, sich schriftlich an Kommunikationsprozessen zu beteiligen. So wurde es üblich, unter eigenem Namen oder sehr häufig auch unter Pseudonym Leserbriefe und sonstige Textbeiträge an die Redaktionen der in London erscheinenden Zeitschriften zu schicken, die dann in gedruckter Form der virtuell zum Publikum zusammentretenden Leserschaft zugänglich gemacht wurden.

Wie verhält es sich mit Sennetts These vom Verfall des öffentlichen Raums? Dass bestimmte Teile des städtischen Raums immer weniger der sozialen Interaktion und dafür zunehmend der möglichst schnellen Bewegung von Menschen und Gütern dienten, steht außer Frage. Folgt man Sennett, so wird dadurch der Aufenthalt im städtischen Raum vom Erlebnis zur Notwendigkeit: »[…] as public space becomes a function of motion, it loses any independent experiential meaning of its own« (Sennett 1977, 14).

Dagegen spricht allerdings, dass die immer stärker beschleunigte Bewegung in der Großstadt und der damit verbundene kaleidoskopische Strom einander abwechselnder Sinneseindrücke sofort als hochinteressante Erfahrung entdeckt wurden. Die literarische Abbildung, Verarbeitung und Deutung dieser Erfahrung wurde zu einem der zentralen Topoi der Stadtliteratur, und sie blieb es bis zum heutigen Tag. Die Entschleunigung des Flaneurs wäre ohne die Beschleunigung der großstädtischen Menge ohne Sinn und Beobachtungsgegenstand geblieben (dazu vgl. das Kapitel »Stadt und Literatur« im vorliegenden Band). Die Hast der Menschenmenge in den Straßen wurde zu einem Element des großstädtischen Lebensgefühls, über das man sich beschweren mochte, auf das man aber auch insgeheim stolz war, weil in ihr der Unterschied zwischen großstädtischer und ländlich-provinzieller Lebensweise greifbar wurde.

6. Privatsphäre und öffentlicher Raum: Verhaltensoptionen und Geschlechterrollen im großstädtischen Kontext

Insgesamt lässt sich konstatieren, dass die Etablierung der bürgerlichen Öffentlichkeit sowie der bürgerlichen Privatsphäre (die dann nach und nach auch von den unterbürgerlichen Schichten nachgeahmt wurde) in London nicht zu weniger Kommunikation und sozialer Interaktion, wohl aber zu neuen Kommunikations- und Interaktionsformen führte. Diese waren räumlich und sozial anders eingebunden als in der vormodernen Stadt, deren Ende der Großbrand von 1666 brachte. Im vormodernen London hatte der Nachbarschaftsverband, in den man in der Regel hineingeboren wurde, den primären Rahmen für enge Sozialbeziehungen und kommunikative Verflechtung gesetzt. In der modernen Metropole, zu deren Modell sich London ab dem späten 17. Jahrhundert entwickelte, gab es dagegen zunehmend Kommunikation und soziale Interaktion unter Menschen, die sich freiwillig zu diesem Zweck zusammenfanden. Dazu wurde häufig ein Ort genutzt, der nichts mit dem eigenen Zuhause oder der eigenen Nachbarschaft zu tun hatte und der das Zusammentreffen von Menschen aus verschiedenen Gegenden der Stadt ermöglichte. Ob man sich in sein *closet* zurückzog, um dort per Text aktiv oder rezipierend in Kommunikationszusammenhänge einzutreten, oder ob man ins Kaffeehaus ging, um dort die neuesten Zeitungen zu lesen und zu debattieren, hing von der Entscheidung des Einzelnen ab.

Sozialbeziehungen und Kommunikationszusammenhänge hörten auf, etwas Vorgegebenes zu sein und wurden zunehmend zu etwas, das man sich nach eigenem Gutdünken zusammenstellen konnte. Die Idee des freien Willens, der unendlichen Möglichkeiten, das eigene Leben aktiv zu gestalten, wurde zu einem Bestandteil des Selbstbilds des Großstädters. Entsprechend wurden diese sich in der Stadt bietenden Möglichkeiten zu einem beliebten Motiv in der Literatur, die sich mit London im 18. Jahrhundert beschäftigte. Hier wimmelt es von Figuren, die ihren vorgegebenen sozialen Kontext auf dem Land oder in einer provinziellen Kleinstadt verlassen, nach London gehen und dort sofort neue Kontakte in eigener Regie knüpfen.

Die bürgerliche Privatsphäre und die damit verknüpfte bürgerliche Öffentlichkeit boten neue Verhaltensoptionen, man kann auch sagen: neue Freiheiten – allerdings nicht immer und nicht in gleichem Maße für Männer und Frauen. Ab dem späten 17. Jahrhundert sind in London signifikante Veränderungen im bürgerlichen Verständnis der Geschlechterrollen zu beobachten, die in einem Zusammenhang mit der Wahrnehmung der Stadt standen. Seitdem bürgerliche Frauen nicht mehr (wie noch bis weit ins 17. Jahrhundert) körperliche Arbeit zu verrichten hatten, seit es für Männer ein Statusmerkmal war, eine Frau zu haben, die nicht arbeiten musste, verbreitete sich eine neue Vorstellung von der psychosomatischen Konstitution dieser Frauen. Das neue Ideal war jetzt das, was man mit dem Begriff *delicacy* bezeichnete, d. h. eine Zartheit, die sich in geringer körperlicher Belastbarkeit manifestieren durfte, sowie die (Über-)Empfindlichkeit einer zarten Seele. Symptomatisch für dieses neue Frauenbild ist beispielsweise die Art, wie die ritualisierte und inszenierte Ohnmacht zu einem legitimen Element des weiblichen Verhaltensrepertoires in bürgerlichen Kreisen wurde.

Die Idee der weiblichen Schwäche legte die Idee der Schutzbedürftigkeit nahe. Hier bot sich die häusliche Privatsphäre als sicherer Raum an, der die Dame des Hauses nicht nur von den immer bedrohlicher ausgemalten Gefahren der Stadt, sondern auch von der in ihren Straßen drohenden Reizüberflutung bewahrte. So verbreitete sich die Auffassung, das Haus (und das in ihm verortete Familienleben)

sei die Sphäre der Frau, was konkret zugleich bedeutete, dass der Bewegungsradius und die Bewegungsfreiheit von Frauen in der Großstadt durch machtvolle, allgemein verinnerlichte Konventionen massiv eingeschränkt wurde. In der jüngsten, groß angelegten Untersuchung zu häuslichen Lebenswelten im London des 18. Jahrhunderts, *Behind Closed Doors* von Amanda Vickery, deutet sich eine alternative Lesart dieser Einschränkungen an. Vickery zeigt auf, dass die häusliche Privatsphäre bürgerlichen Frauen Gestaltungsmöglichkeiten und damit Freiräume eröffnete (Vickery 2009, 231–256). Aber dennoch brachte die neue Konstruktion von Weiblichkeit mit ihrer Betonung der *delicacy* eine Vielfalt von greifbaren Einschränkungen, denen Männer nicht unterlagen. Sie hatten die Freiheit, zwischen häuslicher Privatsphäre und den verschiedenen Bereichen der Stadt zu wechseln; sie mussten dies sogar, um ihren Berufen nachgehen zu können. Sie konnten sich in Kaffeehäusern zusammenfinden, zu denen Frauen generell keinen Zutritt hatten. Für sie galt die Stadt – zumal die nächtliche Stadt, die bürgerliche Damen immer weniger zu sehen bekamen – darüber hinaus als Ort der Abenteuer und Verlockungen. Für Männer war all das physisch zugänglich, woran bürgerliche Frauen mit der Zeit nur noch medial vermittelt teilnehmen konnten. So bildete sich in einem großstädtischen Kontext eine Konstellation aus Geschlechterrollen und deren räumlicher Zuordnung, die sich als langlebig weit über das 18. Jahrhundert heraus erweisen sollte.

Literatur

Ariès, Philippe/Duby, Georges (Hg.): *Geschichte des Privaten Lebens*. 5 Bde. Frankfurt a. M. 1989–1991. Erstmals erschienen als *Histoire de la vie privée*. Paris 1985–1987.

Bahrdt, Hans Paul: *Die moderne Großstadt. Soziologische Überlegungen zum Städtebau*. (Hg. von Ulfert Herlyn). Opladen 1998.

Backscheider, Paula R./Dykstal, Timothy (Hg.): *The Intersections of the Public and Private Spheres in Early Modern England*. London 1996.

Castle, Terry: *Masquerade and Civilization. The Carnivalesque in Eighteenth-Century English Culture and Fiction*. Stanford 1986.

Cowen Orlin, Lena: *Locating Privacy in Tudor London*. Oxford 2007.

Cressy, David: *Literacy and the Social Order. Reading and Writing in Tudor and Stuart England*. Cambridge 1980.

Drabble, Margaret (Hg.): *The Oxford Companion to English Literature*. Oxford 1989.

Gassenmeier, Michael: »Die sexuelle Imagination eines Nihilisten der Restaurationszeit: Zu den Gedichten des Earl of Rochester«. In: Stemmler, Theo/Horlacher, Stefan (Hg.): *Sexualität im Gedicht: Vorträge eines interdisziplinären Kolloquiums*. Tübingen 2000, 163–194.

Goffman, Erving: *Behavior in Public Places. Notes on the Social Organisation of Gatherings*. New York 1963.

Graunt, John: *Natural and Political Observations*. London 1662.

Habermas, Jürgen: *Strukturwandel der Öffentlichkeit. Untersuchungen zu einer Kategorie der bürgerlichen Gesellschaft*. Frankfurt a. M. 1962.

Heyl, Christoph: *A Passion for Privacy. Untersuchungen zur Genese der bürgerlichen Privatsphäre in London (1660–1800)*. München 2004.

Heyl, Christoph: »*God's Terrible Voice in the City*: Anmerkungen zur Rezeption des *Great Fire of London* (1669)«. In: Thimann, Michael/Rößler, Hole u. a.: *Urbs Incensa. Ästhetische Transformationen der brennenden Stadt*. München 2011, 23–44.

Heyl, Christoph: »When they are Veyl'd on Purpose to be Seene: The Metamorphosis of the Mask in Seventeenth- and Eighteenth-Century London«. In: Entwistle, Joanne/Wilson, Elizabeth: *Body Dressing*. Oxford 2001, 121–142.

King, Gregory: *Natural and Political Observations and Conclusions upon the State and Condition of England*. (Hg. von G. Chalmers). London 1810.

Wrigley, Edward Anthony: »A simple Model of London's Importance in Changing English Society and Economy, 1650–1750«. In: *Past and Present*, 37 (1967), 44 ff.

Porter, Roy: *London. A Social History*. London 1994.

Sennett, Richard: *The Fall of Public Man*. Cambridge ²1977.

Schivelbusch, W.: *Das Paradies, der Geschmack und die Vernunft. Eine Geschichte der Genußmittel*. Frankfurt a. M. ²1990.

Schofield, John (Hg.): *The London Surveys of Ralph Treswell*. London 1987.

Vickery, Amanda: *Behind Closed Doors. At Home in Georgian England*. New Haven und London 2009.

15. Stadt und Performanz

Ilse Helbrecht und Peter Dirksmeier

1. Einleitung

Die Stadt ist ein Untersuchungsgegenstand, der an Komplexität kaum zu überbieten ist (Wirth 1938). So verändert sich die Perspektive auf die Reichhaltigkeit des Objekts je nachdem, welche theoretische Grundhaltung man zu ihm einnimmt. Es rücken unterschiedliche Dimensionen, Fragestellungen und Phänomene von Stadtleben, städtischen Räumen, Urbanität oder Urbanisierung in den Mittelpunkt, je nachdem ob wir aus einer handlungstheoretischen, polit-ökonomischen, poststrukturalistischen oder systemtheoretischen Blickrichtung schauen. Während die eben genannten theoretischen Haltungen zur Stadt in der Literatur der damit befassten Disziplinen, von der Stadtsoziologie über die Stadtgeografie bis zur Ethnologie, gründlich diskutiert sind, trifft dies auf die performanztheoretische Perspektive bisher nicht zu (Ash/Graham 1997; Ash/Thrift 2002). Zu jung sind einerseits gerade im deutschsprachigen Raum die Debatten um das Verhältnis von Stadt und Performanz. Andererseits ist so etwas wie »die Performanztheorie« ebenso wenig am Horizont der Literatur auszumachen (Schechner 2006), wie es »den Forschungsgegenstand Stadt« gibt.

Dieser Beitrag erläutert Grundzüge des Wechselverhältnisses von Stadt und Performanz und regt Diskussionen dazu an, was es bedeuten könnte, Stadt aus performanztheoretischer Perspektive zu denken. Die Erkenntnis von Erving Goffman, dass zwar nicht die ganze Welt eine Bühne ist, es dennoch schwerfällt zu identifizieren, wo der Bühnencharakter der sozialen Welt letztlich aufhört, liefert hierzu eine Grundrichtung. Was bedeutet es, wenn sich die soziale Welt mit der Metapher der Bühne beschreiben ließe und die Sozialwissenschaften dem Vollzug von Handlungen vor Publikum mehr analytische Aufmerksamkeit schenkten? Wie verändert sich unser Blick auf Interaktionen, wenn wir alle Darsteller von sozialen Rollen wären, die erst durch unsere Aufführungen Realität würden und damit im Pro-

zess der Darstellung selbst quasi definiert und verändert würden (Goffman 2008)? Was wäre, wenn das soziale, städtische Leben und vor allem die direkte Interaktion von Menschen unter der Bedingung von physischer Kopräsenz sich nach den Regeln des Theaters bzw. der Aufführung vollzögen? Das Leben als eine Performanz – oder auch mit dem englischen Terminus *Performance* – zu denken, erzeugt einen ganz eigenen, originellen und bedenkenswerten Blick auf die soziale Welt. Den Ursprung der angesprochenen performativen Wende in den Geistes- und Kulturwissenschaften lokalisiert die Theaterwissenschaftlerin Erika Fischer-Lichte (2004) in den 1950er Jahren, als Performances vermehrt zu einer Ausdrucks- und Kunstform wurden. Gleichzeitig, im Jahr 1955, schuf der amerikanische Philosoph John L. Austin im Rahmen seiner Vorlesungen an der Harvard University den Begriff »performativ«als Neuschöpfung in der Sprachphilosophie. »Er leitete den Ausdruck vom Verb ›to perform‹, ›vollziehen‹ ab: »man ›vollzieht‹ Handlungen«« (Fischer-Lichte 2004, 31; Austin zit. nach Fischer-Lichte 2004, 31).

In diesem Beitrag wird deutlich, dass gerade Städte sich in besonderem Maße dafür eignen, als Bühnen von Performanzen gedeutet zu werden. Die große Dichte der Bevölkerung auf engem Raum und das dadurch bedingte wechselseitige Darstellen unterschiedlichster Rollen bei einem gleichzeitigen Publikumsstatus eines jeden Stadtbewohners, erhöhen den dramaturgischen und theatralischen Charakter der urbanen Lebenswelt. Was wäre also, wenn zwar nicht die ganze Welt eine Bühne wäre, aber doch die Stadt und der Charakter des Städtischen ohne Eingedenken der Bühnenhaftigkeiten urbanen Lebens nicht zu verstehen wären?

Mit der Metapher der Bühne ist angedeutet, dass es Elemente des Theaters und damit verbunden der Aufführungen, des Ausdrucks und der Inszenierungen sind, die der Forschung helfen, Funktionsweisen des Städtischen zu verstehen und auf den Begriff zu bringen. Der Blick richtet sich also auf den Aufführungscharakter der sozialen Welt und somit auf die Performanzen, die wir in Städten beobachten können. Die Stadt als Bühne zu denken, führt die Stadtforschung ein Stück näher an die heutige alltägliche Wirklichkeit städtischen Lebens heran. Dies erscheint um so notwendiger angesichts seit Jahrzehnten währender Trends in der Stadtentwicklung, die durch die Zunahme von Theatrikalität, Festivalisierungen, Selbstdarstellungen, expressivem Verhalten und Inszenierungen charakterisiert sind (Thrift 2011). Es sind diese gesellschaftlichen Veränderungen, die Performanzen, Theater und Bühneneffekte in der sozialwissenschaftlichen Theoriedebatte aktuell machen. Die Zunahme von Performanzen und Performativität – zu den Begriffen siehe Abschnitt 1 – ist sowohl auf der Ebene der Festivalisierung städtischer Politik wie auch der Inszenierungen privater Lebensstile zu beobachten.

2. Performanz und Performativität

Wie verändert sich unser Blick auf die Stadt, wenn wir sie unter der Perspektive der Performanz wahrnehmen? Und wie lassen sich überhaupt Performanzen und Performativität verstehen? Erving Goffman (2008) hat mit seinem 1959 in englischer Originalfassung erschienen Werk *Wir alle spielen Theater. Die Selbstdarstellung im Alltag* die Grundlagen gelegt für die Entwicklungen der Performanz-Theorie. Er hat schon in den 1950er Jahren für eine Auffassung der sozialen Welt plädiert, die unser Verhalten darin vergleicht mit den Auftritten und Darstellungen im Theater, mit Rollen, Bühnenbildern, Kostümen, Dialogen, Selbstdarstellungen und unwiederholbaren Aufführungen aufgrund spontaner Praktiken. Goffman (2008) hat die Metapher des Theaters benutzt, um eine Sprache zu entwickeln, die den Zusammenhang von Handlungen, Darstellern, Rollen, Ensembles, Requisiten und Bühnen als Performance gedanklich konsistent verbindet. Demnach sind sowohl Individuen als Darsteller wie auch Gruppen als Ensemble darauf angewiesen, ihre sozialen Rollen als z. B. Arzt, Hochschullehrerin, Koch oder Zimmermädchen in der Gesellschaft explizit darzustellen. »Eine ›Darstellung‹ (*performance*) kann als die Gesamttätigkeit eines bestimmten Teilnehmers an einer bestimmten Situation definiert werden, die dazu dient, die anderen Teilnehmer in irgendeiner Weise zu beeinflussen« (Goffman 2008, 18; Herv. i.

Orig.). Um soziale Rollen erfolgreich auszufüllen und für sich zu reklamieren, muss darstellendes Verhalten vor Publikum durch Mittel der Ausdruckskontrolle, der dramatischen Gestaltung, des Einbezugs eines Ensembles (zum Beispiel der Chef und seine Mitarbeiter) inszeniert werden. Nur durch Performanzen können nach Goffman letztlich sozialer Status und gesellschaftliche Stellungen gesichert und ausgefüllt werden. »Ein Status, eine Stellung, eine soziale Position ist nicht etwas Materielles, das in Besitz genommen und dann zur Schau gestellt werden kann; es ist ein Modell kohärenten, ausgeschmückten und klar artikulierten Verhaltens. Ob es nun geschickt oder ungeschickt, bewusst oder unbewusst, trügerisch oder guten Glaubens dargestellt wird, auf jeden Fall ist es etwas, das gespielt und dargestellt werden, etwas, das realisiert werden muß« (Goffman 2008, 70).

Gerade der letztgenannte Aspekt, dass soziale Rollen und sozialer Status »realisiert werden« müssen, verweist darauf, dass Performanzen nicht nur als Aufführungen repetitiv sind im Sinne vermeintlich wiederkehrender, unveränderbarer, vorhandener Rollenmuster. Vielmehr entstehen die sozialen Rollen selbst erst im dem und durch den Moment der Aufführung und damit durch das Ereignis des darstellenden Handelns, also im Augenblicke ihrer Performanz. Dies ist ein entscheidender, konzeptioneller Anker der Performanztheorie. Das darstellende Handeln realisiert soziale Rollen, das aber heißt, die Performanzen konstruieren Wirklichkeit durch die Art der Darstellung, der Dramaturgie der Darstellenden usw. sowie die Weise der Interaktion mit dem Publikum. Komplexe soziale Situationen entstehen in der räumlichen Situation physischer Kopräsenz der Akteure. Die sich vollziehenden Ereignisse im Strom der Performanzen gebären und gestalten soziale Wirklichkeit. Gerade die Anerkennung der Kraft des Augenblicks, des Ereignischarakters von Performanzen, ist eine besondere Qualität dieser Art der Konzeptionalisierung sozialen Handelns (Dirksmeier 2009, 242). Durch die Betrachtung der Ereignishaftigkeit der sozialen Welt werden Zeit und Raum in der Peformanztheorie auf besondere Weise gedeutet und wertgeschätzt.

Somit steht bei Performanz-Ansätzen zum einen eine Zeitlichkeit des Augenblicks, des Plötzlichen, des Unvorhersagbaren, des radikalen Jetzt im Mittelpunkt der Betrachtung. Die Momenthaftigkeit sozialer Prozesse ist bedeutend, weil sie Spielraum lässt für die Wandelbarkeit sozialer Rollen und Verhältnisse in oder durch Situationen. Erika Fischer-Lichte, Grande Dame der deutschen Performanztheorie, eröffnet eine Monographie zur Ästhetik des Performativen mit dem Gedicht von Rainer Maria Rilke »Wolle die Wandlung…« (Fischer-Lichte 2004, 7). Damit ist ausgedrückt, dass Performanzen Verwandlungen ermöglichen. Sie haben transformativen Charakter. Durch liminale Erfahrungen in Momenten der Aufführung bei Darstellern, Zuschauern und Ensemblemitgliedern werden Grenzen verrückt oder überschritten. Das bedeutet auch, dass körperliche Handlungen performativ sind, als sie Sinn und Identität von sozialen Welten und Verhältnissen nicht nur darstellen, »vielmehr bringen sie Identität als ihre Bedeutung allererst hervor« (Fischer-Lichte 2004, 37). Erst in der Performanz entsteht eine soziale Situation und wandelt sich zugleich mit den Rollendarstellungen der Akteure. Entscheidende soziale Grundkategorien wie zum Beispiel Geschlecht, darauf hat die Amerikanische Philosophin Judith Butler in ihrem Buch *Körper von Gewicht* (1997) eindringlich hingewiesen, werden performativ hergestellt. Anstatt von ontologisch fixierten (Geschlechts)-Identitäten auszugehen, wird die soziale und kulturelle Konstruktionsleistung durch Performanzen als »darstellerischer Realisierung« (Butler 1997, 139) zum Beispiel von Geschlecht herausgearbeitet. Geschlecht ist nichts Natürliches, sondern erst durch die wiederholte Stilisierung des Körpers, durch iterative Handlungen der Aufführung von Geschlecht, die dramatisch sind und Bedeutung konstruieren, wird Geschlecht im Rahmen von Diskursen aufgeführt, definiert und verändert (Goebel 2006, 486). Erst die Aufführung des Mannseins macht den Mann zum Mann. Erst die Darstellung von Weiblichkeit lässt eine Frau entstehen. Der Begriff des Dramatischen ist hierfür wichtig, denn er »zielt auf diesen Prozeß der Erzeugung« (Fischer-Lichte 2004, 37). Die performative Herstellung sozialer Wirklichkeit wird möglich durch eine Betonung des Ereignisses im Jetzt. Performanzen sind Produktionsmomente darstellenden Handelns, und alles, was performativ ist, ist also immer auch »›wirklichkeitskonstituierend‹ und ›selbstreferentiell‹« (Fischer-Lichte 2004, 38).

Zum anderen ist die Räumlichkeit der Situation entscheidend für das Verständnis der Funktionsweisen von Performanzen. Schon die ursprüngliche Goffmansche Theatermetaphorik verdeutlicht, dass der Raum als Bühne mit seinen Möglichkeiten der Requisiten, Positionierung, symbolischen Aufla-

dung und Bildkraft für Darstellungen eine große Rolle spielt. Soziale Interaktionen als Aufführungen sind nicht denkbar ohne Einbezug der Körperlichkeit der Akteure und der Räumlichkeit der sozialen Welt. Performatives Handeln ist stets körperliches Handeln unter Zuhilfenahme räumlicher Situationen. Dabei spielt die subjektive Wahrnehmung der Darsteller von ihrer eigenen Leiblichkeit, die Empfindungen bei der Wahrnehmung der Räumlichkeit, eine große Rolle. Der Geograf Jürgen Hasse betont unter Rückbezug auf phänomenologische Positionen und Begriffsbildungen u. a. von Heidegger und Merleau-Ponty: »performative Räume sind leibliche Erlebnisräume« (Hasse 2010, 70). Die Räumlichkeit von Situationen wird von Darstellern zur Verstärkung des eigenen Ausdrucks und Unterstützung der Rolle genutzt. Zugleich wird die Räumlichkeit als Zuschauer, Akteur, Ensemble emphatisch erfahren, affektiv verstanden und körperlich rezipiert wie inszeniert. Für jede soziale Interaktion macht die bewusst hergestellte oder genutzte Räumlichkeit, sei es der Gastraum eines italienischen Restaurants, der Marktplatz vor dem Osnabrücker Dom, die Prinzessinnengärten in Berlin oder das Arrangement von Schreibtisch, Stuhl und Besprechungstisch im Büro des Chefs einen Unterschied. Aus performanztheoretischer Sicht ist nicht der euklidisch-vermessbare Raum hierbei interessant, sondern der performativ hergestellte. »Im Unterschied zum architektonischen Raum, den wir als statisch und stabil denken, meint der Begriff des performativen Raumes einen Raum, der erst durch die Bewegung von Menschen, Tieren, Objekten, Licht, dem Erklingen von Sprache, Musik, Lauten entsteht und sich mit jeder Bewegung, jedem Laut, der in ihm erklingt, und verhallt, ändert. Der performative Raum ist entsprechend dynamisch und instabil« (Fischer-Lichte 2004, 218).

Beide Dimensionen, die besondere Zeitlichkeit und Räumlichkeit von Performanzen, sind analytisch kaum zu trennen in ihrer Bedeutung für das darstellende Handeln. Letztlich gehört die Zeitlichkeit des Jetzt mit der dynamischen Räumlichkeit der Performanzen zusammen und kann aufgehen im Begriff der Situation. »Insbesondere im Erleben von Situationen des Plötzlichen wird deutlich, dass ›gelebte Zeit‹ (Minkowski) und ›gelebter Raum‹ (Dürckheim) verschmelzen« (Hasse 2010, 69). Gerade weil die Performanztheorie somit Räumlichkeit und Zeitlichkeit besonders wertschätzt in ihren Folgen für soziales Handeln, ist sie ein interessantes Theorieangebot für die Stadtforschung. Die Leistungsfähigkeit des Performance-Ansatzes aus Sicht der Stadtforschung liegt in mindestens vier zentralen Aspekten begründet.

Erstens verbindet der Performance-Ansatz die Bedeutung der Individualität des Einzelnen mit der gesellschaftlichen Rahmung und Kontextualität. Schon Goffman (2008, 221) stellte fest, dass es darum gehen müsse, die vermeintlich drei unterschiedlichen Bereiche »der individuellen Persönlichkeit, der sozialen Interaktion und der Gesellschaft« in eine gemeinsame Perspektive einzuordnen. Dies gelingt zu Teilen mit dem Modell der Performance. Hier werden Individuen einerseits als konkrete Menschen gesehen, die in den Möglichkeiten des Augenblicks mit ihren Körpern, ihren Herzen, ihrem Geist, ihrer Seele handeln – also als Individuum. Zugleich verhalten sich Akteure in der Performance im Augenblick getreu den Diskursen, in denen sie sich bewegen und den hegemonialen Mustern, die die Gesellschaft aufoktroyiert (vgl. Butler 2000). Durch die Körperlichkeit der Performance kommt das Individuum mit seinem Intimsten ins Spiel. Zugleich ist die Performance als Aufführung vor Anderen, als soziales Handeln mit Anderen in Interaktion ebenso gesellschaftlich durch Rollen geprägt, die der Einzelne manchmal wählt, stets aber auch als Rollenträger überindividuell ausfüllt. Es kann also mit dem Performance-Ansatz sowohl die Bedeutung individuellen Handelns von Akteuren in der Stadt als auch deren soziale Rolle in der Politik, im Stadtteil usw. untersucht werden – und gerade die Zusammenhänge zwischen diesen Konzepten.

Zweitens hilft der Performance-Ansatz, die Bedeutung von Umwelten für soziales Handeln zu thematisieren. Ebenso wie auf der Bühne im Theater Text und Bühnenbild, Körpersprache und Rolle, Publikum und Performance aufs Engste miteinander verbunden sind, kann man in der sozialen Welt Praktiken als *Actions*, als untrennbare Einheiten von Körper und Geist, von sozialem Handeln und materieller Umwelt auffassen. Wenn jede einzelne soziale Handlung als Performance gedacht wird, dann ist diese ohne eine Bühne, ein Bühnenbild und die damit vorhandene Körperlichkeit der sozialen Welt nicht vorstellbar: »the many communicative registers of the body and the minutiae of spatial development« werden in der Performance-Theorie zueinander in Beziehung gesetzt (Thrift 2003, 2020). David Crouch (2003) entwickelt den Begriff des *spacing*, um eine ganz spezifische Form der Raumkonstitution in der Performance zu beschreiben.

»Spacing is the constitutive part of performativity in the relation to surroundings« (Crouch 2003, 1953). Die umgebende Welt und die expressive Beziehung der Individuen zu ihr werden durch *spacing* ausgedrückt. Gerade für ein Verständnis räumlicher, städtischer Praktiken ist der Performance-Ansatz hilfreich.

Drittens erlaubt der Performance-Ansatz, die Kreativität sozialen Handelns und stete Veränderbarkeit bzw. Nicht-Vorhersehbarkeit von Entwicklungen zu konzeptionalisieren. Dies ist gerade für die oft überraschenden, ungeplanten Ereignisse in der Stadtentwicklung eine interessante sozialwissenschaftliche Perspektive. Die Performance-Theorie sieht Menschen und Subjekte erst in Momenten entstehen, die aus Kontexten geboren werden und in Netzwerkverbindungen stehen (vgl. Schechner 2006; Dirksmeier 2009). Unsicherheiten und stets mögliche Abweichungen im Verhalten spielen eine große Rolle, weil es das entscheidende Moment jeder Aufführung, jeder Performance ist, im Letzten gerade nicht ganz vorhersagbar und steuerbar zu sein. Somit liegt in der Unsicherheit über den Ausgang einer Handlung und in der Möglichkeit einer überraschenden Entwicklung der sozialen Praxis aus dem Augenblick heraus ein wesentliches Momentum des Verständnisses der sozialen Welt als Performance. »The current emphasis on creativity is, I think, a response to a by now banal realisation that the world is not a reflection but a continuous composition« (Thrift 2003, 2021).

Eine einzelne soziale Handlung vor Anderen ist eine Performance. Die Tatsache, dass jede Performance in sich die Offenheit des Ausgangs birgt, wird als Performativität bezeichnet. Für Judith Butler ist die Performativität sozialer Prozesse dabei charakterisiert als eine Aufführung kultureller Rituale: »I am, I believe, more concerned to rethink performativity as cultural ritual, as the reiteration of cultural norms, as the habitus of the body in which structures and social dimensions of meaning are not finally separable« (Butler 2000, 29). Jede Aufführung beinhaltet die Möglichkeit der Abweichung und kreativen Veränderung, die aus der Kraft des Augenblicks geboren ist. Performativität verweist somit auf die Dimension des ›Werdens‹ in der sozialen Welt. Jede Performance enthält ein Stück Transformation und Verwandlung (vgl. Crouch 2003, 1947). Individuen, Werte, Rollen, soziale Situationen, Gemeinschaften, Konflikte oder Identitäten sind im Blick der Performance-Theorie nichts Fixes. Vielmehr ist ihr Charakter in der Performance stets den Prozessen und Logiken des Werdens übergeben. »The radical potential of performance is located precisely in its transitory nature: it cannot be accurately recorded or repeated« (Pratt 2000, 649). Damit sind Möglichkeitsräume, Alternativen, Varianten der Handlung stets denkbar – ja geradezu eingebaut – in der Performance-Theorie. Die soziale Welt wird als Werdende konzeptionalisiert. Das Potential der Möglichkeiten im Augenblick, die Unvorhersehbarkeit von all dem, was passieren könnte in einem gegebenen Augenblick, gestaltet das Erleben und Beobachten desselben mit (vgl. Dewsbury 2000, 481).

Viertens erweitert die Perspektive der Performanz das Spektrum sozialwissenschaftlicher Betrachtungen um Aspekte der leiblichen, affektiven, emotionalen und situationsbezogenen wissenschaftlichen Beobachtung der sozialen Welt. Goffman interessierte sich nicht für das Theater als Selbstzweck, sondern rein als Metapher und Gerüst, um soziale Verhältnisse zu beschreiben. Ihm ging es um die »Struktur sozialer Beziehungen (…), die entstehen, wann immer Personen anderen Personen unmittelbar physisch gegenwärtig werden« (Goffman 2008, 223). Offensichtlich sind diese körperlichen, darstellenden Handlungen vor Publikum weitaus situativer, leiblicher und affektiver, als es bisher in den Sozialwissenschaften mit gängigen Theorien beschrieben werden konnte. Insgesamt sind die Auswirkungen einer performanztheoretischen Grundorientierung für die Stadtforschung enorm. Dies wird im Folgenden beispielhaft an drei Feldern der Stadtforschung beschrieben.

3. Urbanität, Urban Theory, Stadtentwicklung und Performanz

Performanzen stehen im Zentrum der Reflexionen über das Städtische. Schon zu Beginn des 20. Jahrhunderts haben Begründer der sozialwissenschaftlichen Stadtforschung wie etwa Georg Simmel, Louis Wirth oder Lewis Mumford als Urbanismus bzw. Urbanität gerade solche Qualitäten des Städtischen definiert, die entschieden mit dem darstellenden Verhalten der Stadtbevölkerung zusammenhängen. Daran anknüpfend entwickelte in der deutschsprachigen Stadtforschung der 1960er Jahre Hans Paul Bahrdt einen Begriff von Urbanität in der modernen

Großstadt, der leicht als Resultat von Performanzen zu lesen ist. Um den Zusammenhang von Stadt und Performanzen zu betrachten, werden deshalb zunächst die Klassiker der Stadtforschung auf ihre performanztheoretische Anschlussfähigkeit befragt (3.1). Anschließend werden aktuelle Debatten zu Urbanität, Citizenship und Zuwanderung performanztheoretisch beleuchtet (3.2). Schließlich wird ein performanztheoretischer Blick auf aktuelle Tendenzen der Stadtpolitik geworfen (3.3).

3.1 Die Klassiker: Vordenker des Performativen

Die Stadt ist ein Ort der Begegnung. Diese Begegnungsqualität in Städten entsteht überhaupt erst durch Performanzen. Dies hat Georg Simmel (2006) in seinem Nachdenken über »Die Großstädte und das Geistesleben« angedeutet. Simmels Essay hat zu Beginn des 20. Jahrhunderts das Fundament für eine theoretische Betrachtung des Stadtlebens und Urbanitätsbegriffes gelegt (Lindner 2004). Er reflektiert im Zuge des Nachdenkens über die Großstadt ein Grundproblem des Lebens in modernen Gesellschaften: Es ist der »Anspruch des Individuums« auf »Selbständigkeit und Eigenart des Daseins« in einer modernisierten, technisierten Massengesellschaft (Simmel 2006, 7). Während sich die Gesellschaft im Äußeren durch Wettbewerb, Leistungsprinzip und Konkurrenzkampf aufgrund des Vorherrschens der Geldwirtschaft stetig flexibilisiert und nivelliert, sind die Menschen auf ihrer Innenseite, in ihrem seelischen und persönlichen Leben ungemein gefordert, Schritt zu halten und zugleich souverän zu bleiben. Dieses generelle Problem des Lebens in der modernen Gesellschaft sieht Simmel in der Betrachtung der mentalen Verhältnisse und Gemütszustände in Großstädten kondensiert. Die Herausforderung des Individuums, Subjekt zu bleiben im (Gegen-)Strom der Masse, versinnbildlicht für Simmel die Situation des Straßenlebens der modernen Großstadt. Hier ist der Einzelne auf den überfüllten Bürgersteigen, auf den weiträumigen Plätzen, in Bahnhöfen, Straßenbahnen usw. einem Gewirr an Situationen und Begegnungen mit Fremden ausgesetzt. Diese Situationen im Straßenleben, die städtische Lebensumwelt fordert den Wahrnehmungsapparat des Einzelnen heraus und fördert zugleich die individuelle Freiheit und Extravaganz. »Die psychologische Grundlage, auf der der Typus großstädtischer Individualitäten

sich erhebt, ist *die Steigerung des Nervenlebens*, die
aus dem raschen und ununterbrochenen Wechsel
äußerer und innerer Eindrücke hervorgeht« (Simmel 2006, 8 f., Herv. i. Orig.). Als Schutzmechanis-
mus gegen die überflutenden Sinneseindrücke ent-
wickele der Großstädter eine bestimmte Haltung:
eine intellektualistische *Blasé-Attitude*. Verstandes-
gemäß, nüchtern und distanziert steuert das Individuum seinen Weg durch die anonyme Moderne.
Dies versinnbildlicht sich in dem bunten Treiben des
Straßengewirrs der Großstadt. Somit gebe es einen
»Typus des Großstädters« (Simmel 2006, 11), dessen
urbanes Verhalten sich an der Oberfläche des Kontakts, im menschlichen Umgang miteinander vor allem in der Blasiertheit äußere. Unterhalb der Oberfläche, auf der Innenseite des Gemüts von Persönlichkeit und seelischer Entwicklung, leistet die
Großstadt für die Entwicklung moderner Gesellschaften vor allem eines: sie treibt Prozesse der Indi-
vidualisierung voran, indem sowohl »die individuelle Unabhängigkeit und die Ausbildung persönlicher Sonderart« (Simmel 2006, 42) durch die
Urbanität der Großstadt gestärkt wird.

Simmels berühmte Diagnose zur *Blasé-Attitude*
ist – ohne je Begriffe der Performanz, des Theaters
oder der Aufführung zu verwenden – durchtränkt
von der Idee, dass Menschen in Städten eine bestimmte Fassade aufbauen, sie diese nach außen aufrecht erhalten; und sie nur durch diese Fassade und
die Darstellung einer bestimmten *Blasé-Attitude* sowohl psychologisch wie sozial lebensfähig in Städten
sind. Damit sind es, schon am Anbeginn des sozialwissenschaftlichen Nachdenkens über das Phänomen Stadt, die spezifischen Verhaltensweisen, die
Städter miteinander und voreinander zur Aufführung bringen, die die Stadt erst zur Stadt machen.
Der Begriff Performanz ist hilfreich, um das von
Simmel Gesagte ausdrücklicher zu verstehen und
mit einer modernen Theorieperspektive zu reinter-
pretieren. Die Mühen des Großstädters, sich sowohl
als Subjekt auf der persönlichen Innenseite des Ge-
fühlslebens selbst zu erfahren, zu suchen, zu entwerfen oder treu zu bleiben als auch die sozialen Rollen
einer modernen, geldgetriebenen Gesellschaft überzeugend dazustellen, sind wunderbar beschreibbar
als Spannungsverhältnis zwischen dem Darsteller als
Akteur und seiner Rolle. Erving Goffman hat auf
diesen Konflikt hingewiesen, in dem der Einzelne
insbesondere bei der Aufführung von Schauspielen
steht, an die er oder sie selbst nicht glaubt: »Hinter
vielen Masken und vielen Rollen trägt jeder Darstel-

ler den gleichen Ausdruck, den nackten, ungeselli-
gen der Konzentration, den eines Menschen, der privat mit einer schweren, verräterischen Aufgabe beschäftigt ist« (Goffman 2008, 213 f.). Gerade das
spezifische, aus Simmels Perspektive großstädtische
Verhalten ist solch eine Performanz, eine Darstellung einer Attitude, die nicht unbedingt geglaubt
oder gewollt wird, aber aus der Sicht des frühen
20. Jahrhunderts offensichtlich notwendig schien,
um mit den Herausforderungen städtischer Lebens-
wirklichkeit zurechtzukommen. Performanztheoretisch wäre mit Goffman daraus sogar zu schließen,
dass Gefühle des Misstrauens und der Entfremdung
in solchen Umgebungen gegenüber dem Nächsten
besonders groß sind: »In dem Grade aber, in dem
der Einzelne vor anderen ein Schauspiel durchhält,
an das er selbst nicht glaubt, kann er eine besondere
Art der Selbstentfremdung und des Mißtrauens gegen andere empfinden« (Goffman 2008, 214).

Frisby (1985) hat Simmel einen der ersten Soziologen der Moderne genannt, weil dieser grundlegende gesellschaftliche Phänomene der Moderne
treffend als städtische charakterisierte – und so die
Großstädte exemplarisch als Orte moderner Verhältnisse ansah. Seit den Arbeiten Georg Simmels ist
deshalb ein Verständnis der wechselseitigen Durchdringung von Stadt- und Gesellschaftsentwicklung
für Debatten um den Untersuchungsgegenstand
Stadt ebenso wie zum Urbanitätsbegriff prägend.
Diese Einsicht, dass eine Analyse urbaner Verhältnisse nur als Analyse moderner Verhältnisse, also
mit einem gesellschaftstheoretisch informierten
Blick auf Urbanität und Stadt möglich ist, wurde im
Anschluss an Simmel durch die Chicagoer Schule
der Sozialökologie konsequent fortgesetzt. Und auch
hier, in dieser klassischen Schule der Stadtforschung,
finden sich seit den 1920er Jahren vielfältige Bezüge
zu einem performanztheoretischen Denken.

Den wohl bekanntesten Beitrag der Sozialökologie zur Urbanitätstheorie lieferte der im Hunsrück
geborene und später in Chicago lehrende Soziologe
Louis Wirth (1938) mit seinem Artikel »Urbanism
as a Way of Life«. Er unterscheidet darin zwischen
Verstädterung als rein quantitativem Prozess des
Anwachsens der Stadtbevölkerung und den Qualitäten der Urbanisierung als Ausbreitung spezifisch
städtischer, sozialer Lebensformen. So geht er davon
aus, dass man idealtypisch (und nicht wirklichkeits-
getreu) einerseits zwischen einem Gemeinschaftsle-
ben in städtisch-industrieller Form und andererseits
einem ländlichen, volkstümlich orientierten Lebens-

stil unterscheiden kann. Da sowohl Menschen mit städtischer Herkunft auf dem Land leben als auch vice versa, also Dorfbewohner in die Stadt wie Städter in die Dörfer wandern, sei keine strenge räumliche Trennung von städtischen und ländlichen Lebensstilen vorfindbar: »Hence we should not expect to find abrupt and discontinuous variation between urban and rural types of personality« (Wirth 1938, 3). Es gebe Urbanität als spezifischen *way of life* – jedoch nicht nur in Städten. Diese vermeintliche Paradoxie gehört zu den weitsichtigsten Argumenten Louis Wirths. Er erkennt, dass keine Isomorphie von Raum und Kultur oder Gebiet und Lebensstil besteht. Damit formuliert Wirth als erster Vertreter das bis heute weit verbreitete Argument (Häußermann/ Siebel 1987), wonach Urbanität nicht mehr an die Stadt als abgrenzbarer Siedlungseinheit gebunden ist: »the city is everywhere and in everything« (Amin/Thrift 2002, 1). Urbanismus als Lebensweise greift in modernen Gesellschaften weit über die Städte hinaus. Dennoch sind es die Städte, so behauptet Louis Wirth, die als Innovationszentren urbaner Lebensstile wirken und von denen ausgehend sich Urbanität verbreitet.

In dem Versuch, Urbanität bzw. Urbanismus zu definieren, greift Wirth ähnlich wie Simmel auf die Vorstellung einer ganz bestimmten, städtischen Sozialform zurück. Diese führt er auf drei distinkte Charakteristika der Städte zurück: Größe, Dichte und Heterogenität (Wirth 1938, 8 ff.). Jeder dieser ökologischen Faktoren hat je eigene Effekte und kreiert in Wechselwirkung mit den jeweils anderen beiden zusammen die urbane Lebensform. So erfordere die Größe der Stadt formale Formen der Kontrolle und erodiere persönliche Verbindungen, wie sie auf dem Land noch lebbar seien. Die Dichte des Siedlungsgebiets Stadt verstärke die Differenzierung, Spezialisierung und Komplexität der sozialen Organisation. Zugleich erhöhe sich hierdurch die soziale Distanz. Die Heterogenität der Bevölkerungszusammensetzung in der Stadt erhöhe die Unsicherheit im Umgang miteinander, zugleich aber auch die Fluidität und Veränderungsbereitschaft erhöhen (Wirth 1938, 11 ff.). Insgesamt seien städtische Sozialformen gekennzeichnet durch oberflächliche, unpersönliche, segmentierte, utilitaristische und vorübergehende Sozialkontakte. Ähnlich wie bei Simmel wird die Blasiertheit im Umgang beklagt. Zugleich verweist Wirth darauf, wie ausgesprochen nützlich diese spezifischen Werte und Lebensformen sind für die Einbindung der Individuen in die kapitalistische Wirtschaftsweise. Die Stadt entpersonalisiert das Sozialleben und bereitet den Einzelnen auf ein distanziertes, nüchternes Erwerbsleben vor. Sie fördert zugleich Kosmopolitanismus, Offenheit, Wandlungsfähigkeit und soziale Mobilität der Bewohner (a. a. O., 16 ff.). *Urbanism* als Lebensweg findet in den Städten ihren privilegierten Ort, weil die sozialökologischen Bedingungen der Stadt (Größe, Dichte, Heterogenität) dieses provozieren und produzieren. In ähnlicher Richtung argumentiert Claude S. Fischer (1975; 1995). Auch er sieht insbesondere aus der Größe und Dichte der Stadt notwendige Folgerungen für die wachsende innere Differenzierung und Ausbildung intensiver Subkulturen. Städte seien als urbane Orte dadurch gekennzeichnet, dass sie Unkonventionalität erlauben. Die Devianz von der Norm werde respektiert. Quantität schlage um in Qualität: Die kritische Masse großer Städte erlaube eine Ausdifferenzierung unterschiedlicherer normativer, kultureller, sexueller und religiöser Subkulturen. Unter Subkultur versteht er dabei: »a large set of people who share a defining trait, associate with one another, are members of institutions associated with their defining trait, adhere to a distinct set of values, share a set of cultural tools […] and take part in a common way of life« (Fischer 1995, 544).

Die Vorstellungen von Urbanismus bei Wirth ebenso wie bei Fischer gehen somit zurück auf spezifische Formen des Sozialverhaltens. Diese entstünden in Städten durch die spezifischen Interaktionsbedingungen, die die großen, dichten und heterogenen Räume als städtische Bühnen für die Akteure bereiten. Daran anknüpfend hat Hans Paul Bahrdt (2006) formuliert, dass Urbanität dort entsteht, wo sich eine Polarität zwischen Öffentlichkeit und Privatheit herausbilden kann. Nur Städte stellten öffentliche Räume her, in denen Fremde sich als Fremde begegnen. Die gewaltfreie Begegnung Fremder wiederum sei nur möglich und setze voraus, dass eine bestimmte Form des stilisierten sozialen Verhaltens sich herausbildet. Auf dem Marktplatz könnten Marktfrau und Kunde, an der S-Bahnstation ankommende Personen und Wartende, an der Straßenecke vor einem Kiosk sich begegnende Fremde nur deshalb miteinander zweckgerichtet und konfliktfrei umgehen, weil sie im Moment der Begegnung die Spielregeln des distanzierten und stilisierten Verhaltens in öffentlichen Räumen beherrschen. Zu dieser Stilisierung gehört nach Bahrdt, systematisch persönliche Aspekte des Daseins zu verbergen

und stattdessen demonstrativ und repräsentativ bestimmte gesellschaftliche Codes der Statusreprä-
sentation, der Interaktion und Kommunikation zu
betonen. Bahrdt spricht hier ausdrücklich von darstellendem Verhalten: »Die äußerlich erkennbare
Erscheinungsform des Verhaltens ist deshalb weniger ein natürlich hervorwachsender Ausdruck eines
Innern, sondern vielmehr ein ›Sich-geben‹, ein Auftreten, ein Sich-darstellen« (Bahrdt 2006, 90). Auf
jedem Wochenmarkt, in jeder Vorstadt, Geschäfts-
straße, beim Restaurantbesuch oder auch im Park
sei ein Großteil städtischen Alltagslebens durch dieses darstellende Verhalten der Städter charakterisiert. Ohne dass Bahrdt diesen Begriff kannte, verwendete oder verwenden wollte, ist die von ihm beschriebene Stilisierung des Verhaltens im Angesicht
und Umgang mit Fremden nichts anderes als eine
Performanz, ein darstellendes Verhalten vor Fremden als Publikum. Ähnlich wie Simmel hat er sich
gefragt, was die Alltäglichkeit der Begegnungen auf
den Straßen und Plätzen der Städte, sei es im Zentrum oder am Stadtrand, für das Verständnis des
Städtischen bedeutet. »Kehren wir zum Leben und
Treiben auf städtischen Straßen zurück! Es genügt
z. B. nicht, im Straßengewühl auf einen anderen nur
einfach Rücksicht zu nehmen. Man muß ihm dies
auch verständlich machen. Man begnügt sich also
nicht damit, den anderen zuerst durch einen engen
Torweg gehen zu lassen, sondern tritt ausdrücklich
zurück und unterstreicht dieses Zurücktreten mit einer Geste. Das Verhalten läuft nicht nur ab, sondern
stellt sich selbst noch einmal dar. Auf diese Aus-
drücklichkeit kommt es an. Darstellung ist mehr als
bloßer Ausdruck. Sie ist nicht das Hervorwachsen
eines Tuns oder Seins zur Sichtbarkeit. Darstellung
ist ein vollzogener Akt, der freilich habituell werden
kann« (Bahrdt 2006, 90).

Die Performanzen im Stadtraum prägen nach
Bahrdt nicht nur den Charakter städtischen Lebens
und den Umgang der Bewohner miteinander als spezifischer Stadtkultur. Vielmehr konstituiert und damit auch definiert sich die Stadt als besonderer Siedlungstypus gerade durch ihre Bühnenhaftigkeit als
Ort der Aufführung und Performanzen. Das ergibt
sich aus seiner weiteren Analyse der Stadt als Öffentlichkeit und damit Aufführungsraum. Bahrdt (2006,
Kap. 2) nutzt entschieden den Begriff der Öffentlichkeit für die Präzisierung (s)eines modernen Verständnisses von Urbanität. Demnach sind Urbanität
und Öffentlichkeit konstitutiv füreinander. Die Stadt
selbst ist für ihn stadtsoziologisch definiert als ein

Ort der starken Wechselbeziehung und Polarität von
Öffentlichkeit und Privatheit: »Eine Stadt ist eine Ansiedlung, in der das gesamte, also auch das alltägliche
Leben die Tendenz zeigt, sich zu polarisieren, d. h.
entweder im sozialen Aggregatzustand der Öffentlichkeit oder in dem der Privatheit stattzufinden. Es
bilden sich eine öffentliche und eine private Sphäre,
die in engem Wechselverhältnis stehen, ohne dass die
Polarität verlorengeht. Die Lebensbereiche, die weder
als ›öffentlich‹ noch als ›privat‹ charakterisiert werden können, verlieren hingegen an Bedeutung«
(Bahrdt 2006, 83). Beobachtbares städtisches Verhalten ist ein Verhalten in Öffentlichkeit unter den Spielregeln der Darstellung und Aufführung.

Betrachten wir klassische Positionen der Stadttheorie zusammenfassend, so wird deutlich, dass
bereits von Beginn an in der Stadtforschung über
das Städtische als Aufführungsort darstellendes
Verhaltens nachgedacht wurde. Es gibt somit keine
städtische Sozialform, die nicht in ihrem Wesenskern bei den Klassikern der Stadtforschung zurückgeführt wird auf ein darstellendes Verhalten von
Menschen unter den Bedingungen von Publikum,
Rollenzwang und spezifischen Bühnenbedingun-
gen (zum Beispiel moderne Großstadt, Größe,
Dichte und Heterogenität). Insgesamt lässt sich beobachten, dass schon die Klassiker der Stadtforschung quasi in Embryonalform ein performatives
Wechselverhältnis von Räumlichkeit und Soziabili-
tät bzw. Gesellschaft artikulieren. Die frühe Andeu-
tung der Rolle von Performanzen für die Produktion des Städtischen geschieht bei den genannten
Autoren in mindestens zweifacher Hinsicht. Hierbei
wird jedoch – das sei eindeutig vermerkt – das volle
Potential einer performativen konzeptuellen Sichtweise auf Stadt noch nicht ausgeschöpft. Erstens
erkennen die klassischen Autoren, dass die Inter-
aktions- und Sozialformen der Stadtbewohner erst
durch das Miteinander der Akteure hergestellt werden. Der performative Charakter von Städten klingt
an, indem durch die Aufführung des Stadt-Seins im
alltäglichen Vollzug der Bewohner und damit durch
das Leben unter den Kontextbedingungen von
Größe, Dichte und Heterogenität das Städtische erst
hervorgebracht wird. Performanz als Herstellung
von Wirklichkeit wird somit adressiert. Zweitens
wird von Simmel über Wirth und Fischer bis zu
Bahrdt der Blick bei der Suche nach dem spezifisch
Städtischen oftmals auf die öffentlichen Räume, die
Herstellung von Öffentlichkeit und die besonderen
Formen des Umgangs miteinander in der Öffent-

lichkeit gerichtet. Damit ist performatives Handeln als darstellendes Handeln vor Publikum per se adressiert. Die Stadt wird quer durch alle Ansätze hindurch definiert als ein besonderer gesellschaftlich produzierter Raum, der durch den Aufführungscharakter sozialen Handelns und damit den Bühnencharakter des Ortes geprägt ist.

Rückblickend sind die Klassiker der Stadtforschung deshalb zu Recht als Klassiker zu bezeichnen, weil sie Wegweisendes erkannt haben. Sie sind Vorläufer und Grundsteinleger. Klassiker zeichnet aus, dass sie zu ihrer Zeit Aussagen treffen, die als Forschungsprobleme durch die Zeit weiterbestehen, sei es als Desiderat oder als offene Forschungsfrage (Luhmann 1992, 19). Denn die Klassiker der Stadtforschung haben früh Aspekte städtischen Lebens analysiert und beschrieben, die zu Teilen erst Jahrzehnte später von der nachfolgenden Forschung präziser gefasst bzw. angegriffen werden können. Dies trifft auch auf das Verhältnis von Performanz und Stadt zu. So ist performanztheoretisches Gedankengut in den genannten Ansätzen deutlich erkennbar. Zugleich gibt es vier große performanztheoretische Defizite, die aus heutiger Sicht die klassischen Analysen zum Wechselverhältnis von Stadt, Raum und Verhalten als unbefriedigend erscheinen lassen.

Erstens wird zwar der darstellende Charakter des Verhaltens in öffentlichen Räumen der Stadt deutlich, jedoch fehlt ein Blick auf die Veränderbarkeit sozialer Welten durch Performanzen. Es wird also nicht über Performativität und die Kraft des Augenblicks reflektiert. Auch der Ereignischarakter von Performanzen und alles, was daraus folgt, fehlt noch bei den Klassikern.

Zweitens erscheint das Raumverständnis bei den zitierten Autoren zu Teilen als Containerraum. Es wird zwar der Aufführungs- und damit Bühnencharakter unterschiedlichster Orte in der Stadt betont. Die Feinheiten performativer Räume fehlen, die erst im Augenblick des Handlungsvollzugs diese flüchtigen Räume konstituieren, wie zum Beispiel das Rufen einer Mutter nach ihrem Kind auf dem Platz und damit durch den Klang einer Stimme, dem kräftigen Ausschreiten eines Fußgängers beim Überqueren einer Straße oder dem Geräusch von Trommeln, Musik und Applaus im Karneval der Kulturen an einem lauen Frühlingstag im Mai in Berlin-Kreuzberg. Performative Räume und das Verschmelzen von sozialen und physischen Charakteristika des Ortes im Moment der Aufführung wurden von den Klassikern noch nicht gedacht.

Drittens werden die große Bedeutung der Materialität und Körperlichkeit von darstellendem Verhalten wie auch das Nutzen von Requisiten nur unzureichend berücksichtigt. Bei Bahrdt taucht im Rahmen des darstellenden Verhaltens die Überbetonung von Gesten als ein Aspekt auf. Dies spricht wieder für die Anschlussfähigkeit eines Klassikers. Jedoch wird die Bedeutung der Körperlichkeit von Performanzen generell für das Sozialverhalten abseits exaltierter Gesten unterschätzt. Dass Analysen und Deutungen von Performanzen immer auch körperliche bzw. leibliche Elemente berücksichtigen müssen, war gerade den Stadtsoziologen lange fremd.

Viertens liefern die Klassiker zwar große theoretische Betrachtungen des Wechselverhältnisses von Stadt und Städter, Urbanität und Sieldungsform, Verhalten und Darstellung, Öffentlichkeit und Privatheit. Jedoch bleibt die genaue Wirkungsweise der Performanzen der Städter in den Betrachtungen weitgehend unberührt. Es wird kein empirisch operationalisierbarer Blick auf das Städtische gerichtet. Vielmehr wird in großen Zügen über Stadt und Gesellschaft sowie wechselseitige Einflussnahmen räsoniert. Gerade aber der Versuch, Performanzen in ihrer Augenblickshaftigkeit und damit auch zeiträumlichen Kleinteiligkeit zu beobachten bzw. zu deuten, ist ein Interesse gegenwärtiger performanztheoretisch inspirierter Stadtforschung. Die neuere Literatur schließt somit zuteilen an und grenzt sich zugleich ab von den klassischen Betrachtungen darstellenden Verhaltens in Städten.

3.2 Öffentliche Räume: Performanzen und Begegnungsqualitäten

Performanztheoretisch inspirierte Betrachtungen des Städtischen haben in den letzten ca. zehn Jahren einen großen Aufschwung genommen. Denn obwohl – wie oben herausgearbeitet – die Klassiker der Stadtforschung entscheidende Grundlagen für die Betrachtung von Performanzen gelegt hatten, ist ein Großteil der Stadtforschung sowohl in der Stadtsoziologie wie in der Stadtgeografie von den 1970er bis weit in die 1990er Jahren zumeist andere Wege gegangen. Die ebenfalls aus der Chicagoer Schule entstammende Segregationsforschung hat lange Zeit zentrale Fragen und Arbeitsbereiche der Stadtforschung dominiert. Somit standen quantitative Analysen von räumlichen Entwicklungen ebenso wie strukturelle und zu Teilen statische Betrachtungen von Stadtmodellen im Vordergrund. Wichtige Stichworte hierzu wie die fragmentierte Stadt, die polarisierte Stadt, die gentrifizierte Stadt, die Global City usw. signalisieren, dass es in der Stadtforschung lange um Strukturen und Prozesse ging. Performanzen wurden kaum in den Blick genommen.

Eine solche, performanzlose Perspektive schien zugleich durch die Bedürfnisse der Praxis von Stadtplanung und Stadtentwicklungspolitik gerechtfertigt, die darauf verwiesen, dass zur Steuerung von Städten ein systematisches Wissen über Problemquartiere, Interventionsmöglichkeiten, zirkuläre Entwicklungsprozesse und dergleichen mehr notwendig sei. Dementsprechend ist gerade in der deutschsprachigen Stadtforschung eine Thematisierung von Performanzen und Performanztheorie lange nicht möglich gewesen – obwohl die historischen Vorläufer der Klassiker der Stadttheorien hierzu durchaus Türe und Wege geöffnet haben.

Die Einsicht, den Blick (erneut) auf Performanzen zu lenken, entstand Ende der 1990er Jahre durch eine kritische Reflexion des erreichten Standes der Stadtforschung. Das immer gleiche Set an Städten wie zum Beispiel London, Tokio oder New York, das sowohl als Untersuchungsfeld für Fragen der Gentrification wie Fragmentierung, der Global City wie der Zitadellenökonomie diente, schien durch den Versuch einer Theoriebildung für alle Städte privilegiert zu werden. Stimmen wurden laut für eine Theoriebildung in der Stadtforschung, die mit mehr Vielfalt rechnet. Der Aufsatz von Ash Amin und Steve Graham zu »Ordinary City« markiert einen Wendepunkt. Hier wird ein performatives Verständnis der sozialen Handlungen der Stadtbewohner artikuliert, die Stadt in kontingenten Prozessen herstellen: »The contemporary city is a variegated and multiplex entity– a juxtaposition of contradictions and diversities, the theatre of life itself« (Ash/Graham 1997, 418). Die Theatermetapher kehrt zurück auf die akademische Bühne, um die Wandelbarkeit, Heterogenität, Ereignishaftigkeit und auch Artistik lebensweltlicher städtischer Phänomene besser zu fassen. Mit einem veränderten Handlungsbegriff, der Handlungen als relationalen und performativen Prozess versteht, soll es gelingen, näher an die Lebenswelten der Stadtbewohner und alltäglichen Erscheinungen städtischen Lebens auf den öffentlichen Plätzen heran zu rücken (Ash/Graham 1997, 420).

Die Unzufriedenheit mit den Ergebnissen und Einschränkungen der bisherigen Stadtforschung wird zudem durch die performative Wende in den Kulturwissenschaften bestärkt. Gerade ab den 1990er Jahren beginnt die interdisziplinäre Stadtforschung wesentliche Impulse von den Kulturwissenschaften zu erhalten. Letztere hatten bis in die 1980er Jahre Kultur noch unter der Metapher »Kultur als Text« subsumiert; ebenso wie in der Stadtforschung eine fruchtbare Debatte um die Stadt als Text herrschte, etwa in Arbeiten zur Lesbarkeit der Stadt am Beispiel von Graffiti (Ley/Cybriwsky 1974; Ferrell 1995; Dickens 2008). In den 1990er Jahren bahnt sich ein Perspektivwechsel an: »Die Metapher von ›Kultur als Performance‹ begann ihren Aufstieg« (Fischer-Lichte 2004, 36). Damit musste das Performative nach Austin reformuliert werden, um das Körperliche mit einzubeziehen. Der Begriff der Aufführung wurde durchdacht. Dies hat in der Folge für die Stadtforschung große Konsequenzen. Aufführung wird nicht als Repräsentation eines Skriptes gesehen, sondern »als eine genuine Konstitutionsleistung« (Fischer-Lichte 2004, 55). Das bedeutet gleichzeitig, der Kontingenz von städtischen Performanzen große Räume zuzugestehen. Städte sind nicht nur makroperspektivisch durch die Analyse immer gleicher Strukturen oder Prozesse zu begreifen (Bridge 2008, 1581). Vielmehr entstehen Städte, städtische Lebensweisen und städtische Räume genauso performativ. Dieses neue Denken eröffnet Möglichkeitsräume für neue Fragen der Stadtforschung, basierend auf der Einsicht: »Die Stadt erweist sich als Brutraum des Performativen« (Hasse 2010, 74 f.). Zugleich schärft sich der Blick dafür, dass städtische Räume durch Performanz produziert werden (Thrift 2006).

Im Prinzip kann eine performanztheoretische Brille bei nahezu allen Themen der Stadtforschung verwendet werden. Sowohl Performanzen der Inklusion oder Exklusion von Bewohnern, Immobilienbesitzern oder Geschäftsinhabern in Stadtteilen, die Identitätskonstruktionen und Lebenswelten von Stadtbewohnern, die Performanzen von Stadtpolitik und Planung bei dem Entwurf oder der Umsetzung politischer Programme oder Entscheidungsprozesse der Standortwahl und Interaktionsmuster von Dienstleistungsunternehmen sind denkbare Themen einer solchen Forschung. Die Performanztheorie bietet eine konzeptuelle Linse, um jede Form darstellerischen Handelns, sei es von Laien oder Experten, sei es im Bereich der Lebenswelt, der Wirtschaft, der Politik oder der Kultur zu erforschen. Viele Studien wenden sich dabei in der Stadtforschung vor allem den Konstruktionweisen von Rasse, Ethnie und

Identität durch öffentliche Aufführungen zu. So ist zum Beispiel die Rassensegregation in den USA der 1960er Jahre nur möglich gewesen, weil es zur Stützung der Rassengesetzgebung vor allem im Süden der USA Rituale und Performanzen gab, die öffentlich die Rassenpolitik nicht nur bestärkt, sondern ebenso produziert haben. Steven Hoelscher untersucht dies am Beispiel der Nathez Pilgrimage. Er kommt zu dem Ergebnis: »The culture of segregation that mobilized such memories, and the forgetting that inevitably accompanied them, relied on performance – ritualized choreographies of race and place, and gender and class, in which participants knew their roles and acted them out for each other and for visitors« (Hoelscher 2003, 677). Ebenso sind performative Konstruktionen sexueller Identitäten wie zum Beispiel die Sydney 2002 Gay Games aus performanztheoretischer Perspektive untersucht worden (Waitt 2006; Goebel 2006). Was diese Studien zu Rasse, Ethnie und Identität unter dem Blickwinkel der Performanztheorie eint, ist, dass stets eine wechselseitige Konstruktion der Kategorien (z. B. Ethnie) durch Performanzen und performative urbane Räume analysiert wird. Durch die feinteilige Analyse einzelner öffentlicher Events, Rituale oder kleinräumiger Begegnungen werden größere Fragen der Definition von Identität verhandelt. Das verweist darauf, dass Makro- und Mikroperspektive in der Performanzforschung letztlich eng zusammen gehören.

Gerade um die Voraussetzungen und Funktionsweisen des Makrokosmos Stadt zu verstehen, ist es hilfreich, den Mikrokosmos alltäglicher Performanzen auf den Straßen und Plätzen, in den Nachbarschaftscafés, Geschäften oder Büroarbeitsplätzen zu betrachten. Deshalb erreichen performanztheoretische Perspektiven derzeit eine besondere Tragweite und analytische Tiefenschärfe in der Betrachtung öffentlicher Räume. So untersucht die britische Geografin Gill Valentine (2008) die Formen des Zusammenlebens in Städten unter den Bedingungen wachsender sozialer Ungleichheit und kultureller Differenz aus performanztheoretischer Perspektive. Sie fragt in ihrem wegweisenden Aufsatz »Living with difference« danach, welche Bedeutung Praktiken und Performanzen der Begegnung von Fremden in öffentlichen Räumen der Stadt für das Leben mit alltäglichen Differenzen aufweisen. Denn unter den Bedingungen der Weltgesellschaft ist davon auszugehen, dass die Differenzen der Bevölkerung in den Städten stark zunehmen und das Leben mit diesen

Unterschieden eine der wesentlichsten kommenden sozialen Herausforderungen in naher Zukunft darstellen wird (Hall 1993). Der Sozialanthropologe Steven Vertovec diagnostiziert für Verhältnisse in britischen Städten eine neue Form der *super-diversity*. Die alten einfachen Beschreibungen von Diversität reichen nicht mehr: »observing ethnicity or country of origin (the two often, and confusingly, being used interchangeably) provides a misleading, one-dimensional appreciation of contemporary diversity« (Vertovec 2007, 1025). Diversität ist diversifiziert worden: »Such additional variables include differential immigration statuses and their concomitant entitlements and restrictions to rights, divergent labour market experiences, discrete gender and age profiles, patterns of spatial distribution, and mixed local area responses by service providers and residents« (Vertovec 2007, 1025). Es entstehen also neue komplexe, soziodemografische und kulturelle Bedingungen in Städten durch die Versammlung vieler, oft auch kleiner Gruppen von Menschen mit mehrfacher Herkunft, die transnational verbunden und sozioökonomisch hoch differenziert sind.

Die Zunahme der Differenz bis zur Herausbildung einer *super-diversity* in Städten hat manche Stadtforscher bewogen, auf einen *cosmopolitan turn* in Städten zu hoffen. Auch unter dem Begriff der *new urban citizenship* wird die optimistische Frage verhandelt, ob es neue Formen der Integration von Fremden auf der Basis städtischer Teilhabe und des Austausches in urbanen öffentlichen Räumen im 21. Jahrhundert geben kann – und vor allem wie. Es gibt demnach wachsende Debatten um die Voraussetzungen und Möglichkeiten einer an Toleranz bzw. Respekt orientierten Begegnungskultur in Städten. Gerade hier aber sind performanztheoretisch angeleitete Studien hilfreich und notwendig, um empirisch präzise das Zusammenleben zunehmend differenzierter Bevölkerungsgruppen zu untersuchen. Gil Valentine warnt davor, zu optimistisch zu sein. Sie trifft die wertvolle Unterscheidung zwischen einer hohen Rate an Begegnungen von Fremden im öffentlichen Raum einerseits und wirklich bedeutungsvollen Begegnungen von Fremden im öffentlichen Raum andererseits, die tatsächlich zu wechselseitiger Anerkennung und Respekt beitragen. Wann schlägt also eine flüchtige Begegnung zweier Fremder an einer Straßenecke in einen bedeutungsvollen Kontakt um, der die beiden Interaktionspartner menschlich, sozial oder kulturell ein Stück näher bringt? Valentine begreift nur letztgenannte Interaktion als bedeutungsvollen Kontakt, als »›meaningful contact‹. By this I mean contact that actually changes values and translates beyond the specifics of the individual moment into a more general positive respect for – rather than mere tolerance of – others« (Valentine 2008, 325). Die positivistisch orientierte sozialpsychologische Kontakttheorie im Anschluss an Gordon Allport (1954) sieht sogar nur in Intergruppenfreundschaften das Potential, Vorurteile und Stereotype über Mitglieder der jeweils anderen Gruppe in Kontaktsituationen dauerhaft zu mindern (Pettigrew u. a. 2007). Die positive Wirkung von Kontakten im Sinne eines produktiven, konfliktfreien Lebens mit Differenzen ist mit dieser Feststellung letztlich äußerst voraussetzungsvoll.

So hat sich inzwischen eine reichhaltige Debatte um eine neue Forschungsrichtung der *geographies of encounter* entwickelt, die darauf zielt, diese Begegnungen zwischen Fremden aus der Perspektive von Performanzen und als Situation zu deuten (Laurier/ Philo 2006; Clayton 2009; Dirksmeier/Helbrecht 2010; Gibson 2010; Andersson u. a. 2011; Leitner 2011; Matejskova/Leitner 2011; Wilson 2011; Valentine/Waite 2012). Genau hier kann auch eine performanztheoretische Bereicherung der Stadtforschung große Früchte tragen. Denn die situative Auffassung von Begegnungen als Performanzen und damit die Offenheit und Anerkennung der Bedeutung vermeintlich flüchtiger Begegnungen im öffentlichen Raum für das städtische (Zusammen)Leben bildet eine notwendige Ergänzung der langen Tradition in der Stadtforschung, die vor allem die langfristigen Begegnungsformen bzw. Kontaktvermeidungsstrategien in Städten, wie z. B. die residenzielle Segregation von ethnischen Gruppen (Johnston/Poulsen/ Forrest 2007) oder Gentrification und sozialräumliche Mischung (Lees 2008; Helbrecht 2009) untersucht. Dauerhafte Wohnstandorte, persistente Muster der Begegnung und daraus resultierende Exklusionsprozesse standen bisher immer im Mittelpunkt dieser Forschung. Aus der Perspektive der Performanztheorie wird nun eine neue Stadtforschung der Begegnung möglich, die eine umfassende Analyse des urbanen Lebens durch eine verstärkte Hinwendung zu den bisher wenig erforschten alltäglichen und situativen Begegnungen in zu Teilen öffentlichen Räumen leisten kann, die einen bedeutenden Teil des Lebens in Städten ausmachen (Domosh 1998). Solche Performanzstudien zu städtischen Begegnungen zielen auf »the vital work of urban life as a series of transactions productive of myriad socialities: those under-researched, mundane moments of togetherness that pattern everyday life« (Bell 2007, 19).

Bedeutend ist hierbei, dass entsprechend der performanztheoretischen Grundannahmen zum Beispiel soziale Positionierungen, Identitäten oder Gruppenzugehörigkeiten erst als ein in der Situation der Begegnung ausgehandeltes Gut erscheinen. Die Mikrophänomene von Begegnungen als körperliche, raum-zeitliche Ereignisse mit wirklichkeitskonstituierendem Charakter werden detailliert anhand einzelner Begegnungen im Café, an der Straßenbahnhaltestelle usw. untersucht (Dirksmeier/Mackrodt/ Helbrecht 2011). Doreen Massey hat die große Bedeutung dieser fast alltäglichen Situationen flüchtiger Begegnungen im Stadtraum einmal als »thrown togetherness of place« bezeichnet (Massey 2005, 141). Dieses ›Zusammengeworfensein‹ der situativen Begegnungen erfordert einen genauen, detailorientierten Blick, um zu untersuchen, ob es Praktiken der Inklusion, Transgression, Aggression usw. sind, die in öffentlichen Räumen einer Stadt vorherrschen. So weist zum Beispiel Mona Domosh in einer großartigen historischen Untersuchung der Performanzen auf den Straßen New Yorks des 19. Jahrhunderts nach, dass die damaligen öffentlichen Räume weder pauschal als eine perfekte Urbanität im Sinne von Zugänglichkeit zu beschreiben sind, noch eine komplette Exklusionssituation zum Beispiel von Frauen darstellen. Die Wahrheit liegt in den Nuancen der Realität, dem Dazwischen: »But what we can say is that these images point to how the public streets of nineteenth-century New York were neither the ›democratic‹ spaces of an authentic urbanity nor completely manipulated and exclusionary. A more nuanced analysis suggests that the metaphor of theater might be more appropriate, but a theater where scripts could be manipulated« (Domosh 1998, 223). Domosh zeigt mit ihrer feinteiligen, performanzinspirierten Analyse, dass grobe Theorien öffentlicher Räume der Stadtforschung die Sicht auf die minutiösen Taktiken von Performanzen im öffentlichen Raum verstellen, die den selben überhaupt erst herstellen und gestalten. »If we know how and where to look, it seems we will find similar ›polite‹ politics being enacted everyday in our ›theme parks‹ that we now call our cities. […] But our theories of public space and oppositional politics blind us to their potential force. Broadening our definitions of politics to include a ›micropolitics‹ of complex and contextual agency should direct our attention to the ›tactics‹ that many of us, who cannot afford the emotional and spatial distance required of an oppositional politics, embody in our everyday transgressions« (Domosh 1998, 223 f.).

Erst der performanztheoretisch informierte, sozialwissenschaftliche Blick kommt zu einer realistischen Einschätzung der Begegnungsqualitäten öffentlicher Räume. Durch diese konzeptionelle Perspektive erlangen das Wechselspiel von darstellendem Verhalten und der Räumlichkeit der Situation, die kurzfristigen Gesten und Blicke, mitunter affektive Reaktionen auf die Performanzen des Gegenübers usw. ihre Bedeutung als eine Grundlage der Urbanität in der Weltgesellschaft (Thrift 2004, 74). Wir haben diese Art von Urbanität, die durch die Performanzen im Stadtraum entsteht, »performative Urbanität« genannt (Helbrecht/Dirksmeier 2009, 71–72; 2011).

Öffentliche Räume in Städten sind in ihrer Nutzung, Lebendigkeit und Offenheit entschieden abhängig von der situativen Ausgestaltung und damit den Performanzen der jeweils anwesenden Akteure. Der Marienplatz in München ist ein anderer, je nachdem, ob zur Zeit des Oktoberfestes oberbayerische Trachtenkleidungen die Oberhand gewinnen, oder nachts im April eine versprengte Gruppe Jugendlicher den Marienbrunnen als Treffpunkt mit Gitarre nutzt. Es spricht viel für die These, dass eben nur jene Orte wirklich als städtische Orte interessant sind, die über eine performative Urbanität verfügen, also über eine hohe Wandelbarkeit in ihrer Nutzung, ihrem Ambiente, ihrem Publikum und ihrer Ausstrahlungskraft. Dieses zu theoretisieren und zu einem Verständnis von Urbanität zu gelangen, das mit der Wandelbarkeit städtischer öffentlicher Räume und Plätze rechnet, ist eine lohnende Zukunftsaufgabe der Performanzforschung in der Stadt. Denn der Kosmopolitanismus der Städte entscheidet sich auf der Straße. Performanzinformierte Ansätze sind hilfreich, um zu verstehen, wie performative Mikro-Räume öffentlicher Begegnungen hergestellt werden und funktionieren. Ein Verständnis der Performanzen öffentlicher Begegnungen ist zwingende Voraussetzung für eine Stadtpolitik, die darauf zielt, das Leben mit Differenz und *super-diversity* zu ermöglichen.

3.3 Stadtpolitik und Performanzen

Neben den Performanzen von Begegnungen im öffentlichen Raum und den sich daraus ergebenden weitreichenden Folgerungen für Integrations- und Identitätsfragen der Stadt und ihrer Bewohner, ist ein zweites großes Feld der Performanzforschung in Städten auf Fragen der Stadtpolitik fokussiert. Nigel Thrift (2011, 11) beschreibt die gegenwärtige Ära als dominiert durch einen Komplex der Sicherheits- und Unterhaltungsindustrie, der den fordistischen militärisch-industriellen Komplex abgelöst hat. Eine professionelle Vergnügungsindustrie von der Film- über die Game- und Entertainment- bis zur Eventindustrie produziert Erfahrungen, Emotionen und Ereignisse für diverse Zielgruppen gerade in Städten. Die alltägliche Lebenswelt wird durch eine professionelle, instrumentell hergestellte Phänomenologie umhüllt: »This is Lifeworld, Inc.« (Thrift 2011, 15). Die professionelle Herstellung von Ereignissen impliziert, dass die Metapher des Theaters heute stärker gesellschaftliche Entwicklungen charakterisiert als dieses zu Goffmans Zeiten der Fall war. »One possibility is to argue that what we have arrived at is a society characterized by a generalized theatricality« (Thrift 2011, 11). Auch wenn man argumentieren kann, dass wir generell einen Gesellschaftszustand erreicht haben, der von großer Theatrikalität geprägt ist, so wird eben diese auch neu formatiert durch Akteure wie Game-Designer oder Veranstalter großer Stadienshows usw. Die Vorstellungen von Theater, Darstellung, Bühnencharakter und Aufführung haben sich in den letzten ca. 50 Jahren verändert.

In mindestens drei Feldern lässt sich eine neue Theatrikalität politischer urbaner Diskurse identifizieren. Erstens ist im Bereich der Stadtplanung und Stadtentwicklung eine neue Theatrikalität als »Festivalisierung« erstmals in den frühen 1990er Jahren diagnostiziert worden (Häußermann/Siebel 1993). Damals ging es vor allem um Großereignisse wie etwa Weltausstellungen und Olympiaden, die von Städten gezielt als Instrument der Stadtentwicklung genutzt wurden. Diese Festivalisierung hat in den letzten Jahren durch die Zunahme von *Creative City Politics* noch einmal deutlich an Fahrt aufgenommen (Peck 2011). Denn nun stehen Städte vermeintlich weltweit unter dem Erfolgsdruck, sich als attraktive Orte für die Bedürfnisse der »kreativen Klasse« attraktiv zu machen. Andreas Reckwitz (2009) spricht in diesem Zusammenhang von einer »Selbstkulturalisierung der Stadt«. Darunter versteht er: »Die Städte – und das heißt, ihre dominanten Bewohnermilieus, ihre politischen Instanzen, ihre ökonomischen Organisationen und ihre medialen Inszenatoren – verstehen sich zunehmend selbst in terms von ›Kultur‹, als ein Phänomen des Kulturellen« (Reckwitz 2009, 3).

Zweitens haben urbane Widerstands- und Protestbewegungen das Mittel von Performanzen zunehmend für sich entdeckt, um gesellschaftliche Aufmerksamkeit, aber genauso Gemeinschaftserlebnisse zur Produktion von Solidarität unter den Protestierenden zu erzeugen. Juris (2008, 65) zeigt am Beispiel diverser Gegengipfel in Barcelona und Prag im Jahr 2000 und 2002, wie Protestformen als inszenierte, emotionale Ereignisse Solidarität und Gruppenidentität stärken. Protestbewegungen sind zutiefst angewiesen auf die Herstellung körperlicher Erfahrungen, Erlebnisse und Empfindungen der Protestierenden, zum Beispiel während eines Protestmarsches. Gerade die Schaffung von Emotionen wird von den Veranstaltern bewusst genutzt, um Aktivitäten, Teilhabe und Motivation zu stärken. Politische Proteste werden deshalb zunehmend als Performanzen in Städten aufgeführt, wo es zu direkten Kontakten zwischen Protestierenden und deren Publikum kommt, die wiederum in beide Gruppen zurückwirken (Chatterton 2006).

Drittens sind künstlerische Performances und Kunstfestivals zunehmend zu wesentlichen Bestandteilen urbaner Diskurse geworden (Quinn 2005). Die Stadt als Lebensraum und Untersuchungsgegenstand lässt sich nicht allein durch die Perspektive einer Disziplin begreifen. Experimentelle Explorationen des Städtischen, bei denen Künstler, Aktivisten und Wissenschaftler zu Teilen kooperieren, tragen zunehmend zu einer Bereicherung des Verständnisses von urbaner Kultur bei (Pinder 2005, 387). Gerade die performativen Künste helfen durch ihre Interventionen in Form von Theaterstücken, Inszenierungen oder Graffiti, Stimmungen im Alltagsleben von Städten und deren Straßenleben zu erkunden und zu verändern. Dies trifft ebenfalls auf höchst konfliktive räumliche Situationen zu. So zeigt Reid (2005) am Beispiel Belfast, wie eine Stadt, die aufgrund der politischen Lage räumlich sektiert und segregiert ist, durch eine künstlerische, performative Intervention geöffnet werden kann. Eine andere Verhandlung von Raum wird hier durch die Interventionen von Performance-Künstlern im Stadtraum sichtbar und möglich. Straßenkünstler provo-

zieren verschiedene Emotionen und Affekte wie Lachen und Empathie im öffentlichen Raum, die sich im zufällig versammelnden Publikum zeigen. Straßenkünstler generieren mit ihren Performanzen somit erst bestimmte zeitlich befristet existierende Gruppen und Stimmungen, die sich auf Räume und die Wahrnehmung von *places* auswirken (Simpson 2011).

4. Fazit

Performanztheorien sind einerseits hochgradig anschlussfähig an klassische Positionen der Stadtforschung wie sie zum Beispiel Georg Simmel, Louis Wirth oder Hans Paul Bahrdt entwickelt haben. Die Betrachtung städtischer Lebensweisen als darstellendes Verhalten hat eine lange Theorietradition im europäisch-amerikanischen Diskurs. Gleichzeitig sind performanztheoretisch informierte Ansätze in der Gegenwartsgesellschaft aufgrund der Zunahme von Inszenierungen, Aufführen und Festivalisierungen sowohl im Alltagsleben urbaner Lebensstile wie auf der Bühne städtischer Politiken ausgesprochen hilfreich als analytischer Deutungsrahmen. Performanzen und Stadt zusammen zu denken, findet deshalb zunehmend Verbreitung in der Stadtforschung.

Zukünftig interessant und offen bleibt die Frage, inwieweit ein performanztheoretisches Denken die Sozialwissenschaften methodologisch und methodisch verändern wird. Dies betrifft zum einen den Bedeutungsgewinn ebensolcher wissenschaftlicher Methoden, mit denen sich Performanzen gut beobachten und interpretieren lassen. Hierzu gehört zum Beispiel die Videoanalyse. Diese erlaubt durch das Einfangen des Augenblicks, die Beobachtung der Sequentialität von Handlungen und die präzise Erfassung von Körpersprache und physischen Umgebungen ein neues Verständnis von sozialer Interaktion (Heath 1997; Heath/Hindmarsh/Luff 2010). Reaktionen auf unterschiedlichste Performanzen können so auf Dauer gestellt werden. Die bewegten Bilder lassen sich als Zeugen für unterschiedlichste Formen von Wissen, Verhalten, inkorporierten Praktiken oder Affekten und Emotionen befragen, die bei den in der Stadtforschung herkömmlich verwendeten quantitativen und qualitativen Methoden empirischer Sozialforschung im Verborgenen bleiben (Lorimer 2010). Als zusätzlicher Gewinn der videografischen Analyse von Performanzen in öffentlichen

Räumen firmiert die Möglichkeit der Manipulation von Zeit auf dem Film. Hier können Stunden zu Minuten werden, Tage zu Stunden, und diese Zeitkompression erlaubt anschließend die Analyse von Rhythmen der Orte und *places* unterschiedlichster Performanzen (Garrett 2011). Zum anderen ermöglichen performative Ansätze in der Forschung durch die Verwendung von Performanzen, Mitteln der visuellen Kunst oder Musik durch den Forscher andere Umgangsweisen mit dem Untersuchungsgegenstand sowie auch andere Möglichkeiten der Präsentation von Forschungsergebnissen (Pratt 2004; Redwood 2008). So können beispielsweise verschiedene affektive Reaktionen auf unterschiedliche *street performances* als Atmosphären von Orten und Plätzen gedeutet werden (Anderson 2009), oder die zufällige körperliche Koinzidenz der anwesenden Zuschauer provoziert bedeutungsvolle Begegnungen und Interaktionen zwischen Fremden, die das urbane Moment prägen. Performanzen in der Stadt sind somit ein zentrales und lebendiges Forschungsfeld der Stadtforschung, das diese selbst auch methodisch und methodologisch in Bewegung bringt.

Literatur

Allport, Gordon W.: *The Nature of Prejudice*. Reading, Ma 1954.

Amin, Ash/Graham, Stephen: »The Ordinary City«. In: *Transactions of the Institute of British Geographers*, New Series 22 (1997), 411–429.

Amin, Ash/Thrift, Nigel: *Cities: Reimagining the Urban*. Oxford 2002.

Anderson, Ben: »Affective Atmospheres«. In: *Emotion, Space and Society* 2.2 (2009), 77–81.

Andersson, Johan/Vanderbeck, Robert u. a.: »New York Encounters: Religion, Sexuality, and the City«. In: *Environment and Planning* A 43 (2011), 618–633.

Bahrdt, Hans Paul: *Die moderne Großstadt. Soziologische Überlegungen zum Städtebau*. Wiesbaden 2006.

Bell, David: »The Hospitable City: Social Relations in Commercial Spaces«. In: *Progress in Human Geography* 31 (2007), 7–22.

Bridge, Gary: »City Senses: On the Radical Possibilities of Pragmatism in Geography«. In: *Geoforum* 39 (2008), 1570–1584.

Butler, Judith: *Gender Trouble. Feminism and the Subversion of Identity*. London/New York 1990.

Butler, Judith: *Körper von Gewicht. Die diskursiven Grenzen des Geschlechts*. Frankfurt a. M. 1997.

Butler, Judith: »Restaging the Universal: Hegemony and the Limits of Formalism«. In: Butler, Judith/Laclau, Ernesto/Žižek, Slavoj: *Contingency, Hegemony, Universality*. London/New York 2000, 11–43.

Chatterton, Paul: »›Give up Activism‹ and Change the World in Unknown ways: Or, Learning to Walk with Others on Uncommon Ground«. In: *Antipode* 38.2 (2006), 259–281.

Clayton, John: »Thinking Spatially: Towards an Everyday Understanding of Inter-Ethnic Relations«. In: *Social & Cultural Geography* 10 (2009), 481–498.

Crouch, David: »Space, Performing, and Becoming: Tangles in the Mundane«. In: *Environment and Planning D: Society and Space* 35 (2003), 1945–1960.

Dewsbury, John-David: »Performativity and the Event: Enacting a Philosophy of Difference«. In: *Environment and Planning D: Society and Space* 18 (2000), 473–496.

Dickens, Luke: »Placing Post-Graffiti: the Journey of Peckham Rock«. In: *Cultural Geographies* 15 (2008), 471–496.

Dirksmeier, Peter: »Performanz, Performativität und Geographie«. In: *Berichte zur deutschen Landeskunde* 83 (2009), 241–259.

Dirksmeier, Peter/Helbrecht, Ilse: »Intercultural Interaction and ›Situational Places‹: A Perspective for Urban Cultural Geography within and Beyond the Performative Turn«. In: *Social Geography* 5 (2010), 39–48.

Dirksmeier, Peter/Mackrodt, Ulrike u. a.: »Geographien der Begegnung«. In: *Geographische Zeitschrift* 99 (2011), (2–3) (im Druck).

Domosh, Mona: »Those ›Gorgeous Incongruities‹: Polite Politics and Public Space on the Streets of Nineteenth-Century New York City«. In: *Annals of the Association of American Geographers* 88.2 (1998), 209–226.

Ferrell, Jeff: »Urban Graffiti: Crime, Control, and Resistance«. In: *Youth and Society* 27 (1995), 73–92.

Fischer, Claude S.: »Toward a Subcultural Theory of Urbanism«. In: *American Journal of Sociology* 80.6 (1975), 1319–1341.

Fischer, Claude S.: »The Subcultural Theory of Urbanism: A Twentieth-Year Assessment«. In: *American Journal of Sociology* 101.3 (1995), 543–577.

Fischer-Lichte, Erika: *Ästhetik des Performativen*. Frankfurt a. M. 2004.

Frisby, David: »Georg Simmel: First Sociologist of Modernity«. In: *Theory, Culture & Society* 2.3 (1985), 49–67.

Garrett, Bradley L.: »Videographic Geographies: Using Digital Video for Geographic Research«. In: *Progress in Human Geography* 35 (2011), 521–541.

Gibson, Chris: »Geographies of Tourism: (Un)ethical Encounters«. In: *Progress in Human Geography* 34 (2010), 521–527.

Goebel, Rolf J.: »Queer Berlin: Lifestyles, Performances, and Capitalist Consumer Society«. In: *The German Quarterly* 79.4 (2006), 484–504.

Goffman, Erving: *Wir alle spielen Theater. Die Selbstdarstellung im Alltag*. München/Zürich 2008.

Hall, Stuart: »Culture, Community, Nation«. In: *Cultural Studies* 7.3 (1993), 349–363.

Hasse, Jürgen: »Raum der Performativität. ›Augenblicksstätten‹ im Situationsraum des Sozialen«. In: *Geographische Zeitschrift* 98.2 (2010), 65–82.

Häußermann, Hartmut/Siebel, Walter: *Neue Urbanität*. Frankfurt a. M. 1987.

Häußermann, Hartmut/Siebel, Walter (Hg.): *Festivalisierung der Stadtpolitik. Stadtentwicklung durch große Projekte*. Opladen 1993.

Heath, Christian: »The Analysis of Activities in Face to Face Interaction Using Video«. In: Silverman, David

(Hg.): *Qualitative Research Theory, Method and Practice.* London 1997, 183–200.

Heath, Christian/Hindmarsh, Jon u. a.: *Video in Qualitative Research. Analysing Social Interaction in Everyday Life.* London/Thousand Oaks/New Dehli/Singapore 2010.

Helbrecht, Ilse: »›Stadt der Enklaven‹ – Neue Herausforderungen der Städte in der globalen Wissensgesellschaft«. In: *Neues Archiv für Niedersachsen. Zeitschrift für Stadt-, Regional- und Landesentwicklung* 2 (2009), 2–17.

Helbrecht, Ilse/Dirksmeier, Peter: »New Downtowns. Eine neue Form der Zentralität und Urbanität in der Weltgesellschaft«. In: *Geographische Zeitschrift* 97 (2009), 60–77.

Helbrecht, Ilse/Dirksmeier, Peter: »Performative Urbanität – die dauerhaften Folgen flüchtiger Begegnungen in der Stadt«. In: *Wohnbund-Informationen* 2+3 (2011), 25–27.

Helbrecht, Ilse/Dirksmeier, Peter: »Auf dem Weg zu einer Neuen Geographie der Architektur: Die Stadt als Bühne performativer Urbanität«. In: *Geographische Revue* 14.1 (2012), 11–26.

Hoelscher, Steven: »Making Place, Making Race: Perfomances of Whiteness in the Jim Crow South«. In: *Annals of the Association of American Geographers* 93.3 (2003), 657–686.

Johnston, Ron/Poulsen, Michael u. a.: »The Geography of Ethnic Residential Segregation: A Comparative Study of Five Countries«. In: *Annals of the Association of American Geographers* 97 (2007), 713–738.

Juris, Jeffrey S.: »Performing Politics. Image, Embodiment, and Affective Solidarity during anti-corporate Globalization Protests«. In: *Ethnography* 9.1 (2008), 61–97.

Laurier, Eric/Philo, Chris: »Possible Geographies: A Passing Encounter in a Café«. In: *Area* 38 (2006), 353–363.

Lees, Loretta: »Gentrification and Social Mixing: Towards an Inclusive Urban Renaissance?« In: *Urban Studies* 45 (2008), 2449–2470.

Leitner, Helga: »Spaces of Encounters: Immigration, Race, Class, and the Politics of Belonging in Small-Town-America«. In: *Annals of the Association of American Geographers* (2011). doi: 10.1080/00045608.2011.601204.

Ley, David/Cybriwsky, Roman: »Urban Graffiti as Territorial Markers«. In: *Annals of the Association of American Geographers* 64.4 (1974), 491–505.

Lindner, Rolf: »Die Großstädte und das Geistesleben. Hundert Jahre danach«. In: Siebel, Walter (Hg.): *Die europäische Stadt.* Frankfurt a. M. 2004, 169–178.

Lorimer, Jamie: »Moving Image Methodologies for More-Than-Human Geographies«. In: *Cultural Geographies* 17 (2010), 237–258.

Luhmann, Niklas: »Arbeitsteilung und Moral. Durkheims Theorie«. In: *Emile Durkheim. Über soziale Arbeitsteilung. Studie über die Organisation höherer Gesellschaften.* Frankfurt a. M. 1992.

Massey, Doreen: *For Space.* London u. a. 2005.

Matejskova, Tatiana/Leitner, Helga: »Urban Encounters with Difference: The Contact Hypothesis and Immigrant Integration Projects in Eastern Berlin«. In: *Social & Cultural Geography* 12 (2011), 717–741.

Peck, Jamie: »Recreative City: Amsterdam, Vehiclar Ideas

and the Adaptive Spaces of Creativity Policy«. In: *International Journal of Urban and Regional Research* (2011). DOI:10.1111/j1468-2427.2011.01071.x.

Pettigrew, Thomas F./Christ, Oliver u. a.: »Direct and Indirect Intergroup Contact Effects on Prejudice: A Normative Interpretation«. In: *International Journal of Intercultural Relations* 31 (2007), 411–425.

Pinder, David: »Arts of Urban Exploration«. In: *Cultural Geographies* 12 (2005), 383–411.

Pratt, Geraldine: »Research Performances«. In: *Environment and Planning D: Society and Space* 18 (200), 639–651.

Pratt, Geraldine: *Working Feminism.* Philadelphia 2004.

Quinn, Bernadette: »Arts Festivals and the City«. In: *Urban Studies* 42.5/6 (2005), 927–943.

Reckwitz, Andreas: »Die Selbstkulturalisierung der Stadt. Zur Transformation moderner Urbanität in der ›creative city‹«. In: *Mittelweg 36.* 18 (2009), 2–34.

Redwood, Sabi: »Research Less Violent? Or the Ethics of Performative Social Science«. In: *Forum: Qualitative Social Research* 9.2, Art. 60 (2008), 1–12, URN: urn:nbn:de:0114-fqs0802608.

Reid, Bryonie: »›A Profound Edge‹: Performative Negotiations of Belfast«. In: *Cultural Geographies* 12 (2005), 485–506.

Schechner, Richard: *Performance Studies. An Introduction.* New York ²2006.

Simmel, Georg: *Die Großstädte und das Geistesleben* [1903]. Frankfurt a. M. 2006.

Simpson, Paul: »Street Performance and the City: Public Space, Sociality, and Intervening in the Everyday«. In: *Space and Culture* 14 (2011), 415–430.

Thrift, Nigel: »Performance and …«. In: *Environment and Planning* A 35 (2003), 2019–2024.

Thrift, Nigel: »Intensities of Feeling: Towards a Spatial Politics of Affect«. In: *Geografiska Annaler:* Series B 86 (2004), 57–78.

Thrift, Nigel: »Space«. In: *Theory, Culture & Society* 23.2–3 (2006), 139–155.

Thrift, Nigel: *Lifeworld Inc – and what to do about it.* In: *Environment and Planning D: Society and Space* 29 (2011), 5–26.

Valentine, Gill: »Living with Difference: Reflections on Geographies of Encounter«. In: *Progress in Human Geography* 32 (2008), 323–337.

Valentine, Gill/Waite, Louise: »Negotiating Difference through Everyday Encounters: The Case of Sexual Orientation and Religion and Belief«. In: *Antipode* 44 (2012), 474–492.

Vertovec, Steven: »Super-diversity and its implications«. In: *Ethnic and Racial Studies* 30 (2007), 1024–1054.

Waitt, Gordon R.: »Boudaries of Desire: Becoming Sexual Through the Spaces of Sydney's 2002 Gay Games«. In: *Annals of the Association of American Geographers* 96 (2006), 773–787.

Wilson, Helen: »Passing Propinquities in the Multicultural City: the Everyday Encounters of Bus Passengering«. In: *Environment and Planning* A 43.3 (2011), 634–649.

Wirth, Louis: »Urbanism as a Way of Life«. In: *American Journal of Sociology* 44 (1938), 1–24.

16. Stadt und Religion

Stephan Lanz

»If God died in the cities of the industrial revolution, he has risen again in the postindustrial cities of the developing world«, schreibt Mike Davis, einer der einflussreichsten Stadtforscher, im Jahr 2004 (Davis 2004, 30), und legt damit eine zentrale Annahme der Stadtforschung über das Verhältnis zwischen Stadt und Religion offen. Die *Urban Studies* haben die Bedeutung von Religion in der modernen Stadt weitgehend vernachlässigt. Beeinflusst von heute überholten Modernisierungstheorien, wurde städtische Modernität seit der Industriellen Revolution meist mit Säkularität gleichgesetzt. Städtische Religion dagegen galt als historisches Phänomen, als Spezifikum weniger »heiliger Städte« wie Mekka, Jerusalem oder Varanasi, oder als künftig verschwindendes, meist an ländliche Zuwanderer gekoppeltes Überbleibsel. Um so größer war die Überraschung, als sich die Städte im Zuge der rapiden globalen Urbanisierungsprozesse der letzten Jahrzehnte keineswegs säkularisierten. Vielmehr haben sich weltweit neue religiöse Bewegungen wie die Pfingstkirchen, der politische Islam oder der Hindu-Nationalismus gerade in großen Städten ausgebreitet und urbane Räume, Kulturen und Gesellschaften massiv geprägt.

Mit Mitteln der interdisziplinären Stadtforschung soll das folgende Kapitel zeigen, dass das Städtische und das Religiöse eng ineinander verwoben sind und dass Religion auch in der modernen Stadt keineswegs eine Randerscheinung darstellt. Es untersucht, auf welche Weise religiöse Praktiken urbane Lebensweisen und Räume hervorbringen und wie, anders herum, in der Interaktion mit dem Städtischen spezifische urbane Religionsformen entstehen. Der erste Teil des Kapitels bespricht zentrale Konzepte, die das Verhältnis zwischen Stadt und Religion aufgreifen: das Konzept der heiligen, der islamischen, der säkularen, der postsäkularen und der fundamentalistischen Stadt. Der zweite Teil widmet sich an aktuellen Beispielen vier thematischen Ebenen der Analyse städtischer Religion: der religiösen Produktion materieller urbaner Räume, der religiö-sen Transformation des urbanen Alltags, der städtischen Religion in der Diaspora und dem städtischen Regieren religiöser Organisationen.

1. Religiöse Stadt-Konzepte

1.1 Die heilige Stadt

Alle großen Religionen kennen heilige Städte. Dies bezieht sich gleichermaßen auf religiöse Utopien wie auf reale Städte, die man im Sinne von Michel Foucault (2006) als Heterotopien, als Orte einer verwirklichten Utopie bezeichnen könnte. Der Status der Heiligkeit wohnt nun einer Stadt nicht inne, sondern ist das umkämpfte Produkt eines Sakralisierungsprozesses. Dabei spielen meist ungleiche Machtverhältnisse, das Errichten von Grenzen gegenüber Anderen sowie wirtschaftliche oder politische Kräfte eine zentrale Rolle (vgl. Kong 2001, 13). Mit Roger Stump (2008, 314 ff.) lassen sich vier Faktoren identifizieren, die einer Stadt zum Status des Heiligen verhelfen können: Zum ersten ihre Verbindung mit historischen Ereignissen, die für eine Religion eine grundlegende Bedeutung haben, zweitens die Verortung von wichtigen Heiligen, Gottheiten oder überirdischen Erscheinungen in einer Stadt. Drittens ist ihre Funktion als rituelles Zentrum hier von Bedeutung. Dies gilt etwa im Fall von Varanasi, der heiligen Stadt des Hinduismus. Der vierte Faktor bezieht sich auf die Funktion einer Stadt als Regierungszentrum eines religiösen Systems. Rom als Sitz des Papstes und der Kurie ist dafür ein Beispiel.

Häufig überlagern sich mehrere dieser vier Faktoren. So ist Mekka historisch die Geburts- und Wirkungsstätte Mohammeds und zugleich Ort der Kaaba, des größten islamischen Heiligtums, sowie Ziel der Hadsch, der wichtigsten Pilgerfahrt. Jerusalem wiederum ist die heilige Stadt der drei großen Buchreligionen: Für das Judentum ist Jerusalem die historische Hauptstadt des jüdischen Reichs der Könige David und Salomon. Der heilige Tempelberg gilt ihnen als »der Ort« (*hamakom*) und wird mit Gott selbst gleichgesetzt. Muslime kennen Jerusalem als al-Quds, die Heilige (Goldhill 2008): Für sie ist der Tempelberg der Ort, an dem Mohammed am Ende seiner nächtlichen Reise von Mekka in den Himmel aufgestiegen ist. In Erinnerung daran errichteten sie die Al-Aqsa-Moschee. Die Christen wiederum gedenken Jerusalems als Ort der Kreuzigung Jesu, seines Grabmals und seines Aufstiegs zum Himmel: Ihr heiligster Ort, die Grabeskirche, steht mitten in Jerusalems Altstadt (vgl. Levine 1999).

1.1.1 Religiöse Stadt-Utopien: Das Himmlische Jerusalem

In der Bibel entwirft die Offenbarung des Johannes Jerusalem als Idealstadt Gottes. Dieses »himmlische Jerusalem ist der kritische Maßstab für die Humanität der irdischen Städte« (EKD 2007, 15). Sie symbolisiert, am Ende der Bibel, das kommende Paradies in einer Stadt, »in der nicht nur die Menschen, sondern auch die Natur, Kultur und die Religion verwandelt« werden (ebd.). Diese biblische Stadt-Utopie ist ein ästhetisch vollkommenes Gebilde, das keine Tempel mehr benötigt, weil Gott allgegenwärtig ist, und das allen Menschen ungeachtet von Herkunft und Status offen steht. Dieser als Braut Gottes charakterisierten, reinen und vollendeten Idealstadt stellt die Offenbarung des Johannes das sündhafte, von menschlicher Hybris erfüllte Babylon als Hure gegenüber. Dies zielt auf das irdische Rom, dessen Zerstörung die Offenbarung des Johannes in der Bibel prophezeit, da es auf Unzucht gründe. Bereits die Bibel etabliert so ein bis heute vertrautes Bild der Stadt, das von Antagonismen zwischen Sünde und Kultur, Zerstörung und Vollendung, Dystopie und Utopie geprägt ist.

1.1.2 Realisierte religiöse Stadt-Utopien: Nkamba

Die biblische Utopie eines himmlischen Jerusalem diente christlichen Gemeinschaften immer wieder als Vorbild für ihr Wirken in den Städten und für Versuche, heilige Städte auf Erden zu errichten. So sieht die kimbanguistische Kirche, eine im belgischen Kongo in den 1920er Jahren entstandene messianische Bewegung, die mit bis zu neun Millionen Gläubigen heute eine der größten afrikanischen Kirchen ist, das himmlische Jerusalem in der kongolesischen Stadt Nkamba verwirklicht. Auf dieser »territorialization of the sacred« (Garbin 2010, 149) gründet in der globalen kongolesischen Diaspora die Zugehörigkeit zur vorgestellten Gemeinschaft der kimbanguistischen Gläubigen. Die Geburtsstadt des Kirchengründers Simon Kimbangu, dem hier Gott erschienen sei, stellt so eine räumliche Heterotopie dar, in der sich das Heilige manifestiert: Für die Kimbuangisten offenbaren heilige Orte in Nkamba, dass die Stadt direkt vom Himmel herabgestiegen sei: So sehen sie etwa in den Stufen zum zentralen Tempel die biblische Jakobsleiter, die Erde und Himmel verbindet, materialisiert. Die Imagination des realisierten himmlischen Jerusalem symbolisiert für David Garbin auch das postkoloniale Erbe und die pan-afrikanische Orientierung der Kimbuangisten: »According to some Kimbanguist prophecies, Nkamba is the Promised Land for the black nation, the place to which the ›exiled‹ diaspora of African-Americans will ›return‹« (ebd., 149).

1.1.3 Die real existierende heilige Stadt: Jerusalem

Das reale Jerusalem, die heilige Stadt dreier Weltregionen, zeichnet sich mit Simon Goldhill (2008, 4) durch bizarre physische und politische Konfigurationen aus. Seine Geschichte lässt sich als eine Abfolge von Eroberungen lesen, die gewaltsam die religiöse Vorherrschaft über die Stadt immer wieder neu bestimmten. Im städtischen Raum materialisierte sich dies durch Zerstörungen und religiöse Umwidmungen heiliger Stätten oder durch Gotteshäuser, deren Errichtung die religiöse Vorherrschaft demonstrieren sollte. Schon die Römer, die die Hauptstadt des jüdischen Reiches eroberten, zerstörten dessen heiligsten Tempel. Auf die Römer folgten Christen, ab dem 7. Jahrhundert regierten, unterbrochen von der Kreuzritter-Herrschaft, bis zum Niedergang des Osmanischen Reiches Muslime die heilige Stadt. Seit 1948 verwaltet das jüdische Israel zunächst West-Jerusalem und seit dem Sechstagekrieg von 1967 die gesamte Stadt. Die bedeutsamsten religiösen Orte wurden hier oft mehrfach zerstört und wieder aufgebaut (vgl. Levine 1999). Jerusalem ist von nicht authentischen Erfindungen religiöser Traditionen ebenso gezeichnet wie von einem unentwirrbaren Gewebe miteinander verknüpfter und konkurrierender religiöser Ansprüche und Erfahrungen – sowie von unmöglichen Forderungen danach, diese voneinander zu separieren: Jerusalem ist, so Simon Goldhill (2008), die »city of longing«, die Stadt der (religiösen) Sehnsucht.

Ein für Jerusalem beispielhafter Prozess der Sakralisierung, der einen profanen Ort in eine der heiligsten Stätten des Judentums verwandelte, lässt sich an der ›Klagemauer‹ nachzeichnen. Ursprünglich war die westliche Mauer (Hebräisch *Kotel*) des von den Römern zerstörten Tempel des Herodes ein weltlicher Ort. Eine religiöse Bedeutung erhielt sie erst während der muslimischen Herrschaft, als sich die Mauer zu einem jüdischen Gebetsort entwickelte, weil sie dem verbotenen Tempelberg räumlich am nächsten lag. Goldhill (2008, 77 ff.) beschreibt, wie die Mauer für die jüdische Imagination in der globalen Diaspora im 19. Jahrhundert zu einem zentralen Symbol für Jerusalem aufstieg. Dies hing mit dem anschwellenden Tourismus in das Heilige Land zusammen: Damals populäre Reiseerzählungen wurden mit Geschichten über klagende Juden an der Mauer ausgeschmückt, obwohl dort nur wenig Raum für Betende war, weil das marokkanische Mughrabi-Viertel an sie heranreichte. Das steigende jüdische Interesse an der Mauer beantworteten wiederum die Muslime mit einem neuen islamischen Mythos, wonach Mohammed auf seiner nächtlichen Reise sein magisches Ross an der westlichen Mauer festgebunden habe. Diese ist so ein Symbol für ein »competetive myth making« (ebd., 77) zwischen den Religionen. Nach der Einnahme von Ost-Jerusalem durch israelische Truppen offenbarte einer der ersten jüdischen Verwaltungsakte die in Jerusalem untrennbare Verknüpfung zwischen Politik und Religion: Offiziell als *slum clearance* legitimiert, ließ die Stadtverwaltung das nahe der Mauer stehende muslimische Viertel abreißen, ein Akt, den die Araber als kolonialistische Zerstörung brandmarkten.

Ein jahrhundertelanges Beten und sich Sehnen, so Goldhill (ebd., 81), haben die Klagemauer mit Heiligkeit aufgeladen und sie als einen Ort geschaffen, an dem sich das Gewebe aus religiösen und historischen Mythen, das Jerusalem auszeichnet, intensiv erspüren lässt. Heute gilt sie als Essenz jüdischer Identität: »The wall is what the French call a *lieu de mémoire*, a place of memorial where a cultural identity is formed, where a national memory is invented, displayed and propagated« (ebd., 78) (vgl. das Kapitel »Das Gedächtnis der Stadt« in diesem Band).

1.2 Die islamische Stadt

Wie die Vorstellung von der heiligen Stadt lässt sich auch das Konzept der islamischen Stadt aus verschiedenen Perspektiven betrachten: Ich möchte sie zunächst als wissenschaftliches Modell diskutieren, dieses dann mit den Realitäten islamisch geprägter Städte abgleichen und schließlich die aktuelle politische Bedeutung des Modells der islamischen Stadt eruieren.

1.2.1 Das orientalistische Modell der islamischen Stadt

Die islamische Stadt ist eine Erfindung von französischen Orientalisten, die in den 1920er Jahren Kolonialstädte wie Algier und Damaskus beforschten. Die Vorstellung von einem einheitlichen Modell der islamischen Stadt gründet auf der orientalistischen Annahme, wonach jedes kulturelle Phänomen, das in einer vom Islam geprägten Region entsteht, auf diesen zurückführbar sei. Damit ist die ›islamische Stadt‹ Bestandteil einer diskursiven Formation, die Stuart Hall (1994) als »der Westen und der Rest« bezeichnet. Vor über 500 Jahren in der Auseinandersetzung des christlichen Europa mit dem Islam entstanden, stellt diese Diskursformation ein Wissen zur Verfügung, das es ermöglicht, westliche und östliche Gesellschaften vergleichend zu bewerten. Dabei ist das Westliche an die Eigenschaften städtisch, modern, zivilisiert und säkularisiert gekoppelt, wogegen der (islamische) Rest als unterwickelt, traditionell und religiös gilt.

Janet Abu-Lughod (1987) und André Raymond (1994, 2008) zeigen, wie die ›islamische Stadt‹ durch Eigenschaften charakterisiert wird, die im Vergleich zur antiken und zur europäischen Stadt ihre Mängel hervorheben. Dies gilt sowohl bezogen auf ihre physischen und sozialräumlichen Strukturen als auch auf ihre politischen Institutionen und ökonomischen Aktivitäten. Die Unterordnung der Städte unter das religiöse System des Islam, so die Annahme, sei verantwortlich für ihren fortlaufenden Verfall, ihre chaotische Raumstruktur sowie das Fehlen effektiver Institutionen. Diese pauschale Kennzeichnung ignoriert, dass sich von Muslimen regierte Städte zeitlich über 13 Jahrhunderte und räumlich über drei Kontinente erstreckten und sehr unterschiedliche Formen aufweisen. Der Geograf Eugen Wirth erkennt in den frühen 1980er Jahren, dass zentrale Merkmale des Stadtmodells keinerlei Verbindung mit dem Islam aufweisen: Das irreguläre Straßensystem, das um einen Innenhof herum gebaute Haus und die funktionale Separation der Stadtviertel sind älteren historischen Ursprungs (vgl. ebd., 12). Raymond (2008, 67) widerlegt auch die Annahme, dass die Bewohnerschaft der ›islamischen Stadt‹ sozial weitgehend homogen sei und zeigt, dass Städte wie Kairo oder Damaskus stets eine hohe soziale Ungleichheit sowie eine ethnische und religiöse Vielfalt aufwiesen.

1.2.2 Städtische Effekte des Islam

Aufbauend auf der Dekonstruktion des islamischen Stadtmodells, versuchte Janet Abu-Lughod, urbane Merkmale zu rekonstruieren, die tatsächlich mit dem Islam verbunden sind (Abu-Lughod 1987, 162 ff.): Sie zeigt, dass der Islam rechtliche Unterscheidungen zwischen Bevölkerungsgruppen bezogen auf ihr Verhältnis zur Gemeinschaft der Gläubigen (*Umma*) traf, die in eine sozialräumliche Segregation zwischen religiösen und ethnischen Gruppen übersetzt wurden. Die staatliche laissez faire-Haltung wiederum, mit der das Osmanische Reich die Städte regierte, habe keine anarchischen Zustände bewirkt, so widerspricht sie dem orientalistischen Stadtmodell, sondern ein dezentrales Regierungssystem, das lokalen Nachbarschaften eine Selbstverwaltung ermöglichte. Ein weiteres islamisches Element erkennt Abu-Lughod in den Effekten des religiös definierten Geschlechterverhältnisses auf die Strukturierung des urbanen Raums: »By encouraging gender segregation, Islam created a set of architectural and spatial imperatives that had only a limited range of solutions« (ebd., 163). So garantierte eine bestimmte Anordnung der Fenster oder das Vergittern von Balkonen die häusliche Privatsphäre. Zugleich erlaubte es die in Sackgassen organisierte Raumstruktur lokaler Nachbarschaften den Frauen, sich dort aufzuhalten, ohne sich Fremden aussetzen zu müssen und so gegen das islamische Gebot der Zurückgezogenheit zu verstoßen.

1.2.3 Zur Aktualität islamischer Stadtmodelle: Istanbul

Eine Erneuerung des Islam erzeugte in den 1980er Jahren wieder ein Interesse am Modell der islamischen Stadt: Diesmal suchten arabische Stadtplaner nach Wegen, um vermeintlich islamische urbane Muster zu reproduzieren (Abu-Lughod 1987, 163). Intellektuelle Islamisten in der Türkei hingegen begannen sich am Ideal einer islamischen Stadt zu orientieren, als sich ihre politische Basis vom Land in die informellen Peripherien der Metropolen verlagerte (Tugal 2005, 2009). Als Gegenmodell zur vermeintlich luxuriösen modernen Stadt setzten sie eine islamische Stadtkultur mit Schlichtheit, Genügsamkeit sowie einer gegenüber Gott demütigen Architektur gleich. In Istanbul sah die islamistische Wohlfahrtspartei ihre Chance gekommen, eine Stadt nach islamischen Vorstellungen zu errichten, als sie 1989 lokale Wahlen in Sultanbeyli gewann. Dieses informelle Siedlungsgebiet im Osten von Istanbul wuchs damals von einem Dorf zu einer urbanen Agglomeration mit fast 200 000 Einwohnern heran. Die islamistische Lokalregierung entwickelte Sultanbeylium eine zentrale Moschee herum, die »von Teehäusern, islamistischen Kulturzentren, Restaurants mit Geschlechtertrennung und Geschäften für islamische Utensilien umgeben war« (Tugal 2009, 31). Ihre Vorschrift, wonach kein Gebäude höher als das Minarett gebaut werden durfte, wurde aber schnell gebrochen. In der Realität, so Tugal, weist das vermeintlich alternative Stadtverständnis der Islamisten hohe Übereinstimmungen mit Vorstellungen säkularer Modernisten auf: Auch den Islamisten galt die irreguläre Stadt der Landbesetzer, in denen ihre politische Basis verortet war, bald als kulturloses Überbleibsel des Dorfes. Da es der historischen Bedeutung von Istanbul als Hauptstadt des Osmanischen Reiches widerspreche, gelte es sie zu beseitigen.

Hier scheinen die Widersprüche zwischen verschiedenen islamistischen Stadtvorstellungen auf: Dabei stehen einem von Solidarität, Gleichheit und Bescheidenheit geprägten Modell zwei Versionen gegenüber: Zum einen das Bild einer harmonisch geplanten und funktionalen Stadt, das dem säkular modernistischen Modell gleicht, zum anderen die Vorstellung eines islamischen Istanbul als »Ausdruck imperialer Macht und Pracht« (2005, 336). Letztere Idee setzte sich nach 1994, als die Islamisten in Istanbul die Macht erlangten, durch. Seither hat die islamistische Stadtpolitik, auf der einen Seite, die marktwirtschaftliche Einbindung Istanbuls in die Weltwirtschaft vorangetrieben und – im Widerspruch zum islamischen Stadtmodell – den Bau zahlreicher Wolkenkratzer gefördert. Auf der anderen Seite wurden islamische Symbole und Rituale im öffentlichen Raum aufgewertet, öffentliche Gebetsräume eingerichtet oder Alkoholkontrollen verschärft (Tugal 2009, 32). Den solidarischen Gleichheitsgedanken der frühen islamistischen Kommunalpolitik, der die Bedürfnisse marginalisierter Bewohner der irregulären Stadt aufgegriffen und mit Glaubensfragen verquickt hatte, begrub diese Modernisierungsstrategie ebenso unter sich wie die Idee einer gottesfürchtigen Stadtplanung.

1.3 Die säkulare Stadt

Das Konzept der säkularen Stadt als Vorstellung, wonach die Städte spätestens seit der Industriellen Revolution einen säkularen Charakter aufwiesen und Religion höchstens in residualer Form weiter in urbanen Räumen existiere, lässt sich auf drei Ebenen diskutieren: Zum ersten stellt sich die Frage nach den Erzählungen über die Stadt als säkularem Ort, zum zweiten die nach den städtischen Realitäten, mit denen solche Diskurse interagieren, und zum dritten die nach normativen Modellen, welche die Stadt als säkularen Ort entwerfen.

1.3.1 Die säkulare Stadt der säkularistischen Stadtforschung

Die Annahme, moderne Städte seien säkulare Orte, durchzieht die sozialwissenschaftliche Stadtforschung seit ihren Anfängen. Bis heute spielt das Religiöse in Handbüchern der Stadtforschung fast keine Rolle (vgl. Pacione 2001 oder Paddison 2001). Wird es doch thematisiert, stehen meist Probleme im Rahmen normabweichender religiöser Orientierungen von Einwanderern oder von städtischen Armen im Fokus (vgl. Davis 2004). Wie in der Soziologie generell, bildete die Säkularisierungsthese nach Max Weber eine kaum hinterfragte Grundannahme der Stadtforschung. Weber ging davon aus, dass die Religion in der rationalen modernen Welt, deren Inbegriff die Großstadt darstellt, nur in weltabgewandten mystischen oder brüderlichen Gemeinschaften überleben könne und dass sich eine »Säkularisierung als Rationalisierung der Welt« von Europa aus über den gesamten Globus ausbreiten werde (Gabriel 2008, 10). Moderne Urbanität wurde seither mit Säkularität gleichgesetzt, sie galt als Endprodukt eines langen spirituellen Niedergangs der Stadt.

Auch der vorherrschende politische und gesellschaftliche Diskurs sah die Großstadt als Antipoden des Religiösen. Gerade konservative und religiös motivierte Stadtkritiken deuteten die industrielle Großstadt bis in die jüngste Zeit als areligiösen und amoralischen Sündenpfuhl. Im Berlin der Weimarer Republik agierte eine fundamentale Großstadtkritik häufig mit dem biblischen Topos der Hure Babylon. Die Vorstellung, Religion sei in der Stadt verschwunden oder gar ihrer Natur fremd, herrschte auch in der US-amerikanischen Kultur vor. Roberto Orsi (1999, 42 f.) führt darauf die Tatsache zurück, dass städtische Religion nicht nur kaum erforscht ist sondern als Widerspruch in sich gilt. Das religiöse Ethos der weißen amerikanischen Mittelschichten folge bis heute einer romantischen Vorstellung, wonach etwa Berggipfel religiöse Gefühle hervorrufen könnten, nicht aber städtische Straßen. Religiosität in der Stadt werde höchstens unter mutigen Gläubigen, die den Armen dienten, oder in der exotischen spirituellen Kraft des ›Anderen‹ vermutet.

1.3.2 Das religiöse Labor der frühen Industriestadt

Christliche Narrative über die Erlösung der Städte, so Roberto Orsi (1999, 11), imaginierten nun gerade die moralisch ›verkommene‹ säkulare Stadt als heilig, da Gott an den sündigsten Orten erscheine und diese mit der Macht seiner Gnade erlösen könne. Religiöse Idealisten begannen daher, in den besonders verdorben geltenden Arbeiter- und Einwandererviertel für deren »Erlösung« zu arbeiten. So fungierten die britischen und amerikanischen Industriestädte als Laboratorien für alle möglichen religiösen Innovationen. Zu Beginn des 20. Jahrhunderts entstanden in der amerikanischen Stadt die evangelikalen Kirchen und insbesondere die Pfingstbewegung. Diese heute in der globalen Stadt am schnellsten wachsende religiöse Strömung geht auf das Azusa Street Revival in Los Angeles im Jahr 1906 zurück, als ein afro-amerikanischer Wanderprediger in einer armen schwarzen Kirchengemeinde erstmals in Zungen sprach. Die Gläubigen deuteten dies als Zeichen für das Wirken des Heiligen Geistes und für die Ankunft des biblisch prophezeiten zweiten Pfingsten. Als tagtäglicher Gebetsmarathon zog sich des Azusa Street Revival über drei Jahre hin und bewirkte die rasante Ausbreitung der Pfingstbewegung. Wenige Jahre nach ihrer Entstehung missionierten erste Pfingstkirchen bereits in lateinamerikanischen und afrikanischen Städten. Unter ihren Gläubigen und ihren meist selbst armen Predigern fanden sich von Beginn an alle Hautfarben und Ethnien. Gerade im sprunghaft wachsenden Los Angeles fanden jene dunkelhäutigen und ärmeren städtischen Zuwanderer, die der Rassismus der traditionellen ›weißen‹ Kirchen ausgegrenzt hatte, in der Pfingstbewegung eine spirituelle Heimat (Cox 1995, 45 ff.).

Neben der Pfingstbewegung brachten die radikalen urbanen Modernisierungsprozesse, die der Industrialisierung folgten und neue Formen sozialer Mobilität schufen, auch andere christliche Organisationen hervor. Auf der einen Seite resultierten aus einer Panik des Bürgertums Bewegungen wie das *charity movement* mit dem Ziel, die vermeintlich gefährlichen proletarischen Massen durch die Macht der Religion zu disziplinieren. Dies sollte die Stadt moralisch »reinigen« und Gefahren für die politische und soziale Ordnung eindämmen. Auf der anderen Seite engagierten sich religiöse Idealisten etwa in der »Social Gospel«-Bewegung: »Social Gospelers, who came from different denominations, severed the long-established association of poverty with moral depravity in American Protestant culture and made possible the new kind of Christian engagement with the city« (Orsi 1999, 27). Diese progressive Bewegung wies auf soziale und ökonomische Ursachen der städtischen Armut hin und engagierte sich für eine strukturelle Verbesserung der katastrophalen Lebensbedingungen in den überfüllten Arbeitervierteln. Die *black churches* wiederum hatten schon traditionell als soziale Zentren fungiert und waren oft Orte eines religiös motivierten politischen Aktivismus, der sich um die existenziellen Bedürfnisse afro-amerikanischer Communities kümmerte. Da ein institutionalisierter Rassismus diesen den Zugang zu öffentlichen Räumen verwehrte, etablierten die Kirchengemeinden zahlreiche soziale Dienste und kulturelle Infrastrukturen wie Büchereien oder Schulen (ebd., 26).

In der ungestümen Industrialisierungsphase von London wiederum entstanden Mitte des 19. Jahrhunderts zwei bis heute existierende christliche Organisationen, die sich schnell auf US-Städte ausbreiteten: Um das spirituelle Wohlergehen junger Männer sorgte sich die *Young Men's Christian Association*. Die YMCA kann bis heute als Vorbild für christlich-kommerzielle Unternehmungen angesehen werden, insofern sie aus privatwirtschaftlichen Aktivitäten wie Hotels oder Sporteinrichtungen, die sie im großen Stil betrieb, Profite schöpfte (Goh 2011, 56). Ihre Bestrebungen richteten sich darauf, junge Männer zu disziplinieren und moralische Barrieren gegen die Versuchungen der Städte aufzurichten.

Die Theologie der Heilsarmee zielte dagegen darauf, alle Aspekte des Alltagslebens zu sakralisieren: »Their cruzade to hallow the city – its buildings, streets and public squares – was part of their attempt to establish the Kingdom of God« (Winston 1999, 369). Die kirchenfernen urbanen Massen sollten auf ihrem eigenen Territorium – den Straßen und öffentlichen Räumen der Stadt – aufgesucht und missioniert werden. Dabei adoptierte die Heilsarmee moderne Ideen und konkurrierte explizit mit den Attraktionen der kommerziellen urbanen Konsumkultur. Ihre spektakulären Straßenmärsche setzten populäre Musik ein und inszenierten Bezeugnisse konvertierter Gläubiger. Die New Yorker Zeitschrift der Heilsarmee verkündete 1896: »The genius of the Army has been from the first that it has secularized religion, or rather that it has religionized secular things« (zit. nach Winston 1999, 369). Darüber hinaus leisteten unter den Armen lebende »slum angels« der Heilsarmee soziale Dienste.

Während sich in New York oder London die Arbeiterklasse zwar tendenziell von der Religion entfremdete, trifft die absolute Annahme von Karl Marx und Friedrich Engels, dass die Urbanisierung die Arbeiterklasse säkularisieren werde (vgl. Davis 2004), am ehesten auf Berlin zu. Berlin war innerhalb weniger Jahrzehnte zur weltweit drittgrößten industriellen Agglomeration herangewachsen und galt in den 1880er Jahren als areligiöseste Stadt der Erde. Schon liberale bürgerliche Milieus lehnten die lutherische Kirche wegen ihrer engen Verbindungen mit den Eliten der Monarchie ab. In den sozialdemokratisch und kommunistisch dominierten Arbeitervierteln war die Feindschaft zu den Kirchen gar Teil der politischen Alltagskultur (vgl. McLeod 1996). Selbst Arbeiter, so McLeod (2006, 21), hatten häufig das Gefühl, als bekennende Christen wie Kriminelle behandelt zu werden.

Ein genauer Blick auf die frühe industrielle Stadt offenbart Berlin also als Extremfall urbaner Irreligiosität. Generell ist Religion in der Industriestadt keineswegs verschwunden, sondern hat einen Transformationsprozess durchlaufen, der kreativ auf neuartige Formen urbanen Lebens reagierte und neue religiöse Bewegungen und Praktiken hervorbrachte.

1.3.3 Das theologische Modell der säkularen Stadt

Jenseits der Diskurse und urbanen Realitäten existiert die säkulare Stadt als normatives theologisches

Modell: Der Theologe Harvey Cox verstand sein Buch *The Secular City* (1990/1965) als Traktat gegen die antistädtische Haltung der weißen amerikanischen Kirchen. Dieser weltweite Bestseller, der unter dem provokanten Titel »Stadt ohne Gott?« auch in Deutschland erschien, deutet den Aufstieg der städtischen Zivilisation und den Kollaps traditioneller Religion als miteinander verknüpfte epochale Entwicklungen. Während Cox den Säkularismus als bevormundende Ideologie ablehnt, sieht er den Prozess der Säkularisierung positiv als Befreiung des Menschen von religiöser Bevormundung. Möglich geworden sei die Säkularisierung erst, als »kosmopolitische Konfrontationen« (ebd., 1), die dem urbanen Leben zu Eigen sind, religiöse Mythen relativierten, die davor nicht hinterfragbar waren. Zugleich versteht er »die Universalität und radikale Offenheit des Christentums« (ebd., 10) als ursprüngliche Entstehungsbedingungen der Metropole: War die Bürgerschaft einer griechischen Polis, die mit einem religiösen Akt gegründet wurde, noch an die Mitgliedschaft im lokalen Kult gebunden, habe der universelle Gott des Christentums die Verwandlung von einander Fremden in städtische Bürger einer »cosmo-polis« (ebd., 11) ermöglicht. Insofern in der modernen Stadt Säkularisierung und Urbanisierung zu einer pluralistischen Gesellschaft verschmelzen, die keine Vorherrschaft einer bestimmten Weltanschauung zulasse, symbolisiert sie für Cox die Mündigkeit und Selbstverantwortlichkeit des Menschen (ebd., 97): Als Leistung des Menschen ermögliche es die säkulare Stadt, eine »theology of revolutionary social change« (ebd., 95) zu entwickeln, die der Botschaft von Gottes Reich nicht widerspreche.

25 Jahre nach der Erstausgabe des Buches zeichnet Harvey Cox (1990) den Einfluss des Buches auf die Theologie der Befreiung nach, die wenig später in Lateinamerika entstanden war. Cox sieht in der Befreiungstheologie, deren religiöse Praxis sich für Gerechtigkeit und die Armen engagiere, den legitimen Erben seines Modells der säkularen Stadt. In den Armutsvierteln lateinamerikanischer Städte weise Säkularisierung aber eine eigene Bedeutung auf: »It challenges the misuse of religion by ruling elites to sacralize their privileges« (ebd., xv). Während der lateinamerikanischen Militärregime spielten die befreiungstheologischen Basisgemeinden in den Armutsvierteln von Städten wie Rio de Janeiro, Buenos Aires oder Santiago de Chile eine wichtige Rolle. Sie förderten eine Organisierung der Armen im Kampf für bessere Lebensbedingungen und für

ihr Recht auf die Stadt und boten militanten Widerstandsbewegungen Schutzräume.

Cox erkennt nun (1990) in der Renaissance islamischer Politik und im Erscheinen eines jüdischen, hinduistischen oder christlichen Fundamentalismus auch ein unerwartetes Wiederaufleben traditioneller Religion. Dies stelle zwar seine Annahme eines unabwendbaren Säkularisierungsprozesses in Frage. Gerade die problematischen Aspekte der neuen Fundamentalismen stärkten jedoch die Bedeutung des Konzepts der säkularen Stadt, da es Säkularisierungsprozesse als Befreiung von theokratischen Ambitionen verstehe.

1.4 Die postsäkulare Stadt

Das Konzept der postsäkularen Stadt, das in jüngster Zeit der Geograf Justin Beaumont (Beaumont 2008; Beaumont/Baker 2011) entwickelt hat, geht von der These aus, dass das Religiöse, das im 20. Jahrhundert in das Private verdrängt worden sei, machtvoll in die öffentliche Sphäre der Städte zurückkehre. Explizit heben sich Beaumont und Baker von Cox' Konzept der säkularen Stadt ab, das sie als theologische Legitimation für die Macht der modernen Stadt deuten, Gesellschaft und Kirche zu ihrem Besseren umzugestalten (2011, 1). Ferner kritisieren sie die religiöse Blindheit der kritischen urbanen Theorie. Stadtforscher wie David Harvey (2009) oder Edward Soja (2000) skizzierten auf der Basis einer Kritik spätkapitalistischer Stadtentwicklungsprozesse sozial gerechte Urbanisierungsmodelle, ohne auf Fragen des Religiösen einzugehen (McLennan 2011; Beaumont/Baker 2011a).

Der Begriff des Postsäkularen behauptet keinen radikalen Bruch mit einem säkularen Zeitalter sondern verweist auf die »limits of the secularisation thesis and the ever growing realization of radically plural societies in terms of religion, faith and belief within and between diverse urban societies« (Beaumont 2010, 6). Wichtigster philosophischer Bezugspunkt ist dabei das Plädoyer von Jürgen Habermas zu einer »postsäkularen, auf das Fortbestehen religiöser Gemeinschaften auch epistemisch eingestellten Gesellschaft« (2008, 156), deren säkulare Bürger sich selbstkritisch der »Grenzen der säkularen Vernunft« vergewissern.

Beaumont und Baker beschränken den Gültigkeitsanspruch ihres Konzepts der postsäkularen Stadt auf westliche Metropolen. Gegenwärtig befänden sich diese in einem Schwellenzustand zwischen der veralteten Erfahrung einer in Funktionszonen und sozialen Klassen organisierten Industriestadt und einer räumlich fragmentierten, durch ethnische und religiöse Vielfalt geprägten postindustriellen Stadtregion. Mit Anthony King (2009) sehen sie westliche Metropolen als Folge postkolonialer Einwanderungsströme zunehmend von hybriden und kosmopolitischen Identitäten geprägt. Diese postkoloniale Diversität bildet für Beaumont und Baker (2011a) einen Nährboden, in dem neue Formen von Religion und Spiritualität gedeihen, die über religiöse Praktiken hinaus in das Feld des Sozialen hineinreichen.

In der heraufziehenden postsäkularen Stadt verschwämmen herkömmliche Trennungslinien zwischen Religion und Wissenschaft, Glauben und Vernunft; sie sei durch neue Allianzen und Verzweigungen zwischen religiösen und säkularen Akteuren und neuartig hybride Räume gekennzeichnet. Bisherige Studien der postsäkularen Stadt (siehe Beaumont/Baker 2011) beobachten bezogen auf städtische Räume und Gemeinschaften ein Wiederauftauchen des Heiligen und der Tugendhaftigkeit (Dies. 2011b, 254 ff.). Sie zeigen, dass soziale oder politische Organisationen, die sich auf religiöse Werte beziehen, in urbanen Zivilgesellschaften an Bedeutung gewinnen: Als karitative Anbieter sozialer Dienste, als Betreiber religiöser Schulen oder als religiös-politische Pressure Groups engagieren sich solche »faith based organizations« oft in ärmeren Stadtteilen. Ihre bürgerschaftliche Praxis fördere die soziale Integration ihrer Gemeindemitglieder und binde oft auch Andersgläubige ein. Zugleich integrierten Staatsapparate solche religiösen Organisationen zunehmend in lokale Governance-Prozesse. Nicht zuletzt offenbart sich darin, so Beaumont (2008), ein neoliberal verändertes Verhältnis zwischen Staat und Zivilgesellschaft: Insofern der lokale Staat seine sozialpolitische Rolle neu definiere und von Bewohnern erwarte, selbst soziale Verantwortung zu übernehmen, eröffneten sich für religiöse Gruppierungen gesellschaftliche und politische Handlungsräume. Deren Einbindung in städtisches Regieren bedeute nicht automatisch eine konservative Wende urbaner Politik, sondern ermögliche auch progressive, von säkularen und religiösen Gruppierungen gemeinsam gebildete Koalitionen.

Das Konzept der postsäkularen Stadt erfasst nicht nur inhaltliche Transformationen des Städtischen sondern fordert – in der Überschreitung diszi-

plinärer Grenzen zwischen säkularen und religiösen Perspektiven – auch postsäkulare Methoden- und Theorieansätze, die die Verkürzungen rein säkularer Formen der Wissensgenerierung ausgleichen sollen. Durch die postsäkulare Brille könne die Stadt als Laboratorium wie als Arena eines pädagogischen und ethischen Wandels analysiert werden. Wenn religiöse Gruppierungen keine ›problematischen Rechte‹ für sich in Anspruch nehmen, indem sie etwa für ihr ethnisches Selbstverständnis universale Geltung beanspruchen und davon abweichende Lebensweisen als verfehlt verwerfen, so fordern Beaumont und Baker mit Habermas (2008, 321), müsse ihnen in der postsäkularen Stadt das Recht zustehen, in Debatten über die ›gute Stadt‹ auch dann gehört zu werden, wenn sie diese in religiöser Sprache vorbringen. Spätestens hier wird deutlich, dass das Konzept der postsäkularen Stadt nicht nur analytisch, sondern auch normativ argumentiert und in seiner einseitigen Betonung der positiven Effekte religiöser Präsenz in der Stadt fast naiv optimistisch wirkt.

1.5 Die fundamentalistische Stadt

Während sich die Debatte über die postsäkulare Stadt auf den Westen beschränkt, gehen Nezar Al-Sayyad und Mejgan Massoumi (2010) in ihrem Buch *The Fundamentalist City?* aus einer globaleren Perspektive von der ähnlichen Beobachtung aus, dass religiöse Gruppen mit orthodoxen Ideologien zunehmend bedeutsame Akteure in den Städten darstellen. Die Debatte um die fundamentalistische Stadt konzentriert sich auf die Frage, im Rahmen welcher städtischen Prozesse sich religiöse Gruppen in fundamentalistische verwandeln und als solche Leben und Form der Städte prägen (2010, 3 f.). Der Fundamentalismus-Begriff wird dabei von seiner gegenwärtigen Kopplung an den Islamismus befreit: Sein historisch erster Gebrauch, so wird deutlich, bezog sich auf jene evangelikalen Kirchen, die zu Beginn des 20. Jahrhunderts in den USA entstanden sind (Williams 2010).

Diverse empirische Studien in Städten wie Jerusalem, Beirut, Delhi oder London untersuchen in Al-Sayyad/Massoumi (2010), in welchen urbanen Settings sich radikale religiöse Gruppen als mächtige urbane Akteure konstituieren können. Häufig, so wird aus Fallstudien deutlich, greifen hierbei aus dem Kolonialismus stammende Macht- und Ausbeutungsstrukturen, ethno-nationalistische Projekte, institutionalisierte Formen der Ausgrenzung, die Arroganz säkularer oder traditionell-religiöser Eliten und soziale Strukturen sprengende Modernisierungsprozesse ineinander. Radikale politisch-religiöse Gruppen scheinen dann erfolgreich in Städten agieren zu können, wenn sie auf solche stadtgesellschaftliche Konstellationen mit transzendental grundierten Angeboten reagieren, die in der Lage sind, Sinn zu stiften, effiziente soziale Unterstützung zu geben oder neue Formen von Citizenship und Community ermöglichen.

AlSayyad versteht nun unter einer fundamentalistischen Stadt eine nach Geschlecht segregierte Stadt, in der Bewohnern, die nicht die herrschende Religion praktizieren, gleiche Rechte abgesprochen werden. Die Bevölkerung unterliegt dabei dem Zwang, sich im städtischen Alltag den dominanten religiösen Codes zu unterwerfen und ist entsprechenden Kontroll- und Unterdrückungsmechanismen ausgesetzt: »the fundamentalist city is where certain categories of people or the religious other are rendered ›bare life‹ (2010, 24). Schließlich fragt AlSayyad, ob das globale Erstarken fundamentalistischer Akteure die Rückkehr zu einer »medieval modernity« (ebd.) bedeute, in der moderne Formen nationaler Bürgerschaft in Zugehörigkeiten zu urbanen Territorien zersplittern, die quasi feudalistisch beherrscht werden. Nicht zuletzt diese Kopplung an die mittelalterliche Stadt, in der mit dem jüdischen Ghetto das radikalste Symbol für die sozialräumliche Isolation einer religiösen Gruppe entstanden ist, lässt das Modell der fundamentalistischen Stadt als Extremfall erscheinen. In wie vielen gegenwärtigen Städten, so ist zu fragen, werden Andersgläubige wie damals die Juden behandelt, deren vermeintlich unreine Körper die Christen als Krankheitsherde markierten und daher räumlich in abgeschlossenen Vierteln isolierten (vgl. Sennett 1997)?

Zwar befreien AlSayyad und Massoumi den Fundamentalismus-Begriff von seiner essentialistischen Kopplung an nicht-westliche Religionen und betonen, dass ebenso viele unterschiedliche, lokal spezifische Fundamentalismen wie Städte existieren. Gleichwohl erscheint das Konzept der fundamentalistischen Stadt als Verallgemeinerung, das den Blick auf die Differenzen darin zusammengefasster religiöser und urbaner Phänomene, zu denen Evangelikale in US-Städten ebenso gehören wie Taliban in Peshawar, die Hisbollah in Beirut oder Muslime und Katholiken in London, verstellt. Zum einen sind ausgrenzende Normalitäts- und Kontrollmechanismen

im urbanen Raum keine exklusiven Kriterien für Städte, die von extremistischen religiösen Ideologen beherrscht sind. Zum anderen sind heutige Städte in ihrem Kern von Heterogenität bestimmt, die sich im urbanen Alltag kaum je völlig unterdrücken lässt und auch radikale religiöse Gruppen, insbesondere wenn sie in die urbane Gesellschaft hineinwirken wollen, zu Aushandlungen und Kompromissen zwingt.

2. Städtische Religion heute

Beim Forschen über das aktuelle Verhältnis zwischen Stadt und Religion stellen sich zwei zentrale Fragen: Zum einen die Frage nach der Art und Weise, wie sich Religionen auf städtischen Raum beziehen, wie sie ihn aneignen und nutzen, produzieren und transformieren, regulieren und kontrollieren und somit Bestandteil der ständigen Produktion des Städtischen sind. Zum anderen stellt sich die Frage nach dem Einfluss des Städtischen auf Religion und Religiosität. Versteht man das Städtische als Komplex aus Eigenschaften wie räumliche Dichte, soziale und kulturelle Heterogenität, technologische Innovationsdynamik sowie globale Vernetzung, ist davon auszugehen, dass Städte religiöse Innovationen ermöglichen und spezifische urbane Religionsformen hervorbringen. Der Begriff der städtischen Religion beschränkt sich somit nicht auf religiöse Praktiken, die sich in der Stadt ereignen, sondern bezieht sich auf religiöse Orientierungen, Gemeinschaften oder Praktiken, die in der Auseinandersetzung mit historischen Konstellationen des Städtischen geprägt werden.

Wie im Abschnitt 1 deutlich wurde, ermöglichten die Heterogenität, Dichte und Anonymität der modernen Stadt vielfältige religiöse Innovationen. Gerade Umbruchsituationen, die Städte grundlegend transformierten, befeuerten religiöse Kreativität und erhöhten die Nachfrage nach religiösen Deutungen und Gemeinschaftsbildungen. Wie die drastische Verwandlung der Städte zu industriellen Agglomerationen im 19. Jahrhundert scheinen die jüngsten Dekaden, die ebenso fundamentale urbane Transformationsprozesse hervorbrachten, religiöse Innovationen zu dynamisieren. Zahlreiche Industriestädte verloren ihre wirtschaftliche Grundlage, Städte des Globalen Südens und deren Armutsviertel gewannen – oft ohne ausreichende ökonomische Basis – rapide an Bevölkerung, globale Wanderungs-

ströme und neue Transport- und Medientechnolo-
gien vervielfältigten urbane Kulturen und Vernetzungen.

Das Verhältnis zwischen Stadt und Religion, das
solche urbanen Transformationsprozesse widerspie-
gelt, lässt sich nun auf verschiedenen Ebenen analysieren, die, wie die folgenden Beispiele zeigen werden, eng miteinander verflochten sind und sich vielfach überschneiden. Ich möchte dabei vier
Analyseebenen hervorheben: Zum ersten die Produktion materieller städtischer Räume durch religiöse Gemeinschaften; zum zweiten religiöse Pro-
duktions- und Transformationsweisen des urbanen
Alltags; zum dritten die städtische Verortung transnationaler Zirkulationen religiöser Gruppen, Weltbilder oder Praktiken und zum vierten die Ebene des
religiösen Regierens von urbanen Räumen und
Gläubigen (vgl. Hervieu-Léger 2002; Hancock/Srini-
vas 2008).

2.1 Die religiöse Produktion materieller städtischer Räume

Urbane Religionsgemeinschaften definieren materiellen Raum sowohl auf der Ebene einzelner Gebäude – Moscheen, Klöster, Schreine – als auch auf
der Ebene größerer Areale. Aktuelle Transformationsprozesse im Verhältnis zwischen Stadt und Religion lassen sich beispielsweise an der Konversion
vormals profaner in sakrale Gebäude, an urbanen
sakralen Bauten, die einen historisch neuen Charakter aufweisen, oder an der Produktion von neuen
städtischen Raumtypen ablesen, die ich im Folgenden beispielhaft diskutieren möchte.

2.1.1 Konversionen profaner in sakrale Gebäude

Im Zuge der ethnischen und religiösen Heterogenisierung europäischer Städte diversifizierte sich auch
die Präsenz des Religiösen im materiellen urbanen
Raum. Gerade die Konversion profaner in sakrale
Orte wies eine hohe Dynamik auf. Häufig ist die
Transformation von Wohnungen, Läden, Garagen
oder Gewerberäumen in Kirchen, Tempel oder Moscheen aus der Not geboren und symbolisiert den
marginalen Status religiöser Diaspora-Gemeinden:
Zum einen werden Einwanderern infolge ihrer gesellschaftlichen Randstellung geeignete Orte für die
Ausübung ihres Glaubens vorenthalten. Dies gilt
insbesondere, wenn (anders-) gläubige Einwanderer

einem institutionellen Rassismus ausgesetzt sind. So
war etwa Berlin von einer jahrzehntelangen »gesellschaftlichen Nicht-Anerkennung« (Gesemann/Kap-
phan 2001, 408) des über 200 000 Angehörige zäh-
lenden Islam und von einer staatlichen Tradition geprägt, religiöse Praxis in gesellschaftliche Randzonen
zu verbannen. Zum anderen verfügen religiöse Minderheiten oft weder über bau- und planungsrechtli-
che Kompetenzen noch über finanzielle Ressourcen,
um Sakralbauten errichten zu können. Häufig verweist der Charakter von Orten, die Einwanderer für
religiöse Zwecke nutzen, auf ihre Einwanderungsge-
schichte. Beginnt die erste Generation im Schutz der
gesellschaftlichen Nichtsichtbarkeit ihren Glauben
in provisorisch umfunktionierten Orten zu praktizieren, fordern nachfolgende Generationen eher ihr
Recht darauf ein, ihre Glaubenspraxis im städtischen
Raum sichtbar zu machen und repräsentative Sakralbauten zu errichten. In westeuropäischen Städten
demonstriert in den letzten Dekaden der Neubau
repräsentativer Moscheen sowie die heftigen Konflikte, die sich mit der Mehrheitsgesellschaft an
solchen Projekten entzünden, ein zunehmendes
Selbstbewusstsein religiöser Minderheiten, das die
historisch gewachsene christliche Dominanz der
›abendländischen‹ Stadt infrage stellt (vgl. Kapphan
2004; Spielhaus/Färber 2006).

Die Einrichtung von Sakralbauten in brachgefal-
lenen Gebäuden oder in industriellen Lagerhäusern
folgt aber nicht zwangsläufig der Not sondern kann
auch die religiöse Programmatik neuer Religionsgemeinschaften symbolisieren. Am Beispiel von
Pfingstkirchen afrikanischer Einwanderer in London zeigt Kristine Krause (2008), dass selbst finanz-
kräftige Gemeinden neue Kirchen oft in Industrie-
gebieten errichten und sich an der Ästhetik und
Funktionalität von Industriebauten orientieren.
Darin spiegelt sich das Verhältnis der globalen
Pfingstbewegung zum Raum, der nicht durch seine
Repräsentationsfunktion Bedeutung erlangt, sondern als physischer Ort einer kollektiven, durch gemeinsame Rituale erlebten Erfahrung. Gerade ein
leerer, symbolisch nicht aufgeladener Raum eignet
sich so für die Schaffung einer Kirche (ebd., 121). In-
dustriegebiete werden als neutrale Orte gesehen, an
denen, im Gegensatz zu historisch gewachsenen Orten, keine Dämonen hausen. Abgelegene Ort eröffnen die Möglichkeit, pfingstkirchliche Rituale mit
ihrem elektronisch verstärkten »holy noise« ungestört zu praktizieren. Nicht zuletzt spiegelt die pure
Funktionalität solcher Kirchen eine Vermischung

religiöser und wirtschaftlicher Aktivitäten, die vorherrschende pfingstkirchliche Strömungen prägt. Anders als traditionelle Kirchen weisen sie kaum ein soziales Engagement auf, bieten aber professionelle Programme zur beruflichen Leistungssteigerung an, die den Gläubigen dazu verhelfen sollen, ihr eigenes Schicksal zu verbessern (ebd., 118 f.).

2.1.2 Eine religiöse New Town:
Das Redemption Camp in Lagos

Eine ganz andere Dimension der religiösen Raumproduktion ist in der nigerianischen Megacity Lagos zu beobachten, die heute als Welthauptstadt der Pfingstbewegung gilt. Diese hat in Lagos in den letzten 30 Jahren eine unüberschaubare Vielzahl kirchlicher Gemeinden hervorgebracht, die von lokalen, durch religiöse Entrepreneure geführten Minikirchen bis zu transnational operierenden Imperien reichen, in denen sich wirtschaftliche und religiöse Aktivitäten vermischen.

Diese »Religionsindustrie« (Ukah 2011, 110) erlangt vor allem mit den ›Prayer Camps‹, die als abgesonderte Räume »zu sakralen Orten erhöht werden und als von göttlichen Kräften durchdrungen gelten« (ebd., 111), eine markante physische Präsenz im städtischen Raum. Die Ursprünge dieser Camps lassen sich auf indigene afrikanische Religionen zurückführen, die den Vorstellungen folgen, Gottheiten wohnten physischen Orten inne. Das bedeutendste Prayer Camp in Lagos betreibt die 1952 gegründete Redeemed Christian Church of God (RCCG), die als ökonomisch und politisch potenteste Pfingstkirche Nigerias weltweit operiert. Ihre religiöse Programmatik folgt dem ›Prosperity Gospel‹, d. h. dem Versprechen, wonach die Treue zu Jesus und der Kirche bereits im Diesseits durch materiellen Wohlstand und sozialen Aufstieg vergolten wird (Ukah 2008).

Asonzeh Ukah zufolge kann dieses ›Redemption Camp‹ der RCCG neben der Hauptstadt Abuja als einzige Stadtgründung Nigerias in den letzten Jahrzehnten gesehen werden. Außerhalb von Lagos an einer Schnellstraße gelegen, die wegen der vielen dort errichteten Prayer Camps schon als »Tor zum Himmel« bezeichnet wurde (Ukah 2011, 115), stellt das Redemption Camp faktisch eine funktional autonome und schnell wachsende religiöse Gated Community dar. Gegenwärtig wohnen hier circa 30 000 Menschen, die neben dem RCCG-Klerus überwiegend der Oberschicht angehören und sich in die luxuriöse Kirchenstadt einkaufen, weil sie diese als attraktive Alternative zur vermeintlich chaotischen und gefährlichen ›urbanen Apokalypse‹ von Lagos wahrnehmen. Im Vergleich mit diesem ›Sündenpfuhl‹ erscheint das ›Camp‹ als alternative ›Gottesstadt‹, auf die enttäuschte Hoffnungen, die früher an Lagos geknüpft waren, nun projiziert werden (ebd., 117).

Neben einer Megakirche, die zwei Quadratkilometer Grundfläche umfasst, verfügt das Redemption Camp über Schulen und eine Universität, über Banken und Supermärkte. Offiziell haben hier nur Christen Zutritt, das Rauchen und Trinken ist ebenso verboten wie außerehelicher Sex. Das Redemption Camp ist sozial und religiös segregiert, sein kirchlicher Eigentümer verordnet das Befolgen religiöser Werte, erhebt Steuern und verfügt mit der *Redemption Army* über ein eigenes Sicherheits- und Kontrollorgan. Das Camp ist so eine religiöse Sonderform eines global verbreiteten Urbanisierungsmodells, das auf Marktprinzipien basiert und Wohlhabenden die Möglichkeit eröffnet, sich in umgrenzten, selbstregulierten Neustädten von den Problemen der Megastädte abzusondern.

2.2 Religiöse Transformationen des städtischen Alltags

Religiöse Gemeinschaften verorten sich im städtischen Alltag, indem sie Straßen und Plätze symbolisch ›sakralisieren‹ und als Bühnen für Rituale und Missionierungsaktionen nutzen. Öffentliche Räume können mit religiösen Zeichen – Wandmalereien, Poster, Transparente – symbolisch besetzt werden. Individuelle Gläubige oder religiöse Gemeinschaften machen sich im Stadtraum durch das Tragen religiöser Kleidung oder durch Prozessionen gesellschaftlich sichtbar. Auch Klänge – Kirchenglocken, Gebetsrufe – und Musik laden urbanen Raum religiös auf. Ferner können städtische Kulturen oder Medien angeeignet und religiös codiert werden. Im Folgenden diskutiere ich an Beispielen aus Jerusalem, New York und Rio de Janeiro unterschiedliche Dimensionen der Art und Weise, wie religiöse Gemeinschaften versuchen, sich städtischen Raum symbolisch anzuverwandeln.

2.2.1 Die symbolische Herstellung einer heiligen Nachbarschaft:

Im ersten Fall geht es um die Kontrolle eines säkularen lokalen Raums durch eine dort hegemoniale religiöse Gruppe: Am Viertel Mea Shearim in Jerusalem, das ultra-orthodoxe Juden in den 1870er Jahren gründeten, um ihre religiöse Identität bewahren zu können, fächert Tovi Fenster (2011) die Raumstrategien auf, mit deren Hilfe die religiöse Homogenität des Viertels gegenüber Außenstehenden und einer säkularen Stadtverwaltung verteidigt werden. Immobilien werden dort nur an ultra-orthodoxe Juden vermietet oder verkauft. Im öffentlichen Raum dienen große, an den Eingängen des Viertels montierte Straßenschilder als »modesty walls« (ebd., 72): Sie fordern Passanten auf, ›die Heiligkeit‹ der Nachbarschaft nicht zu stören und das Viertel nur mit sittsamer Kleidung zu betreten, deren Charakter genau definiert wird. Ähnliche Schilder hängen an Ladeneingängen. Auch Händler, die selbst nicht religiös sind, erkennen auf diese Weise die religiöse Hegemonie über das Viertel an. Insbesondere säkulare Frauen werden unter religiöse Regeln gezwungen, zu denen die Trennung der Geschlechter im öffentlichen Raum gehört. Obwohl das Aufstellen solcher Regeln und Hinweisschilder auf öffentlichen Straßen illegal ist, sieht sich die Stadtverwaltung gezwungen, diese religiöse Kontrolle über einen Raum zu dulden, der im Prinzip säkularen staatlichen Regeln unterworfen ist. Das Verständnis von Mea Shearim als heiliger Nachbarschaft durch eine hegemoniale religiöse Gruppe gründet so auf der Unterdrückung individueller Rechte und der Ausgrenzung von nicht- oder anders-religiösen Menschen.

2.2.2 Die symbolische Markierung eines rituellen religiösen Stadtraums

Auch mein zweites Beispiel bezieht sich auf eine religiöse Praxis orthodoxer Juden, die sich aber hier nur an die eigenen Gläubigen richtet. Sie strebt keine religiöse Hegemonie über ein städtisches Areal an, sondern sucht mithilfe räumlicher Markierungen die Glaubenspraxis an einen städtischen Ort zu binden: Um in der Upper West Side von Manhattan, die seit dem frühen 20. Jahrhundert als Mittelpunkt des orthodoxen jüdischen Lebens in New York fungiert, Juden das Befolgen der Sabbatregeln zu erleichtern, markierten im Jahr 1994 zwei Synagogen ein Gebiet von etwa 200 Straßenblöcken als *Eruv*. Ein *Eruv* ist

eine symbolische oder physische Umzäunung eines Wohngebiets, in dem die Regel, dass jüdische Gläubige am Sabbat außer Haus keine Gegenstände tragen dürfen, ausgesetzt ist. Der rituelle Raum des Eruv fungiert als erweitertes gemeinsames Heim der Gläubigen, in dem auch am Sabbat das Tragen erlaubt ist (Stump 2008, 1 ff.).

Um diese Praxis des alten Israel anwenden zu können, wurden die religiösen Regeln an heutige urbane Situationen adaptiert. Hier wird deutlich, wie religiöse Traditionen mit aktuellen lokalen Kontexten interagieren und sich ihnen anverwandeln (ebd., 5): Um einen *Eruv* zu schaffen, müssen seine Grenzen physisch markiert werden. Möglich wird dies in der gegenwärtigen Stadt, indem dafür auch existierende räumliche Strukturen oder Gegenstände – wie Mauern, Pfosten, Leitungskabel – genutzt werden können. Eine periodisch wiederholte Zeremonie des Brotteilens aller Gemeindemitglieder setzt den rituellen Raum in Kraft. Die erforderliche Erlaubnis für die rituelle Nutzung des markierten Stadtgebiets, das öffentliche Straßen und privaten Landbesitz einschließt, erfolgte schließlich in Form einer symbolischen Vereinbarung mit dem New Yorker Bürgermeisteramt (ebd., 4). Die symbolische religiöse Markierung eines städtischen Raums, so wird in der Upper West Side deutlich, kann dessen Bewohnerstruktur beeinflussen. So zog die Schaffung des *Eruv* viele junge jüdische Familien an, vitalisierte die Gemeinde und verankerte ihre Glaubenspraxis an diesem städtischen Ort.

2.2.3 Der lokale Raum als Bühne des spirituellen Krieges zwischen ›Gott‹ und ›Teufel‹

Das nächste Beispiel diskutiert räumliche Praktiken der Pfingstkirchen in Rio de Janeiro und zeigt ein drittes Modell einer religiösen Transformation des städtischen Alltags. Es handelt sich hierbei um einen spirituellen Kampf, bei dem die Pfingstkirchen den Teufel, der vermeintlich in bestimmten städtischen Räumen und Alltagspraktiken haust, zu besiegen suchen. Im ehemals katholischen Rio de Janeiro führte der seit den 1980er Jahren anhaltende Boom von Pfingstkirchen dazu, dass ihre Gläubigen in urbanen Armutsräumen (Favelas) heute die Mehrheit stellen. Diese Transformation der religiösen Stadtlandschaft ist an den gleichzeitigen Aufstieg der Drogenökonomie zu einem die Favelas beherrschenden Gewaltregime gekoppelt. Die Programmatik der Pfingstkirchen, die wie in Lagos von zahllosen Mini-Gemeinden bis zu transnational agierenden Großkirchen reichen, speist sich aus der sozialen Realität des von Gewaltstrukturen geprägten städtischen Alltags (Birman 2011).

Zum einen ist die Attraktion der Pfingstbewegung im Kontext der existenziellen Unsicherheit zu sehen, der die Bewohner in den Favelas ausgeliefert sind: Eine Konversion zu einer Pfingstkirche wird als fundamentaler Bruch mit dem weltlichen Leben gedeutet. Sie ermöglicht es, sich aus lokalen Verwicklungen zu befreien und einen vermeintlich durch Gott gewährten Status jenseits der alltäglichen Prekarität und Gewalt einzunehmen.

Zum anderen stellt die gewaltsam beherrschte Favela aus der Perspektive der Pfingstkirchen das paradigmatische Schlachtfeld im spirituellen Krieg zwischen Gott und Teufel dar. Oft ist eine Kirche erfolgreich, wenn sie in der Lage ist, Drogenhändler und Süchtige zu bekehren und sie so vor Kriminalität und Todesgefahr zu bewahren. Die Kirchen versuchen mit verschiedenen Strategien, die vermeintlich vom Teufel beherrschte Favela zu exorzieren und sie in einen gottesfürchtigen Raum zu transformieren (Oosterbaan 2009): Um Bewohner zu missionieren, veranstalten sie in den Straßen ›Kreuzzüge‹, bei denen sich Aufführungen populärer Gospel-Bands mit Gebeten und Predigten mischen; Gläubige erobern temporär Drogenverkaufsstellen und gelten, da sie dort beten, für die schwerbewaffneten Dealer als unantastbar; sie verwandeln Wohnungen, Kneipen oder Läden in Kirchen, beschallen die Straßen aus privaten Radios und kirchlichen Lautsprechern mit religiöser Musik, eignen sich mithilfe von Wandgemälden oder Postern die öffentlichen Räume symbolisch an oder demonstrieren ihren Glauben ostentativ durch sittsame Kleidung, das Tragen der Bibel und durch ihre Ablehnung von weltlichen Vergnügungen (Lanz 2010).

Eine wichtige Strategie der Pfingstkirchen, und darin ähneln sie der frühen Heilsarmee, besteht darin, ihre göttliche Botschaft zu vermitteln, indem sie sich populäre weltliche Kulturpraktiken, Bilder und Narrative einverleiben. So werden Musikstile wie Samba, Rock oder HipHop, Lifestyle-Magazine, oder Fernsehformate wie Telenovelas, die aus Sicht der Kirchen die Menschen zum Sündigen verführen, mit religiösen Inhalten aufgeladen, so ›purifiziert‹ und dann in eigenen Kanälen oder Verlagen vermarktet (Oosterbaan 2005). Jenseits von privaten Heimen als Orten der Ausstrahlung religiöser Sendungen oder von christlichen Läden, in denen religi-

ösen Medien verkauft werden, dient der öffentliche Raum der Favela als Bühne, auf welcher der spirituelle Krieg zwischen Gott und Teufel in elektronisch verstärkten religiösen Performances zur Aufführung gelangt.

2.3 Städtische Religion in der Diaspora: globale Zirkulation und lokale Verortung religiöser Netzwerke

Die neuen urbanen Religionsgemeinschaften sind im Zuge der verstärkten Mobilität von Menschen, Objekten und Medien häufig transnational vernetzt. In Form von Diaspora-Gemeinschaften de- und reterritorialisieren sie sich in den Metropolen. Dabei bilden sich in Einwanderungssituationen, in der sich Gläubige in einer minoritären Position wiederfinden, neue religiöse Orientierungen und Praktiken heraus. Im Folgenden möchte in an Beispielen aus westdeutschen Städten und aus London diskutieren, wie sich im Spannungsfeld zwischen imaginärer Heimat, transnationalen Netzwerken und urbaner Verortung, das Diaspora-Situationen charakterisiert, die Religiosität muslimischer Migranten entfaltet hat.

2.3.1 Die Entfaltung einer Migrantenreligion in der Einwanderungsstadt

Werner Schiffauer beschreibt, wie sich bei türkischen Einwanderern, die zunächst als Gastarbeiter in westdeutsche Städte kamen, eine eigene, mit ihrer Fremdheitserfahrung korrespondierende Spiritualität und religiöse Praxis herausbildete. Dies erfolgte vor dem Hintergrund von Sinnkrisen und Verlustängsten in einer Situation, in der sie als diskriminierte Minderheit nur Zugang zu heruntergekommenen Stadtvierteln hatten, die für viele einen bedrohlichen Sündenpfuhl darstellten. Abseits der Dogmen der institutionalisierten Religion im Herkunftsland, funktionierte eine erste Generation von Gläubigen in Selbsthilfe Wohnzimmer oder Läden zu »Arbeitermoscheen« um, die ihnen zur »Ersatz-Heimat« wurden (Schiffauer 2010, 44 ff.). Da solche mit sozialen Diensten kombinierten religiösen Aktivitäten von Laien getragen wurden, entstand in den Einwanderungsstädten ein religiöser Markt, auf dem diverse Gemeinden um Gläubige konkurrierten. Dabei entwickelte sich in Abwehr zur Dominanz der städtischen Mehrheitsgesellschaft eine strenge und defensive Religiosität. Gerade der »Populärislamismus« (ebd., 60) der türkischen Milli Görüs-Bewegung, der auf eine Islamisierung der Türkei zielte und erfolgreich in den irregulären Vierteln ländlicher Zuwanderer in Istanbul wirkte, erschien in dieser Situation attraktiv und konnte schnell ein Netz von Gemeinden in deutschen Städten aufbauen.

Während die religiöse Imagination der ersten Einwanderer-Generation auf einen Halt in der Fremde und eine ›Gesundung‹ der Heimat Türkei ausgerichtet war, interagierte die auffällige Hinwendung der städtischen Jugend der dritten Generation zum Islam mit ihrer sozialen Position in der deutschen Stadt, in der sie aufgewachsen waren. Obwohl sie sich mit dieser identifizierten, fühlten sich viele muslimische Jugendliche nicht als gleichwertige Bürger anerkannt. Die Hinwendung zum muslimischen Glauben, so Schiffauer (2008), kann hier als Suche nach einem »dritten Raum« (Homi Bhaba) jenseits eines marginalen Minderheitsstatus und einer mehrheitsgesellschaftlichen Assimilation gelesen werden.

Diese Entwicklung deuteten einige Sozialforscher als hochgradig problematisch. So erkannten Heitmeyer, Müller und Schröder (1997) bei türkischstämmigen Jugendlichen ein »erhebliches Ausmaß an islamzentriertem Überlegenheitsanspruch und religiös fundierter Gewaltbereitschaft« (ebd., 183), die sich in der stadträumlichen Herausbildung ethnisch-religiöser ›Parallelgesellschaften‹ manifestiere. Diese Position haben andere Forscher stark kritisiert: So argumentiert beispielhaft Susanne Lang (1999, 149), dass hierbei die heterogene Gruppe türkischer Migrantenjugendlicher im Rahmen ihrer Zugehörigkeit zu einer anderen Glaubensgemeinschaft pauschal als rückständiges Gegenbild zur vermeintlich fortschrittlichen eigenen Kultur gezeichnet werde (vgl. Bukow/Ottersbach 1999; Lanz 2007). Werner Schiffauer erkennt zwar eine »Zunahme des partikularistischen ethnischen bzw. religiösen Selbstbewusstseins« (Schiffauer 2003, 68), zeigt aber, dass sich gerade die zweite, »postislamistisch« orientierte Generation der Milli Görus in den Städten keineswegs abschotte sondern mit ihrem Engagement in den Feldern Schule, Beruf und Sozialarbeit Desintegrationstendenzen aktiv entgegenwirke (Schiffauer 2010).

2.3.2 Die Verortung transnationaler Islamisierungsprozesse in der postkolonialen Stadt

Eine stärker im postkolonialen Kontext zu verortende urbane Islamisierungstendenz lässt sich am Beispiel der bengalischen Diasporagemeinde in Ost-London diskutieren. Auch hier treibt die dritte Einwanderer-Generation eine Islamisierung der Community voran. Diese Entwicklung ist im Rahmen eines globalen Aufstiegs des politischen Islam eingewoben in lokale Armut- und Rassismus-Erfahrungen, in transnationale, durch technologische Neuerungen verdichtete Netzwerke zwischen Bangladesch und London und in die imaginäre Zugehörigkeit zur *Umma*, der Weltgemeinschaft der Gläubigen (Hussein 2011; Eade 2001). Sie ist so Bestandteil eines, die heutige Städte prägenden, »Glocalisation«-Prozesses, wobei sich das Lokale nicht autonom sondern in Interaktion mit dem Globalen konstruiert (Robertson 1995). Vor dem Hintergrund von Islamisierungsprozessen in Bangladesch trug die Enttäuschung über die Erfolglosigkeit der säkularen sozialistischen Politikstrategien, mit denen die Elterngeneration ihren sozialen Status in London zu verbessern gesucht hatte, dazu bei, dass sich britisch-bengalische Jugendliche in Ostlondon islamistischen Organisationen wie der transnational agierenden Tablighi Jamaat zuwenden (Hussein 2011). Auch hier bewirkte die Islamisierung keine parallelgesellschaftliche Abschottung. Vielmehr wirken Moschee-Gemeinden durch ihr lokalpolitisches und soziales Engagement in der Jugendarbeit oder der Drogenprävention, das sie oft in Partnerschaft mit lokalen Behörden durchführen, in die Stadtgesellschaft hinein. Sie grenzen sich vom rückständigen Islam der ersten Einwanderergeneration ebenso ab wie von einer an die Mehrheitsgesellschaft angepassten Glaubenspraxis (vgl. Garbin 2008). In der staatlichen Förderung islamischer Organisationen im Rahmen einer neoliberalen Programmatik, die den Staat zunehmend aus der sozialen Verantwortung etwa für ärmere Stadtteile entlässt, erkennt Hussein (2011) gar eine der Ursachen für die Islamisierung muslimischer Einwanderer.

2.4 Das Regieren neuer städtischer Religionsgemeinschaften

Eine vierte Ebene der Analyse städtischer Religion in der gegenwärtigen Stadt untersucht Formen des

Regierens von Glaubensgemeinschaften und Gläubigen. Dies bezieht sich zum einen auf die Fragen nach dem politischen Charakter städtischer Religion und nach religiösen Technologien der Macht. Versteht man mit Michel Foucault Regieren nicht nur als Lenkung der Menschen durch staatliche Apparate sondern als »Kontaktpunkt, an dem die Form der Lenkung der Individuen durch andere mit der Weise ihrer Selbstführung verknüpft ist« (Foucault 2005, 116), stellen sich zum anderen hier auch Fragen nach der Selbstführung der individuellen Gläubigen in Interaktion mit ihren Glaubensgemeinschaften. Im Folgenden werde ich beispielhaft zunächst die Verschränkung zwischen der Selbst- und Fremdführung städtischer Gläubiger diskutieren und dann auf städtische Verflechtungsformen zwischen Politik und Religion eingehen.

2.4.1 Das religiöse Regieren der Subjekte zwischen Selbst- und Fremdführung

Die Programmatik der Pfingstkirchen basiert auf dem Prinzip eines Bruchs mit den weltlichen Regeln, den ein angehender Gläubiger in einem Akt der Konversion vollzieht. Im Verhältnis zu ihren Gläubigen verordnen die Kirchen Verhaltensregeln bezogen auf Familienleben, Geschlechterrolle, sexuelle Orientierung oder Konsumverhalten. Auf diese Weise gerät jede individuelle Konversion zu einer Pfingstgemeinde zu einer Frage des Regierens seiner selbst. Das Ereignis der Konversion – die »Wiedergeburt« – bricht mit dem bisherigen Lebensstil und bedeutet oft eine extreme Anstrengung, eine neue persönliche Identität zu kreieren. Dies gilt ebenso für Laien, die sich selbst zum Pastor ermächtigen und Kirchen gründen. In Rio sind dies häufig frühere Süchtige oder Gangster. Viele lokale Kirchen fungieren für Pastoren mit einer unternehmerischen Motivation als Mini-Unternehmen, die ihnen mithilfe der Spenden der Gläubigen ein Auskommen erwirtschaften sollen.

Ähnlich einer pfingstkirchlichen Konversion symbolisiert die Zuwendung zum fundamentalen Islam, so zeigt Sigrid Nökel (2002) am Beispiel sogenannter Neo-Musliminnen in deutschen Städten, eine reflektierte Selbstkontrolle und eine Distinktion gegenüber unteren Schichten. Sie mache Selbsttechnologien und symbolisches Kapital verfügbar, die für einen sozialen Aufstieg erforderlich sind. Mehrheitlich entscheiden sich junge, meist erfolgreich die deutsche Schulsozialisation durchlaufende Neo-

Musliminnen bewusst für eine islamische Kleidung, um sich von einer unreflektierten religiösen Praxis der Eltern abzusetzen, sich in ihrer Community Respekt zu verschaffen und um der Mehrheitsgesellschaft zu demonstrieren, dass sie nicht mehr bereit sind, sich deren Regeln zu unterwerfen (Schiffauer 2003). Junge Frauen, die einem islamischen Lebensstil folgen, tauchen so weder in einer antimodernistischen ethnischen Community unter noch verschwinden sie aus der urbanen Öffentlichkeit. Vielmehr erscheint ihre Islamisierung, die sie mit ihrer Kleidung ostentativ in den städtischen Raum tragen, ähnlich wie eine pfingstkirchliche Konversion, als identitätspolitische Strategie, die mithilfe einer Transformation des Selbst darauf zielt, die eigene soziale Position zu verbessern und sich vom Mündel zum Bürger zu transformieren (ebd., 265 ff.).

2.4.2 Radikale Religion und die Herrschaft über den städtischen Raum

Im engeren Sinne bezieht sich die Frage nach dem Regieren religiöser Organisationen in der Stadt auf ihr Verhältnis zu Staat und Gesellschaft. Am Beispiel der islamistischen Hisbollah in Beirut und der hindu-nationalistischen Shiv Sena in Mumbai, beides radikale religiös-politische Organisationen, möchte ich aktuelle Verflechtungen zwischen Religion, Politik und zivilgesellschaftlichem Engagement debattieren.

Als einer der ersten Stadtforscher hat Mike Davis (2004) auf den Boom fundamentalistischer religiöser Gruppierungen in den Weltstädten aufmerksam gemacht: »Today [...] populist and Pentecostal Christianity (and in Bombay, the cult of Shivaji) occupy a social space analogous to that of early twentieth-century socialism and anarchism« (ebd., 30). Davis suggeriert, so kritisiert Asef Bayat (2011), dass für den städtischen Boom radikaler religiöser Bewegungen zuvorderst veränderte Weltbilder urbaner Armutsbevölkerungen verantwortlich seien. Das Verhältnis zwischen Armut und religiösem Boom sei jedoch weitaus komplexer. Zwar zählen urbane Religionsgemeinschaften heute in vielen Metropolen des Südens zu den wichtigsten Akteuren in der Organisierung städtischer Armer. Oft übernehmen sie originär staatliche Funktionen, wenn sie in Armutsvierteln Bildung, Rechtsprechung, Wohnungsbau, ja sogar Sicherheit organisieren. Bayat (2011) oder Eckert (2003) zeigen aber, dass dies nicht primär in einer religiös-ideologischen Radikalisierung der Armen gründet. Vielmehr entstammen zentrale islamistische oder hindu-nationalistische Akteure den gebildeten Mittelklassen. In ihren Missionierungs- oder Mobilisierungsbestrebungen machen sie sich die Ignoranz korrupter Staatsapparate für die Bedürfnisse städtischer Armer zunutze: Da es sich die Armen gar nicht leisten könnten, ideologisch zu sein, so Bayat, bänden sie sich an Gruppierungen, die sie effektiv in ihren Alltagsbedürfnissen unterstützen – und dies seien in Städten des Ostens in den vergangenen Dekaden radikale religiöse Bewegungen gewesen.

Dies lässt sich am Beispiel der Hisbollah (›Partei Gottes‹) zeigen, die während des libanesischen Bürgerkriegs in den 1980er Jahren auf der Basis eines fundamentalistischen religiösen Weltbilds als schiitische Miliz entstanden ist und heute eine maßgebliche politische Kraft im Libanon ist. Die Hisbollah beherrscht in Beirut die als al-Dayihe bekannten schiitischen Stadtteile durch ein ganzheitliches institutionelles Netzwerk, das deren Administration und paramilitärische Kontrolle ebenso gewährleistet wie sie die soziale Infrastruktur und die Nutzung des öffentlichen Raums reguliert. Mithilfe diverser Nichtregierungsorganisationen in den Feldern Bildung, Mikrokredite, Gesundheit, Sozialhilfe und Bauen, die auf eine Rhetorik von sozialer Gerechtigkeit und Partizipation aufbauen, ist die Hisbollah in der Lage, alle Grundbedürfnisse ihrer gläubigen Anhänger effektiv zu bedienen (Harb 2010, 134 ff.). Dies offenbarte sich nach dem israelisch-libanesischen Krieg von 2006, als die Hisbollah alle Bewohner kriegszerstörter Viertel in al-Dayihe umfassend unterstützte. Zugleich schuf sie eine eigene Agentur für einen großflächigen Wiederaufbau, die mit einer sozialen Wohlfahrtsrhetorik agierte. Der Hisbollah gelang es so, als ›saubere‹ und effektive soziale Organisation breiten Zuspruch zu finden, ihre räumliche Kontrolle Südbeiruts auf die Wohnraumversorgung auszuweiten, diese an religiöse Identität zu koppeln und so Ansprüche von Anders- oder Nicht-Gläubigen auszugrenzen (vgl. Arif 2011; Fawaz 2009).

In Bombay wiederum kommt der hindu-nationalistischen Bewegung Shivsena eine ähnliche Rolle zu. Als sie 1995 dort die Macht übernahm, benannte sie die Stadt nach einer hinduistischen Göttin in Mumbai um. Die Bewegung definiert sich als Hüterin einer gerechten Ordnung und versucht diese gewaltsam gegen ›Feinde‹ und staatliche Organe, die sie als oberen Klassen dienende Macht versteht, herzustellen. Organisiert in lokalen Ortsvereinen, ist

die Shivsena gleichermaßen soziale Bewegung und kriminelle Gang, NGO und Regierungspartei, parastaatliche Polizei und Gerichtsbarkeit. Als kommunitäre Organisation, die soziale Dienste anbietet, kulturelle Aktivitäten organisiert oder Jobs vermittelt, spielt sie eine zentrale Rolle für die soziale Integration vieler Armutsviertel, in denen der Staat zwar als Ordnungsmacht auftritt, aber keinerlei soziale Verantwortung wahrnimmt. Gewalt ist integraler Bestandteil der Politik der Shivsena, die seit Beginn der 1990er Jahre diverse antimuslimische Pogrome zu verantworten hat. Als Folge des militanten Kommunalismus, der in solchen Ausschreitungen kulminiert, verschärfte sich die Segregation der Stadt nach religiöser Zugehörigkeit (Eckert 2003).

Angewandt auf städtische Situationen, in denen radikale religiös-politische Bewegungen wie die Hisbollah oder die Shivsena eine ganzheitliche Kontrolle über städtische Räume ausüben, erscheint das analytische Konzept der fundamentalistischen Stadt (AlSayyad/Massoumi 2010) als hilfreich. Allerdings stellen beides Sonderfälle dar: Am Beispiel von Kairo zeigt Asef Bayat (2011), dass Zuschreibungen, wonach Islamisten karitative Organisationen unterwanderten und die Kontrolle urbaner Armutsviertel übernähmen, meist wenig mit der städtischen Realität zu tun haben sondern die »Angst nationaler und internationaler Eliten vor den gesellschaftlichen Konsequenzen städtischer Marginalität« (ebd., 81) spiegeln und politisch instrumentalisiert werden. Weit von einem Fundamentalismus entfernt, setzen sich in Kairo, so Bayat, Tausende von religiösen NGOs für Verbesserungen städtischer Lebensumstände ein. Ähnliches gilt, so Klaus Teschner (2011), für evangelikale Kirchen, die solche Ziele in Armutsgebieten afrikanischer Städte verfolgen und mit säkularen urbanen Bewegungen kooperieren. Die Bandbreite des politischen und sozialen Engagements neuer religiöser Bewegungen in Städten umfasst so alle Schattierungen und kann keinesfalls auf einen religiösen Konservativismus oder gar Fundamentalismus reduziert werden.

3. Schluss

Will man heute über die Beziehung zwischen Stadt und Religion forschen, so schreibt Roberto Orsi (1999, 12) zu Recht, muss man sich zuerst durch jene Fantasien über die Stadt wühlen, die in den letzten beiden Jahrhunderten die Sichtweisen über das städtische Verhältnis zwischen dem Religiösen und dem Säkularen geprägt haben. Im Gegensatz zur lange kaum hinterfragten Annahme sozialwissenschaftlicher Stadtforschung ist Religion der Urbanität nicht äußerlich sondern bildet einen integralen Teil der materiellen, sozialen und symbolischen Produktion des Städtischen auf all seinen Ebenen und muss daher in Theorien des Städtischen integriert werden (vgl. Kong 2001, 212).

Die in diesem Kapitel diskutierten Beispiele demonstrieren, dass städtische Religion einer modernen Urbanität nicht widerspricht sondern ihr angehört. Stadt spielt für das Religiöse nicht nur insofern eine Rolle, als religiöse Praktiken mit räumlichen Settings interagieren und sich in ihnen territorialisieren. Vielmehr gilt auch für das Religiöse, dass die Heterogenität und Dichte des urbanen Raums alltägliche Konfrontationen mit anderen sozialen Gruppen oder kulturellen Praktiken hervorbringt, durch die Traditionen zermürbt, Kreativität befeuert und Innovationen befördert werden. In Städten kristallisieren sich nicht nur gesellschaftliche Entwicklungen und wahrgenommene Missstände viel unmittelbarer sondern auch die Suche nach religiösen Deutungen und Gemeinschaftsbildungen. In der urbanen Anonymität eröffnen sich für religiöse Imaginationen und Gemeinschaften erforderliche Räume und Netzwerke, dort gibt es transnationale Verbindungen und mögliche Koalitionäre. Zudem ist die Stadt selbst ein zentrales Element religiöser Aspiration: als Bühne des alltäglichen Kampfes zwischen ›Gott‹ und ›Teufel‹ oder zwischen Sünde und Erlösung; als Ort, an dem sich individuelle und kollektive Identitäten formieren; als Raum, in dem sich kulturelles, soziales, ökonomisches und politisches Kapital konzentriert; als Territorium, in dem sich das Heilige manifestiert; oder als imaginärer Raum religiöser Sehnsüchte und Utopien.

Literatur

Abu-Lughod, Janet: »The Islamic City – Historic Myth, Islamic Essence, and Contemporary Relevance«. In: *International Journal of Middle East Studies* 19.2 (1987), 155–176.

AlSayyad, Nezar: »The Fundamentalist City?« In: Dies./Massoumi, Mejgan (Hg.): *The Fundamentalist City? Religiosity and the remaking of urban space*. London/New York 2010, 3–26.

Al Sayyad, Nezar/Massoumi, Mejgan: *The Fundamentalist City? Religiosity and the remaking of urban space*. London/New York 2010.

Arif, Yasmeen: »Religion, humanitäre Biopolitik und urbane Räume. Eine Reise von Beirut nach Delhi«. In: metroZones (Hg.): *Urban Prayers. Neue religiöse Bewegungen in der globalen Stadt*. Berlin 2011.

Bayat, Asef: »Der Mythos der ›islamistischen Armen‹. Beobachtungen aus Kairo und Teheran«. In: metroZones (Hg.): *Urban Prayers. Neue religiöse Bewegungen in der globalen Stadt*. Berlin 2011, 67–84.

Beaumont, Justin: »Introduction: Faith-based Organisations and Urban Social Issues«. In: *Urban Studies* 45.10 (2008), 2011–2017.

Beaumont, Justin: »Transcending the Particular in Postsecular Cities«. In: Molendijk, Arie/Beaumont, Justin u. a. (Hg.): *Exploring the Postsecular: The Religious, the Political, and the Urban*. Leiden 2010, 3–14.

Beaumont, Justin/Baker, Christopher: *Postsecular Cities. Space, Theory and Practice*. London/New York 2011.

Beaumont, Justin/Baker, Christopher: »Introduction: The Rise of the Postsecular City«. In: Dies. (Hg.): *Postsecular Cities. Space, Theory and Practice*. London/New York 2011a, 1–11.

Beaumont, Justin/Baker, Christopher: »Afterword: Postsecular Cities«. In: Dies. (Hg.): *Postsecular Cities. Space, Theory and Practice*. London/New York 2011b, 254–266.

Birman, Patrícia: »Spiritueller Krieg und staatliche Gewalt. Pfingstkirchliche Lebensweisen in Rio de Janeiro«. In: metroZones (Hg.): *Urban Prayers. Neue religiöse Bewegungen in der globalen Stadt*. Berlin 2011, 187–210.

Bukow, Wolf-Dietrich/Ottersbach, Markus (Hg.): *Der Fundamentalismusverdacht. Plädoyer für eine Neuorientierung der Forschung im Umgang mit allochthonen Jugendlichen*. Opladen 1999.

Cox, Harvey: *The Secular City* [1965]. New York/Toronto/Singapur 1990.

Cox, Harvey: *Fire from Heaven. The Rise of Pentecostal Spirituality and the Reshaping of Religion in the Twenty-first Century*. Cambridge 1995.

Davis, Mike: »Planet of Slums«. In: *New Left Review* 26 (2004), 5–34.

Eade, John (Hg.): *Routes and Beyond. Voices From Educationally Successful Bangladeshis*. London 2001.

Eckert, Julia: »Sundar Mumbai. Die städtische Gewaltordnung der selektiven Staatlichkeit«. In: Becker, Jochen/Lanz, Stephan (Hg.): *Space//Troubles. Jenseits des Guten Regierens: Schattenglobalisierung, Gewaltkonflikte und städtisches Leben*. Berlin 2003, 35–58.

Evangelische Kirche Deutschlands: *Gott in der Stadt. Perspektiven evangelischer Kirche in der Stadt*. Hannover 2007.

Fenster, Tovi: »Non-Secular Cities? Visual and Sound Representations of the Religious-Secular Right to the City in Jerusalem«. In: Beaumont, Justin/Baker, Christopher (Hg.): *Postsecular Cities. Space, Theory and Practice*. London/New York 2011, 69–86.

Foucault, Michel: »Gespräch mit Ducio Trombadori«. In: Ders.: *Schriften in vier Bänden: Dits et Ecrits*, Volume IV, 1980–1988. Frankfurt a. M. 2005.

Foucault, Michel: »Von anderen Räumen«. In: Günzel, Stephan/Dünne, Jörg: *Raumtheorie. Grundlagentexte aus Philosophie und Kulturwissenschaften*. Frankfurt a. M. 2006, 317–329.

Gabriel, Karl: »Jenseits von Säkularisierung und Wiederkehr der Götter«. In: *Aus Politik und Zeitgeschichte* 52 (2008), 9–15.

Garbin, David: »A diasporic sense of place: dynamics of spatialization and transnational political fields among Bangladeshi Muslims in Britain«. In: Smith, Peter Michael/Eade, John (Hg.): *Transnational Ties: Cities, Migrations and Identities.* New Brunswick/London 2008, 147–162.

Garbin, David: »Symbolic Geographies of the Sacred: Diasporic Territorialization and Charismatic Power in a Transnational Congolese Prophetic Church«. In: Hüwelmeier, Gertrud/Krause, Kristine: *Traveling Spirits. Migrants, Markets and Mobilities.* New York/London 2010, 145–164.

Gesemann, Frank/Kapphan, Andreas: »Lokale Gefechte eines globalen Kulturkonfliktes? Probleme der Anerkennung des Islam in Berlin«. In: Gesemann, Frank (Hg.): *Migration und Integration in Berlin. Wissenschaftliche Analysen und politische Perspektiven.* Opladen, 2001, 397–416.

Goh, Robbie B. H.: »Market Theory, Market Theology: The Business of the Church in the City«. In: Beaumont, Justin/Baker, Christopher (Hg.): *Postsecular Cities. Space, Theory and Practice.* London/New York 2011, 50–68.

Goldhill, Simon: *Jerusalem. City of Longing.* Cambrigde/London 2008.

Habermas, Jürgen: *Zwischen Naturalismus und Religion. Philosophische Aufsätze.* Frankfurt a. M. 2008.

Hall, Stuart: *Rassismus und kulturelle Identität. Ausgewählte Schriften 2.* Hamburg 1994.

Hancock, Mary/Srinivas, Smriti: »Spaces of Modernity: Religion and the Urban in Asia and Africa«. In: *International Journal of Urban and Regional Research* 32.3 (2008), 617–630.

Harb, Mona: »On Religiosity and Spatiality: Lessons from Hezbollah in Beirut«. In: AlSayyad, Nezar/Massoumi, Mejgan (Hg.): *The Fundamentalist City? Religiosity and the remaking of urban space.* London/New York 2010, 125–154.

Harvey, David: *Social Justice and the City.* Revised edition. Athens 2009.

Heitmeyer, Wilhelm/Müller, Joachim u. a.: *Verlockender Fundamentalismus. Türkische Jugendliche in Deutschland.* Frankfurt a. M. 1997.

Hervieu-Léger, Danièle: »Space and Religion: New Approaches to Religious Spatiality in Modernity«. In: *International Journal of Urban and Regional Research* 26.1 (2002), 99–105.

Hussain, Delwar: »Globalisierung, Gott und Galloway. Die Islamisierung der Bangladeshi-Communities in London«. In: metroZones (Hg.): *Urban Prayers. Neue religiöse Bewegungen in der globalen Stadt.* Berlin 2011, 211–248.

Kapphan, Andreas: »Symbolische Repräsentation von Zuwanderergruppen im Raum: Zur Analyse von Konflikten um den Bau und die Nutzung von Moscheen«. In: Siebel, Walter (Hg.): *Die europäische Stadt.* Frankfurt a. M. 2004, 244–252.

King, Anthony D.: *Postcolonial Cities.* New York 2009.

Kong, Lily: »Mapping ›New‹ Geographies of Religion: Politics and Poetics in Modernity«. In: *Progress in Human Geography* 25.2 (2001), 211–233.

Krause, Kristine: »Spiritual Spaces in Post-Industrial Places: Transnational Churches in North East London«. In: Smith, Michael Peter/Eade, John (Hg.): *Transnational Ties. Cities, Migration, and Identities.* New Brunswick/London 2008, 109–130.

Lang, Susanne: »Zur Konstruktion des Feindbildes ›Islam‹ in der Bielefelder Studie ›Verlockender Fundamentalismus‹«. In: Bukow, Wolf-Dietrich/Ottersbach, Markus (Hg.): *Der Fundamentalismusverdacht. Plädoyer für eine Neuorientierung der Forschung im Umgang mit allochthonen Jugendlichen.* Opladen 1999, 134–158.

Lanz, Stephan: *Berlin aufgemischt: abendländisch – multikulturell – kosmopolitisch? Die politische Konstruktion einer Einwanderungsstadt.* Bielefeld 2007.

Lanz, Stephan: »Neue Götter und Gläubige in der Stadt«. In: *Dérive – Zeitschrift für Stadtforschung* 40/41 (2010), 32–37.

Levine, Lee (Hg.): *Jerusalem. Its Sanctity and Centrality to Judaism, Christianity and Islam.* New York 1999.

McLennan, Gregor: »Postsecular Cities and Radical Critique: A Philosophical Sea Change«. In: Beaumont, Justin/Baker, Christopher (Hg.): *Postsecular Cities. Space, Theory and Practice.* London/New York 2011, 15–30.

McLeod, Hugh: *Piety and Poverty. Working-Class Religion in Berlin, London and New York.* New York/London 1996.

McLeod, Hugh: »Being a Christian in the early twentieth Century«. In: Ders. (Hg.): *The Cambridge History of Christianity – World Christianities 1914–2000.* Cambridge 2006, 15–27.

Nökel, Sigrid: *Die Töchter der Gastarbeiter und der Islam. Zur Soziologie alltagsweltlicher Anerkennungspolitiken. Eine Fallstudie.* Bielefeld 2002.

Oosterbaan, Martijn: »Mass Mediating the Spiritual Battle: Pentecostal Appropriations of Mass Mediated Violence in Rio de Janeiro«. In: *Material Religion* 1.3 (2005), 358–385.

Oosterbaan, Martijn: »Purity and the Devil: Community, Media, and the Body. Pentecostal Adherents in a Favela in Rio de Janeiro«. In: Meyer, Birgit (Hg.): *Aesthetic Formations. Media, Religion and the Senses.* New York 2009, 53–70.

Orsi, Roberto (Hg.): *Gods of the City. Religion and the American Urban Landscape.* Bloomington/Indianapolis 1999.

Orsi, Roberto: »Introduction: Crossing the City Line«. In: Ders. (Hg.): *Gods of the City. Religion and the American Urban Landscape.* Bloomington/Indianapolis 1999, 1–78.

Pacione, Michael: *Urban Geography: A Global Perspective.* London 2001.

Paddison, Roman: *Handbook of Urban Studies.* London u. a. 2001.

Raymond, André: »Islamic City, Arab City: Orientalist Myths and Recent Views«. In: *British Society for Middle Eastern Studies* 21.1 (1994), 3–18.

Raymond, André: »Urban Life and Middle Eastern Cities. The Traditional Arab City«. In: Choueiri, Youssef M. (Hg.): *A Companion to the History of the Middle East.* Malden/Oxford 2008, 207–228.

Robertson, Robert: »Glocalization: Time-Space and Homogeneity–Heterogeneity«. In: Featherstone, Michael/Lash, Scott u. a. (Hg.): *Global Modernities.* London 1995, 25–44.

Schiffauer, Werner: *Migration und kulturelle Differenz*. Berlin 2003.

Schiffauer, Werner: *Parallelgesellschaften. Wie viel Wertekonsens braucht unsere Gesellschaft? Für eine kluge Politik der Differenz*. Bielefeld 2008.

Schiffauer, Werner: *Nach dem Islamismus. Eine Ethnographie der Islamischen Gemeinschaft Milli Görüş*. Frankfurt a. M. 2010.

Sennett, Richard: *Fleisch und Stein. Der Körper und die Stadt in der westlichen Zivilisation*. Frankfurt a. M. 1997.

Spielhaus, Riem/Färber, Alexa (Hg.): *Islamisches Gemeindeleben in Berlin*. Berlin 2006.

Soja, Edward: *Postmetropolis Critical Studies of Cities and Regions*. Oxford/Malden 2000.

Stump, Roger: *The Geography of Religion. Faith, Place and Space*. Lanham 2008.

Teschner, Klaus: »Struggle as a Sacrament. Religion und städtische Bewegungen in Afrika«. In: metroZones (Hg.): *Urban Prayers. Neue religiöse Bewegungen in der globalen Stadt*. Berlin 2011, 85–108.

Tugal, Cihan: »Die Anderen der herrschenden Stadt. Die Neugründung der Stadt durch Informalität und Islamismus«. In: Esen, Orhan/Lanz, Stephan (Hg.): *Self Service City: Istanbul*. Berlin 2005, 327–342.

Tugal, Cihan: »Istanbul wird grün«. In: *Arch+* 195 (2009), 28–33.

Ukah, Asonzeh: *A new paradigm of pentecostal power. A study of the Redeemed Christian Church of God in Nigeria*. New Jersey 2008.

Ukah, Asonzeh: »Die Welt erobern, um das Himmelreich zu errichten. Pfingstkirchen, Prayer Camps und Stadtentwicklung in Lagos«. In: metroZones (Hg.): *Urban Prayers. Neue religiöse Bewegungen in der globalen Stadt*. Berlin 2011, 109–130.

Williams, Rhys H.: »American National Identity, the Rise of the Modern City and the Birth of Protestant Fundamentalism«. In: AlSayyad, Nezar/Massoumi, Mejgan (Hg.): *The Fundamentalist City? Religiosity and the remaking of urban space*. London/New York 2010, 75–98.

Winston, Diane: »›The Cathedral of the Open Air‹: The Salvation Army´s Sacralization of Secular Space, New York City, 1880–1910«. In: Orsi, Roberto (Hg.): *Gods of the City. Religion and the American Urban Landscape*. Bloomington/Indianapolis 1999, 367–392.

Verzeichnis der Autorinnen und Autoren

Prof. Dr. Gabriele Bickendorf, Professorin für Kunstgeschichte/Bildwissenschaft an der Universität Augsburg

Dr. Matthias Bruhn, Leiter der Abteilung »Das Technische Bild« am Institut für Kunst- und Bildgeschichte der Humboldt-Universität zu Berlin

Dr. Kirstin Buchinger, Historikerin und assoziiertes Mitglied am Frankreich-Zentrum der Freien Universität Berlin

Prof. Dr. Johannes Cramer, Professor für Bau- und Stadtbaugeschichte an der Technischen Universität Berlin

Dr. Peter Dirksmeier, Wissenschaftlicher Mitarbeiter am Lehrstuhl für Kultur- und Sozialgeographie, Humboldt-Universität zu Berlin

Prof. Dr. Roald Docter, Professor für Griechische Archäologie, Phönizisch-Punische Archäologie, Universität Gent

Prof. Dr. Wilfried Endlicher, Professor für Klimatologie am Geographischen Institut der Humboldt-Universität zu Berlin

Dr. Chrystina Häuber, Klassische Archäologin, Projektleiterin am Department für Geographie der Ludwig-Maximilians-Universität München

Prof. Dr. Christine Hannemann, Professorin für Architektur- und Wohnsoziologie an der Universität Stuttgart

Prof. Dr. Hubert Heinelt, Professor am Institut für Politikwissenschaft an der Technischen Universität Darmstadt

Prof. Dr. Ilse Helbrecht, Professorin für Kultur- und Sozialgeographie an der Humboldt-Universität zu Berlin

Prof. Dr. Christoph Heyl, Professor für Britische Literatur und Kultur, Universität Duisburg-Essen

Dr. Stephan Lanz, Wissenschaftlicher Mitarbeiter am Lehrstuhl für Wirtschafts- und Sozialgeographie der Europa-Universität Viadrina, Frankfurt/Oder

Prof. Dr. Harald A. Mieg, Professor für Forschung und Innovation der FH Potsdam, Gründungsmitglied des Georg-Simmel-Zentrums für Metropolenforschung der Humboldt-Universität zu Berlin

Prof. Dr. Christof Parnreiter, Professor für Wirtschaftsgeographie an der Universität Hamburg

Prof. Dr. Dieter Schott, Professor für Neuere Geschichte an der Technischen Universität Darmstadt

Prof. Dr. Guido Spars, Professor für Ökonomie des Planens und Bauens, Bergische Universität Wuppertal

Dr. Jens Wietschorke, Universitätsassistent am Institut für Europäische Ethnologie der Universität Wien

Prof. em. Dr. Hellmut Wollmann, Emeritierter Professor für Verwaltungslehre an der Humboldt-Universität zu Berlin

Personenregister

Sachregister

Bildquellen

Abb. S. 245: Hilprecht-Sammlung der Universität Jena, Inv.-Nr. HS 197

Abb. S. 246: aus De Vecchi/Vergani (Hg.): La Rappresentazione della citta nella pittura italiana. Mailand 2003, S. 63.

Abb. S. 247: Bildarchiv Preußischer Kulturbesitz

Abb. S. 249: ©Archivio Fotografico - Fondazione Musei Civici di Venezia, 2013

Abb. S. 250: © Bayerisches Nationalmuseum, Foto Walter Haberland (Foto-Nr. D71950)

Abb. S. 251: aus: *Le Antichità Romane*, Band I, Tafel 35, Figur 1

Abb. S.253: http://digitalgallery.nypl.org/nypldigital/dgkeysearchdetail.cfm?trg=1&strucID=2052066&imageID=ps_grd_044&total=1&num=0&word=Pugin%20contrasts&s=1&notword=&d=&c=&f=&k=1&lWord=&lField=&sScope=&sLevel=&sLabel=&sort=&imgs=20&pos=1&e=w (19.09.2013)

Abb. S. 254: Bildarchiv Preußischer Kulturbesitz

Abb. S. 255: privat

Abb. S. 257: State Library of Victoria, Melbourne, Image H88.19/19

Abb. S. 258: Museum of the City of New York

Abb. S. 259: http://archive.org/download/Manhatta_1921/Manhatta_1921.mpg (1.2.2013)